理性应对风险·智慧创造价值

谨以此书献给

过去二十多年来关注、参与

中国企业走向

国际资本市场的人们

SECURITIES CLASS ACTION: China Concept Companies

跨洋大鏖战

美国证券集体诉讼之中国概念股

卓继民 著

首次披露
在美上市公司
集体诉讼详情

中国财政经济出版社

序

近期来，在美国上市的中国概念股公司频遭做空，股票市值普遍走低，被迫退市或者主动进行私有化现象日趋常见，中概股在美上市进入冰封期，而伴随这场危机所引发的中概股证券集体诉讼也成为业界关注的热点。

“公平、公开、公正”原则是任何一个资本市场持续繁荣的基石，如何将这些原则进行具体落实则又是一个复杂的课题。在美国资本市场，证券集体诉讼制度是落实这些原则的最直接体现之一，该制度通过调动民间力量参与资本市场的监管，从而成为在政府监管、行业自律之外，美国资本市场监督机制和投资者权益保护的重要手段之一。

在证券集体诉讼制度下，对华尔街上市公司及其管理层，包括投行、会计师、律师在内的“三剑客”，以及分析师、评估师和评级机构等资本市场的各参与方来说，其所面临的诉讼法律风险无疑是大为增加，而且这样的风险还有可能是致命的。我们观察到，为规避和防范这样的风险，上市公司通常会积极地将其纳入公司全面风险管理体系中，考虑如何降低日常经营活动的关键环节潜在的法律风险；会计师事务所积极推广风险导向审计，以降低法律诉讼风险；投行在分析部门和业务部门之间设立“防火墙”，用以维护利益相冲突业务之间的独立性；律师进行职业道德规范和惩戒制度建设。其实，风险防范的最佳策略，就是要做到：上市公司不以圈钱和欺诈股东而自豪，而是以回报股东为使命；投行和分析师不以包装和鼓吹上市公司为荣，而是时刻保持合理审慎的态度而勤勉尽职；会计师不以简单机械执行审计程序为己任，而是以增加报表可信度为职责；律师不以文字游戏兜售内容，而是把握经济交易实质为投资者勤勉把控法律风险。归根到底，投资者并不期待资本市场的各参与方成为道德模范或者伦理标兵，而是要求他们能够尽其职责本分、坚守商业伦理底线，而现实情况往往是模范易树、底线难守。

证券集体诉讼，代表着来自投资者的直接监督力量，虽然不能简单地看作是道德或者正义的化身，而且其既可能被用作行善也可能被用于从恶；但这股来自广大股民的博弈力量却有着永恒的活力和透明度，从而促使资本市场各参与方成为市场经济中的独立竞争者和理性经济人，让他们更加深刻认识到其所从事的是一个行业或者职业，而不是赌博。参与各方所能选择的只能或是尽本分、守底线，或是承担责任，或是退出游戏。

中国至今已有数百家企业在美国直接或者间接上市，近年来针对中国概念股的集体诉讼也相继爆发。这些中概公司作为走出国门的中国企业先锋队，首先接受了美国证券集体诉讼的考验，并在诉讼的博弈过程中积累了经验，锻炼了团队。中国的复兴和崛起，中国梦的实现，需要更多（甚至无数）具有活力的中国企业，也需要有更多企业能够走出国门参与国际竞争，而这一切都离不开对商业伦理道德的坚守、离不开对公众责任的守护、离不开对市场规则的尊重。同时我们相信，随着中国这个世界超级经济体的日益壮大，中国经济实体参与国际规则制定的分量和话语权也越来越明显。

本书作者卓继民是中央财经大学会计系的毕业生，本书是他在从事财经实务工作多年基础上，理论联系实际、本土联系国际的又一跨学科力作。作为国家的重点学科，中财会计学科从创建至今有超过六十年的历史，培养了数万名财经人才，我们期待着有更多的财经实务工作者不断向读者提供有意义的作品。

中央财经大学会计学院院长、博士生导师　孟　焰

2013 年 6 月

CONTENTS

目录

第一部分

中国公司赴美上市二十年回顾

从最初以国有企业为主发展到目前以民营企业为主体，中国公司赴美国上市至今已经走过了二十多个年头。过去三十多年国企改革是中国改革的核心内容，推动国有企业境外上市是深化国有企业改革和建立现代企业制度的重要举措之一，而赴美国上市则又是境外上市的重要章节。所以如果说国企改革是建设中国市场经济过程的主线，那么走向美国资本市场则是这个主线在境外的延伸；回顾国企境外上市则有助于了解中国大型企业演变和走向国际资本市场的过程。此外，近年来赴美上市已经成为中国高科技民营经济体——代表着中国目前最具活力经济体——的自主必然选择，所以了解中国公司赴美上市的历程，也就可以更具体地观察到中国高科技民企的诞生、发展和壮大的过程。同时，中国公司赴美上市也是中美两个世界经济大国之间经贸关系日益发展的重要内容。

接下来我们简要回顾一下过去二十年来中国公司赴美国上市这个历程中的一些重要事件、热点问题、那些人、那些事、那些难题和那些公司。

一、20 世纪 90 年代初期和中期：外资入境，上市先行

华晨中国和金杯客车

华晨中国和金杯客车这两家母子公司是了解中国企业赴美国上市这一历程所不得不首先提到的；社会主义公有制下的企业如何到以私有制为基础的资本主义股票市场进行发股交易？中国华晨汽车控股有限公司（“华晨汽车”），开启了中国企业赴美上市的历史先河。

华晨汽车是第一家在美国上市的中国公司，于 1992 年 10 月 9 日在美国纽约挂牌上市，发行价格每股 16 美元，首次公开募股（IPO）的融资总金额约为 7200 万美元。上市的投行为瑞士信贷第一波士顿，会计师事务所为安达信公司，律师事务所为 Shearman & Sterling 律师行，而上市的负责律师则是该所的合伙人雷德（Clark T. Randt，Jr.，于 2001 年至 2009 年任美国驻华大使）。华晨汽车本身只是个在开曼群岛注册的控股公司，IPO 时主要股东是金杯汽车和中国金融教育基金会，华晨汽车的主要控股内容是持有中国沈阳金杯客车制

造有限公司（“金客”）51%的股份，而金客的另外49%股份则由沈阳金杯汽车股份有限公司持有（“金杯”）。金杯为国内A股上市公司，金客则是华晨汽车和金杯这两个上市公司所拥有的核心经营资产，只不过金客由华晨汽车控股，所以其报表纳入华晨汽车的合并范围，而国内上市的金杯则只能按照权益法核算投资收益。金客主要是生产从日本丰田引进的海狮牌面包车6480系列及国产的轻型面包车6475系列。

1997年华晨汽车又在香港发行股票并挂牌交易，成为在美国纽约和中国香港同时异地挂牌上市的公司。2007年7月，华晨汽车申请从美国退市，只保留在香港上市。曾经在20世纪90年代初期中国企业赴美上市资本运作领域独树一帜的华晨汽车，如今已经是远离了美国资本市场。

中策集团和中国轮胎

中策集团和中国轮胎这对母子公司也是我们了解这个历程所值得关注的企业案例。20世纪90年代初不少有西方财团背景的外资投资公司大举入境收购中国国有企业，如亚洲战略投资公司（“亚投”、“亚新科”）收购五星啤酒和一些汽车配件企业，中策集团大规模收购国有企业，并经过包装后推介到海外上市。这种模式是当时吸引外资的重要形式，可以说是国际风险投资和私募基金进入中国的早期运作模式，由于吸引外资金额和政绩挂钩，所以各地方政府也很重视。中策集团和中国轮胎控股公司可以说是当时这一模式的典型代表。

中策集团（China Strategic Holdings，港交所：0235）是香港上市公司，主要业务包括电池生产、证券买卖收购、合并等，其前身为红宝石发展有限公司，后来黄鸿年（印度尼西亚著名华人财团金光财团董事长黄奕聪的次子）向何鸿燊购入红宝石发展并于1991年12月21日起更名为中策集团有限公司；除黄鸿年控股之外，和黄公司、金光财团及摩根士丹利也是其重要股东。中策公司投入资金与国企合资，通过增资上项目等方式取得合资企业的控股权，将股权纳入海外控股公司名下进行海外上市。中策集团在1992年和1993年购入了几百家国有企业，在短短的时间内组建了庞大的企业帝国。

在橡胶轮胎行业分别收购了太原双喜轮胎公司（注入499.8万美元）和杭州橡胶厂（注入1524.9万美元），中策将股权纳入在百慕大注册的中国轮胎控股公司（“中国轮胎”）名下。而后中国轮胎以美国存托凭证（ADR）方式增发新股，1993 年 7 月 1 日在美国纽约证券交易所上市，共募资 1 亿美元。之后又用所募资金收购了重庆、大连和银川等地的 3 个橡胶厂。

中国轮胎控股公司 1993 年 1 月 28 日在百慕大注册成立，控股股东是中策集团，作为在美国的上市公司，其核心的资产（经营实体）是杭州中策橡胶有限公司 51% 的股权和太原双喜轮胎等其他中外合资经营企业的股权。2000 年前后，这些所收购成立的合作企业出现大面积经营亏损，2000 年有“壳王”之称的香港商人陈国强入主中策集团，中策集团所控制的中国轮胎陆续出售这些合资公司的权益，逐步套现。除了逐步出售那些经营亏损的合资轮胎厂外，2003 年 9 月中策集团以约 1.65 亿元人民币的对价向杭州工商信托投资有限公司出售其拥有杭州中策橡胶的 25% 股东权益。2011 年 11 月又向 CZ Tire Holdings Limited（一家在 BVI 注册的投资控股公司）以约 6 亿元人民币的对价出售其持有的其余 26% 杭州中策橡胶的股东权益，至此中策集团完整退出杭州中策橡胶。

而中国轮胎于 2000 年更名为中国轮胎电子商务股份有限公司，之后又更名为中国企业股份有限公司（NYSE Symbol：CSH），但在香港的注册商务名称仍然为中国轮胎控股有限公司。由于 2000 年前后其控股的数家轮胎企业出现大面积亏损，该公司的股价暴跌，因股价连续 30 个交易日低于每股 1 美元，2002 年 9 月 27 日该公司股票在纽交所停止交易，11 月 26 日转入场外柜台交易，2002 年 12 月 30 日该公司股票从纽交所除牌退市。2011 年该公司处置完毕其在杭州中策橡胶的最后所剩投资权益后，就变成只持有银行存款为唯一核心资产的公司。从 1993 年注册成立，收购并控股中国多家关键轮胎厂股权，随后美国纽交所上市，到 2011 年处置完毕所有经营资产变成彻底的“空心公司”，中国轮胎成为中策集团和海外金融机构借助美国（国际）资本市场对中国企业早期进行资本运作的经典案例，“中策现象”成为当时中国国有企业产权制度改革模式探讨的热点话题，对其褒贬不一。

山东华能和华能国际

如果说早期中国企业赴美上市主要是在国际财团主导下，将中国企业作为在国际资本市场的纯粹运作对象，那么接下来的赴美上市则是变成了在政府（尤其是中央政府）主导下，基于行业或者企业战略布局需求，在国内资本市场不完善的情况下，通过海外上市对国企进行深层次改革和建立现代企业制度。

1992 年底中国证监会成立并随后批准了第一批公司到海外上市，包括第一支在香港上市的青岛啤酒（1993 年 7 月），随后还有上海石化、马鞍山钢铁、仪征化纤等八家，但这些企业主挂牌在香港，并不是直接在美国上市。继华晨汽车在纽约上市之后，以中国境内注册企业赴美国直接上市的第一家企业是山东华能发电股份有限公司(“山东华能”)。

1994 年 6 月 24 日，国家体改委以体改生［1994］75 号文批准成立山东华能，山东华能聘请瑞士信贷第一波士顿为投行，安达信为会计师进行美国上市工作。8 月 4 日上午 10 时，山东华能在美国纽约证券交易所挂牌上市，每个 ADR 定价为 14. 25 美元，市盈率 18. 8，筹集股金 3. 33 亿美元，山东华能成为中国第一家在中国境内注册成立、以纽约股票交易所为第一市场直接挂牌上市的企业。

1994 年 6 月 24 日，外经贸部以贸资审定［1994］100 号文批准成立华能国际电力股份有限公司（“华能国际”）。华能国际聘请瑞士信贷第一波士顿为投行，安达信为会计师进行美国上市工作。1994 年 10 月 6 日，华能国际股票在美国纽约证券交易所正式挂牌上市，定价为每个 ADR 20 美元，筹集股金 6. 25 亿美元。

2000 年华能国际合并了山东华能（通过贷款），2001 年后华能国际于 A 股上市融资归还该贷款。

山东华能和华能国际于 1994 年在纽约的成功上市拉开了中国注册企业进入美国资本市场的序幕，开创了中国大型电力企业直接到海外筹集资金、发展中国电力的先例，对于推动中国企业在国际资本市场上筹资、建立现代企业制度都有重要意义。随后，电力行业的另一公司北京大唐发电股份有限公司于 1997 年 3 月 21 日发行了 12. 44 亿股境外上市外资股，发行价为 2. 52 港元，市盈率为 11. 9 倍，筹资达 31. 35 亿港元。公司先在香港联合交易所挂牌上市，然后以普通股形式在伦敦交易所上市，成为首家在伦敦上市的中国公司。

二 1997 年至 2004 年：央企出海，民企突起

央企航母出海

从 1997 年起到 2004 年前后，中国掀起了国企的改革新方案，对大型国企进行改制，然后走向国际资本市场，尤其是赴美国上市，这是当时大型国企改制的主流思路。在山东华能和华能国际在纽约上市成功之后，从 1997 年开始陆续有广深铁路、上海石化、兖州煤矿直接在美国纽约挂牌上市，而南方航空、东方航空都在香港和纽约交易所同时挂牌上市。从 1997 年至 2004 年，以电信和石油为代表的央企航母境外上市地都同时选择中国香港和美国纽约两地。先后有以下超大型国有企业到美国上市：

- 中国移动（香港）有限公司（1997 年 10 月香港和纽约上市）

中移动香港的母公司为中移动股份有限公司，其最终母公司为中移动集团公司。中移动香港于 1997 年 9 月 3 日在香港注册成立，并聘请高盛和美林为承销商、毕马威为会计师进行全球 IPO 工作。1997 年 9 月 27 日中移动香港召开特殊股东大会，通过决议中移动香港发行 9 009 999 998 股给中移动香港的 BVI 公司，以换取 BVI 公司旗下的广东移动和浙江移动两家公司权益。1997 年 10 月 21 日，中移动香港按照每股发行价格 11.68 港币发行 2 600 000 000 股普通股，并分别于 10 月 23 日和 22 日在香港联交所和纽约交易所挂牌上市；11 月 7 日，中移动香港又以每股 11.68 港币的价格向机构投资者发行了 170 788 000股普通股。

中移动香港在 IPO 之后同年的 11 月 1 日和 3 日以每股 24.1 港币的价格向专业投资机构分别发行了 560 700 000 和 84 104 000 股普通股，该融资所得将用以收购福建移动 BVI 公司、河南移动 BVI 公司和海南移动 BVI 公司各种在中国境内对应省份的移动经营实体的权益。

在以上 IPO 后的第二次股份发行之外，1999 年 11 月 11 日，中移动香港又以每股 24.1 港币的对价发行 1 273 195 021 股普通股给中移动香港 BVI 公司以获取后者所持有的福建移动 BVI，河南移动 BVI 和海南移动 BVI 的权益。

2000 年 11 月 2 日和 8 日，中移动香港又以每股 48 港币的价格向专业和机

构投资者分别发行 1 068 396 405 和 47 247 440 股普通股，此次筹集的资金将用于收购北京移动 BVI、上海移动 BVI、天津移动 BVI、河北移动 BVI、辽宁移动 BVI、山东移动 BVI 和广西移动 BVI（这些 BVI 公司持有各自对应中国境内各省市的移动经营实体权益）。11 月 10 日，中移动香港向中移动香港 BVI 公司以每股 48 元港币的价格发行 3 779 407 375 股普通股，作为除此次对外融资之外的收购这些各省市 BVI 公司对价的一部分。

中移动上市的重组颇有特色，先成立香港控股公司，各省公司同时成立 BVI 控股公司，分批进入上市公司；在中移动香港控股公司上市之后，利用上市获取的资金和资本平台来收购中国境内各省的 BVI 公司，真所谓边上市边收购。后来中国联通在香港和纽约同时上市的过程中也模仿了这一重组模式。

- 中国石油股份有限公司（2000 年 4 月香港和纽约上市）

中国石油股份有限公司聘请高盛和中金为承销商、普华永道为会计师，于 2000 年 4 月完成股票全球公开发售，以每股 1.28 港币（每份 ADS16.44 美元，每个 ADS 等同于 100 股普通股）的价格共发行 175.82 亿股 H 股（其中包括 4134.52 万份 ADS）。通过该次发行公司募集资金净额约 203.37 亿元（约 29 亿美元）。该次 H 股发行完成后，公司总股本 1758.24 亿股，H 股占公司总股本的 10%，中国石油集团持有该公司 90% 股份；公司发行的 ADS 和 H 股分别于 2000 年 4 月 6 日和 2000 年 4 月 7 日在纽约证交所和香港联交所上市。2007 年 10 月，公司以每股发行价 16.7 元发行 40 亿 A 股，募集资金 662 亿元人民币，并于 2007 年 11 月 5 日在上海证券交易所上市。

- 中国联通股份有限公司（2000 年 6 月香港和纽约上市）

1999 年联通股份聘请中金和摩根斯丹利添惠为投行、安达信为上市会计师，进行重组和全球 IPO 工作。联通股份母公司为 BVI 公司，先是由拟上市的联通股份公司向 BVI 母公司于 2000 年 4 月发行 9 725 000 020 股普通股（每股面值为 0.1 港元），以换取 BVI 公司对联通境内运营实体的全部权益。然后由股份公司进行全球 IPO 募股，以每股 15.42 港元发行每股面值为 0.1 港元的普通股共 2 459 127 000 股，2000 年 6 月 22 日在香港联合交易所上市；又发行 233 617 100 份 ADS，每个 ADS 等于 10 股的普通股，每个 ADS 的发行价格为 19.99 美元，于 2000 年 6 月 21 日在纽约证券交易所上市；此后又以每股

15.58 港币发行 368 869 050 股普通股给行使超额认购的专业投资机构。联通的此次全球 IPO 共募集资金折合人民币约 453 亿元（扣除发行费用后）。

• 中国石化股份有限公司（2000 年 10 月香港和纽约上市）

中石化股份于 2000 年 2 月 25 日注册成立，其直接母公司为中石化集团，中石化股份成立之初的注册资本为每股面值人民币 1 元的共计 688 亿股全部由中石化集团持有的国有股。在重组过程中，中石化股份向集团公司发行了 688 亿股普通股，以换取中石化集团所持有的与中石化股份前身业务相关的资产和负债。2000 年 10 月，中石化股份进行全球募股，发行了 15 102 439 000 股 H 股，在香港和纽约同时上市，其中包括：12 521 864 000 股 H 股（每股发行价格为 1.59 港币）和 25 805 750 个 ADS（每个 ADS 等于 100 股的 H 股，每个 ADS 的发行价格为 20.645 美元）。扣除发行费用后，此次中石化股份的全球 IPO 共筹集资金折合人民币约 243.26 亿元。

2001 年 7 月，中石化股份回归 A 股，在境内的 A 股市场上发行 28 亿股普通股，每股发行价格为人民币 4.22 元，共筹集资金约人民币 116.48 亿元（扣除发行费用后）。

• 中国海洋石油股份有限公司（2001 年 2 月香港和纽约上市）

在全球公开募股之前，中海油引入壳牌等 8 家战略投资者以每股 0.825 美元的价格私募发行 557 575 755 股新股份，共引入资金折合人民币约 3 769 664 000元，其中已经扣除此次私募发行费用折合人民币约39 136 000元。此后，中海油进行了全球 IPO，承销商主要为中银国际、美林、瑞士信贷第一波士顿，上市会计师是安达信公司。先以每股 6.01 港元的发行价格发行 1 442 426 000股普通股，并分别于 2001 年 2 月 27 日和 28 日在纽约交易所（以 ADR 方式，每个 ADR 等于普通股 20 股）和香港交易所上市交易；于 2001 年 3 月 23 日，又以相同价格超额认购发行214 163 900股普通股。此次全球 IPO 共筹集资金折合人民币约10 101 564 000元，其中已经扣除发行费用折合人民币约 288 058 000 元。

• 中国铝业股份有限公司（2001 年 12 月香港和纽约上市）

中国铝业股份有限公司由中铝公司作为主发起人于 2001 年 9 月 10 日成立，其后公司聘请中金和摩根士丹利为主要承销商、普华永道为会计师，进行全球 IPO 募股。2001 年 12 月发行 2 352 942 000 股 H 股（每股面值人民币 1 元），共获得股票发行资金总额折合人民币约 3 441 674 000 元（含发行费用折合人民币约 343 075 000 元）。2002 年 1 月又发行 146 958 153 股 H 股以实现超额认购权的行使，中铝股份共获得资金总额折合人民币约 215 170 000 元（含发行费用折合人民币约 10 415 000 元），并分别于 12 月 11 日、12 日在香港联交所以 H 股和纽约交易所以 ADS 的形式挂牌交易，每个 ADS 等同于 100 股的普通股。2004 年 1 月 6 日和 2006 年 5 月 9 日，中铝股份在香港联交所分别成功进行了两次 H 股配售。

2007 年 4 月 30 日中铝进行换股发行 1 236 731 739 股 A 股在上海证券交易所上市，该次发行的股票全部用于换股吸收合并山东铝业和兰州铝业股份（中国铝业所持股份除外），开始了回归 A 股之旅。

- 中国电信股份有限公司（2002 年香港和纽约上市）

中国电信股份于 2002 年 9 月 10 日重组成立，其直接母公司为中国电信集团。2002 年 11 月，通过全球 IPO，中国电信股份以每股 14 港币的发行价发行了 377 920 000 股普通股，并以每个 ADS 18.98 美元的价格发行了 64 909 476 个 ADS（每个 ADS 等于 100 股的 H 股）。2002 年 12 月，中国电信股份又以每个 ADS 18.98 美元的价格追加发行了 428 148 100 股 H 股（折合 4 281 481 个 ADS），以满足机构投资者的超额认购权可以得到行使。2009 年中国联通的 CDMA 并入中国电信。

- 中国人寿股份有限公司（2003 年 12 月香港和纽约上市）

2003 年 6 月，中国人寿股份重组后，聘请中金、瑞银第一波士顿、德银为投行，雷曼兄弟为财务顾问，普华永道为会计师，启动了全球 IPO 活动，首先于 2003 年 12 月 18 日，以每股发行价 3.59 港币发行 4 731 937 000 股 H 股普通股，并在香港联交所上市交易，同时又发行 28 760 400 个 ADS（每个 ADS 等同于 40 股的 H 股，每个 ADS 的发行价格为 18.68 美元），在纽约交易所挂牌上市。H 股和 ADS 共计发行折合普通股股份 5 882 353 000 股。然后在接下来的超额认购权行使交易中，于 2003 年 12 月 22 日，又发行 882 352 000 股普通股，每股发行价格为 3.625 港币。中国人寿股份的此次 IPO 共募集资金折合人民币约 247.07 亿元（扣除发行费用后），所形成的资本溢价折合人民币约为

179.42 亿元。中国人寿股份在西方圣诞节前夕完成了 IPO，总筹集金额超过 30 亿美元，被评为当年全球最大的 IPO 交易。然而很快，集体诉讼就爆发，该诉讼历经 5 年，被一审法院驳回起诉，原告最后撤诉。

- 中国网络通信股份有限公司（2004 年 11 月香港和纽约上市）

中国网络通信股份有限公司（“大网通”，区别于原来存在的“小网通”）为国内第二大固话运营商，大网通聘请高盛、花旗及中金为联合承销商，普华永道为会计师进行全球 IPO 募股，2004 年 11 月大网通在纽约、香港成功上市，发行 10.4 亿股，募集资金达 11.4 亿美元。大网通本次上市发行 52 300 000股 ADR，每股价格为 21.82 美元，相当于 20 股普通股。香港 IPO 价格为每股 8.48 港元（合 1.09 美元），发行数量为 10.46 亿股，相当于总股本的 16%，共计筹资 11.4 亿美元。

2009 年 1 月 7 日经国务院同意，中国联合通信有限公司与中国网络通信集团公司重组合并组成新联通，新公司名称为中国联合网络通信集团有限公司（“新网通”）。

国有资产管理杂志 2011 年第三期刊登文章披露，中央企业控股在美上市公司有 12 家。截至 2009 年年底，这 12 家在美上市公司总股本占中央企业控股境内外上市公司的 42.56%；营业收入合计 35881.68 亿元人民币，占中央企业控股境内外上市公司全部营业收入 73624.25 亿元人民币的 48.74%；净利润合计 3424.73 亿元人民币，占中央企业控股境内外上市公司全部净利润 4911.73 亿元人民币的 69.73%。从此统计数据不难看出，在美上市的中央企业虽然个数只有寥寥数家，但其在中国经济总量中的重要性确实不可估量。

民企异军突起

20 世纪 90 年代末期席卷全球的以互联网为概念的新经济，也同样在中国落地生根发芽，只不过说新经济的代表不是国有企业，而是那些名不见经传的草根企业。这些草根企业由创始人创业办起，早期借助风险投资的资本力量，在中国异军突起，经过短短几年的迅猛发展，也开始向美国资本市场发起冲击。

1999 年 7 月 14 日，中华网在美国纳斯达克上市，集资 1 亿美元，挂牌当日，股价由20美元飙升到67.2美元，上涨235%，当日市值超过110亿元人民币；16日，股价由58美元突然飙升至101.3美元，涨幅达75%；17日，再次狂涨至137美元。2000年1月11日，收盘价高达82美元（一拆二后）。不幸的是，这家公司后来并没有发展成行业的领先企业，而是因持续经营不善导致2011年10月26日从纳斯达克退市。

1999年2月17日，生产数码无线电话的侨兴环球（后改名为侨兴资源）在美国纳斯达克上市，成为我国第一家境外上市的民营企业。其股票价格17日升幅达268%，上涨8.375美元，收市11.5美元，成交量也创下天量。1999年12月31日，其股价飙升至28美元，价格荣登纳斯达克一周涨幅十大股票第六位，市值一周内增加了1.5亿美元。仍旧不幸的是，该公司后来由于治理结构问题引致集体诉讼，而最终于2012年6月26日被纳斯达克摘牌。

1999年11月3日，互联网公司世纪永联成为我国首家在美OTCBB市场借壳上市成功的公司，股价从开始的40美分涨到23.5美元，市值也从只有几百万美元上升到4.8亿美元，上涨几十倍。

2000年3月3日，亚信集团以每股20美元发行价在美国发行股票，成功融资1.2亿美元，在纳斯达克挂牌交易第一天亚信的股价就突破了100美元的大关，市值45亿美元。此后随着互联网泡沫破裂股价开始下跌。2010年7月1日，亚信集团股份有限公司完成与联创科技国际控股有限公司的合并交易，组建成立新公司亚信联创控股有限公司，交易总金额约为7.33亿美元。

2000年4月13日新浪在纳斯达克上市，发行价每股17美元。2000年6月30日网易在纳斯达克上市，发行价每ADS15.5美元。2000年7月12日搜狐在纳斯达克挂牌上市，发行价13美元。以上这三家公司在经历了互联网泡沫破灭危机后不仅生存下来，还发展成为中国互联网门户巨头，而且在商业模式上紧跟国际最新动态，在门户为主业的基础上又向网络游戏、视频、社区网络、微博等互联网应用领域纵深发展，有的还将新业务分拆发展成为独立的上市公司，如搜狐剥离游戏业务成立畅游公司独立在美国上市，还有新浪的搜房业务也分拆上市成功（中房信）。所以从上市后至今的企业发展来看，新浪、网易和搜狐应该说是这一时期中国互联网企业美国上市浪潮中的成功典范。这三家互联网公司对中国数亿网民的日常生活和工作有着无可估量的影响。

三、2005年至2010年：央企归来，民企赴美

这一时期中国的国企改制并不选择赴美上市，已经上市的国企忙于回归A股市场融资，相反民营企业赴美上市形成潮流，所以可以用四个字概括这一时期的中国企业赴美上市格局，那就是：国退民进。国退主要表现在国企改制过程中仍然以海外上市作为重要思路，但没有国有企业选择美国作为上市地，无一例外地选择中国香港为首先上市地；而且，早期已经在美国上市的大型国有企业则积极地回归国内股票市场，从中国的股民身上轻松地筹集到巨额资金。

2005年，中国境外IPO企业12家，增资发行12家，共筹集资金206.47亿美元。其中，直接上市筹资额增长了163.83%。上市公司和募集资金的规模明显增大，许多国内重量级企业，如上海电器集团、神华能源、交通银行、远洋控股、建设银行、东风汽车等都选择海外上市，全年的直接海外上市筹资额占到从1993年有统计以来全部筹资额的37.17%。香港是中资企业海外上市首选地。根据安永的全球调查结果，2005年全球5宗最大的IPO中，有3宗交易来自中国公司。中国建设银行股份有限公司2005年筹资92亿美元，成为最大宗IPO活动。中国神华能源股份有限公司和交通银行股份有限公司的交易分别筹资33亿美元和22亿美元，排在第4和第5位。

这一时期的大型国企海外上市规模最大的属于四大银行：

- 中国建设银行

2003年12月30日，汇金公司以450亿美元注资建行和中行，2004年9月21日建行成立股份公司，2005年8月17日引进美国银行为战略投资者。之后建行聘请中金、摩根士丹利、建银国际金融为承销商，毕马威为会计师进行IPO工作，于2005年10月27日成功登陆港交所，以每股2.35港币的价格共发行264.86亿股，又于11月4日超额发行39.73亿股，总共募集资金折合人民币746.39亿元的对价（未扣除发行费用20.89亿元）。2007年9月25日，建行回归A股，以每股6.45元人民币的价格发行了90亿股，扣除发行费用总额93171万元，募集资金净额为571.2亿元。

- 中国银行

2003年12月30日，汇金公司向中行和建行注资450亿美元，2004年8月26日中行成立股份制公司。在改制重组之后，中银引入了包括淡马锡、苏格兰皇家银行（RBS）、亚洲金融开发公司（淡马锡旗下公司）、瑞银集团和亚洲开发银行等在内的战略投资者，并于2005年12月向战略投资者发行每股面值为人民币1元的共计23 037 009 860股普通股，对应的对价为约为人民币270.57亿元。在IPO之前，社保基金注资约100亿元人民币，随后中银聘用中银国际、高盛（亚洲）、瑞士银行为承销商，普华永道为会计师并于2006年6月1日发行H股成功上市。在H股IPO中，中行以每股2.95港币的价格共发行了29 403 878 000股H股普通股，H股约占11.89%的全部股份权益，扣除约24亿元的发行费用后，中行此次IPO共筹集资金折合港币约867亿元，折合美元约112亿美元，成为当时全球规模第四的IPO。

2006年7月4日，中行以每股3.08元的价格发行A股649 350.6万股，发行价扣除约5.5亿元的发行费用后，募集资金净额约194.5亿元人民币。

- 中国工商银行

2005年4月获得汇金公司现金注资150亿美元之后，工行改制时经过评估后的净资产仅约为人民币2560.28亿元；2005年10月28日，工商银行股份有限公司成立。2006年1月，工行选定三家境外战略投资者，包括高盛集团、安联集团及美国运通公司，出资37.8亿美元（折合人民币约304.38亿元）购买约为10%的股份（约241.85亿股）。2006年6月，社保基金注资100亿元人民币。

2006年3月，工行选定的IPO承销商包括美林集团、中金、瑞士信贷集团、德意志银行、工商东亚，会计师为安永。2006年10月27日，工行A+H股同时上市，在IPO中新发行H股约325.6亿股，每股发行价格为3.07港币；新发行A股149.5亿股，每股发行价格为人民币3.12元。

- 中国农业银行

2008年10月22日，农行改制方案获国务院批准。同年11月6日，汇金公司向农行注资1300亿元人民币等值美元，与财政部并列成为农行第一大股东。农行重组剥离不良资产超过8000亿元人民币。2010年4月22日，社保基金出资人民币约150亿人民币认购100亿股的普通股；聘请中金、高盛、摩根士丹利和ABC国际为全球联席协调人，德勤为上市会计师进行IPO工作。2010年7月15日和7月16日，农行先后在沪港挂牌。A股和H股发行价格分别为每股人民币2.68元及3.20港币。A股发行募集资金净额大约为人民币685亿元，A股加H股募集资金净额折合美元约为221亿美元，农行的A+H股交易成为当年度全球最大的IPO交易。和四大行的其他三家IPO不同的是，农行IPO并没有引入境外战略投资者。

央企归来

海外上市极大推进了中国经济某些行业改革的进程，但随着时间推移，国内舆论开始声讨垄断行业的超额利润被国际投资者轻易分享，而把内地投资者排除在外，更重要的是境内的证券市场由于缺乏优质的上市公司，等于失去了“造血功能”。证监会和央行此前一直希望改善当时A股市场存在的上市公司结构不合理的问题，证监会推动境外优质上市公司回归A股。而央行的《2006年金融稳定报告》中亦指出，优质上市公司较少，上市公司业绩存在两极分化的现象，上市公司小型化带来诸多负面效应，如股价波动较大、A股市场规模较小、股票指数波动较大等。央行呼吁深化发行机制改革，支持H股公司在境内发行上市。

这一时期的已经在美国上市的大型国企回归A股的主要有：中国联通、中国石油、大唐发电、中国人寿、中国银行、中国国航等，工商银行历史性地创造了“A+H”股同步发行、同步上市的模式，并且将存量资产留在A股市场，农业银行也是“A+H”股同步发行。

央企航母在回归A股过程中，国内上市定价采取市盈率，而且往往比原先境外上市的定价市盈率要高。所以曾经出现中国人自己的公有制企业卖给中国百姓的价格要高于卖给外国人的价格。有观点认为，如果说央企境外上市可能会导致国有资产流失，那么央企在回归A股过程中的估值定价是否又导致了国民资产的流失呢？这个问题估计需要进行大量的实证分析。以中石油为例，2007年中石油回归A股时，融资额是在美融资的2.29倍，A股发行价最后确定为16.7元，为H股发行价的10多倍。大陆投资者付出比海外投资者高出10倍以上的出价，在同股同权的原则下分配收益时，大陆投资者相对而言所得分红要少得多。由于支付价格过高而所占股本较低，境内投资者希望通过分红收回投入需要几十年乃至上百年左右的时间。中石油A股挂牌后的交易价格最高价位达到每股48.6元人民币，而后在很短的时间内迅速地跌破了发行价，众多A股散户股民损失惨重。《国际金融报》2012年8月29日第6版刊登文章“中石油的IPO‘原罪’”，认为中石油分红再多也难弥补对国内股民的掠夺。

民企赴美

2005年10月21日，国家外汇管理局发布了《国家外汇管理局关于境内居民通过境外特殊目的公司融资及返程投资外汇管理有关问题的通知》（汇发[2005]75号，以下简称“75号文”），其部分内容将对民营企业境外上市有着根本性的突破，而年初的“11号文”和“29号文”，被外汇管理局宣布停止执行。在“75号文”中，明确允许了境内居民（包括法人和自然人）可以特殊目的公司的形式设立境外融资平台，通过反向并购、股权置换、可转债等资本运作方式在国际资本市场上从事各类股权融资活动，合法地利用境外融资满足企业发展的资金需要。“75号文”允许境内居民通过特殊目的公司完成境外融资后，根据商业计划书或招股说明书载明的资金使用计划，调回应在境内安排使用的资金。境内居民从特殊目的公司所得利润、红利等收入180天内调回境内。这样，外汇管理局的“75号文”终于解放了民营企业境外上市的渠道，民营企业境外上市的热潮由此掀起。这一时期中国的高科技民营企业确实迅猛地涌向美国纽交所和纳斯达克，并借助国际资本的力量在中国发展壮大，成为中国和全球经济接轨的先锋和典范，而且这些在美国上市的民营企业很多在国内的影响力也是在短短的几年之内迅速扩大，他们为中国经济的发展做出了实实在在的贡献。这一时期在美国上市的典型民营企业也不仅仅局限于早期的互联网行业，还包括消费品、新能源、新媒体、网络游戏、电子商务、社交网络等等全方位的行业。

这段期间可以说是中概在美国资本市场的丰收阶段，盛大游戏于2009年9月IPO成功融资超过10亿美元，巨人网络于2007年10月IPO成功融资接近

9 亿美元，这两家中概股的巨额融资被 IPO 投资顾问公司 Renaissance Capital 评为属于到目前为止最大规模的十大互联网公司 IPO（还有一家中概公司也进入前十名，于 2011 年 5 月上市的人人网，IPO 融资接近 7.5 亿美元）。仅是 2010 年当年赴美上市的中国企业数量就创纪录地达到 45 家，融资金额高达 38.86 亿美元，并且出现了一周之内 5 家中国公司挂牌美国市场的情况。

对美国资本市场和美国投资者来说，中国的这些草根企业确实活力无穷。国内有许多年轻的互联网技术公司，其创始人的财富故事非常鼓舞年轻人，在过去这些年也为国内的创业人提供了非常多的宝贵力量，这样的民营企业也为社会提供了正面的价值观的榜样。这些民企往往处于竞争激烈的行业，没有政府扶持的垄断优势，在其成长过程中大部分也没有银行大笔信贷资金的支持（除少数诸如太阳能光伏企业），然而却创造了大量高科技人才（大学生）就业机会（如 IT 外包企业提供了数万个直接就业机会），已经成为目前民营经济中最具活力的部分。他们引领业务模式创新，促进中国经济产业结构转型和升级，成为中国新经济的代表。

四、2011 年：中概危机

如果说 2010 年是中概的丰收年，那么 2011 年中概则进入了危机年。2011 年上半年中概股仍然十分火爆，包括人人、奇虎 360，IPO 时的市盈率都非常高；但中概危机在 2011 年下半年全面爆发，从全年角度看：做空、破发、缩水、停牌、退市、私有化、停止上市、集体诉讼这些词语成为 2011 年来中概股的主题词。2011 年在美新上市的公司仅有 11 家，第四季度甚至一家都没有。这一低迷现象延续到 2012 年，2012 年全年只有两家中国企业在美国成功上市，中国企业赴美上市进入冰封期。据安永发布的数据显示，在美国上市的中国企业在 2010 年退市的仅有 3 家，上市的高达 42 家，而到了 2011 年，退市的企业数量激增到 41 家，上市企业减少至 14 家。2012 年，在美国上市的中国企业退市的数量超过 20 家，包括同济堂、乐语中国、康鹏化学、安防科技、中消安、泰富电气和环球天下等等。迅雷、盛大文学、拉手网、凡客、神州租车等也取消了赴美 IPO 计划。

而那些已经上市的中国概念股股价出现大幅下挫，有的公司股价出现拦腰折半，甚至一批中概股沦为了“仙股”，面临被摘牌的尴尬境地。2010 年共有 55 家中国公司赴美 IPO，其中 50 家已经破发。2011 年以来，赴美 IPO 的 10 个中国概念股，除了奇虎 360 外，全部破发。截至 12 月底，纳斯达克中国指数下跌至 151.79 点，与高峰时相比跌幅达 38%。虽然一些公司采取了“自救”手段，譬如回购、派发巨额股利、管理层增持，甚至私有化退市，但总体说来效果并不理想。

中概股遭遇危机的原因有多种，其中包括：

- 做空机制的因素，很多中概股在 2011 年第二季度就开始遭遇大量的卖空，卖空的股票数量急剧上升，有些是因为“浑水摸鱼”，这些“打假”研究机构发布了研究报告导致股票被做空，有些则是机构投资者看空中概股，于是进行大量卖空。
- 有些中概公司治理不完善，内控有问题，导致集体诉讼不断，所以被做空。
- 有些中概公司上市后不久业绩突然变脸，导致集体诉讼。

我们不妨了解一下引发中概危机的几个里程碑案例：

多元兄弟，有难同担，摘牌退市

2009 年 11 月 9 日，多元印刷通过融资型反向收购（APO）方式在纽交所上市，以每股 8.5 美元发行 650 万股普通股，募集 4230 万美元资金。其与另外一支纽交所的上市公司多元环球水务（“多元水务”）同属多元集团旗下子公司。2010 年 9 月 13 日，多元印刷宣布中止与德勤会计师事务所的合作关系，任命了公司新任 CEO 和 CFO，并对公司董事会作出相应的调整。2011 年 4 月 4 日起，多元印刷被摘牌转至粉单交易。

多元水务成立于 1992 年，和多元印刷同属北京多元电气集团，是水处理设备供应商，公司于 2009 年 6 月 24 日在纽交所上市，发行 500 万股 ADS，每 ADS 发行价为 16 美元，每一个 ADS 等于两个普通股。受多元印刷事件影响，多元水务也遭受到投资者的怀疑，并引发集体诉讼，2012 年 1 月 26 日退入粉单市场交易。

中国高速传媒（“高速频道”）

中国高速传媒实际运营的公司为福建分众传媒有限公司，成立于2003年，主要业务是利用城际巴士车载电视做媒体广告，2010年6月3日，中国高速传媒股票转板至纳斯达克全球精选市场交易。2011年5月19日，中国高速频道退至粉单市场交易。

- 2011年1月30日 Citron Research 发文质疑中国高速频道造假，称其“业绩好到难以置信”；2011年2月4日，研究机构“浑水摸鱼”因中国高速频道财务造假，将其评级为“强力卖出”等级，目标价5.28美元截至收盘暴跌33.23%。

- 2011年3月15日凌晨，中国高速频道发布公告称，公司的独立审计机构德勤已于2011年3月11日向公司发函，辞去审计职务；CFO也于3月13日向公司提出辞呈，公司延迟提交2010年第四季度及全年财报。德勤在信中表示，已经不能再信赖管理层的表述，并建议在审计过程的某些问题上由独立的第三方机构调查处理。德勤认为，有必要进行进一步的调查以确认以往的财务报告是否值得信赖。

- 2011年4月12日，纳斯达克股票交易所暂停中国高速频道股票交易，股东诉讼即刻爆发。

东南融通事件全面引发中概危机

1996年成立的东南融通，是金融软件制造和服务公司，员工超过8000名。2007年10月24日，东南融通在纽约证券交易所挂牌，IPO发行价为ADS 17.5美元（1 ADS = 1普通股），融资1.826亿美元。东南融通股价在2010年11月达到42.73美元的峰值，最高市值曾达24亿美元。2011年4月26日东南融通被Citron指控造假；2011年5月23日东南融通宣布，德勤已经于2011年5月22日终止了与东南融通的业务关系；2011年8月17日，东南融通在停牌整三个月后正式退入粉单市场。

2011年11月22日，做空机构“浑水摸鱼”称分众传媒“过分夸大了其广告网络当中的液晶广告屏幕的数量”，并质疑分众前些年度大量业务并购及随后冲销巨额并购商誉的行为，受此影响，分众传媒的股价盘中一度大跌39.49%，报15.43美元，创下52周新低，同时也是公司自2009年9月以来的新低点，经过分众的一系列反击之后，股价才开始稳定下来。

而最新的一次重量级做空中概股则当属新东方教育。2012年7月17日新东方公告美国证券交易委员会（SEC）开始调查其可变权益实体（VIE）结构和合并报表会计政策，当天新东方的股价下跌约35%；第二天“浑水摸鱼”研究机构发布了研究报告，指责新东方存在VIE、报表合并、税务等一系列问题，新东方的股价当天继续下跌35%。两天的连续下跌导致新东方股票市值累计缩水接近60%，缩水金额约20亿美元，不得不说做空机制对中概股的杀伤力巨大。

不仅在美国上市的中国企业成为做空的目标，在加拿大和中国香港上市的中国概念企业也都被做空机构盯上，在加拿大上市的嘉汉林业被做空后不得不停牌，股票价值缩水超过40亿美元，在香港上市的恒大地产遭遇做空，当天股票市值缩水超过百亿港元。

中概做空潮爆发之后，美国监管方加强了对中概股的监管。在东南融通事件中，SEC不仅起诉东南融通公司及其管理层，还起诉其审计师德勤华永会计师事务所上海分所。但是美国监管机构在跨境监管方面遇到难题，在东南融通事件中，SEC无法从德勤获得审计底稿，德勤将审计底稿提交给中国证监会，后者以国家机密安全为由拒绝向SEC转交该工作底稿。同时中美监管双方于2012年在跨境监管方面进行的谈判并无实质性进展。2012年12月4日，SEC指控德勤、安永、毕马威、普华永道以及德豪（BDO）这五家会计师事务所中国附属业务违反美国证券法，因其拒绝提供相关审计工作的底稿，此举被认为SEC在和中国政府的跨境监管谈判无法取得实质突破后的施压方式，如果中美双方最终无法达成妥协，在美上市的中国公司或将面临新的挑战。单纯从技术层面看，如果向SEC提供中国境内注册的会计师事务所审计工作底稿，无疑会增加这些事务所本身及其所审计中概股公司的诉讼风险，包括SEC提起的诉讼和股东集体诉讼，因为在股东集体诉讼中，原告也可以采用SEC起诉状的相关详细内容。尤其是审计工作涉及大量职业判断，既然是判断，那么指控方就很容易根据审计结果对所实施的审计程序提出异议，而从美国法律角度看，涉及审计程序的争议如果原被告无法达成一致意见，那么就需要通过庭审过程中陪审团来做最终裁决，这无疑是增大了诉讼的复杂程度。现在看来，中美审计跨境监管最终将会如何破冰，还期待通过双方的智慧来寻求解决方案。

五、国企海外上市的利弊争辩

对央企是否应该赴海外上市的争论为时已久，2006 年 3 月的全国两会上还有代表辩论此事，搜狐还以此为专题做过比较全面的报道。正面的意见认为海外上市首先可以引进外资，有利于企业摆脱旧体制的束缚，焕发新的生命力，能够在国际市场上寻找到在市场、技术、管理和人才等多方面、全方位的合作机会，加速国内企业融入世界经济一体化的步伐，提升企业乃至整个国家的国际水平。其另类意义在于通过规范企业运作机制，建立起符合市场经济要求，具有强大实力和发展活力的现代化企业。不可否认的是，在国内资本市场不完善的前提下，境外上市的过程就是促使企业改制的过程，中国当今大型国有企业正是如此脱胎换骨，获得新生。

而持负面观点的则认为大型优质国企海外上市，会引起国有资产流失。这一观点认为在海外上市的企业大部分得益于政府的政策扶持以及相应而来的市场垄断，到海外上市，无异于将其在国内特殊市场背景下所形成的垄断利润出让给海外投资者；这一观点还认为，当一些企业募股困难时，定价市盈率低，按照市净利率定价将股权资产低价贱卖。如 2000 年中石油、中石化 IPO，市盈率仅为个位数。外资机构发表研究报告不看好中石油、中石化，自己却在最低价踊跃包销新股并持有，IPO 几年后摩根、美林、高盛、英国石油、壳牌石油等联手赚取数倍资本增值，而且派息比率也很高。工商、建设、交通、中行等中资银行当初在引进他们来中国时定价都不高。以建设银行为例，当时美国银行和淡马锡分别斥资 25 亿美元和 14.66 亿美元购进了建设银行 9% 和 5.1% 的股权，每股定价为 0.94 港元。接下来引进外资投资者的中国银行、工商银行入股价格也不高，高盛、安联及运通出资 37.8 亿美元入股工商银行，认购约10%股份，每股认购价格为1.16元人民币。国外金融机构先是唱衰中国银行业，低价获取原始股，然后在公开资本市场上套现获利甚丰。

持负面观点的还认为，国企境外上市尤其是美国上市，改制过程代价高（如剥离了后勤业务和一些第三产业，将这些负担留给了中国社会或者政府，而将优质资产纳入上市实体；四大银行上市重组过程中，更是剥离了几万亿元的不良资产，还进行了几千亿元人民币的政府注资，以实现重组改制和上市招股的目的），股票发行过程成本高，上市之后监管往往对中国公司不利，后续成本也非常高（如美国萨班斯法案对内控合规的要求），而且境外上市还会导致国内资本市场空心化，所以应该将这些大型国有企业留在国内资本市场。

总之，负面的观点更多是从执行操作的层面来看这个问题。在这个层面上看国企境外上市是否导致了国有资产流失，由于国企改革所处阶段的特殊性，我们无法用公允价值来衡量，所以除了可以做到具体案例具体分析之外，还应该看到上市之后国有企业的资本是否得到保值和增值；至于境外上市是否导致国内资本市场空心化的风险，其实在后来的大型国企海外回归A股过程中这个问题已经得到了解决。而正面的观点更多是站在企业改制战略的角度来探讨国企境外上市，将境外上市作为实现企业改制的重要手段。和俄罗斯及东欧国家对国有企业走私有化道路所不同的是，可以说在短短十多年间，通过境外上市，中国实现了对大型国企的改制，而这些企业的控制权仍然保留在中国政府手中，从而体现了公有制为主体的中国特色市场经济。这是否也可以解读为过去三十年“中国发展模式”的内含之一？经过改制后获得新生的中国国有企业，已经有多家进入世界500强，四大国有银行从改制前的被外界认为已经“技术性破产”，到工行、建行和中行被英国《银行家》杂志评为2011年度全球最能赚钱的银行的前三名，可以说通过改制和境外上市，使央企摆脱旧体制约束，朝以盈利为使命的现代企业制度迈出了第一步。然而也有观点认为中国的央企境外上市并没有达到原来所期望的目的，上市后的央企仍然是行政垄断下的产物，仍然缺乏独立的竞争能力和创新能力，而且占用了过多的资源（尤其是银行信贷资源），其投入产出效益并不明显，甚至认为形成了既得利益集团，所以认为央企应该退出竞争领域，承担更多的社会责任，避免“国进民退”等等。这些对央企的评价其实涉及央企改制后的继续深化改革问题，或者说是需要整个社会其他领域的配套改革继续深入的问题，甚至涉及中国经济改革的顶层制度设计问题。

六、中国企业美国上市法律架构模式

早期中国企业海外上市主要有两种途径：一种是股份公司境外发行外资股，一种是红筹。

外资股方式就是将境内实体公司变更为股份有限公司，由该公司经中国政府部门批准，在境外发行股票并上市。这其中包括了在纽交所上市的N股和在港交所上市的H股。国有控股企业更多采用该种方式。

所谓红筹方式，通常是在境外离岸地设立国际控股公司，由该公司收购境内的实体业务公司的全部股权，并由国际控股公司在境外上市。在海外上市的中国企业中，有一些国企采用该方式，如中国联通就是在海外设立BVI公司；而海外上市的中国民企大都采取“红筹上市”模式。国企叫“大红筹”，民企叫“小红筹”。民企由于一般都有境外风投入股，所以离案法律架构比较多，很常见的是在最高层面设立开曼公司或者BVI公司，作为上市公司，然后下设一层或者双层的夹层公司，由夹层公司来持有国内的外商独资公司（WOFE），而对WOFE直接持股的一般是香港公司（也是夹层公司）。设立香港公司为WOFE的直接母公司主要是从股利分配的源泉所得税角度考虑，由于中国大陆和香港地区有避免双重税负的协议，所以WOFE分配股利给香港公司只需要扣缴5%的所得税，而BVI公司和开曼公司和中国没有此等税务协议，所适用的扣缴率为20%。

针对红筹模式，中国相关法律法规呈现了从无法可依到严格监管，之后放宽限制，再到目前严格限制的局面：

- 2000年证监会发布了《关于涉及境内权益的境外公司在境外发行股票和上市有关问题的通知》（“72号文”），要求境外上市需要获取证监会法律部的“无异议函”；2003年4月1日后，证监会宣布取消“72号文”的审批，对国内民企境外上市不再监管。

- 2005 年 1 月 24 日，国家外汇管理局发布《关于完善外资并购外汇管理有关问题的通知》（“11 号文”），规定以个人名义在境外设立公司要到各地外汇管理局报批，以境外公司并购境内资产，要经过商务部、发改委和外管局的三重审批。同年，外管局出台了《关于境内居民个人境外投资登记和外资并购外汇登记的有关问题的通知》（“29 号文”），试图细化“11 号文”的审批程序。但“11 号文”和“29 号文”均缺乏可操作的细则，使得民企红筹之路被暂时关闭。

- 2005 年 10 月 21 日，外管局发布《关于境内居民通过境外特殊目的公司融资及返程投资外汇管理有关问题的通知》（“75 号文”），规定了境外设立特殊目的公司、返程投资等业务的登记管理程序，只要特殊目的公司按规定办理了境外投资外汇登记及变更手续，其返程投资企业就可到外汇管理部门办理外商投资企业外汇管理相关手续，境内企业也可向特殊目的公司支付利润、清算、转股、减资等款项。该文于 2005 年 11 月 1 日实施，“11 号文”和“29 号文”被同时废止。“75 号文”的出台促进了中国民企赴美上市新高潮的到来。

- 就在红筹上市门阀重启后不到一年，商务部、证监会、外管局等 6 部门联合发布了《关于外国投资者并购境内企业的规定》（“10 号文”），于 2006 年 9 月 8 日起实施。离岸公司的设立需要商务部审批，海外上市需要证监会审批，而且程序繁琐，时间限制严格，“10 号文”的严格限制使得在此之前未完成红筹架构搭建的公司海外上市受到极大阻碍，拟上市企业必须通过股权置换或协议转换（即 VIE 模式）等方式规避其中相关条款，间接上市。

由于国家政策法规的限制，在某些行业（如教育、网游、互联网等）不允许外资控股，为实现符合美国会计准则下合并报表的要求，有的企业则通过境内公司协议转让管理控制权给外方股东的方式（“协议控股”）实现海外上市，这也是业界所称的“新浪模式”。“新浪模式”操作起来比较容易，只要通过协议将境内公司的管理权转让给境外公司就符合报表的合并要求，同时也规避了国内不允许外资控股的法规要求。安然事件后，美国会计准则对特殊目的实体（special purpose entity，“SPE”）的合并要求更加明确和严格，推出了可变权益实体的概念（variable interest entity，“VIE”）。VIE相关会计准则（FIN46）本意是限制和避免出现安然公司那样滥用表外融资为目的的SPE，要求从经济实质上和首要受益人角度（primary beneficial party）而不是表面的权益（股份）比例来判断SPE是否应该纳入合并报表。2009年6月，FASB最新要求，改变过去从量化和风险回报（the quantitative-based risks and rewards calculation）的角度分析，而是从以下角度分析哪一方具有财务利益的控制权从而判断VIE能否合并报表：

• 哪家公司拥有控制VIE经营活动（指那些对VIE的业绩表现最有影响力的经营活动）的权力。

• 哪家公司有义务承担VIE的亏损，或者哪家公司有权获得VIE的利润。

• 此外还需要考虑，如果VIE按照其设立目的运行，那么哪家公司存在内含的财务责任（资金义务）来支持VIE运行。

从美国会计准则设立背景和原意来看，要求对VIE进行合并是为了避免出现安然事件中所暴露出来的许多美国公司通过SPE来隐瞒表外负债的问题。中国民营企业正好利用这个会计要求，通过一系列的法律文件来搭建国内经营实体和境外上市实体（或其可直接和间接控制的实体，通常是海外上市公司在境内的外商独资企业，即WOFE）的业务交易，从法律文件看，海外上市实体是境内经营实体的主要财务受益人，因此符合美国会计准则的报表合并要求，从而既规避了国内的法规限制又可以实现上市。最为典型的就是后来上市的教育类和网络游戏公司。搭建VIE所常用的一系列法律协议通常包括：

• 经济利益转移合同（economic benefit transfer contract），通常由WOFE和VIE（或者VIE的下属子公司）签订服务合同（service contract）或者商标许可合同（trade mark license agreement），WOFE独家向VIE提供技术方面的服务或者提供商标许可，收取服务费和商标许可费。至于服务费如何定价，不同的公司操作不一样，有的公司是由WOFE单方面定价，以达到VIE的所有净利润可以最终通过服务费的方式流向WOFE这个基本目标。所以如果无法做到 VIE 的绝大部分净利润流向 WOFE，那么 WOFE 就无法构成 VIE 的主要财务受益人，就不能合并报表。这个安排很明显会导致流转税的双重税负，VIE 对其收入要缴纳营业税或其他流转税，而 WOFE 收取服务费又需要缴纳营业税和其他流转税。同时涉及关联交易定价问题，从所得税角度看，需要按照非关联方的价格计算，而且如果交易双方所适用的所得税税率不一样的话，也可能导致企业所得税的双重税负。所以实际执行过程中是否对服务费进行真实的落实，还需要具体企业具体分析。如果这个服务费实际并没有执行，或者没有完全执行，那么 VIE 所产生的净利润其实至少从这个合同的执行来看并没有流入 WOFE，WOFE 实际可能就并不构成真实的主要受益人，这个 VIE 从这个角度看很有可能是仅仅停留在纸面的设计上，因为该合同并没有真正履行。

- WOFE 和 VIE 及其股东签订股权回购合同（call option），确保 WOFE 有权在中国法律允许的范围内以最低的对价收购 VIE 的股权。

- WOFE 和 VIE 及其股东签订股权质押合同（equity pledge），VIE 的股东同意将其在 VIE 的股权质押在 WOFE 名下，以确保将来股权回购的时候有保障，同时可以避免 VIE 股东擅自将股权转让给其他方；而在实际执行中，这些股权是否办理质押登记手续，或者办理是否及时，对上市公司股东利益保障来说，也是需要予以关注的。

除以上分析表明 VIE 其实隐含有双重税负的风险（包括流转税和所得税）外，还有监管风险，中国监管机构并没有明确的书面文件可以支持这一安排。此外，还有契约诚信的风险，如果合同契约方违约，那么就达不到控制的目的，报表也就无法继续合并，毕竟不是基于股权的控制保障程度不同。除了涉及中国法律和监管风险、当事人诚信风险这些属于中概股通常的 VIE 固有风险外，不同的中概股 VIE 还可能存在具体的特殊风险，如 VIE 在设计上是否有效（不同公司的 VIE 设计可能不一样，VIE 的经济利益是否全部流向上市公司？这也会导致上市公司股东利益的保护力度不同）？在实际过程中是否全面落实执行（是否真实还是仅仅为停留在书面上）？这些则属于不同的企业 VIE 的具体和特殊问题，需要具体分析才可以做出是否可以进行报表合并的会计判断。

最为有名的 VIE 风险事件来自于 2011 年的支付宝，据媒体报道，支付宝公司创始人以协议控制不能获取第三方支付牌照及危害国家经济安全为由，在股东反对、董事会未通过的情况下，单方面终止了 VIE 结构，取消了控制协议，以 100% 内资的方式申请支付牌照。终止 VIE 结构后，支付宝与阿里巴巴集团没有了任何关系，也就意味着作为海外方的阿里巴巴集团失去了支付宝的所有权益。这样的安排显然损害了阿里巴巴集团股东雅虎和软银的利益。业界认为支付宝的 VIE 事件从某种程度上也影响到了美国资本市场对中概股的诚信判断。

如果说支付宝公司并不在美国上市，所以 VIE 事件并不直接涉及在美上市的中概股公司本身外，那么新东方的 VIE 事件则是拉响了中概股 VIE 的地雷。

2012 年 7 月 11 日，新东方称通过简化国内实体北京新东方教育技术有限公司股权结构以进一步加强公司治理结构。北京新东方教育技术有限公司是新东方在国内的 VIE，在股权结构简化前，主要由 11 位注册股东持有，现在通过无对价协议将北京新东方教育技术有限公司股权全部转移到俞敏洪控制的实体下。相关交易在 2012 年 1 月完成，5 月正式注册，公司称结构调整对股东价值没有影响，同时对合并财务报表也不会产生影响。2012 年 7 月 17 日，新东方公告称，因遭 SEC 调查，SEC 调查函件主要关注公司 VIE 北京新东方教育技术公司的结构调整根据是否充分，此消息公布后新东方股价大跌接近 35%，从 7 月 16 日的收盘价格每股 22 元下跌到 7 月 17 日收盘价格每股 14.62 元。7 月 18 日，“浑水摸鱼”研究机构又发布了针对新东方的做空报告，指出新东方的 VIE 构建非常脆弱，无法实质保障海外股东的利益，还指出新东方在税收优惠和财务处理方面存在问题。受此双重影响，新东方的股价在 7 月 18 日继续下跌超过 35%，最低接近每股 9.50 美元，创下新东方 5 年来最低股票价格，短短两天时间新东方的股票市值缩水超过 20 亿美元，缩水比重接近 60%，当日所剩市值只有 15 亿美元。而且同时有数家律师声明开始调查新东方是否存在违反证券法行为，打算发动证券集体诉讼。

新东方 VIE 风波不仅严重打击了其股票市值，还对公司经营业绩造成直接影响。新东方截至2012年11月30日的2013财年第二季度财报显示：第二季度运营亏损2690万美元，去年同期运营亏损320万美元；净亏损1580万美元，去年同期净利润330万美元。造成第二季度业绩下滑的一个重要原因就是SEC调查导致了公司在内部调查和监管程序上发生费用，从而行政费用激增。新东方公司CFO在第一季度电话会议中称，截止到2012年8月31日，与此相关的费用累计超过500万美元，预计全部完成将会达到800万美元至1000万美元，这还不包括任何集体诉讼可能发生的费用。

受新东方VIE事件的影响，其他中概股在同一天（包括百度和新浪等）的股价都有不同程度的下跌。中概股的VIE安排再一次成为国内外财经热点。

由于中国目前对红筹上市的监管限制（如前文所提到的“10号文”）以及中国法律对诸如教育、互联网行业的限制，中概股（包括尚未上市的）中VIE模式的存在非常普遍。但由于之前所发生的中概股危机，国际投资者对中概股中VIE的风险开始担忧，SEC也开始调查包括新东方教育在内的中概股VIE交易实质。所以对将来希望在美国上市的中概来说，如何确保VIE模式能够确实保障上市公司股东的利益，而不是仅仅停留在纸面法律协议上，则需要予以关注。此外，由于目前对VIE的安排也只有在美国会计准则下才予以认可，而在中国会计准则、国际财务报告准则（IFRS）或者香港会计准则下，对VIE模式皆无法实现报表合并，所以依照VIE模式所搭建的企业，从财务会计角度看，在中国大陆或者中国香港暂时都难以上市。

七、赴美上市常见复杂会计课题

上市过程本身就是对企业的一次全面检验，涉及对商业模式、法律架构、财务会计、内部控制、风险管理、管理团队等全方位的考验。而上市本身则意味着考验的开始，上市之后企业则是踏上了一条面对持续监管和市场不间断考验的不归之路。由于中美会计制度、会计惯例和企业管理层对财务会计重要性的认识等方面存在重大差异，中概赴美上市所接受的最为严峻的考验之一则是财务会计是否合规，我们接下来了解一下赴美上市常见的复杂会计课题。

早期国有企业改制重组过程中会计的核算尤其复杂，涉及资产评估、新公司账目设立、新老公司核算的衔接；有的企业同时在中国、美国和中国香港上市，那么需要编制三个会计制度下的报表；对在中国香港和美国同时异地上市的企业而言，比较多的选择是以香港会计准则（或者国际会计准则）为基础编制年报，然后根据和美国会计准则的差异，以附注表格方式列示差异调整过程和结果。

近年来赴美上市的主流公司是民营企业，大多是在早期就引进风险投资，先是天使基金的注入，然后进行几轮的可转换优先股融资，最后是IPO。这类企业在其设立、融资、上市前后并购到IPO这一发展过程中，涉及到一系列的关键事件，常见的对应会计课题通常包括：

风投资本（对赌协议）会计处理的考虑要点

- 夹层资本（mezzanine equity）的确认和列示。
- 可转换可赎回优先股份（convertible and redeemable preferred shares）的会计处理，包括：这些优先股份的投票权（voting rights）、股利分配权（dividend participation）、模拟利润确认及报表列示（deemed dividend）、哪些优先股参与利润分配哪些不参与利润分配及对应会计影响和报表列示、清算的优先权（liquidation preference）、回购条件（redemption）、转换成普通股的条件（conversion）、转换时间、转换价格等。
- 认股权证（warrant）的估值和会计处理（属于债务性质还是权益性质?）；认股权证的认股价格是否为股份的公允价格?
- 优先股对稀释后的每股利润（diluted EPS）的影响及其报表列示。
- 对赌协议是否存在嵌入式衍生金融工具（embedded financial derivative），如何识别评价对赌协议所隐含的可转换成普通股份的受益特征（convertible beneficial feature）并评估其对会计处理的影响，其转换价格和企业普通股评估所得的公允价值之间差异如何？尤其是很多企业在引进风险投资的时候往往是有好几轮，而且每一轮的对赌条款或者说融资条件都不一样，投资者对企业所提出的不同融资条件可能意味着内含的衍生金融工具（如额外的认股期权（warrant）、允许分批分次注资到位、过桥贷款临时额外展期等等），这些对企业来说都会存在变相的融资成本，都有不同的会计隐含，往往需要进行专业评估后作相应的会计处理，所以需要会计师详细阅读每一轮的法律协议，认真判断其间投资条款所具有的潜在会计影响。

以股份为基础的薪酬（share based compensation）会计处理考虑要点

- 企业的股份（期权）支付计划如何？是否有完整的书面法律文件和授权机制？内控机制如何？股票期权的授予日期是否真实？
- 企业股份和期权的支付对象都包括哪些？是否存在向非雇员而支付的期权？
- 企业是否存在对外和对内的各种形式的股份（期权）支付承诺（包括口头承诺）？
- 股份为基础的支付类型：限制性还是非限制性股票、期权、认股权证？对员工个人所得税的影响及税务规划。
- 期权评估日期如何选定，期权费用如何分摊确认？
- 期权对 EPS 稀释的影响，财务计算法（treasury method）的运用。
- 哪些属于基于业绩的期权（performance based），哪些属于基于服务时间的期权（service based），如何区别？对应的会计处理如何？
- 是否存在 IPO 之前恶意低价发股（cheap stock issue），如何回答 SEC 对此类问题的提问？
- 是否存在企业主要股东给企业员工的股份（期权）支付？是否需要使用下推会计（push down accounting）？
- 并购过程中的股份对价会计影响。
- 非公认会计原则下对股份支付薪酬费用的调整（Non-GAAP adjustment）。

企业重组并购（reorganization and business combination）会计处理的考虑要点

• 法律意义上的并购和会计意义上的并购之不同之处在哪里？该交易符合公认会计原则下企业并购（business combination）的定义吗？

• 是否构成同一控制下的并购？资产的计量是采用历史成本（historical cost）还是经过评估的公允价值（fair value）列示？

• 实际并购日如何确认（effective acquisition date）？

• 如何做并购估值和资产估值分配（purchase price allocation，“PPA”）？并购日资产减值准备如何考虑？并购日后资产减值是否应该进行追溯调整？

• 资产估值分配中，如何识别诸如品牌、客户关系、非竞争协议、自行使用软件（包括正在研发过程的）、未完工研发投入这些无形资产？如何确定这些无形资产的摊销年限？

• 目标公司业绩预测如何考虑并购的“协同效应”（synergy）？

• 以股份支付并购对价的会计处理，哪些属于和考核相关的，哪些属于并购对价，哪些属于薪酬费用，限制性股票（restrictive share unit）作为对价支付内容的会计处理。如何约定考核期内被并购方雇员的奖金及涨薪水平？被并购企业将股份进行团队内部再分可能带来的会计影响。

• 控股股东对少数股权并购的评估和会计处理（control premium）。

• 或有并购对价的会计处理（contingent consideration）（先在并购日确认为负债，然后每个资产负债表日进行重估，差异计入损益）。

• 并购对价中属于或有性质的即将要发放的股份（contingently issuable shares）对EPS的影响及会计处理。对于并购后的业绩考虑，已经到考核期而未发放的会影响基础EPS。还没有到考核期的部分，需要预估一个到当前资产负债表日已经到达的利润，然后考虑对稀释后的EPS的影响。

• 并购过程中承诺给予限制性股份（期权），虽然尚未发放，但需要在承诺日进行负债确认处理。

• 并购形成的商誉而导致的递延所得税确认。

• 负商誉的会计处理（冲减或有并购对价金额）。

• 在并购后的各资产负债表日，对或有并购对价、商誉、并购形成的无形资产的重新估值。

• 下推会计（pushdown accounting）和权益性交易（equity transacation）在企业重组并购过程中（尤其是存在股份为对价的支付情况下）的判断和运用。

• 向目标企业先提供资金，之后有条件可转换成股份的并购安排，所提供资金会计上如何定性（借款还是权益投资?），可转换条款的公允价值评估。

• 并购交易模式下的税务影响（尤其是离岸并购，以海外股份或者期权作为对价的并购模式，以及是否属于重组性并购从而可以暂时豁免所得税?），哪些属于暂时非税的重组性并购，哪些属于会马上引发税务负债的并购?

收入确认的会计处理

收入确认始终是美国会计制度中的一个核心难题，收入应该在哪个时间点确认？应该确认多少？企业和客户（经销商）之间的独立性如何？企业的交付责任如何？交付周期多长，是否分期？交付风险的转移点如何确认？收入确认的证据是否充分、应该包括哪些证据？交付的证据如何？客户接受服务或者货物的证据如何？对应的款项是否可回收？是否属于涉及特殊业务（如软件行业）的收入？是否涉及捆绑销售？售后退回的会计政策如何制定？合同尚未签订但已经开工的项目能否开始确认收入？这些貌似简单的问题，却是需要会计师们在大量复杂分析的基础上才可作出判断。收入确认也是企业财务合规性判断过程中需要予以关注的高风险领域，包括美国施乐公司、AIG 公司在内的很多公司由于收入确认不符合会计制度要求而被 SEC 或者股东起诉，中概股中不少公司也曾经在收入确认上遭遇 SEC 调查和集体诉讼。早年的案例如网易公司和 UT 斯达康公司，而比较近的案例如安博教育公司，在 2012 年发现以前年度的收入确认有误，从而引发了集体诉讼。

中国企业赴美上市过程中涉及大量复杂会计技术问题，无疑是大大提升了中国会计人才的知识和实战水平；而且尤其是大型国企海外上市需要大量的审计人员，这极大促进了中国注册会计师行业的发展。最为明显的就是体现在国际品牌会计公司在中国人员规模的突飞猛进，从 1992 年成立之初的数十人，到今天总计几万人的规模。

2012 年 4 月，美国总统奥巴马签署了一项名为促进创业企业融资法的法案（简称 JOBS 法案），针对新兴成长公司（emerging girowth companies），即在最近会计年度销售收入低于 10 亿美元的公司，简化了上市流程并放宽信息披露要求，包括：（1）注册文件和招股说明书在准备阶段再次适用向 SEC 秘密递交；（2）上市 5 年后才需要满足萨班斯法案 404 条款的合规要求；（3）允许上市过程中公司和投资银行研究分析师和潜在投资者进行接触；（4）允许投资银行研究分析师在俗称“静默期”期间发表研究报告；（5）在招股书中只提供 2 年的审计财务数据。总之，该法案简化了中小企业在美国证券市场上市的程序，降低了中小企业进入美国资本市场的准入门槛，将有助于吸引包括中国企业在内的更多中小企业在美国上市。

八、中概和集体诉讼

中概遭遇美国证券集体诉讼时下已经逐步引起业界的关注。中概股较早遭遇集体诉讼的是网易，2001 年 10 月，网易由于收入确认涉嫌违反美国会计准则而被 SEC 起诉，同时引发集体诉讼，此案最后以网易向 SEC 缴纳 150 万美元的罚款和向集体诉讼原告赔偿 430 万美元而得到和解。而在这前后分别是中华网和亚信，这两家公司在 IPO 过程中投行涉嫌违规，分别在 2001 年 6 月和 12 月遭遇集体诉讼，该案件和相同诉由的其他 310 家 IPO 案例合并一起，称为“IPO Allocation”集体诉讼案。初步的和解方案是数家投行承担 10 亿美元的总赔偿（最后落实了 5.86 亿美元），但目前尚未最终结案。此后陆续有中概在美遭遇集体诉讼，包括：

- 2004 年 3 月遭遇诉讼的人寿股份，最终以驳回和撤诉结局。
- 2004 年 8 月遭遇诉讼的空中网，以 350 万美元和解。
- 2005 年 1 月 51JOB 遭遇集体诉讼，最后被驳回。
- 2005 年 2 月新浪也遭遇集体诉讼，最后被驳回。

2007 年，由于当年度中概在美国上市的企业较多，也很快爆发了一些针对中概的集体诉讼，包括新华财经媒体、侨兴、山东富维薄膜、巨人网络、分众传媒、江西赛维 LDK 等。而到了 2011 年和 2012 年，由于中概危机爆发，这一期间针对中概的集体诉讼突然猛增，包括高速频道、香格里拉藏药集团、双威教育集团、美东生物、科莱特、多元水务、多元印刷、东南融通、福麒国际、开元汽车、新东方教育、分众传媒（再次遭遇集体诉讼）、安博教育等等。

从赔偿金额来看，到目前为止，中概遭受海外集体诉讼赔偿金额超过千万美元的是 UT 斯达康（总计超过 4000 万美元）、LDK 江西赛维（1700 万美元）及巨人网络（1300 万美元）。当然，中概所付出的直接经济成本除了这些赔偿金外，还有金额不菲的律师费，有的费用可以由董事和高管责任险承担，有的则需要公司自己承担，关键看各家公司承保的范围和幅度。可以肯定的是，在遭遇证券集体诉讼后，公司的董事高管责任险保费是大幅度上升了，这也影响到整个中概的保费费率，而有些保险公司就干脆撤销此业务，拒绝为某些中概提供承保。

在美国资本市场上，证券集体诉讼是所有上市公司（甚至包括某些未上市公司）都需要面对的法律风险，是企业日常经营中所需面对的各种风险的其中一种而已。如果将证券集体诉讼称为资本市场的一种博弈，原告和被告所进行的其实就是一场为利益而进行的博弈，所以也就无法从道德的角度来做简单判断，任何一方当事人都无法成为道德的化身。这些跨洋的战役是中国企业走向国际资本市场所不得不面对的风险，是直接面对博弈对手按照国际规则直接进行的鏖战，也是中国企业参与美国政治和法律制度，并以此来维护自身利益的过程。

从早年的零星发生针对中概股的集体诉讼，到后来中概股危机期间的大量集体诉讼案件，中国在美上市企业对美国证券集体诉讼的认识也趋于平静和理性。我们看到，中概股面对集体诉讼进行了积极的抗辩，有些中概股在集体诉讼中以和解赔偿了结，但也有不少中概股最终成功挫败了集体诉讼，使诉讼被驳回，有些诉讼目前还在进行。有些中概股由于经营不善或者内部治理结构和风险管理不达标而最终股价大规模缩水，甚至只好黯然从美国资本市场退市；但也有不少中概股在反击做空机构的攻击和迎战集体诉讼过程中，利用美国法律维护自身的权益，并借助类似集体诉讼这样来自资本市场的外部压力来提高公司治理水平和管理团队应对危机的能力，继续做大做强，这些中概就有可能成为中国企业中的精英，成为中国企业走向国际资本市场的典范，至少从资本层面看，他们可以说是真正扎根于中国的跨国企业。2011 年至今中概仍未走出这场危机的困局，中概在华尔街目前的估值还普遍偏低，还有众多的集体诉讼尚需要继续应对，中概还不得不继续面对国际资本市场的考验。我们期待有更多的中概能够在这场严酷的考验中脱颖而出，有更多的中概能够继续走向国际资本市场，能够继续引领中国经济的创新，给中国这个正在崛起的世界超级经济体不断注入新的活力。

第二部分

揭开美国证券集体诉讼的面纱

美国证券市场的发达得益于其严厉的监管，监管的严厉主要体现在执法严厉和认真，监管当局和司法部门不仅乐于打“苍蝇“，更敢于抓“老虎”。美国联邦政府的证券市场执法部门主要是美国联邦司法部（DOJ）和美国证券交易委员会（SEC）。DOJ曾对多起证券欺诈案件进行调查和提起刑事诉讼，并将这些涉及证券欺诈公司的一把手（公司经营管理的一把手CEO和公司财务一把手CFO）送进监狱，如安然案件中的CEO和CFO、世界通信案件中的CEO、CA案件中的CEO、Homestore案件中的CEO和CFO、Charter Communication案件中的CEO、Adelphia案件中的CEO等等。而SEC的执法部门近年来更是向众多在美上市公司、华尔街投行、四大会计公司提起诉讼或者开出巨额罚单，如2002年向花旗、美林、瑞士信贷、大摩、高盛开出了高达14亿美元的罚单，向安然公司开出近5亿美元的罚单。除了擅长于将企业一把手送进监狱的DOJ和喜好向企业开立巨额罚单的SEC之外，美国资本市场还有一股独特且重要的监督力量，这是一股来自民间的力量，即证券集体诉讼。证券集体诉讼的抗辩过程律师费用高昂，而且诉讼持续的时间长，过程充满压力，所以对上市公司及其管理层来说，遭遇证券集体诉讼估计是个沮丧和痛心的事情，美国上市公司及其管理层对证券集体诉讼可谓是苦恼和痛恨。有的公司一旦遭遇证券集体诉讼，甚至还来不及抗辩，就已经对公司及其管理层的声誉造成负面影响。这种调动民间力量对资本市场进行全方位的监督是美国资本市场的特色，证券集体诉讼已经成为在DOJ的刑事起诉（criminal charge）和SEC行政执法起诉（civil enforcement action）之外，保护投资者权益的重要法律救济手段之一。

一 美国证券集体诉讼近年基本情况

“集体诉讼”（class action），由一位或两位“牵头原告”或“首席原告”代表众多受害者提出起诉，首席原告和被代表的众多的原告在诉由上相同、在利益上一致。诉讼过程中，只有首席原告代表所有其他（匿名的）原告参加，包括与律师交涉、进行和解谈判、搜取证据、为开庭做准备。

目前对美国证券集体诉讼进行跟踪研究并定期公布研究报告的主要机构包括 NERA Economic Consulting（www. nera. com）、斯坦福大学法学院联合 Cornerstone 研究机构（http：//securities. stanford. edu/）及普华永道（http：//10b5. pwc. com/public/Default. aspx），接下来我们参考这些研究机构的研究报告，对美国证券集体诉讼过去十多年的情况进行一些基本了解。

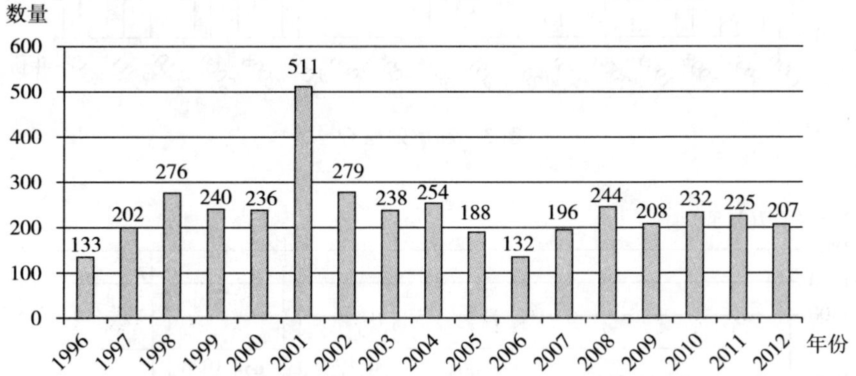

图 1　美国历年证券集体诉讼案件数量

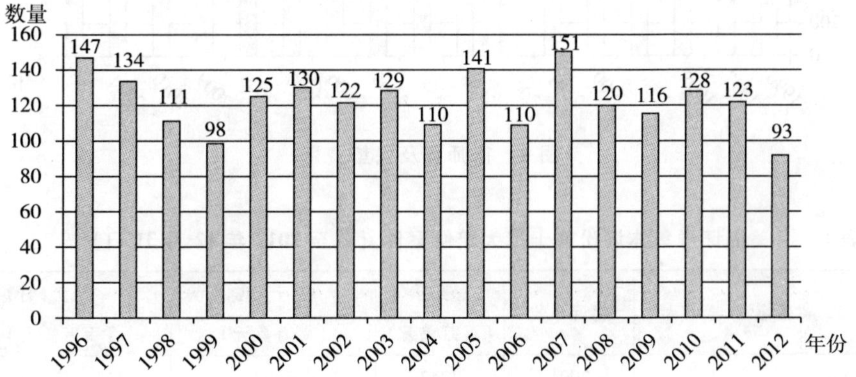

图 2　历年达成和解赔偿的案件数量

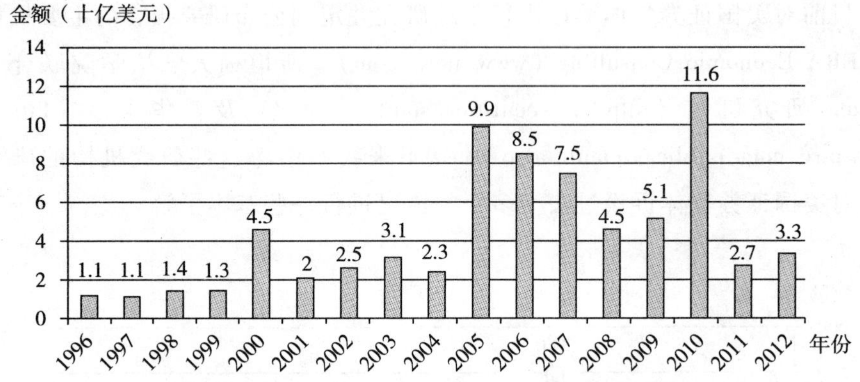

图 3　和解赔偿金

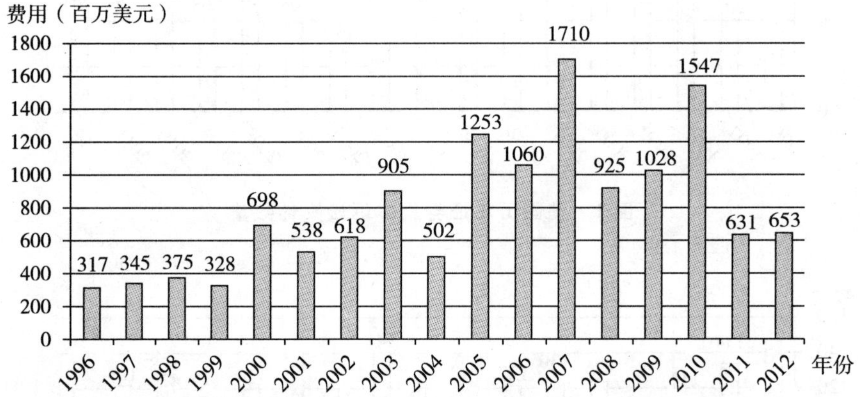

图 4　律师费及代垫费用

表 1　　美国证券集体诉讼前十二大赔偿案件（截至 2012 年 12 月 31 日）

案名	起诉年份	总赔偿（百万美元）	投行赔偿（百万美元）	审计师赔偿（百万美元）
安然公司	2001	7242	6903	112（安达信）
世界通信	2002	6196	6004	103（安达信）
盛腾公司（Cendant）	1998	3692	342	467（安永）
泰科国际（Tyco）	2002	3200	无	225（普华永道）

续表

案名	起诉年份	总赔偿（百万美元）	投行赔偿（百万美元）	审计师赔偿（百万美元）
加拿大北电网络	2001	2935.9	无	无
美国在线时代华纳	2002	2650	无	100（安永）
美银收购美林案	2009	2430	2430	无
丹麦皇家阿霍德 Royal Ahold	2003	1100	无	指控驳回（德勤）
麦卡森（Mckesson HBOC）	1999	1043	10（贝尔斯登）	73（安达信）
美国国际集团（AIG）	2000	1010	无	97.5（普华永道）
联合保健 United Health	2006	925.5	无	无
南方保健 Health South	1998	829.5	217（瑞士联合银行）	132.5（安永）
施乐公司 Xerox Corp	2000	750	无	80（毕马威）

注：1. 安然案中未包括 SEC 的诉讼获得赔偿金额 4.5 亿美元（其中摩根大通 1.35 亿美元、花旗 1.01 亿美元、加拿大帝国商业银行 8000 万美元），安达信的赔偿包括美国安达信 7200 万美元和安达信全球公司 4000 万美元。

2. 世界通信案未包括和退出集体诉讼原告（Opt-out plaintiff）达成的赔偿金额 6.51 亿美元，其中安达信赔偿 800 万美元；未包括 SEC 对世通罚款 5 亿美元现金及 2.5 亿美元股票和解赔偿。

3. 时代华纳案未包括和退出集体诉讼原告（Opt-out plaintiff）所达成的赔偿金额 4 亿美元；未包括 SEC 诉讼该公司的和解赔偿 3 亿美元。

4. 盛腾公司案中安永的总赔偿约 6.35 亿美元（集体诉讼案赔偿 3.35 亿美元，被公司诉讼赔偿约 3 亿美元），其中 4.67 亿美元分配给集体诉讼原告。

5. 泰科电子案未包括 SEC 罚款 5000 万美元。

6. 加拿大北电网络案的赔偿金额包括 2001 年和 2004 年两起集体诉讼。

7. AIG 案未包括 SEC 诉讼和解赔偿加罚金，总计 8 亿美元。

8. 联合保健案包含股东诉讼和债券持有人诉讼，为期权日期倒签案中赔偿金额最高的。

9. 南方保健案未包括 SEC 诉讼赔偿 1 亿美元。

10. 施乐案未包括 SEC 对毕马威的罚款约 2200 万美元，对施乐公司罚款 1000 万美元。

资料来源：根据法院相关文件、各相关网站和媒体报道信息，经由作者整理而成。

从这些研究机构公开的研究报告及以上的几个图表我们可以发现：

- 每年的集体诉讼大约在 200 起，美国上市公司目前有 5000 家左右，所以平均看每年有3%至4%的上市公司会遭遇证券集体诉讼。

● 过去的案例表明，在过去15年中，证券集体诉讼的爆发点包括：企业并购过程中，目标公司的股东指控公司被贱卖或者上市公司对并购披露不充分；IPO过程中原始股分配违规（IPO laddering）、股权期权日期倒签、次贷危机、中国概念股中的反向并购借壳上市案。

● 大多诉讼是指控被告违反1933年证券法第11或者第12条款，以及违反1934年交易法第10b条款（反欺诈条款）。

● 从2000年到2012年期间看，接近90%的诉讼案中被告都会提出要求法院驳回起诉的动议；其中有22%的案件，在这些动议尚未被法院最终裁定前，原告和被告就达成了和解协议。

● 接近11%的案件中，被告会申请简易判决（summary judgment），而原告则非常少会提出此等申请动议；而被告的这些动议在和解赔偿达成前，有接近50%尚未获得法院裁决。

● 从2000年起到目前看，诉讼案件被驳回的比重在加大，从2000年的35%左右逐步增加至超过了40%；而超过50%比例的案件最终和解赔偿，这个比例在2000年和2001年高达60%以上；集体诉讼案件真正最终能到开庭审理阶段的很少。

● 和解赔偿的速度总是比诉讼发生的速度要慢，从1996年到2012年来看，每年达成和解赔偿的案件大都在130件以下。

● 从和解赔偿总金额来看，从1996年到2012年，累计预计赔偿金总额大约为724亿美元，每年的和解赔偿都在10亿美元以上，2010年的赔偿总金额最大，超过百亿美元，主要是由于安然高达72亿美元的赔偿中最后一笔赔偿的法院最终审批在2010年。

● 和解赔偿金额占投资者损失的比重并不高，从1996年到2012年来看，投资者损失金额越低，那么获得和解赔偿的比例一般比较大（如：投资者损失金额低于2000万美元，那么平均的和解赔偿金额可以占损失金额的37.3%；而如果投资者损失高于100亿美元，那么这个平均比例则只有2.2%）。当然这里所指的投资者损失并不代表投资者受到侵权而产生的损失，只能表明投资者潜在的最大诉讼请求赔偿金额。

• 律师费用和诉讼费用占和解赔偿金的比重，从 1996 年到 2012 年来看，如果和解赔偿金小于 2500 万美元，那么该费用所占的比例通常都在三分之一左右；如果赔偿金在 2500 万到 1 个亿之间的，那么该费用一般在 29% 左右；如果赔偿金额在 1 亿到 5 亿之间，那么该比例约为 24%；如果赔偿金额超过 5 亿美元，该比例平均值约为 11.6%（如 AIG 案件的总赔偿在 10 亿美元左右，其对应的原告律师费用和代垫费用高达 1.43 亿美元）。

• 进入开庭审理的案件数量，从 1995 年到 2012 年，累计共有约 4000 起，只有大约 30 起最终走到了开庭审理的阶段，所占比例不到 1%。就是这 30 起案件中，最终判决有利于原告的只有 7 起，有利于被告的则有 11 起，还有 6 起最终还达成了和解赔偿，有 5 起属于混合结果（判决对某些被告有利，对某些原告有利），有一起属于缺庭审理。

从 2000 年至今这 12 年来看，证券集体诉讼集中爆发阶段可以作出如下区分：

• 2000 年前后，互联网泡沫破灭，以美国互联网为代表的高科技公司股价暴跌引发众多集体诉讼。最为典型的是 IPO 案，投资者起诉 300 多家高科技上市公司在 IPO 过程中存在违规行为。

• 2002 年前后，以安然破产倒闭为代表的美国大公司倒闭潮，引发了大型的集体诉讼，如安然、世界通信、泰科电子、AOL、时代华纳。这时间段所爆发的诉讼案，赔偿主角是投行。

• 2006 年前后，以股票期权倒签为题材的集体诉讼案大约有 40 起，包括苹果公司、联合保健公司等。

• 2008 年前后，由于次级债所引发的全球金融危机，导致包括雷曼、贝尔斯登投行倒闭，美林被收购，华盛顿互助基金等金融机构倒闭。这一波的集体诉讼，投行为代表的金融机构成为了被告的主角，到目前为止与此相关的诉讼案件已经达上百个。

• 2011 年前后，由于不少中概股被做空，以中概为目标的集体诉讼在这一段时间也比较密集出现。

二、美国证券集体诉讼的一般程序

• 原告提交诉讼状（complaint of pleading），一般的诉讼都会选择要求有陪审团。

• 在首席原告和首席原告律师的选定经过法院批准之后，还需要进行集团成员的确认（class certification）。

• 诉状送达之后（served），被告需要在指定的期限内回复（answer to complaint）。一般情况下，被告都会向法院提交动议申请驳回起诉（motion to dismiss）。

• 原被告双方还会继续向法院提交法律文书（memorandum of law），提出各种的主张和立场。

• 法院进行是否驳回起诉的审理，其中需要注意到的是，法院进行裁决是否驳回起诉的时候，需要假设原告诉状中所指控的事项属实（仅仅是假设，不代表确认或者认同）。因为在这个阶段，法院所关注的并不是原告能否最终赢得诉讼，也不是关注诉讼证据的权重，而是关注原告是否有权提供证据来支持其所主张的法律救济，关注原告起诉状的可行性（the feasibility of a complaint）。这是整个案件中关键的里程碑，所以也是原被告双方律师交锋的焦点，通常会出现的结果包括：

• 法院同意被告的动议，驳回原告的起诉，有的情况允许原告在限定时间内修改诉讼状，有的情况原告会进行上诉（appeal）。

• 法院拒绝被告的动议，或者部分同意原告的动议（部分拒绝）。这时候很多情况下被告也会向上诉法庭提出上诉（甚至到联邦最高法院）。

• 在驳回的动议被否决后，案件通常会进入证据开示（discovery）阶段。诉讼当事人或诉讼外第三人所掌握的事实材料，只要与案件有关，除享有秘密特权保护的以外均应向对方当事人披露，任一方当事人均享有要求对方当事人及诉讼外第三人披露上述事项的权利。证据开示过程往往十分冗长、复杂、耗费精力，很多案件在证据开示过程中就启动了和解谈判。

• 证据开示程序完成后，原告被告双方如果对重大事实不存在争议，也可以申请法院进行不通过陪审团的简易判决（summary judement）。

- 如果原被告律师双方达成和解赔偿方案（这个谈判过程通常也会有法院指定法官参与），要进行公示，包括赔偿金如何分配、律师费用比例如何确定都需要法院的批准，以确保该赔偿方案是公平合理的。当然和解赔偿谈判可以在诉讼结束前的任何阶段开始，中间也允许有原告退出集体诉讼，进行单独诉讼。

- 庭审阶段（trial stage），证券集体诉讼真正走到这个阶段的非常少，从1996年到2012年的累计约4000起诉讼中，只有大约30起案件发展到了庭审阶段。到这个阶段，对事实认定和各种证券权重最后的裁决就需要陪审团来决定了。

三、美国证券集体诉讼相关法律介绍

由于美国的法律体系中成文法文字描述十分简单，判例法起主导作用，在审判实践中法官造法十分普遍，所以了解美国证券集体诉讼法律必须要结合具体的关键案例。而且由于判例法主要来自于司法实践中的法官造法，每一个具体的判决案例都有可能成为其他案例可引用或者参照的审判依据，同级法院之间的判例可以互相参照，下级法院需要遵循上级法院的判例，所有法院都需要遵循最高法院的判例，所以也可以说随着诉讼案例的不断发生，美国证券集体诉讼法也是在不停更新。表2列出了美国证券集体诉讼所涉及常见的主要成文法依据。

1933年证券法第11或者12条款所界定的责任属于一种“严格义务”，并不需要符合信赖要件和指控被告存在欺诈的意图，只要能够证明被告作出重大不实陈述或者信息遗漏，被告就要承担责任；除非被告能够举证说明其有充分理由确信不存在不实陈述或者信息遗漏。法院允许被告采用”勤勉尽职”的抗辩原则。

由于大部分美国证券集体诉讼的起诉依据都涉及1934年的10（b）条款和SEC的10b-5规则，涉及这两个法律条文的诉讼都和欺诈性质相关，即：原

表2 美国证券集体诉讼所涉及常见的主要成文法依据

相关成文法律条款	简单说明
1933年证券法第11条款	• 针对证券登记文件（registration statement）中存在的重大误述和遗漏情形所承担的责任 • 承担责任的主要指五种类型的人，包括：（1）发行人；（2）在证券注册登记文件上签字的人员；（3）发行人的董事们；（4）那些同意将自己专业意见包括在证券注册登记文件中的专家们，如会计师、律师、评估师等；（5）证券承销商（投行） • 不需要指控欺诈（故意或者轻率）的存在，只要是疏忽大意就需要承担责任，属于严格责任（strict liability），除了发行证券的公司外，其他专业人士可以用勤勉尽职来进行抗辩（如合理调查、有合理理由确信等），公司需要对历史数据负绝对的责任（absolute liability）
1933年证券法第12（a）条款	该条款针对证券发行人或者承销人在招股说明书（prospectus）中或在证券发售过程中及包括口头联络交谈中存在的误述与误导而承担的责任
1933年证券法第15（a）条款	明确控制人的责任，如果被控制人违反了第11和12条款，除非控制人能够证明其不知情或者其有合理理由确信被控制人的行为可信赖，否则控制人需要承担责任。这里的控制人可以是控股股东、管理层、董事会成员等
1934年交易法10b条款	禁止任何人通过操纵、欺诈、诡计手段进行注册或者非注册证券及证券为基础的互换合同的买卖行为，需要指控欺诈的存在才符合起诉要求
1934年交易法20（a）条款	明确控制人的责任，如果被控制人违反了证券交易法，除非控制人能够证明其行为诚信（in good faith）且没有直接或者间接导致违规行为
SEC的10b－5规则（Rule 10－5）	美国证监会依据《证券交易法》第10b条而制定反欺诈条款，禁止的欺诈行为包括虚假陈述、操纵市场、内幕交易等，是SEC执法的主要依据，也默认成为私人证券集体诉讼的法律依据，需要指控欺诈的存在才符合起诉要求
1995年的私人证券诉讼改革法案（PSLRA）	该法案提高了起诉标准，并在证据开示暂停、最高赔偿、诉讼集团确认、律师费等方面对集体诉讼进行了限制，是克林顿任期内被总统否决后国会仍然通过的两个立法中的其中一个

告必须能够指控被告的行为具有欺诈性质，所以此类诉讼称为证券欺诈集体诉讼。虽然有些诉讼指控被告违反了1933年证券法的第11或者12条款，这两个条款在法律上虽然并没有书面要求必须以欺诈为前提，但在司法实践中，法官往往认为如果原告起诉状的描述中隐含有认为被告存在欺诈的假设，那么也就需要符合证券欺诈诉讼的条件。接下来我们简单介绍一下此类诉讼的主要法律要求。

一般而言，证券欺诈集体诉讼中，损害赔偿的成立须具备下列要件：重要事实的不实陈述、知情（欺诈）、信赖、因果关系。当然前提条件是这个诉讼必须和证券买或者卖有关系（a connection with the purchase or sale of a security，见 Blue Chip Stamps，supra，at 730－731，95 S. Ct. 1917）。接下来我们来了解一下这些要件的基本内容。

重大不实陈述

原告必须要证明被告所为的不实陈述或遗漏具有重要性。"重要事实"是指该不实陈述或遗漏具有某种实质的可能性，会决定投资者的行为，并且如无该不实陈述，投资者将采取一个完全相反的行为。在 TSC Industries Inc. VS. Northway Inc. 一案中，法院说"遗漏的事实是否重要，取决于其是否具有实质的可能性（substantial likelihood）"，认为一个理性的股东在决定如何投票的过程中，会将它视为重要。这一笼统标准已为美国联邦法院在涉及10（b）条款和10b－5规则案件中广泛采纳。

2011年3月22日，联邦最高法院在 Matrixx Initiatives v. Siracusano 案件中又再一次谈及重要性原则的司法解释，认为不能采用统计数据（statistical significance）的重大性来判断信息是否属于法律上的重要性，认为重要性是个综合概念，需要结合数量维度和质量维度来综合判断。

欺诈/恶意/知情

1976年 Ernst& Ernst v. Hochfelder 一案中最高法院明确表示知情要件的证明为 Rule 10b－5 下民事损害赔偿诉讼的必备要件。被告如缺乏欺骗、操纵或欺诈的意图，仅为过失行为，那就不符合10（b）条款和10b－5规则的起诉要求。

Ernst 案判决作出一年后，第七巡回法院在审理另一案件时指出，所谓 10b－5 规则项下之责任建立在被告的主观恶意之上，并不仅限于当事人故意从事欺诈或进行不当陈述的情形，轻率行为也能够产生 10b－5 规则项下的赔偿责任。

根据 1995 年 PSLRA，1934 年交易法增加了第 21D（b）（2）条，要求原告对欺诈的起诉需要能够提供充分具体（particularity）的事实，从而确保可以从中强有力地推导出被告的主观意识状态是符合欺诈条件的。主观意识状态是否构成欺诈是指：被告主观上具备欺骗（deceive）、操纵（manipulate）或者舞弊（defraud）的倾向（intention）。

原告如果要指控被告欺诈成立，则可以从两个角度进行指控：（1）被告存在欺诈的动机和机会；（2）某些强烈的情形性证据，足以说明被告会计师的行为是有意识的不当行为或者轻率行为。而要符合动机和机会的指控就必须能够说明，被告从欺诈行为中存在个人具体获利的情形。如果原告对被告的动机和机会指控不成立，那么法院就会要求在情形性证据方面比较有说服力，情形性证据通常包括：（1）被告个人从欺诈行为中具体获利；（2）被告进行了蓄意的非法行为；（3）被告对已经公告的信息存在虚假其实是知情的，或者被告已经掌握和拥有真实的内部信息；（4）被告有责任来检查和监督所公布的信息是否属实，但被告没有尽到职责。

2007 年 6 月在 Tellabs v. Makor Issues & Rights 案件中，最高法院对如何理解“强有力的推导”有了进一步的解释。最高法院的这个判例要求法院在裁决是否驳回起诉的时候，应该对原告的诉状进行整体性地（holistically）比较分析（comparative assessment），这个比较分析会出来两个相反的、互有竞争性的推断（competing inference）。就是说，原告所提供的事项有的既有可能推断出被告存在欺诈，有的也可能推断出被告不存在欺诈，这两个互相竞争的推断需要进行比较，看哪个更有说服力。

而“强有力的推导”，是指从原告所指控的事项中所可以推导出欺诈存在这个结论的强度，应该是比仅仅合理（reasonable）和比较合理（plausible）要高一些，这个强度需要能够达到有说服力（cogent），或者说至少要和反方向的推断（competing inference）要一样的有说服力（compelling）。这就要求从原告起诉状所推导出欺诈存在的这个结论，在推导强度上，至少要和其他同样合理地可以从中推导出来不同的结论所对应的推导强度是旗鼓相当的；也就是说，欺诈的结论和非欺诈的结论，在推导强度上至少要旗鼓相当；而且这两个不同的结论是同样都具有说服力的。这个解释其实对被告有利，加大了原告在起诉阶段的（证据开示之前）难度。

信赖要件

证券集体诉讼必须要同时证明客观与主观的信赖。这两个要件反映出信赖必须是合理的、并且为导致原告损失的行为中的重要因素，以此来确定被告的不法行为与原告损失间的因果关系。如果不实陈述对于原告是否采取某种特定行动并非重要因素，或者原告在采取行动时根本没看过或听到过不实陈述，或原告不受不实陈述的影响，仍会采取先前决定的行动，则原告的损失不可归因于被告。如何举证信赖的存在？通常是借助市场欺诈理论来实现的。该理论认为在公开、发达的证券市场中，向投资公众实际传播的信息，不管其来源和真实性如何，都会迅速地反映在证券价格上，所以当被告就重大事实进行虚假陈述之时，该虚假陈述必定为相关证券的市价所反映出来，此时的价格是不公正的，而许多信赖该价格为公正的而进行交易的无辜投资者将因此遭受财产损失。这一点就足以表明原告的损害与被告的虚假陈述行为之间具有事实因果关系。

经济损失及其因果关系

原告遭受了经济损失且这个损失和被告不法行为间必须有充分的因果连接关系，是 10b－5 规则项下的请求权基础。1934 年交易法第 21D（b）（4）条明确规定原告有义务证明，他索赔的损失是被告违法行为造成的。因此，尽管被告的欺诈行为诱使原告从事了交易，但如果原告遭受的损失是由于股市整体下跌或其他无关原因造成的，他仍无权获得赔偿。原告应当证明，被告的欺诈行为（如虚假陈述）在原告遭受损失的过程中，起到了实质性的（substantial）作用，这包括需要综合考虑欺诈行为与损失发生时的时间间隔、影响股价变动的其他因素及各自的作用力、欺诈行为的潜在作用、其连续性和作用范围等。

就涉及证券欺诈的集体诉讼，法院在考虑是否驳回原告起诉的时候围绕以上的几个要件及其对应的法律标准进行法律分析。从我们以上的介绍来看，这几个条件的要求其实是不低的，而且从目前的趋势看，和安然事件前后年度所不同的是，目前法院是比较偏向保守的，如果原告无法在诉状中具体阐述各事项（particularity），以充分说明以上条件是满足的，那么起诉比较容易被驳回。当然，被告的抗辩策略也是围绕这几个要件进行的，逐个抗辩说明原告的起诉不符合这些要求，请求法院驳回起诉。由于这个阶段还没有进入证据开示，所以原告所掌握的信息并不十分完整，诉讼状要满足这些条件难度不小。当然如果有些案件在爆发前，已经有大量的公开信息存在，如媒体报道、SEC 调查结果或者起诉状、DOJ 的起诉状、破产调查报告、甚至做空机构的公开研究报告，那么原告律师就可以充分利用这些信息在诉状中对被告进行指控。除了这些常见的公开信息之外，原告律师还会通过秘密证人（confidential witness）的方式（这些秘密证人一般是被告的内部员工）来提供指控内容。因此，在诉讼的这个阶段，原被告之间的信息战也十分关键，公开的信息越多，对被告越不利。

四、会计师、投行、律师等第三方是否承担主要责任

会计师、投行和律师这些作为第三方的中介机构往往也是证券欺诈集体诉讼的对象，尤其是在被告企业破产或者无力赔偿的情况下，原告律师更是紧盯有赔偿能力的第三方。对于这些第三方的指控同样需要符合证券法相关要素，即：重要事实的不实陈述、知情（欺诈）、信赖、因果关系。

在美国最高法院对 Central Bank 案件判决之后，就第三方是否构成证券集体诉讼中的责任承担者（primary liability），或者说第三方如何从次要行为人（secondary actor）变成主要行为人（primary actor），从而需要承担集体诉讼中的赔偿责任，各地法院逐步形成了两个标准：明线标准（bright line standard）和实质参与标准（substantial participation standard）。明线标准认为只有那些确

实向股东或者投资者作出不实陈述的被告（actually make a statement）才需要承担集体诉讼中的赔偿责任。这里的重点词是“作出”（make），如何定义这个词存在争议，一直到2011年联邦法院在Janus一案中援引了牛津大词典，才作出了更清晰的法律解释。与此相反，实质参与标准则认为只要被告参与了不实陈述的作出过程，并在该过程中起到重要作用（significant role），那么被告就要承担集体诉讼中的赔偿责任。

很明显，明线标准是倾向于保护被告的，而实质参与标准则对第三方被告构成了严重威胁。美国有的法院倾向执行明线标准（尤其是第二和第十一巡回法院）。

也有少数的地方法院采纳了实质参与标准，如在2002年的安然集体诉讼中法院认为，并不需要考虑是否作出直接陈述（direct attribution），只要有实质性的参与外加符合欺诈的指控条件，那么可以认为第三方（次要行为人）需要承担责任。

美国证券集体诉讼案例中还有其他两个法律原则可能会导致第三方承担责任：一个是代理人理论（agency），另外一个是传播载体理论（use of conduit）。在代理人理论下，代理人（agent）所作的陈述有可能会被推导成为被代理人（principle）所作的陈述。比如，四大会计公司在美国的分支机构被起诉了，其国际总部是否要承担责任？这就需要判断在具体审计案例中，四大美国分支机构和其国际总部之间在这个案例中代理和被代理关系是否成立。而在传播载体理论下，其中一方作出了不实陈述（或者说对不实陈述进行了发布和传播），那么这个不实陈述信息的来源方（original source of false information）有可能需要承担责任，尤其是如果这个信息的发布者其实只是在扮演信息来源方的传播载体（工具）而已。

如何认定外部审计师（会计师）的责任？

在美国证券欺诈集体诉讼中，会计师成为被告的情况非常普遍，这主要体现在两种情形中：一种是会计师出具审计意见，且这个审计意见是作为上市公司年报披露的组成内容之一，这种情况下，会计师就成为主要行为人，而不是次要行为人，因为会计师向投资者直接作出了自己的陈述；另外一种情形是，会计师参与了企业的财务资料编制工作，如为企业提交给 SEC 的报表提供编制协助工作、不出具意见的审核工作、为企业的重大会计政策提供咨询等等。如果在明线规则下，会计师只要不出具独立的审计意见，就不会构成主要行为人；然而在实质参与规则下，如果会计师过多地参与企业的不实陈述工作，则有可能被法院认定成为主要行为人，从而要承担责任。如果法院同意原告的指控，认为会计师的行为符合欺诈的条件，那么会计师就会变成属于主要行为人，就需要承担赔偿责任。那么法院通常是如何认定会计师存在欺诈行为呢？欺诈的性质意味着被告对不当陈述或者重大遗漏是知情的。

就审计工作来说，会计师出具的是审计意见，就一页纸，审计意见属于意见（opinion），不属于事实描述（facts）。即使审计意见认为企业的报表符合会计准则，而企业的实际情况是报表不符合会计准则，如果审计意见有合理依据而且审计师在出具审计意见时自身确信其有合理依据，那么这个审计意见本身并不是虚假陈述，因为审计意见是审计师的观点，是审计师的专业判断，既然如此，就不存在虚假与否的命题。而真正可能构成虚假陈述的，则是审计工作依据，就是说审计师的工作是否真实按照公认审计准则进行，或者说审计师是否真的获得了足够的证据从而使其确信其所发表的审计意见是合理的。所以是审计工作（审计过程）而不是审计意见（结论）是诉讼的焦点。就审计意见而言，只有在原告能指出被告在得出该意见时是缺乏依据的（被告自身并无合理理由确信），或者被告是在轻率的情况下出具该审计意见的，原告才可以据此起诉被告。

从一系列以会计师为被告的案例中可以看出，评估会计师是否存在欺诈其实是个要求非常高的课题。通常，法院要求原告的起诉状能够阐明会计师的审计工作是极其不合理的（highly unreasonable），属于是对通常专业标准的极端偏离（an extreme departure from the standards of ordinary care），或者是几乎接近于有实际的企图协助被审计对象进行舞弊行为，或者说该会计师所作出的会计判断是其他任何理性会计师在相同背景下不可能作出的专业判断。

原告只有在起诉状中提出具体的事项（particularized facts），并可以从中强有力地推导出会计师存在欺诈行为，才符合起诉条件。而且正如前文所述，联邦最高法院在 Tellabs 案件中，对何为“强有力地推导”又作出了比较偏向被告的司法解释，所以原告的起诉要符合这个条件其实并不容易，尤其是在证据开示之前。在各地区法院的司法实践中，已经形成的惯例是：如果会计师的行为属于轻率，则也可以被认定为属于欺诈性质。从相关案例可以看到的是，企业的会计违规行为越明显、越严重，审计师的审计工作被认定为属于轻率的可能性就越大。当然仅仅存在会计违规行为，不论其重大与否，只能属于有利于证明轻率和欺诈（probative of scienter），还不能据此就直接认定为存在轻率和欺诈。原告还需要能够提供具体的证据来说明被告存在相对应的欺诈企图（corresponding fraudulent intend）。

值得注意的是，美国判例法中，审计师认为其工作符合公认审计准则（GAAS）的要求，并不意味着其就符合美国联邦证券法律的要求。尤其在SEC的执法案例中，SEC认为，如果企业的最终财务信息结果存在重大误导，符合公认审计准则不能作为审计师的抗辩理由。SEC前主席Harvey Pitt曾经在2002年2月19日的一次会议上表达了SEC的立场：如果会计处理仅仅是形式上符合公认会计原则（GAAP），而结果却重大误导或者欺诈投资者，会计师则可被追究刑事责任。在SEC执法的Edison School案例中，企业的收入确认虽然并不认定违反了公认会计原则，但SEC仍然指控其收入确认的会计方法存在重大误导，最终企业和SEC达成了和解赔偿。

仅仅指控审计师的工作违反公认审计准则，还不足以指控审计师的工作达到轻率或者欺诈的标准。在Carley Capital Group v. Deloitte&Touche. LLP. 27 F. Supp. 2d 1324，1339（N. D. Ga. 1998）案中，法院认为，违反公认会计原则和违反公认审计准则，再加上对财务数据的极端高估，则可以认定审计师的行为属于轻率行为或者有意识的不当行为。在P. Schoenfeld Asset Mgmt. LLC v. Cendant Corp.，142 F. Supp. 2d 589，609（D. N. J. 2001）案中，原告指控审计师没有发现数百个违规的会计分录，被审计企业的利润和收入被严重高估，且还存在众多的“预警信号”表明企业的错误会计分录缺乏依据，在这种情况下，法院认为原告对审计师的指控是成立的。

审计师如果忽略“预警信号”，则有可能会被认定为属于轻率或者欺诈行为。所谓的“预警信号”是指那些足以引起普通审计师关注到被审计企业可能存在误导投资者的不良行为的事项。在In re Health Mgmt.，Inc. Secs.

Litig.，970 F. Supp. 192，203（E. D. N. Y. 1997）案中，原告指控审计师轻信管理层的声明，而没有对分析师提醒审计师该公司可能存在高估应收款的警告信作出进一步必要调查，也没有对公司回复 SEC 的询问进行更严格的审计程序，这些都是属于“预警信号”，然而审计师却熟视无睹，因此法院认为原告对被告审计师的欺诈指控是成立的。在 In re Hamilton Bankcorp.，Inc. Secs. Litig.，194 F. Supp. 2d 1353，1359（S. D. Fla. 2002）案中，法院认为，原告指控审计师的工作违反 GAAP 和 GAAS，而且审计师还忽视包括被审计公司被监管机构调查的“预警信号”，所以，审计师的工作是极度背离了审计师应有的正常关注标准（extreme departure from standards of ordinary care）。在美国在线时代华纳案 In re AOL Time Warner，381 F. Supp. 2d 192，240（S. D. N. Y. 2004）中，原告提出了一些“预警信号”，同时又指出企业违反公认会计原则和审计违反公认审计准则，因此法院认为原告对会计师的指控足以强有力地推导出欺诈的存在。当然在具体案例中，何为“预警信号”，不同的法院又会有不同的解读。

当然很多情况下，审计师常用的抗辩理由是：审计师并无动机进行欺诈行为，因为审计师不会拿其诚信和声誉来同审计费作交易，尤其是大型国际会计师事务所。这个抗辩理由也曾经在一些案例中被法院所采纳，法院认为大型会计公司如果从事此等交易将属于经济上不理性的（economically irrational）。虽然仅用审计费的高低无法来指控审计师对欺诈行为存在动机，但如果审计师在收取审计费用之外，又收取了咨询费，或者审计师曾打算辞去该客户，后来由于客户大规模增加审计费用而向该客户继续提高审计服务，最终该客户被指控财务欺诈，那么在这些情况下，法院认为审计师欺诈的动机是很有可能存在的。由此看来，保持审计师和被审计公司之间的独立性，对审计师增加诉讼的抗辩理由是有利的。

在现代风险导向审计模式下，审计师通常会识别出被审计单位的固有风险、控制风险和剩余风险，这些风险都会记录在审计底稿中。而在证券集体诉讼中，原告律师往往以此为“预警信号”，指控审计师对这些风险是明知的，但却没有采取必要审计措施，从而没有审计出企业财务报表所存在的重大误导。审计师的工作底稿本来是应该用来保护审计师的，但却往往成为被指控的依据，对此，审计师应该如何进行抗辩呢？或许2007年联邦最高法院在Tellabs案件中对欺诈的解释，可以从某种程度上避免审计师的工作底稿被原告律师单方面利用，而对被告不利，正如前文所述，Tellabs案中所确立的原则要求法院进行全面的比较分析（comparative assessment）。

从美国证券集体诉讼目前趋势来看，原告能够成功指控会计师存在欺诈的难度是加大了，尤其是原告很难在证据开示之前可以获得详细和足够的信息对会计师提出指控，但如果有监管机构（如SEC）或者破产法庭的调查报告，或者内部人士举报，等等，都有可能给原告律师在指控会计师欺诈方面提供一些详细信息。

如何认定外部律师的责任?

律师被起诉通常是由于其参与企业的法律文件起草，向企业出具法律意见书，协助企业编制招股书等，通常律师本身并没有直接向投资者作出陈述。因此在明线标准下，对律师的指控通常会被法院驳回。在案件Ziemba v. Cascade International Inc. 256 F. 3D 1194（11th Cir. 2001）中，第十一巡回法院就非常保守地采纳了明线标准，从而驳回对律师的指控。但在安然事件爆发后，美国又发生了一系列的公司丑闻，美国投资者纷纷将丑闻公司的外部律师告上法庭，要求他们承担赔偿责任。这里最典型的属于安然案件，该案件中，法院拒绝采纳明线标准，而是采纳了实质参与标准，并认为如果外部律师和外部会计师实质参与了公司的错误信息制作过程，而且原告又可以充分指控被告存在欺诈，那么外部律师和会计师需要承担责任。安然案件中，法官拒绝了外部会计师安达信公司及外部律师Vinson & Elkins LLP. 申请驳回起诉的动议。此案中的地方法院认为，会计师和律师如果对企业的财务状况相关的陈述持明确的支持立场，不论其是以独自的方式还是以共同作者的形式，不论其名字是否在该陈述中出现，都对那些可以预见到将会依据这些陈述的第三方，承担有责任，不允许在知情（knowingly）或者极度轻率（severe recklessness）的情况下出具有重大误导的陈述。这个判决，将安达信和Vinson & Elkins LLP. 置于不利的诉讼地位。

2011年6月，联邦最高法院在Janus Capital Group, Inc. , et al. , Petitioners v. First Derivative Traders（简称"Janus 案"）案中的判决可谓是目前最新的美国最高司法解释。最高法院认为，只有对不实陈述有最终权限的作出者（maker）才需要承担责任，从而否决了陈述的制造者（creationism）需要承担责任，并对陈述的作出者给出了定义，即：是指对所作陈述具有最终权限的个人或者企业（the "maker" of a statement is the person or entity with ultimate authority over the statement）。这正如在演讲安排中，演讲者需要对所演讲的内容负责，而不是要求演讲稿的起草者负责。

这一解释无疑是对为上市公司提供服务的第三方公司有利，降低了同上市公司从事商业交易的集体诉讼风险。虽然审计师本身由于需要出具审计报告，所以会成为审计报告陈述的最终有权作出者，因此还无法免除责任，但对其他的会计师服务来说，其诉讼的风险无疑是降低了。对向上市公司提供服务的律师来说更是如此。Janus 案件所形成的法律原则很快就在 Refco 证券集体诉讼对律师的指控中得到运用，在该案中，法院援引了 Janus 案的原则，驳回了原告对律师的指控。最高法院的这个解释也有利于会计师向上市公司提供税务和会计咨询服务，而避免承担集体诉讼风险，前提是会计只提供咨询和建议，其方案是否应该得到采纳和实施最终的决定权在企业，而不是外部咨询公司。

如何认定投行的责任？

如果企业证券发行过程中出现财务欺诈，导致股东集体诉讼，投资银行需要承担责任吗？投资者可以起诉投行吗？2001 年前后，针对投行的集体诉讼可谓到达历史的高峰，当年度有 308 起集体诉讼起诉投行在 IPO 过程中涉嫌欺诈投资者，这些案件称为 IPO "laddering"或者" flipping" 诉讼案。这些案件统一合并成为一个集体诉讼，名叫 "IPO Allocation" 案，最初达成的和解赔偿金高达 10 亿美元（到目前为止实际落实了约 5 亿美元）。投资者指控投行、投行的客户及 IPO 过程中发行证券的公司三者联合起来操纵 IPO 上市交易后的股票价格，投行从中收取秘密回扣；还指控投行给 IPO 公司的高管分配热门公司的原始股票，以换取这些公司的投行业务；而且这些投行的研究部门还出具了非客观的研究报告，以此误导投资者。美国国会、SEC 及一些州的监管机构都开始调查华尔街大投行在 IPO 交易，及安然公司倒闭案件和当时一系列大公司会计丑闻中所扮演的角色。SEC 更是对花旗、美林、瑞士信贷、大摩、高盛这些投行就其存在利益冲突的非客观研究报告业务开出了高达 14 亿美元的罚金。而且众多的投资者将这些投行纳入集体诉讼的被告行列，在安然和世界通信的集体诉讼巨额赔偿方案中，投行所承担的赔偿额超过 90%，分别高达 69 亿和 60 亿美元。

当时美国大公司系列丑闻案件中，华尔街投行从某种程度上成为了众矢之的，不仅这些高额的赔偿大大缩减了投行的利润空间，更为重要的是，投行业务面临着众多的集体诉讼，而且当时的证券集体诉讼法律环境和美国监管制度对投行变得越来越不利，这样的法律环境下，投行业务以后将会面临更多的集体诉讼。对投行自身来说，法律环境不利所带来的风险，并不亚于 2008 年次级债危机中投行倒闭的风险。

在安然证券集体诉讼案件中，投资者指控花旗等投行和安然是共同进行财务欺诈的，认为投行需要承担共同欺诈责任。投行抗辩认为他们同安然的业务是正常的商业交易，最多只是属于协助和教唆安然进行财务欺诈（aiding and abetting)，而在联邦最高法院的 Central Bank 判例法下，协助和教唆的责任是无法在证券集体诉讼中得到起诉的，只能由 SEC 进行行政执法。然而，安然案件中的地方法院并不采纳投行的抗辩，认为原告已经足以详细指控投行被告参与了安然的欺诈行为，足以指控投行成为安然财务欺诈的主要行为人，所以拒绝了投行申请驳回起诉的动议。(见安然集体诉讼案 235 F. Supp. 2d at 697)。

第三方本身并没有参与企业的会计处理和财务报表编制工作，但参与了企业涉嫌财务违规的经济交易过程，这个第三方的次要行为人是否会被认定成主要行为人，从而需要承担证券集体诉讼中的赔偿责任呢？这个赔偿责任的理论称为共同欺诈责任，其是否属于证券集体诉讼的范畴？在安然案件中，原告就是以此为切入点来指控被告的，并得到了地区法院的认可。正是如此，花旗和摩根等投行才不得不同意进行和解谈判，最终以巨额赔偿了解此案。

但 2008 年 1 月 15 日联邦最高法院在 Stoneridge 案件中作出裁决，拒绝将这个所谓的共同欺诈责任纳入证券集体诉讼范畴。最高法院在判决中认为和上市公司（作为客户）保持商业往来的企业（作为供应商）如果没有直接误导该客户的投资者，而仅仅是对其客户误导投资者的行为（或许属于误导）提供通融（silently accommodate)，那么该企业不应该成为美国证券欺诈集体诉讼下的被告。这个被认为是向众多美国公司提供保护的法律原则不仅仅适用于那些普通的供应商，也适用于向上市公司提供服务的其他第三方，包括投行、经纪商、会计师、律师及其他服务提供者。这些第三方将不再被认为是违反1934年交易法第10（b）条款及SEC的10b－5规则的首要违规者，从而避免承担责任。

在案件Stoneridge Investment Partners，LLC v. Scientific-Atlanta，Inc.（a. k. a. Charter Communications）中，联邦最高法院并不认可scheme liability理论，拒绝了原告的这个请求。最高法院认为如果认可在证券集体诉讼中运用共同欺诈责任理论，就会扩大证券集体诉讼的范围，不仅违背了国会PSLRA的立法限制证券集体诉讼的本意，而且还会增加美国上市公司的成本，从而可能会导致美国资本市场上市公司资源外流。如果针对第三方的证券集体诉讼被无限扩大，那么任何同上市公司进行正当商业交易的公司（包括供应商、客户）都有可能无辜地面临诉讼风险。最高法院在Stoneridge案中的立场对华尔街投行来说无疑是个利好消息，可惜的是对那些在安然案件中已经作出巨额赔偿的投行来说，这个判决不具有追溯意义，已经同意的赔偿既然也已经付款了，就无法追溯了。这就是美国的法律，法官可以根据具体情况造法，以寻求投资者权益保护与企业日常管理不被打扰之二者间的平衡。

正如前文所述，2011年6月联邦最高法院在Janus案件中更是作出了被认为是有利于向上市公司提供服务的投行、律师和会计师的解释。

五、是“侠盗罗宾汉”还是“诉棍”？

证券集体诉讼在美国有很大的争议，其正面的作用固然是可以对上市公司加强外部监督，对上市公司及其高管保持威慑，使其不敢贸然违规，从而保护中小投资者利益；但争议最大的负面因素是担心该制度被滥用，造成“扰诉”和“诉棍”现象。证券集体诉讼制度被一些律师事务所演变成为对付大公司的合法利器。从1996年到2012年期间的证券集体诉讼达成了700多亿美元的和解赔偿，这相对于投资者所主张的数万亿美元的投资损失并不显著，然而对应的律师费用却高达100多亿美元。安然股东集体诉讼案件的原告律师获取了接近7.98亿美元的律师费收入，世界通信的证券集体诉讼原告律师也获得了约5.3亿美元的律师费收入，Tyco案中原告律师费用高达4.93亿美元。Cendant案中的原告律师费也高达3.24亿美元，据统计，和解金额前10名的集体诉讼案件的总赔偿金额为297.64亿美元，其对应的原告律师费用高达27.36亿美元。所以受益最多的反而是律师行业，而广大股东真正能获得的赔偿并不明显。在安然事件前后，美国爆发了多起大公司治理丑闻，证券集体诉讼大案频发，而且达成和解赔偿金额巨大，此后美国联邦最高法院介入并陆续审理了一些案件，对第三方的诉讼进行了一些限制（如Stoneridge案件、Janus案件）。DOJ也对涉嫌滥用证券集体诉讼的律师行业进行调查。

这里不得不提的律师事务所和人物是纽约的Milberg Weiss律师事务所及其合伙人William S. Lerach。该律师事务所被CNN报道称为美国最无耻的律师事务所，其于1965年成立，通过证券诉讼该所为受欺骗的投资者获取了累计高达450亿美元的赔偿；而William则被美国媒体称为是美国硅谷公司最恨的人，他是美国著名的证券集团诉讼律师，也是个争议性的人物，他曾在1995年美国国会关于《美国证券私人诉讼改革法案》的听证会中，强烈反对政府和国会限制证券私人诉讼；他是安然案件和Dynergy能源集团公司的证券集体诉讼的原告首席律师，他带领的安然案件原告律师团队创下了美国历史上证券集体诉讼的最高和解赔偿纪录——安然案的超过70亿美元的赔偿，而且在该案件中原告律师获得了超过7亿美元的律师费用，据媒体报道William个人从本案中获得的律师费用报酬高达5000万美元；他还在世界通信和美国在线时代华纳证券集体诉讼案件中担任大型机构投资者原告律师；他曾被媒体列为美国南加州圣杰戈市富人榜第11名，据说个人财富超过9亿美元。此君在接受媒体采访的时候曾公然宣称自己并非天使，而是和其他人一样以赚钱为目的。后来不久，媒体披露由于其在约50起针对美国大公司的集体诉讼中涉嫌向某些原告行贿提供虚假证据，美国联邦检查官早就盯上他，并对他提起刑事指控。William这条“大鱼”是联邦检察官的一个污点证人供出的。2007年10月他承认指控，等待他的将是2年的有期徒刑，并在2008年初得到宣判。除了2年的有期徒刑外，他还被判2年的职业禁止，25万美元的罚款外加1000个小时的社区服务义务。从原先被公众认为是中小投资者利益的保护者，甚至可以说是“正义斗士”（至少其自我如此标榜），变成阶下囚，则是再次体现了人性中天使和魔鬼的两面性。William 入狱后，Patrick Dillon 和 Carl Cannon 两位记者共同写了《Circle of Greed》一书，描述了 William 的具有争议和传奇色彩的职业生涯。而 Milberg Weiss 律师事务所也由于 DOJ 的调查和起诉而分崩离析。从 Milberg，Weiss 律师所的倒闭和 William 律师的真实版故事当中，我们可以观察到美国社会对证券集体诉讼制度同样是充满争议和褒贬不一的态度。

在经过世纪初的无数大公司财务丑闻和 2008 年爆发的美国次级债危机，美国大公司和华尔街投行及四大会计公司（这些公司属于过去 10 年来证券集体诉讼的主要赔偿者）备受证券集体诉讼困扰。尤其是次级债危机所产生的针对华尔街金融巨头们的诉讼，有些是以这些金融机构巨额赔偿得到和解，还有众多诉讼正在进行中。据媒体于 2012 年 11 月 3 日报道，高盛正在挑战的是美国第二巡回上诉法庭在 2012 年 9 月 6 日作出的允许该集体诉讼成立的决定，这起集体诉讼指责高盛集团在出售这些按揭证券时存在误导和欺骗投资者的行为，没有正确披露该证券产品的风险。高盛集团表示，其已经催促美国联邦最高法院尽快中止按揭证券集体诉讼，该诉讼将可能令高盛损失数百亿美元。

从目前的法律环境看，由于华尔街金融机构向法院施加压力、美国政府直接干预和最高法院偏向商界的案例解释造法等等，证券集体诉讼受到了一些限制。对证券集体诉讼现在进行一定方式的限制无疑是最符合商界利益的，但证券集体诉讼也还会继续，因为只要资本主义制度还存在，魔鬼和天使天性一般是同在的，博弈仍在进行，而规则本身也是博弈的结果之一。

第三部分

跨洋大鏖战：中国概念股集体诉讼个案详情

本书中所列出的案例信息主要来自相关法律文件，案例中所提到原告对被告的指控内容可能属实，也可能不属实，本书对这些指控内容没有任何立场。通过对案件法律文件的整理和分析，本书旨在展示原告的指控要点、被告的抗辩理由及法院对各案件的分析、讨论、推理和裁决过程。而且这些案例的诉讼除世界通信案件外，其余皆未进入最终的庭审阶段，本书所载的内容主要是基于被告向法院提出驳回起诉的动议以及法院对此动议的裁决，在这一过程中，法院只是假设原告对被告的指控属实，法院的裁决也仅仅限于原告是否有权力向法院进一步提供证据来支持其主张，所以也不代表法院认定原告对被告的指控属实。

对是否驳回起诉的裁决是证券集体诉讼过程中十分关键的步骤，其将直接决定案件的走向，是驳回起诉，是要求重新提交诉讼状，还是进入证据开示阶段？其结果也直接影响原被告对整个案件的诉讼和反诉讼策略，以及和解谈判的策略。所以本书的重点也是关注诉讼是否被驳回、这一阶段原被告双方的博弈以及法院作出这一裁决的过程。

1. “软件第一股”东南融通诉讼案

- 一家市值超20亿美元、员工超8000人的软件巨头，为何在短短数月内被迫停牌退市并迅速解体？
- 和同行比拥有超高的业绩，是“真金英雄”还是“人造美女”？超高的利润率是否构成财务欺诈的“预警信号”？
- 接近80%人力资源外包到貌似同名的公司，对审计师来说是“预警信号”？还是“烟雾弹”（red herring）？
- CFO是否具有欺诈的动机和机会？是否属于轻率？他又是如何为自己辩护的？
- CFO安抚投资者电话会议上的陈述是否构成欺诈的证据？
- 德勤的辞职信在指控CFO和其他管理层中起了何种作用？
- 做空机构的研究报告是否可以作为指控起诉的证据？
- 明知企业欺诈风险乌云密布、疑点重重，德勤步步紧逼，却为何没能发现造假？为何做空机构能够而德勤却无法揭发东南融通的造假行为？
- 德勤审计是否符合公认审计准则？是疏忽？是轻率？还是熟视无睹（blind eye）？
- 原告的六大“预警信号”指控为何没有击倒德勤？
- 审计师欺诈或者轻率的起诉认定标准又是如何？
- 审计意见的表达，能否属于重大不实陈述？意见表达和事实陈述之间的界线在哪里？
- 第一次指控德勤被驳回后，原告是如何卷土重来的？新的起诉状又追加了指控德勤的哪些证据？德勤在第二轮的博弈中命运如何？

一 案件过程

1996年成立的东南融通科技有限公司（Longtop Financial Technologies Ltd.，下称“东南融通”），是金融软件制造和服务公司，员工超过8000人。2007年10月24日，东南融通在纽约证券交易所挂牌，IPO发行价为ADS 17.5美元（1 ADS=1普通股），总融资额高达1.826亿美元。高盛和德意志银行为其主承销商，上市审计师为德勤。东南融通股价在2010年11月10日达到42.86美元的峰值，最高市值曾达24亿美元。2009年11月，该公司进行了SPO，每个ADS价格31.25美元，融资近1.32亿美元。2011年7月22日纽交所启动东南融通的退市程序，8月29日东南融通正式从纽交所退市。

东南融通披露的财报显示该公司从2008年至2010年间，总收入从0.659亿美元上升到1.619亿美元，净利润从290万美元上升到5900万美元。公司宣称其骄人的业绩得益于高毛利率和经营利润率：2010年公司的毛利率为62.5%，经营利润率为35.8%。这让同在美国上市的软件公司软通动力、海辉软件、文思信息甚至亚信公司的同比数据黯然失色。投资者曾经就此差异质询过东南融通，东南融通曾经骄傲地告诉分析师，其金融行业的核心解决方案和软件产品使东南融通不同于海辉、文思这些纯软件外包公司，后者主要采用以卖工程师人头为主的商业模式。

2011年4月26日，东南融通被做空研究机构Citron指控造假，称其60%-65%的毛利率远高于同行，值得怀疑。Citron还指出，东南融通的大多数员工都不是由公司直接聘用的，80%都是由一家第三方人力资源公司（XLHRS）雇佣的，这家公司除了为东南融通提供劳工之外没有其他任何业务。这种人力资源模式为成本转移出资产负债表外创造了很大的操作空间，为会计舞弊创造了机会。Citron还对东南融通高管成员背景和其董事长将其70%的持股赠与他的员工和朋友的动机提出了质疑。由此，东南融通股价大跌12.92%，报收22.24美元；其成交量也从日均82.35万股暴增至1115万股。2011年4月27日，研究机构Bronte Capital发布研究报告，质疑东南融通进行二次融资的必要性，因为该公司有超高的现金储备。东南融通股价继续应声而跌至17.73美元，连续两天的累计跌幅高达26.4%。

2011年4月28日，东南融通召开投资者电话会议。公司CFO Derek Palaschuk，一位有四大会计公司审计经理阅历和在其他中概股任CFO履历的加拿大人，在会议上否认了以上研究机构的质疑，并表示其个人和审计师的关系密切，认为审计师是其仅次于家庭和CEO之后排名第三的密切关系者，并对审计师德勤出具本年度无保留审计意见充满信心。CFO的陈述暂时安抚了资本市场，此后，东南融通的股价上涨了11%，升至每股19.66美元。

2011年5月17日，东南融通突然宣布股票暂停交易，该公司股价停留在每股18.93美元水平上，说有重大消息需要公告。东南融通将德勤将要出具的无保留审计意见视为救命稻草，可没想到的是，德勤最终决定抛弃东南融通。北京时间2011年5月23日，东南融通宣布，德勤已经于2011年5月22日终止了与东南融通的业务关系。德勤的公开辞职信披露出辞职的详情包括：东南融通银行存款和贷款余额相关的财务信息虚假，还有可能涉及销售收入；德勤试图于2011年5月17日进行正式的第二轮银行函证程序，然而东南融通管理层某些成员故意干扰德勤的审计工作包括直接打电话给银行告知德勤并非公司的审计师、在银行办公地非法扣押德勤的审计文件、还试图在东南融通办公地非法扣留德勤审计人员。2011年5月20日，东南融通董事会主席Ka打电话给德勤中国东部地区管理合伙人Paul Sin，告知后者东南融通过去曾经虚报收入，只好用虚假银行存款信息予以平账，而且公司高层也参与了这个过程。德勤还指出其原先所出具的东南融通审计报告不应再予以信赖。

同时，东南融通还宣布公司的CFO也于2011年5月19日辞职。2011年5月17日，东南融通已被停牌；8月17日，东南融通在美国股市开盘前被摘牌退市。东南融通通过上市前后一系列并购形成的软件服务集团旗下业务也纷纷解体，有的掏钱赎身、有的被同行并购、有的员工直接被同行挖走，号称有超过8000名员工的集团公司，在短短几个月内几乎消失了。

2011年11月10日，SEC因东南融通无法及时提交2011年的财报以及德勤所提到的该公司从2008到2010年财报不再可信赖，而对东南融通提起诉讼，指控其违反SEC相关规则。

东南融通的财务欺诈消息即刻引发股东集体诉讼。原告律师似乎是已经起草好了起诉状，就在东南融通5月23日作出以上公告的当天，就有律师提交了集体诉讼。其后又有数起诉讼爆发，这些诉讼合并成一个集体诉讼。原告指控以下被告分别违反证券交易法相关条款：

• 指控东南融通公司、包括其CEO（Lian）和CFO（Derek Palaschuk）在内的管理层违反证券交易法第10（b）条款和SEC的10b-5规则。

• 指控管理层个人被告违反证券交易法第20（a）控制人责任条款。

• 指控审计师德勤中国（Deloitte Touche Tohmatsu CPA Ltd.，“DTTC”，以下简称“德勤”）违反SEC的10b-5规则，DTTC为东南融通2005年至2010年的财务报表出具了无保留审计意见（东南融通上市后将美国报表的财年从原来的12月31日修改为3月31日）。

• 指控德勤母公司（Deloitte Touche Tohmatsu Limited）违反证券交易法的第20（a）控制人责任条款。

诉讼所涉及期间从2009年6月29日（后来修改为从2007年10月24日）至2011年5月17日。至目前为止案件的发展历程如下：

• 2011年9月21日，纽约南区联邦法院确定所有诉讼合并成为集体诉讼，任命首席原告（lead plaintiff），并批准了首席原告对首席律师（Lead Counsel）和协调律师（Liaison Counsel）的选择。

• 2011年11月18日，原告提交合并诉讼状。

• 2012年2月29日，原告自动撤回对个人被告Thomas Gurnee和德勤母公司的指控。

• 2012年6月28日，法院拒绝了东南融通前CFO申请驳回起诉的动议。

• 2012年11月14日，法院同意了德勤提出的驳回起诉动议，但允许原告在30天之内重新提交诉讼状。

• 2012年12月14日，原告提交了修正后的合并诉讼状。

• 2013年4月8日，法院同意了德勤提出的驳回起诉申请，而且拒绝原告继续提交诉讼状。

德勤中国和东南融通原CFO Derek Palaschuk向法院提交申请驳回起诉的动议，法院于2012年6月29日作出裁决拒绝了该CFO的申请；2012年11月14日针对德勤中国的动议作出裁决，同意了德勤的申请。这两个裁决对本案来说是重大的里程碑事件，我们接下来详细了解一下法院的相关裁决过程。

二 针对 CFO 的诉讼

Derek Palaschuk 于 2006 年 9 月至 2011 年 5 月 19 日间担任东南融通的 CFO。法院认为原告的起诉状已经提供足够具体的事项对东南融通的管理层整体作出指控，也对该 CFO 作出了具体而充分的指控，包括所涉及的东南融通公司年报 20－F 中所存在的不实陈述。

关于违反 1934 年交易法 10（b）条款的指控

法院认为原告的起诉状已经充分指控了该被告作出不实和误导的陈述，这主要体现在两个方面：其所签署的新闻公告和其在投资者会议上所作出的陈述。法院认为这两个方面的陈述都可以直接追溯（attribute to）到该 CFO，因为他对这些陈述具有最后的权限（ultimate authority）。被告 CFO 并没有对"谁"是这些由他所签署、发布对外陈述的制作者提出抗辩，而是认为其不应该对其他董事们的不实陈述承担责任。法院认为该 CFO 对其所作出的书面和口头陈述是有最终的权限的。

所公布的新闻公告中存在不实陈述指控

法院认为原告已经指出这些公告在发布的时候就已经属于不实陈述。2010 年 2 月 10 日，该 CFO 指出是由于强劲的经营活动现金流推动了东南融通业务的快速发展；2010 年 5 月 24 日，该 CFO 对外指出来自现有业务的有机增长（organic business expension）和并购推动了公司业务的增长；2010 年 8 月 18 日，该 CFO 又对外宣称公司核心软件开发业务的存量订单（contract backlog）和在销售项目情况优良；2010 年 11 月 15 日在业绩公告后的电话会议上，该 CFO 又宣称公司的订单额、利润率和经营活动的现金流又提升了；2011 年 1 月 31 日，该 CFO 又对外炫耀东南融通公司的业界领先利润率。

原告在起诉状中采用了大量第三方研究机构所提供的信息，被告 CFO 抗辩道这些研究机构由于存在卖空的行为，所以其提供的信息不应该被采纳。法院认为该CFO抗辩是有说服力的。然而，在新闻公告中出具公司财务信息的是该CFO，虽然他指出，德勤的辞职信并没有提到在诉讼期间内公司的现金余额存在任何问题，但辞职信中清清楚楚地写明，德勤拒绝接受东南融通所提供2010和2011年任何文件，德勤确信东南融通的财务数据在整个诉讼期间都被高估了；德勤还指出东南融通的管理层应该调查清楚其在美国相关证券法规下的法律责任。因此法院认为原告已经充分指控该CFO在向公众和SEC提交财务报表的时候，作出了重大误导的陈述。

法院指出，原告也已经充分地指控该CFO对外作出涉及业务增长的信息也存在重大误导，因为原告指出这些增长其实来自于非法的会计处理，即：将成本转移至XLHRS这家公司。做空机构的研究报告，虽然不如德勤的辞职信可信，但毕竟描述出了这些事实，因此法院还是需要考虑的。

原告指出，东南融通超高的毛利率有部分其实是因为其非法的员工成本外包模式：将80%的人力资源外包，并将其中的95%外包给XLHRS公司。原告认为这样的大规模外包，给东南融通将其最大的成本项目（人力成本）进行表外操作提供了空间。原告援引做空机构Citron的研究报告中所列出的八个事项，包括XLHRS和东南融通共享总部办公楼、东南融通的两名员工协助XLHRS进行工商年检资料上报、东南融通通过XLHRS以达到少缴纳社保等相关基金的目的等，指出其导致东南融通的利润被高估数百万美元。

法院认为，以上指控如果属实，足以说明该CFO在新闻公告及投资者会议上关于公司业绩增长的陈述存在重大不实，因此属于可诉讼事项。

该CFO抗辩道，这些做空机构的分析报告并没有指出东南融通的报表存在重大误导；然而法院认为，这些分析报告所披露的事项，足以强有力地推导出东南融通向公众披露和提交给SEC的关于公司增长的原因是错误的。被告又抗辩道，原告必须能够指出东南融通到底违反了会计准则的哪一条；法院指出，原告已经指控被告没有披露此项关联交易，从而违反了美国会计准则的FAS57具体准则。

投资者电话会议中所作不实陈述的指控

2011 年 4 月 28 日的电话会议中，该 CFO 告知分析师做空机构 Citron 的分析报告是没有根据的，并反复强调 XLHRS 不是关联公司；2010 年 5 月 24 日，该 CFO 告知投资者公司整体毛利率的轻度下滑是由于并购业务以及公司投入所造成的；原告在起诉状中充分指控这两个陈述不实，具有误导性，而且违反了会计准则。

法院还认为，原告所指控的被告所作不实陈述符合重要性原则，构成重大不实陈述，因为所涉及的 XLHRS 关联交易可能违反会计准则，以及所指控的虚高的毛利率对任何理性投资者来说在购买股票的时候都会予以考虑的；况且，在 Citron 的报告出台后，东南融通的股价应声下滑 8%。

原告在欺诈要素上的指控是否充分?

欺诈要素是指控违反 1934 年交易法 10（b）条款所必须的，法院认为原告的起诉状已经从强烈的情形性证据角度对被告存在欺诈作出了指控。这包括：

欺诈的动机和机会。原告指控该 CFO 通过发布重大不实的陈述，抬高了东南融通的股票价格，并乘机抛售自己所持有的股票，从中获利。原告指控其在集体诉讼所涉及期间抛售了 15 万股股票，涉及金额高达 400 万美元（在修正后的合并诉讼状中，原告还进一步指出该 CFO 抛售了 35 万股股票，占其所持有股份的 77%，所涉及股票价值约 960 万美元）。该 CFO 抗辩道，原告所提供的所谓股票抛售证据仅仅是拟抛售证据。法院认为，原被告双方的争议属于事实认定范畴，不应该在考虑诉讼是否驳回阶段解决，于是拒绝了被告的抗辩。

被告有责任监督财务数据的准确性（duty to monitor）。原告认为，作为 CFO，Derek 有义务确保公司财务报表的准确性，以及在涉及 XLHRS 和公司雇员这些重大信息陈述方面不存在误导性；Derek 没有做到这一点就属于轻率而没有履行职责，因此可以追溯认定该 CFO 对这些不实陈述是知情的。原告指出，该 CFO 有足够的信息使其可以判断其所签署的财务报表、其所作的口头和书面陈述存在误导。比如，原告指出东南融通的员工协助 XLHRS 公司进行工商报表提交，这样的情况该 CFO 是很容易知情的；在此情况下，如果该 CFO 进一步调查，其实很容易发现该公司毛利率虚高的会计违规现象。被告抗辩认为，原告的指控并没有提供任何东南融通的内部资料。然而法院注意到，原告也提供了一些内部资料名称，这些资料作为公司 CFO 是很容易获得的；而且案例法中也没有要求，和公司披露不一致的信息一定要来自内部资料。因此法院认为，原告已经从动机、机会及轻率的角度对被告提出了指控。

在信赖要素方面，原被告双方并不存在异议。原告依据市场欺诈理论指出，投资者基于对这些不实陈述的信赖而购买东南融通，从而导致损失。被告 CFO 也承认，关于东南融通的报道很快就在市场中体现出来，投资者由此遭受了损失。

交易法第 10（b）条款下指控的最后一个要素，即损失的因果关系要素，原被告双方对此并没有异议。

关于违反交易法第 20（a）条款的指控

第 20（a）条款是控制人责任条款，其前提条件包括：

- 首要违规情况存在；
- 控制人存在实际控制情况；
- 控制人对所发生的事件负有责任。

法院认为原告的指控已经符合以上三个条件：

首先原告已经充分指控东南融通首要违规的情况存在，东南融通是首要违规者。东南融通的公开披露文件中包含财务数据，而其审计师德勤的辞职信则明确指出在诉讼相关期间内，东南融通的现金（含银行存款）和收入数据被高估；而且原告也指出东南融通通过人为抬高毛利润率的会计欺诈获得了具体利益，包括可以进行 SPO 和通过诸如并购的方式进行业务扩张。同时被告 CFO 对原告诉讼状中的信赖要素并没有提出抗辩，原告也已经充分阐明了损失的因果关系：当东南融通的财务欺诈信息被曝光后，其股票价格急剧下滑，最终导致被退市，投资者损失巨大。

法院认为原告对 Derek 的指控也符合控制要素，认为作为 CFO 其对公司的财务报表是有控制权的，而且其本人直接参与了报表的编制工作。而且 Derek 自己也承认从其加入公司那天起他就和审计师有密切的沟通。

法院认为原告对 Derek 在东南融通财务欺诈上应该承担责任的指控也是充分的。

经过以上分析，2012 年 6 月 28 日，法院拒绝了该 CFO 提出的驳回起诉动议。从中我们发现，Derek 并没有提出特别强烈的抗辩理由。对这一关键性裁决，Derek 是继续上诉还是选择和解谈判，或者选择坚持抗辩到庭审等待陪审团的裁决，目前还无法预知。当然如果选择和解谈判，并不一定会导致 Derek 倾家荡产，从以往案例看，人道性地给他本人和其家庭保留一定的生活费用是美国司法的惯例。

三 针对审计师德勤的诉讼

德勤审计报告指出其审计是按照美国公众公司会计监督委员会（PCAOB）所颁布的公认审计准则进行的，并认为东南融通的财务报表符合美国会计准则要求。原告指出，东南融通的报表没有恰当披露和 XLHRS 公司的关联交易信息，因此并不符合会计准则。原告指控德勤没有尽到公认审计准则要求的“应有专业关注”（due professional care）和“职业怀疑”（professional skepticism）。原告指出德勤的审计是轻率的，是低于公认审计准则要求的，因为德勤对东南融通并没有执行有效的审计程序对银行存款余额和贷款金额进行调查；而且德勤忽视东南融通超高的毛利率主要“预警信号”，没有执行有效审计程序发现东南融通通过 XLHRS 公司进行人力成本转移。因此德勤的审计违背了公认审计准则要求，德勤的审计意见属于重大误导。

“预警信号”是指控审计师违背证券欺诈条款 10（b）的重要情形性证据，本案中原告列出了其所认为应该属于“预警信号”的如下六个内容：

- XLHRS 公司是在东南融通 IPO 之前很短的时间内成立。
- 虽然付款给 XLHRS 公司的费用是东南融通最大的经营成本项目，该信息直到 2009 年的年度报告 20－F 中才予以提及。

- XLHRS 公司和东南融通共用办公楼。
- XLHRS 公司名称中包含“Longtop”（融通）的字眼。
- XLHRS 公司并没有自己的公司网站，而且东南融通是其唯一的客户。
- XLHRS 公司的招聘广告中所提供的 email 回复地址是东南融通网站的地址 longtop. com；这让人怀疑 XLHRS 公司是否和东南融通共享服务器。

被告抗辩指出原告并没有充分指控被告存在欺诈，而且审计师的审计意见属于一种专业意见表达，并非一种事实陈述，原告并无证据表明审计师并非出于其所确信而出具审计意见。

就被告提出驳回起诉的动议，法院从以下角度进行了分析和判断。

原告对被告存在欺诈的指控是否充分?

在考虑欺诈的指控是否充分过程中，法院需要从全面的角度（holistically）对起诉状所描述的事项（这里是假设起诉状所描述的情况属实）判断其能否强有力地推导出德勤的行为是否构成轻率，从而在主观上接近属于主观上有意协助东南融通进行欺诈；而且这样的推导结论在强度上至少必须能和相反结论的推导强度旗鼓相当。根据这个标准，法院认为原告的起诉状并没有提出足以让德勤对东南融通欺诈行为应该予以知情的充分指控事项。相反，正如起诉状所指出的，如果德勤执行了更有效的审计程序，那么可能会发现东南融通的欺诈行为；这样的指控最多只能说明德勤在审计中的疏忽行为，而不是类似于存在主观欺诈意图的轻率性质。法院的具体分析过程和角度如下：

对违反会计准则的指控。法院认为原告仅仅是泛泛地指控德勤违反公认审计准则，不足以强有力地推导出德勤欺诈；即便具体的指控，也仅仅可以推导出德勤是被东南融通欺骗了，而不是德勤本身没有执行审计程序。公认审计准则提醒投资者即使再完美的审计程序在面对管理层欺诈的情形下也可能失效；原告的起诉状提到了东南融通管理层进行了广泛的欺诈行为，甚至包括对银行单据（函证）进行造假；原告仅仅是罗列出了一系列的审计程序，认为德勤即使很草率地执行了这些审计程序，也足以发现德勤辞职信中所提到的东南融通造假行为（原告认为东南融通的造假行为并不难发现）。法院认为，原告并无法指明德勤是否执行了即便是轻率的审计程序，所以原告对德勤存在欺诈的指控并不成立。

原告所提供的"预警信号"。在1934年交易法10（b）条款下，如果原告仅仅是指控审计师没有执行相应的审计程序，则还不足以指控审计师存在欺诈；没有执行有效的审计程序，外加相应的欺诈意识，则足以充分指控审计师存在欺诈；而欺诈的意识属于主观上的思想活动，在案例法上，如果原告可以提供充分证据表明审计师置"预警信号"不顾，那么就可以指控审计师的思想意识在主观上接近欺诈。所以"预警信号"可以说是审计师在证券集体诉讼中的致命杀手。

本案的起诉状指控德勤没有注意到以上所提及的六个"预警信号"，所以属于轻率行为。然而，法院指出，原告的起诉状并没有说明德勤对这六个推定存在的"预警信号"是确实知情的；相反，原告却指出，如果德勤执行了更有效的审计程序，那么德勤对这六个所谓"预警信号"应该是知情的，而这六个"预警信号"也足可以指向东南融通的欺诈行为。法院认为，从原告所提供的情形描述来看，还不能判断一个合理的审计师在这样的情况下（对"预警信号"不知情的情况下），会对管理层的欺诈进行询问。

并非所有的所谓"预警信号"都对审计师在诉讼中构成威胁，法院指出，在考虑诉讼是否驳回阶段，只有那些如此明显存在从而可以假设任何审计师都会予以关注的"预警信号"，才是法院所认定的"预警信号"。法院认为，原告所提供的六个"预警信号"中，只有三个是属于明显存在从而可以令人假设德勤应该是对此知情的，即第一、二、四点。

法院认为，即使以上事项对德勤来说可以是知情的，但德勤并没有因此而发现东南融通的欺诈，这并不表明德勤的审计等同于没有审计；如果德勤有意识地无视（consciously disregard）那些任何理性审计师都会予以觉察到管理层存在欺诈行为的"预警信号"，那么就足以指控德勤的行为属于欺诈性质；XLHRS公司的成立时间及其公司名称包含有"融通"的字眼，这并不足以确保任何理性审计师觉察到欺诈的存在，尤其是此类人力资源外包属于常见的行为；而且东南融通在2008年的年报中有披露其于2007年5月和XLHRS公司签订了人力资源外包合同，并披露了和该公司的关系及有多少员工是通过XLHRS所提供的，也提供了该合同。即使作出如此披露，不论是SEC还是公众都没有意识到此项安排和所指控的东南融通欺诈行为有关联。所以法院认为，这似乎说明这些所谓的“预警信号”其实是“烟雾弹”；也正如同SEC和公众被蒙蔽了一样，德勤也会合理地推断出东南融通和XLHRS的关系如同公司目前所披露的那样，其仅仅是个已经充分披露的非关联、第三方人力外包公司。

做空机构的研究报告。法院认为原告依据做空机构研究报告的信息并不足以指控欺诈的存在，这些做空机构存在投机行为，往往预测公司的股票价格在将来会下滑，他们的存在有时候可以向市场提供信息来说明公司的股票价格被高估，然而，他们往往会故意夸大他们所做空企业的缺点。

原告认为做空机构的报告可以证明欺诈的存在，因为直到做空机构发布报告质疑东南融通的财务数据之后德勤才具体评估东南融通因管理层欺诈而形成的财务报表误导风险。法院认为，德勤辞职信清楚地透露出德勤在此之前已经勤勉尽职地履行了审计程序，而之后由于做空机构报告的出台，德勤虽然面临威胁仍然继续采取进一步程序来重新复核其原先的工作，这足以证明德勤的勤勉尽职；而且在第一份做空机构研究报告出台之后的不到一个月之内，德勤就确定了东南融通确实存在问题，并公开辞去了审计师职务。

虽然原告认为是做空机构而不是德勤发现东南融通的欺诈，所以足以说明德勤的审计属于轻率性质，但法院认为这个观点并不成立。法院指出，如果在任何情况下只要做空机构在企业欺诈被揭发前一出具研究报告，审计师就要负责，那么审计师的责任范围将会大大超过PSLRA所界定的范围。从原告所指控的内容看，其最可能推导出的结论是德勤在审计过程中履行了合理的勤勉尽职责任，而并非“没有审计”。

原告提出的其他欺诈指控法律理论。原告又指出了两个欺诈指控法律依据，其中之一是从东南融通欺诈的金额大小可以推导出德勤的审计属于轻率性质；其二东南融通欺诈行为变明朗后德勤很快就发现了该欺诈行为，这也足以说明德勤原先的审计属于轻率性质。

法院认为，原告所提出的这两个法律理论并不符合案例法Tellabs所确立的证券集体诉讼起诉标准。确实，无法发现金额重大的财务欺诈行为可以成为指控审计师欺诈的某种情形性证据，正如看不见眼前的大石头这样的情况也可以成为证明某人为盲人的情形性证据。然而，正如德勤所指出的，由于东南融通对审计工作的干预，其欺诈金额到底有多大目前并不可知；而且原告并没有指出该欺诈金额到底有多大，占东南融通业务规模的比例如何，原告并没有提供充分的此类信息来指控德勤；况且，财务欺诈金额的大小这个证据本身还不足以指控审计师的审计属于轻率性质。

法院认为，在东南融通的欺诈行为变明朗之后，德勤很快就发现了该东南融通的欺诈行为，这也不能从中强有力地推导出德勤的审计属于轻率性质。法院指出原告这一逻辑的缺陷似乎是说，从德勤自己的辞职信中作出推论，由于原先审计工作的轻率，所以德勤在进行追加银行函证工作之后不得不撤回原先的审计意见；相反，法院认为从德勤的辞职信中最可以推导出的结论是，东南融通一直在向审计师隐瞒其欺诈行为，在德勤进行更加严格的审计程序后，企业管理层加强了其欺诈行为的力度。

至于原告指控认为东南融通的毛利率超出市场同行水平从而构成“预警信号”，法院认为这也不足以构成欺诈的指控。法院认为，如果胜于同行经营业绩可以构成欺诈的信号，那么整个世界五百强公司就需要法务会计的彻底调查；虽然德勤，如同 SEC 和整个公众投资者，并没有因为其高毛利率就质疑东南融通的业绩，但这实在无法就此判断德勤的审计属于轻率性质。

法院认为，说到底，原告是通过事后发生情况来指控德勤存在欺诈，欺诈行为从事后来看总是明显，但事前因为没有千里眼而没有发现则并非都是属于轻率（Fraud is always obvious in retrospect, but it is not reckless to lack clairvoyance）。法院指出，原告的起诉状除了不断地引用审计准则和所谓的“预警信号”外，最多也只能说明，如果德勤执行了更加有效的审计程序，那么应该可以更早发现东南融通的欺诈行为；综合整个诉讼状内容来看，我们从中能够最强有力地作出推断的是，德勤被东南融通欺骗了，而不是德勤的轻率行为促使了东南融通的欺诈行为。因此，原告的诉讼状无法充分指控德勤对东南融通的审计构成欺诈。

原告还指出德勤并没有满足 SEC 要求查询工作底稿的传票要求，这也构成了德勤欺诈的证据。法院认为原告的此项指控理由不成立，法院指出，德勤至今没有满足 SEC 的传票要求，这似乎是因为中美两国之间就审计的跨境监管存在冲突，而且 SEC 已经申请（并获得法院批准）就这些冲突得到解决之前暂停诉讼。

德勤的审计意见是否属于重大不实陈述

针对原告的指控，德勤抗辩道，审计师认为其审计符合公认审计准则这样的陈述是属于一种意见的表达，并不属于一种重大不实陈述，除非审计师在作出这个意见的时候在主观上是有欺诈性质的。原告反驳道，如果起诉状能够充分指控东南融通的财务报表并不符合会计准则，那么德勤的审计意见就构成了重大的不实陈述。

法院认为，原被告之间在此事项上的争辩涉及事实和观点之间如何界定的标准，事实和观点之间的界线在哪里？这在证券集体诉讼案例中并非没有先前案例。最近而言，法院在雷曼兄弟证券集体诉讼案（In re Lehman Bros. Securities and Erisa Litigation）中，就对此问题进行了详细的分析。在该案中，法院认为，审计师认为其工作符合公认审计准则的要求，这样的表述从内在来看属于一种意见的表达，除非原告能够提供真实的证据表明：审计师其实自己也不确信这个意见，或者审计师自己也认为其没有合理的依据可以确信这个意见。就是说，如果意见表达者内心所想（所确信）和其所表达不一致的时候，那么意见的表达也可能会构成一种虚假、不实的陈述。本案中的法官也采纳了这个判例法，认为如果要指控审计师的意见属于一种不实陈述，那么必须能够证明这个意见是基于错误或者虚假的事实而作出的，而且意见表达者自身并不真心或者合理确信（genuinely or reasonably believe）这个意见是合理的。

诚然，由于不同的审计失败具体情况各不相同，所以能够成功指控不实陈述所需要的证据权重也不尽相同。在有些案例中，其审计质量是如此的臭名昭著，以至于不需要额外的证据来证明主观企图就可以确认审计师在作出无保留审计意见的时候是一种虚假陈述；而在其他一些案例中，原告所指控审计师违反某些审计准则其实是一种主观上的判断，这样就需要更强有力的情形性证据（circumstantial evidence）来证明审计师存在主观上的欺诈企图，从而才可以确保起诉状能够战胜被告的驳回起诉动议。

法院认为，本案中原告指控德勤存在欺诈的主观意识，所以其审计意见（包括其审计工作符合公认审计准则，及东南融通的财务报表符合会计准则）

属于不实陈述；然而原告并没有提供事实来证明在出具审计报告的时候，德勤对东南融通的欺诈是知情的（aware），或者是属于应该知情的；恰恰相反，原告的起诉状所能强有力推导出的结论是，德勤在审计过程中已经履行了勤勉尽职的义务，德勤仅仅是被东南融通的欺诈行为所欺骗了。因此法院认为，原告并没有充分证据指控德勤的审计意见属于重大的不实（虚假）陈述。

经过以上的分析，法院同意了德勤申请驳回起诉的动议；同时，法院给予原告 30 天时间限制重新提交诉讼状。

原告于 2012 年 12 月 14 日（并于 2013 年 3 月 22 日进一步作出修改），也就是在 30 天的时间限制内向法院提交了长达 90 页的修正后合并诉讼状，比第一稿诉讼状整整多了 31 页。新的诉讼状将诉讼期间开始日期从原来的 2009 年 6 月 29 日修改为 2007 年 10 月 24 日（东南融通 IPO 日）；相对应地，新诉状详细列出了在这个扩大的诉讼期间内，东南融通各期报表（年报和季报）所存在的重大误导和漏洞。此外，新的诉讼状增加了对德勤存在欺诈的指控内容，在第一稿起诉状中指控德勤欺诈的内容只有 7 页，而新的诉讼状此项内容达 29 页。新的诉讼状针对德勤的欺诈指控内容包括：

- 德勤对于东南融通公司众多的欺诈“预警信号”和内部控制缺陷是知情的。原告指出德勤至少在 2008 年 5 月对这些“预警信号”就知情，而且至少在 2007 年就知晓东南融通的内控存在缺陷，而且是在整个诉讼期间仍然存在这些缺陷。

- 德勤对已知的关于银行存款余额和收入方面的欺诈“预警信号”熟视无睹。原告指出，德勤在 2007 年审计的时候就发现东南融通没有恰当编制月末和季度末的银行调节表，德勤应该按照审计准则的要求修正其审计程序，执行更为广泛的程序来检查诉讼期间东南融通的银行存款余额。新的诉讼状指出，东南融通管理层多次拒绝德勤对前几大客户收入进行函证的要求，最后德勤放弃了函证程序而改为替代性程序，原告指控德勤的审计属于轻率行为。

- 德勤对第三方向其表达对东南融通业绩担忧的信息熟视无睹。原告所指的这些第三方包括分析师和做空机构的研究报告，还包括德勤的另一审计客户（YTEC，东南融通竞争对手）的 CFO 向德勤提醒其对东南融通的疑虑。

- 德勤对涉及 XLHRS 和东南融通涉嫌少缴纳社保的“预警信号”熟视无

睹。

原告看来是增加了不少指控德勤欺诈的内容，而且这些指控内容的主要依据和信息来源包括：东南融通和德勤审计过程的电子邮件沟通内容、会议日程和会议纪要、德勤向东南融通审计委员会提交的陈述报告、德勤提交给东南融通的管理建议书、德勤内部的一些审计备忘录、东南融通内部的电子邮件沟通内容，甚至还包括据称是东南融通内部人士（实名）同德勤在审计过程中的沟通内容等等。这些信息都标明日期和人物姓名，有的还标明文件名称，所以很具体、详细，不能不说其具有相当的杀伤力。法院在考虑是否驳回起诉的时候往往是假设这些指控内容属实的。原告的这些指控信息主要是来源于向东南融通 CFO 进行证据开示过程中的发现。新增加的所谓“预警信号”是否会被法院认可？新的指控是否能够强有力地推导出德勤存在欺诈？德勤又会如何进一步进行抗辩？

本案中，德勤的辞职信对指控东南融通存在欺诈起了重要作用；然而德勤的辞职信主要是提到东南融通银行存款、贷款及收入方面可能存在虚假，并没有具体提到东南融通将 80% 的人力外包到叫 XLHRS 的这家公司；而相反，这却是做空机构的主要质疑。由于没有类似安然、世通案件中的董事会调查报告或者监督机构的调查报告，东南融通的财务欺诈具体内幕现在还不得而知，除了德勤辞职信有明确的定性外，做空机构的报告也仅仅是属于质疑。

针对原告修正后的诉讼状，德勤已经作出反应，并申请法院驳回起诉。尽最大努力尽快扑灭诉讼之火应该是德勤的上上策，因为如果德勤驳回起诉的申请被法院拒绝，那案件就会进入证据开示阶段，原告有权要求德勤提供和东南融通审计相关的工作底稿，这对德勤十分不利，德勤将会陷入两难选择：如果向被告提供审计底稿，则不仅不排除原告从审计底稿中发现更多对德勤不利的信息，还有可能导致德勤违反中国涉及“机密信息”的相关监管制度；而拒绝向原告提供审计工作底稿，不仅违反美国民事诉讼程序法律，德勤还将会失去更多为自己辩护的机会，导致法官和陪审团将有可能作出不利于德勤的判决。

如果德勤无法获取法院支持及时和迅速地扑灭原告的再次起诉状，那么德勤在本案诉讼中的命运还会受到 SEC 对德勤起诉案件的影响，目前 SEC 还无法获得德勤审计东南融通的工作底稿，所以虽然SEC已经起诉德勤，但由于具体的指控内容还没涉及审计德勤的审计质量，因此SEC目前起诉德勤的诉讼状对股东集体诉讼的用途并不很大。但如果SEC获取德勤的工作底稿之后，倘若发现德勤的审计程序没有执行到位，决定修改诉讼状继续起诉德勤，那么股东集体诉讼原告律师就可以获得更多直接、具体的证据来指控德勤，这样德勤将陷入十分被动的局面，不得不同时面对两个诉讼，而且在和解谈判过程中处于不利地位。德勤固然可以认为其对东南融通的审计是符合PCAOB和公认审计准则的要求，所有四大会计公司在集体诉讼案件中都是如此认为的。由于审计和会计工作涉及大量的专业判断，其中一方认为自己符合公认审计准则，另外一方也总能找出有争议的地方。审计师最为得意的专业“判断”，或者认为会计是一门艺术，这对证券诉讼的律师来说无疑是保留了很大的诉讼空间，律师会认为，既然是“判断”，那就意味着是可争辩的（arguable），律师对于任何可争辩的事项都可以演绎成可诉讼的法律事件。所以避免被动向对方律师透露东南融通项目审计程序方面的信息（除非为进行自身抗辩需要而主动提供），无疑是德勤最需要注意的。而目前由于中美两国在审计跨国监管方面尚未达成一致意见，德勤还可以直接从中受益，所以德勤应该充分利用目前时间段扑灭股东集体诉讼，希望法院能再次驳回原告修正后的诉讼状。

最新进展

2013年4月8日对德勤来说无疑是个重大的胜利之日，就在这一天，纽约南区法院的Shira A. Scheindlin法官同意了德勤的申请，驳回原告修正后诉讼状，并拒绝原告再次提交诉讼状。接下来我们来了解一下法院是如何作出这样令原告律师几乎绝望而令德勤欢欣无比的裁决的。

原告于2012年12月14日提交修正后的诉讼状，并扩大了诉讼期间，以2007年10月24日作为诉讼期间起始点。法官首先认同德勤的抗辩，认为原告基于德勤于2007年10月24日所出具审计意见的相关指控已经超过5年的诉讼时间限制。接着，法官又重点对以下几个指控作出了全部有利于德勤的裁决：

法院认为，对收入不进行第三方直接函证，而是进行替代性的审计程序，

这并不能说明德勤的审计属于轻率性质。在 2009 年审计中，德勤援引国际审计准则和其对 PCAOB 相关要求的理解，认为需要对重大客户的收入进行函证，然而东南融通 CFO 援引 GAAS 认为，这不是准则上书面明确要求的必须审计程序。双方在审计准则技术解释上进行了激烈的交锋，最后德勤被该 CFO 说服，改用了替代性审计程序，但德勤仍然向公司表明，倘若某日 GAAS 存在相应变动，则会重新考虑对收入进行审计函证的需求。原告指控德勤的行为属于轻率性质，法院并不认同原告的立场。法院认为，并不能因为事后发现舞弊存在而认定事前没有进行函证程序是轻率的，因为该程序毕竟不是 GAAS 所要求的，GAAS 要求对应收账款进行函证，并没有要求一定要对收入进行函证（原告也无法指出 GAAS 的哪个具体条款有此要求）；而且德勤在截至 2008 年 3 月 31 日年度审计过程中，已经对重大收入的合同条款进行了函证，所以德勤并非在整个诉讼期间没有对东南融通的收入进行实质性调查。此外，法院认为，德勤可能基于审计的成本效益原则而同意该 CFO 的观点，不进行收入函证，这最多只能说明审计师懒惰，而不是说明轻率性质。

法院认为，从诉讼状所提供的第三方信息中并不能推导出德勤存在欺诈。合并后的诉讼状列举了一些第三方信息，原告认为，这些信息足以构成“预警信号”，而德勤对这些“预警信号”没有采取进一步的审计程序，属于轻率行为。法官对这些信息分别作出如下分析：

一是分析师报告（Wedge Partner reports）。该报告总体上是对东南融通保持积极评价，只是对东南融通和 XLHRS 之间的交易安排表示质疑，但也没有作出最终结论；在后续（2010 年 3 月 31 日）的东南融通投资者沟通会议中，东南融通向投资者解释了公司和 XLHRS 之间的交易性质，说明了该交易安排是符合中国法律规定（有律师意见书为据）的，而且公司在社保方面也是合规的。Wedge Partner 公司也参加了该会议，并没有对此提出异议。所以只能说明，Wedge Partner 所质疑的问题公众已经知晓，但东南融通却通过进一步的粉饰，从而欺骗了 SEC、投资者、Wedge Partner，也欺骗了德勤（东南融通的 CFO 难道果真如此神通广大?）。

二是 YTEC 公司 CFO 的质疑。德勤于 2010 年 7 月 16 日出具审计报告；YTEC 公司 CFO 和德勤北京公司于2010 年 10 月 2 日开会，该 CFO 告知德勤其对东南融通财务数据的质疑；德勤和东南融通于2010年11月2日开会谈及此质疑，并于2011年5月23日辞去审计师职务。原告指控德勤在知晓此等质疑后应该修改其于2010年7月16日出具的审计报告，然而法院认为德勤并没有此等义务。法院认为，原告并无法指出德勤在2011年5月23日辞职前对东南融通的欺诈是知情的，而且在PSLRA下，德勤的工作是否属于没有任何实质审计，其举证责任在原告，所以原告必须能够说明德勤没有修正其审计意见的行为属于轻率性质；然而原告的指控并没有符合这样的要求，原告的指控仅仅是包括YTEC公司CFO对东南融通的质疑（据称为建设银行内部员工对东南融通来自建行收入金额的质疑以及市场对东南融通业绩的质疑传言），这些信息在可靠性上是相对缺乏的，因此德勤自己进行独立调查的义务也就相对要弱一些；相反，德勤也是严肃认真对待这些传言的，其与东南融通CFO沟通了这些内容，并要求实施追加审计程序，而且还建议东南融通就市场对其来自建行收入的质疑启动独立调查程序，所以德勤的行为并不构成轻率性质。

法院认为，德勤对东南融通内控缺陷和欺诈风险并非轻率地熟视无睹。原告指控德勤从2007至2010年对东南融通审计期间发现东南融通存在内控缺陷，也识别出欺诈风险，然而德勤仍然出具无保留审计意见，因此属于轻率行为。法院从以下四个角度进行分析，指出原告的指控并不具备说服力：

首先，德勤并没有义务对东南融通截至2006年12月31日财年的内控发表审计意见，即便如此，德勤仍然将其所发现内控中存在的一个重大缺陷和一个实质性缺陷向公司汇报，并在东南融通IPO招股文件F-1中进行披露。

其次，法院认为原告混淆了欺诈风险因素的会计概念（accounting concept of a fraud risk factor）和对实际欺诈知情的法律概念（legal concept of notice of actual fraud）。德勤对东南融通存在一般性审计风险认知并不意味着其对欺诈行为是知情的，而原告也没有提供信息来作出此等指控。

再次，原告并没有指控德勤对东南融通的内控缺陷和风险因素是熟视无睹的，相反，年复一年，德勤是发现问题、沟通问题、并制定计划来解决这些问题，这正好说明了审计的勤勉，而不是轻率。原告认为，在诉讼的目前阶段法院应该推断德勤并没有实际履行那些所计划的追加审计程序，因为德勤是年复一年地提出相同的东南融通内控缺陷和欺诈风险因素。然而法院并不同意原告的主张，法院认为，原告在经过大量的证据开示之后，仍然没有指出德勤没有履行这些所计划的审计程序（其实不看审计底稿是无法知晓的），所以德勤虽然识别出东南融通的欺诈风险，但这并不能强有力地推导出德勤的审计属于轻率。

最后，法院指出，德勤在其仅有的两年内控审计义务期间，向公众披露了东南融通存在管理层越权的内控风险，这足以反驳原告对德勤没有提醒投资者的指控，况且原告也没有指出德勤在此期间有任何额外的对外披露义务。

总之，法院认为，原告的起诉状只能推导出，审计师识别出了企业的欺诈风险，而最终企业也被发现确实存在欺诈行为，如此，审计师就应当承担责任。这样的指控逻辑显然不是法律上所允许的，原告的指控逻辑将会伤害那些无法发现企业欺诈行为的审计师。

法院认为，东南融通对员工社保义务的解释并不构成德勤对此熟视无睹的审计“预警信号”。原告指控德勤没有调查东南融通和 XLHRS 之间的真实关系，也没有调查此等关系及社保少交对东南融通财务报表的影响。然而法院认为此等指控并不充分，法院认为：

从所提供的信息看，东南融通似乎对其社保最大债务进行了预提，只是其实际缴纳金额低于所预提的金额，所以这就足以说明审计师并不轻率。

而且从原告的起诉状中却可以看出，在整个审计过程中，德勤对东南融通和 XLHRS 之间交易的会计处理提出了众多的询问，并从管理层寻求答复；在最后一次的审计意见出具之后，德勤还要求东南融通提供关于社保事项的政府确认函，坚持要求和公司外部律师会谈，并要求公司进行进一步的分析测试；正是德勤的这样步步紧逼，才导致东南融通不顾一切地向德勤进行隐瞒，所以这只能说明德勤被东南融通欺骗了，而不是德勤的轻率行为促成了东南融通的舞弊行为。

总体来看，法院认为，从原告的起诉状只能推导出，东南融通欺骗了德勤，德勤没逮住东南融通，并非德勤没有履行审计程序，因为原告并没有指出德勤没有履行哪些所计划的应有审计程序，所以对德勤的所谓轻率（欺诈）指控也就不充分。

法院的裁决对于德勤来说是压倒性的胜利，这样有利于审计师的裁决首先是得益于安然诉讼案后美国联邦最高法院通过几个案例法对证券集体诉讼作出了一系列限制，加强保护包括投行和会计师在内的第三方机构，从而加大了原告在起诉阶段的难度（具体解释可以参见本书第二部分）；同时由于东南融通的财务欺诈行为至今并没有公开的独立调查报告（不论是来自监管当局还是来自企业董事会），所以外界还无法获取比较全面的信息；此外，由于对审计师工作底稿的调查并未进行，所以原告也无从获取对被告不利的证据；在这样的情况下，原告指控审计师的难度是比较大的。对原告来说，由于法院不允许其进一步提交诉状，所以法院的这一裁决几乎使原告律师绝望，如要继续诉讼，原告只能通过上诉。

在证券集体诉讼中，由于个案的情形不同，其结果实属难以预料。德勤虽然在本案中连续两次成功驳回原告的起诉，但在另外一个中概股的诉讼案中则没有这么幸运。在中国高速频道（China MediaExpress Holdings，Inc.）案中，德勤香港成为被告，美国纽约南区联邦法官于 2013 年 2 月 28 日作出裁决，拒绝了德勤香港申请驳回起诉的动议，德勤目前仍未摆脱中概股诉讼案的困扰。

东南融通诉讼案引发了许多值得深思的问题。正规的职业队伍，履行了复杂审计程序（包括当今最先进的风险导向审计程序），加班熬夜和东南融通进行了反复博弈，甚至针锋相对，估计累倒了不少“四大”审计青年，然而历经数年为何却没能揭发多年的财务欺诈行为，而做空机构这样的草根和游击队却能够在短时间内戳穿骗局？德勤认为其审计是符合 GAAS 的，难道是 GAAS 的问题？这或许和二者业务模式的理念出发点有些关系：德勤作为当今世界级的正规军，在初次接受审计客户后，秉承“健康的职业怀疑态度”，就是先假设审计客户可信，类似于“人之初，性本善”，而一旦日后发现（是个逐步、甚至是个缓慢的过程，而且往往是个迟钝、也不排除个别情况下有人认为是个愚蠢的过程）客户缺乏诚信，那么就会抛弃客户；而诸如“浑水摸鱼”、“香橼”（Citron）这样的做空机构，以反向做空获利为目的，就首先需要假设其目标公司存在欺诈，而且还要大张旗鼓地负面宣传，使投资者相信目标公司存在欺诈，所以如果说审计师的工作是使投资者相信企业的财务信息是可信的，是一种增信服务（assurance），那么做空机构的职责则是“增假”，其业务模式所隐含的理念就类似于“人之初，性本恶”这样的前提假设。“四大”审计公司喜欢和“君子公司”打交道，但往往遇到很多“伪君子”；做空机构天生就喜欢“伪君子”，唯恐天下人都是“君子”。问题是，我们要遵循什么样的公认准则，才可识别“君子”和“伪君子”？

四、案外之声

东南融通事件可以说是全面引爆了2011年的中概危机，而且加剧了中美两国在审计跨国监管方面的冲突。此前中概出事的主要是一些借壳、反向上市公司，而且那些公司市值都比较小，审计师一般都不是四大会计公司；相比较之下，东南融通是IPO上市的，其财务数据是经过四大之一的德勤所审计，其业务是经过包括高盛在内的顶级投行上市的尽职调查，而且公司市值曾经超过20亿美元。所以东南融通事发后，投资者信心受到大挫，中概股价普遍走低，其中所受影响最大的当属于东南融通所处的中国软件服务行业在美上市公司。受东南融通事件影响，以及几年前印度外包巨头萨蒂扬公司银行存款虚假丑闻的影响，在美上市的中国软件外包股（文思、海辉、软通和柯莱特）全线走低，文思的每股股价从曾经超过40美元下跌到低于7美元，海辉的股价也从最高超过30美元下跌到低于10美元，同时做空数量急剧上升，文思被做空的股份数量曾经一度超过1000万股；而且投资者开始对这些外包公司的财务数据出现了不同程度的担心，为安抚投资者，这些中概公司都在很快的时间内向投资者披露其详细的银行存款信息，表明其现金资产的真实和安全，以区别于东南融通的银行存款不实情形。

时至今日，中概软件外包在美上市公司仍然未走出这场危机。中国软件外包行业曾经被华尔街认为将成为印度外包行业的竞争者，认为中国也会出现像印度Infosys、Wipro、Cognizant、美国Accenture这样的外包巨头，而且在2006年前后也确实有中国外包公司从印度公司手中获取客户。然而，面对成本上升和对客户的议价能力不足，目前软件外包公司却是面临寒冬；同在美国上市的文思和海辉通过一对一的换股合并成目前中国最大的软件外包公司，新公司名称为文思海辉，人员规模超过25000人，这个合并被业界称为是“抱团取暖”，而华尔街目前看来尚未十分看好这宗交易，中国软件外包行业的估值仍然处于低谷；软通也被其大客户分走一杯羹，不得不和华为成立合资公司，以实现在短时间内发展成为超过 20000 人的外包公司。

软件外包公司需要规模，没有规模接不了大单，也就没有大客户；但这个行业又是以人为基础的行业，这不同于资本密集型或者以有形资产为核心的企业。所以，如何激发工程师的积极性和创造性，以实现公司要有规模还要有效率，这是企业管理层必须要面对的巨大挑战。印度和其他类似的跨国信息外包或者咨询公司（如 Infosys、Accenture）都有一些成熟的和行业通用的精细化管理方法，如：推行扁平式（甚至网状）的组织模式、以实际工时和标准成本来考核成本和效率、讲究流程的分工和分权、同时讲究不同流程之间的协作、对业务从立项到完成进行流程分解和风险管理等等。然而要将这些通行的方法在快速扩张的以人为基础的规模性公司落地，则通常要面临各种阻力和挑战，所以是一场管理变革，这除了需要管理者的决心和勇气外，还需要有相当的代价。对于在美国上市的企业来说，尤其是中小规模的企业，由于要面临华尔街每个季度的业绩压力，任何暂时、短期企业经营和管理方面的风吹草动，都有可能会对股价有很大的影响。是变革，还是要维持现状，任何稍大一点的管理举措，都有可能是两难选择。

中国并不缺乏优秀的软件工程师，工程师的英语应用水平也在提高，而且优秀的工程师甚至是越来越多；中国本身就是个软件外包大市场；中国改革开放的继续深入也有助于中国软件外包公司从国际上获取大单；中国的软件外包公司已经走向国际资本市场，这些都构成了良好的外部环境。因此中国软件外包公司如果能够尽早探索出适合自身战略发展需要的管理体系，那么就可以更早实现在规模和效率方面能够和印度外包公司相竞争，也就可以更早实现在中国本土“站起来、走出去”这样的产业战略目标。

申明和信息来源

本案例的主要信息来源于相关法律文件，案件中所提到的指控内容，可能属实，也可能并非属实，本书对此并无任何立场。同时，由于本案并未经过陪审团和法院的最后庭审判决，目前尚未结案，被告并不承认这些指控，所以也意味着这些指控的事实认定在美国证券相关法律下并未予以确认。本案例的主要信息来源包括：

- Order Consolidating Related Actions, Appointing Lead Plaintiff and Approving Lead Plaintiff's Selection of Lead Counsel and Liaison Counsel, Date on the document: 09/21/2011.
- Consolidated Class Action Complaint, Date on the document: 11/18/2011.
- Notice of Voluntary Dismissal without Prejudice of Defendants Thomas Gurnee and Deloitte Touche Tohmatsu Limited, Date on the document: 02/28/2012.
- Notice of Motion and Motion of Defendant Derek Palaschuk to Dismiss Plaintiffs' Consolidated Class Action Complain, Date on the document: 04/23/2012.
- Opinion and Order, Date on the document: 06/29/2012.
- Opinion and Order, Date on the document: 11/14/2012.
- Amended Consolidated Class Action Complaint, Date on the document: 12/14/2012.
- Amended Consolidated Class Action Complaint, Date on the document: 03/22/2013.
- Case 1: 11 - cv - 03658 - SAS, Opinion and Order, Date on the document: 04/08/2013.

2. 分众传媒并购信息披露连环案

- 赴美上市，获取资本平台优势；系列并购，构建广告传媒帝国。
- 买也匆匆，卖也匆匆，高买低卖，十亿元资产尽冲销。
- 毛利下滑，诉讼缠身，四年战火，两百万美元平风波。
- “浑水摸鱼”潜心搅局，深揭旧日伤疤，做空机构恶意沽空，挤去四成市值。
- 集体诉讼卷土重来，跨洋战火重新燃起，是战是和，鹿死谁手，拭目以待。

一、案件过程

2003 年 5 月成立的分众传媒控股有限公司（Focus Media Holding Ltd.，下称“分众公司”或“分众传媒”），2004 年获得了 UCI 维众投资、美国高盛公司和英国 3i 公司联合投入的 3000 万美元，并得以迅速壮大其核心业务为商业楼宇联播网（包括影院广告网络）、电梯海报框架网络与卖场终端联播网；非核心业务则为传统户外大牌。分众传媒于 2005 年 7 月 13 日在美国纳斯达克上市，发行价每股 17 美元。1ADS = 1 普通股，首次公开招股共发售了 1010 万股 ADS，IPO 融资金额超过 1.7 亿美元，上市后的公司股票价格曾经超过每股 60 美元，总市值曾经一度超过 80 亿美元。

分众传媒的主要三大经营分部包括：户外数字广告网络（Digital Out-of-Home Advertising Net work）、移动广告网络（Mobile Handset Advertising Network）和 互联网广告服务网络。截至 2006 年财政年度，分众公司的总营业收入约为 2.12 亿美元，对应的净利润约为 0.83 亿美元。在分众公司每个季度的业绩公告中，毛利润是用来衡量其盈利能力的其中一个指标。

2007 年 9 月 27 日，分众公司公布了其 2007 年第二季度的业绩公告（下称 9 月 27 日公告，或简称 927 公告），也包括了截至 2007 年 6 月 30 日的半年累计业绩数据。在该公告信息中，还包括了分众公司对下一个季度，也就是 2007 年第三季度的业绩估计，第三季度截止日就在本公告日期后的 3 天，即 2007 年 9 月 30 日。分众公司对外提供的第三季度业绩预测宣称，该公司预计第三季度的总营业收入是在 1.32 亿美元和 1.35 亿美元之间，对应的非美国公认会计原则下的净利润大约在 5200 万美元和 5400 万美元之间。该预测信息中并没有提供任何涉及毛利润的信息，分众公司一直到 2007 年 11 月 19 日正式公布其第三季度业绩之前都没有发布其他的第三季度业绩预测指引。非美国公认会计原则下的净利润，在公司所提供的定义中是指刨除了权益性报酬费用（主要是指期权费用）和并购所形成无形资产摊销费用之后的利润，通常称为 Non-GAAP 数据，这些数据对分析和判断公司的获利能力提供了一个新的视野。

2007 年 9 月 27 日，在完成对外公开的业绩公告后，分众公司还召开了投资者电话会议，其间公司管理层明确提到了公司面临毛利下滑的情形。“从整个公司角度看，公司在 2006 年的同期毛利率为 56.9%，而 2007 年第二季度同期为 54.6%；整体毛利率的下滑主要是由于互联网广告这一毛利率偏低的业务占整个业务的比重在增强。”当被问及该业务将来预期的毛利润及分众公司于 2007 年 3 月所并购公司 Allyes（也是从事互联网广告代理服务）对公司将来毛利润的影响的时候，分众公司管理层答复到：“本公司 90% 的互联网广告业务仍然是数字媒体服务（digital media service），属于互动代理业务（interactive agency business），其本身的毛利润就是比较低…… 此等业务的毛利润在将来收入基数变大的时候将会持续改善，随着收入增长变快以及我们在互联网广告业务的媒体购买能力增强，该业务的毛利润将会逐步提高…… 从前瞻角度看，我们认为有两个空间可以促使该业务毛利润提高…… 但这仍然是个逐步的过程。”在新闻公告和同天的电话会议中，分众公司都提醒投资者参考公司向 SEC 所提交的文件，包括 F-1 招股说明书，其中在分析讨论公司毛利润的时候曾对投资者作如下提醒：“在未来，本公司的毛利润将有可能存在波动，这主要取决于我们不同网络业务的发展的表现，包括其各自的业务收入对公司总收入的贡献和其各自的成本。"

2007 年 11 月 1 日，分众公司向 SEC 提交了 F－1/A 表格（股份发行的注册登记资料，主要是招股说明书），以便开始该公司的第二次公开招股工作。大约在 11 月 7 日，第二次募股的招股说明书开始生效。在本招股说明书对毛利润的分析和讨论中，分众公司同样对投资者进行了类似如上的提醒。该招股说明书并没有包括分众公司 2007 年第三季度的业绩公告信息，也没有对第三季度的业绩提供任何指引，所作的仅仅是告知投资者参考 9 月 27 日所作的新闻公告内容。

分众公司在第二次公开募股中以每股 64.75 美元的价格共发行了 1350 万股的股票。本案中的被告投资银行正是担任此次公开募股的承销商，他们从分众手中先购买该股票然后再向公众投资者出售；本案中的自然人被告之所以成为被告是因为他们各自都在此次招股说明书中签字；而本案的集体诉讼原告则包括两部分：一是那些在分众公司第二次公开募股中购买了股票的投资者，二是那些在 2007 年 9 月 27 日（分众在当天对外公告 2007 年第三季度的业绩预测）到 2007 年 11 月 19 日（分众在当天公告 2007 年第三季度的实际业绩）这段期间在公开市场上购买了分众股票的投资者。

2007 年 11 月 19 日，分众公司对外公告了其截至 2007 年 9 月 30 日的第三季度业绩。该公告显示，虽然营业收入和非公认会计原则下的净利润（Non-GAAP income）要比 927 公告中所给出的预测数据要高，但公司整体的毛利率却下滑到 50.9%，而这之前的四个季度毛利率分别为：

- 2007 年第二季度 54.6%；
- 2007 年第一季度 58%；
- 2006 年第四季度 68.5%；
- 2006 年第三季度 65.3%。

整体毛利率的下滑是由于：

- 某业务部门的毛利率下滑所导致，该部门在 2007 年第三季度的毛利率为 17.7%，环比下滑 10.7%，与去年同比则下滑 18.5%。
- 互联网广告部门（internet advertising division）的毛利率为 23%，与去年同比下滑 4.1%。

• 从相关竞争对手中所并购业务的毛利率也影响了整体毛利率，这些并购也包括了以前从未对外披露过的广告牌（Billboard）业务并购，这个业务的主要资产是传统的户外广告牌，而且在短时间内无法转换成为数字广告牌（digital LED billboards），而后者才是分众公司的户外广告业务核心所在；传统广告牌业务与数字广告牌业务相比毛利率偏低。

2007 年第三季度的业绩公布之后，分众公司的股票价格马上下滑，从 2007 年 11 月 19 日的收盘价格 57.15 美元下滑到 11 月 20 日的收盘价格 52 美元，并在第 2 天持续下滑到 50.35 美元。但此后，股票价格又开始回升到 11 月 30 日的 56.44 美元，并在 12 月 12 日的时候攀升到 57.48 美元。此间有众多媒体财经报道和分析师报告认为分众公司第三季度业绩公告之后的股票价格下滑的原因是其毛利率比预期的要低。从 2007 年 11 月 27 日开始先后有投资者发起股东诉讼，2008 年 4 月 24 日，这些股东诉讼合并成为集体股东诉讼。

本案的被告除了包括分众公司及其首席执行官、首席财务官等高管和董事会成员外，还包括瑞银证券美国公司（Credit Suisse Securities）、花旗环球市场（Citigroup Global Markets Inc.）和美林证券（Merrill Lynch &Co.,）这些担任分众公司股票发行的承销商。原告指控被告违反了以下相关法律条款：

• 1934 年联邦证券交易法下的 20（a）条款；

• 1934 年联邦证券交易法下的 10（b）条款，及依照此条款 SEC 所颁布的 10b—5 规则；

• 1933 年联邦证券法的第 11 条款；

• 1933 年联邦证券法的第 12（a）（2）条款和第 15 条款。

原告包括在分众传媒 2007 年 11 月第二次公开发行股票过程中购买该股票的投资者和在 2007 年 9 月 27 日到 2007 年 11 月 19 日期间在公开市场上购买分众公司股票的投资者。原告的基本起诉理由是，在分众公司 2007 年 11 月 19 日公布其季度业绩信息后，尤其是由于其毛利润数据的下滑，导致分众公司股票价格的下滑。被告向法院提出申请驳回该起诉的动议，该动议获得法院的支持，本案被驳回起诉，而且法院并不允许原告重新提交修正的诉状。原告不服从法院的裁决，提出上诉，最终原被告双方达成和解，赔偿金额为 200 万美元。

二、法院的分析和讨论

法院在审理是否驳回该起诉的时候，进行了如下的法律分析和讨论。

法院先是援引了相关案例所确定的法律标准：

- Roth v. Jennings, 489 F. 3d 499, 501 (2d Cir. 2007) 和 Ashcroft v. Iqbal, 129 S. Ct. 1937, 1949, 2009，这两个案例所确定的法律标准要求在审理是否驳回起诉的时候，法院需要首先假设原告诉状中的事实性描述是真实的（请注意，这只是个假设，到底这些指控在法律角度看是否属实还需要经过证据开示、法庭辩论甚至陪审团裁决等法律程序），而且法院需要从对原告有利的角度来做法律推导。

- Dura Pharmaceuticals, Inc., v. Broudo, 44 U. S. 336, 341 - 42 (2005)，这就是著名的 Dura 案，在美国的证券集体诉讼中被广泛援引。

- In re N2K Sec. Litig., 82 F. Supp. 2d 204, 207 (S. D. N. Y. 2000), aff'd, 202 F. 3d 81 (2d Cir. 2000)。

以上案例要求原告的指控必须是针对被告对重大事实存在误导或者隐瞒，而且这些隐瞒的事实必须属于 SEC 相关法规要求必须要予以披露的或者不披露会导致已经披露的信息存在误导的，只有符合这样的条件，隐瞒重大信息的指控才可以获得法律上的支持。

法院接下来对本案中的 927 公告和 927 投资者电话会议进行了法律分析：

原告认为被告在 927 公告中所包含的 2007 年第三季度业绩指引（预测）是虚假陈述和重大误导。原告认为，对于 9 月 27 日来说，第三季度的截止日期（9 月 30 日）其实也就是仅仅三天之后的事情，所以被告对第三季度的毛利率下滑情况在当时应该是知情的，如果说不知情的话也是属于重大疏忽。法院并不认同原告的这一观点。

原告指控被告没有在第三季度结束之前披露该季度的财务信息，法院援引 Turkcell 案例［见 Turkcell Iletisim Hizmetler, A. S. Sec. Litig., 202 F. Supp. 2d 8, 13 (S. D. N. Y. 2001)］说明，SEC 所要求的披露框架中已经意识到如果要求企业在正常报告期之外即刻披露信息是不可行的，而且还有可能会导致信息的误导。所以法院其实并不倾向支持由于被告没有披露其尚未结束的季度财务数据而受到的指控。在 Schoenhaut [见（Schoenhaut v. American Sensors, Inc., 986, F. Supp. 785, 791（S. D. N. Y. 1997）] 和 Zucker [（Zucker v. Quasha, 891F. Supp. 1010, 1015（D. N. J. 1995）] 案例中，被告的季度期间大约过了 95%（也就是说不到 5 天这个季度就到了截止日期了），当时的情况是该公司的退货率比其在招股说明书中所披露的要高，而被告并没有在本季度结束前披露该情况，最终法院判定被告并不需要承担责任。法院认为本案中的情形和该案并无不同之处。

分众公司并没有在 927 公告中提到该公司第三季度毛利率的任何可能情况，而且分众也没有任何法律义务需要做这方面的披露。但该公司的确在 927 公告中对外披露第三季度的预计收入和利润情况，而事后证明预计的收入和利润这两个数据并不构成重大的误导，反而是比较保守的预测，因为该公司第三季度的实际业绩超过这两个预测数据。原告认为这些数据在预计时属于重大误导，因为第三季度的实际收入超过了预测的收入，而且收入超预期的幅度大大高于实际的毛利润超过预计毛利润的幅度，也就是说虽然收入和毛利润的实际数据都超过了预测数据，但收入的超预期幅度高于毛利润的超预期幅度，从而导致了实际的毛利率低于预测数据中所隐含的毛利率数据。法院认为，虽然从分众公司对外披露的第三季度预计收入和预计利润信息可以大体估算出其第三季度毛利率的所处范围值，但投资者其实是无法从中精确地计算出预计的毛利率，因为这其中除了收入和利润数据外，还有诸如销售费用、管理费用、税金等各项没有披露的预测数据，这些数据其实是倒推毛利润所必须的信息。

法院又提到了 PSLRA 中的安全港条款，根据该条款的要求，对于前瞻性的信息如果同时具备有效的警告性说明，那么被告是可以免责的。而在判断警告性说明是否属于有效和充分的，法院援引了 Sierra Wireless 案件 [见 In re Sierra Wireless, Inc. Sec. Litig. 482 F. Supp. 2d 365, 380（S. D. N. Y 2007）]，该案中法院先是识别出那些所指控的没有对外披露的信息点所对应的风险，接着通读所指控认为是属于重大错误陈述的资料（包括警告性说明），然后从中判断，在这样的信息披露面前，理性的投资者是否会被误导相信那些导致其投资损失的重大风险其实是不曾存在的。如果法院从中认为，不会有理性的投资者在做投资的时候对风险性质的判断因此而被误导，那么原告关于欺诈的起诉应该予以驳回。

本案中分众公司的927公告已经明确指出2007年第三季度的收入和利润预测属于前瞻性信息（forward-looking statements）。而且，分众公司还向投资者提供了警告性说明，指出"有一些重大的因素将有可能导致业绩的实际结果和预测之间存在重大差异"。分众公司还提醒投资者参考其向SEC提交资料中对风险提示的广泛描述，其中包括："取决于每个业务网络的发展阶段和财务表现，和这些业务分别对公司总收入的贡献和其各自的成本因素，我们的毛利率将会出现波动。"所以分众公司其实已经隐含地透露了公司的毛利率会降低，而且是由于毛利率偏低且目前尚未发展健全的业务所占收入比重在上升而导致的。这也正好是2007年第三季度所实际发生的事情，因此，法院认为如果理性的投资者研读过这些风险警告性说明则不会预期不到分众公司2007年第三季度的毛利率会比927公告中业绩指引所隐含的毛利率要低。基于此，法院认为，原告对被告927公告属于误导或者隐瞒重大信息的指控是缺乏依据的。

原告曾经抗辩认为被告的927公告和投资者电话会议中对2007年第三季度的业绩预测信息并不适用PSLRA的安全港条款，因为这个第三季度在927公告的时候已经是几乎接近尾声，所以927公告在性质上更符合是对公司近期业务表现的评估（appraisals of the Compnay's recent performance），而不是前瞻性信息。法院并没有采纳原告的这一抗辩理由，认为原告的这一主张是没有任何法律条文依据的，而且也不符合证券法中涉及财务报告时间表案例所确立的原则［参见前文所提到的Turkcell Iletisim Hizmetler，A. S. Sec. Litig.，202 F. Supp. 2d 8，13（S. D. N. Y. 2001）］。

法院认为以上对927公告所作的法律分析同样适用于当天所召开的投资者电话会议，在该电话会议中分众公司作出了和927公告相一致的陈述，包括风险警告性提示。不同的是，在电话会议中，分众公司特地提到关于互联网广告业务将来的毛利率走向，而不仅仅是只提高了收入和利润的预测指引。分众公司的CFO在电话会议中汇总谈到该业务的毛利率将需要一段时间才可能逐步提高，而且特地强调这是个逐步的过程。所以法院认为，任何理性的投资者都不会从分众公司 CFO 的谈话中将这个毛利率逐步提高的过程乐观解读为目前尚未结束的这个第三季度。法院还援引了 Rombach 案［见 Rombach v. Chang, 355 F. 3d 164, 174 (2d Cir. 2004)］，该案中法院认为，由于企业从持续经营角度看总是需要被允许对将来具有乐观的期待，所以企业并没有义务被要求对其业务的将来保持阴暗（gloomy）、恐惧（fearful）和失败（defeatist）的立场。故此，原告指控被告 927 投资者电话会议上所作陈述和隐瞒信息并不成立。

三、关于第二次股票注册登记文件陈述的指控

原告指控被告第二次股票发行注册文件（主要是招股说明书）存在重大的不实陈述和信息隐瞒，从而误导了投资者。尤其是该招股说明书没有对公司第三季度毛利率下滑的信息进行披露，而且也没有披露公司 LED 广告牌业务部门的信息，而这两个信息均属于重大信息。法院经过以下分析认为原告的指控并不符合起诉要求。

四、关于对 2007 年第三季度毛利率信息的隐瞒

原告认为分众公司第二次公开招股的注册文件（主要包括招股说明书）在财务信息方面只包括到 2007 年第二季度的财务数据，这并不符合相关的披露要求，因为该招股书没有包括第三季度的实际财务数据，而后来发现第三季度财务数据中虽然收入和利润都有上升，但毛利率却在下滑。SEC 的 S-X 条例中的 135 天规则要求所有拟上市公司的招股说明书中所包含的财务报表截止日期和招股说明书的生效日期之间的间隔不能超过 135 天（3 个半月）。比如说，如果招股书所包含的最新财务报表截止日期是 6 月 30 日，那么招股书必须要在同年 11 月 15 日前生效；如果招股书的生效日期在 11 月 15 日之后，那么股票发行人就需要在招股书中追加提供最新一期的财务报表，以确保符合这

个 135 天规则。分众公司的招股说明书生效日期是 2007 年 11 月 7 日，这个日期和 2007 年 6 月 30 日之间的间隔时间短于 135 天，所以法院认为分众公司的招股说明书只提供截止到 2007 年 6 月 30 日的财务信息是符合 SEC 的 135 规则要求的。

但原告认为 SEC 的 135 天规则只是信息披露的法定最低要求，原告还援引了如下的案例来说明分众公司在招股书中对 2007 年第三季度毛利率下滑之情况没有作任何披露是符合被起诉要求的：

原告援引了 Shaw 案例［见 Shaw v. Digital Equip. Corp., 82F. 3d 1194, 1199 - 1206 (1st Cir. 1996)］，在该案例中，原告指控被告没有在招股书中披露被告公司"恶劣（disastrous）"的财务状况，所以违反了证券法的相关规定。该案中原告指控被告 DEC 公司在公开招股过程中没有披露该公司在还有 11 天就截止的下一季度中发生了严重的亏损。在 DEC 完成公开招股行为，也就在该季度结束后，DEC 公司的该季度产生了高达 1.83 亿美元的巨额亏损，这环比前一季度的 7200 万美元的亏损金额整整增加了 150%。所以该案中的法院认为最新季度的巨额亏损远远高于分析师的期望值，也改变了该公司在新上任管理层带领下减少经营亏损的这个趋势，而且就以该公司公开可获得信息基础所作出的期望范围值来说，这个亏损金额应该是严重背离（extreme depature）这个期望的范围值的。所以法院认为，在这样的情形下，证券法的披露要求应该是需要 DEC 公司对其在公开募股过程中最新季度的财务经营信息作出妥当的披露说明的。故此，在该案中，法院没有同意被告在这一点上要求驳回起诉的动议。

在 Shaw 案例中，原告指控的核心内容是 DEC 公司的恶劣财务状况。而在本案针对分众的指控中，分众公司 2007 年第三季度的实际经营业绩是超过 927 新闻公告中业绩指引的，尤其是收入和利润这两方面。然而，也同时出现了毛利率下滑的情况，第三季度毛利率的下滑其实也是延续了前两个季度毛利率下滑的趋势：从 2006 年的第四季度到 2007 年的第一季度，毛利率下滑了 10.5%；从 2007 年的第一季度到第二季度，毛利率又下滑了 5.4%。考虑到分众公司在 2007 年第三季度的收入和利润数据都超过了预期，而且毛利率的下滑又是符合前两个季度的下滑趋势，法院认为，分众公司的这些情况并不符合

Shaw 案例中的严重偏离的情形。所以援引 Shaw 案例来支持对分众的起诉是不妥当的。

法院同时又分析了以下两个案例，并认为这两个案例是比较符合目前分众案的情形：

- Turkcell 案例［见 In re Turkcell Iletisim Hizmetler, A. S. Sec. Litig., 202 F. Supp. 2d 8 (S. D. N. Y. 2001)］；
- N2K 案例［见 In re N2K Sec. Litig., 82 F. Supp. 2d 204 (S. D. N. Y. 2000)］。

在 Turkcell 案例中，法院认为被告公司经营利润下滑 9% 这样的幅度也并不符合 Shaw 案例中所确定的严重偏离的标准，而且在该案例中，此次的利润下滑是被告公司首个季度的利润下滑（也就是说以前季度利润没有下滑）。

在 N2K 案例中，被告公司所公告的每股亏损金额比分析师们所估计的还要高 8%（也就是说被告公司的实际亏损金额比原来分析师所预测的要高 8%），此信息一公布，被告公司的股票价格下滑了 25%。该案中的法院同样认为分析师的期望值和企业实际数据之间的如此差距仍然还不符合 Shaw 案例中所确定的严重披露的标准。

在以上两个援引的案例中，法院都认为原告的指控在法律上缺乏依据，尚未达到法律上所确立的隐瞒重大信息的情形，所以都同意了被告的动议，驳回该起诉。当然在 Turkcell 案例中，法院对涉及被告公司客户流失率方面所面临的指控，并没有同意被告驳回起诉的动议。

所以在分众公司案中，由于分众的第三季度实际收入和利润都是超过投资者预期的，而且第三季度的毛利率下滑也是延续了前两个季度的下滑趋势，这并不构成严重偏离的标准，所以分众公司并不需要提前公布（accelerated disclosure）其 2007 年第三季度的财务业绩。就法律要求来说，分众公司只要符合 SEC 的 135 天规则就足矣。所以原告就这方面对被告的指控是缺乏法律依据的。

原告还进一步指控认为，依照 SEC 对 F-1 表格（招股书注册文件）、20-F（上市公司年度报告）和 S-K 相关规则的要求，分众公司应当在其公开募股的注册文件中提醒投资者在毛利率下滑的现有趋势和不确定性方面对分众公司获利能力的潜在重大影响，但分众公司并没有作出此类相关的恰当披露。然而，实际情况是，分众公司确实在招股书中对理性的投资者提出了投资分众公司股票所需要承担的此类风险。所披露的风险包括：市场的竞争将可能导致获利能力的下降及互联网广告服务网络和网络成本可能上升的风险。在该披露中分众公司还特地提到公司每个服务网络各自财务表现和发展阶段，及各自对公司总收入贡献构成及成本比例的不同而导致公司毛利率可能存在波动。而且，其实原告对被告在前几个季度毛利率下滑的趋势也是知情的。所以考虑到分众公司的毛利率在原告购买分众公司股票的时候已经是下滑趋势，而且分众公司对公司在维持目前获利能力方面所面临的风险也作出了具体的披露，法院认为原告对被告没有在 2007 年第三季度正式业绩公告前披露该季度毛利率下滑这一指控在法律上是不成立的。

五、传统广告牌业务购买的信息披露

原告还指控被告没有在招股书中恰当披露其在 2007 年第二季度购买了传统的 Billboards，由于这个并购影响了毛利率的下滑，所以属于重大遗漏，这个信息的隐瞒导致该招股书具有误导性。法院认为，分众公司的注册文件（招股说明书）所提到信息只是该公司的 LED 广告牌业务网络，而并没有提及该公司任何广告牌资产的全部内容，所以，从法律角度看，招股书并没有存在误导的情形。至于这些并购对 2007 年第三季度毛利率的影响，法院已经在前文作了大量的分析和判断，所以法院认为原告并没有充分指控被告的招股说明书中存在有可控的涉及毛利率方面的不实陈述或重大隐瞒。

法院据此同意了被告申请驳回该起诉的动议，并且拒绝了原告提出的修改诉讼状的申请。2010 年 3 月 29 日，美国纽约南区法院的法官 Laura Taylor Swain 签发了法院令，本案中，法院驳回了原告的起诉，但原告并不服，于 2010 年 4 月提出上诉；2011 年 8 月 22 日，原被告达成一致意见，原告撤回上诉；2011 年 10 月 6 日，原被告达成和解赔偿协议，赔偿金额为 200 万美元，该赔偿方案于 2011 年 12 月 16 日获得法院批准；2012 年 4 月 25 日，法院批准了赔偿金额的分配方案和原告律师费用金额（60 万美元，赔偿金额的 30%）。自此，本案结案。

六、案外之声

从以上法院的分析推理过程中我们发现，被告分众公司申请驳回该起诉的成功，应该可以归因于以下几个因素：

• 分众公司 2007 年第三季度前的连续 3 个季度，毛利率都是持续下滑的，所以从这一段时间看，毛利率的下滑趋势已经形成。

• 分众公司 2007 年第三季度的毛利率环比也是下滑，虽然也是保持下滑的趋势，但下滑的幅度并没有构成重大的偏离，也就是说毛利率是延续了持续下滑的惯性，但还没有构成急剧大幅度下滑。

• 分众公司 2007 年第三季度虽然毛利率下滑了，而且下滑的幅度也超过了分析师的期望值，但分众公司该季度的收入和利润这两个关键的盈利性指标还是超过了华尔街的期望值，所以 2007 年第三季度并不存在财务状况的严重偏离。

• 分众公司在其年度报告和招股说明书中对毛利率所面临的固有风险已经作出了比较恰当的具体披露和提醒。

如果，以上几个因素中的任何一个因素不存在，那么很有可能法院会拒绝被告的驳回起诉动议，果真如此，那么接下来的情形对分众公司将会非常不利，因为从事后来看，在本案爆发后的连续几年中分众公司的经营业绩开始下滑，公司在 IPO 之后几年所连续大量并购的业务获利能力并不理想，不得不开始清理这些短时间通过并购但并没有真正融合的业务，包括对外出售等等。后来，2008 年央视 315 对分众无线垃圾短信广告业务的曝光更是影响了公司业务的发展，其股票价格也失去了 IPO 前的光环，公司管理层成员也因种种原因出走。为了维持股价，分众公司宣布了高达 2 亿美元的股票回购计划，其公司创始人不得不重新出山担任 CEO。

下图是谷歌财经所显示的分众公司从 2005 年 IPO 之后到 2011 年的股票价

格信息，从中我们可以看到，分众公司的股票价格从 2007 年 11 月的 60 多美元下滑后，就一直再也没有回到这个高峰值。

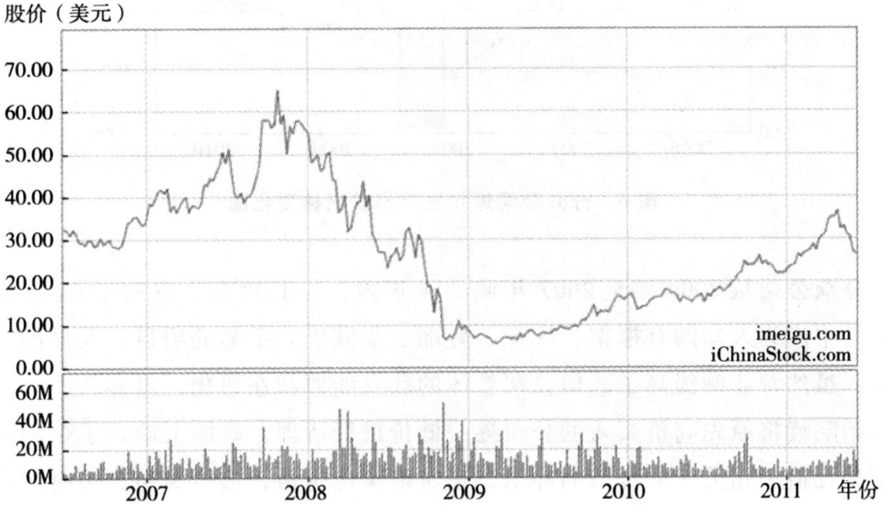

图 5　分众公司近年股票价格变化图

国内媒体也纷纷公开报道了分众公司在本诉讼爆发之后所面临的经营困境，虽然这些困境并不是此次美国股东集体诉讼所导致的，但股东集体诉讼的爆发确实是揭开了该公司从此陷入经营困境的序幕。毕竟，股东诉讼的重要直接起因是分众公司连续下滑的毛利率，也就是说投资者已经开始对分众公司的获利能力表示不满意了，股票价格的大规模下跌也是说明了这一点。下图是从谷歌财经中获得的分众公司从 2006 年到 2010 年的收入、经营利润、经营毛利率的财务数据。从中可以看到，2008 年虽然分众公司通过先前的大量并购促成了公司整体收入金额的大幅度增长，但同期的经营利润确是负数；而且在 2009 和 2010 年，公司的收入都比 2008 年大规模下滑，但亏损的情况在好转，这主要体现了这两年该公司通过出售原来并购所形成的不良业务来逐步扭转亏损，从而确保经营回到正轨。

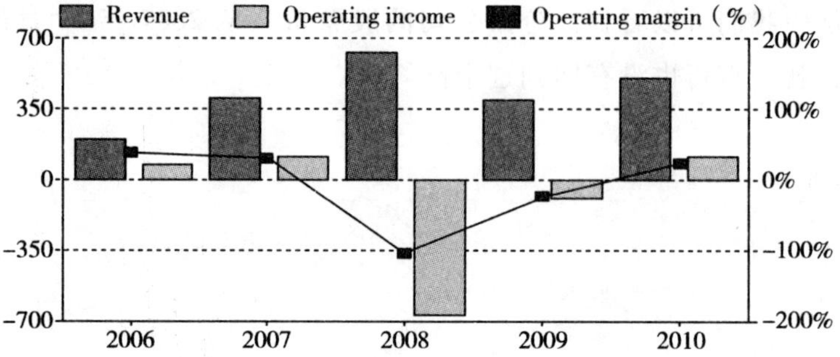

图 6　分众公司近年主要经营指标变化图

分众公司从 2004 年至 2007 年底的 4 年内，一共投资、收购了 60 多家公司，其中广为人知的有框架、聚众、好耶、玺诚等大手笔的项目。大量的并购之后，虽然营业额提高了，但公司整体的获利能力却在恶化，没多久，分众公司开始陆续将原先高价买入的公司逐一低价进行清理，账面上确认了金额巨大的商誉贬值和相关无形资产的冲销，正所谓买也匆匆，卖也匆匆，买时珍贵卖时贱。

这些重大的并购行为包括：

• 2005 年 10 月，分众斥资 1 亿多美元收购框架传媒，后者当时占据国内公寓楼电梯平面广告 90% 以上份额。收购完成后，框架成为分众传媒的一个新业务部门，这不仅为分众增加了在高档住宅区电梯和公共空间共约数万个广告框架，此前 300 多家国际、国内客户资源也被揽入分众怀抱。

• 2006 年 1 月，分众又以 3.25 亿美元的价格合并聚众传媒。此举不仅帮助分众消灭了最强劲的竞争对手，还使得分众的产品线覆盖了楼宇电视、社区电视和户外大屏幕等领域。在这一利好消息的刺激下，分众股价一日内飙升 14.6%。

• 2006 年 3 月，分众以 3000 万美金收购凯威点告，开始向手机广告进军。

• 2007 年 3 月，分众又宣称将通过 7000 万美元现金加 1.55 亿美元新发股票的方式收购好耶。

• 2007 年底，分众又以 1.684 亿美元的现金收购即将上市的卖场媒体玺诚传媒。

2007 年，分众共将 8 家数字户外、10 家手机广告公司和 6 家互联网广告公司纳入囊中。

并购是把“双刃剑”，一方面企业可以通过并购在短时间内迅速扩大规模、扩大客户基础，尤其通过海外上市公司的资本平台进行并购，在对价支付构成和支付方式及离岸交易安排等方面更是具有多方面的灵活性。分众就是通过并购才得以短时间构建了广告传媒帝国，如果没有规模的存在，分众在后来的私有化过程中也不会得到凯雷、鼎辉、中信资本等国内外资本巨头的关注；而且对于在美国上市的分众来说，华尔街需要上市公司能产生亢奋的题材，并购就符合华尔街的亢奋点，企业的业绩在同比和环比上都需要有高增长，业务空间还需要有充分的想象力，这样的企业华尔街才会给予高的估值，所以分众的股价在短时间内上升到每股 60 美元。但另一方面，并购的负面作用也很明显，并购对价之高，如果并购失败，意味着这些对价就需要冲销，成为损失；并购所带来的对企业整合的要求也很高，对分众来说，短短几年并购 60 家公司，要做到顺利整合几乎是不可能的（人员、业务、财务、人事等关键流程还都需要符合美国上市 404 法案的要求）；但如果仅仅是报表合并，而不进行企业运营的整合，那么就很难形成规模经济；对于在美上市公司并购过程中常用的以现金加股份的对价支付方式来说，如果上市公司后续股价表现不好，如上市公司股价的市盈率甚至低于并购交易的市盈率，那么被并购方的期望无法得到实现，则有可能引发并购双方的矛盾，增加整合的难度，甚至有可能会走向实质上的分裂；并购交易中所安排的业绩考核，对并购方来说也充满风险，这些业绩考核直接和并购对价相关，涉及到被并购方的直接经济利益，所以经常会出现在考核期一过业绩就变脸这样的风险；如果并购的业务是以依赖核心团队的服务业为主，那么风险就更高，这些核心团队很有可能无法和上市公司的利益保持一致，从而无法实现双赢的局面。当然任何商业决定都需要考虑风险和收益两个方面，关键在于是否符合企业战略需求，对分众来说也是一样。分众在短短几年间，以现金加股份累计约 16 亿美元的对价，进行了 60 多起并购，虽然这些并购带来了约 10 亿美元的冲销和损失，但分众却由此成为当今中国最大的数字化媒体集团。分众正是抓住前些年中概在美整体表现良好的时机，通过并购使战略目标得以实现。然而，分众疯狂并购的代价看来还没有结束。

七、诉讼战火再次燃起

就在法院于 2011 年 12 月 16 日批准分众案和解赔偿方案之时，新的股东诉讼于 2011 年 12 月 12 日再次爆发：

- 2011 年 11 月 21 日，做空研究机构“浑水摸鱼”发布研究报告，指出分众在过去的并购交易中存在超额支付并购对价的情形。分众从 2005 年开始的并购对价累计总金额高达 16 亿美元，而至今分众不得不冲销高达 11 亿美元由这些并购所形成的商誉或者无形资产，这个冲销金额相当于分众当前股票市值的 1/3。该报告指出，截至 2011 年 11 月，分众至少将 21 起的并购交易做贬值为零的处理，并无偿处理了这些并购对象。“浑水摸鱼”怀疑分众在一系列并购中支付了过高的并购代价，而且怀疑分众通过并购交易向审计师隐瞒经营亏损。报告还指出，分众存在以牺牲股东利益为基础的内部交易事项，并过分夸大了其 LCD 广告牌的数量。“浑水摸鱼”研究报告所披露分众各年度的并购和处置情况如下：

表 3　　“浑水摸鱼”研究报告所披露分众各年度并购金额信息　单位：美元千元

	2005	2006	2007	2008	2009	2010
总并购对价/Total acquisition cost	7488	541496	596636	321501	76202	40187
总冲销或者处置损失/Total write-down/disposal losses	1871	0	3675	903492	220760	(70112)
累计总并购对价/Cumulative total acquisition cost	7488	548984	1145620	1467121	1543323	1583510
累计冲销或者处置损失/Cumulative write-downs/disposal losses	1871	1871	5546	909038	1129797	1059685

• 此报告一出，分众股票价格当天下滑 40%，从前一个交易日收盘价格的每个 ADR（美国存托凭证）25.5 美元，下滑到 2011 年 11 月 21 日收盘价格的 15.43 美元。

• 2011 年 12 月 12 日，股东诉讼爆发，股东依据该研究报告指控分众公司及相关管理层违反了交易法相关条款。

• 2012 年 3 月 30 日，法院批准了本案首席原告代表和律师的人选。

分众在新一次股东集体诉讼中能否像上一次那样，成功地使法院驳回原告的起诉？还是尽快地和原告进行和解谈判？如果和解，那么赔偿金额会是多少？我们将继续观察。

据彭博社报道，分众传媒 2013 年 1 月 18 日盘后递交的 13E 文件显示，SEC 自 2012 年 3 月 14 日开始就对分众是否违反证券法规展开非公开调查，包括此前分众购买和再次出售好耶公司等相关行为。SEC 此次的调查范围广度和深度并没有对外界披露，根据以往案例，SEC 对上市公司的重大并购交易，可能会对涉及会计处理是否符合公认准则而进行调查，包括并购评估假设、评估参数的选择（如内含报酬率 IRR 和平价加权资本成本 WACC）、商誉等单项资产的分配（purpose price allocation，"PPA"）、并购后资产减值测试、或有对价的定期估值、是否利用并购会计进行报表粉饰等等；SEC 的调查还可能涉及到非会计处理事项，比如：并购是否涉及关联交易、是否涉及利益输送、是否存在侵害小股东利益、是否涉及股票的内幕交易。SEC 对上市公司的并购交易进行调查并不奇怪，只是这次分众的情况比较特殊，一方面是分众在短时间之内完成了超过 60 起的并购交易，而在随后很短时间内就处置了几十起这些并购的业务，并造成重大损失，其借并购进行短期资本运作的痕迹明显；更为关键的是，做空机构"浑水摸鱼"的研究报告对分众的这些并购作出了比公司年报中要详细的信息披露，而且质疑的立场十分明显。SEC 对分众的此次调查，在信息采纳和立场上是否会受做空机构的研究报告影响，目前还不得而知。

2012 年 8 月分众宣布收到 CEO 江南春联合其他资本方提出的私有化要约，并于 2012 年底达成私有化最终协议，收购价格普通股每股 5.50 美元，或每股美国存托股票（ADS）27.50 美元，预计在 2013 年第二季度内完成。据外媒报道，分众私有化相关方清楚 SEC 对分众的调查的进展，但目前尚不清楚此项调查对私有化的下一步进展有何影响。该消息对正在进行的证券集体诉讼是否会有影响，这还需要看 SEC 调查的结果，如果这个调查结果对分众不利，SEC 甚至决定起诉分众，那么股东集体诉讼也会引用 SEC 诉讼状的指控内容，而这样的引用会导致分众试图申请驳回起诉的动议很难被法院同意，那么分众就不得不面临 SEC 和股东同时诉讼的两条战线，就算是和解谈判，那么也是十分被动的；相反，如果 SEC 终止对分众的调查，或者不起诉分众，那么在股东诉讼方面，分众的压力就会大大减少。

中国传媒公司赴美国上市可以说是分众公司开了先河，自从分众 2005 年上市成功后，又有航美传媒（Airmedia，以航空机场和航空公司飞机为渠道的广告公司），华视传媒（VisionChina，以北京、上海、深圳、广州等地铁为核心渠道的广告公司）等先后上市，还有无数风险投资的资金注入这个行业，一时间产生了许多家新的广告传媒公司，如天骏传媒、铁路传媒等，前者从红杉资本等风投公司的融资超过 8000 万美元。这个行业的泡沫是非常明显的，为了抢夺媒体资源，需要以巨资不计成本地大量购入媒体资源。华视传媒和航美传媒虽然成功上市，融得巨资，但由于后续的获利能力不行，股票价格在短时间的冲高后，长期在低价徘徊，远远低于当时的发行价格。而华视传媒还因为并购曾经的对手融合失败，双方对簿公堂。更不用说那些还没来得及上市的传媒公司了。次级债所爆发金融危机的影响，对中国传媒市场的打击还是相当大的，已经购买了高成本的广告资源，但收入水平增长速度跟不上，无法实现预期的盈利水平，传媒行业在经历过分众上市后的泡沫和短暂激情后，很快就跌入低谷，整个行业趋于冷静。

申明和信息来源

本案例的主要信息来源于相关法律文件，案件中所提到的指控内容，可能属实，也可能并非属实，本书对此并无任何立场。同时，由于本案并未经过陪审团和法院的最后庭审判决，2007 年的诉讼案以和解结束，2011 年的诉讼尚未结案，被告并不承认这些指控，所以也意味着这些指控的事实认定在美国证券相关法律下并未予以确认。本案例的主要信息来源包括：

2007 年诉讼案

- Consolidated Amended Complaint For Violations Of Federal Securities Laws, Date on the document: 06/23/2008.
- Judgment, Date on the document: 03/30/2010.
- Settlement Agreement, Date on the document: 10/06/2011.
- Order Awarding Lead Counsel Attorneys' Fees and Expenses, Date on the document: 04/25/2012.

2011 年诉讼案

- Complaint for Violation of the Federal Securities Laws, Date on the document: 12/12/2011.
- Decision and Order Appointing Lead Plaintiff and Approving Selection of Lead Counsel, Date on the document: 03/30/2012.

3. “电商第一股”麦考林股价暴跌案

- 上市股价高开，“市梦率”取代市盈率，孰料昙花一现，竟然面临退市困境。
- 一份貌似令人满意的财报却为何会引发股价暴跌和股东诉讼？
- 麦考林股价暴跌的真实原因是什么？
- 上市前和上市后的财务数据所呈现的业务趋势是否一致？同一报表数据，为何原告和法院有不同的解读？
- 美国报表和中国税务报表的数据差异能否成为指控的证据？
- 经济导报的报道和秘密证人的证词为何无法击倒麦考林？
- 关键管理人员在 IPO 前离职是否需要在招股书中披露？
- 如何判断信息的重要性水平？信息重要性水平的法律标准如何？
- 尚未结束会计期间的财务信息是否在 IPO 过程中有披露的义务？
- 被众多媒体并不看好的诉讼前景，为何麦考林最终可以挫败集体诉讼？
- 招股书中的哪些关键性披露在诉讼中挽救了麦考林？
- 麦考林的投行在 IPO 尽职调查中是否履行了勤勉之义务？
- 虽赢诉讼，却业绩惨淡，电商“先锋”如何避免成为行业“先烈”。

一、案件过程

1996 年成立的麦考林国际邮购有限公司（Mecox Lane，下称“麦考林”），最初以目录邮购起家，其后业务拓展至网购（麦网）、实体店。2008 年，红杉资本以 8000 多万美元注资并控股麦考林，2010 年 10 月麦考林登陆纳斯达克，在美国出售 11742857 股 ADS，每股发行价为 11 美元。麦考林曾被媒体称为中国第一家赴美上市的电子商务公司，因此有“电商第一股”的称号，并受到华尔街热情追捧，麦考林上市首日上涨56.91%，收报17.26美元，股价最高峰时市盈率超过150倍。

11月29日，在麦考林上市刚刚满一个月，公司公布了2010年第三季度财报。数据显示，2010年第三季度麦考林实现净营收5530万美元，较去年同期的4070万美元同比增长36%；毛利润2200万美元，同比增长23.8%；运营利润90万美元，较去年同期增长410.2%；净利润80万美元，同比增长246.4%。此后召开了分析师电话会议，一切看来并无异常。以下为麦考林2010年第三季度业绩公告的主要财务数据：

表4　　麦考林2009、2010年第三季度主要财务数据对比　　单位：美元

收入	2009年第三季度	2010年第三季度
在线平台	28676241	43913604
直营店	8403823	6525743
加盟店	3603914	4896132
总收入	40683978	55335479
销售成本（不含折旧和摊销）		
在线平台	17520008	27294746
直营店	3362850	2834811
加盟店	2031784	3210150
销售成本合计	22914642	33339707
毛利率	43.68%	39.75%
销售和管理费用	16710391	20122843
经营利润	179548	916139
净利润	230217	797404

以上的财务数据表面看来主要指标同比都是增长，而且增长幅度不低。然而，11月30日，麦考林开盘3分钟后股价重挫40.21%，报8美元，着实让人大跌眼镜。当日收盘，麦考林由上一个交易日的13.38美元跌至8.15美元，

跌幅 39.08%，成交量也暴增。而且当日麦考林未公布任何与股价相关的澄清公告。次日，麦考林股价未出现丝毫反弹，继续前一日的跌势，跌 18.4% 报 6.65 美元，短短 48 小时，麦考林市值蒸发 50.3%。麦考林的股价从此一蹶不振，虽有后来新浪入股的利好消息，但股价如同麦考林上市后各季度的业绩一样，长期低迷，至 2012 年上半年，该公司的股价曾经低于 1 美元，直接面临被退市的风险。从上市前招股书所披露的各年度业绩迅猛增长，到上市后第一季度开始就对外披露环比下滑的业绩；从上市初期被誉为“中国电商第一股”到如今面临被退市的风险，麦考林看来更像是中国电商的“烈士股”。从 2012 年 5 月 16 日以来，麦考林股价在 1 美元以下已经徘徊了 20 多个交易日。从风光无限的“中国 B2C 第一股”，到如今沦为退市边缘股，麦考林仅仅用了一年半时间。

麦考林上市不超过一个月，上市后的第一次业绩公告就导致公司的股价狂跌，到底是何种原因？是 IPO 后的业绩突然变脸？是投资者对中国电商的估值从狂热中突然降温？媒体报道众说纷纭，有的认为公司第三季度的业绩显示，麦考林的业绩同比不错，但环比不行，如环比毛利率下滑、环比经营费用上升，而且麦考林的线下业务成为短板，公司业务模式不清晰，为了上市包装过度等等。这些事后诸葛亮式的分析也并非没有道理，不论股价暴跌的真实原因为何，面对股价暴跌投资者损失的却是真金白银。2010 年 12 月 3 日，有投资者率先向纽约南区法院提交诉状指控麦考林公司（包括其董事会成员、首席财务官和上市承销商）违反美国证券法，从而启动了证券集体诉讼。

2011 年 3 月 31 日，法院批准将数起股东诉讼合并为一起证券集体诉讼。2011 年 6 月 2 日，原告提交了合并且经过修改后的起诉状，对被告分别作出如下指控：

- 指控麦考林公司违反美国证券法第 11 条款；
- 指控个人被告（董事会成员、首席财务官）违反美国证券法第 11 条款；
- 指控承销商违反美国证券法第 11 条款；
- 指控其中三个自然人作为麦考林公司的控制人，违反了证券法第 15 条款。

被告于2011年8月1日向法院提交了请求驳回该起诉的动议，该动议于2012年1月18日全部完整提交，其中承销商被告也加入了该驳回起诉的动议。

纽约南区法院的法官于2012年3月5日作出判决，同意被告要求驳回该起诉的动议，同时允许原告在20天之内重新提交诉状，原告随后选择了上诉。纽约南区法院的驳回原告起诉这一判决对于所有被告来说无疑是个重大胜利，甚至对很多外界人来说是属于意料之外。这个起诉为何会被驳回？原告具体是如何指控被告的？被告是如何进行抗辩的？法官又是如何进行法律分析和判定的？

二　原告对被告的指控

原告指控麦考林的IPO注册登记文件（包括招股说明书）存在以下的重大不实陈述或者重大遗漏：

- 宣称麦考林公司所有业务线的收入都在增长。
- 宣称实体店（physical stores）的个数每年都在显著地增长，而且还宣称麦考林公司打算新开更多的加盟店和直营店（franchise and directly operated stores）。
- 宣称麦考林打算增加那些毛利率比较高的销售业务，而且指出其毛利率比较高的销售业务是来自于其直营店，而毛利率比较低的业务则是来自于在线（网上/线上）业务（online segment）。
- 注册登记文件中显示麦考林的网上/线上业务的增长迅猛，并预测认为线上业务将持续快速增长。
- 宣称是由于直营店业务的扩张导致了相关期间的工资薪酬和福利费用增长。
- 宣称麦考林公司具备有效和可持续的能力来把控公司的销售增长和财务回报。
- 原告还指控认为被告2010年第三季度的财务数据和招股登记文件中所包装的正面业绩趋势相反，但被告并没有在上市前披露该第三季度的财务数据，因此被告上市后能否继续保持收入增长和高毛利率业务将是令人怀疑的。

原告还指控认为，被告直到2010年11月29日（麦考林第三季度的业绩公告日）才对外如实披露了麦考林公司实际所面临的经营和财务情况，包括以下信息：

- 麦考林2010年第三季度的业绩并不如意，毛利率在下滑、经营费用在增加，而且直营店业务的净收入在下滑。
- 麦考林线上业务的增长并不持续，而且第四季度增长还可能停滞。
- 原告指控麦考林所宣称的收入和净利润增长其实是无法持续的，因为麦考林在上市的登记文件中所披露的收入数据和其提交给中国工商部门的财务数据存在差距，此等差距作为麦考林上市的承销商应该是需要在上市前进行核查的。
- 第三季度平均直营店的个数是下降的，而且虽然加盟店的个数增长了300%，但其对应的收入却只增长35.9%，从这些信息可以判断出麦考林并不真正致力于其直营店业务的扩展和加盟店业务的成功——这和麦考林在上市登记文件中所描述的业务策略是不相符的。
- 麦考林虽然在上市登记文件中宣称其将扩展更多的高毛利率业务，但实际情况却是麦考林在2010年的第三季度为了推广较低毛利率的加盟店业务而关闭了一些属于毛利率较高的直营店，而且麦考林还专注于线上业务（该业务恰恰是麦考林三大业务线中毛利率最低的），因此原告认为麦考林的实际经营行为和其在上市登记文件中所描述的商业计划是不一致的。
- 原告还认为，虽然麦考林宣称其对属于毛利率较低的线上业务的销售依赖在逐年降低，麦考林却在关闭一些属于毛利率较高的直营店，加盟店的收入增长速度落后于加盟店数量的增长，而2010年第三季度的数据显示在线业务的收入反而增长了。

原告认为被告在第三季度的业绩公告中披露了上述信息后导致了麦考林公司的股价大跌，2010年11月30日，麦考林公司的股价从每个ADR的13.38美元跌到8.15美元，而且一直持续到2010年12月1日的最低价格为6.45美元，直至当天的收盘价格为6.65美元。

原告认为麦考林放弃支持实体店的决策对其财务健康有持续的影响。2011

年 5 月 23 日，麦考林公告了 2011 年的第一季度业绩，显示了麦考林季度同比净收入、净毛利都在下滑，来自直营店的净收入和直营店个数及直营店毛利这三个指标也一同下滑。第一季度业绩公告后的第二天，麦考林的股价从业绩公告前的 4.96 美元下跌到 3.59 美元；5 月 25 日，股价持续下跌，当日收盘价格为 3.52 美元；5 月 27 日，股价的收盘价格为 3.40 美元。

原告对麦考林公司、相关自然人、股票上市承销商提出指控，指控他们违反了美国证券法第 11 条款；而对其中属于公司控制人（美国证券法下的定义）的三个自然人，指控他们违反了证券法第 15 条款。

三、在裁定是否驳回起诉的过程中法院所引用的法律标准

在诉答阶段，最重要的是法院如何裁定是否驳回起诉，如果起诉被驳回，那么有可能原告会继续修改诉状重新起诉，原告也可能直接进行上诉；而如果起诉不被驳回，也就是说法院不同意被告要求驳回起诉的动议，那么案件就可能往证据开示阶段发展。一旦案件进入证据开示阶段，那么对被告就变得不利，因为原告会要求被告提供各种和案件相关的信息，这个过程十分复杂，因此很多证券集体诉讼一旦进入了证据开示阶段，被告往往会更加倾向尽快进行和解谈判。所以可以说，案件在诉答阶段是否被法院驳回起诉是整个案件发展极为重要的里程碑。

法院在依照联邦民事诉讼程序法规则 12（b）（6）条款，裁决是否驳回起诉的时候，需要假设原告诉状中所指控的事项属实（仅仅是假设，不代表确认或者认同）；因为在这个阶段，法院所关注的并不是原告能否最终赢得诉讼，而是关注原告是否有权提供证据来支持其所主张的法律救济。而依照诉讼程序法规则 12（b）（6）条款，原告的诉状需要提供足够的事实性描述，以确保这些描述本身足以说明原告的法律救济主张是可信的（plausible）；如果原告的诉状对事项的描述不够充分，仅仅是让人可以想象或者推测出原告的法律救济主张是合理的（conceivable），那么这个诉状就有可能被法院驳回。法院在裁决是否驳回起诉的过程中除了考虑原告诉讼所描述的内容外，还会考虑原告

诉状所依据的一些信息和文件（包括一些公开的信息，如被告的年报等）；此外，法院也会考虑那些属于司法采纳范围之内的和本案件有关的信息。

在美国相关证券法律体系下，如果指控被告违反证券法第 11 条款，原告需要在诉状中阐明被告的证券登记文件存在以下问题［见案例 Caiafa v. See Containers Ltd.，525 F. Supp. 2d 398，408（S. D. N. Y. 2007）］：

- 该文件存在重大的不实陈述（untrue statement of material fact）；
- 该文件对法规要求必须披露的事实存在重大遗漏（material omission）——法定要求的重大事项必须披露；
- 该文件对避免误导而需要披露的事项存在重大遗漏——法律法规虽然没有明确要求，但如果不披露此事项，则该文件会存在误导。

法院又援引案例说明，为符合证券法第 11 条款的指控要求，原告只需要指控被告的证券登记文件存在重大不实陈述（material misstatement）或者遗漏（omission）［见案例 In re WRT Energy Sec. Litig.，No. 96 Civ. 3610（JFK），2005 WL 2088406，at *1（S. D. N. Y. Aug. 30，2005）］。也就是说，只要原告能够指出被告的证券登记文件存在重大不实陈述或者遗漏，那么就可以指控被告，而并不需要阐明这些不实陈述或者遗漏是属于故意或者过失，因为被告对证券登记文件负有绝对的责任（absolute liability）。为了进一步说明这个法律标准，法院还援引另外一个案例说明："对证券发行公司而言，只要证券登记文件存在重大不实陈述或者遗漏，哪怕属于过失（innocent misstatements），也需要承担绝对责任（virtually absolute liability）；当然其他被告（除证券发行公司外的被告，如投行、会计师、律师、评估师等），如果要进行抗辩，则是要承担举证责任说明其已经尽到勤勉之义务。"（见案例 Herman & Maclean，459 U. S. at 382）这个抗辩又称为勤勉义务抗辩，仅适用于非证券发行公司被告，对于证券发行公司本身而言，由于负有绝对责任，并不允许采用该抗辩。证券法第 11 条款诉讼案件所涉及的绝对责任和勤勉义务抗辩是两个十分重要的法律原则，在众多的证券集体诉讼中会广泛涉及。

美国证券法第 15 条款规定了控制人责任，也就是说，不仅仅证券发行公司需要承担责任，公司的控制人可能也需要承担责任。如果要指控控制人责任，则原告需要能够阐明：控制人的行为足以说明其构成证券法的主要（非次要或者从属）违反行为者；违反证券法的行为是在被告所控制下而发生的［见案例 Rombach v. Chang，355 F. 3D 164，177－78（2d Cir. 2004］。常见的控制人往往包括发行证券公司的主要股东、董事长，及包括 CEO、CFO、COO 在内的公司管理层等。

以上的法律标准是本案的法官在裁决是否驳回起诉的过程中所采纳的，根据以上的法律标准，本案的法官于 2012 年 3 月 5 日作出裁决，同意被告要求驳回起诉的动议。以下为法官根据这些法律标准所进行的法律分析，用以支持其驳回起诉的裁决。

四、法官作出驳回起诉裁决的法律分析

法官首先认定本案是否驳回起诉的裁决应该适用美国联邦民事诉讼程序法的规则 8（Rule 8），而不是依据民事诉讼程序法规则 9（b）［（Rule 9（b）］。9（b）规则对于起诉的要求更加严厉（heighted pleading requirements），要求原告能够在诉状中指控被告的行为属于欺诈（舞弊）性质。

本案的被告在抗辩过程中认为本案应该适应 9（b）规则，因为被告认为原告诉状中所采用的措词和指控都非常典型地和欺诈（舞弊）相关。被告认为，原告不仅指控被告在证券登记文件中作出了一系列重大不实陈述和信息遗漏，而且还指控被告对这些不实陈述和遗漏是知情的，属于特地隐瞒的，因此原告的诉状是基于被告存在舞弊这一假设基础之上的，所以原告对被告的起诉标准应该适用 9（b）规则。

被告律师很清楚，规则 8 和 9（b）的诉讼标准是不同的，如果认定本案应该适用 9（b）规则，那么原告必须能够在诉状中提供更多的信息足以证明被告的行为属于欺诈性质，而美国法律对于欺诈的认定是有更高的标准要求的，这样一来无疑是增加了原告的难度。

本案的法官认为，一般而言，原告指控被告违反证券法，并不需要遵循规则 9（b）的强化诉讼标准，因为是否存在欺诈或者舞弊这并不是原告请求证券法第 11 条款和 12（a）（2）条款下救济的先决条件［见案例 re Wachovia

Equity Sec. Litig. , 753 F. Supp. 2d 326, 374 (S. D. N. Y. 2011)]。然而,如果原告在寻求证券法第 11 条款的救济时,对被告的指控是基于欺诈或者舞弊这一前提的(就是说原告首先认定被告是存在欺诈行为),那么原告的诉讼标准就应该适用 9 (b) 规则(见案例 Rombach, 355 F. 3d at 171)。此外,法院还援引案例认为,即使原告并没有主张证券交易法下的欺诈救济,原告的诉状也可能是基于欺诈这一前提条件的(见案例 Globalster, 2008 WL 4449280, at * 11)。法院的责任就是详细检查诉状,从诉状中来判断原告的起诉是基于被告疏忽还是基于欺诈,从而判断应该适用何种诉讼标准(见案例 Rombach, 355 F. 3d at 171)。在 Rombach 案例中,要求法院对不同的诉讼案作出具体的判断,美国第二巡回法院并不倾向于将 Rombach 案的判例确认为所有证券法第 11 条款下的诉讼都需要符合规则 9 (b) (见案例 Wachovia, 753 F. Supp. 2d at 375)。

本案的法官认为,本案的诉状并不是基于被告欺诈这样的前提的。法院认为,判断是否属于欺诈的一个关键要素是明知或者故意,可定义为主观上拥有企图进行隐瞒 (deceive)、操纵 (manipulate) 或者骗取 (defraud)。[见案例 In re Global Crossing, Ltd. Sec. Litig. , 322 F. Supp. 2d 319, 329 (S. D. N. Y. 2004)] 而在本案中,虽然原告的诉状中指控被告在更为精确的信息具备的情况下仍然在证券登记文件中作出不实陈述,原告并没有指控被告的行为具有故意隐瞒、操纵和欺骗的企图。法院还从原告的诉状中举了一些例子来说明原告对被告的指控并没有基于欺诈这样的前提。

所以虽然原告的诉状指控被告存在不实陈述,但原告并没有指控被告存在欺诈行为。欺诈的性质是比不实陈述要高的,如果仅仅是指控被告存在不实陈述是不足以指控欺诈成立的,因为所有的不实陈述可能是由于故意 (intentionally),也可能由于疏忽 (negligently),也可能是属于无辜 (innocently) 而作出。(见案例 Refco, 503 F. Supp. 2d at 632 - 33) 所以本案的法官认为,本案应该适用 Rule 8,而不是规则 9 (b)。

虽然本案的法官认为本案的起诉标准并不需要规则 9 (b) 那么严厉(这一裁决固然对被告不利),但法官经过以下的进一步分析和推理,最终裁决驳回本案的诉讼。法官将原告的诉讼状中对被告的重大不实陈述、误导陈述、重大遗漏这些指控汇总划分为以下五大类事项：

- 涉及实体店增长的事项；
- 涉及麦考林公司关键管理人员的事项；
- 涉及麦考林收入增长的事项；
- 涉及麦考林市场推广策略的事项；
- 涉及麦考林内部控制制度和勤勉尽责的事项。

法官就以上五个事项分别进行法律分析，并逐一作出法律判断。

指控一：涉及实体店增长的重大不实陈述、误导陈述和重大遗漏

原告在起诉状中指控麦考林公司证券登记文件中关于实体店网络（net work of physical stores）的相关披露存在重大不实陈述、误导和遗漏。原告特地从麦考林公司的证券登记文件中摘出以下一段文字来进行指控：

“实体店网络的扩张——为达到以最低的资本投入实现高增长，我们（麦考林公司）通过开立加盟店（franchised stores）的方式，已经在中国的二线和三线城市对实体店网络进行了扩张，并将继续此项扩张计划。截至2010 年6月30 日，我们拥有320 家加盟店和158 家直营店（directly operated stores）。我们计划在2010 年新开大约20 家加盟店和新开大约5 家直营店。”

原告还指出麦考林的证券登记文件中宣称麦考林的策略是扩张实体店的数量和促进那些有更高毛利的业务。而这个所谓的更高毛利的业务，原告认为，在证券登记文件中是指通过开设加盟店和直营店而不是通过在线业务来实现。原告认为，2010 年第三季度，麦考林的实体店数量不仅没有扩张，反而关闭了 19 家直营店。

然而法官并没有认可原告的看法，相反，法官从麦考林的证券登记文件的第 59 页中却发现了一张统计图，该图明确显示了麦考林已经关闭了 19 个直营店。该图显示，截至 2009 年 12 月 31 日，麦考林共有 177 家直营店，而截至 2010 年 6 月 30 日，直营店的个数为 158 个，因此麦考林其实已经在证券登记文件中通过该图的方式向投资者披露在过去的 18 个月中其已经关闭了 19 个直营店（净减少个数）。

原告对法官的解读进行了反驳，认为该图本身是存在误导的。原告援引案

例认为，有些陈述信息虽然从字面意义来看是准确的（literally accurate），但他们的前后内容及他们的披露方式和途径仍然有可能会误导投资者［见案例 McMahan & Co. v. Wherehouse Entm't, Inc., 900 F. 2D 576, 579（2d Cir. 1990）］。本案的法官并不同意原告的这一反驳。法官认为，麦考林公司所提供的直营店前后比较数据是在一张单独的图表中清楚地列示提供的，该图表的表头名称为“店面（stores）”，该图表清楚地列出了直营店数量、加盟店数量、合计店面数量这三个数据。其中所披露的 2009 年 12 月 177 个直营店个数，到 2010 年 6 月 158 个直营店个数，可以清楚地比较出直营店的净关闭数为 19 个。因此，麦考林公司已经关闭 19 个直营店这个信息本身并不构成不实陈述或者遗漏，而且该信息反而已经在证券登记文件中予以披露了。

至于原告指控认为麦考林所宣称的策略是通过加盟店和直营店而不是通过在线销售来促进高毛利的业务，法官观察到，麦考林的招股说明书 58 页披露到麦考林公司严重依赖于在线业务。招股书原文披露到：“我们（麦考林公司）在线业务收入占 2009 年全年和 2010 年前 6 个月净销售收入（net revenue）的比重分别为 72.8% 和 78.5%，而且本公司预计大部分收入仍然会来自于在线业务，公司也计划通过在线业务进行市场推广和销售更多产品，包括第三方品牌服装和饰品。”

法官也注意到原告指控被告宣称将促进更高毛利的业务这个陈述出现在麦考林招股说明书的第 3 页，在“公司的增长策略”这个陈述段内。原告认为，招股书第 57 页陈述到，公司的实体店属于毛利比较高的业务，这个表述，让人认为高毛利销售金额的增加将会需要通过增加实体店数量而实现。麦考林的招股书原文有如下披露：

“通常而言，由于我们拥有自有品牌的优势，我们自有品牌产品销售的毛利会高于第三方品牌产品的销售毛利。而加盟店和直营店业务目前的销售毛利比在线（线上）业务的毛利要高，其部分原因是由于我们只在实体店中销售我们自有品牌的服装和饰品。”

同时，法官也发现，招股书的其他信息也透露出建立实体店并非是促进高毛利业务的绝对必要条件。例如，招股书披露到：“和其他商品相比较，女士服装和饰品的销售毛利也比较高。”法官还举出其他一些招股书已经披露的例子来说明涉及到“高毛利”、“较高毛利”、“毛利增长”等相关的措词，比如招股书披露到：

“我们亦将持续识别和将资源聚焦到那些时尚类产品，因为时尚类产品往往具有较高的毛利；我们计划提高我们在这类产品的市场份额，包括品牌服装和饰品。”

“我们确信，品牌知名度的提升和有效的市场推广将会有助于提高客户对我们自有品牌产品的认可度，从而提高毛利。”

“此外，我们将通过持续扩张设计和产品管理团队、加强培训和注重产品创新来推动我们的毛利增长。”

法官认为，以上的陈述都是涉及到公司的产品线，而不是说实体店的扩张，也不会有理性的投资者会将以上的陈述解读为麦考林是通过扩张其直营店而实现高毛利业务增长的。而且，需要注意到的是，原告所提到的“更高毛利业务拓展”之措词是摘自以下一句话作为前提的点句：

“我们的愿景是成为一家中国领先的时尚品在线商家。我们打算通过以下成长策略……”

法官的意思似乎是表明原告对被告的此项指控是有些断章取义。和原告的观点相反，法官认为从麦考林招股书所披露的信息可以理解到“高毛利业务”和麦考林的在线业务是可以兼容的。并不是说，麦考林的招股书告诉投资者其在线业务和“高毛利”是互相矛盾的。因此，法官认为，招股书中关于高毛利业务增长策略的陈述并不导致麦考林关于实体店增长这个事项构成不实披露或者遗漏。

指控二：关于关键管理人员信息披露的误导和遗漏

原告指控麦考林在招股书中宣称“麦考林拥有相关行业丰富经验的管理团队”，然而麦考林却没有在招股书中披露其实体店业务部总经理王宏征在公司于2010年10月公开上市前的两个月已经离开麦考林。原告在诉状中描述到王宏征在加入麦考林之前是麦考林竞争对手美邦服饰公司的总经理，此人曾被描述成在实体店扩张方面经验丰富从而促成了美邦服饰成功IPO。原告还指出，王宏征在刚加入麦考林的时候曾经对外宣称将在3年之内新开立2000家店。原告认为王宏征对麦考林的零售店业务增长是至关重要的，然而麦考林却没有在招股书中披露他已经离开公司。

法官注意到，原告关于王宏征离职信息没有进行披露的这个指控其实是原告对麦考林实体店业务模式指控的再包装（repackaging），因为王宏征离职一事仅仅是意味麦考林对其实体店数量扩张努力某种程度的背离。然而，正如前文所述，麦考林已经在招股书中披露到其实体店的净减少数量达到 19 个，而且麦考林还披露到其过去和预计将来仍会十分依赖线上业务。所以，即使麦考林没有披露王宏征离职一事，这也构不成可被起诉的信息披露遗漏，因为麦考林已经在招股书中披露了（也正是原告所指控的）其实体店扩张策略的成功细节，而王宏征也正好是这个业务策略的组成部分。

法官分析问题的角度确实十分奇特，但也不无道理。所以看来原告的这个指控不成立，并非因为王宏征离职这个信息不属于重大信息，也并非因为麦考林没有对此信息进行披露的义务，这些是否应该其实都不是法官需要判断的范畴。法官所看到的是，原告并没有将这个信息遗漏作为独立的指控事项（而是从属指控），而是将其同麦考林的实体店发展策略这个指控联系起来了（主指控）。所以对原告来说就存在这个风险，如果主指控被驳回了，那么从属指控也就难以独立存在了。当然如果原告单独将这个信息遗漏作为一个指控，而避免其和前述的实体店策略联系起来，则估计会有另外的效果。当然，从法官在本案的分析我们也看到，法官对这个指控的目前裁决虽然不无道理，但还是存在挺大主观因素的；就证券诉讼所处的是否驳回起诉阶段而言，法官需要采取的立场更多应该是偏向原告的，毕竟如果裁决驳回起诉，那么原告就失去了进一步举证的机会。因此本案裁决后，原告并不服，而是迅速地提出了上诉。

指控三：关于收入增长的不实陈述、信息误导和重大遗漏

原告指控麦考林在收入增长事项披露方面存在不实陈述、信息误导和重大遗漏，主要包括：2010 年第三季度和第四季度的财务数据并没有在证券登记文件中提供，及关于麦考林公司对在线业务依赖性的陈述存在误导。原告认为，麦考林公司在招股说明书中将其包装成为所有三个业务线（在线平台业务、直营店业务和加盟店业务）的净收入每年度都呈现增长，然而，公司

2010年第三季度直营店业务的净收入和上个年度相同季度同比反而下降了22.3%，而且2010年第三季度在线业务同比并无增长。原告认为麦考林的招股书对这两个信息没有作出披露，属于重大遗漏。原告还指出，麦考林2010年第四季度的在线业务同比净收入增长仍然是不景气的，而且这个业务情况在其进行IPO的时候已经是属于正在发生的。即便如此，麦考林的招股书仍然预测公司的业务增长迅猛。因此，原告指控被告同时违反了以下两条法律所要求的义务：

• SEC的S-K之303（a）条文的规则［Item 303（a）of Regulation S-K］，该条文要求公司披露其合理预计的任何对持续经营业务的净收入或者收入或者利润有重大利好和不利的不确定事项，及与此相关的任何已知趋势（known trends）［17，C. F. R. 条款229.303（a）（3）（ii）］。

• 联邦法律17 C. F. R. 之230条款的408条文，该条文要求证券发行公司披露任何重大信息，以确保证券登记文件不存在误导性。

原告认为，以上法规中所提到的已知趋势包括麦考林公司在线业务增长率的下滑、经营费用的增加及毛利率的下滑。原告认为，麦考林公司2010年第三季度的财务数据和其招股书中所呈现出来的业务发展正面趋势刚好相反，而且2010年第四季度的财务数据也和招股书所披露的公司业绩趋势相反，而麦考林公司在上市过程中并没有披露其2010年第三季度和第四季度的相关财务数据，故此，麦考林公司违反了美国证券法所要求的披露义务。

原告指出，麦考林的招股书透露给投资者的信息是麦考林对线上业务的依赖性在逐步减少，比如2007、2008和2009这三年线上业务收入占总收入的比重分别为92.2%、86%和72.8%。然而，麦考林并没有告知投资者2010年第三季度公司线上业务收入占总收入的比重又增加到接近80%。

此外，原告还指控麦考林对经营费用增长的披露不妥当。招股书中透露直营店的扩张将会导致经营费用增加，而加盟店的扩张则会减少经营费用的上升，但是实际情况并非如此。即使麦考林直营店的扩张减缓了，加盟店的扩张加快了，然而麦考林2010年第三季度的经营费用仍然大规模攀升。

所以原告认为被告违反了前文所提到的303（a）条文，因为没有对已知的业务趋势进行披露。美国联邦第二巡回法院解释到，303（a）条文的目的是解释证券发行公司的登记文件的违规情况，以防止公司的最新财务数据误导潜在投资者［见案例 In re Noah Educational Holdings，Ltd. Sec. Litig.，No. 08 Civ. 9203（RJS）］。在本案中，最新的财务数据就是指公司上市后首次公告的财务信息，也就是 2010 年第三季度的财务数据。因此，只要原告能够貌似有理地（plausibly）指控被告的证券登记文件中存在重大遗漏和错误陈述（material omission and misstatement），那么就可以符合证券法第 11 条款起诉的最低要求。而哪些遗漏或者错误陈述属于重大，则属于具体情况具体判断的范畴，就起诉阶段而言，对原告来说符合起诉条件的标准并不高［见案例 Litwin v. Blackstone Grp.，L. P.，634 F. 3d 706，718（2d Cir. 2011）］。

美国证监会 SEC 的 408 条文，则要求到：除了那些明确要求必须在证券登记文件中予以披露的信息外，任何对已经披露信息在其具体情况下可能造成误导的那些必要信息，必须额外加以披露。就是说这些所谓的额外信息如果不披露，那么那些已经披露的信息就有可能产生误导，这些额外信息也就构成必备信息或者说重大信息，需要在证券登记文件中予以披露。

法院在具体运用 303（a）条文和 408 条文的时候，需要判断原告能否充分指控尚未披露的信息属于重大信息（结合那些已经披露给投资者的信息来看）［见案例 DeMaria v. Andersen，318 F. 3D 170，180（2d Cir. 2003）］。如何判断那些尚未披露的信息属于重大信息呢？或者说在证券集体诉讼案例中，法官是任何判断重要性原则呢？本案中法官援引了以下两个案例进行说明：

• 评估某个具体信息是否属于重大信息，我们可以做如此的反问，如果这个被遗漏的信息得到披露的话，那么作为理性的投资者，他因此而对其他已经披露信息总体判断意见产生严重改变的可能性是否很高（substantial likelihood）。如果这个可能性很高，那么被遗漏的信息就属于重大信息，反之则不属重大信息［见案例 TSC Indus.，Inc. v. Northway，Inc.，426 U. S. 438，449，96 S. Ct. 2126，48 L. Ed. 2d 757（1976）］。这个案例是 1976 年发生的，应该属于老案例，但在目前的证券集体诉讼中仍然被广泛引用，主要是因为这个案例确认了证券集体诉讼中关于重要性原则如何进行法律判断的标准。

• 通常情况下，重要性这个概念属于法律和事实互相交叉的范畴，既不是简单地认为属于法律的范畴，也不可以简单地认为属于事实认定的范畴，因此如果仅仅是借助重要性原则而寻求驳回起诉，那么其所需要的标准则比较严厉［见案例 Garber v. Legg Mson，Inc.，537 F. Supp. 2d 597，611 (S. D. N. Y. 2008)］。

在本案中，法官并不认同原告引用 303（a）条文和 408 条文来指控被告，因为法官认为原告并没有说明被告于 2010 年第三季度披露的信息或者其他信息所呈现出来的麦考林业务趋势和麦考林在招股书中所披露的业务趋势有不一致的地方。法官认为，麦考林上市后所披露的财务信息透露出来的公司业务趋势和上市前招股书所透露的公司业务趋势是一致的。法官注意到，原告所指控的业务趋势是指麦考林在线业务增长率的降低、经营费用的增加和毛利率下滑这三个指标。关于第一个指标的趋势（在线业务增长率降低），麦考林的招股书第 58 页和 59 页有相关的披露：公司截至 2010 年 6 月 30 日的直营店个数比截至 2009 年 12 月 31 日要减少 19 个；2010 年上半年来自直营店的收入比重会降低，相反，来自在线业务的收入比重会有所上升。而且，麦考林的招股书中以列表的形式披露了直营店业务的收入占总收入的比重从 2009 年的 21% 下降到 2010 年前 6 个月期间的 14.8%；而相同期间的来自线上业务收入占总收入的比重却从 72.8% 上升到 78.5%。在线业务收入占总收入比重上升的这个趋势其实也就在招股书中披露出来了，而原告所指控的 2010 年第三季度在线业务收入比重接近 80% 的这个数据其实并不会改变理性投资者对原先已经获得信息的总体判断。

至于原告指控的第二个趋势，法官注意到，麦考林的招股说明书同样也披露了这个趋势。招股书的第 57 页披露到：由于公司业务的扩张，包括零售和公司管理雇员在内的薪酬福利费用、直营店相关的租金和折旧费用、呼叫中心费用、物流中心费用、公司设施、市场和广告在内的各种经营费用都随之增长。招股书还披露到，截至 2009 年及 2010 年 6 月 30 日的 2 个 6 个月会计期间相比，不含股份报酬在内的员工薪酬和福利费用分别为 1060 万美元和 1760 万美元，分别占同期净收入的 13.9% 和 16.4%。此外，招股书还披露到，由于雇佣人数的增加和业务的扩张，在短期内公司预计销售和管理费用将会增长。法官因此认为，麦考林已经在招股书中对经营费用的增长趋势作了披露，并没有隐瞒任何趋势或者重大信息。

而被告指控的第三个趋势（毛利率的下滑），法官认为，这个下滑趋势和招股书披露信息所透露出来的趋势是一致的。法官注意到麦考林的招股书披露到："截至 2010 年 6 月 30 日的 6 个月会计期间，我们业务的毛利率为 44.1%，而截至 2009 年 6 月 30 日的六个月会计期间毛利率为 46%。"而且，招股书同时还披露到，麦考林的所有三个业务线的毛利率都呈下滑趋势，比如招股书披露到："在线业务的毛利率 2010 年上半年为 42.6%，而去年同期为 43.2%……直营店业务的毛利率 2010 年上半年为 55.2%，而去年同期为 57.2%……加盟店业务的毛利率 2010 年上半年为 37.5%，而去年同期为 40.6%。"所以，法官认为，麦考林已经在招股书中披露了毛利率下滑的这个趋势，并没有隐瞒或者遗漏。

经过以上分析，法官驳回了原告就这三个业务趋势所作出的指控。原告虽然也指控认为在麦考林于 2010 年 10 月进行 IPO 的时候，其 2010 年第四季度的业务数据公司也是已经具备的，所以应该对外披露，然而，原告在提出这个主张的时候并没有援引任何有效的法律或者法规要求被告有义务对尚未结束的季度进行信息披露。麦考林是 2010 年 10 月进行 IPO 的，所以 2010 年的第四季度属于尚未结束的季度，那么公司是否有义务对投资者披露这个尚未结束的季度数据呢？一个涉及分众传媒的判例恰好回答了这个问题。在分众传媒的证券集体诉讼案件中，法官判决认为：原告要求被告承担披露尚未结束季度的财务数据之义务［见案例 In re Focus Media Holding Ltd. Litig., 701 F. Supp. 2d 534, 539 - 40 (S. D. N. Y. 2010)］。然而另外一个案例已经确立了这样一个原则：SEC 披露要求框架已经意识到要求企业在正常结账周期之外即时披露会计期间尚未结束的财务数据不仅不可行，而且这样的信息披露还会存在潜在的误导［见案例 In re Turkcell iletisim Hizmelter, A. S. Sec. Litig., 202 F. Supp. 2d 8, 13 (S. D. N. Y. 2001)］。

所以这样看来，由于麦考林是在 2010 年 10 月上市的，截至 2010 年 9 月 30 日的第三季度是属于已经结束的季度，对第三季度的财务数据，如果和以前季度存在严重不一致，那么麦考林应该是存在披露义务的（本案中法官的分析认为，第三季度的财务数据所呈现出来的三个业务趋势和招股书所透露出的趋势并无不一致之处，所以原告指控麦考林违规并不成立）。而 2010 年第四季度则属于尚未结束的季度，对此季度的信息，麦考林在IPO的时候是没有披露义务的。

这里我们可能对法官的分析有些疑问，为何同样是一份招股书，法官对麦考林业绩的相关趋势披露的解读会不同于原告的解读呢？其实我们可以从以上分析过程了解到，法官对趋势的解读更多是从财务数据环比的角度来看（或者是从2个6个月会计期间同比角度看，即2009年上半年和2010年上半年同比），那么麦考林已经披露的数据确实透露出公司的业绩在同比下滑；而原告律师是从整个年度（12个月会计期间）历史同比趋势的角度来看，麦考林招股书所披露出的2007、2008和2009三个完整的会计年度业绩趋势是积极正面的，而这个积极正面的趋势却被2010年第三季度的下滑趋势给打破了。而且除了财务数据这个角度外，麦考林的招股书也披露了公司可预见将来各项经营费用会持续上涨的可能，这个披露挽救了麦考林，因为法官认可了这个披露；而原告对被告的指控只是从财务数据这一个维度来说明，并不提及麦考林关于将来各项经营费用趋势的文字描述。

以下是来自麦考林公开的财务数据，这些数据将有助于我们更直接地了解本案法官和原告各自分别是从哪些不同的角度来解读麦考林上市前后的业务趋势。

表5　　麦考林近年主要财务数据　　单位：美元千元

	截至12月31日会计年度			截至6月30日6个月	
	2007	2008	2009	2009	2010
合并数据					
收入：					
网络平台（在线）	56568	92438	129362	58238	84782
直营店	4786	13915	37388	15644	15991
加盟店	5	1174	10939	2426	7261
收入总额	61359	107527	177689	76308	108034
成本（不含折旧及摊销）：					
网络平台（在线）	31438	51610	74490	33105	48650

续表

	截至12月31日会计年度			截至6月30日6个月	
	2007	2008	2009	2009	2010
直营店	2007	6173	16055	6693	7161
加盟店	4	696	6512	1442	4538
成本合计	33449	58479	97057	41240	60349
营业利润	4404	4317	8783	4988	2951
净利润	4112	3552	7212	4058	2527

注：以上数据来源于麦考林招股书，在线业务包括来自麦网和邮购目录两项业务收入。

表6　麦考林近年各季度主要财务数据　单位：美元千元

	2008年第一季度	2008年第二季度	2008年第三季度	2008年第四季度	2009年第一季度	2009年第二季度	2009年第三季度	2009年第四季度	2010年第一季度	2010年第二季度
合并数据										
收入	19305	27324	26711	34187	33383	42925	40684	60697	49260	58774
成本	(10609	(14695)	(14443)	(18731)	(19000)	(22240)	(22915)	(32902)	(28430)	(31919)
销售和管理费用	(7687)	(9945)	(11355)	(14313)	(12937)	(15613)	(16710)	(23244)	(21669)	(20911)
营业利润	838	2465	568	447	668	4320	181	3615	(1976)	4928
净利润	637	1897	515	503	624	3434	230	2924	(1549)	4076

注：以上数据来源于麦考林招股书，以上所指的销售成本不包含折旧及摊销。

麦考林在招股书中对其季度数据的特征作出了说明：由于受客户购买量和季节性的影响，公司的季度间财务数据会呈现比较大的波动；一般而言，由于春节期间中国客户上网购买量较少，每年的第一季度销售收入会相对较低；第三季度也是属于销售收入比较低的季度，因为公司的主要销售来自于夏季服装，导致第三季度的销售单价比其他季度要低；而第四季度一般是销售收入比较高的季度，因为公司秋装和冬装的销售单价比其他季度会高一些。

指控四：关于市场策略披露存在重大不实陈述、误导和遗漏

原告指出，麦考林在招股书中宣称公司通过在线广告、向目标群体发放电

子邮件和邮购目录、印刷媒体广告、电话销售等形式来推广其产品。并还宣称：

• 我们通过向目标客户制定有效的市场推广策略以维持和增加公司的产品销售。

• 我们也在互联网投放在线广告，包括新浪、百度搜索和其他网站。

• 我们打算通过提高在线广告水平，改善电子商务网站和目录设计，及销售产品多样化等方式在讲究成本效率匹配的基础上寻求增加新客户。

• 品牌形象会影响到客户是否购买我们产品的决策，所以是个重要的因素；我们的成功因此依赖于市场对我们自有品牌，及和品牌相关的文化、生活方式及形象这些方面的认同和接受；而这方面往往有些是我们无法控制的……

• 我们将发起一些市场和广告活动，实现将我们的品牌和目前流行及时尚的活动和文化事项联系起来……

以上是来自麦考林招股书的一些描述，原告认为，实际情况和招股书描述并不符合。实际情况是，在麦考林 IPO 之前，有媒体文章报道（经济导报 E-conomic Herald）指出，目前，麦考林并无任何打算进行其公司形象的广告和推广活动。

原告还寻求一名麦考林的加盟商作为秘密证人（confidentical witness，“CW”），该秘密证人进一步指出麦考林对实体店的扩张缺乏支持。他指出，其于 2009 年 12 月获得在上海加盟麦考林的机会，当时有 7 至 8 个地区加盟机会，而他所加盟的地区属于麦考林还尚未设立直营店或者加盟店的地区；依照加盟合同，加盟商需要在两周之内开立两家店面，否则麦考林有权将在同地区开立一家店面的权力授予其他加盟商；为了满足合同要求，该秘密证人于 2010 年春季设立了两家店面，然而麦考林违背了合同条款，又授权其他加盟商开立了新的店面。该秘密证人还指出，每隔 3 个月，麦考林会邀请加盟商参加订货会，加盟商可以看到模特所穿的最新服装款式；然而这些新款服装却往往在 6 个月之后才发送到加盟店，而且实际到货的服装质量并不如订货会上模特所穿服装；而且这些服装到货之后，加盟商虽有机会确定哪些服装更加受欢迎，但麦考林则往往告知加盟商不会提供更多数量的服装，即使这些服装仍然可以在麦考林自己拥有的直营店持续供货。

法院并不认同原告就此指控被告违反美国证券法第 11 条款，因为法官认为原告所提供的指控事项并不充分。原告提供了两个事项来指控被告于市场策略信息披露方面违背了证券法第 11 条款，其中一个是经济导报的报道，而另外一个是秘密证人的证言。法官还特地引用了经济导报所报道文章的如下段落（在经过公证后的中文稿上的翻译）：

"现阶段，麦考林并无计划在这些市场范围进行特定形象（specific image）的广告活动…… 渠道店面主要销售麦考林自有的两个品牌商品（"Euromoda"欧梦达 和"Rampage"兰沛琪）。如果你到第二和第三线城市的店面，甚至到郊区的店面，就可视度而言，麦考林的这两个自有品牌是否能竞争得过'Jeanswest'真维斯和'Baleno'班尼路？后两个品牌已经在市场上流行多年。麦考林坚信，为突出时尚而不是运动和休闲的概念，就产品定位而言，麦考林已经和这些品牌实现了差异化。目前，麦考林并无计划在这些市场范围进行特定形象的广告活动，'我们或许会开立一些旗舰店'……"

被告将经济导报的这篇报道翻译成英文并经过公证后提交给法院，法官进行了以上的援引。（原告并未向法院提供该报道的翻译件）法官理解到，这篇报道是指出，麦考林并无计划在这些市场范围（第二和第三线城市及郊区）进行特定形象的广告推广活动。所以，该文章所报道的这个事项和麦考林招股书的披露不存在任何矛盾之处。同理，原告所提供秘密证人的指控认为麦考林对实体店缺乏支持，该秘密证人的证言并无法指出麦考林的招股书中的何处描述存在不实和误导的性质。所以法官认为原告对被告的此项指控缺乏充分的事实说明，因此法院作出裁决驳回原告对被告的此项指控。

指控五：内部控制制度和勤勉尽职方面的披露存在重大不实、误导和遗漏

原告指控麦考林在招股书中宣称公司拥有自主的管理信息系统，用以监控存货和销售毛利情况，还宣称公司的在线平台系统可以确保管理层有效和持续地采集业务信息。原告认为麦考林在招股书中的此等陈述误导了投资者，使投资者错误地认为麦考林有能力及时采集、分析和发布精确的财务信息。原告指控到，虽然麦考林在招股书中宣称有此等有效的信息系统，麦考林的招股书却

没有披露公司的第三季度和第四季度的财务信息，也没有披露公司的业务增长策略。此外，原告还指控被告（主要是投行被告）在公司上市过程中没有尽到应有的勤勉之义务对公司进行调查，否则这些尽职调查应该能够及时发现麦考林2010年第三季度和第四季度的不良经营业绩，也应该能够发现麦考林公司向美国证监会所提交的证券登记文件中之财务数据和其向中国政府有关部门提交的财务数据存在重大不符：招股书中所披露的2007、2008和2009三年的总净利润分别为410万美元、350万美元和720万美元，然而麦考林向中国政府有关部门提交的财务报表信息所列示的2008年公司净利润仅有825544.41美元。

本案的法官认为，就以上原告所描述的事项，尚不足以指控被告违反了证券法第11条款，因为原告并没有指出麦考林招股书中的披露和其2010年第三季度的财务数据信息存在有任何不一致之处。虽然，原告也试图指控被告没有披露2010年第四季度的数据，但并无任何法律依据表明被告对其尚未关账的季度财务信息有进行对外披露的义务（见案例分众传媒案，Focus Media Holding，701，F. Supp. 2d at 539－40）。

而至于原告所指控的麦考林公司2008年中国法定报表和招股书所披露财务信息二者数据存在不一致，原告并没有指控认为麦考林2008年于招股书中所披露的财务信息存在错误，而仅仅是指出二者信息存在差异而已。关于这个差异，被告抗辩到，原告所指的麦考林公司提交给中国政府的2008年财务报表仅包括麦考林公司在中国境内的子公司和联营公司的范畴，而招股书的财务信息是包括麦考林所有公司的。

法官认为，即使原告在起诉状中所描述的情况可以假设为真实的，原告也没有指出这二者的数据差异是如何导致了麦考林公司2010年10月生效的招股书存在不实陈述或者具有误导性。所以法官认为原告对被告的此等指控是不充分的。

由于法院驳回了原告对被告关于违反证券法第11条款的所有指控，证券法第15条款下的控制人指控也就不成立了。控制人的指控是针对那些对证券违反行为拥有控制权的自然人，主要是公司管理层和控股股东等，其前提是案件中必须要存在公司违反证券法的行为，公司的这个违规行为界定为首要

（或者主要）违规，在这个前提下，可以进一步追究控制人的责任。

2012年3月5日，纽约南区法院的法官 Robert W. Sweet 签署法官令，驳回了原告对被告的所有指控，同时允许原告在20天之内重新提交诉状（re-plead）。原告在很短的时间之内就决定提出上诉。无论如何，目前法院的这一裁决对麦考林和所有本案中的被告来说是个非常重要的里程碑性胜利。

2012年12月3日，麦考林公司宣布，美国联邦上诉法院于2012年11月29日作出裁决，对之前纽约南区法院关于麦考林胜诉的判决维持原判，驳回针对麦考林及其董事和高管的集体诉讼。

麦考林赢得了股东集体诉讼，运用美国法律制度维护了自身的权益，这对其他中国概念股具有启发作用。然而，在诉讼之外，麦考林面临的是股价长期低迷，甚至遭遇退市威胁。从以下各年度财务数据可以看出，麦考林的经营业绩和现金流情况很难让股东满意。

表7　　麦考林近年相关财务数据　　单位：百万美元

	2011年度	2010年度	2009年度	2008年度	2007年度
总销售收入	217.89	227.54	177.69	107.53	61.36
成本（不含折旧）	144.74	132.64	97.06	58.48	33.45
毛利润	73.16	94.90	80.63	49.05	27.91
毛利率	33.58%	41.71%	45.38%	45.62%	45.46%
销售和管理费用	104.53	86.24	68.50	43.30	23.12
经营利润	-34.86	4.96	8.78	4.32	4.40
净利润	-33.22	4.43	7.21	3.55	0.39
经营活动现金流	-19.71	-5.87	15.25	6.19	8.17

五、案外之声

麦考林向多渠道零售商方向发展，其邮购、电子商务、实体门店相结合的经营，被业界称为“三条腿走路”的多渠道模式。自2004年起，麦考林已连续6年盈利，年复合增长率曾高达70%，年营收过亿美元。虽然规模上无法与淘宝和京东等庞然大物相比，但潜在的市场红利为麦考林预留了足够的空间，这恰恰是快速增长但远未成熟的中国电子商务市场的最大特点。有媒体文章披露麦考林的报表经过精心包装，比如，其招股说明书称80%营收来自线上收入，但并未严格区分邮购目录和互联网两种不同渠道的收入比例。目录销售这种业态处于下降状态，当业务下滑时，必然导致电子商务包装的华丽新衣滑落。

IPO后市场竞争格局发生变化。国内大量做B2C的公司纷纷拿到私募基金的巨额融资，融资额度甚至比麦考林上市融资要大得多，这些公司拿钱出来做市场规模，导致互联网上有限广告位资源更加紧张，同时也对邮购业务造成很大压力，邮购从2010年第四季度开始快速下滑，导致公司营收放缓。而这些拿了融资款的大型电商公司，除了在市场上血拼价格之外，似乎目前也陷入了盈利迷茫期。已经上市的麦考林股价低于1美元不得不面对退市的风险，而另外一家在美上市的电商当当网股票市值更是严重缩水，CTO、CFO等高管相继离职。

2011年和2012年是中国电商公司的大规模降价“血拼”年，以京东、当当、国美等电商为主角的如此热闹的商战，并没有看到麦考林作为主角的身影。时至今日，中国电商行业仍然是处于大把烧钱阶段，而麦考林的经营活动现金流量却持续为负数，其现金及现金等价物水平不断下降。但愿，当年被誉为“电商第一股”的行业先锋能够避免成为行业“先烈”?

为了避免纳斯达克对股价低于1美元的退市规定，2013年2月1日，麦考林执行5合1的并股计划，对公司ADS对普通股的比例进行调整，从此前的1份ADS代表7股普通股调整为1份ADS代表35股普通股，麦考林合股后大跌，截至23：06，其股价跌18.58%，报2.52美元（合股后的价格）。

无论如何，对麦考林的股票投资者而言，“市梦率”的热情十分十分短暂，已经逝去多时，唯一留在心中的估计就是那句老话——“股市有风险，入市须谨慎”。

申明和信息来源

本案例的主要信息来源于相关法律文件，案件中所提到的指控内容，可能属实，也可能并非属实，本书对此并无任何立场。同时，由于本案并未经过陪审团和法院的最后庭审判决，而是以起诉被驳回而结案，被告并不承认这些指控，所以也意味着这些指控的事实认定在美国证券相关法律下并未予以确认。本案例的主要信息来源包括：

- Consolidated Amended Class Action Complaint For Violations Of Federal Securities Laws，Type：Complaint，Date on the document：06/02/2011.
- Opinion，Type：Other，Date on the document：03/05/2012.
- Notice of Appeal in a Civil Case，Type：Notice of Appeal，Date on the document：04/03/2012.

4. 赛维 LDK 存货价值案

● 曾经"亚洲百强企业"，诞生了中国大陆个人首富的公司，从最高九十亿美元市值缩水至几亿美元，LDK 演绎了从崛起到衰败的奇迹速度。

● 多晶硅，多精贵；原料计量不容易；审计师，发警告；内控整改是必须。

● 请来司徒寄希望，執料后院被放火，司徒实名写举报，股东诉讼被引爆。

● 诉讼历经约两年半，最终赔偿一千六百万。

● 司徒实名举报为何故？举报信息是否可靠？举报之后即隐身，举报内容法院是否采纳？

● 为化解危机，LDK 引进美国著名律师启动调查，外部审计出具无保留意见；SEC 发信终止调查，诉讼战火能否扑灭？

一、案件过程

赛维 LDK 太阳能高科技有限公司（LDK Solar Co. Ltd.，"LDK"）是太阳能多晶硅片生产企业，公司经营总部位于江西新余市，是集太阳能多晶硅铸锭及多晶硅片研发、生产、销售为一体的光伏企业。2006 年 4 月投产，7 月产能达到 100 兆瓦，8 月入选"RED HERRING 亚洲百强企业"，10 月产能达到 200 兆瓦，被国际专业人士称为"LDK 速度奇迹"，公司还荣获"2006 年中国新材料产业最具成长性企业"称号。2007 年 6 月 1 日，赛维 LDK 成功在美国纽约证券交易所上市，发行价每股 27 美元，1ADS 等于 1 普通股，IPO 总融资接近 4.7 亿美元；股票最高涨到超过 76 美元，最高市值接近 90 亿美元。

● 上市后 4 个多月，由于内部财务负责人查理司徒先生的告发，指出该公司存货以次冲好，高估至少25%，而引发了股东诉讼。

● 当天股票跌幅超过25%，从70多美元跌到50多美元。

● 接到告发和出现股东诉讼后，公司审计委员会议迅速组织外部审计师毕马威（KPMG）和美国律师专家调查组进行独立调查，并出具调查报告称未见重大异常，在该年度的审计报告中，毕马威也出具了无保留意见（干净）的年度审计报告。

● 根据这些独立的调查报告和毕马威的年度审计报告，外加“司徒先生是财务人士不懂业务，尤其不懂多晶硅的质量等级分类”的理由，公司请求法院对股东诉讼予以撤销。

● 法院拒绝了该公司的动议，认为：

* 毕马威的年度审计报告只能从年度的角度说明财务数据没有问题，不代表2007年非年度的财务数据没问题。看来虽然司徒先生不懂业务，但美国法官还是懂财务的。

* 公司所认为的司徒先生不懂业务这个说法违背了法律中“禁反言”的原则，就是说公司不能出尔反尔。招股书中说加强了404所要求的内控建设，而招聘司徒的目的就是为了提高此方面的内控，现在又说财务不懂业务。

* 毕马威和专家调查组的独立调查报告，只能是他们的意见，还不是法院的意见，法院认为仅凭他们的意见并不能驳回诉讼。

本案的关键性里程碑时间点如下：

● 2007年10月3日，市场知晓LDK财务总监司徒先生辞职，司徒还向美国证券会、公司外部审计师毕马威举报LDK涉嫌高估存货。公司无法于当天承认或者否认此等举报内容，但同意启动由外部审计师介入的独立调查；LDK的股票价格暴跌25%，从2007年9月27日的美国ADS收盘价格76.75美元下跌到2007年10月3日的51.65美元，并在收盘后继续下跌至47.49美元。

● 2007年10月9日发生第一起投资者诉讼，投资者在美国加州南区联邦地区法院提交诉状，该诉讼于2007年12月14日转交到加州北区法院。

● 2008年1月4日，法院任命某些自然人组成原告代表人，并于2008年1月22日将本案转回给加州北区法院。

• 2008 年 2 月 8 日，法院任命 Cohen，Milstein，Hausfield & Toll，P. L. L. C 为原告代表律师。

• 2008 年 3 月 10 日，原告提交了合并起诉状，被告也向法院提交申请驳回该起诉的动议。

• 2008 年 5 月 29 日，联邦地区法官 William Alsup 作出裁决，拒绝了被告要求驳回该起诉的动议。

• 2009 年 1 月 28 日，法院下令同意原告请求确认本案集体诉讼资格（class certification）的动议。

• 2010 年 3 月 3 日，LDK 发布公告称达成和解协议。该和解协议于 2010 年 2 月 16 日提交法院审批，并于当月 17 日获得法院的初步批准。依照该和解协议，所有被告的指控将得到解除，LDK 坚持认为该指控没有根据，为避免更多的法律费用、不确定性和分散更多的管理层精力，LDK 同意和解赔偿总金额为 1600 万美元（相当于原告要求赔偿总损失的 5%）。

• 2010 年 6 月 22 日，法院最终批准了该和解协议，原告律师获得高达 13.7% 的律师服务费，外加 260 万美元的代垫费用。

本案的诉讼期间是从 2007 年 6 月 1 日到 2007 年 10 月 7 日，原告的首席代表是 Shahpour Javidzad。被告为 LDK 开曼公司、美国公司、中国公司及包括被告公司的 CEO、CFO、COO 、CAO 等 7 名自然人在内的公司高管（以下统称或者互称为：LDK、被告、被告公司、该公司等等）。原告指控被告通过粉饰公司的财务报表和存货信息，提供公开的虚假信息从而虚增公司的盈利水平以吸引更多的投资者，当市场知晓被告的会计违规信息后，LDK 的股票价格暴跌。

根据原告起诉书所公开的信息，Chareley Situ（司徒先生）的内部举报行为（whistleblower）是本案核心信息所在。司徒先生是 LDK 原财务总监（controller，有的地方也翻译为会计主计长，这个职位主要工作内容是监控公司的会计行为，确保公司的财务报表不存在误导）。据起诉书披露，LDK 的外部审计师毕马威在 2007 年 2 月警告过该公司的董事会说公司在存货的内控方面存在不足，毕马威已经识别出一个重大的内控缺陷（significant deficiency）。为了回应毕马威的这个发现，作为内控整改的措施之一，LDK 雇佣了司徒先生作为公司的财务总监。在加入 LDK 之前，司徒先生曾供职于纳斯达克上市公司 China Gren Tech Corporation Limited，并担任财务总监，负责这家公司的财务会计合规性工作。在 LDK，司徒先生的日常工作直接向公司的 CAO 汇报。司徒先生还参与了 LDK 的 ERP 实施工作，该信息系统也用于公司的存货管理流程。

起诉书还披露，LDK 于 2007 年 6 月 1 日在美国纽约证券交易所挂牌上市，该公司的 CEO 虽无丰富的行业管理经验，但却是公司的创始人和主要股东，并控制着公司的日常管理和经营行为。此间，整个太阳能行业的竞争非常激烈，从全球看，已经有很多现存的实力雄厚的竞争对手。在 2007 年 8 月的投资者电话会议中，LDK 宣称其公司愿景是要成为世界最大的成本最低的太阳能晶片 生产商，因此公司需要大量地追加资本。由于 LDK 并无足够长时间的经营历史可以向投资者表明其管理能力和预期利润的可能性，原告认为 LKD 需要非常好看的资产负债表和其他证据来表明其有能力比其他的竞争对手生产出成本更低的太阳能晶片。

原告指控被告违背了 GAAP 和 SEC 的相关会计的要求。在公认会计原则下，存货需要按照成本和市价孰低法来列示，意思是说如果存货的采购成本高于该存货可以变现的市场价格，那么存货不能按照采购成本来确认，而只能按照这个比成本低的可实现价格来确认，成本和市价相差的部分需要马上确认为损失。在 LDK 的招股说明书中，LDK 明确说明该公司是按照这个要求来确认其存货价值的。

LDK 经常购买残料（废料）（scrap materials）并从中提取多晶硅（polysilicon）。多晶硅是生产晶片所需要的主要原材料，主要可以通过两个途径获得，要么直接购买多晶硅初料，要么购买残料之后从中提取。后者相对来说成本比较低，但由于很多残料缺乏足够的纯度，所以往往发现这些残料是没有使用价值的。所以，LDK 需要雇佣一些专门的团队来检测这些已经购买的残料哪些可以使用而哪些无法使用。

原告在起诉书中描述到，LDK 将所购买的残料确认为存货并以采购成本来计价。在进行检测分类后，如果按照公认会计原则的要求，LDK 应该将那些没有使用价值的残料减值用以反映存货的实际可使用价值。公认会计原则也不允许 LDK 在报表中仍然确认那些或者不存在或者没有使用价值的存货。然而，原告认为，LDK 并没有按照公认会计原则的如此要求，而是相反仍然将这些没有使用价值的残料按照采购成本计价而不是按照可使用价值确认并反映在提交给投资者的报表中。根据 LDK 招股书的披露，LDK 按照加权成本法来确认其存货价值，按照这个方法，存货的单位成本是通过平均总采购成本和总库存量相除而计算的。这种方法只有在库存存货确实存在而且这些存货在近期预计有相应的使用价值这个前提下才允许采用。但在本案的诉讼期间，由于所采购的残料缺乏应有的纯度，所以 LDK 的存货实际并不符合这个前提条件。故此，LDK 的存货会计处理不符合公认会计原则的要求，LDK 的如此会计处理人为虚增了该公司的利润。

原告的起诉书还非常明确地提到了以下细节事项：

- 被告 2007 年 6 月 1 日公开上市所使用的招股说明高估了多晶硅的库存，而这个库存对公司的股票估值来说是至关重要的，被告因此提供了不符合美国公认会计原则的财务报表。

- LDK 在 2007 年 8 月进行了新闻公告，宣称该公司的成本降低是由于其增长策略和某些生产流程改进所导致的；该新闻公告还披露了公司目前拥有金额很高的原材料存货，并再次安抚投资者说该公司是符合美国公认会计原则要求的；而实际情况是，原告认为，LDK 所说的其生产成本较低的原因是该公司进行了存货会计相关的舞弊行为。

- 在 8 月公司业绩新闻公告的同一天，该公司的 CEO 和 CFO 举行了投资者电话会议，原告认为被告在此次会议中同样发布了高估公司存货价值的虚假信息。

- 在 Piper Jaffray 发表了关于 LDK 原财务总监司徒先生离职和公司潜在会计违规的分析师报告后的第二天，即 2007 年 10 月 4 日，LDK 又进行了一次对外新闻公告宣称司徒先生对公司的举报是没有任何依据的。

2007 年 9 月下旬，LDK 的原财务总监司徒先生从公司离职，就该事项，原告在诉状中说到：由于 LDK 公司管理层拒绝采纳司徒的建议，同时又担心如果仍然在 LDK 供职可能有被卷入证券舞弊的风险，所以司徒从 LDK 离职。原告又提到了司徒在 2007 年 9 月的一封电子邮件的内容，该邮件中说："确保公司财务报表的可靠性并扮演和公司审计师 KPMG 的沟通协调人这两项使命，看来对任何职业人士来说都是不大可能实现的，故此避免卷入潜在的证券舞弊案，我只能选择离职。”（本文翻译）法院认为这封电子邮件属于证据性范畴，一般来说在考虑诉讼是否驳回阶段法院是不会考虑这些证据性材料的，但由于既然法院已经审阅了这些电子邮件并发现它们其实是对原告起到支持性作用，所以法院还是采纳了这些电子邮件。

2007 年 10 月 3 日，Piper Jaffray 发表了分析师报告关注到 LDK 财务总监离职一事，并在报告中说明分析师知晓司徒的离职以及司徒指控 LDK 内控不善和存货差异。该分析师还就此事和 LDK 的 CFO 直接沟通过，并在报告中说，经过和 CFO 的交谈，没有理由怀疑 LDK 公司的观点，那就是 LDK 公司认为司徒的指控是没有根据的。但不论如何，由于意外的新闻信息，LDK 的股价在 2007 年 10 月 3 日的收盘价格比前一天下跌了 24.4%，从前一天的 68.31 美元下跌到 51.65 美元，而且当天的交易量巨大。

2007 年 10 月 4 日，Piper Jaffray 的分析师又发表了关于 LDK 的研究报告，将 LDK 的股票列为跑赢大市（outperform），但也指出该公司股票价格的稳定性差。该报告还援引了 LDK 公司招股说明书的相关披露，指明 LDK 公司承认公司关于财务报告流程的内控方面存在重大的缺陷和其他不足；而且在 2006 年 8 月份 CFO 到任前，LDK 缺乏美国会计准则的经验；而多晶硅的库存价值计算对该公司的销售成本和利润来说是至关重要的。

同样在 2007 年 10 月 4 日，LDK 发布了 6 - K 公告，宣称解雇了司徒先生，这一点和原告起诉书的描述不一样，原告在起诉书中称司徒先生是自动辞职的。6 - K 公告还提到 LDK 公司的管理层和董事会已经成立内部调查委员会来调查这些举报并马上安排对多晶硅的库存进行盘点。公司管理层宣称并没有发现这些所谓的重大存货差异，管理层认为这些举报是没有根据的。此外，公司的审计委员会已经要求外部独立审计师进行专门和独立的存货库存调查。

2007 年 10 月 8 日，Barron 发表了公开文章，对司徒先生所举报内容进行了详细的披露。该文章提到 LDK 公司可能高估了其存货的价值，而且高估的金额可能高达 9200 万美元。该文章还援引其他信息来源称 LDK 公司的库存多晶硅材料确实存在严重的质量问题。在同一天，LDK 公司的股价收盘价格从前一天的 50.95 美元下跌到 37.5 美元，跌幅高达 26.4%，并且交易量巨大。自此，LDK 公司的股票价格从 2007 年 10 月 3 日的公开披露后共下跌了 45.1%。

2007 年 12 月，LDK 公司的审计委员会公布了其调查结论，LDK 公司于 2007 年 12 月 17 日公布了另外一个 6 - K 公告，宣称 LDK 公司在 2007 年 8 月 31 日的存货并不存在重大的错误，司徒先生的举报内容是不正确的，因为司徒先生并没有考虑所有库存仓库。公司审计委员会是由两名外部董事构成，此次调查是由独立的外部会计师和审计委员会的法律顾问外部律师（Simpson Thacher & Bartlett LLP）一起进行的。

在宣布此次独立调查结果后，LDK 公司在 2007 年 12 月 20 日公布了 2007 年度第三个季度的业绩，LDK 公司并没有对以前的业绩进行重述（restatement）。2008 年 2 月 25 日，LDK 公司公布了 2007 年第四季度的业绩，同样也是没有进行任何重述。

原告在 2008 年 3 月 10 日向法院提交了合并诉状，指控被告以下内容：

- 被告违反了 1934 年证券交易法的第 10（b）条款，和美国证券交易委员会的 10b - 5 规则；
- 自然人被告违反了证券交易法的 20（a）条款。

被告试图向法院提交 SEC 发给 LDK 公司律师的一封信，希望法院可以驳回该诉讼。该信是 2008 年 3 月 23 日 SEC 签发的，信中说到 SEC 并不打算建议任何执法行为（enforcement action）。然而该信并没有表明 SEC 要豁免 LDK，也没有说明为何 SEC 决定不对 LDK 采取执法行为。法院认为该信在目前阶段还不合适采纳。

2008 年 3 月 31 日，LDK 的外部审计师毕马威公司签发了 LDK 公司的 2006 和 2007 年度审计报告，并出具了无保留审计意见。

2008 年 4 月，被告向法院提交了动议，认为原告的诉状并不符合 PSLRA 关于诉状的要求，所以请求法院驳回该起诉。

法院在考虑是否同意驳回该起诉的过程中，首先是假设原告在诉状中所作的事实性描述属实（请注意，这只是个假设，不代表法院在现阶段就认定这些情况属实，这个事实的认定阶段需要在证据开示之后才进行），然后从以下角度进行分析和判断：

- 是否存在重大的错误陈述或者隐瞒信息行为（重大误导/虚假陈述）；
- 是否属于舞弊/欺诈；
- 是否和证券的买卖相关；
- 是否存在依赖关系——原告是否依赖了被告的信息进行了交易；
- 是否存在经济损失；
- 损失是否存在因果关系——损失和虚假陈述之间是否存在因果关系。

二、法院的分析和判定过程

本诉状是否已经足够充分地指控了重大虚假陈述和舞弊/欺诈性质？

由于在证券集体诉讼中，虚假陈述和舞弊/欺诈行为一般都可以从同一系列的事实描述中推导出来，所以法院往往将这两个条件结合在一起判断。在这里，不得不引用的是美国联邦最高法院在 Tellabs 一案中对如何判断舞弊这个起诉要求的司法解释，也就是法官立法。舞弊行为的存在是证券集体诉讼的前提条件之一，所以起诉书必须提供足够充分的事实性描述从而可以强力推断出（strongly inferred）舞弊/欺诈行为是存在的，否则该起诉可能就会被驳回。由于舞弊/欺诈是一种性质上的认定，属于思想意识的范畴，所以如何认定这个性质则取决于如何界定这个强力推断，也就是说诉状中所描述的事项是否具备了所谓的强力推断标准，这一直是美国各联邦法院在审核证券集体诉讼案件中的焦点所在，最高法院在 Tellabs 案件中对强力推断的标准给出了最新的立法解释：

联邦最高法院认为，舞弊推断应该是要比仅仅是合理性（merely reasonable）或者可允许（permissible）这个度要高一些，应该要达到有说服性（cogent and compelling）这个度，也就是说需要比其他相比较的解释在强度上要高一些。故此，最高法院认为只有在人们可以理性认为起诉状所描述的事项可以有说服力地推断出舞弊这一意识状态，或者说这个推断出舞弊的说服力和推断出非舞弊的说服力在强度上至少是旗鼓相当的，才能予以采纳。而且在平衡起诉状所描述事项的时候，应该是从整体角度来看，而不仅仅是看起诉状其中某个单一的事项描述。

在本案中，原告认为，基于虚假陈述的严重性和被告曾多次被告知存货会计处理的不当之处，被告的行为应该已经符合舞弊的性质。本案的法官从以下角度进行了分析：

司徒先生举报的可靠性（credibility）。被告的主要抗辩理由是，原告的起诉状主要依据司徒先生的所谓举报，但司徒先生并不具备这样的能力来支持其举报的主张。被告援引了硅谷存储技术公司 Silicon Storage Technology Inc. 的案例（2007 WL 760535），在该案例中，投资者也是起诉被告在存货的销售价格和库存价值方面存在舞弊行为，从而虚增公司的利润；地区法院同意了被告驳回起诉的动议，主要理由是原告没有提供足够的描述来展示虚假陈述的存在，因为向原告提供信息的相关人士并没有在被告公司担任可以确保他们知晓被告存货销售价格和库存价值的相关职位。

LDK 认为，司徒先生不具备专业知识和个人知识来支持其所举报的事项。司徒先生虽然具备数学和商科学历、虽然拥有注册会计师资格、虽然从事过财务会计工作，但这些资历仍然无法使其具备能力来判断 LDK 公司有多少多晶硅相关的原材料是无法使用的。相反 LDK 公司的质量控制部门的员工才具备有相应的鉴别能力。LDK 公司的这一抗辩理由是基于其向法院提供了一封司徒先生在 2007 年 9 月 25 日发给毕马威香港的电子邮件，他在该邮件中写道："要评估多晶硅原料的质量还是有些难度的。" LDK 公司据此认为司徒先生自己也承认其不具备这个鉴别存货质量的能力，而且他仅仅考虑了 LDK 公司数个存储原料仓库中的一个。

法院并不同意 LDK 公司的以上抗辩。法院比较分析了硅谷存储技术公司的案例，认为司徒先生在本案的诉讼主张期间的大部分时间是在 LDK 公司供职的，司徒先生的供职时间是从 2007 年 3 月中旬到 9 月下旬，本案的诉讼主张期间是从 2007 年 6 月 1 日到 10 月 7 日。而且，法院认为司徒先生在 LDK 公司的职位应该可以使他具备拥有举报的信息，即存货高估和成本低估这样的信息，作为财务人员是有机会知道的。而且起诉书还明确提到毕马威曾经警告过 LDK 公司的董事会，提出公司在存货会计流程方面的内控不足，并且已经发现一个重要的内控缺陷。司徒先生就是LDK公司为此而特地招聘的。

法院认为，就起诉书的标准来说，并不要求这些信息属于个人的第一手知识，因为诉讼所处现在这个阶段还不需要遵循严格的证据范畴的要求。然而，这些起诉书所描述的信息其来源必须符合这样的基本条件，那就是说信息的提供者必须是具备接触这些内幕信息的条件，并且其本人也合理相信这些信息是可靠的，以确保说明从这些内幕信息所推导出来的结论是合理的，而不是猜测。法院认为司徒先生就是符合这个要求，根据起诉书，司徒在电子邮件中详细描述了他采取了多个步骤来确定LDK公司提供了虚假陈述：2007年8月底，在存货盘点过程中，他和仓库管理人员一同工作，并由此发现了存货数据的不准确；为了弄清该数据，他亲自跑到仓库实地验证和确认一些关键性的数据；而且他不仅仅查看了该仓库的库存，还包括其他仓库，也包括在途货物、车间已投料备产数和一些寄存的材料数据。司徒先生的举报信息十分详细，而且他是LDK公司特地雇佣来整改存货管理这个内控缺陷的。

被告抗辩认为LDK公司其他的员工比司徒先生更具备鉴定多晶硅质量的专业知识，因此司徒先生并无资格来评价此事。法院并不同意被告的这个抗辩理由。法院认为被告不能出尔反尔，就是说被告不能先说仅靠LDK自身的员工，由于这些员工不具备司徒先生的会计背景，所以无法判定多晶硅的质量从而影响到了公司的存货会计；然后被告又说司徒先生不具备知识来判断公司存货的会计处理——LDK公司正是雇佣司徒先生来从事这个工作的。所以LDK公司的这两个前后主张存在矛盾。法院认为，如果司徒先生不具备这样的资格来判断公司的存货会计处理，那么就不知道LDK公司内部谁具备这个资格了。

被告还抗辩认为司徒先生仅仅是查看了LDK公司众多仓库中的其中一个。法院认为，就诉讼的现阶段而言，法院是不会评判由LDK所提供的这些无法说明来源和没有标明日期的所谓仓库的照片的。而且，LDK公司是只有一个仓库也好，还是有多个仓库也好，其实并不重要，因为原告和被告都对仓库使用了泛指的概念，而并没有特地强调是所有仓库。原告的诉状中还指出了司徒先生查看了所有的仓库。所以法院认为本案的起诉状已经充分地提到了司徒先生查看了不同地方的仓库。

对于被告认为司徒先生自己也承认其不具备存货知识的这个主张，法院并不采纳。法院注意到了司徒先生的另外一封内容更长的电子邮件，在该邮件中，司徒说到："在仓库和其他经营地点都可以发现有众多的证据和支持性文件足以证明这些存货的信息是无法和财务的会计记录相符合的。最重要的是，仓库中的存货自己可以作证，毕竟存货的数量是无法人为操纵的，我很确信如果恰当地执行了职业的审计程序，那么毕马威香港公司的审计师们将会查验到相同的甚至更多的问题，这些审计工作是要经过毕马威美国公司的复核并受到PCAOB的监督的。即使对存货的质量进行估值确实有一些难度，但大部分的公司员工都知道仓库的库存虽然纸面记录数量巨大，其真正可使用的并没有多少。"法院认为，这个电子邮件足以证明司徒先生并不会承认其自己不具备这样的能力来对面前的证据进行评估和判断。在假设起诉书所描述事项属实的前提下（请注意，这是个假设，不代表起诉书所描述的事项已经被确认为属实），法院认为司徒先生已经提供充分的证据来指控被告的虚假陈述。

司徒先生所举报信息的精确性（accuracy）。法院接下来对司徒所举报信息的精确性进行了评估。被告抗辩认为，即使司徒先生的指控可信，原告的起诉状并没有证明司徒先生有惊恐的感觉，仅仅是说明了司徒先生提出了一些事项，针对这些事项作为专业人士角度看可能存在一些不同的专业意见。被告还认为原告并没有足够具体地指控LDK的存货在成本与市价孰低法方面的违规信息。

被告的以上抗辩是援引了另外一个案子的判例法［见案例 In re Levi Strauss & Co. Securities Litigation, 527 F. Supp. 2d 965, 987 (N. D. Cal. 2007)，下称Levi案］。在Levi案中，有媒体报道该公司税务部门的两名前雇员举报公司存在会计违规现象，Levi公司予以否认，而且公司经过审计后的报表和所提交给SEC的相关报告也没有发现会计违规问题；公司的外部审计师毕马威出具了无保留意见的审计报告，其中虽然要求公司重编其财务报表，但并不是因为这两名前雇员所指控的原因而导致报表的重编；公司的审计委员会在外部律师顾问的协助下所作的调查结果也没有发现公司存在重大的虚假陈述。故此，在Levi案中，地区法院认为这两名前雇员仅仅是和公司存在不同的意见，所以法院驳回这个起诉。

被告认为本案中的情形和Levi案中的情形类似。LDK公司的问题先是由

Piper Jaffray 的研究报告披露的，而且长达 2 个月由更加资深的人员所进行的独立调查进一步证明了 LDK 公司不存在存货的会计违规行为，LDK 公司在此调查后也发布了第三季度的业绩公告，而且也不需要进行报表的重述，并且公司的外部审计师毕马威也对公司的年度财务报表发表了无保留的审计意见，确认公司的财务信息是符合美国会计准则的。不仅如此，被告还认为 SEC 和分析师都不同意司徒先生的举报。SEC 明确表明其不打算建议委员会采取任何的执法行为（enforcement action）。所有这些证据表明，LDK 公司不存在虚假陈述，所以被告申请法院参照 Levi 案中的情形驳回原告的起诉。

法院没有采纳被告的以上抗辩理由，法院仍然认为原告的起诉状已经充分地指控了被告的虚假陈述。法院认为，本案的起诉状并不仅仅是依靠司徒先生的举报。2007 年 7 月 19 日，司徒参加了一个 LDK 公司 CFO、首席工程师、工厂经理共同参与的会议，在该会议上，首席工程师和工厂经理表达了如下一些顾虑：

“虽然我们纸面存货信息显示存货巨大，但我们经常发现生产缺乏可使用的原材料；我们不能仅仅依赖公司法定报表所显示的存货数量来安排生产计划，这些只是纸面库存，实际上并不存在或者无法使用，鉴于此，公司的生产不得不经常延迟以等待可使用原材料追加采购的到货。”

而且，LDK 自身的年度报告（20 – F）也披露说明，LDK 公司由于多晶硅库存不足而导致客户订单交货的延迟。

在 2007 年 10 月，Piper Jaffray 的同一个分析师也指出，发现 LDK 公司管理层宣称其每公斤的多晶硅平均成本是 150 美元，这和同行业另外两家公司的 230 美元每公斤的平均成本比较起来确实是非常低，令人怀疑。2008 年 2 月，Piper Jaffray 的分析师又指出，公司对存货科目在资产负债表上添加单独的科目来进行披露好像正好验证了投资者早些时候对公司是否存在没有使用价值库存的担心。2008 年 3 月，Barron 刊登了一篇文章指出，从 LDK 的信息披露中看到了该公司正往越来越多的废料里扔钱（plowing money into a growing scrap pile），而且 LDK 所披露的这些信息似乎正好验证了其前任财务总监司徒先生的举报内容，其举报 LDK 公司拒绝冲销一些没有使用价值的库存原材料。总之，法院认为，这些信息和司徒先生的举报内容刚好是互相关联的。

至于 SEC 给 LDK 公司的信件，法院认为，该信件并无法澄清 LDK 公司任何不当行为。一般来说，如果 SEC 的调查员就某一具体事项结束调查并决定不建议 SEC 对个人采取任何的执法（起诉）行为，调查员通常会告知被调查方正式调查已经终止。但这样的告知，绝对不能被当作该当事人已经被豁免或者说针对某一具体事项的调查最终不会引发诉讼。本案中，SEC 的信件并没有解释为何 SEC 不打算起诉 LDK 公司。而且，该信件在目前这个考虑诉讼是否应该予以驳回的阶段是不应该纳入考虑范围的。

法院还认为，其他的调查也无法免除 LDK 公司的责任。首先，公司报表没有重述并不意味着 LDK 公司的所有行为是合法的。法院的这个立场是援引了另外一个案例的判决［见案例 In Aldridge v. A. T. Cross Corp. 284 F. 3d 72, 72 (1st Cir. 2002)］。在这个援引的案例中，地区法院认为，如果原告的起诉状符合 PSLRA 的条件，那么即使被告的财务报表没有进行重述，诉讼也不能因此而予以驳回。不然的话（如果因此而驳回诉讼的话），将会导致本来应该属于法院的责任而转嫁到会计师身上，也将会导致公司的管理层和董事们对是否被起诉这样的风险拥有了不恰当的控制权，因为这首先要求管理层和董事们同意公司的财务报表予以重述，显然这是不合适的。其次，毕马威的无保留审计意见也不一定能够豁免 LDK 公司，因为毕马威的审计意见并没有具体地谈到本案件所诉期间的事项，这个审计报告只是涉及 LDK 公司年末的情况。LDK 公司还对其 2007 年的财务报告予以披露说明，LDK 公司包括其审计师毕马威都没有对公司财务报告的内控进行评估以符合 404 的要求，因为公司和审计师依照要求只需要对从截至 2008 年 12 月 31 日的年度开始的财务报表进行 404 合规性评估。第三，法院认为，公司内部的审计委员会所发起的调查没有发现任何会计违规行为这一情况并不能豁免（exonerated）公司管理层和董事们的责任。本案中的法院仍然认为，原告已经足够充分地指控了被告虚假陈述行为。

舞弊/欺诈的指控。原告的指控是否已经到达了证券集体诉讼法中对舞弊的定义要求，将是个非常重要的抗辩焦点，这直接决定了本案是否可以被驳回。同样在界定舞弊定义的时候，本案的法院也是援引了的联邦最高法院在 Tellabs 案件中的法官解释，Tellabs 这个案件中关于舞弊的解释是目前美国证券集体诉讼中的最高法律效力的解释。

被告认为起诉书并没有指控任何被告自然人的思想意识。如：起诉书并没有指控 LDK 公司 CEO 和 CFO 的思想意识，即使这两位是有对外发言权并由此被指控虚假陈述。被告认为原告仅仅是依赖了群体指控的原则（group-pleading doctrine)，这不符合 PSLRA 的相关要求。被告还认为，即使允许使用群体指控的原则，本案的起诉状仍然没有提供事实来指控那些没有参与对外发言的自然人被告参与了公司虚假陈述的过程。

法院认为，即使不考虑群体指控原则，本案的起诉书也已经足够充分地指控了被告的行为符合舞弊条件。法院再次援引了 Tellabs 的案例说明，在判断起诉状所描述的事项是否可以强有力地推断出舞弊这个性质的时候，法院应该综合考虑诉状的所有事项描述而不能仅仅看其中的某项单独的事项描述。法院还援引了另外一个案例，见 In Communication Workers of America Plan for Employee's Pensions and Death Benefits v. CSK Auto Corp. , 525 F. Supp. 2d 1116, 1123 – 24（下称“CSK 案”）。在 CSK 案中，地区法院认为原告对被告公司 CEO 和 CFO 的指控已经达到可以强有力地推断出舞弊的程度；在该案中，原告指控被告公司 CEO 和 CFO 在任职期间作出了不实的陈述，并出售了大量的股票而获利；该案中的大部分证人并没有指控被告对不实陈述直接知情，而且原告所提供的支持性信息也不是十分详细，故此 CSK 案中法官认为诉状需要作第二次的修正，所以法院无法判定舞弊推断的强度是否高于非舞弊推断的强度；法院认为 CSK 公司广泛的会计违规行为可以说是公司管理不善所导致的，但同样也可以认为是因为被告蓄意过失（deliberate recklessness）或者意图舞弊。同理，本案的法院认为，这些所指控的事项，综合起来看，足以强有力地推断出自然人被告的舞弊心态。

在本案中，原告阐明太阳能行业是个竞争激烈的行业，作为行业的新兴企业且需要大量资金的 LDK 公司，是有通过好看的财务报表来吸引投资者的这个动机；而且，虚假的财务报表可以协助 LDK 公司抬高其股票价格并从而增加被告的财富。

最重要的是，假设原告已经充分地指控了被告出具不实陈述，那么原告也就恰当地指控了被告对这些会计违规行为是知情的。原告的指控理由如下：

首先，2007 年 6 月 1 日，该公司公布了 IPO 所使用的招股书，其中宣称，LDK 确信其所拥有的多晶硅存货和采购承诺足以满足公司 2007 年预计生产所需的 90% 和 2008 年预计生产所需的 50%；还宣称 LDK 公司持续到 2007 年 3 月 31 日的财务报表是符合美国会计准则的。

法院认为原告在诉状中已经充分指控了被告在 IPO 之前对公司存货会计的违规行为就已经知情。这是因为，在 2007 年 2 月，公司的外部审计师毕马威已经提出关注表示公司在存货会计方面控制不足而且公司还存在重大的内控缺陷；也就在此后，LDK 公司聘用了司徒先生来解决这些问题。华尔街日报的一篇文章还透露了司徒在 IPO 的两天前，也就是 2007 年 5 月 29 日，发电子邮件给 CFO 谈到了对公司存货会计的担忧。在该邮件中，司徒告知 CFO 他发现在计算存货和产出计算方面财务部门和运营部门所使用的方法不一样，从而导致无法确认公司的存货信息。在 2007 年 6 月 27 日司徒给 CFO 的另外一封邮件中，司徒又表达了其担心，说到，LDK 的真实的财务信息和投资者所期待的或者所对外披露的非常不一致。所以，法院认为，被告在公司 IPO 之前是知道司徒先生无法确认公司存货信息是否可靠这一情况的。

第二，法院注意到，在 2007 年 8 月 1 日，LDK 公告了其 2007 年第二季度的业绩信息，其间该公司的 CFO 宣称："我们的经营结果显示了我们以明显的低廉成本优势成功地为客户提供太阳能晶片。本季度，我们按计划执行了公司发展战略…… 我们在通过生产流程改善而降低成本的工作继续得到进展……我们相信我们将提高我们的成本效率……" 原告因此指控被告这个业绩公告是误导的，因为公司 CFO 所宣称的成本降低其实是通过人为操纵存货会计处理而实现的，并非如同 CFO 所宣称的那样是通过增长策略或者生产流程的改进而实现的。

第三，在业绩公告的同一天，LDK 公司的 CEO 和 CFO 召开了投资者电话会议。在该会议上，CFO 宣称由于持续地增加多晶硅的库存，公司的存货从第一季度末的 1.4 亿美元上升到第二季度末的 1.74 亿美元；CFO 还进一步宣称在第二季度末原材料存货约超过 600 吨，而第一季度末的库存是大约为 426 吨，LDK 的主要核心优势在于其较低的运营成本。

然而，继 2007 年 5 月 29 日的那封电子邮件之后，应 CFO 的需要，司徒先生于2007年6月7日又给他回了封电子邮件，其间司徒写道：

“谢谢您咨询公司6月1日之后的关于财务、会计、销售、生产、资本性支出及其他任何业务方面的事项。正如您或许所知道的，当您发现其中一份报告中存货有29.2MW的差异，及另外一份报告中存货出现39.2MW的差异的时候，我曾经向您汇报过公司的数据处理流程，在此我向您提供更详细的信息以供您了解LDK公司目前真实和公允的情况（true and fair view）。某些员工和部门各自为政，很少进行部门间的横向数据核对工作，所以对LDK来说在工厂的第一步骤开始就产生错误的可能性是很普遍的。这些错误在公司上市过程中扩散开来，并在后期和其他错误交错混合在一起，所以上市信息披露其实是个数字游戏而不是个专业工作。即使在可靠的信息系统中，如果录入的信息是垃圾，那么出来的一定也是垃圾，那么对于LDK这样缺乏可信赖的信息系统（处于手工或者半手工的状态）来说，财务数据无疑是误导的。您现在所发现的差异是个典型，也仅仅是许多类似差异中的一个。而且在LDK公司不同部门和地点工作的外国专家们每天下午饭后都会有个会议，这些专家也在分享和沟通类似的发现，我有时候也参加过这些会议并听到过他们的讨论。根据这些专家的看法，公司将会有越来越多的这方面问题。公司的实际情况和投资者所期望或所知道的其实非常不一样。公司的扩张太快了，但所需要的基本的管理没有跟上。工人们不具备合格的水平，也没有获得相应的培训，如此一来工厂时不时发生的危险运营将会导致严重的后果。生产的产出率（yield rate）大约只有78%，远低于行业的评价水平，然而有的时候工厂的某些报告竟然报出生产的产出率高达140%。”

法院认为，和被告所抗辩的相反，以上这封电子邮件已经足以让被告对财务报表的误导性知情。

第四，LDK在2007年10月4日发布关于财务总监司徒先生举报的公告，该公告宣称，管理层认为司徒的这些举报是没有根据的。除了以上的这些电子邮件外，司徒先生还有更多的关于公司存货方面的沟通信息。他在2007年9月10日发电子邮件给CFO说到：

“您或许记得，2007年7月19日我们的一个会议，关于您需要协助了解以下事项：那就是为何LDK的库存看起来非常多，但生产却经常发现原料不

足？由于在很多情况下，账面数据只是个纸面数据，存货中有许多是不存在的，而且有许多是无法使用的，所以PMC 和工厂经理无法依据账面的存货信息来进行生产计划。实际情况是，公司的库存中只有小部分是可以使用的。按照美国会计准则，公司管理层需要对这些无法使用的存货计提损失准备。其实没有人能够知道LDK 到底是有利润还是没有利润……”

几天之后，司徒先生在内部电话会议中告知 LDK 公司的 CEO 和 CFO，公司有 2/3 的库存存货的库龄已经超过 180 天而且没有使用价值。此后很快司徒先生就辞职了。根据网站媒体（Greentech Media）公开的消息披露，在 2007 年 10 月上旬，LDK 公司的 CFO 已经知悉司徒先生在一次和投资者私下电话会议中向其提到过存货的问题。

法院还提到，原告的诉状中除了以上事项外，还有其他事项描述也指控了舞弊行为的存在。法院还援引了 Northpoint 公司证券诉讼案中的判例指出，如果可以确认公司内部对这些信息是知情的，那么我们可以推断认为公司核心业务或者某重要交易的关键信息对公司管理层来说应该是知情的。在本案中，多晶硅的库存对公司的成功与否是关键的，故此我们可以合理地、强有力地推断出公司负相应责任的管理层是应该知晓披露给投资者的存货和公司实际库存之间有多大的差异。法院认为，总之，就针对那些申请动议要求驳回起诉的被告来说，原告的起诉状已经通过描述事项充分地指控了被告的舞弊行为。

安全港条款是否足够保护得了被告

被告抗辩认为这些对 LDK 的指控内容都是属于前瞻性的（预测性的）信息，按照 PSLRA 的相关要求应当得到免责。依照 PSLRA 相关条款，前瞻性的信息如果妥当地附加上提醒信息使用者的申明，那么可以得到免责保护。依照援引的某一案例，前瞻性信息包括财务预测、将来经营管理的计划和目标、将来的业绩表现，以及和以上三项相关的或者内含的假设。但这个免责保护并不适用于对现在或者过去的事项所作的陈述，也就是说如果某个陈述是关于已经发生的事项，那么就不属于前瞻性的范畴，也就无法适用这个免责条款。被告认为原告的这些指控是依据前瞻性信息，所以应该驳回起诉。

法院认为本案并不适用安全港的免责保护条款。法院认为，这些指控信息本身属于前瞻性信息与否，或者说是否有妥当地附加上有意义的提示申明，在本案中并不重要。第九巡回法庭在 American West 案件中的判例提到，如果前瞻性的信息在披露的时候，被告对实际情况（虚假陈述）是知情的，那么被告也需要承担责任。由于在本案中原告已经充分指控了被告对这些虚假陈述在公布的时候是知情的，因此安全港的免责保护条款不应当适用。

原告是否已经充分地阐述了损失的因果关系？

损失因果关系的确认是证券集体诉讼的前提条件之一，就是说原告的损失和被告的虚假陈述之间需要有因果关系。判例法中最重要的案例是 Dura 案，在该案中，法官对因果关系的解释是："由于股价还可能会受到其他因素的影响，所以人为操作虚高的股价和原告所主张的损失之间并不一定有很强的逻辑关系…… 所以如果原告仅仅是主张有损失存在，还无法说明这个损失的因果关系。被告公司股票价格的下跌有可能不是被告先前的虚假陈述所导致，而是有可能诸如经济环境的变化、投资者期望值的改变、行业特定因素或者公司特定原因等各种因素单独或者共同作用所导致的。"

本案的被告认为原告并没有阐明公司股票价格下跌和虚假陈述之间的因果关系。被告援引了 Omnicom 案例（奥美尼康广告公司，见 In re Omnicom Group，Inc. Securities Litigation，2008WL243788）。在该案例中，地区法院认为，如果要建立这样的因果关系，原告需要将非虚假陈述对股价的影响和虚假陈述对股价的影响区别开来，由于被告无法证明公司股价下跌是由于公司信息披露而不是其他同时公布的信息所造成，故此，法院认为这个因果关系还不成立。在 Omnicom 案中，市场对一些事实已经知晓，在此基础上某媒体新闻报纸刊登了对涉案公司非常负面的评论性文章，同时当时也存在很多文章批评股价下跌现象，这些文章基调都比较一致地体现了安然事件后所引发的投资者恐惧心态。所以，在本案中，被告认为原告的诉状并没有阐明事实来排除投资者在担心中国经济模式的不确定性及政治环境方面风险所产生的投资恐慌从而导致股价下跌这种可能性。

法院并没有采纳被告的这一抗辩理由。法院援引了联邦最高法院的解释："在诉状的充分性方面，最高法院认为美国联邦民事诉讼法只要求诉状可以简单明了（short and plain）地主张起诉人有权利获得法律救济就足够。”所以本案的法院认为，在阐述估计的因果关系和经济损失的时候，至少在抗辩的时候，联邦民事诉讼法或者相关证券法规并没有作出进一步的具体要求。法院还进一步援引了 Dura 案例，其相关法院解释“在损失因果关系阐明的时候，原告并不需要证明虚假陈述是导致投资损失的唯一原因。”法院引用了 Daou 案例中的说明，认为“只要能够证明虚假陈述是导致投资损失的一个重要/实质性原因；导致投资损失的其他原因如果存在，并不影响起诉状不符合因果关系建立的要求，但这些其他原因可以在计算可以赔偿损失金额的时候予以考虑。”

据此，本案的法院认为原告的起诉状已经充分地符合了损失因果关系的确立原则。在联邦第九巡回法庭对 Daou 案件的审判中解释道：“…… 在被告开始对外披露其真实的财务状况信息时，被告公司的股价在持续地下跌过程之中……”原告进一步认为被告公司的股票价格从来没有回升过，在诉讼期间，股票价格也无法和被告虚增的收入业绩所匹配，所以第九巡回法庭认为如果原告的这些指控属实的话，足以说明股票价格的下跌和公司虚假陈述存在关系。相反，在 Dura 案件中，联邦最高法院认为原告的起诉状仅仅有一句话提到了损失的因果关系——宣称原告由于被告的虚假陈述而在价格人为虚高的时候购买了股票，从而导致损失——仅此一句话是不足以确立损失的因果关系的。

本案和以上案例所不同的是，本案中原告明确指控被告通过虚假的存货信息来高估公司的股票价格，而且当越来越多更具体的关于公司存货方面的信息在 2007 年 10 月 3 日被市场所知晓的时候，LDK 公司的股票价格剧烈下跌，5 日的累计跌幅达 45.1%，而且交易量巨大。所以原告认为，LDK 公司股票价格的下跌是这些指控欺诈行为所直接导致的。这些欺诈行为至少已经或多或少地被市场所知晓，并通过市场反映到公司的股票价格中。LDK 公司股票价格下跌，不论是从下跌时间上看还是从下跌的幅度上看，都无法认为投资者的损失是市场条件变化、宏观环境、行业因素、或者该公司其他非欺诈性的行为等等原因所导致的。所以，被告的虚假陈述可以判定为是导致原告损失的原因。

原告是否明确了条款 20（A）下的赔偿请求？

在条款 20（A）下，内部控制人赔偿责任的前提条件是条款 10（b）或者规则10b -5责任的确立。被告抗辩认为由于本案中条款10（b）和规则10-b5的责任都不成立，所以要求法院驳回条款20（A）责任的确认。法院认为，由于以上的分析已经说明原告充分足够地指控了被告违反条款10（b），所以法院不同意被告的这一请求。

通过以上的分析，法院对被告请求驳回起诉的动议予以拒绝。本诉讼可以继续进行，是进入和谈还是要进入漫长而耗时的证据开示程序，则要看原被告双方的博弈策略了。

和解赔偿

接下来是历经近两年半的证据开示程序，从公开披露的诉讼信息来看，这更是充满激烈交锋的博弈过程。原告律师要求查看被告在相关期间的电子邮件，包括CFO在Google和Yahoo上所开的电子信箱邮件，通过法院要求Google保留和提供这些电子邮件，并对已经删除的电子邮件进行恢复，以满足原告取证的需要。根据公开的披露，整个证据开示过程，原告律师查看了由被告提供的超过200万页的中文文件、25个在中国大陆和香港特区的证词（deposition），对原被告双方来说都是个费时费力的过程。

2010年3月LDK公司披露，和原告律师达成赔偿协议，赔偿总金额为1600万美元。原告律师获得了高达13.75%的律师费用，外加260万美元的代垫费用（如数十万美元的翻译费用等）补偿，所以总共分配给律师的金额高达480万美元。总共有超过3万名的投资者参与分配，平均每个投资者可分配到手的赔偿金额也就几百美元。根据和解赔偿公告的披露，原告曾主张的赔偿要求金额是2.93亿美元，所以最终达成的赔偿金额只有原告所主张金额的5%左右，这应该属于赔偿比例比较低的情况。

和解赔偿公告还披露了原告律师认为目前所达成的赔偿方案对投资者是最有利的，因为原被告双方在很多重要事项上存在严重的不一致意见，原告律师并没有完全把握本诉讼可以获胜。双方存在不同的意见包括：

- 诉讼期间股价到底有多少金额是由于所指控的原因而人为抬高的？
- 所指控的虚假陈述在多大程度上影响了股票价格？
- 被告到底是否存在虚假陈述和隐瞒重大信息？被告并不同意原告的

指控。

- 原告的这些指控在美国证券法下是否可以获得法律救济？

和解公告书中还说明，由于本案涉及到大量复杂的法律问题和事实认定，这些都对原告律师能否赢得本诉讼构成了实质性的障碍。这些障碍包括：原告主要是依据被告的前财务总监司徒先生的举报信息作为指控，然而很明显在诉讼期间无法联系到司徒先生，所以司徒先生出庭作证的可能性也不存在；更重要的是，如果要赢得本诉讼，原告律师不仅必须能够证明被告存在重大虚假陈述和隐瞒信息的行为，而且还需要证明被告的这些行为是属于故意（intentionally）或者重大过失（recklessly）所产生的，而要证明这一点，对原告来说难度很大，因为被告可以很容易发誓说任何的会计错误并不是被告的故意或者重大过失所导致的。

原告律师还在公告中告知投资者，接受这个赔偿方案是个明智的选择，因为要求被告履行法院的任何判决估计都会存在困难，这是因为被告的保险赔偿金是有限的，而且被告大部分自然人在中国居住（除了 CFO，但估计 CFO 个人也没有多大的赔偿能力），被告公司的资产也大多在中国。原告律师认为在中国境内履行美国证券法相关的司法判决可操作性不大。既然这个和解方案可以让大家很快拿到钱，原告律师认为这个方案对投资者来说是公平合理的。由于在和解公告期并没有多少投资者反对这个方案，只有少数几个投资者选择退出集体诉讼，该和解协议于 2010 年 6 月 22 日最终获得法院批准。法院还同意本案原告代表人 Shahpur Javidzad 的申请，该原告代表获得近 3 万美元的奖励和费用报销。一般来说，在证券集体诉讼中，原告代表人是不允许获得任何奖励的，因为如果获得奖励将有可能存在和其他原告的利益冲突行为，导致案件的整体赔偿金额受到影响，所以法院遵循的原则是只有对案件的整个原告有利，那么原告代理人的奖励才可以获得保障。在本案中，法院认可该代表人的勤勉努力，尤其是在代表整个原告选择代理律师及律师费用谈判过程中，体现了该代表人确实在尽最大努力维护整体原告的利益，最好的体现就是，本案的原告代理律师费用的约定比例不超过总赔偿金额的 15%，这远比上诉法院第九巡回法庭所确定的标杆为 25% 的最高限比例要低得多。

三、案外之声

至此，这个集体诉讼对被告来说总算是结束了，被告除了需要支付金额巨大的赔偿金外，还牵扯进大量的公司管理层精力，而且估计来年的董事高管责任险的保险费用会加大。无论如何能早日了结诉讼，化解这个法律风险，专心于业务增长，对公司来说无疑是较好的选择。毕竟太阳能行业这两年又赶上整个行业的不景气，行业亏损面太大，短短的两年半该公司的市值从最高峰的接近 90 亿美元缩水到低迷时候的只有几亿美元。集中公司资源提升经营业绩，从而让公司的股票价值回升，才是大家所乐见的。

这个案件的精彩之处在于法院审理是否驳回该起诉的判定过程，包括原被告之间的抗辩理由。被告认为举报人不是技术专业人员，不具备存货质量的鉴别资历，而且外部审计师对公司的财务报表也出具了无保留意见的审计报告，由外部审计师和律师参与的独立调查也没有发现公司存在会计违规问题，所以法院应该对该起诉予以驳回，然而法院并没有采纳被告的这些抗辩理由。主要原因是举报人所提供的信息已经足够详细，所以如果在没有经过质证的情况下就将该起诉驳回是不妥当的。法院的分析判断过程也是个造法过程，这个案例中针对被告的这些抗辩所形成的法官分析和解释，以后也会被其他类似的案件所援引。后来虽然经过艰苦的证据开示过程，但主要由于举报人没有最终出现，也无法到庭作证，以及其他众多的实际操作障碍无法超越，所以原告并无赢得这个诉讼的胜算。最终选择和解对被告来说和对原告（确切来说是对原告律师来说）无疑是个双方都可以接受的结局。原告的代理律师获得了巨额的律师费用，真正可以分配到投资者手中的金额寥寥无几，这或许也就是美国证券集体诉讼制度常常被斥为“诉棍”的理由之一吧。虽有如此的负面评价，但证券集体诉讼在美国资本市场各方力量博弈过程中的分量却是无法忽视的，上市公司不得不做好准备来防范这样的法律风险。

申明和信息来源

本案例的主要信息来源于相关法律文件，案件中所提到的指控内容，可能属实，也可能并非属实，本书对此并无任何立场。同时，由于本案并未经过陪审团和法院的最后庭审判决，而是以和解结束，被告并不承认这些指控，所以也意味着这些指控的事实认定在美国证券相关法律下并未予以确认。本案例的主要信息来源包括：

- http：//www. ldksolarsecuritieslitigation. com.
- Order Appointing Lead Plaintiff, Type: Order, Date on the document: 01/04/2008.
- Order Appointing Lead Counsel, Type: Order, Date on the document: 02/08/2008.
- Consolidated Class Action Complaint, Type: Complaint, Date on the document: 03/10/2008.
- Opposition To Defendants' Motion To Dismiss Plaintiff's Consolidated Class Action Complaint, Type: Other, Date on the document: 04/24/2008.
- Order Denying Defendants' Motion To Dismiss, Type: Order, Date on the document: 05/29/2008.
- Opposition To Defendants' Motion For A Protective Order, Type: Other, Date on the document: 09/04/2008.
- [Proposed] Order Denying Motion For Protective Order And Granting Discovery, Type: Order, Date on the document: 9/4/2008.
- Order Granting Final Approval Of Class Action Settlement, Type: Settlement, Date on the document: 06/22/2010.

5. 多元水务“躺着中枪”案

- 兄弟公司爆出会计问题，多元水务“躺着中枪”。
- 曾经蜜月般相好的投行纷纷翻脸，撇清关系，如同落井下石，多元两兄弟接连倒下。
- 引进知名律所，启动内部调查，力挽狂澜，是“引狼入室”还是“自投罗网”？
- 四名外部董事同时倒戈，律师退出调查，公司是“真心配合”还是“无奈之举”？
- 做空机构的研究报告在起诉指控阶段法院是否采纳？
- 原告对被告企业的私自调查，在起诉指控阶段法院是否采纳？
- 中国税务报表和美国会计报表大相径庭，谁真谁假？是否可以推导出会计欺诈？
- 一方面披露风险和缺陷，另一方面披露整改措施，矛和盾同时出场，是自我保护还是安抚投资者？
- CFO 关键时刻突然离职是否可以强有力地推导出企业会计欺诈的存在？
- 如何认定外部董事对公司有“实际控制”还是有“影响力”？董事应该忠于谁的利益？
- 证券集体诉讼中，国际会计公司总部和成员所之间的责任关系如何认定？到底谁是多元的审计师？国际会计公司成员所之间共享商号如何避免受牵连？

一、案件过程

在谈多元环球水务公司（Duoyuan Global Water Inc，下称“多元水务”或“DGW”）之前，我们首先要了解一下同为在美国上市的“多元系”兄弟公司多元印刷（DYP）。2009 年 11 月 9 日，多元印刷通过 APO 方式在纽交所上市，以每股 8.5 美元发行 650 万股普通股，募集 4230 万美元资金，其与多元水务同属多元集团旗下子公司。2011 年 4 月 4 日起，多元印刷被摘牌转至粉单交易。

2010 年 9 月 13 日，多元印刷宣布中止与德勤会计师事务所的合作关系，任命了公司新任 CEO 和 CFO，并对公司董事会作出相应的调整。随即券商派杰（Piper Jaffray）宣布因怀疑多元水务存在内部管理问题，下调对其评级。2010 年 9 月 14 日，多元印刷的 SEC 文件披露了德勤向审计委员会提交的报告内容，德勤表示，在审计过程中，发现约 2400 万人民币的广告和展会费用有疑点，支持其真实性的文件不符合德勤要求。德勤要求检查多元印刷公司所有的银行原始对账单，以完成其审计程序，并且验证某些个人和第三方分销商和供应商的真实身份，但是直到德勤被解雇，多元印刷仍未配合。德勤告知审计委员会，多元印刷 CEO 和 CFO 没有协助德勤进行调查并对公司管理团队处理类似事件的能力表示担心，多元印刷最终作出了解雇德勤的决定，而审计委员会主席由于在公司终止与德勤的合作关系问题上有分歧，辞去其董事会成员和审计委员会主席的职位。多元印刷事件爆发后，其兄弟多元水务被拉下了水。

多元水务成立于 1992 年，和多元印刷同属北京多元电气集团，是水处理设备供应商，公司于 2009 年 6 月 24 日在纽交所上市，发行 550 万股 ADS，每 ADS 发行价为 16 美元，1ADS 等于 2 普通股。

IPO 之后，DGW 于 2009 年 8 月发布了第二季度的业绩，净利润同比增长接近 50%，毛利率也接近 50%，此时 DGW 的股票价格几乎比 IPO 的价格翻了一倍；2009 年 11 月，公司公布了第三季度的业绩，同比收入和经营利润几乎增长 30%，毛利率的水平接近 50%；2010 年 1 月 19 日，公司向市场透露第四季度的业绩将会超预期；2010 年 1 月 11 日，DGW 提交了二次公开募股的登记文件，并于 2010 年 1 月 28 日以每个 ADS 29.5 美元的价格公开发行 354.5 万个 ADS；同时公司主要股东 GEF（The Global Environment Fund）也同时参与献售，出售了其所持有 DGW 20% 股份中的 1/4 股份。

2010 年 3 月，DGW 公告称其 2009 年年度营业收入将持续增长；在这前后，投行们开始向潜在投资者鼓吹 DGW 的优良业绩，并在各投资者会议上推荐 DGW 的股票。2010 年 5 月和 8 月，DGW 又向市场发布业绩公告，宣称其第一和第二季度的业绩超过预期数据。

投资者指出 DYP 和 DGW 之间存在非常密切的关联，这体现在：

- 两家公司在中国的总部都在一起；
- 在诉讼所涉及期间，两家公司的董事长是同一个人；
- 该董事长同为这两家公司的主要股东；
- DGW 的董事会成员之一（也是本案被告之一）Holbert 曾在这两家公司任职（Holbert 曾经担任 DYP 的 CEO）；
- Holbert 从 DYP 辞职之后，他的继任者曾经是 DGW 的雇员。

在 DYP 会计问题曝光的当天，投行 Piper Jaffray（也是本案被告之一）将 DGW 股票的目标价格从 34 美元下调至 9 美元，DGW 的股票当即下跌 41.55%，并于 2010 年 9 月 13 日以 12.10 美元收盘；2010 年 9 月 14 日，考虑到受 DYP 会计问题的影响，DGW 成立审计委员会用以确保其自身不存在会计问题；然而，就在当天，本案被告之一投行 Janney Capital Market 向投资者发出警告不再信赖其原先对 DGW 所作的任何评级和预测，并暂停了对 DGW 的评级。原告指出，由于 DYP 的会计问题曝光，几乎有一半的投行被告试图尽快撇清和 DGW 的关系。

2010 年 9 月 28 日，DGW 公告称其审计委员会雇佣美国著名律师所 Skadden，Arps，Slate，Meagher & Flom LLP & Affiliates（Skadden）启动会计相关的内部调查，并预期在 1－4 个月之内完成调查报告。此后，DGW 的股价上升了接近 1 美元。

2010 年 10 月 25 日，独立投资公司 Auriga 在走访 DGW 管理层和公司现场（包括生产线）后，发布研究报告指出了 DGW 存在额外的与 DYP 无关的三个会计问题。此报告出台后，DGW 的股价下滑了 5.5%。该研究报告质疑了

DGW 的以下三个会计问题：

- DGW 目前的固定资产利用率只有 50%，为何需要大量的资本性支出？
- DGW 的老设备存在问题。
- DGW 宣称其有 109 种产品，然而仅提供了 10 种产品可供检验。

2011 年 3 月 23 日，DGW 的 CEO 对外宣称公司 2010 年的年度总收入将会超过 10 亿人民币。然而由于 Skadden 在调查过程中向公司提出查阅某些文档的需求被拒绝，DGW 的董事会拒绝批准该业绩数据。原告指出，在当天的投资者电话会议上，当分析师问及 Skadden 调查所需时间的时候，该 CEO 进行了推诿。第二天，投行被告之一 Rodman & Renshaw 发布公告指出将 DGW 的股票评级从“跑赢大市”（market outperform）下调至和“大市相当”（market perform）。

在此之后，又有一些利空的研究报告出台，导致 DGW 的股价持续下滑：

- 2011 年 4 月 4 日，“浑水摸鱼”的研究报告指出，DGW 廊坊子公司 2009 年的工商年检财务数据上所显示的收入数据大大低于 DGW 向投资者公开的数据，由此质疑 DGW 美国会计准则下的收入数据；而且浑水摸鱼公司还在 You Tube 上播放视频，质疑 DGW 的很多销售公司电话并不可拨通。这时，DGW 发布公告称其 CFO 因要寻求其他的个人发展机会而从公司辞职。
- 2011 年 4 月 5 日，DGW 的股票价格收盘低至 3.21 美元。
- 2011 年 4 月 6 日，DGW 的股票暂停交易；同一天，DGW 的董事会宣称成立特别调查委员会，将扩大 Skadden 的内部调查范围，由董事会成员之一（也是本案被告之一）Larrea 担任该委员会主席。受此消息影响，DGW 的股价在第二天反弹了 10%。
- 2011 年 4 月 20 日，公司并未发布任何消息，然而 DGW 的股票却再次停牌；原告指出，由于管理层拒绝向 Skadden 提供其调查所必须的文档，董事会以辞职向管理层提出抗议。Skadden 于 2011 年 4 月 21 日撤回了其派出的调查律师。
- 2011 年 5 月 4 日，DGW 对外公告了董事辞职消息，进行了董事重新任命，并重新聘请律师进行内部调查。
- 2012 年 1 月 26 日，多元水务的股票退入粉单市场交易。

原告指控被告违反了 1933 年证券法第 11 和 15 条款，以及 1934 年交易法第 10（b）和 20（a）条款。这些被告包括：

• 多元水务；

• 多元水务的 CEO（同时也是公司董事会主席和控股股东）及 CFO（管理层被告）；

• 公司董事会现任和原成员；

• 投行被告［包括：Piper Jaffray & Co.，Oppenheimer & Co.，Janney Montgomery Scott，LLC，Credit Suisse Securities（USA）LLC，Macquarie Capital（USA）Inc.，and Rodman & Renshaw，LLC］，这些投行参与了多元水务的股票首次上市（IPO）或者第二次上市（SOP）的承销工作；

• 两家审计师被告，包括：Grant Thornton International Ltd.（"GTIL"）及 BDO Limited；GTIL 是一家全球性的会计公司，原告指控其出具了多元水务 2006 年至 2008 年的财务审计报告；原告指出，GTIL 通过其中国的成员所京都天华（Jingdu Tianhua，也称为 GT China）对多元水务进行审计；原告还指出，GTIL 的中国香港成员所（GT—HK）也是多元水务的外部审计师，原告认为 GT—HK 是作为 GTIL 的代理人，因为 GTIL 要求其所有成员所承诺符合 GTIL 的职业标准和价值理念；

• GEF，在多元水务上市前间接持有大量股份。GEF 于 2008 年 2 月投资 3020 万美元间接购入多元水务 20% 的股份。

各被告向法院提交驳回起诉等相关动议，法院于 2012 年 8 月 24 日对此作出如下裁决。

二、关于被告提出阻止采纳"浑水摸鱼"研究报告的动议

被告申请法院阻止采纳"浑水摸鱼"的研究报告，认为该研究报告不可信赖和未经证实，所以和本案中的诉讼争议事项没有关系。

法院认为，即使被告质疑"浑水摸鱼"所发布的匿名研究报告的可信度，但和传统匿名信息相比较，分析师的研究报告并不见得就会有更高的质疑水

平。法院这个观点的逻辑依据是，如果法院确定分析师的研究报告可疑所以不可信赖，那么就意味着原告永远也不能依据未署名分析师报告提起证券欺诈诉讼。即使被告指出“浑水摸鱼”是属于带有偏见的研究机构，而且该机构本身也公开承认其研究报告可能存在不准确之处，该报告是否可信其实是属于事实认定的范畴（a question of fact）；也就是说对属于事实认定范畴的事项，法院不适宜在诉讼的目前阶段作出裁决，事实认定是属于陪审团的职能。因此法院认为，目前还不能简单地认为“浑水摸鱼”的报告与本案的诉讼争议没有任何关系，所以法院拒绝了被告提出的要求阻止采纳“浑水摸鱼”研究报告的动议。

三、关于违反证券法第 11 条款指控的时效性

投行被告向法院申请驳回起诉，认为本案涉及违反证券法第 11 条款的指控已经超过了法律规定 1 年的时效性。1933 年证券法第 13 条款规定了该时效性，而且这 1 年时效性是从原告对被告违规事项实际知情（actual notice）或者从原告能够进行对被告的违规事项“可进行质询”（inquiry notice）的时间开始计算。那么何谓可进行质询呢？其标准是：当任何合理尽职（reasonably diligent）的原告都可以发现违规事项的时候，就是原告“可进行质询”的时间点；这个时间点也就是当原告拥有足够的信息足以成功指控被告，不会导致该诉讼被驳回的时候。有些案例中该时间点比较明确，如来自 SEC 等监管部门的调查报告足以使原告对被告的违规行为进行质询；而有些案例表明，在考虑诉讼是否驳回阶段，“可进行质询”这个时间点往往不应该成为一个考虑因素。

而原告的起诉状如果要符合起诉的时效性要求，则起诉状必须列明：不实陈述被发现的时间点和当时的情形；为何在早前没有发现该不实陈述（如果超过 1 年的时间限制）；原告在发现该不实陈述行为过程中的尽职程度。

本案中，投行被告指出，DGW IPO 文件公开的时候就是原告可以质询的时间点，因为原告所主张的 IPO 登记文件中那些“预警信号”足以让合理尽

职的原告发现足够违反证券法第11条款的指控内容。然而法院认为，在DGW提交其IPO文件时，这些所谓的“预警信号”还不足以促使合理尽职的原告调查，更不用说发现，可以指控被告的充分内容。因为在DGW公布其IPO文件时，原告并没有理由相信这些财务数据是不正确的或者是严重误导的。由于这些财务数据是经过GT—HK审计的，此等审计应该能够合理安抚（reasonable assuage）投资者对公司财务数据任何疑虑；而且期望投资者对经过独立审计师审计过、又有数家投行认可的国际公司财务数据表示怀疑，是不合理的。

投行被告又抗辩到，IPO登记文件中包含有免责申明措词（disclaimer），这足以提醒投资者该文件中的数据可能存在错误。法院认为该措词只能对公司过去、现在和将来所面临的问题作出一般性的提醒，并不能告知投资者公司的财务数据存在误导。DGW的IPO文件中确实有披露公司在符合美国相关法律方面，主要是财务会计合规性方面存在的困难。比如IPO文件中有如下披露：

“公司先前所发现的重大内控缺陷主要包括：(1）无法及时发现收入和应收款中所存在有争议的款项或者长账龄的款项；(2）收入成本确认和存货确认方面存在差异和错误；(3）由于缺乏有美国财务会计知识、经验和培训的专业人员，所以公司在财务报告环节缺乏有效的控制等等……”（见IPO招股书25至26页）。

法院认为以上措词虽然在涉及原告所指控的某些内容上有详细的描述，然而从法律角度看，这些措词仍然不够具体（particular），从而无法确保原告“可以质询的时间点”这个问题能得到确定；况且在该招股书接下来的措词中，DGW又指出公司现在已经采取整改措施应对大部分的内控缺陷，这些整改措词包括：

- *针对成本和存货环节的错误，公司对每个存货设置原材料代码，以准确识别和计量存货；*
- *招聘新的CFO（也就是本案被告CFO）；*
- *招聘更多熟悉美国会计准则的财务人员；*
- *建立内部审计职能；*
- *对公司的会计政策和程序进行补充并形成书面文档；*

- *正在面试外部顾问协助整改；*
- *为确保在规定时间限制内符合SOX404 的要求，将继续寻求其他方法整改公司内控方面的重大缺陷和不足。*

法院认为 DGW 的以上措词其实又在进一步安抚（reassurance）投资者对这些内控缺陷的担忧。如此看来，投行被告认为 IPO 文件已经对原告就 DGW 财务数据可能存在误导的风险进行了充分的警告这个抗辩理由是不成立的；因为 DGW 一方面警告投资者，而另一方面又马上安抚投资者，这样的披露无法促使原告对 DGW 的涉嫌财务不实陈述进行质询。

原告在起诉状中指出，直到 2010 年 9 月 13 日原告才发现 DGW 的财务数据存在误导；在此之前原告并无任何理由知道此误导的存在，因为 DGW 一直发布公司的良好业绩数据和收入增长信息，直到多元印刷的问题曝光后，或者说也只有到 DGW 拒绝向外部调查律师 Skadden 提供相关文档资料以及其董事会成员通过辞职进行抗议之后，原告才可以开始质疑 DGW 的财务数据可靠性。

法院认可原告的观点，认为原告是大约在 2010 年 9 月 13 日 1 周之内提交诉讼状，并在 1 年时间限制内提交修正的诉讼状将各投行纳入被告。所以法院拒绝了投行被告以诉讼时效作为理由的驳回起诉动议申请。

四、关于多元水务及其 CEO 和 CFO 的诉讼

对 CEO 和 CFO 违反 1933 年证券法第 11 条款的指控

原告指控以上两位管理层在 DGW IPO 和 SPO 的登记文件中作出了以下四个不实陈述：（1）关于公司经营业绩的陈述；（2）关于公司在中国境内经销商数目的陈述；（3）关于公司员工人数的陈述；（4）公司宣称其财务报表符合美国会计准则。

原告在起诉状中指出，其指控所有被告违反 1933 年的证券法第 11 条款是基于这些被告由于疏忽而导致 IPO 和 SPO 登记文件存在误导，原告在诉讼状中声明其指控并非基于这些被告存在欺诈这一假设。原告的如此起诉策略是为

了确保其起诉标准只要符合联邦诉讼规则8（a）（2）条款，从而可以规避诉讼规则的9（b）条款；后者对诉讼标准要求比较高，需要原告能够充分指控被告存在欺诈的意图，所以指控的难度比较大，如果起诉信息不充分，很容易被驳回起诉。然而，法院认为，仅仅是在诉讼状中作出此文字说明并不代表原告就可以规避9（b）条款的诉讼要求；如果原告的起诉状在指控过程中的文字和推理，是基于被告的欺诈行为，那么原告仍然需要遵循9（b）的起诉标准。

本案中，原告的指控似乎是基于被告欺诈的假设而作出的，比如：原告指出DGW的股份发行登记文件中存在不实的陈述和信息遗漏，DGW严重高估了其收入金额、经销商数目、员工数目等等，所有这些指控看来并非是由于疏忽大意所导致的。

所以法院认为，原告的起诉状必须能够符合9（b）条款要求。接下来，法院对该起诉状是否符合9（b）的起诉要求进行每一个要素的分析：

中国税务报表（“中国报表”）和向SEC提交报表（“美国报表”）二者之间的重大差异。原告指出，从2006年至2008年3年期间，DGW的多元廊坊和多元北京两家主要子公司的中国税务报表和向SEC提交的数据存在重大差异。例如：多元廊坊国内报表上的这3年收入金额分别是0、320万和190万，而美国报表上的数据却分别为2.062亿、2.729亿和4.242亿。又如：中国报表上显示的经营利润是负数，分别为－62.1545万、－180万和－190万，而美国报表上的数据却是正的1820万、2730万和9620万。原告又指出，虽然多元廊坊和多元北京的中国报表上显示的都是净亏损，但DGW向SEC提交的报表上却显示利润金额分别为5280万、8220万和13370万。原告还援引了“浑水摸鱼”的研究报告指出，该研究机构查询了DGW某公司2009年中国报表，发现美国报表上的收入数据被高估了，这再次证明DGW向SEC提交的财务数据存在误导。（以上数据皆为人民币）

被告抗辩认为，原告并没有指出以上所比较的信息具有相同的数据基础，而且原告仅仅是将多元廊坊和多元北京这两家公司的数据而非DGW整个公司合并的数据进行比较，这样的比较在口径上是不一致的。而且中国会计准则和美国会计准则之间存在重大差异，这也有可能导致两个报表数据存在不一致。

原告认为，这些数据的不一致也可能说明中国报表的数据不准确，所以并不能简单认为如果二者间存在不一致，那么美国报表的数据就是错误的。

法院指出，原告已经指出DGW属下两家子公司的中国报表和美国报表存在重大差异，而且虽然向SEC所提交的属于合并报表，然而原告是依据IPO和SPO登记文件中所披露的分部信息中这两家子公司的财务数据进行比较的，所以这样的比较在基础上几乎是一致的。虽然被告认为中美会计准则的差异也可能会导致具体财务数据的差别，但法院认为，二者数据的差异（尤其是利润数据）是如此之大，而且这些数据差异所隐含的合理推断，在诉讼的目前阶段，都足以指控美国报表存在误导。原告仅仅是指出这些数据差异是属于可以解释的，这样的抗辩理由还不足以驳回原告的起诉，因为假设中国报表是正确的，那么美国报表就存在误导；DGW在中国报表中所披露的数据表明公司经营情况恶劣，而在美国报表中所披露的财务数据显示公司的经营情况优良，基于这样明显的反差，可以合理推断的是被告存在欺诈的动机来高估而不是低估美国报表中的数据。因此二者报表数据的巨大差异足以指控被告违反了证券法第11条款。

中国境内经销商数目。原告指出，DGW在IPO和SPO的登记文件中宣称其有超过80家中国境内的经销商，然而在任何年度任何一个这些经销商的销售金额都不超过总额的3%，也没有披露经销商的名称，因此这属于不实陈述。原告指出DGW的公司网站上并没有列明其任何经销商信息，在募股资料中也没有提供和经销商所签订合同的样本，这些都可以进一步说明其所披露信息不属实。原告还援引了“浑水摸鱼”的2011年4月4日的研究报告指出，这些经销商的具体信息并不容易确认，而且在上海这个中国最繁华的城市也难以查询到任何销售点或者经销商。

法院认为，原告的以上内容并不足以指控DGW关于经销网络的陈述不属实，公司网站没有列明经销商信息或者没有提供经销商样本合同并不代表公司就没有经销商；“浑水摸鱼”的研究报告是2011年才公布的，也同样缺乏说服力，无法说明DGW从2006年至2009年期间（IPO和SPO期间）的经销商信息陈述不属实。所以原告的指控并不充分。

多元水务的员工人数。原告指控DGW在IPO和SPO的时候虚增了其员工人数。DGW 宣称其于 2006、2007 和 2008 年底的员工人数分别为 796、756 和 1166 人，原告指出，DGW 的 CEO 于 2011 年 3 月 23 日投资者会议上宣称其在廊坊生产厂的员工人数为 580 人，而“浑水摸鱼”的调查报告显示这个数据是虚假的。

法院指出，从该 CEO 在此次电话会议中所作关于公司员工总人数的陈述看，并无法说明在募股文件中所披露的信息不属实。在电话会议上，该 CEO 指出公司在廊坊厂有 580 名员工，然而之后他又指出，公司的员工总人数为 1246 人，这个数据和公司在募股资料中所披露的人数并无重大差异。况且，在 2011 年 3 月 21 日所作的关于人员数量的陈述，也无法说明从 2006 年至 2009 年员工人数的信息就是不属实的。

法院还指出，“浑水摸鱼”于 2011 年 4 月对多元水务生产设施的现场考察和原告于 4 月对多元水务的实地考察也都无法说明多元水务在募股资料中所披露 2006 年至 2009 年公司员工人数信息不属实。所以原告对被告的此项指控不充分。

关于公司财务报表符合美国会计准则的陈述。原告指出，多元水务中国报表和美国报告数据存在巨大差异，这足以说明其美国报表中所披露的收入、经营利润和净利润及公司财务状况的信息不属实。法院认为此差异的存在已经构成充分的证据，指控被告在 IPO 和 SPO 的登记文件中的财务数据违背美国会计准则。所以法院拒绝了被告提出的申请驳回原告证券法第 11 条款下的全部指控动议。

对 CEO 和 CFO 违反 1933 年证券法第 15 条款的指控

对违反第 15 条关于控制人责任的条款，被告并没有提出直接的抗辩理由，仅仅是认为违反第 11 条的指控不成立。所以法院认为，既然申请驳回违反第 11 条指控的动议被拒绝，那么违反第 15 条款的指控也不应该予以驳回。

针对 DGW 及其 CEO 和 CFO 违反 1934 年交易法第 10（b）反欺诈条款的指控

就前文所提到的四个不实陈述，除了指控被告违反 1933 年证券法第 11 条款外，原告还指控被告同时也违反了交易法第10（b）反欺诈条款。此外，原告又提出额外的三项属于CEO或者CFO所作的陈述，指控被告因此违反交易法的10（b）条款：（1）2010年11月17日，CEO在电话会议中宣称公司在2010年初的时候是满负荷生产运营的（“满负荷生产经营”）；（2）CEO分别在2010年11月17日和2011年3月23日投资者电话会议上宣称，公司配合审计委员会启动的内部调查（“配合调查”）；（3）2010年8月18日，CFO宣称DGW的经营活动现金流量为正数，并预期在接下来的连续两个季度中也为正数（“经营活动现金流的陈述”）。

如果要指控违反交易法的反欺诈条款，原告必须能够说明为何这些陈述属于欺诈性质，接下来根据原告的起诉状，法院对这些陈述内容逐一作出法律分析：

关于多元水务经销商数目的陈述。原告依据CEO于2010年5月12日在电话会议中所作的关于公司有82个经销商这个陈述，指控被告违反了反欺诈条款。然而原告并无法说明为何这个陈述是虚假的，所以法院认为原告对被告该陈述的指控不成立。

关于公司员工人数的陈述。正如同法院在原告指控违反证券法第11条款中所作的法律分析，对于此项指控内容，法院认为不充分。

关于生产经营满负荷的陈述。原告指控CEO宣称公司在2010年初的时候是满负荷生产经营属于不实陈述，因为：（1）多元廊坊和多元北京的中国税务报表显示其2010年的年收入低于100万美元；（2）“浑水摸鱼”2011年4月份的报告显示，在对多元廊坊接近80个小时的观察发现：进入公司的员工人数低于公司所披露的数据、该工厂并无任何收发货车辆进出迹象、虽然公司宣称有夜班但现场观察发现工厂并无灯光。法院认为这些信息并无法说明DGW CEO的陈述不属实，因为：（1）2010年中国报表上所列示的年收入低于100万美元并不意味着公司在年初的时候就不存在生产经营满负荷的情况；（2）“浑水摸鱼”的报告是基于2011年1月和4月的调查所得出的，因此无法说明CEO于2010年11月17日作出的公司在2010年初满负荷生产经营这个陈述不属实。所以原告对被告的此项指控不成立。

关于配合内部调查的陈述。DGW的CEO于2010年11月17日宣称，公司全力配合 Skadden 的内部调查工作并且将会继续配合，原告认为这个陈述不属实。原告指出，DGW 4 位独立董事于 2011 年 4 月 20 日的辞职信指出公司管理层的行为阻碍了内部调查进度，而且公司在进行了 7 个月的调查之后并未发布任何调查报告，这足以说明 CEO 的此项陈述不属实。

被告抗辩到，CEO 的陈述仅仅是其观点的表达，并不属于交易法第 10（b）条款下的可诉讼内容，除非原告能够提供具体事实来证明该 CEO 内心并非如此认为。

法院认为，原告已经提供了具体事实来指控该 CEO 的陈述不属实，因为原告援引了外部董事的辞职信中的描述，其中具体指出，管理层从一开始就没有配合调查，每次公司管理层同意配合，但在调查重新启动的时候，所承诺的配合并没有实现，于是又产生了新的问题；而且就在外部董事辞职后的第二天，SKadden 就撤回了其调查律师。所以法院认为，原告已经充分说明了该 CEO 在 2010 年 11 月并非真心配合调查工作，而且在将来也不会。因此即使被告认为该 CEO 的陈述属于意见表达，其不论在主观上还是客观上都是一种不实陈述，所以原告对被告的此项指控是成立的。

关于 2010 年业绩的陈述。原告进一步指控道，DGW 于 2010 年 11 月 17 日的第三季度业绩公告和 2011 年 3 月 22 日的第四季度公告及随后投资者会议上的陈述不实，然而原告并没有提供具体事实予以支持其指控。原告依据 Auriga 2010 年调查报告指出，多元水务的生产设施使用率只有大约 50%；“浑水摸鱼” 2011 年的调查显示多元水务廊坊公司的员工人数并没有其所披露的那么多，而且原告自己调查发现多元水务 2006 至 2009 年的美国报表上的业绩数据要高于中国报表的数据。

然而，法院认为，原告所提供的以上信息，即使属实，也无法说明多元水务 2010 年的财务数据是真实还是虚假。因为原告除了提供 2006 至 2009 年的数据外，并没有提供任何数据显示和 2010 年第三季度和第四季度存在相矛盾的信息。

原告又指出，既然 2006 至 2009 年的财务数据存在虚增的嫌疑，那么就可以很容易地推测出 2010 年的虚假增长和 DGW 管理层继续年复一年的虚增业绩情况是存在的。法院认为，DGW 经营是否满负荷或者其经销网络情况都无法说明2010年的财务数据为何在发布的时候是虚假的，所以如果原告无法提供具体的原因说明DGW 2010年的财务数据不可信，那么原告对被告的此项指控不成立。

关于经营活动现金流的陈述。针对此项指控，被告抗辩到，这些陈述是受安全港保护条款保护的；原告援引数个相关案例反驳道，该CFO的此项陈述涉及到公司将来和目前的业绩，所以不受安全港条款保护。

法院指出，该CFO的此项陈述由两部分组成，对于第一部分陈述，原告并没有提供证据证明CFO宣称公司前半年经营活动现金流的信息属于虚假陈述；原告仅仅是依据2006至2009年DGW中国和美国报告之间存在差异无法认定DGW 2010年的任何财务数据是真实还是虚假。

至于第二部分的陈述，该CFO并没有涉及任何当前的业绩，该CFO是在回答接下来两个季度预计（expected）的数据时作出该陈述的。第二巡回法庭认为，对将来季度业绩使用“预计”这样的表述是符合安全港保护条款的。

该CFO的这两个陈述都有附加警告性描述（cautionary statements），即：电话会议中所作的前瞻性陈述（forward looking statements）将会根据实际情况发展而变化，公司不会予以更新。

法院认为，既然这些陈述受安全港条款保护，那么原告必须能够证明在作出该陈述的时候，该CFO对此信息属于虚假是实际知情的（actual knowledge of its falsity）。然而原告仅仅是依据2006至2009年中国报表和美国报表的差异，认为作为公司CFO应该知道这样的预测信息是虚假的。法院指出，2006至2009两种报表之间的差异无法说明DGW 2010年的财务报表是否真实，也无法说明该CFO对将来两个季度的预测为误导信息知情。所以法院认为原告对被告的此项指控不成立。

关于2006至2009年业绩的陈述。原告认为DGW在IPO和SPO中的财务数据以及2009年业绩公告中的数据属于不实陈述，主要是由于这段期间中国报表和美国报表数据存在重大差异。法院认为原告的指控符合1933年证券法第11条款和1934年第10（b）条款的要求。被告抗辩道，原告并没有充分指出被告在作出这些陈述的时候存在欺诈的思想意识。

对DGW和其CEO和CFO的指控是否符合欺诈要素？欺诈要素是指控

被告违反1934年交易法10（b）反欺诈条款的必备条件，原告需要提供充分的事项描述以便能强有力地推导出，被告在作出这些陈述的时候在思想意识上存在欺诈。而要实现这一点，原告可以从两个方面指控：（1）被告存在欺诈的动机和机会；（2）某些强烈的情形性证据表明被告的不当行为属于有意识的或者轻率的。

法院认为，本案中原告提供了一系列事项足以强有力地推导出被告CEO和CFO存在欺诈行为。原告指出，该CEO和CFO知晓或者应该知晓DGW美国报表上的收入金额、经营利润和净利润都高于中国报表上的数据；中国报表和美国报表之间存在的差异是如此巨大，有的差异竟然是100倍，所以作为公司高管，该CFO对所指控的会计违规情况知情。

被告反驳道，原告并没有指出该CFO可以获得这些中国报表，而且该CFO并非是中国财务会计专家。法院指出，该CEO和CFO作为一家跨国公司的管理层，应该对公司的财务信息知情，因为原告指出该CFO和外部审计师沟通频繁而且还经常对分析师发布DGW的业务信息，所以对公司的业务情况应该是知情的；而且公司CEO也代表DGW签署了一系列向SEC提交的文件。

原告还援引“浑水摸鱼”的研究报告来指控这些被告，法院认为，虽然这些做空机构的研究报告并非是决定性的，但在考虑诉讼是否驳回的时候，这些研究报告仍然足以提供证据来强有力地推导出管理层存在欺诈；尤其是该CEO和CFO对公司将来的业绩预计和“浑水摸鱼”及原告自己私下调查的发现是截然相反的。

法院还指出，在DYP公告其会计违规情况及Auriga关于DGW研究报告出台的时候，该CFO突然提出辞职。虽然公司CFO会由于各种不同的原因离职，但结合原告所提出的其他指控内容，该CFO在关键时刻的离职进一步有助于推导出欺诈的存在。

所以综上分析，法院认为原告已经对该CEO和CFO在存在欺诈思想意识方面作出了充分的指控，而且该指控可以连带（inputed onto）至其所服务的公司DGW。所以法院拒绝了被告提出的驳回违反1934年交易法10（b）条款这个指控的申请动议。

同时法院也拒绝了各个人被告提出的，申请驳回1934年第20（a）条款关于控制人责任指控的动议。

五、关于审计师 GTIL 的诉讼

GTIL 认为其不是 DGW 的审计师也并没有作出任何陈述，为 DGW 出具审计报告的是 GT—HK，所以申请驳回原告对其违反 1934 年交易法 10（b）条款的指控。此外，GTIL 认为其在相关法律下并无任何 1933 年证券法的相关责任，所以也申请法院驳回对其违反 1933 年证券法第 11 条款的指控。

1934 年交易法第 10（b）条款下的指控

联邦最高法院在 Janus Capital Group Inc. 案例中作出裁决，1934 年交易法第 10（b）条款只针对那些作出虚假陈述的当事人，并将这个当事人定义为具有对虚假陈述有最终权限的自然人或者法人（the person or entity with ultimate authority over the [mis] statement），包括对这些陈述的内容和陈述传播方式有最终权限的自然人或者法人（最终权限人）；如果仅仅是因为和最终权限人有密切的商业关系（如供应商、银行等）或者和最终权限人使用共同名字，那么并不会产生第 10（b）条款下的责任；最高法院还指出，如果仅仅是协助或者教唆（aiding or abetting），那么也不会构成第 10（b）条款下的私人诉讼责任，即使该协助和教唆者对虚假陈述的最终权限人有施加影响的能力。最高法院的这一司法判例，从很大程度上降低了向上市公司提供服务的第三方企业（包括投行、会计师、律师、供应商和贷款银行等等）面临证券欺诈股东集体诉讼的风险。

本案中，法院认为，即使原告的指控内容属实，原告也没有充分指控 GTIL 违反交易法的反欺诈条款［第 10（b）条款］。原告指控认为，GT - China和 GT—HK 曾经是 DGW 的外部审计师，而 GTIL 通过 GT - China 实施审计，所以 GTIL 是 DGW 目前的审计师。原告还认为，同时，GT—HK 是 GTIL 的代理人，所以 GTIL 需要对 GT—HK 的行为负责。原告的如此指控主要是依据两个理由：（1）GTIL 对其成员所拥有制裁的权力（sanction power），尤其是如果这些成员所不遵循 GTIL 的严格会计标准时。所以原告认为在其成员所审计报告签发上，GTIL 是存在实际控制权的。（2）DGW 的募股文件中所显示的审计师名称为“Grant Thornton”，而不是“Grant Thornton – Hong Kong”。

法院认为原告的以上两个理由并不成立。法院认为，国际所总部对成员所拥有制裁权这在某种程度上是属于具有影响力的体现，但这并不等同于总部出具了审计报告；如果总部对分所出具或者不出具审计报告拥有最终的权限，那么总部就不需要拥有制裁权了；原告只是假设总部在成员所独立签发审计报告的情况下动用了制裁权。原告并没有指出 GT—HK 是在 GTIL 批准之后才出具审计报告的，也没有指出 GTIL 有权阻止 GT—HK 出具该审计报告。相反，原告的起诉状正是指出 GT—HK 拥有最终的权限来签发该审计报告，所以原告的逻辑推理只能说明 GTIL 对 GT—HK 拥有影响力而不是审计报告签发与否的最终决定权（ultimate authority）。

原告又指出，在审计报告的签字上是显示“Grant Thornton”的字样，所以可以说明该审计报告是 GTIL 出具的，其需要承担最终的责任。原告认为，审计报告签字页中“Hong Kong”的字样是在“Grant Thornton”字样的数个空行之下，而且字体比较小，这只能说明该报告的签字地是在香港，而不是说明该报告是 GT—HK 所出具的。

法院认为，原告并没有充分说明报告上有“Grant Thornton”的字样就代表该报告是由 GTIL 出具的。各法人企业可能会共享类似的商号，所以仅仅是因为该商号的字样相类似就认为是 GTIL 出具该审计报告并不合理，共享类似的商号并不意味着双方就需要对所指控的不实陈述承担责任，所以原告并未充分指控 GTIL 违反 1934 年的交易法第 10（b）条款。

1933 年证券法第 11 条款下的指控

1933 年证券法第 11 条款界定了严格责任（strict liability），所以国会立法对所需要承担责任的当事人范围界定得比较窄，主要包括会计师在内的五类当事人。原告指出，GTIL 应当承担第 11 条款的违规责任，因为是 GTIL 而不是其他人出具了审计报告。然而法院指出，仅仅是因为共享类似的商号还不能重复认定是 GTIL 出具了该审计报告。原告又指出，GT—HK 是以 GTIL 代理人的身份签发该审计报告。法院并不认同原告的这个理由，因为原告并没有充分说明在 DGW 审计项目上 GT—HK 和 GTIL 之间的代理和被代理关系存在，而且将证券法第 11 条款下的责任人范围扩大亦不符合国会的立法意图。所以法院同意了 GTIL 提出的申请驳回对其指控的动议。

六、关于各位董事会成员的诉讼

各董事被告指出，不论他们是否需要承担 1933 年证券法第 11 条款下的责任，原告对他们于证券法第 15 条款关于控制人责任的指控并不充分，因为原告并没有充分说明各位董事被告对 DGW 拥有控制，所以各董事被告向法院申请驳回第 15 条款下的指控。董事的控制要素是指控董事成员违反证券法第 15 条款的前提条件之一，案例法将董事的控制定义为通过投票表决权、合同或者其他途径对违规事项的管理和政策拥有引导（direct）或者直接促使（cause）的权力；如果仅仅是对公司的管理决策拥有影响（influence）的能力还不足以构成控制。

法院认为指控自然人承担证券法第 15 条款下的控制人责任，这应该属于事实认定的范畴，通常而言不应该在考虑诉讼是否驳回阶段予以确定，然而仅仅是因为被告是董事会成员就指控其需要承担控制人责任，这样的指控显然是不充分的。原告目前的诉讼状仅仅是指出这些董事会成员的工作履历和教育背景，并没有提出任何事项足以供陪审团判断这些外部董事对 DGW 的违规事项具有控制权。

原告还指出，被告董事成员中的 Larrea 同时兼任 DGW 的董事和 DGW 少数股东 GEF 的管理总监（managing director），所以其拥有董事会中的对 DGW 异常事项和日常经营（包括多元水务的预算）的否决权（veto power），因此需要承担证券法第 15 条款下的控制人责任。然而法院指出，该董事的否决权在 DGW 公开上市前夕已经取消，所以该指控理由不成立。此外，原告指出该董事成员曾在数家中概股公司任职，并担任 DGW 特别调查委员会的主席，这进一步说明其对 DGW 的经营拥有控制权。法院并不认同原告的这个指控理由，于是同意了各董事被告提出的驳回证券法 15 条款下控制人责任的指控。由于 1934 年交易法第 20（a）条款下的控制人责任起诉要素和证券法第 15 条款的一致，所以也意味着驳回了交易法 20（a）条款下对各外部董事被告的指控。

关于少数股东 GEF 的诉讼

GEF 通过其关联公司 GEEMF 持有 DGW 股份而成为间接少数股东，GEF 和 GEEMF 以下统称为“GEF 被告”。原告指控 GEF 被告在 DGW IPO 和 SPO 过程中作出不实陈述，因此违反了 1933 年证券法的第 11 和 15 条款，以及 1934 年交易法的第 10（b）条款。

雇主责任理论（respondeat superior theory of liability）

原告依据雇主责任理论指控 GEF 被告需要承担证券法第 11 条款和交易法第 10（b）条款下的相关责任。原告指出，DGW 的董事 Larrea 在履行投资者权益合同（investors' rights agreement）过程中的职位是 GEF 的管理总监，所以是扮演 GEF 的代理人，而其又以 DGW 董事的身份签署了 DGW IPO 和 SPO 的登记文件。所以原告指出，Larrea 同时身兼两个职位，导致其在担任 DGW 董事的时候也为 GEF 相关公司谋利。法院指出，仅仅是如此的指控，还无法充分说明 Larrea 需要承担雇主责任理论下的相关责任。

法院认为原告指控最不足的地方是，原告并没有指出 GEF 在 Larrea 担任 DGW 董事期间能对其进行控制，也没有指出 Larrea 在 DGW 董事会的行为属于 GEF 和 Larrea 之间雇佣关系所约定的职责范围。由于公司董事需要对公司所有股东（DGW 的股东）而不是对派出公司（GEF）履行忠诚的义务（fiduciary duties），所以原告仅仅以 Larrea 在 GEF 公司中担任高管就认定其是 GEF 的权力代理人，这样的认定理由并不充分。所以原告试图依据雇主责任理论对 GEF 提出 1933 年证券法第 11 条款和 1934 年交易法第 10（b）条款的指控并不成立。

1933 年证券法第 11 条款下的指控

原告认为 DGW 在 IPO 和 SPO 登记文件中作出不实陈述，由此指控其少数股东 GEF 违反了证券法的第 11 条款。法院认为，只有五种类型的当事人符合第 11 条款的责任人范围，包括：登记文件的签字者、董事或者合伙人、将来董事或者合伙人、文件的编制者以及证券承销商；原告并无法确认 GEF 被告到底属于以上五种当事人的哪一种，因此原告仅仅是认为 GEF 是 DGW 上市前的原始外部投资者并持有 DGW 20% 的股份就作出此项指控是缺乏充分依据的。所以法院同意被告的申请，驳回了原告对 GEF 的该项指控。

1933 年证券法第 15 条款下的指控

原告指控 GEF 需要承担第 15 条款下的控制人责任，因为 GEF 通过派出 Larrea 担任 DGW 的董事而对 DGW 拥有控制。原告认为通过派出董事，GEF 可以检查 DGW 的生产设施，可以获取 DGW 的财务报告，并有权批准 DGW 的某些经营行为，所以 GEF 可以控制 DGW。

法院认为原告的指控并不充分，因为原告并无法说明控制（control）和对经营有影响力（influence）之间的区别，原告并无法指出 GEF 以少数股东的身份是如何参与到 DGW 的日常经营行为中，原告也没有充分指控 GEF 派出董事 Larrea 是否违反了证券法的第 11 条款，也就更谈不上指控违反控制人责任条款。而且原告也没有指出 GEF 对担任 DGW 董事的 Larrea 在其履行董事责任工作中是否进行了控制，Larrea 作为 DGW 的董事是对 DGW 股东而不是对 GEF 负责，除非原告能指出 Larrea 在履行董事职责中不称职，否则原告不能仅仅因为 GEF 派出董事就认定其违反了控制人责任条款。

1934 年交易法第 10（b）条款下的指控

交易法第 10（b）条款下的指控前提条件之一就是被告作出了不实陈述，而这个不实陈述的作出者（陈述者）应该是对陈述内容和陈述方式有最终权限的人。本案中，原告并没有指出 GEF 被告对 DGW IPO 或者 SPO 登记文件拥有任何权限（更不用说最终的权限），所以原告对 GEF 被告的此项指控予以驳回。

七、案外之声

法院作出的以上裁决对各被告来说真是几家欢喜几家愁，审计师 GT 的总部、少数股东 GEF 可以如释重负；各外部董事的控制人责任也不成立；但那些在 IPO 和 SPO 登记文件上签字的董事则还需要面临违反 1933 年证券第 11 条款指控的挑战；CEO、CFO 、出具审计报告的会计师、还有各家投行则还需要继续和原告进行博弈。是和解？赔偿多少？还是进入全面的证据开示程序？或者案件继续往前发展到开庭，等待陪审团的最终裁决？我们只能拭目以待。

申明和信息来源

本案例的主要信息来源于相关法律文件，案件中所提到的指控内容，可能属实，也可能并非属实，本书对此并无任何立场。同时，由于本案目前尚未结案，被告并未承认这些指控，所以也意味着这些指控的事实认定在美国证券相关法律下并未予以确认。本案例的主要信息来源包括：

- Amended Complaint for Violations of the Federal Securities Laws, Date on the document: 06/15/2011.
- Memorandum Decision And Order, Date on the document: 08/24/2012.

6. 晶澳太阳能雷曼债损失案

- 现金无用武之地？投资为何偏选雷曼兄弟？
- 屋漏偏逢雨，上亿美元投资损失事未了，市值缩水九成，股东诉讼爆发。
- 亿元债券投资是否充分披露？
- 雷曼破产，殃及池鱼，企业投资损失披露是否及时？
- 雷曼破产已是市场皆知，被告是否仍然构成重大信息隐瞒？
- 损失既成事实，多次投资者会议上，首席财务官为何没能告知详情？
- 股价下跌是因为大市不利还是因为公司的信息披露？

一、案件过程

晶澳太阳能有限公司（JA Solar Holdings Co.，Ltd.，下称“被告公司”或者“该公司”，此简称在下文中可能会相互交错使用）是一家光伏企业，由河北晶龙实业集团有限公司、澳大利亚光电科学工程公司、澳大利亚太阳能发展有限公司三方共同出资于2005年在河北省宁晋县设立。该公司主要从事单晶硅棒、硅片、高效太阳能电池及组件的加工、制造和销售，据说生产能力位居世界前列。其于2007年2月7日在纳斯达克上市，发行价每个ADS 15美元，IPO总的净融资额超过33.4亿元人民币；2008年7月，该公司从资本市场成功发行高级可转换债券获得4亿美元的融资；该公司的股价总市值曾超过10亿美元。

以下时间点所对应的事件是本案发展的关键：

- 2008年11月12日，该公司披露2008年第三季度的业绩公告，明确说明投资雷曼兄弟票据1亿美元全部损失；公司股票价格暴跌至每个ADS 2.38

美元，同前3个月的最高价格比较，股价缩水87%。

- 2008年12月3日前后，有两起诉讼在纽约南区法院提交，引发对该公司的股东集体诉讼。
- 2009年4月17日，所有相关起诉汇总成一个集体诉讼，Robbins Geller Rudman & Dowd LLP律师事务所被任命为原告代表律师。
- 2009年6月1日，原告律师提交修正后的起诉书。
- 2009年10月8日，被告提交动议，要求法院驳回起诉。
- 2009年11月5日，原告律师回应，要求法院拒绝被告的这一动议。
- 2009年11月25日，被告简要地对此作出应答。
- 2010年5月17日，法院判决拒绝了被告的动议。
- 2010年8月3日，法院下令指定了参与和解谈判的法官。
- 2010年12月2日，原被告双方达成和解赔偿的原则性条款，赔偿总金额为450万美元现金，外加应计算的利息。
- 2011年1月28日，和解赔偿协议提请法院审批。
- 2011年2月18日，法院初步审批该和解赔偿协议，并签发听证通知书。

原告起诉被告违反了美国1934年证券交易法中的10（b）条款及美国证监会的10b-5规则的要求，提供了关于该公司财务状况的具有严重误导（materially misleading）或者隐瞒性的表述。此外，原告还起诉被告负有证券交易法下的控制人义务的赔偿责任。

本诉讼的涉及期间是从2008年8月12日到2008年11月12日，原告律师代表所有在这3个月期间购买该公司ADR的投资者，向该公司及其他相关个人被告提出索赔。被告包括了该公司及其3名高管和董事。

被告对原告的主张进行了强烈的抗辩，并提出动议（motion to dismiss）要求法院驳回原告的起诉。美国纽约南区地方法院在审核被告该动议的时候认为：法院在考虑是否驳回起诉的时候，是假设原告起诉书中所描述的信息属实的，并且法院从起诉书中所可以作出的所有合理推断（reasonable inference），是需要对原告有利的；而且，法院在判断是否需要驳回其起诉的时候并不是在判断起诉书中所提的哪些证据可以被法庭采纳，而是仅仅在判断就假设起诉书所描述的事项如果属实的话，那么起诉书本身（包括其所描述的起诉原因、所主张的权利或者所要求的法律救济等等）是否符合相关法律关于起诉书充分性这一要求的（legally sufficient）；所以，如果起诉书提供了足够（充分）的事实性描述来支持其合理主张，那么法院是不得驳回该起诉的。意思就是说，如果人家的诉状中提供了足够的事实性描述，那么你就不能不让人告，至于人家所描述的内容是否真的属实，那以后再说，可以通过证据开示等后续程序来查核，但至少在现在阶段，如果诉状符合这个基本要求，法院还不能驳回这个起诉。

2008 年 7 月 9 日，该公司从资本市场成功发行高级可转换债券获得 4 亿美元的融资后，购买了 1 亿美元的由雷曼兄弟财务公司（“雷曼财务公司”）发行的 3 个月后到期的票据，该票据据说是保本的，并由雷曼兄弟公司予以担保。雷曼财务公司是雷曼兄弟控股公司在荷兰注册成立的一家子公司。不幸的是，雷曼兄弟在 2008 年 9 月 15 日宣告破产。2008 年 11 月 12 日，该公司发布公告宣称雷曼财务公司无力支付已经到期的该票据，该公司不得不确认这 1 亿美元的损失。原告认为，被告在 2008 年 11 月 12 日前，误导了或者隐瞒了关于公司的财务状况信息。原告在起诉书中认为：

首先，被告在 2008 年 8 月 12 日的业绩公告和投资者电话会议中谈到了该公司 2008 年第二季度的业绩信息，此间，该公司提到其现金和现金等价物由于 4 亿美元的融资成功而大规模地上升到 5.2 亿美元，并提到公司有充足的手头现金。但该公告并没有提到公司购买了雷曼的票据。在同天的投资者电话会议中，当被问到该公司的美元风险敞口的时，以及被问到该公司是否有任何的套期交易时，该公司的 CFO 答复道，公司没有进行套期交易，相反该公司是通过短期投资来管理美元敞口这个货币风险的。该公司的 CFO 进一步说到，公司通过瑞士信贷公司、雷曼兄弟公司和花旗集团来协助管理现金。并谈到了最近的 4 亿美元融资款的管理，说到这些银行将该公司的现金通过投资到一些有资本保障的基金来协助提高公司这些融资回来但尚未使用的现金的投资回报。

其次，原告在诉状中提到了公司在 2008 年 9 月 16 日所作的涉及到雷曼破产的新闻公告和随后的电话沟通会议。雷曼在 2008 年 9 月 15 日宣告破产。在此次新闻公告和沟通会议中，该公司第一次向投资者说明了该公司持有雷曼发行的1亿美元票据，并说明此票据是雷曼财务公司发行的，并由雷曼兄弟公司担保。该新闻公告仍然告知投资者此票据将在2008年10月9日到期并属于有100%本金保障。公告中还声称雷曼财务公司，在那个时间点，还没有纳入清算范围。CFO告知投资者，声称“我们并不预计这些和雷曼的交易会对公司2008年和2009年的业绩预测有影响”。CFO在电话会议中仍然声称该票据预期仍是100%本金有保障，属于3个月到期的，到期后本金和利息将得到收回。当有分析师追问该票据是否有任何公司提供担保时，CFO回答到，担保方是雷曼兄弟公司。分析师问到：“那该担保公司正式宣告破产？是吗？所以你所说的该票据发行公司其实只是个壳公司？”CFO答到：“……已经申请破产保护——Chapter 11下的破产保护，所以其仍然在经营之中。”分析师干脆把话问得更明白了：“所以，雷曼财务公司只是个壳公司，且提供担保的是正在Chapter11下申请破产保护的雷曼兄弟公司？”CFO答到：“我并不清楚那部分，因为我们购买该票据的时候，雷曼财务公司并没有获得任何评级，但雷曼兄弟在标准普尔的评级是很好的……”分析师有点不耐烦了，说道：“是的，是的，如果雷曼财务公司一开始就是个壳公司，其本身并没有任何偿还能力，那么其必须要依靠雷曼兄弟来提供偿还，而雷曼兄弟本身现在正在破产之中。”CFO回答到：“是的。”2008年11月12日，该公司发布新闻公告，告知投资者，该公司确认这1亿美元的损失。

在美国现行联邦法律体系中，关于证券集体诉讼的法律要求是，如果原告提起1934年交易法第10（b）和SEC 10b－5规则项下的集体诉讼，那么原告必须在诉状中明确说明在证券的买卖过程中，被告故意出具了重大的虚假陈述（materially false statement）或者隐藏/漏报了重大事实（omitted a material fact），而且要说明原告在证券交易过程中依赖了被告的上述行为且由此导致了损失。所以如果要确保起诉不被驳回，原告需要在诉状中明确体现这些要求。

法官注意到，在本案中，被告抗辩认为其在2008年8月和9月所作的公告和陈述中，并不存在任何重大的误导陈述，也没有隐瞒任何信息。被告认为，其在2008年8月的时间点上并没有义务披露公司购买并持有雷曼财务公司的票据；而至于2008年9月公司所作的公告，正是恰好符合到时存在义务的要求（then - existing duty），并由此披露了该票据的情况。

法官还注意到，至于被告在 2008 年 8 月所作的公告，原告恰好指明被告的 CFO 至少存在一个误导的陈述。那就是，在此次业绩公告后的投资者电话会议中，该 CFO 答复分析师关于美元风险敞口这个问题的时候，CFO 只是说明被告已经委托瑞士信贷公司、雷曼兄弟公司和花旗集团来协助管理现金。原告认为，不论被告委托雷曼兄弟从事何种现金管理活动，事实上被告已经购买了 1 亿美元的雷曼财务公司的票据，而且该票据由雷曼兄弟担保。所以被告 CFO 的陈述应该被认为是具有误导性的，这并不是因为其没有披露该票据所隐含的内在财务风险的任何可能性，而是因为被告错误地陈述了被告是如何投资其现金以及错误地陈述了被告和雷曼兄弟之间所存在的事实关系。如果该 CFO 真的要阐明被告的现金投资这个话题及被告同雷曼兄弟公司之间的关系的话，那么该 CFO 需要同时遵循精确性（accurate）和完整性（complete）这两个要求。原告律师是引用案例法来支持这个辩论的。意思就是说，作为公司的 CFO，如果你要向投资者披露你的现金管理和你与雷曼兄弟之间的关系的话，你就得精确完整地说清楚，而不能含糊其辞，更不能误导投资者。

关于被告在 2008 年 9 月 16 日所作的公告，原告也认为被告作了重大的虚假陈述，因为虽然该公司披露了雷曼兄弟是该票据的担保人，但该公司的披露低调化（understate）了雷曼破产的影响。该公司的新闻公告竟然试图使投资者放心，告知投资者该票据是 100% 保本的，而没有说明保本的仅有可能是来自已经宣告破产的雷曼兄弟。该公司的如此陈述，就有可能导致投资者认为该票据可能会通过非雷曼兄弟的渠道得到保本。实际上，投资者很难理解该公司竟然可以如此安抚投资者，以确保投资者相信这样仅由已经破产的雷曼公司担保的票据是可以完好无损的。该公司的公告还着重强调说明雷曼财务公司是个独立于雷曼兄弟公司的法人公司，而且目前还没有申请破产保护。该公告还结论性地告诉投资者，该公司并不认为其同雷曼的财务交易会影响其财务状况。

被告抗辩认为，其 CFO 已经在 2008 年 9 月 16 日的会议上澄清了雷曼破产对该公司的全部影响。被告还认为，基于市场已公开事实的原则（truth-on-the-market，也就是说雷曼破产这一事实已经是家喻户晓），该 CFO 在这次会议上的阐述已经可以导致该公司先前的所被指控的误导性陈述变成不重要了

(immaterial)。法院认为被告的这个抗辩不成立。法院认为，如果要证明后作出的修正性（corrective）披露可以导致先前的错误披露变成不重要，那么引用市场已公开事实这一抗辩原则的前提是，这个后作出的修正性披露信息表达必须具有足够强度和可信度从而可以有效地抵消（counter-balance）先前错误披露中所隐含的所有信息。法院的这一观点是引用了苹果电脑公司证券诉讼案件中的相关案例法（见案例 In re Apple Computer Sec. Litig.，228 F. 3d at 167）.

法院注意到，在电话会议中，只有在分析师问到之后，CFO 才告知该票据的担保方——雷曼公司已经破产，而且雷曼财务公司所发行的票据只能通过追溯到已经破产的雷曼公司才可以获偿。虽然被告认为通过 CFO 在电话会议中的阐述，投资者已经明白雷曼破产对该公司的全部影响，但在该会议上，CFO 也同样继续主张该票据是保本的而且该公司将收回本金和对应的利息。在 2008 年 9 月 16 日的公司新闻公告中，其并没有阐明雷曼破产对公司的影响，而是强调雷曼财务公司是个独立的法人公司，而且目前没有申请破产；至于在当天的投资者电话会议中，CFO 的解释是否有效地抵消公司原来对投资者所作的陈述，这其实还是个需要进一步认定的事实，因此还无法在目前阶段作出判断（目前是处于是否应该驳回起诉的阶段）。法院还引用判例法说明市场已公开事实的这一抗辩原则一般很少在诉讼是否驳回阶段使用。因此，法院认为原告在目前阶段已经提供了足够的事实性描述，这足以令人怀疑 CFO 的解释是否可以抵消该公司原先对外所作出的所谓误导性陈述和披露。

如果主张证券集体诉讼下交易法第 10（b）条款和 SEC 10b－5 规则的法律救济，那么还需要符合重要性要求（materiality）。按照美国证券法中的判例案件［见案例 Basic，Inc. V. Levinson 485 U. S. 224，，21－32（1988）］，重要性是指，针对理性的投资者而言，如果某披露（或者隐藏）的信息具有实质的可能（substantial likelihood），可以严重改变（significantly alter）投资者对所有可获得信息的整体判断（total mix），那么该信息应该属于重要信息。无论多么拗口的文字，在实际中还需要结合不同判例法才有可能得到运用。在本案中，除了引用市场已公开事实这一抗辩原则外，被告并没有抗辩本案中所指控的陈述或者隐瞒信息不重要。法院也认为，此等指控的信息不能说不重要，毕竟该公司最后不得不确认该票据的损失，而且在该公司公布该损失的消息后，其股票价格下跌了28.7%。

起诉不被驳回的另外一个重要标准是舞弊，这一标准要求原告必须能够描述事实足以证明被告存在有意的不当行为或者重大过失，而且还要能说明被告具备进行舞弊行为的条件和动机。法院认为，在本案中，被告方公司CFO明知在2008年8月的时候该公司不仅仅是雇佣雷曼兄弟公司来管理现金，而是该公司已经购买了1亿美元的由雷曼兄弟关联公司发行的由雷曼兄弟担保的票据这一事实。而且，虽然被告在2008年9月的披露中告知投资者该票据是100%的保本且预计将本息得到归还，被告其实也清楚地知道该票据的唯一担保人现在已经破产这一基本事实。被告明知这两个基本事实，但仍然作出和基本事实不一致的误导性（由原告指控的）公开陈述，所以就案件的现在阶段而言，这已经满足了舞弊的条件。

起诉能否被驳回还需要考虑损失的因果关系。原告必须阐明原告存在损失，而且这个损失是被告的不当陈述所造成的。原告需要在诉状中明确说明这些不当陈述（虚假陈述或者隐瞒）一旦得到披露那么将会对股票的价格产生负面影响。在本案中，被告抗辩认为原告的损失是和2008年末的股票市场大市损失，包括雷曼兄弟破产这一事件相关的，所以原告并没有在诉状中足够充分地阐明其损失是由于被告的虚假陈述及隐瞒信息所导致的。法院认为，原告已经在诉状中恰当地阐明了，被告的不当陈述导致了被告公司的股票价格一直被人为地推高，直到被告最后公布了雷曼兄弟破产对该公司的全部影响——票据的违约和百分百损失。原告认为，由于被告在该票据违约前没有完整地披露其同雷曼兄弟公司的关系，也没有完整披露雷曼兄弟破产对该票据的影响，所以原告的损失因此被扩大了。鉴于此，法院认为原告的诉状已经足够充分地阐明了该损失的因果关系。

本案中的个人被告对控制人责任的唯一抗辩是说原告在诉状中并没有阐明这些个人被告是在本案中扮演首要违规人的角色。但法院认为，由于原告已经充分阐明了本案中的内含责任（underlying liability），所以被告要求驳回原告对个人被告的控制人责任指控这一动议法院不予支持。

据此，法院于2010年5月17日拒绝了被告要求驳回起诉的动议。法院的这一决定对原告来说无疑是个里程碑式的胜利，惟有过了法院这一关，这个诉讼才有可能继续往前发展，是进入双方和解赔偿的谈判，还是进入证据开示程序，还是同时进行，这些都涉及到原被告双方律师对案件具体情况和最新证据的策略考虑。

依照2010年8月3日的法院令，法院指定了本案和解谈判的法官。2010年9月20日，原被告双方在法官的参与下进行了时长半天的和解谈判，虽没有达成和解协议，但双方都同意进行进一步的私下谈判。双方在这个共识下同时向法院申请暂停证据开市的时间表，该申请于2010年10月5日获得法院的批准。2010年12月2日，双方又在法官的参与下进行了一整天的和解谈判，并最终达成和解的原则性意见。根据双方达成的和解赔偿协议，和解赔偿的总金额为450万美元现金外加应计的利息。根据被告律师所作的公开披露，原告股东平均每股获得的赔偿金额大约为0.047美元。同时，被告律师将向法院申请获得不超过总赔偿金额的30%作为律师服务费，外加不超过10万美元的待垫费用。看来，对于这些总赔偿金额只有数百万美元的集体诉讼来说，得大头的还是原告律师。

原告律师对本案的和解赔偿达成还作了些公开说明，告知原告本案为何选择和解赔偿以及为何选择和解赔偿是对原告最有利的。一般性的理由包括：本案诉讼的成功与否存在风险，如若败诉，那么投资者将无法获得任何赔偿；以及被告否认原告的指控等等。此外，也披露了一些具体原因，如：

- 控辩双方对每一股份的评价损失金额是多少存在不一致的意见；
- 被告始终认为原告的损失是不可诉讼的，是由于行业及整体的经济环境所导致的；
- 被告认为，在整个诉讼期间，被告都已经完整充分地披露了其业务和财务状况的不确定性和风险；
- 被告并不同意原告所作的虚假陈述和隐瞒信息的指控；
- 指控中的内容当时在多大程度上影响被告的股票价格，这一点控辩双方有不同意见。

据此，控辩双方的较量可以说是接近尾声，该赔偿方案包括赔偿金的发放方案，及原告律师费用的金额最终在听证会（2011年6月24日）得到通过并经过法院最后批准。

二、案外之声

该公司在遭遇集体诉讼后，于2009年1月15日发布新闻公告，更换现在的CFO，另外聘用新的CFO。新上任的CFO曾有在普华永道8年的审计工作经验，此前曾在数家公司担任财务负责人工作。原来的CFO担任首席战略官去寻求全球的战略发展机会。新闻稿中没有说明任何原因为何要更换CFO，新闻稿的措辞对新任的CFO期望甚高，而对原CFO的工作却没有任何感谢或者评价。投资者在公司遭遇1亿美元的损失和股价短时间迅速大规模缩水后发起了持续约2年的股东集体诉讼，而所获得的赔偿仅有450万美元，而最终可以分配给投资者的估计更是只有区区的两三百万美元。

从本案控辩双方激烈交锋的焦点来看，公司对外新闻公告的书面措词和公司高管（如CEO、CFO、投资者关系负责人）的口头对外发言措词都需要非常谨慎，如果这些关键的措辞违背了完整和清晰的要求，那么对信息接受者（投资者）来说，就很有可能导致信息误导。一般来说，这些书面措词在正式公布前都会请外部专业律师（负责和美国SEC沟通的律师）和公司外部审计师进行把关，但高管的口头措词只有靠其本人的专业判断了。本案还有一个值得引起关注的问题是如何遵循会计准则中的谨慎性（保守性）原则。既然雷曼兄弟的破产对被告来说是个不可抗力事件，而且是个市场皆晓的全球性大事件，就算被告由此导致投资损失，公司管理层只要在投资行为的决策过程中遵循了公司应有的流程，体现了职业的诚信义务原则（fiduciary obligation），并按照保守性原则进行及时充分的披露，那么公司管理层是可以得到免责的。即使公司股价会由此而缩水，对投资人来说也并不是不可理解。反之，就如同本案中被告的2009年9月的披露一再强调雷曼的破产不会影响公司的经营业绩和财务状况，这不仅不符合谨慎性原则，存在被指控误导投资者的风险，也给公司及管理层自身带来了诉讼的风险。

在美国上市的公司在对外信息披露方面都需要非常谨慎，这里面还有个东西方文化差异的因素。东方文化讲究含蓄，在有些方面讲究只可会意不可言传，但在美国投资者面前披露信息则要做到清晰完整，以避免产生误导。任何对外的信息披露都需要按照公司建立的统一流程来执行，如果没有依据，或者将来无法实现承诺，则一定要避免。美国的分析师会记录公司高管的每一次对外信息发布谈话，而且会持续跟踪，所以如果发现你上次所说的信息在下一次谈话的时候经不起追问，那么会认为公司缺乏诚信，分析师写出来的投资分析报告很有可能对公司不利，从而会影响到公司的股价走向。我们也观察到有的上市公司管理层对分析师的提问答非所问，你问你的，我说我的，这样的官僚作风无疑会给公司的估值带来减分。分析师是一帮聪明但未必绝顶的人，如何通过和分析师的积极沟通来协助投资者更好地理解公司的盈利模式和将来预期，以及如何避免被认为是“忽悠”投资者（over-committed but under-delivery），则需要上市公司的 CEO 和 CFO 们提前做好扎实的功课，从而确保经得起投资者和分析师国际通行询问方式下的考核。

本案所涉及的是企业短期投资所造成损失的信息披露。对许多中概来说，海外融资所获美元款项，由于中国外汇管制等各种原因，可能短期无法调回中国境内兑换成人民币；所以一旦企业融资成功，就有无数境外商业银行（或者投行的商业银行部门）对企业的 CEO 和 CFO 进行各种理财产品的推销，包括外汇套期和对赌交易等等。企业需要认清这些理财产品的内在风险，一方面需要考虑美国会计准则下的报表列示，确保这些投资理财决定一旦作出可以符合会计准则下的现金及现金等价物定义，而避免影响企业的短期流动性；如果进行外汇套期的，更是需要注意确保能够符合会计套期交易概念，避免被投资人认为企业融资后进行外汇投机交易。另一方面，更重要的是需要识别这些投资品的信用风险，尤其是仅仅从境外金融机构的法律名称往往无法识别其风险高低，很多国际金融公司下属都有数千家法律上互相独立，但可能共享商号的空壳公司，或者 SPE。如本案中的雷曼兄弟财务公司其实就是个空壳公司，其所发行的债券本身并没有任何信用评级，这样的投资品其内含的风险企业是否能够承受，在实际投资前，都应该经过合理的风险评估、授权和批准。

申明和信息来源

本案例的主要信息来源于相关法律文件，案件中所提到的指控内容，可能属实，也可能并非属实，本书对此并无任何立场。同时，由于本案并未经过陪审团和法院的最后庭审判决，而是以和解结束，被告并不承认这些指控，所以也意味着这些指控的事实认定在美国证券相关法律下并未予以确认。本案例的主要信息来源包括：

- Amended Class Action Complaint For Violations Of Federal Securities Laws, Date on the document: 06/01/2009.
- Second Amended Class Action Complaint For Violations Of Federal Securities Laws, Date on the document: 08/21/2009.
- Memorandum Opinion And Order, Date on the document: 05/17/2010.
- Settlement Agreement, Date on the document: 01/28/2011.
- Order Preliminarily Approving Settlement And Providing For Notice, Date on the document: 02/18/2011.

7. “农业第一股”华奥物种天价薪酬案

- 又是VIE惹的祸，IPO总融资超过2.8亿美元，上市仅6个月爆出高管天价薪酬纠纷。
- 高管索要1800万美元的现金外加上市公司22%的股份作为薪酬，否则威胁辞职。
- 上市公司的CEO为此提请董事会批准，为挽留高管，董事会不得不批准天价薪酬。
- 此信息一公开，公司股票累计缩水达66.9%，股东集体诉讼爆发。
- 高管索要天价薪酬，底气何在？天价薪酬，性质为何？
- 董事会层面的矛盾、公司内部管理问题、非正式的薪酬初步谈判，公司对此是否有披露义务？

一、案件过程

华奥物种集团公司（Agria Corporation，“GRO”）是一家在开曼注册成立的公司，主要业务是以基因诱变和转基因等技术为手段，通过物种改进和物种纯化，开发现代农业所涉及到的动物物种、植物物种和农作物物种。公司上市的时候是以山西的一家农业公司（下称“P3A实体”或“P3A”）为核心经营企业（按照VIE的模式），上市前引入德州太平洋TPG基金，并聘请瑞士信贷、HSBC、Piper Jaffray、CIBC World Market为投行，安永深圳分公司为会计师，于2007年11月8日在纽约证券交易所上市交易，交易代码为“GRO”，号称中国首家赴美上市的农业科技公司。IPO发行价为每股ADS 16.5美元，IPO融资金额高达2.82亿美元。

孰料，IPO之后仅仅半年时间，变脸事件发生了。2008年4月7日，市场收盘后，华奥物种宣布，由于各种会计和支付问题，其审计师未能开始对该公司2007年财务报表的审计工作，令投资者感到震惊。该公司警告称，“在审计程式大大延迟的情况下，存在公司可能无法按时提交年度报告的风险”，并收回此前所提供的对2007年第四季度、2008年第一季度及全年的业绩预测。此外，该公司首次披露，其首席执行官积极介入了与首席运营官（COO）及其他高管的薪酬谈判。

此消息一经发布，该公司股价于2008年4月8日每股下挫3.34美元，跌幅近38%，收于每股5.46美元，交易量急剧放大。2008年4月8日的这一收盘价较该公司仅仅数月前首次公开发行时的股价累计下跌了11.04美元，跌幅66.9%，由此爆发了股东诉讼。

2008年12月3日，法官批准同意将数起股东诉讼合并成为一个集体诉讼，并批准了首席原告和原告律师代表。2009年2月3日，原告提交了第一稿合并诉讼状；2009年3月20日，被告向法院提交了动议请求驳回该起诉。

起诉状指控被告违反了1933年证券法的第11、第12（a）（2）和第15条款。被告包括华奥物种公司、公司董事及公司IPO的投行瑞士信贷、HSBC等。

起诉状指控该公司未披露及未如实披露被告知情或肆意漠视的下列重大不利事实：

- 该公司在首次公开发行之前未与其首席运营官及其他重要高管签署可执行的雇佣协议；
- 该公司尚在与其首席运营官及其他重要高管就提供数百万美元的薪酬组合以便获得他们未来的服务进行谈判；
- 这些大幅增加的薪酬开支会对该公司今后的财务业绩产生重大影响，尤其是一般管理费用的增加以及经营利润与利润率的下降；
- 由于上述原因，该公司首次公开发行之后的财务业绩决不会与其在登记声明中所提供的财务报表相同；
- 由于高管对于该公司的至关重要性，该公司未与其首席运营官及其他重要高管成功达成可执行的雇佣协议，将大大影响其执行自己所公布的经营战略的能力；

- 首次公开发行时存在的各种会计和支付问题以后将造成该公司的审计师无法完成对该公司财务报表的审计工作；
- 该公司缺乏充分的内部和财务控制；
- 基于上述原因，该公司在所有相关时期内的登记声明存在错误和误导。

华奥物种的董事长和联席 CEO 为赖某，其也是华奥物种最大股东 Brothers Capital Limited（BCL）的股东和单一个人董事。

由于中国的法律不允许外资对种子企业的持有股权超过 50%，华奥物种的主要业务是通过在中国注册的 Primalights III Agriculture Development Co., Ltd.（即上文所述“P3A”）这家公司来执行，而华奥物种和 P3A 之间通过一系列合同构成 VIE。P3A 公司由四个股东持股，分别为李某（赖某之妻）、钱某、薛某和张某。在诉讼期间，薛某是华奥物种的首席运营官和董事会成员。

2007 年 11 月 5 日，华奥物种向 SEC 提交最后的登记文件，并于 11 月 7 日生效。在此次 IPO 中，华奥物种以每个 ADS 16.5 美元的价格，发行出售了 1200 万 ADS，BCL 作为最大的股东配售了 515 万个 ADS，总融资额高达 2.82 亿美元。

华奥物种在招股书中明确强调了 P3A 对其重要性，以及公司和 P3A 及 P3A 股东的协议保障了华奥物种对 P3A 公司的实际有效控制权。招股书披露到：

“……华奥公司的业务依赖于公司管理层的持续努力之可持续性，如果管理层无法为公司持续努力，公司的业务可能会严重停滞，尤其是公司的首要运营实体P3A。如果其中一个或者多个管理层中的关键人员无法或者不愿意继续担任其现有职务，华奥公司可能无法或者很容易地寻求到替代者。由此将会严重影响公司的经营和财务状况。……公司现任管理层中每个成员都和公司签订有雇佣协议，并包含保密条款和非同业竞争条款。这些管理层的居住地和主要资产均在中国境内，如果公司和管理层之间出现纠纷，考虑到中国现在法律环境的不确定性，其中的某些条款可能在中国无法得到实际履行。”

招股书还进一步提醒投资者注意 P3A 股东可能会违反其和华奥公司签订的合同，并披露到：

“……P3A 的股东有可能会违反其和华奥公司之间的合同约定，或者可能

会存在利益冲突的情况，且华奥公司可能无法和P3A 续约以确保华奥从P3A 实体获取经济利益。倘如此，将会严重影响华奥公司的业务和财务状况。P3A 实体的股东可能会违约从而拒绝续约，从而导致我们无法对该实体实行有效控制，而且他们或许不会总是以华奥公司的最高利益为行事原则。华奥公司目前并没有任何协议来调节此间可能存在的利益冲突现象。我们只能信赖这些自然人能够遵循合同契约，履行他们的义务…… 倘若我们和P3A 股东之间的利益冲突和争议无法获得解决，或者他们违约，那么我们只能依靠法律救济，其将会影响公司业务的持续。而且任何此等法律诉讼的最终结果也会存在很大不确定性……"

2008 年 4 月 7 日，华奥公司对外发布新闻公告，薛某辞去华奥公司 COO 职务，但仍然担任 P3A 公司的董事长职务。该公告透露，薛某于 2008 年 3 月 26 日告知公司董事会其将辞去在华奥公司的职务，但仍然保留 P3A 公司法人代表和董事长的职务。公告指出，如果还有 P3A 公司的股东辞职将会对公司产生严重影响，而且公司在寻求薛某的替换者亦或许存在困难。公告还提到，公司董事会于 2008 年 1 月晚期知晓赖某和薛某之间持续地进行谈判，内容包括向薛某支付 1800 万美元，并向薛某和其所指定的 P3A 管理层成员转让 BCL 所持有的占华奥公司 22% 股权的股份。而且赖某曾告知董事会，只要薛某保证 P3A 的管理层持续为公司服务，且华奥公司继续有效控制 P3A，BCL 将负责该款项的支付和该股权的转让。赖某还告知董事会，其确信该项交易将有助于激励 P3A 的管理层继续为公司服务，而且将他们和华奥公司股东的利益衔接起来了。该新闻公告中还透露了华奥公司董事会担心此项交易将会对华奥公司的业务、财务和经营业绩产生不良影响，而且担心将来是否还会重新发生此现象。

尽管有这些顾虑，华奥公司的董事会还是于 2008 年 2 月 4 日批准同意由 BCL 支付给薛某 900 万美元，并同意考虑如果其他某些条件符合的情况下，再付款 900 万美元给薛某。而在接下来的董事会会议上，公司成立了特别委员会来决定 2 月所设定的那些条件是否已经符合。然而就在特殊委员会作出决定之前，薛某于 2008 年 3 月 5 日告知董事会其打算从华奥公司离职，因为其至今尚未收到来自这个特别委员会的任何反馈，所以其并不相信董事会或者这个特别委员会能够解决公司所面临的所有重大问题。2008 年 3 月 7 日，董事会拒绝接受薛某辞职，第二天薛某撤回辞呈。然而，2008 年 3 月 26 日，薛某又反悔，并第二次宣称从华奥公司辞职。特别委员会马上作出回应，指示 BCL 支付另外的 900 万美元款项和 27808000 股的华奥公司股份（占华奥公司总股本的 22%）给薛某和 P3A 的其他管理人员，并置于第三方的托管账户。最终，4 月的新闻公告中透露，BCL 所作出的以上款项支付都将冲减华奥公司的业绩（由华奥公司的业绩来承担）。

4 月的新闻公告中还附上了薛某发给董事会的辞职电子邮件。薛某 3 月所发的 5 封给董事会的电子邮件中透露，虽然其对所设定的条件表示满意，但董事会至今并没有履行付款而且也没有提供时间计划。薛某质问到董事会的不履行是否不可避免地让人怀疑其所作决定的严肃性，和其解决华奥公司内外所面临所有重大问题的能力。薛某在电子邮件中透露其并不认为目前董事会的构成是合理的，不认为目前的董事会有能力实质提升华奥公司的治理水平或者有能力作出独立的判断，也无法完整地保护华奥公司的最终利益和所有股东的利益。薛某曾多次寻求改组董事会的机会，最后薛某向董事会提出辞职。

2008 年 6 月 2 日，华奥公司宣称和薛某及 P3A 实体的管理层达成协议，解决了争端并对 P3A 进行了重组。薛某和其所指定的 P3A 某些管理人员获得了 1800 万美元的款项，及华奥公司 22% 的股权。而 BCL 所支付的这 1800 万款项最终冲减华奥公司业绩。

二、原告对被告的指控

原告指控被告华奥公司在 IPO 期间没有披露薛某（公司 COO 和董事会成员）和赖某（公司董事长和联席 CEO）之间关于薪酬的谈判，及谈判不成薛某威胁辞职这一重大信息。原告还指出，薛某是在为其自己和某些其关联人士诉求高达几百万美元的款项及巨大的股份报酬。薛某和赖某之间正在进行谈判，拟在薛某和 BCL 之间达成某种交易，以便薛某和其关联人员可以获得巨额报酬。由于薛某对华奥公司的重要性，所以此等正在进行的谈判意味着一种重大风险，如果投资者对此风险知情的话，那么对华奥公司所提供信息的整体判断将作出实质改变……

由于被告没有在IPO登记文件中披露以上信息，所以这个登记文件违背了相关法律和规则，存在重大的不实陈述，遗漏了为防止误导而必须要披露的信息。具体而言，原告认为登记文件的以下陈述存在误导：

- 登记文件中描述华奥公司公司结构的表述；
- 在公司风险描述章节中，宣称华奥公司对P3A实体拥有有效的控制权；
- 对公司经理阶层流失将可能带来的影响所作出的警示陈述。

原告认为由于并没有提到赖某和薛某之间正在进行的谈判，所以以上陈述不精确。原告还指出注册登记文件中“公司与P3A实体及其股东的合同安排”、“关联交易”及如果P3A股东违约所产生的风险提示披露，这三个陈述都没有提到正在进行的报酬谈判。原告认为，在SEC所颁布的相关规则中，被告应该在注册登记文件中披露薛某和赖某之间的这个谈判信息。

三 法院的分析和判定过程

1933年的证券法对证券发行和承销过程中的重大误导和信息遗漏明确了赔偿责任，其中第11条款涉及证券注册（登记）文件，而第12条款涉及招股书相关内容。第11条款允许投资者起诉任何在注册文件上签字的人，及证券发行人的董事，如果该注册文件存在重大不实陈述或者重大遗漏。条款12（a）（2）则对通过使用存在重大不实陈述或者遗漏的招股书方式进行销售和发行证券的行为明确了赔偿责任。所以如果原告无法主张第11条款下的法律救济，那么也就无法主张条款12（a）（2）下的法律救济。

第11条款下的起诉条件包括：（1）被告有明确的义务需要披露某个信息，但却没有披露；（2）不实陈述或者遗漏属于重大性质［见案例 Milman v. Box Hill Sys. Corp., 72 F. Supp. 2d 220, 227 (S. D. N. Y. 1999)］。而招股书中所作陈述是否属实则通过在招股书生效日所实际存在的事实来判断［见案例 In re Flag Telecom Holdings Ltd. Sec. Litig., 308 F. Supp. 2d 249, 254

(S. D. N. Y. 2004)]。

9(b)规则的诉讼要件的要求是否适用本案?

虽然1933年证券法的第11条款和12(a)(2)条款都没有将欺诈和信赖作为起诉的要件,但如果该法律救济诉讼是建立在对欺诈指控的前提条件下,则规则9(b)关于提高诉讼要件的规则也同样适用于要求第11条款和12(a)(2)条款项下的法律救济诉讼(见案例Rombach, 355 F. 3d at 171.)。9(b)规则并不仅仅限于欺诈类诉讼,因此,即使原告没有明确提出证券交易法中第10(b)条款关于欺诈的法律救济,原告的起诉状也有可能是基于欺诈这个前提之上的[见案例Ladmen Partners, Inc. v. Globalstar, Inc., No. 07 Civ. 976 (LAP), 2008 WL 4449280, at* I 1 (S. D. N. Y. Sept. 30, 2008)]。如果法院认为原告的起诉状是依据欺诈的假设前提为基础的,那么即使原告仅仅简单地声明起诉和欺诈指控无关也不足以回避9(b)规则的约束[见案例In re Axis Capital Holdings Ltd. Sec. Litig., 456 F. Supp. 2d 576, 598 (S. D. N. Y. 2006)]。本案中,法院认为原告的起诉状并没有依赖欺诈前提条件,故此,本案并不适用9(b)规则中关于提供诉讼要件的要求。如果需要适用9(b)规则,那么无疑对原告是提高了诉讼难度。

原告的指控是否充分?

在考虑是否驳回起诉的时候,法院需要假设原告诉讼状中的各项指控属实,并从对原告有利的角度来进行合理的推断[见案例randon v. Merrill Lynch & Co., 147 F. 3d 184, 188 (2d Cir. 1998)]。然而,原告的诉状如若要通过是否驳回起诉的裁决,则必须能够提供足够的事实(请注意法院假设这些指控是事实)来支持其主张,至少从其所描述的情况来看其是有权获得法律救济的。(a relief that is plausible on its face)

原告必须能够在起诉状中提出足够的事实(法院暂且假设为属实)以确保法院可以认为,原告可以合理期待证据开示过程将揭示出支持其主张的证据(见案例Twombly, 550 U. S. at 556)。那么原告的指控需要到哪种程度才属于足够呢?这个标准称为“貌似合理标准”(plausibility standard)。就是说,原告所阐明的事项，至少是从表面来看足以支持原告可以获得法律救济，这个标准并不类似于概率高低的判断（probability requirement），但其强度又比被告具有不当行为这个可能性要高一些（见案例 Igbal，129 S. Ct at 1949）。而如何对原告的起诉状进行判断，从而确定是否符合这个标准？这就涉及到具体案例具体分析，所以有赖于法官的司法经验和常识（judicial experience and common sense）。法官在裁决是否驳回起诉的过程中，通常是仅考虑起诉状中所描述的事项、起诉状所提供的附件、或者诉讼状所引用的文件及其他司法予以采纳的资料。

本案中，原告指控被告违反证券法的第 11 条款和第 12（a）（2）条款，指控的主要事项来源于华奥公司 2008 年的新闻公告，在该公告中，赖某在 2008 年 1 月底向董事会提请要求向薛某及 P3A 的某些管理人员支付 1800 万美元和华奥公司 22% 股权，以确保可以挽留这些管理人员。从这个新闻公告中，原告认为，在华奥公司的注册登记文件和招股书生效时间点，薛某和赖某之间涉及报酬的谈判已经展开。

法院援引了一个案例 In Cooperman v. Individual, Inc., 171 F. 3d 43（1st Cir. 1999），在该案例中，第一巡回法庭认为，Cooperman 公司 CEO 和创始人在公司 IPO 之后 4 个半月就离开公司，这样的情况可以意味着导致创始人离开公司的某种冲突在公司于 1996 年 3 月 IPO 的时候就已经存在。该案中的法官还认为，经验常常表明董事会层面的冲突（如本案中 CEO 最终离职的情形）并不是在一夜之间就形成或者消失的。

本案中的法官同样也认为华奥案件中所隐藏的董事会层面冲突也不是在一天就形成或者消失的。法院认为，可以貌似合理地认为在赖某寻求董事会批准之前的三个月赖某和薛某之间可能关于报酬的安排就曾进行过初步谈判。而且考虑到这几个因素：（1）所涉及交易金额之巨大；（2）董事长向董事会提交申请认为该交易属于薪酬性质且已经到了可以由董事会批准的阶段；（3）薛某自己的陈述信息表明其曾多次向董事会抱怨。这些因素都可以表明，在提交给董事会批准之前，有关各方应该曾经讨论过此项交易安排。而且还可以貌似合理地推测出，如果此等谈判当时正在进行，倘若谈判结果不符合其要求，薛某威胁要从华奥公司辞职，则该谈判对华奥公司的经营和财务状况来说都意味着风险。所以法院认为，原告在事实阐述方面已经够充分了。但这不表明被告违背了相关证券法规定。

上市公司信息披露的义务——华奥公司在 IPO 时，有义务披露该信息吗？

根据案例法［见案例 Garber v. Legg Mason, Inc., 537 F. Supp. 2d 597, 610（S. D. N. Y. 2008）］，原告要求证券法第 11 条款和 12（a）（2）条款下的救济，必须能够阐明被告对所遗漏的信息有法定的披露义务。那么企业在何种情况下有法定的披露义务呢？这主要取决于证券法及相关法规所要求的详细披露要求。仅仅是因为企业有重大的非公开信息还不足以说明企业具有披露该信息的义务［见案例 Shaw v. Digital Equip. Corp., 82 F. 3d 1194, 1202（1st Cir. 1996）］。根据另外一个判决案例，被告公司并无义务披露所有已知信息，但必须披露所有相关信息以确保其他公开陈述不存在误导［见案例 In re Alliance Pharm. Corte. Sec. Litig., 279 F. Supp. 2d 171, 182（S. D. N. Y. 2003）］。

本案中，原告并没有指出任何法律法规要求需要披露该信息，原告只是争辩认为所遗漏的事实如果不披露则会导致注册登记文件和招股书存在误导。然而，通读相关已经披露的信息之后，法院认为赖某和薛某之间的谈判虽然没有披露，但这并不导致招股书存在任何误导。因为本案中的招股书已经非常清楚地披露到华奥公司和 P3A 实体之间关系的重要性，以及如果 P3A 公司管理层离开则对华奥公司的影响。招股书中也没有刻意回避该薪酬谈判的可能性，也没有过多地渲染 P3A 的管理层。而且薪酬谈判确实存在这件事项本身并不会导致华奥公司通过和 P3A 及其股东的合同关系而拥有对 P3A 的实质控制权这样的陈述存在问题。薛某和那些介入到薪酬初步谈判的管理人员只拥有 P3A 实体 30% 的股权。因此，即使招股书没有披露薛某和赖某之间的初步谈判，也不会导致“华奥公司对 P3A 实体拥有实质控制权”这个陈述错误或者误导。本案法院作出这个判断是依据了另外一个案例的判例（见案例 Cooperman, 171 F. 3d at 50 - 51）。在这个判例中公司董事会层面出现矛盾从而导致公司 CEO 兼创始人在公司 IPO 之后很快就离职，但法院认为该公司 IPO 的注册登记文件和招股书的披露是完整和充分的，所以该公司没有义务在注册登记文件和招股书中披露董事会层面的这个矛盾冲突。

而且法院认为，对于公司内部的问题，如果仅仅是因为这些问题将有可能演变成重大性质的事件，证券法体系中并没有统一要求的披露义务。法官援引了以下一些判例来支持其观点：

- 案例 In re N. Telecom Sec. Litig., 116 F. Supp. 2d 446, 459 (S. D. N. Y. 2000)。在该案例中，法院判定认为对软件和客户服务这些内部事项，被告公司并无义务披露，因为公司通常并无义务对外披露其内部问题（internal problem）。这是因为证券法并不要求公司管理层就公司内部细节问题让股东进行纠缠。
- 案例 Taylor v. First Union Corp. of S. C., 857 F. 2d 240, 246 (4th Cir. 1988)。该案例中，法院认为证券法的目的并不是给所有公司内部的争吵提供联邦政府层面的论坛，所以公司并没有义务对外披露那些当事各方关系属于容易变化的初步谈判。
- 案例 Glazer v. Formica Corp., 964 F. 2d 149, 157 (2d CIT. 1992)。该案例中，法院认为，并购或者杠杆并购（LBO）之可能性的探讨或许已经到达某个阶段，该信息其本身或许可以认定为属于重大信息（material），但仅仅就这个单一的事实而言并不一定意味着公司存在对此信息披露的义务。

法院还认为，非正式的薪酬谈判是公司日常经营过程中很常见的事项。法院认为要求公司对诸如和公司管理层薪酬的初步谈判信息都需要披露是不合理的。*（但针对本案的情况是这样吗？笔者疑问，尤其是对这么天价的薪酬谈判果真很常见？本案中其中一方所期望的薪酬金额是如此之高，1800 万美元外加上市公司22% 的股份，该公司提交给SEC 的2007 年年报披露公司净利润也只有接近1950 万美元，所以如此高额的管理层薪酬属于常见的薪酬吗？或者说这是属于公司治理范畴中常见的薪酬概念吗？如果说薛某索要的对价可以定性属于薪酬性质，那么是否意味着公司原来给管理层所提供的薪酬大大低于市场可比较的（或者说）有竞争力的水平呢？或者说华奥公司的商业模式为何需要股东向管理层出让如此高的股权作为薪酬呢？索要金额如此高，其背后的真实原因到底为何呢？是否和上市前于2004 年并购P3A 实体的估值高低有关？或者属于该并购交易的对价部分？这些疑点从公开披露的信息来看目前还*

不得而知)

所以法院认为，华奥公司并无义务就薛某和赖某于2007年11月所进行的初步谈判这个事项（在薛某提交给董事会之前）进行披露。当然，在赖某将此事项提交给董事会考虑之后，这个事项的性质就不一样了，但本案中这并不是指控的问题所在。

最后于2009年11月30日，法院作出裁决，由于被告并无义务就IPO之时薛某和赖某之间关于薪酬的初步谈判一事进行披露，华奥公司并没有违反证券法第11条款或者12（a）（2）条款。故此，法院同意被告的动议请求，对原告指控被告违反证券法第11条款和12（a）（2）条款的第一次合并诉讼状予以驳回。

原告于2009年12月14日向法院提交法律备忘书，提请法院重新考虑这个判决。2009年12月28日，原告向法院提交经过修改的第二次合并诉讼状。2010年2月11日，被告向法院提交动议请求驳回第二次诉讼状。2010年6月30日，原被告双方达成375万美元的和解赔偿协议。法院于2011年6月7日批准了这个和解赔偿协议，原告律师获得了总赔偿金额25%（即937500美元）的律师费用，外加43506.31美元的代垫费用。至此本案结案。

四、案外之声

2009年9月14日，华奥公司任命新的CEO和新的CFO，并宣布将由新的管理层对公司进行全面的战略评估。

2010年6月29日，华奥公司公布其战略评估的同时宣布已与P3A总裁兼主管的薛某就将P3A转让一事基本达成一致。

2010年7月13日，华奥公司宣布已达成最终协议，将剥离P3A给P3A董事兼主席薛某，作为本次交易的结果，华奥物种从薛某手中获得了相当于公司已发行股份11.5%的股票，并将其注销。

2011年7月26日，华奥物种宣布，该公司因股价长期低于1美元，不满足在纽交所继续上市要求，已收到纽交所通知。纽交所在通知中指出，从收到通知日算起，在未来6个月时间，如公司ADS及ADS平均价格重返1美元以上，将重新满足上市标准。号称中国农业科技第一股的华奥物种面临着不得不从美国退市的局面。

2009年上任的管理层在进行了一系列海内外投资并购操作之后，耗尽了公司上市融资来的资金，然而业务并无起色，2012年9月CEO和CFO双双宣告离职。

华奥物种案再次表明了协议控股VIE模式下的风险。本案中，华奥物种作为上市公司，其最大的业务实体是位于中国境内的协议控股实体VIE，而薛某则是该VIE的关键人物，其不仅持有该VIE的部分股权，而且该VIE的业务还严重依赖以赖某为核心的关键团队，这意味着如果薛某违约或者无法对上市公司履行忠诚义务，那么上市公司的核心利益就得不到保障，虽然公司的招股书对此风险有详细的披露，但这样的上市公司对投资者来说风险极高。事后证明，薛某对VIE的安排并不满意，借此提出高额报酬（包括巨额现金和股权），而上市公司竟然没有任何议价能力，只能满足其要求，这足以说明在上市前该公司的VIE模式是何等的脆弱，对保护上市公司股东的利益来说是何等的无能为力。试想一下，薛某及该VIE对华奥上市公司是如此之重要，需要何种的利益平衡机制才可以确保薛某及其管理团队和上市公司的利益至少在中短期之内保持一致？华奥物种在上市前显然没有处理好这个利益保障，仅仅是凭借律师起草的合同搭建了纸面上的协议控股，而对VIE无法做到实际控制。华奥物种案例，对已经上市和准上市的中概，如何评估其VIE所存在的风险具有现实的参考意义；而对于在中国境内进行风险投资的基金来说，更是可以从中吸取教训，以避免其投资得不到保障。

申明和信息来源

本案例的主要信息来源于相关法律文件，案件中所提到的指控内容，可能属实，也可能并非属实，本书对此并无任何立场。同时，由于本案并未经过陪审团和法院的最后庭审判决，而是以和解结束，被告并不承认这些指控，所以也意味着这些指控的事实认定在美国证券相关法律下并未予以确认。本案例的主要信息来源包括：

- Consolidated Amended Class Action Complaint For Violation Of The Federal Securities Laws, Date on the document: 02/03/2009.
- Memorandum & Order, Date on the document: 11/30/2009.
- Second Consolidated Amended Class Action Complaint for Violations of the Federal Securities Laws, Date on the document: 12/28/2009.
- Stipulation Of Settlement, Date on the document: 08/09/2010.
- Final Judgment And Order Of Dismissal With Prejudice, Date on the document: 06/07/2011.
- Order Awarding Lead Counsel Attorneys' Fees And Expenses, Date on the document: 06/07/2011.

8. 阿特斯太阳能销售收入退回案

SEC 发出调查传票、审计委员会启动专项调查、2009 年第四季度的业绩修正、2010 年第一季度季报公告延迟，股东诉讼在美国纽约和加拿大的安大略省同时爆发……

- 季度末最后一天的交易，是销售还是寄售？
- 季度报表重述是否构成财务欺诈的证据？
- 内部电子邮件和内部销售会议内容能否成为指控的证据？
- 前雇员扮演的匿名证人所提供的秘密信息能否成为指控的证据？
- 虚增的销售收入是否达到法律所界定的重要性水平？如何判定法律上的重要性水平？
- 原告的诉状既包含有责推断的信息，也包含无责推断的内容，法院如何作出裁决？
- 企业收到 SEC 传票是否导致公司股价下跌？公司股价下跌的真实原因何在？损失的因果关系是否建立？

一、案件过程

CSI 阿特斯公司（Canadian Solar Inc.，“CSI”），为加拿大注册的光伏公司，致力于将太阳能转换为电能的光伏产品的研发、制造、销售和售后服务。自 2001 年以来，CSI 阿特斯先后在中国建立了三家独资企业：CSI 阿特斯光伏电子（常熟）有限公司、CSI 阿特斯光伏科技（苏州）有限公司和 CSI 阿特斯太阳能光电（苏州）有限公司。于 2006 年 11 月 9 日正式在美国纳斯达克挂牌上市，发行价每股 15 美元。

2010 年 6 月 8 日午间，据霍华德克史密斯律师事务所美国时间 6 月 7 日早上9：00消息，该律师事务所已经代表2010年3月3日到2010年6月1日购买阿斯特太阳能普通股的个人和机构投资者向美国纽约南区地区法院提交集体诉讼书。诉状称，在2010年3月3日到6月1日期间，被告（阿特斯太阳能）涉及公司的业务、运营和前景的公开言论存在着重大虚假和误导。具体来说，被告作出虚假或误导性陈述，或未能披露如下信息：

• 关于对某些客户的销售，公司能否及时收到充分的现金支付具有不确定性；

• 在季度末，某些货物被重新运回；

• 结果，在2010年3月3日到6月1日期间，该公司的财务业绩被夸大了；

• 公司缺乏适当的内部控制和财务控制；

• 由于上述结果，该公司的财务报表在所有相关时间内存在重大虚假和误导性。

2010年4月20日，CSI公告宣称2010年第一季度的毛利将会比原先预期的要低，受此消息影响，CSI公司股票价格下跌3.07美元，跌幅达14.4%。2010年6月1日，CSI又公告称：（1）公司将无法按期公布2010年第一季度的业绩；（2）公司收到来自SEC的传票，要求对2009年的某些收入交易进行调查；（3）公司审计委员会已经启动内部调查程序，核查这些收入交易。公司还修正了2009年第四季度的业绩。CSI股票当天的收盘价格下跌了1.69美元，跌幅达14.25%。

起诉状还指控CSI公司虚增收入，直到2010年8月CSI不得不承认收入被高估了3280万美元，而且费用确认错误的金额高达1600万美元，其中包括金额为576万美元的美国经销商费用。

原告指控CSI公司在2010年8月19日发布公告对2009年第四季度的业绩进行修正，原先公布的利润为1500万美元（每股利润0.36美元），修正后的2009年第四季度业绩变成了亏损1540万美元（每股亏损约0.38美元）。原告认为CSI 8月的此次公告验证了市场对该公司于6月所公告利空消息的反应。原告指控CSI公司通过将或有的不确定的交易确认为收入，从而导致其所公布的财务报表存在重大误导，也导致其关于公司内控的陈述存在虚假。

起诉状还指控 CSI 公司存在欺诈，以及投资者由此产生了损失。所以原告认为被告违反了1934 年证券交易法第 10（b）条款及 SEC 所颁布的 10b－5 规则，而且被告自然人违反了 1934 年证券法第 20 条款关于控制人的责任。

2010 年 6 月 3 日爆发第一起股东诉讼；2010 年 12 月 18 日，法院批准合并所有的诉讼为一起集体诉讼，并批准了首席原告；2011 年 3 月 11 日，原告提交合并起诉状。被告人除了 CSI 公司之外，还包括诉讼期间的公司 CEO 和 CFO，二者皆同时为公司董事会成员。

2011 年 7 月 25 日，各被告向法院提交请求驳回该起诉的动议。是否驳回起诉乃证券集体诉讼过程中最为关键的步骤，接下来我们了解一下法院是如何作出裁决的。

二、诉讼程序法第 9(b) 和 12(b) 条款关于是否驳回起诉的法律标准

根据诉讼程序法第 9（b）和 12（b）条款的要求，法院在裁决是否驳回起诉的时候，需要假设原告诉讼状所描述的事项属实，而且法官需要从对原告有利的角度来对诉讼状作出推断［见案例 Mills V. Polar Molecular Corp.，12 F. 3d 1170，1174（2d Cir. 1993）］。

在考虑是否驳回起诉阶段，法院所考虑的并不是原告是否最终能赢得这场诉讼，而是考虑原告是否有权向法庭提供证据来支持其主张［见案例 Villager Pond，Inc. v. Town of Darien，56 F. 3d 375，378（2d Cir，1995）］。而原告的诉讼状如要不被驳回，则必须能够提供足够的事项性描述（法院假设此为事实）以达到至少从表面来看（plausible on its face），原告的主张是可以获得法律支持的［见案例 Ashcroft. v. Iqbal，556 U. S. 662，129 S. Ct. 1937，1949（2009）］。

如若主张证券交易法 10（b）条款下的法律救济，原告则必须能指控被告：（1）有重大不实陈述或者信息遗漏；（2）符合欺诈条件；（3）和证券的买或者卖交易行为相关；（4）信赖关系的建立；（5）原告的信赖和其损失之间存在因果关系［见案例 Lentell v. Merrill Lynch & Co.，Inc.，396 F. 3d 161，172（2d Cir. 2005）］。

而且原告的起诉还需要符合联邦民事诉讼程序法 9（b）条款规则及美国私人证券诉讼改革法案（PSLRA）中更加严厉的起诉标准要求［见案例 GE Investors v. General Elec. Co.，447 F. App'x 229，230（2d Cir. 2011）］。9（b）规则要求对欺诈的指控必须能够举出具体的事项（with particularity），这需要原告必须能够：（1）指出被告具体哪个陈述存在虚假；（2）指出谁是陈述人；（3）在哪里，何时间作出该陈述；（4）为何该陈述是虚假的［见案例 Rombach v. Chang，355 F. 3d 164，170（2d Cir. 2004）］。仅仅是结论性的、笼统的指控，而无法提供具体的事项，则不符合起诉的要求。

在涉及 10b－5 规则的集体诉讼中，指控欺诈存在则必须能表明被告存在欺骗、操纵或者舞弊的企图［见案例 Ernst & Ernst v. Hochfelder，425 U. S. 185，194 n. 12（1976）］。或者能够表明被告的行为属于轻率的性质（reckless conduct）［见案例 In re Carter－Wallace，Inc. Sec. Lit 220 F. 3d 36，3940（2d Cir. 2000）］。而且 PSLRA 对起诉的要件还有更严格的要求，如果起诉状不符合这些要求则将会被驳回。对于财富损失的欺诈指控必须能够提供证据来说明被告的具体思想意识。原告诉状所提供的事项描述必须能够强有力地推导出被告的具体行为是属于有意识的。而原告的诉讼状可以通过以下方面来满足这个诉讼要件：（1）指控被告既存在欺诈的动机又存在欺诈的机会；（2）提供强有力的情形性证据来表明被告的行为属于有意识的不当行为或者属于轻率的行为［见案例 Ganino V. Citizens Utilities Co.，228 F. 3d 154，168－69（2d Cir. 2000）］。

三、法院的分析和判定过程

在明确了以上相关法律原则和标准之后，法院对本案是否应该驳回起诉进行了分析。法院认为原告的诉状无法充分指控被告存在重大的不实陈述。

法院认为无法成功指控财务业绩属于虚假陈述

原告指控被告的收入确认虚假及其他一系列的陈述存在虚假，但原告仅仅指出一例虚假收入确认，而且该交易直到2009年9月30日那一天才发生，所以原告并无法提供任何于2009年9月30日之前的交易存在虚假。所以原告指控被告2009年9月30之前相关的陈述存在虚假是不充分的。

诉讼程序法的9（b）规则要求原告必须能够提供具体的事实（细节）来解释说明为何每一个所指控的陈述在其作出的时候是虚假的。接下来法院援引了一系列的案例来支持这一法律要求。例如在案例 Gavish v，Revlon，Inc.，No. 00 Civ. 7291，2004 WL 2210269，at* 13（S，D，N. Y. Sept. 30，2004）中，法院要求原告就所指控的会计舞弊至少能够提供某种程度的细节信息来进行说明，比如该会计舞弊交易的发生日期，所对应的收入高估金额是多少，以及原告坚信认为该会计处理属于欺诈的依据等等。

起诉状中所指的虚假销售收入是指CIS于2009年9月30日当天出货销售给 Sunvalley 的太阳能组件（solar modules），该交易的收入确认在2009年第三季度。法院认为2009年9月30日所确认的交易，即使收入确认了，也无法用来指控这个时间点之前的财务数据有不实陈述的问题。所以既然原告没有指出任何2009年9月30日之前的销售交易存在问题，原告对任何涉及2009年9月30日之前财务数据相关的指控都予以驳回。

法院认为业绩存在重大不实陈述的指控不成立

原告指控CIS公司涉及2009年第三季度业绩相关的陈述存在重大不实，因为CIS将那笔同 Sunvalley 的交易确认在了第三季度，而原告认为该笔交易在第三季度还不属于最终的销售，只能属于寄售（consignment）。原告虽然认为这笔收入不应该确认在2009年第三季度，但并没有提供任何具体的事实来支持其观点。法院认为投机性和结论性的指控从法律上是不充分的。原告在起诉状中援引了 Sunvalley 对 CSI 公司的起诉情况（Sunvalley 和 CSI 之间存在销售交易的纠纷，前者起诉后者），法院认为这属于不相关的事项，无法支持原告认为该笔交易不应该在2009年第三季度确认。而且从 Sunvalley 起诉 CSI 公司的起诉状中可以看出，CSI 从2009年初开始就在 Sunvalley 没有下订单的情况下向 Sunvalley 发货，法院认为 Sunvalley 的陈述比较模糊和缺乏具体性，所以 Sunvalley 的这个陈述并无法说明 CSI 针对2009年9月30日的那笔交易的交货时间性质和交货方式。见案例 Gavish，2004 WL 2210269，at*18，在该案例中，原告指出 Revlon 公司在某些时间（在 1998 年末之前）在 Safeway 公司没有下订单的情况下，向其出售大量的货；法院认为原告的这个描述不够具体（比如：缺乏具体时间），所以驳回原告对被告的指控。

原告还引用了 CSI 公司的内部销售会议内容及 2009 年 11 月至 12 月之间公司内部的相关电子邮件，用来证明该销售交易不应该确认在 2009 年第三季度。但法院认为，这些内部会议内容和电子邮件无法证明 CSI 公司涉及 2009 年第三季度业绩的相关陈述存在重大错误或者误导。法院认为原告所援引的这些 CSI 公司内部讨论信息中并没有指明这些信息的来源，所以这些指控缺乏可靠性，而且原告也没有指出任何事实性描述或者具体证据来说明该笔交易属于寄售性质。相反，原告所援引的这些信息表明了 CSI 公司因其中某经销商购买货物后存在严重违约而努力对这些售出产品协助进行调转，所以原告还没有满足可以指控被告存在欺诈的诉讼要求。

法院还认为原告并没有从 CSI 财务数据整体的角度来看 Sunvalley 销售交易的金额重要性，所以原告的起诉状缺乏 9（b）规则和 PSLRA 关于指控内容必须具备的详细（具体）性要求，无法说明该交易是否属于重大性质。在 Gavish 案中法院驳回了原告的指控，因为法院认为原告虽然指控被告的收入确认不妥当，但并没有从被告报表整体的角度来阐明该不当确认的收入是否属于重大性质。又见案例 In re Nokia OYJ（Nokia Corp.）Sec. Litig.，423 F. Supp. 2d 364，408（S. D. N. Y. 2006），该案中法院驳回原告的起诉，诺基亚的年度销售收入金额高达 370 亿美元，法院认为原告只是结论性地认为诺基亚的财务报表存在重大误导，而没有从诺基亚报表数据整体角度阐述所指控交易的重要性程度。

CSI 同 Sunvalley 的那笔销售交易金额只有 5764430 美元，仅占 CSI 2009 年第三季度收入的 2.7%，也仅占 CSI 2009 年全年收入的 0.9%。因此并不存在这样的重大可能性（substantial likelihood），倘若该信息得以披露会导致理性投资者对 CSI 的整体信息作出重大改变的判断。法院援引了一系列的案例来支持其结论：

- 见案例 Masters V. GlaxoSmithKline，271 Fed. App'x 46，50 - 51（2d

Cir. 2008），该案中，法院认为收入隐瞒的金额只占总收入的3%，这不构成重大性质。

- 见案例 ECA & Local 134 IBEW Joint Pension Trust of Chicago v. JP Morgan Chase Co.，553 F. 3d 187，204（2d Cir. 2009），该案中，法院认为重要性水平（materiality threshold）的初步临界点是5%。
- 见案例 Acito v. IMCERA Group，Inc.，47 F. 3d 47，51 – 52（2d Cir. 1995），该案中，法院认为被告所隐瞒的信息所导致的不实陈述金额仅占 IMCERA 总收入的不到1%，因此从法律角度看不构成重要性水平。
- 见案例 Duke Energy _ Corp. Sec. Litig.，282 F. Supp. 2d 158，161 – 62（S. D. N. Y. 2003），aff'd，113 Fed. App'x 427（2d dr. 2004），该案中，第二巡回法庭认为，考虑到被告整体经营业务而言，其虚增的收入金额微不足道，即使原告指控被告的会计政策违规，从法律角度看亦构不成重要性水平。

原告承认其对被告的指控信息来源是基于对 CSI 公司前雇员的访谈，这些雇员对 Sunvalley 这笔交易知情。法院认为证人的信息来源必须有具体的事实依据。见案例 Novak v. Kasaks，216 F. 3d 300，314（2d Cir. 2000），该案例中，法院并不要求提供匿名证人的姓名，但要求必须在起诉状中对匿名证人及其所提供的秘密信息进行足够的具体说明，以确保足以令人相信此职位的匿名证人可能拥有用来指控被告的秘密信息。针对匿名证人的秘密信息，如果该信息不是直接来自匿名证人，匿名证人是通过其他中间渠道（如：道听途说）获得该秘密信息，则此信息可信度会降低。原告用 CSI 公司某次销售会议的参与人员所提供的信息来指控 CSI，然而原告并没有指出此次销售会议的参与人员中的任何人曾经参与 Sunvalley 的销售交易，也无法说明参会人员中的任何一人具有 Sunvalley 销售交易的第一手信息。

Sunvalley 作为 CSI 的客户之一，二者之间存在纠纷，Sunvalley 起诉 CSI 至法院。本案中，原告援引 Sunvalley 起诉 CSI 的起诉状，以此作为对 CSI 的指控信息之一。本案的原告援引案例 Johns v. Bayer Corp，No. 09 Civ. 1935，2010 U. S. Dist. LEXIS 62804（S. D. Cal，June 24，2010），用以支持其可以援引 Sunvalley 对 CSI 的起诉状。但法院并不同意原告的立场，法院认为，Sunvalley 的起诉状并没有提到任何具体的哪一笔销售交易，而且也无法从该起诉状中推断出 Sunvalley 对 CSI 内部的会计处理是知情的。法院认为，在 Johns 案例中，法院允许原告援引其他诉讼案的起诉状内容是基于以下两个原因：(1) 原告自行进行了案件信息调查，并对调查所收集信息的来源提供了引证；(2) 原告还联系了该其他诉讼的起诉律师。但在本案中，原告并没有就其自己所进行的案件调查所形成的信息说明信息来源，而且也没有联系 Sunvalley 起诉 CSI 案件中的起诉律师。所以本案的法院认为，原告不得引用 Sunvalley 起诉 CSI 的起诉状内容。

原告认为 Sunvalley 的该笔销售收入从性质的角度来说是符合 CSI 财务报表的重要性水平的（qualitatively material）。原告认为 CSI 的美国市场是其重要的组成部分，因此 Sunvalley 的此笔销售收入从性质上说是符合重要性水平的。法院并不认可原告的主张，因为包括加拿大在内的北美市场所形成的销售收入只占 CSI 2009 年总收入金额的 5.9%。所以 Sunvalley 的此笔销售收入金额只有 576 万美元，只占 CSI 2009 年总销售收入的 0.9%，也仅仅占 CSI 2009 年第三季度总销售收入的 2.7%，从法律角度来看是不构成重要性水平的。

原告还援引了另外一个案例来说明 Sunvalley 的此笔交易不论其金额大小都是符合重要性水平的。见案例 Litwin v. Blackstone Group，L. P，634 F. 3d 706（2d dr. 2011），在该案例中，第二巡回法庭认为黑石集团的企业私募权益基金（corporate private equity fund）是其旗舰业务组成部分，是该集团最大的基金之一，也是私募基金的长期领头羊，所以，和该基金相关的信息遗漏，即使金额较低，也是符合重要性水平的。然而，本案中，CSI 美国相关的销售占其比重很低，而且所涉及的地区业务分部也不很重要，所以即使按照 Litwin 案例的原则，本案驳回原告的起诉也是合理的。

原告还抗辩认为故意的不当行为或者非法的交易都足以导致那些本来不符合重要性水平的交易变成符合重要性水平。但法院并不认可原告的这个抗辩理由。法院指出在类似的案例中，第二巡回法庭就曾直接驳回和拒绝了此种抗辩理由。见案例 In re Duke Energy Corp. Sec. Litig.，282 F. Supp. 2d 158，161 – 62（S. D. N. Y. 2003），在该案例中，原告的最终抗辩也采取了同意的理由，原告认为由于被告所隐瞒的信息涉及到非法的交易活动，所以隐瞒不予以披露是符合性质上的重要性水平的。但该案例中的法院认为，即使所隐瞒的信息涉及到非法的财务行为（这不同于强奸或者谋杀这些刑事犯罪），也必须从其财务影响大小的角度来判断是否应该予以对外披露。否则，任何大型公司如果因为细节事项没有披露都将会招来证券法下的责任。法院认为，原告也没有足够充分地阐明 Sunvalley 的该笔销售收入确认属于故意的不当行为或者是非法行为。

法院不认同关于内部控制和信息披露控制的不实陈述指控

CSI 于 2009 年 6 月 8 日公布其 2008 年的年报，在年报中 CSI 披露到，公司在所有重大层面对财务报告建立了有效的内部控制。原告指控 CSI 该陈述不实和具有误导性，因为 CSI 的会计内控存在重大缺陷，从而导致其不得不在 2010 年 8 月 19 日对外宣布对 2009 年第四季度的业绩进行修正。

CSI 于 2010 年 8 月 19 日对外作出公告，解释说明 2009 年第四季度业绩修正的每一笔调整，但并没有提到不当销售交易，也没有具体提到 2009 年 9 月 30 日所发生那笔 Sunvalley 销售交易。该公告还透露了 CSI 的内部审计委员会对 2009 年的某些销售交易进行了内部调查，调查结果认为这些交易的会计处理并无不妥之处。所以，即使 2010 年 3 月 3 日业绩公告和 2010 年 3 月 5 日向 SEC 提交的 6 - K 中所包含的 2009 年第三季度财务数据之后进行了修正，该修正并不能说明企业存在舞弊行为，也不能说明任何其他陈述属于虚假。原告指控 CSI 关于下调预期毛利的公告属于虚假陈述，因为该公告并没有提及预期毛利下滑的原因是因为 CSI 2009 年第四季度的收入确认存在问题，原告认为 CSI 公司在随后的公告中不得不承认了这个收入确认问题。法院则认为，CSI 对 2009 年第四季度的财务数据进行修正这个事情本身并不能说明 CSI 公司 2010 年 4 月的对外陈述属于虚假。法院认为，原告并没有具体指出 CSI 的 2009 年第四季度业绩修正是如何影响了 2010 年第一季度的预期毛利下滑，原告只是结论性地对被告提出指控，而缺乏具体的指控内容。

2010 年 8 月 19 日，CSI 对 2009 年第四季度的某些财务数据进行了修正，但这并不能说明公司关于 2008 年财政年度的内控陈述存在问题，因为 2008 年财年的内控陈述是在 2009 年 6 月 8 日提交的年报中作出，这和 2010 年 8 月 19 日比较已经是属于一年前的陈述了。见案例 San Leandro，75 F. 3d at 812，该案例中法院认为，企业在公布利好的信息（positive statement）之后 又公布利空的消息（negative information），这本身并不能用以说明早前公布的利好信息在公布时刻属于虚假。本案中，法院认为原告并没有提供具体的事实来说明CSI 2009年第四季度的业绩修正是如何证明CSI的内控控制在更早的会计期间内是无效的，而且原告也没有提供任何其他事实来说明CSI的内控是如何无效的。显然，原告并无法提供具体的事实来说明CSI的内部控制是如何失效的、何时间失效的、为何失效的。

原告还指控CSI的某些季度公告陈述虚假，因为CSI并没有同时披露其同销售收入相关的内控和披露程序存在重大失效。但原告并没有提供任何事实来说明CSI在作出这些受原告指控的陈述时，其内控是如何存在和为何存在重大缺陷的。相反，原告仅仅是依据一般性的指控认为被告存在内控缺陷，这样的指控并不符合联邦民事诉讼程序法9（b）规则，也不符合PSLRA的起诉标准要求。

虽然CSI于2010年8月对2009年第四季度的财务数据作出了某些修正，但这并不能说明CSI在以前季度的内控存在重大缺陷，尤其是在这些较早前的季度中并没有出现会计调整事项。

法院认为，公司是否存在财务数据的修正这并不重要，因为即使存在修正，那么对某一季度的财务数据进行修正本身还不足以说明其他会计期间的对外陈述存在虚假。见案例 Teamsters Local 617 Pension & Welfare Funds，2011 WL 1253250，at*23，*27，该案例中法院认为，如果原告无法提供具体的事实来说明财务数据修正行为和虚假陈述之间存在具体关系，那么财务数据修正本身不足以指控企业存在舞弊。

原告抗辩认为，被告并不公开反对原告指控CSI至少到2009年第四季度的内控陈述存在重大虚假。然而原告并没有指控CSI 2009年第四季度的内控陈述存在虚假，原告也没有提出CSI的内控是为何和如何失效的。

法院认为欺诈的指控不充分

关于欺诈的指控要求，PSLRA要求原告能够提供具体的事实，并能够从中强有力地推导出任何一个被告的行为属于欺诈性质。［见案例 Tellabs，Inc.

v，Makor Issues & Rhts，Ltd.，551 U. S. 308，322 - 23（2007）］而强有力的推导则是指该推导属于切实有力的（cogent）和令人信服的（compelling），而且任何理性的人都认为该推导结论至少比相反的结论同样具有说服力［见案例 Td. at 323 - 24；Ernst & Ernst v. Hochfelder，425 U. S. at 193 n. 12］。

而要达到这个要求，原告则必须能够指控被告存在欺诈的动机和机会，或者提供事实来形成强烈的情形性证据来说明被告的行为属于有意识的不当行为或轻率行为［见案例 Campo v. Sears Holdinqs Corp.，635 F. Supp. 2d 323，332 - 33（S. D. N. Y. 2009）］。

本案中，原告认为可以从 CIS 2009 年第四季度未经审计财务数据的修正金额的大小和性质中推导出 CIS 存在欺诈的行为。然而法院认为，在案例 In re PXRE Group，Ltd. Sec. ltd. 600 F. Supp. 2d 510，545（S. JJ. N. Y. 2009）中，法院明确指出不能单单从舞弊金额的大小这个单一事项来推导出欺诈的存在；同样案例 Defer LP v. Raymond James Fin.，Inc.，554 F. Supp. 2d 204，219（S. D. N. Y. 2009）也指出，仅仅是指出被告财务舞弊金额巨大这一单一情况还不足以满足证券法对欺诈的指控要求，证券法要求原告能够提供被告存在欺诈的具体事实。所以，法院认为财务报表存在金额巨大的修正这个事实本身并不代表被告存在欺诈行为，尤其是本案中，原告并无法证明是由于被告的欺诈企图导致了财务报表的修正。

法院还认为，原告并没有阐明被告存在欺诈的动机，案例法要求原告必须能够指控被告从欺诈行为中获取具体的个人利益［见案例 Kalnit v. Eichler，264 F. 3d 131，139（2d Cir. 2001）］。然而，本案中原告并没有指控 CSI（包括任何个人被告）在诉讼期间存在股票抛售，或者任何可疑的内部交易。

本案中，原告唯一提到被告存在欺诈的动机是指被告期望在 2009 年 10 月 22 日完成第二次股票发行。然而第二巡回法庭明确指出完成公司的第二次股票发行属于公司管理层和董事对公司应尽的财务职责之一，并不构成获取个人具体利益的欺诈动机。见案例 In re Bristol - Myers Squibb Sec. Litig，312 F. Supp. 2d 549，561（S. D. N. Y. 2004），该案例中，法院明确说明仅仅是一般性的指控，如果缺乏具体事实，则不符合证券交易法第 10（b）条款下的欺诈动机。

依据案例 Campo v. Sears Holdings 371 Fed. App'x 212，216（2d Cir. 2010），如果原告在指控被告存在欺诈动机方面无法成立，那么原告对被告在有意识的不当行为或者轻率行为的指控需要提供相应更高强度的情形性证据。由于本案中原告欺诈动机的指控并不成立，所以原告在指控被告存在欺诈方面，必须能够指出被告是在知情的情况下参与欺诈的，或者被告的欺诈是蓄意的和有意识的，而且原告必须能提供详细且具体的相同时间段的数据或者信息，从而说明被告在这个时间段的对外陈述是虚假的，而必须能够证明这些相同时间段的信息对被告来说是知情的［见案例 Hart v. Internet Wire，Inc.，145 F. Supp. 2d 360，367，368（S. D. N. Y，2001），aff'd，50 Fed. App'x 464，466（2d Cir. 2002）］。这对原告来说其实难度很大，除非有更进一步的内幕信息，即：由更多更具体的符合条件的内部秘密证人来提供关于 CSI 的内部信息。一旦能够实现这一点，那么 CSI 就非常被动了。如此看来，善待内部员工也是企业法律风险管理的重要内容之一。

本案中，原告依据两个方面的信息来源推导出被告存在欺诈行为：其中一个是 2009 年 11 月 11 日和 23 日召开的 CSI 公司内部关于美国的销售会议中的有关陈述；另外一方面的信息是 2009 年 11 月 12 日至 2010 年 3 月 11 日之间，CSI 公司内部的一系列往来电子邮件。然而法院认为，这些内部沟通信息并没有指出在 2009 年 11 月 11 日之前 CSI 公司的任何行为，或者公司任何人在此之前对任何事情知情。所以原告的起诉状并不能成功指控 2009 年 11 月 11 日之前的 CSI 任何对外陈述存在欺诈。

本案中的起诉状并没有指控任何个人被告存在欺诈行为。见案例 See City of Brockton Ret. Sys. v. Shaw Group Inc.，540 F. Supp，2d 464，472 – 74（S. D. N. Y. 2008），该案例中，由于原告无法指控任何个人被告存在欺诈行为，所以整个案件的欺诈性质就无法推导出。本案中，原告唯一对个人作出指控的是 Beverly Zhou 在 2009 年 11 月 11 日公司内部美国销售会议上的陈述（即：公司的 Qu 先生很后悔在 Sunvalley 公司进行存货堆积，并表示以后将停止该行为）。然而法院认为，原告并没有具体指出 Zhou 和 Qu 之间的接触是何种关系，以何种方式并在何种情形下 Qu 在会议中作出如此的陈述，以及该陈述对 Zhou 个人构成何种的利害关系。如果原告无法提供这些细节，那么 Zhou

所提供的指控内容就无法推导出被告存在欺诈行为。法院认为 Zhou 所提供的指控内容缺乏应有的细节信息，最多只是对 Qu 思想意识的自我猜测。所以法院认为原告的起诉状缺乏指控个人被告存在知情也无法强有力地推导出欺诈是存在的。

法院还指出，原告用来指控被告的那些销售会议内容、电子邮件及 2009 年 9 月 30 日对 Sunvalley 的销售交易这些信息的来源并不透明并且也没有披露。如果起诉状中所描述的事项信息来源不透明，那么只有在有足够事实表明处于该职位的人士有可能拥有案件中指控所需要的信息这个前提条件下，法院才会采纳起诉状中的所描述的信息。如果起诉状中无法指明信息的来源，这会导致诉讼无法符合欺诈指控的诉讼要素。

原告依据 CSI 同 Sunvalley 的那笔销售交易来指控被告，但并没有指出任何个人对 CSI 的相关不当会计处理是知情的，并且可以确认的是 Sunvalley 也承认在其从 CSI 购买该货物时，其对 CSI 的欺诈事项是不知情的。

法院在评估欺诈指控是否成立的时候，需要综合考虑诉状中的指控事项、诉状中所索引的信息、以及经过司法采纳的事项，而且必须将有责推断（culpable inference）和无责推断（non-culpable inference）进行相互比较。（见案例 Tellabs，551 U. S. at 323 – 24）本案中，虽然原告是力图通过所使用的信息和第三方诉讼状（Sunvalley 起诉 CSI 的诉讼状）来实现被告的有责推断，但原告的诉讼状本身也提供了一些事项足以作出被告的无责推断，即：CSI 销售产品给 Sunvalley，在 Sunvalley 违约的情况下，CSI 的销售团队将该货物运往至其他客户。如果作出这样的推断，则就说明被告是无责的。法院指出，可以作出被告无责的推断信息还包括（这些信息大部分出自于原告的起诉状）：

- 2009 年 11 月，也就是在该产品发给 Sunvalley 数个月之后，CSI 发现中国进出口信用保险公司取消了 Sunvalley 公司的信用保险，原因是该公司存在严重的违约行为。为应对此事项，CSI 一方面尽力从 Sunvalley 催收，另一方面组织将仍然存放在 Sunvalley 仓库中的货物运送到有付款能力的客户中去。
- 在 CSI 尽力往其他客户转运存在 Sunvalley 仓库中货物的同时，CSI 在中国的会计人员为了准确进行会计处理，对这些交易的细节提出了询问。
- Sunvalley 在严重违约之后，最终撕毁合同并诉诸法院，和 CSI 进行了诉讼，宣称其曾经获得 CSI 授权拥有对所购买货物的退货权。

- CSI 于 2009 年度向 Sunvalley 销售货物，这些销售交易的会计处理是妥当的，为此，CSI 的外部审计师德勤出具了年度无保留审计意见，而且 CSI 的审计委员会也确认 SEC 传票中所调查的交易对应的会计处理是妥当的。

以上信息其实也足以作出被告无责的推导，因为从中其实看不出 CSI 存在故意欺诈的行为。

法院认为同 Sunvalley 的销售交易不能推导出 CSI 存在欺诈行为

原告认为 CSI 企图通过该笔销售交易来虚增利润从而提高 2009 年 10 月 22 日第二次股票发行的价格。然而原告的这一立场并没有在起诉状中体现出来，原告的这一意见不能代表是对诉讼状的修改。即使原告在起诉状中提出该指控，这也构不成欺诈动机，因为 CSI 公司 2009 年第三季度的业绩公告是直到 2009 年 11 月 17 日才予以公告，这已经几乎是在第二次股份发行结束后的一个月了。因此，2009 年第三季度的业绩对第二次股份发行价格是没有影响的。而且，起诉状也没有指出个人被告中的任何人有从第二次股份发行交易中获得具体利益。原告虽然依据案例 In re An. Bank Note Holographics，Inc. Sec. Litig 认为被告的欺诈动机成立，但在该案例中，对于欺诈动机的指控也是不充分的，因为该案例和本案例同样的情况是，原告并无法指控个人被告中的任何人是否从股份发行价格抬高的过程中获取具体利益［见案例 93 F. Supp. 2d 424，445 -46（S. D. N. Y. 2000）］。

法院还认为原告对被告涉及 Sunvalley 销售交易的其他指控也无法强有力地推导出被告存在欺诈。原告后来承认其对被告的欺诈动机指控不充分，此后，原告指出即使欺诈动机的指控不成立，但这并非可以决定性地认为被告的欺诈不存在。即使欺诈动机不存在，原告仍然可以通过提供情形性证据来表明被告存在有意识的不当行为，当然这样的情形性证据就必须要有更强的说服力。原告的起诉状并没有指控个人被告对 Sunvalley 交易可能导致公司对外陈述不实这样的情况知情，而知情则是指控欺诈成立的必要条件。法院援引了以下案例进行说明：

- 见案例 Campy，371 Fed. App'x at 216，该案例中，法院认为原告仅仅

是严重依赖秘密证人的个人信息，而在起诉状中并没有提出个人被告知情的那些和被告原先陈述相反的信息，因此原告对被告的欺诈指控不充分。

• 又见案例 Teamsters Local 445 Freight Div, Pension Fund v. Dynex Cap. Inc., 531 F. 3d 190, 196 (2d Cir. 2008)，该案例中原告并没有提供任何和被告原先对外陈述不同的具体报告或者信息，所以法院认为原告对被告欺诈的指控不成立。

• 又见案例 In re eSpeed, Inc. Sec. Litig., 457 F. Supp. 2d 266, 292 (S. D. N. Y. 2006)，该案例中，原告指控被告存在有意识的不当行为或者轻率，但原告无法提供和被告原先对外陈述所不同的信息，所以法院认为原告对被告的欺诈指控不成立。

原告指出 Qu（为公司的 CEO）对 CSI 公司和 Sunvalley 之间的不恰当货物囤积安排是知情的；然而原告也承认这个指控其实也没有解释 Qu 是如何在何时间对该情况知情的，而且原告也承认这个指控信息是来自其中一名秘密证人，而该秘密证人的信息则据说是从 Beverly Zhou 对 Qu 的意思进行自我猜测而获得的。

原告还指出 CSI 公司的全球销售副总裁也参与了此不当行为，据此可以判断 CSI 公司的 CEO 和 CFO 对此交易是知情的。法院认为原告的这一观点和第二巡回法庭的判例是相违背的。见案例 In re PXREGrou, Ltd., Sec. Litig., 600 F. Supp. 2d at 538，该案例中，原告指控认为基于公司管理层的职责，其中一些管理层知情的事件，其他管理层也必然对此事件知情；然而法院拒绝了原告的这一推论。本案的起诉状中对秘密证人没有作出任何描述，而第二巡回法庭的判例中则要求对不充分描述的指控予以驳回。法院援引以下案例来说明：

• 见案例 See, e. g., Novak, 216F. 3d at 314；Glaser, 772 F. Supp. 2d at 595，该案例中原告没有指出秘密证人属于管理层的何种职位、何种职责、秘密证人和被告之间的何种关系等等关键信息，所以法院驳回了原告的指控。

• 又见案例 Feasby v. Industri - Matematik Int'lCorp., No. 99 Civ. 8761, 2003 WL 22976327, at*4 (S. D. N. Y. Dec. 19, 2003)，该案例中，原告引用被告的前雇员和顾问来做秘密证人，但原告并没有在起诉状中描述该雇员原先

的职位和工作内容，也没有提供其他必要的信息来说明该秘密证人会拥有指控所需要的信息，故此法院不采纳该秘密证人所提供的信息。

本案中，原告并没有提供任何事实来说明该秘密证人或者 Zhou 是如何解读 Qu 的思想意识的。法院认为原告对 CSI 公司存在欺诈的指控其实是基于未经确认的秘密证人所提供的信息，以及 Sunvalley 起诉 CSI 公司的那些未经法院确定的诉讼主张。而这些指控其实是不足以构成个人行为欺诈要素的，即使是指控一个公司实体也不充分。见案例 InrePXRE，600 F. Supp. 2d. at 529 n. 22，该案例中，原告并无法充分指控非被告的公司管理层拥有欺诈动机或者有意识的不当行为或者轻率行为，所以法院认为原告对被告公司的欺诈指控也不成立。

原告还指出违反会计准则（如：提前确认销售收入）也是企业存在欺诈的证据之一。法院认为原告并没有提供充分的事实来证明被告提前确认收入，即使抛开这个情况来说，仅仅是违反会计准则本身并不足以构成欺诈。见案例 ECA，Local 134 IEEW Joint Pension Trust of Chicago v. JP Mon Chase Co.，553 F. 3d 187，200（2d dr. 2009），该案例中，法院认为，仅仅是指控被告违反会计准则或者存在会计违规，这本身还不足以符合证券欺诈诉讼的要求。另外一个案例，也有类似的判决，见案例 City ofBrockton，540 F. Supp. 2d at 473。

原告坚持认为 CSI 公司对 2009 年第四季度的收入和利润都进行了修正，这应该可以说明 CSI 欺诈成立。但法院认为财务数据的修正本身并不能足以说明欺诈成立，案例 City of Brockton，540 F. Supp. 2d at 472 已经很清楚地支持，仅仅是报表重述这个事情本身是不足以指控欺诈成立的。法院认为，原告所援引的案例和本法院的立场并无矛盾之处，在案例 In re Scholastic Corp. Sec. Litig.，F，3d 63，76－77（2d Cir. 2001）中，法院裁定欺诈指控充分，这是因为被告不仅存在财务数据修正的情况，还因为原告在起诉状中详细描述了被告每天、每周和每个月对所发生的情况是如何知情的，并且指出被告对所作的公开陈述之不实之处是如何知情的。而本案中的原告起诉状并没有提供如此细节的信息。本案的原告并没有指出 CSI 2009 年第四季度中任何一笔交易是不恰当的，也没有说明 2009 年第三季度和 Sunvalley 的销售交易对 2009 年第四季度财务数据修正有任何影响，该笔交易是整个起诉状中唯一提到的一笔具体交易，而且原告对 CSI 所公告的财务数据修正原因并没有不同意之处。Sunvalley 的那笔销售收入是确认在 2009 年第三季度，而该季度的财务数据并没有重述（或者修正），所以原告也没有提供其他任何进一步的事实来说明 2009 年第四季度的财务数据修正就属于欺诈。所以，CSI 公司第四季度财务数据修正（原告对 CSI 公司不实陈述的唯一指控）和 Sunvalley 销售交易（原告唯一指控的具体交易内容）之间其实没有逻辑关系。

法院认为损失的因果指控不充分

法院认为原告的起诉状并没有在被告的不当行为和原告的经济损失之间建立因果关系。按照证券法的要求，原告需要提供足够的事实来说明被告虚假陈述中所隐瞒的相关事实在经过市场公开后是如何导致了 CSI 的股票价格下滑。案例 Dura Pharms.，Inc. v. Broudo，544 U.S. 336，342 - 43，347（2005）指出，修正性的披露如果并不能说明被告原先的公开陈述存在误导，那么该修正性披露则无法支持损失的因果关系，也就是说不能认为 CSI 公司的股票下跌是由于随后的修正性公开披露所导致。

原告指出 CSI 不当销售交易和相关误导财务数据这些内部信息是从 2010 年 2 月 19 日开始逐步向市场公开的，一直持续到 2010 年 6 月 1 日。然而法院认为，原告所指的 CSI 这段时间逐步对外披露的内部信息之中，并没有涉及原告所指的虚假销售交易（sham sales）。

CSI 于 2010 年 2 月 19 日和 2010 年 4 月 20 日发布公告宣称公司的毛利将比预期要低，原告认为 CSI 的这两个公告导致了公司股票价格下滑。这两个公告其实是涉及公司将来的业绩表现而不是历史的财务数据。2010 年 2 月 19 日的公告明确指出预期毛利的下滑是由于生产设备出事故以及对某些长期积压的存货进行清理所导致的；而 4 月 20 日的公告则指出毛利的下滑是由于外汇汇率波动所造成的。无论如何，这两个公告都没有涉及原告所提到的收入确认问题和不当的销售收入交易，或者内控问题，所以也就谈不上是对所谓欺诈行为相关事实的透露。所以这两个公告也就不构成修正性的披露（corrective disclosure），也就无法构成证券集体诉讼所要求的损失因果关系。法院认为，公司的利润无法达到预期或者作出业绩预警公告，用以消除投资者对公司业绩的过高期望，这样的公告并不能被当做是企业对原告所指控的自身的欺诈行为进行对外披露。反过来说，业绩无法达到预期目标这本身对股票价格来说是个利空消息，但对股票价格并不产生修正性的影响（corrective effect）。修正性影响是指，原来的股票价格虚高，后来企业公布原先隐瞒或者错误的信息后，股票价格进行修正性回调。业绩无法达到预期目标，这样的公告并不意味着被告隐瞒了欺诈行为，通过压低企业的利润预期，从而达到股票价格上升，这样的推理显然是不符合逻辑的。

CSI 于 2010 年 6 月 1 日发布公告宣称：公司将延迟公布 2010 年第一季度的业绩，公司收到 SEC 调查传票，公司审计委员会启动内部调查程序，以及公司有可能会对 2009 年第四季度的净收入进行重述。之后，CIS 的股票价格开始下跌。宣布延迟发布 2010 年第一季度的财务数据，这样的公告并不构成原告损失的因果关系，因为该公告并没有指出 CSI 从事不当销售行为，或者从事秘密的寄售安排（secret consignments），或者其他任何原告在起诉状中所指控的不当行为。见案例 In re Hansen Natural Corp. Sec. Litg，527 F. Supp. 2d 1142，1162（C. D. Cal. 2007），该案例中，公司对外公告宣称由于特别委员会正在进行内部调查，所以公司无法按期提交 2006 年第三季度的 10－Q 报告。对于这个公告，法院并不认为属于修正性公告。修正性公告是指企业原先的披露存在错误，只能通过后来的披露来对原先公告信息进行修正；如果被认定为属于修正性公告，则说明企业原先的对外陈述存在不实之处。

企业对外公告称收到 SEC 的调查传票，仅仅是这样的公告本身还不足以构成证券诉讼的损失因果关系。原告必须能够提供除了企业受到 SEC 调查传票之外的其他事项，必须能够将 SEC 的传票或者正在进行的内部调查同起诉状中所指控的实际欺诈行为建立起逻辑关系。见案例 In re Omnicom，Inc. Sec. Litig.，597 F. 3d 501，510（2d Cir. 2010），该案例中，法院认为原告必须能够将经济损失同所指控的欺诈行为之间建立充分的逻辑关系。同样，由于 2010 年 6 月 1 日的 CSI 新闻公告并没有向市场透露公司发生欺诈行为，所以该公告也没有因此而给原告带来损失。只有当所谓的欺诈行为向市场公开，原告的经济损失因果关系才得以确认（见案例 In re Omnicom，597 F. 3d at 511）。本案中，原告认为 Sunvalley 相关的那笔销售交易是在 2009 年第三季度予以确认，而不是新闻公告所涉及的 2009 年第四季度会计期间。

原告还在起诉状中提到 2010 年 6 月 2 日的某文章曾经猜疑为何 CSI 的某些客户进行了销售退货，这个报道也导致了 CSI 的股票价格下滑。然而，法院认为分析师的猜测和质疑并没有透露出符合欺诈指控所需要的事实内容。在案例 re Omnicom，597 F. 3d at 5 – 712 – 13 中，法院认为，外部质疑或者分析师对企业原先披露信息的负面解读都不构成企业自身的修正性披露。在案例 Katyle v. Penn Nat'l Gaming，Inc.，637 F，3d 462，477（4th Cir. 2011）中，法院还判决到，仅凭主观臆断不足以满足证券集体诉讼的损失因果关系要求，对市场进行预言的推测和猜测都不足以形成法律所认可的事实。其实，本案中原告所提到的分析师猜测和原告起诉状中所提到的不当销售交易之间并无联系。分析师所质疑的销售货物退回可以和 CIS 的货物质量相关，也可以和客户重复下订单相关，也可以和某些客户业务停止等等原因相关。况且，Thestreet. com 6 月 2 日所刊登的该文章和 CSI 公司股票价格下跌之间也没有相互关系，故此，损失的因果关系无从确认。

法院认为原告的起诉状并无法阐明 CSI 2010 年 2 月 19 日和 4 月 20 日的公告透露出任何同 Sunvalley 销售相关的信息或者其他交易信息，从这些公告中也无法获悉 CSI 存在对任何销售进行不当会计处理，而且 CSI 的任何部分性披露都没有提及 2009 年第三季度的财务数据，所以损失的因果关系不充分。原告对于被告在损失因果关系是否成立方面的抗辩并没有进一步作出反馈。

法院认为控制人责任的指控不成立

依照案例 Coronel v. Quanta Capital Holdings Ltd.，2009 WL 174656，at* 24，证券交易法第 20（a）条款关于控制人责任的指控必须同时符合以下三个条件：

- 控制人（如企业管理层、董事会、控股股东、大股东等等）的行为属于证券交易法界定的违规行为，也就是说案件中首先必须确定违规行为是存在的；
- 控制人对于案件中首要违规者存在直接或者间接的控制关系；
- 控制人本身也参与了该违规行为，需要对该行为承担责任（culpable

participation）。

而在本案中，由于原告对被告违反证券交易法第10（b）条款的指控并不成立，所以控制人责任的指控也就不能成立。据此，法院驳回了原告对被告违反证券交易法第20（a）条款关于控制人责任的指控。本案的美国纽约南区联邦法庭于2012年3月30日作出了驳回原告起诉的裁决，允许原告在限定时间内重新起诉。原告于2012年4月19日重新向法院提交了修正后的合并起诉状。原被告双方的博弈继续进行着。

2013年4月2日，CSI宣布，美国纽约南区地方法院驳回了一项对该公司提起的集体诉讼。经过连续两次被驳回起诉后，原告是继续起诉、直接上诉还是撤诉，目前还不得而知。

四、案外之声

本案所涉及的是企业收入确认问题，尤其是涉及季度末的交易以及没有客户订单的交易，能否在资产负债表日前确认收入的问题。收入确认一直是美国会计制度下的复杂课题之一，也是美国证券集体诉讼的重要诉因之一。对审计师来说，尤其应该关注企业在季度末和年末的异常发货安排、是否存在期后订单人为前挪的现象、是否存在向经销商（渠道）堆货的情况、企业和经销商是否为关联方、经销商在财务上是独立还是对企业存在严重的资金依赖、是否有私下的秘密合同允许经销商期后退货条款、销售合同或者订单是否尚未签订等等。对于中概公司来说，CEO和CFO也需要了解美国会计准则下，对公司业务有重大影响的收入确认条件，并将这些条件和业务部门的考核指标结合起来，和企业的重大经营环节结合起来，在销售合同中尽量避免那些对收入确认存在障碍的条款，将收入确认和企业的全面风险管理流程结合起来，这样不仅业务部门自身对业绩的完成和预测更有把握，整个公司层面更是如此。唯有如此，才可以降低在收入确认领域违反会计准则的风险，从而降低诉讼的风险。

申明和信息来源

本案例的主要信息来源于相关法律文件，案件中所提到的指控内容，可能属实，也可能并非属实，本书对此并无任何立场。同时，由于本案并未经过陪审团和法院的最后庭审判决，目前是连续两次被驳回起诉，尚未结案，被告并不承认这些指控，所以也意味着这些指控的事实认定在美国证券相关法律下并未予以确认。本案例的主要信息来源包括：

- Consolidated Complaint For Violation Of The Federal Securities Laws, Type: Complaint, Date on the document: 03/11/2011.
- Opinion, Type: Order, Date on the document: 03/30/2012.
- Amended Conso lidated Complaint for Violations of the Federal Securities Laws, Type: Complaint, Date on the document: 04/19/2012.

9. UT 斯达康收入确认和期权日期倒签连环案

● 曾经全球 IT100 强公司，赴美上市，诉讼缠身，短短数年从明星变为平民。

● 收入萎缩、毛利下滑、订单减少、内控缺陷，高管如何应对华尔街压力？

● 三年报表重述三次，承认七年对外报表不可信任，是开诚布公还是亡羊补牢？

● 包括财务经理在内的数十名前内部员工充当秘密证人，是公司对员工关怀不够？还是原告律师的诱惑难抵？

● CEO、CFO 等高管在关键时刻离职、高管大规模抛售股票、大量的会计违规，这些是否足以构成欺诈？

● 软硬件加服务的捆绑交易，收入如何确认？谁又能拥有会计准则下的专业慧眼？

● 股权激励，用股东的钱办企业的事，授权日期哪天为真，谁人能知？

● 四次起诉，三次驳回，原被告律师数年博弈，为何最终走向和解？

一、引子

2010 年 5 月 13 日，美国加州法院初步批准了 UT 斯达康公司（UTStarcom Inc.，下称“该公司”）的集体股东诉讼赔偿金额 3000 万美元。加上 2009 年 6 月另外一起涉及股票期权日期倒签的 950 万美元赔偿，至此，这家曾经辉煌一时的中国电信新贵在美国遭遇一系列股东诉讼后累计赔偿总金额高达 3950 万美元。如果加上被告软银的和解赔偿金额，该案的总赔偿金额超过 4000 万美元，这也是至今为止，中国在美上市公司赔偿金额最大的股东诉讼赔偿案。

IPO 及其后的数次国际资本市场融资

• 该公司 1991 年成立，2000 年 3 月在美国上市，发行价格每股 18 美元，IPO 筹资 1.894 亿美元，IPO 当天股价曾冲高 73 美元，市值超过 70 亿美元。

• 2001 年 8 月 SPO 融资 1.4 亿美元，每股发行价 20 美元。

• 2003 年 3 月进行可转换债券私募，筹资 4.025 亿美元。

• 2004 年 1 月以每股 39.5 美元向美国银行（BOA）发行股份，筹资 4.75 亿美元。

• 通过上述的几次对外募资，该公司累计从国际资本市场筹资超过 10 亿美元。

超 6 年漫漫诉讼路

• 2004 年 8 月 10 日，由于涉及 2 亿多美元和日本电信公司的交易收入确认问题，该公司向 SEC 申请无法及时出具 2004 年第二季度的季报，申请延长 5 天期限。这一事项作为导火索引发了 2004 年的集体股东诉讼。

• 在接下来的该公司一系列由审计委员会主导的内部调查中发现了越来越多的财务会计问题：

* 该公司从 2005 年开始到 2007 年超过 3 次进行报表重新表述（restate）。

* 2007 年 7 月，该公司对外公告，从 2000 年到 2006 年的财务数据需要全部重新出具，该 7 年的报表数据不可以信赖；承认高估收入 3.28 亿美元，期权费用严重低估。

* 还发现该公司有很多软件产品的销售通过私下的合同（side letter）向客户提供免费软件产品升级的承诺，这些私下的合同没有提供给财务部门，所以在公司的财务报表中没有体现出来（共有 83 笔销售收入，总金额超过 4 亿美元）。销售/业务人员为了完成业绩，制造阴阳合同，自己完成了考核业绩，拿到了奖金和佣金，但把风险留给了公司，同时还发现，该公司的管理高层对这些阴阳合同是知情的。

• 亡羊补牢，该公司雇佣大量的会计专业人员，解雇 CFO，重新聘用 CFO，此后发现了更多的财务违规（包括期权费用 2000 多万美元没有入账、收入高估、资产贬值）—— 审计师普华永道上海公司开始怀疑该公司的持续经营能力。

- SEC 和 DOJ 也开始多次对该公司（包括其 CEO 和 CFO）进行会计和内控违规的民事和刑事调查，并启动了海外反贿赂法的刑事调查。

- 从 2004 年开始的股东诉讼持续 6 年，重新修改起诉书 4 次，前 3 次被驳回，在美国的股东集体诉讼中实属罕见，最后法院拒绝了被告要求撤诉的动议，主要是原告向法院提供了 21 名匿名证人起了关键作用。

- 本案中，原告提供了 21 名匿名证人提供证据，匿名证人主要来自公司的订单管理部门和退货管理部门、产品经理、工程师、财务部门及涉及到公司运营几乎所有重要流程的部门。他们有的在多次裁员中已经被解雇。他们了解公司的虚构订单、故意虚假成本的细节，及业务运营环节如何向公司财务部门和财务系统提供虚假的业务运营信息。尤其是他们向原告律师提供的公司在订单管理、产品交付关键环节的内控严重缺乏的证据起了重要作用。

- 原告指控公司高层知道公司内控严重缺陷、收入高估、毛利下滑、订单减少，但同时虚构财务数据，并在股价高位运行时从股份出售中获取个人利益。

- 2010 年 5 月 13 日，美国加州法院初步批准了 UT 斯达康的集体股东诉讼赔偿金额 3000 万美元。

- 公司的内部调查还发现，从 2002 年起通过数次股票期权日期倒签（stock option back dating），高管获利超过 500 万美元，引发了新一轮的股东集体诉讼，在 2009 年 6 月达成赔偿金额 950 万美元。

- 至此，这家曾经辉煌一时的中国电信新贵在美国遭遇一系列股东诉讼后累计赔偿总金额高达 3950 万美元（不含 6 年的律师费）。这也是至今为止，中国在美上市公司金额最大的股东诉讼赔偿案。

- 软银是该公司的最大股东，也是重大的客户之一，软银协助该公司进行了大量的关联交易，同时该公司也通过软银进军风险投资行业。在本案中软银也作为实际控制人之一而被列为被告，最后软银以 290 万美元的赔偿和解。

- 审计师普华永道上海公司多次向该公司提出警告，通过管理建议书指出内控缺陷。值得关注的是，2008 年该公司年报所披露的审计费用超过 1100

万美元，2009 年的审计费用也高达 480 万美元。

UT 斯达康的连环诉讼由两个案件组成，第一个案件是侧重在收入确认的指控，第二个案件是针对股票期权日期倒签的指控。以下我们分别对这两个案件中法院所作的关键性分析和判决过程进行分析和解读。

二、收入确认诉讼案

收入确认是否正确一直是美国证券集体诉讼的热点诉因。收入确认问题可以分解为收入确认的时间和确认的金额两个维度的问题。在哪个时间点应该确认多少金额的收入才符合会计准则看似简单，其实在美国会计准则下是个非常复杂的课题，往往需要涉及很多的会计专业判断。既然涉及专业判断，就并不是个简单的黑与白的选择，一般而言，收入只有在符合以下四个条件的时候才可以确认：

- 具备有说服力的证据来证明这些交易是存在的（一般需要书面合同、订单和客户验收证据）；
- 合同所约定的交付义务已经完成；
- 交易对应的价格基本上已经谈妥或者说可以确定了；
- 收款是有合理保障的（意思说不是免费的，而且对方也是有能力支付的）。

看似简单，其实在实际业务的判断过程中非常复杂。对应 UT 斯达康这样的信息科技行业公司，如果所卖的产品属于软件产品，那么交付义务的识别和界定要事先明确，软件产品交付和安装、培训、维护、升级等等都需要界定为独立的义务，所以如果其中一个义务没有完成则非常有可能导致整个合同无法及时确认收入。也正是如此，有些销售就签订阴阳合同，提交给公司财务部门的合同上面所约定的义务比较少，这样可以确保收入可以提前确认；同时又私下和客户签订另外一份合同，承诺给予客户免费升级、免费多年维护等等，而这个私下的合同（side agreement）不提交给公司财务部门；这样一来公司的财务人员判断收入确认时间就是错误的，从而使收入虚增。

案件过程

本案的重要事件发展过程如下：

• 2004 年 8 月 10 日，UT 斯达康发布公告说明公司向 SEC 申请延期 5 天提交 2004 年 6 月 30 日的季度报告。此新闻一出，公司的股票价格从 8 月 10 日的 17.95 美元下跌至 15.37 美元。

• 2004 年 9 月 16 日，该公司公布了该季度的季报，并说明公司启动内部审核程序来审查和日本电信公司高达 2.9 亿美元的合同交易，该审查发现公司收入确认环节的内控存在某些重大缺陷。

• 2004 年 9 月 20 日，该公司发布公告说明公司正在重新审核其财务预测，并下调第三季度和全年的盈利预测数据。对于日本电信公司的项目，公司需要递延全部 2.9 亿美元的收入确认，而无法在下半年确认其中的 2.2 亿美元收入。

• 从 2004 年 10 月开始，陆续有数起股东诉讼发生，这些诉讼最后在美国联邦加州北区法院合并成集体诉讼，案名为 In re UTStarcom, Inc. Securities Litigation，案件代码为 Master File No. C－04－4908－JW（PVT）。

• 2005 年 7 月 26 日，原告代表提交了第一稿修正后的合并诉讼状。

• 2006 年 4 月 13 日，原告提交第二稿修正后的合并诉讼状，并将诉讼期间延长到 2005 年 10 月 6 日，并在原来以公司和公司管理层为被告的基础上，追加软银为被告。

• 2006 年 6 月 2 日，公司和自然人被告向法院提交动议，要求驳回该诉讼。

• 2007 年 3 月 21 日，法院判决同意被告的请求，驳回该起诉，但允许原告重新提交诉讼状。

• 2007 年 5 月 25 日，原告提交第三稿修正后的合并诉讼状。

• 2007 年 7 月 13 日，针对第三次修正的诉讼状，公司被告和自然人被告提交动议请求予以驳回起诉。

• 2008 年 3 月 14 日，法院同意被告的请求，驳回原告的第三次修正后的诉状，但法院允许原告提交第四次修正的合并诉讼状。

• 2008 年 5 月 14 日，原告提交第四次修正后的合并诉讼状。

• 2008 年 6 月 13 日，公司被告和自然人被告向法院提交申请反对原告第四次修正后合并诉讼状的格式和内容。

• 2008 年 7 月 24 日，法院否决了被告的反对。

• 2008 年 9 月 8 日，针对第四次修正的诉讼状，公司被告和自然人被告向法院提交要求驳回起诉的动议。

• 2009 年 3 月 27 日，法院拒绝了被告要求驳回起诉的动议。

• 2010 年 2 月 26 日，原告提交动议申请集体诉讼原告资格确认（class certification）。

• 2010 年 4 月 1 日，诉讼双方向法院提交和解赔偿协议和申请法院初步批准部分赔偿方案的动议，根据该赔偿协议，由被告的保险公司支付3000万美元现金的赔偿款，未参与该赔偿协议的是被告软银的三家公司（软银公司、软银美国和软银香港）。

• 2010 年 5 月 13 日，James Ware 法官初步批准了该和解协议。

• 2010 年 8 月 31 日，法院最终批准了该赔偿协议、赔偿的分配方案和律师费用分配方案。

• 2010 年 10 月 8 日，原告和软银达成和解赔偿协议，赔偿总金额为 290 万美元。该方案最终于 2011 年 7 月获得批准，律师获得了总赔偿额 24.5% 的服务费用，外加 19 万美元的其他费用。据此，该案终结。

原告指控被告违反 1934 年证券交易法第 10（b）条款和 SEC 的 10b－5 规则，以及控制人违反了 1934 年交易法第 20（a）条款。经过数轮的交锋，原告的起诉状都被法院判定予以驳回。原告第四次向法院提交修正后的合并诉讼状，对于原告的第四次指控，被告提出抗辩要求，法院驳回该起诉。被告的抗辩理由主要是以下三点：

• 针对某些虚假陈述的指控，被告认为这些陈述在作出的时候，其本身并不是虚假的（虚假陈述是否存在?）；

• 被告认为诉讼状并没有能够强有力地推导出原告存在欺诈（舞弊）行为；

• 被告认为起诉状并没有足够充分地阐明原告投资损失的因果关系。

法院的分析和判定过程

法院在审理过程中，针对被告的以上三个角度的抗辩，逐一进行法律分析如下。

被告是否存在虚假陈述？被告认为，被告公司的 CEO 和 CFO（二者皆为本案自然人被告）关于中国业务和国际业务强劲增长的这个陈述，从陈述作出的时间点来看，当时并不是虚假陈述，而是真实的。被告认为，原告的诉状并没有任何提供证据来表明这些陈述在作出的时候是虚假的。而原告认为这些陈述是虚假的，因为被告在作出这些陈述的时候是知道缺乏合理的依据来支持这些乐观的财务预测的。

法院援引案例认为，PSLRA 对是否虚假陈述是有明确的要求的，原告的诉状需要明确阐明每一个具体的虚假陈述、虚假的原因，如果有些指控是基于原告的确信，那么原告需要阐明其确信所形成的所有具体事实。就本案来说，原告的指控主要是围绕被告海外（在中国）市场的预测信息，法院认为原告有代表性的相关具体指控包括：

- 2003 年 4 月 16 日，被告公司发布业绩公告并召开投资者电话会议来分析公司 2003 年第一季度的业绩，在该电话会议上，被告公司的 CEO 和 CFO 作了如下的陈述：

CEO：“……公司订单具有很强的可视度，接下来的三个季度订单现在已经有了……”

CFO：“……业务订单的可视度非常强，公司本年度的订单已经在手……我们估计利润率将会有轻度提升，估计从整年持续来看是半个到一个百分点左右……2003 年的毛利率目标为 34% 到 35% ……”

然而 2003 年的公司毛利率并没有从第一季度的 34% 得到提升，毛利率实际上并没有改善正好说明了 2003 年全年订单的可视度并没有公司原来对外宣告的那么强劲。原告还作出如下的指控：

- 2003 年 7 月 17 日，关于公司第二季度业绩公告的电话会议中，CEO 和 CFO 作了如下的陈述：

CEO：“……我们本季度的订单仍然强劲，所以我们订单的可视度持续到

2004 年的第一季度，我们确信这将是行业中独一无二的，由于订单可视度的提高，我们再次提高公司的业绩预测……”

CFO：“……公司的存货水平和递延收入金额的上升正是个强烈的信号，直接体现了对我们产品异常强劲的市场需求，我们将这一需求转换为可视度的提升、收入和利润的增加……我们将持续看到中国大陆和全球市场对我们所有产品的日益增长的强劲需求……”

然而，小灵通（personal access system，“PAS”）的订单却从 2003 年第一季度的 4.53 亿美元严重下滑到第二季度的 2.45 亿美元，这个事实正好说明市场的需求并非被告 CEO 和 CFO 所陈述的那样日益强劲。

在 2009 年 1 月 16 日的听证会中，被告抗辩认为原告的指控只是涉及到被告的部分业务的市场需求，尤其是原告的指控集中在 PAS 基础设备某些特定客户的订单在下滑这一情况，而忽视了被告其他产品（如 PAS 手机）的需求是强劲的，而且从更广义范围的客户群来看 PAS 订单量还是上升的。被告也向法院提交了相关的证据（主要是合同清单）来证明这一点。法院审核完这些信息认为，即使将来自中国网通和中国电信的小灵通设备订单刨除，原告的指控从整体来说并没有受到多大影响，而且，至少原告的诉状已经指出某个重要产品线的市场需求在下滑，而同时被告高管仍然对外宣称所有产品线的需求都在增长。如果被告希望从更宽的业务范围来进行抗辩，那么随着事情的发展被告还是仍然有这个抗辩机会的。因此，现阶段还不能驳回原告的起诉。

原告继续指控被告 CEO 和 CFO 不顾小灵通设备的订单在 2003 年每个季度都持续下滑的实际情况，对外却宣称需求强劲。原告还指控被告对外发布的 2004 年的业绩指引存在误导，这些业绩指引是基于公司现有的产品线和新产品，然而，被告最终并没有实际完成这些业绩指引（在收入和利润方面），因为被告的实际市场需求在下滑，被告公司正面临经营困难，新产品的开发也面临困难，而且到手订单所对应的销售的成本正在攀升。

法院认为，原告的以上具体描述已经足够指控了被告的对外陈述在作出的时候就已经是虚假的了，这是因为：

首先，被告对外宣称公司所有的产品线在中国大陆和国际市场上的需求正在增长，但同时中国大陆对小灵通的需求却在下滑，原告的这些指控刚好可以说明被告的对外陈述，在作出的时候就可以说是虚假的。

其次，原告的诉状主要涉及被告与利润和收入方面相关的业绩预测信息，这些信息属于前瞻性的（forward - looking），是用来反映公司未来的情况。这些业绩预测信息如果符合以下 3 个条件，那么也是可以认定是虚假的：（1）被告对这些预测信息其实并不是真实确信的；（2）对预测信息的确信缺乏合理的基础；（3）被告对某些未披露事项是知情的，而且这些未披露事项将会严重影响到预测信息的精确性。

在本案中，原告罗列了大量的事项，如市场需求的下滑、毛利率的下滑、经营的困难、成本上升、内控的缺陷等等，这些事项足以强烈地推导出被告公司的 CEO 和 CFO 其实知道公司所公布的业绩预测是缺乏合理基础的。原告指控被告在作出对外业绩预测陈述的时候对这些负面的信息是知情的。法院认为，假设这些负面事项在被告对外陈述的时候确实已经发生了而且被告也确实知情，那么原告还是有可能找到证据来证明被告的 CEO 和 CFO 对其乐观的业绩预测是缺乏合理依据的。（所以法院在这个阶段还不能同意驳回该起诉，因为原告还是有这个可能性来作出这个证明）法院认为，对这些指控的举证一旦成功，那么刚好最终可以说明被告的业绩预测在公司海外业务（主要是中国业务）面临众多困难的情况下是无法实现的。不论如何，至少本诉讼状中，原告已经阐明被告公司的 CEO 和 CFO 对这些没有披露的负面事项是知情的，而这些负面事项将会严重影响到被告业绩预测信息的精确性。

所以法院认为原告的起诉状已经充分指控了被告的对外陈述在作出的时候就已经是虚假的，因此在这个阶段还不能以此原因驳回原告的起诉。

被告是否构成欺诈（舞弊）？是否构成欺诈将是证券集体诉讼的要件之一，控辩双方围绕这个要件进行了激烈的交锋。法院首先援引了以下几个经典案例来确定法律原则：

- Ernst & Ernst v. Hochfelder 425 U. S. 185, 193 - 194 n. 12 (1976);
- In re Silicon Graphics Inc. Sec. Litig., 183 F. 3d 970, 973 (9th Cir. 1999);
- Tellabs, Inc. v. Makor Issues & Rights, Ltd., 127 S. Ct. 2499, 2510 (2007);

以上的案例确定了构成欺诈的认定要求，指控欺诈的证据在证明力度上需要超越“合理”（reasonable）、“可允许”（permissible）这样的度，应该要达到有说服力（cogent）这个度，或者说至少要和相反结论的证明力度上一致（as compelling as any opposing inference once could draw from the facts alleged）。所以看来对这个证明的力度要求并不是很高。

在本案中，原告指控被告在向 SEC 提交所有的季报和年度报告，及公司在萨班斯法案合格申明方面都作出了大量的重大不实陈述。法院认为原告的指控在整体角度看符合欺诈的认定要求。法院还重点汇总了原告的某些如下指控内容；

• 在诉讼期间被告发布的所有财务报表都存在重大的错误和误导。从 2000 年到 2005 年共有 84 笔销售合同涉及总金额高达 4 亿美元的收入确认存在问题，这些合同由于存在产品升级的承诺导致收入无法得到确认。

• 在一独立调查中，SEC 认定被告公司的 CEO、CFO、审计委员会及其他高管至少从 2003 年 3 月开始就被告知公司的内控存在重大缺陷，这些缺陷包括：销售部门签订私下合同，这些合同导致收入无法得到确认，但这些私下的合同并没有报到财务部门，导致存在阴阳合同行为；被告已经多次收到公司审计师的管理建议书，该建议书描述了多处内控缺陷；被告公司的前员工还提供信息表明收入确认这个问题，也是公司外部审计师所关注的问题，在整个公司都是知晓的。SEC 对公司的调查报告还表明，虽然知晓公司存在会计违规，但公司的 CEO 和 CFO 并没有采取措施建立和实施恰当的内部控制，反而虚假地对外陈述公司的财务信息是精确可靠的。

• 被告自然人（公司高管）对以下信息是知晓的：

* 充分有效的披露流程控制是至关重要的，因为被告在年度报告中披露说明公司的高速增长对管理、财务和其他资源都形成了挑战。

* 而且 2003 年和 2004 年公司来自中国的销售占整个公司销售比例超过 79%。

* 销售的阴阳合同是会导致收入无法确认的，而且这一现象在公司内部是很普遍的。

* 公司在收入确认方面的内部控制是存在重大缺陷的。

* 公司的CEO和CFO对产品开发所存在的问题及中国业务下滑这些未对外披露的信息是知情的。

• 被告公司的CFO于2006年4月13日辞职。此间，公司和SEC正在调查公司的财务问题，而这正好在公司宣布进行第二次财务报表重述（2006年5月24日）之前。由被告公司财务计划部门前经理所扮演的秘密证人提供证人信息表明，被告公司打算清理这些给公司带来麻烦的体系。2006年5月10日，公司宣告其CEO将在年底前辞职，2007年6月1日该CEO被终止合同；2007年7月24日，公司宣告正对和中国客户的合同进行内部调查，这一调查发现公司在过去6年中共有78笔涉及金额高达2.786亿美元的收入确认存在问题。

• 被告和公司的其他内幕人士在诉讼期间的头11个月期间共抛售了5800万美元的股票，这一抛售行为发生在公司股票价格上涨150%的时候（同期间同行业公司的股票价格上涨幅度为34%），而且被告是在明知中国市场需求在下滑、内控重大缺陷导致公司利润被高估、大量的运营问题导致公司交货延迟和所交付产品存在缺陷等等这些情况的前提下抛售公司股票的。

原告认为以上众多的指控从整体上已经足以强有力地推导出被告存在欺诈行为，所以原告的起诉是满足PSLRA要求的。法院认为，首先涉及收入确认金额高达4亿美元的报表重述这个事件有力支持了欺诈的指控。第九巡回法庭曾经判例认为如果其他起诉条件恰当的话，对财务报表中收入确认高估的指控将往往符合欺诈的要件，因为在美国会计准则下，收入必须要真正赚取后才可以确认。在本案中，收入被高估确认的金额巨大，从中是可推导出公司是故意高估收入从而可以影响股票价格的表现。

法院还援引了2007年的Impax案例（见In re Impax Laboratories, Inc. Sec. Litig., LEXIS 52356），在该案例中法院判定会计违规行为可以用来支持对欺诈的指控，尤其是重大会计违规则往往可以为欺诈的指控提供非常有力的间接证据。本案中，起诉状提到了众多的会计违规行为，包括收入高估、未确认的金额高达2670万美元的股票期权费用、未确认的金额高达750万美元的贬值费用、未确认的商誉的贬值费用等等。虽然从这些会计违规行为中也同样可以推导认为是属于过失行为而不一定是欺诈行为，但法院认为，这些违规事项的金额重要性和程度至少同样可以强有力的推导认为欺诈是存在的。

其次，原告还指控认为在2003年和2004年期间，被告对其内部控制存在重大缺陷是知情的，这一指控更是加强了欺诈指控的力度。就连SEC也发现，被告虽然已经知晓其内控存在重大缺陷，但并没有实施有效的内控措施来予以整改，而是继续对外披露其错误的收入数据。（虽然SEC最终决定不指控被告存在欺诈行为，本案的法院认为，SEC的这一自行决定并不能够说明本案中的被告是否实际上存在欺诈行为）原告指控认为，被告其实已经从其外部审计师方面收到严肃的管理建议书，而且原告认为被告在收入确认环节存在会计违规的情况是其整个公司上下都知晓的。原告指控认为被告的CEO和CFO在明知这些情况的前提下，仍然对外宣称公司产品的市场需求强劲并对外发布不合理的过于乐观的业绩预测信息。

再其次，原告还指控被告公司的CEO、CFO及其他高管或者辞职或者被辞退，而这些行为的时间恰好和公司财务报表重新表述及公司内部启动调查和SEC启动财务调查的时间几乎为同时。虽然公司高管的离职这一事件本身并不能足以支持欺诈的指控，但如果结合其他事项尤其是报表重述，那么高管的离职无疑是对欺诈的指控起到辅助证据的作用。（见Impax案）本案中，在公司对外宣称其CEO离职事件中，也同时披露SEC调查人员建议SEC对该CEO提出民事诉讼，指控其违反证券交易法的10（b）条款。所以至少，高管离职的时间或许可以透露出这样的信息，那就是公司确信这些高管卷入了涉及公司财务的不良事件。当然，从离职时间这个信息本身也可以同样推导认为，这些被告（公司高管）自愿离职（own volition）或者说这些高管并不是由于不良的行为而离职的。法院认为，本案中公司高管的离职时间和公司报表重述及相关调查启动时间比较接近，这也成为了欺诈指控的补充证据。

最后，原告还指控被告进行了大量的股票交易行为，这些交易行为或者是在公司股票价格最高峰的时候或者是在被告对那些负面的尚未对外披露的事项知情的时候而进行的。法院援引Silicon Graphics案例中的判决：“公司内部人员的异常和可疑的股票抛售行为或许会构成欺诈指控的证据（circumstantial evidence），……尤其是这些抛售行为和以往的股票交易惯例严重不同，且这些抛售行为是通过尚未公开的信息而获得个人利益。”本案原告正是指控被告在2003和2004年间总共抛售了约4000万美元的股票，而且被告公司的CFO和另外一位高管在此期间抛售了其各自超过98%的持有公司股份。所以法院认为这些股票抛售的时间和巨大金额进一步支持了欺诈的指控。

被告抗辩认为这些股票的抛售并非属于可怀疑的交易，因为这些抛售是符合10b-5规则的要求而提前安排好的，因此并不是蓄意的交易（nondiscretionary）。在10b-5规则下，公司的高管可以事先登记对外披露其售股计划，所以只要在一段时间内，市场股票价格符合这个计划，则可以自动售股，而不会受公司股票窗口期关闭的影响。法院并没有采纳被告的这个抗辩理由。法院认为被告非蓄意抛售股票的证据或许最终可以在本案的以后阶段作为强有力的抗辩理由，但目前是处于起诉阶段，就原告的诉状来看，原告已经充分指控了被告金额巨大、时间可疑的股票抛售行为。

总之，法院认为原告在起诉书中已经对被告作出了如下的指控：

- 总金额约为4亿美元的报表重述；
- 和收入确认相关的重大会计违规；
- 对公司在收入确认方面的内控重大缺陷这一情况被告是知情的；
- 被告在已知海外业务需求日益减少的情况下仍然对外宣称海外市场的需求强劲；
- 被告高管的离职时间和报表重述及内部调查和SEC调查开始时间十分接近；
- 被告在公司股票价格上升和拥有未披露的可能对股价不利信息的情况下大规模抛售公司股票。

虽然以上的每一个指控单独来看也可以推导出相反的结论，就是说，单独看这些指控的内容，既可以推导出欺诈行为是存在的，也可以推导认为欺诈并不存在；但是，法院认为，这些指控如果综合起来，从总体角度看，那么可以从中推导出欺诈行为存在和不存在这两个相反的结论，在推导的强度上至少是相当的（见Tellabs案例）。所以，法院认为，原告已经充分地起诉了被告的欺诈行为，故此，法院拒绝了被告以此为由要求驳回起诉的动议。

投资损失的因果关系是否成立？被告从投资损失因果关系不成立的角度抗辩要求法院驳回该起诉。法院在分析本案的时候援引了以下一些案例来说明如何判断投资损失因果关系是否成立：

- Dura Pharm 544 U. S. at 341；
- Lentell v. Merrill Lynch & Co.，396 F. 3d 161，173（2d Cir. 2005）；
- Suez Equity Investors，L. P. v. Toronto Dominion Bank 250 f. 3D 87，95（2d Cir. 2001）。

以上案例明确了原告在起诉因果关系存在的时候应该达到何种要求，原告不能仅仅是指控认为股票购买价格被虚高了，而是需要在被告的虚假陈述和原告的损失之间建立因果关系，要说明被告所隐瞒的信息或者所作的虚假陈述一旦公布或者一旦修正则会对股票价格产生不利的影响。

在本案中，法院认为原告的起诉书已经提供了足够的指控内容来建立投资损失的因果关系，从而避免了该起诉被驳回。虽然起诉书并没有具体指控任何一个被告人曾经作过完整的修正性信息披露，起诉书其实是指控认为正是被告的逐步部分披露了原先隐瞒的信息导致了股票价格逐步下降，这些披露有些影响到了被告公司的当前财务状况，有些则影响到被告公司将来的业绩。起诉书中描述了21个事项，这些事项正是代表了被告对外所作的部分披露信息，这些部分披露揭开了原先所隐瞒的信息，从而对股票价格造成负面影响。例如，原告在起诉书中指控到：

"……在公司于2004年7月27日对外公告说明公司在收入确认方面存在内控缺陷的时候，第二天被告公司的股票价格下跌了29.3%，而同时间NASDAQ的平均股票下跌仅为0.6%。在这个公告中，被告公司提到新产品的交付时间和客户最终验收时间的变长，导致海外收入中利润比较高的项目大约有2870万美元的收入不能确认……"

以上只是起诉书中的一个例子而已，原告的起诉书中存在大量的类似例子足以说明被告修正后的信息披露和股票价格下跌之间的因果关系。既然公司在收入确认和内控信息上的披露存在不实的陈述，而且正是由于这些不实的陈述导致公司股票价格上涨，法院认为原告的这个指控是充分的，从而可以避免该起诉被驳回。

被告抗辩认为在公司进行几次的报表重述后，公司的股票价格其实是回升的。然而法院认为，原告的起诉书中有太多的例子来指控被告的部分性修正后的信息披露和股票价格下跌的联动关系，故此，从起诉阶段的标准来说，原告已经充分地符合这个因果关系的要求。至于被告主张认为股票价格在这些修正性的信息披露后其实是有一定程度回升的，所以所指控的虚假陈述并没有导致投资损失，法院认为这个抗辩理由被告可以在证据开示阶段以后有机会再考虑。

2009年2月11日，被告向法院提交申请要求考虑适用Shoretel案中的判例原则（见 Shoretel Inc.，Securities Litigation，NO. C 08 - 00271，2009 WL24826）。法院认为该案例和本案的情形不一样：

- Shoretel案是涉及证券交易法第11条款的诉讼，而本案并不涉及这个条款。

- 在Shoretel案中，原告指控认为原告的损失是由于被告新闻公告所导致的；法院审核后发现该新闻公告其实并没有涉及任何所指控的虚假陈述，也不是对所指控虚假披露的修正披露，在这个案例中，原告仅仅是指控认为股票市场对被告公司的不良财务状况表现出了不良的股价反映，也就是说股票价格的下跌并不是因为公司在招股书中的虚假陈述信息得到重新修正披露所导致的。相反，在本案中，原告指控的是，被告不仅财务状况不良，而且还对原先虚假的陈述进行了修正性的披露，正是这个修正性披露直接导致了股票下跌和投资者的投资损失。例如，原告指控被告在收入确认方面存在重大的虚假陈述，而后续的修正性披露也确实证明了被告原先在收入确认方面的陈述存在虚假情形。

所以法院没有采纳被告以Shoretel为案例的抗辩理由。

法院认为，在目前的起诉阶段，原告已经充分地建立了投资损失的因果关系，所以法院拒绝了被告要求驳回起诉的动议。

关于软银申请驳回起诉动议的判决

软银及其相关公司作为本案的被告之一向法院提交了动议申请驳回该起诉。原告指控软银违反证券交易法20（a）条款，需要承担控制人的连带赔偿责任。软银的抗辩理由是被告并不构成证券法的首要违规者，软银也没有对被告UT斯达康公司的日常经营曾经行使过控制权。

证券交易法的20（a）条款界定了控制人和控制人的责任，任何人需要对其所控制的人因为违反证券交易法的 10（b）条款所产生的负债承担共同或者连带责任（jointly and severally liable）。所以如果要进行 20（a）条款的指控，那么必须要满足以下条件：

- 证券法的首要违规行为需要存在。
- 被告对首要违规者行使有实际的控制权。SEC 又对这个控制权界定为：通过股份的投票权、合同或者其他途径，从而直接或者间接拥有权力来指挥或者促成被控公司管理层的管理方向和政策，如果符合这个条件，那么控制关系就成立。

在起诉过程中，并不需要证明控制人实际参与或者行使了这个控制权，但被告人可以采用诚信原则进行抗辩（good faith defense），用以证明其并没有欺诈行为或者并没有实际有效地参与证券违规行为。（见案例 Howard v. Everex Sys.，Inc. 228 F. 3d 1057，1065）

在本案中，法院认为原告已经充分地指控了首要违规行为是存在的，所以法院只需要直接考虑原告是否已经充分地指控了软银对 UT 斯达康公司的控制权。法院注意到起诉书中如下描述；

“……在本案的诉讼期间，第三方人士 S 先生是软银的总裁、CEO 和董事长，也是软银的最大股东。S 先生也是 UT 斯达康公司的共同创始人，并从 1995 年 10 月到 2003 年 3 月期间担任该公司的董事长，并一直担任董事直到 2004 年 9 月 15 日。UT 斯达康公司在其 2002 年的年报中披露 S 先生为软银派往本公司的董事，软银是本公司的第三大客户，也是本公司的最大股东。在 UT 斯达康公司 2002、2003、2004 的年度报告中，公司披露软银及其相关实体包括软银美国对本公司的管理层和公司事务具有重大的影响……”

“……本案中的个人被告和软银，基于他们担任 UT 斯达康公司的高级管理层或者董事（包括软银），应该被认定为美国证券交易法第 20 条款下的控制人，这些控制人拥有实际权力和影响力从而促成 UT 斯达康公司进行不良的违规行为。也正是由于他们的控制权地位，他们（这些个人被告和软银）有能力也确实是直接或者间接地控制着 UT 斯达康公司的经营活动……”

法院认为以上的指控提到软银通过 S 先生和其作为 UT 斯达康公司的最大股东和第三大客户，是有权也实际上直接或者间接地控制着 UT 斯达康公司的经营。这些指控，在诉讼的起诉阶段是充分的。至于软银是否真的参与到UT斯达康公司的日常经营活动这些需要经过事实认定的问题，被告可以通过诚信原则予以抗辩。

所以法院认为，原告对软银的指控在起诉阶段是充分的，故此法院拒绝了软银申请驳回该起诉的动议。

法院在最后要求被告按照联邦诉讼程序法或者原被告双方约定的时间回应起诉书。法院还安排了接下来的案件管理会议，要求原被告双方都需要参加该会议以确定证据开示的时间计划等等事项。经过约1年的证据开示程序，在2010年4月后双方达成和解赔偿，赔偿总金额为3000万美元。从公告信息来看，当时UT斯达康已经出现财务危机，这3000万美元的赔偿几乎用尽了其高管和董事责任保险的赔偿额度。

软银还曾经向法院申请反对原告和UT斯达康等被告达成的以上和解协议，该申请动议被法院驳回。再半年后，也就是2010年10月，被告软银相关实体也和原告达成了和解赔偿协议，总赔偿额度为290万美元。从赔偿公告信息来看，原告律师坦陈要赢得该诉讼并不容易，尤其在取证方面更是困难重重，所以原告对被告的实质性指控在庭审的时候未必会获得支持。因此在已经从UT斯达康公司被告获得高达3000万美元赔偿的情况下，还可以在短时间内从软银获得290万美元的赔偿，对原告律师来说无疑是相当可观的战果。

本案前后历时六年，其精彩之处当属于前三次的起诉都被法院判决予以驳回，第四次修正后的起诉状才战胜被告的驳回起诉申请。原告在前几次的起诉中屡次被驳回，在第一次和第二次的诉状中被告的范围还包括曾经为UT斯达康承销商的美洲银行，由于多次起诉被驳回，后来原告主动放弃将承销商纳入被告，从而集中精力加强对UT斯达康的指控力度。第四次的诉状能够通过，很重要的原因是在指控力度上，匿名证人起了重要的作用。在第三次的诉状中匿名证人只有14名左右，在第四次诉状中匿名证人增加到21人，这些匿名证人都是UT斯达康原来的雇员，或者是因为被解雇或者离职而被原告律师纳入匿名证人。

三、股票期权日期倒签诉讼案

股票期权日期倒签（stock option backdating）是华尔街在安然舞弊案后公司治理的又一热点，有多家在美上市公司由于存在股票期权日期倒签会计违规操作而引发证券集体诉讼。为何说股票期权日期的倒签会是个会计违规行为呢？这需要我们对股票期权的会计基本概念有个初步理解。

股票期权是指公司在某个时间点授予的（一般是给公司管理层和内部员工），被授予方由此有权力按照约定的价格在某一段时间内（行权期间/vesting period）购买公司的股票；期权授予当天称为授予日（granting date），约定的购买股票的价格称为行权价格（exercise price），授予日当天股票的价格为市场价格（market price）或者说是公允价格（fair value）。如果行权价格高于当天的市场价格，那么这个股票期权就没有内含价值（intrinsic value），对授予人来说其实没有多大意义；相反，如果行权价格低于当天的市场价格，那么这个期权是有内含价值的。这时候就会产生期权的会计成本（stock/share/equity-based compensation cost），按照美国会计准则，这个期权成本需要予以确认计入损益表。如果期权的行权价格是公允价格（市场价格），通常每一个期权成本是授予日当天股票市场价格的1/3，也就是说如果当天股票市场价格为10美元，那么期权的成本大约为3.3美元。对这个3.3美元的期权成本，在会计处理上需要在行权期间内予以分摊确认进入损益，而且要按照加速法确认这个费用，如果行权期间为四年的话，第一年通常需要确认该总费用的60%。由于在美上市公司用期权来对高管和员工进行激励是个非常普遍和重要的方法，因此美国会计准则121（R）要求对期权成本进行会计确认给公司的业绩带来很大的压力。为了规避这个成本压力，同时又确保高管和员工这些被激励对象的利益得到保障，许多公司就选择在公司股票价格相对比较低的时候发放股票期权，这样一来公司需要承担的会计成本比较低，二来由于行权价格比较低所以将来股票价格上涨后高管和员工获利空间比较大。为了达到这个双重目的，美上市公司存在滥用股票期权的行为，股票期权授予日期倒签就是个滥用这个激励机制的行为。通过构造虚假的授予日期，人为操控授予日期，以达到表面看来期权总是在股票价格比较低的时候进行发放，如果是蓄意的话，那么这其实是个会计欺诈行为。这样的欺诈行为在华尔街上市公司中还挺普遍，所以在后安然时代，股票期权日期倒签一度成为股东证券集体诉讼的热点，曾有一批公司在集体诉讼中和解赔偿。UT 斯达康就是其中一个案例，也是中国概念股中目前唯一的案例。

案件过程

我们首先了解一下 UT 斯达康期权日期倒签案的发展过程：

- 2007 年 7 月 24 日，UT 斯达康公告宣称公司对期权发放流程进行了内部调查，该调查发现有证据表明公司的股票期权存在授予日期倒签的情况；公司还进一步公告说明，由于这些发现，公司原来所发布的从 2000 年到 2006 年 7 年的财务报表不可再信赖，并估计至少有 2800 万美元的报表重述。
- 此消息一出，公司的股票价格从 2007 年 7 月 23 日的收盘价格 4.73 美元下跌到 2007 年 7 月 25 日的 3.70 美元，并持续下跌，股东诉讼由此而来。
- 2007 年 12 月 18 日，法院批准同意 James R. Bartholomew 担任原告代表，Finkelstein Thompson LLP 为原告的首席律师。
- 2008 年 1 月 25 日，原告提交修正后的诉讼状，被告随后提交动议请求法院驳回该起诉。
- 2008 年 4 月 14 日，法院同意了被告的动议申请，驳回原告的起诉，但允许原告提交修正后的诉讼状。
- 2008 年 5 月 16 日，原告提交了第二次修正后的诉讼状。
- 2008 年 6 月 6 日，被告提交动议申请驳回第二次修正后的诉讼状。
- 2008 年 8 月 21 日，法院部分同意部分拒绝了被告的驳回动议。
- 2009 年 5 月 14 日，和解赔偿协议达成，并提交法院初步批准；按照该协议，赔偿总金额为 950 万美元的现金。
- 2009 年 9 月 29 日，该和解赔偿协议获得法院批准。
- 2009 年 10 月 30 日，原告的律师服务费和各项费用分配方案获得法院批准。
- 2010 年 11 月 8 日，法院发布法院令授权发放和解赔偿金。据此，本案结案。

2006 年 11 月 7 日，UT 斯达康公司发布新闻公告宣称其开始对以前的股票期权发放流程进行调查；2007 年 2 月 1 日，该公司又发布第二次新闻公告称该调查还在进行中，但目前已经发现公司的某些股票期权发放在计量日期上存在错误；2007 年 5 月 16 日，该公司又一次对外公告称期权发放计量日期的错误将可能意味着公司漏计了大约 3500 万美元的非现金薪酬费用；2007 年 7 月 24 日，该公司对外公告将该估计错误金额修正为 2800 万美元。基于这些对外公告的信息，原告指控被告进行股票期权日期倒签的欺诈行为。原告指控被告通过股票期权的日期倒签来高估公司的收入和利润，并以此人为地抬高被告公司的股票价格。原告在诉状中列明，从 2000 年到 2005 年期间，被告的 2880 万股票期权中有 1780 万存在错误的计价日期；而这其中又有 760 万的期权对应的行权价格高于期权授予日当天的股票价格，但其余的 1030 万期权对应的行权价格却是低于期权授权日当天的股票价格。所以，这 1030 万期权属于日期倒签性质，是有内含价值的；而其余的 760 万期权虽然也是存在日期倒签的错误，但其实在授予日当天对被授予人来说当时是没有价值的，因为其行权价格高于授予日当天的股票价格。原告还指控到，当这些期权日期倒签的错误对外公告后，UT 斯达康的股票价格下跌，导致了投资者损失。自从 UT 斯达康 2006 年 11 月 7 日对外公告其开始对股票期权日期进行调查以来，公司的股票价格从 2006 年 11 月 7 日的每股 10. 23 美元下跌到 2006 年 11 月 9 日的每股 9. 32 美元，下跌幅度高达 9%；而当公司在 2007 年 7 月 24 日公告称可能需要进行涉及金额高达 2800 万美元的报表重述时，在其他不利消息的共同影响下，公司的股票价格从 2007 年 7 月 22 日的 4. 73 美元下跌到 2007 年 7 月 25 日的 3. 7 美元，跌幅高达 22%。

原告于 2007 年 9 月 4 日提起诉讼，并于 2008 年 1 月 25 日向法院提交了修改后的起诉状，指控 UT 斯达康公司及其相关管理层和董事（以下统称“被告”）违反了 1934 年证券交易法的 10（b）、14（a）和 20（a）条款，及 SEC 的 10b－5 规则和交易法的 14a－9 规则，所涉及的诉讼期间从 2002 年的 9 月 4 日到 2007 年的 7 月 24 日。

法院的分析和判定过程

法院在审理该案件的时候先是进行了相关法律标准的分析，主要包括如下5个方面：

联邦民事诉讼程序法12（b）(6）条款。依照联邦民事诉讼程序法12（b）（6）条款，并结合了几个判例法所确定的原则，地区法院对那些无法主张法律救济的起诉应该予以驳回，所以在起诉是否需要驳回这个问题上，法院需要考虑的不是原告的主张最终是否能够获胜，而是要考虑原告是否有权来提供证据用以支持其所作的主张。故此，在审理是否驳回起诉的时候，法院必须假设原告对被告的指控是真实的，而且必须从对原告有利的方面来进行合理推导。即使从原告起诉状的表面上看，原告胜诉的可能性很小，法院也必须要允许原告在起诉阶段使案件得到进展。这样就很大程度上避免了法院无故而作出不予以受理的决定。

如果法院决定驳回该起诉，那么也需要考虑是否允许原告修改诉状再次起诉。美国联邦上诉法庭第九巡回法院就曾多次作出判决要求地区法院应该允许原告修改诉状再次起诉，即使原告没有如此要求，除非法院可以确定即使补充其他事实指控，该起诉状也无法得到修改。

以上法律原则对原告来说无疑是个非常重要的保障，那就是首先需要保证原告有权来提供证据支持其所作的主张，法院不能轻易驳回起诉，至于原告所指控的事项是否属实，证据是否确凿可靠，这都需要在后续的证据开示阶段予以考虑。在起诉阶段法院只能假设原告的指控事项属实，也只能假设原告所提供的证据可靠，而且还必须从对原告有利的角度来进行合理的法律推理。

1934年证券交易法第10（b）条款和SEC的10b－5规则。证券交易法的10（b）条款和SEC所颁布的10b－5规则虽然文字不多，却是让华尔街上市公司的高管们闻风丧胆。美国的法律是以案例法为主，所以法律条文的文字不多，实际操作起来需要借鉴无数相关的案例，这也意味着随着案例的增多，法律本身也是在随时发展的。就到本案的审理为止，如果原告要指控被告违反以上条款和规则，那么原告的起诉必须要符合以下5个条件：

- 虚假陈述或者信息隐瞒的行为必须存在；

- 需要符合重要性原则；
- 需要符合欺诈的标准；
- 原告需要证明其是依靠了被告的虚假陈述信息而作出投资决策；
- 投资损失的因果关系能够确立。

以上 5 个条件也是需要借用相关的经典案例所确定的原则才有可能得到运用的。所以援引美国法律，一般都离不开具体案例。

1934 年交易法 10（b）条款下的起诉标准。如果要指控被告违反 10（b）条款，除了要符合联邦民事诉讼程序法的以上要求外，还需要符合 PSLRA 的相关标准要求。证券欺诈的起诉需要对欺诈的时间、地点、内容、欺诈背景、欺诈方式方面作出具体的指控。PSLRA 是对联邦民事诉讼程序的补充，其要求任何的私人证券欺诈指控都需要能够证明被告存在欺诈的具体思想意识，原告的诉状必须能够提供具体的信息内容以确保足以强有力地推导出被告的行为是具有思想意识的。这个思想意识至少是重大过失（deliberate recklessness）。欺诈也是可以从情形证据（circumstantial evidence）中推导出来的。如果原告的指控依据是某些信息或者是基于原告的某些确信，那么原告必须能够提供具体的所有事项来说明其所形成这个确信的依据，并且要足够详细。所以看来，PSLRA 对起诉的标准要求是明显高于联邦民事诉讼程序法的。

1934 年证券交易法 14（a）条款和 14a－9 规则。如果要指控被告违反证券交易法的 14（a）条款，那么原告需要能够指明被告的股东授权委托书（proxy statement）的某些部分是存在误导的。而这个指控对思想意识的要求是大意/疏忽，这一点和对指控欺诈是不一样的，对欺诈的指控必须能够证明被告的思想意识至少属于重大过失。

法院司法采纳的考虑（judicial notice）。通常，在考虑是否驳回起诉的时候法院只会采纳原告在起诉状中所描述的事项，包括原告诉状的补充资料。但在某些情况下，法院也会采纳符合联邦证据法 201 条款要求的某些其他信息。

在以上 5 个方面和本案相关的法律标准已经确定的情况下，法院对是否同意被告的驳回起诉的动议进行了如下的分析和判断：

是否驳回针对 10（b）条款的指控。被告申请要求驳回 10（b）条款和 10b－5 规则下的违规指控，被告并没有反驳原告其他方面的指控，而是反驳认为原告并没有充分地指控投资损失的因果关系和欺诈。所以法院从这两个方面进行了分析：

投资损失的因果关系是否已经得到充分的指控？ 法院曾经判定认为 UT 斯达康公司 2006 年 11 月 7 日的对外公告并不能用来支持投资损失因果关系成立，但法院认为 2007 年 7 月 24 日的公告是足以支持投资损失因果关系成立的。原被告双方现在都申请要求法院重新考虑这个判定。原告申请要求法院判定 2006 年 11 月 7 日的对外公告足以确立投资损失的因果关系，而被告申请法院要求判定 2007 年 7 月 24 日的公告并不构成一个修正性的披露。如果被认定为是修正性披露，那么对被告来说是不利的，因为这意味着被告原先的披露是存在错误的，而且这个修正性披露不仅修正了原来的错误，还会因此而引发股票价格下跌，从而导致投资损失因果关系的构成。法院并不认为原先对 2007 年 7 月 24 日的公告认定上有不妥之处，所以拒绝对此重新判定。然而，上诉法院第九巡回法庭的立场促使本法院确信先前关于 2006 年 11 月 7 日公告的判决是不正确的。

本案中法院曾于 2008 年 4 月 14 日的判决中认定 UT 斯达康 2006 年 11 月 7 日的新闻公告不足以支持投资损失因果关系的确立，因为这个新闻公告披露了公司对股票期权的授予进行内部调查而没有披露 UT 斯达康公司以前所公布的财务报表需要重述。法院当时作出这个判决部分是依据其他地区法院的判例，认为仅仅是开始进行内部调查这样的披露尚无法足够确立损失的因果关系，也部分依据了 Daou System 案例中的语言［见 In re Daou System, Inc. 411 f3D 1006 (9th Cir. 2005)］。在 Daou 案例中，由于在某一段时间内 Daou 公司的真实财务状况并没有对外披露，因此第九巡回法庭拒绝判定在这段期间内（尚未对外披露真实财务状况的时间段内）投资损失的因果关系确立。而且就在最近，第九巡回法庭又作出了进一步的澄清，原告如果主张存在相关的经济损失，及该损失和指控违规之间存在因果关系，那么原告仅仅只需要阐明这些指控事项，如果确凿的话就可建立损失的因果关系。所以第九巡回法庭在参考其他巡回法庭判例的基础上认为，损失的因果关系是否成立是个复杂的事实认定范畴，所以最好是在庭审的时候予以判定，而不是在起诉阶段就下定论（见案例 McCable v. Ernst & Young, LP 494, F. 3d 418, 3rd Cir. 2007）。

正是基于第九巡回法庭的以上立场，本案中的法院认为UT斯达康2006年11月7日的对外公告足以支持投资损失因果关系的确立。诚然该公告（公司开始进行内部调查）并不一定意味着UT斯达康已经存在股票期权的日期倒签问题，也不一定意味着UT斯达康将会进行报表的重述，但这个公告确实第一次向公众市场透露了这么一个消息，意味着以上所说的两个不一定或许将成为现实。而且原告还指控到，股票市场对此公告至少部分地作出了反馈，也就是该公司的股票价格从11月7日的10.23美元下跌到11月9日的9.32美元，跌幅为9%。所以本案和Daou System案例的情形是不同的，在Daou System案中，原告并没有指控被告对1998年以前的真实财务状况进行披露。基于以上的分析，法院拒绝了被告以投资损失因果关系没有确立为由的抗辩，拒绝了被告驳回起诉的动议。

欺诈行为是否得到充分的指控？ 法院先是援引了以下的一些关键案例来确定对欺诈指控的法律标准：

- Nursing Home Pension Fund, Local 144 v. Oracle Corp., 380 F. 3d 1226, 1230 (9th Cir. 2004)；
- Tellabs, Inc. v. Makor Issues & Rights, Ltd., 127S. Ct. 2499, 2509 (2007)，这是美国联邦最高法院于2007年对证券欺诈指控所作的解释，是目前为止最高效力的解释，所以在此后的很多证券集体诉讼中都会援引这个案例；
- Silicon Graphics, 183 F. 3d at 974；
- In re Software Toolworks Inc., 50 F 3d 615, 627 (9th Cir. 1994)；
- In re Hypercom Corp. Sec. Litig., 2006 WL 1836181 *11 (D. Ariz. July 5, 2006)。

以上的案例综合起来对证券欺诈的指控有如下的一些相关标准：

- 原告需要在诉状中提出非常具体的事项，从中可以强有力地推导出被告所存在的思想意识状态属于欺诈；
- 法院在判定的时候，需要综合原告所提出事项，从整体角度，而不是从某一个单一的视线来判断是否存在欺诈行为；
- 这里所指的思想意识状态是指至少要达到重大过失，这种过失体现了某种程度的故意和有意疏忽（conscious misconduct）；

• PSLRA 还要求原告的指控必须相当的详细，能提供事项来确保可以从中有说服力（cogent and compelling）地推导出欺诈行为是存在的；

• 仅仅是指控被告的会计数据不准确，或者说财务报表不符合美国会计准则，而没有提供更多的细节信息则是不符合欺诈的指控标准的；

• 如果要指控会计数据不准确，不仅需要指控哪些具体的会计处理存在问题，还要能说明被告在操作这些会计违规行为的时候是对某些事实知情的；

• 同样，仅仅是指控对方所签署的萨班斯法案下的声明存在错误也不能足以构成对欺诈的认定；

• 而且，如果仅仅是以一般的经济利益为动机而笼统地指控也不足以构成对欺诈的认定。

在本案中，法院曾经判定原告的诉讼状并没有足够充分地指控到欺诈行为可以强有力地推导出来，因为原来的诉状主要是依赖于众多的描述性事项，而从这些事项同样也可以推导出被告的股票期权日期倒签行为可能是由于无辜的会计操作错误所造成的。在原告原来的诉状中，法院注意到原告提供了两名匿名证人的证词，这些证词连同原告所作的其他指控则有可能导致被告的驳回起诉动议失效。但是由于原告无法进一步提供这两名匿名证人的更多信息，所以法院在 2008 年 4 月 14 日的判决中同意被告的动议，对原告的起诉予以驳回。但后来原告又提交了修正后的起诉状，原告辩称这个修正后的起诉状应该是充分的。原告在修正后的起诉状中仍然是依赖一些事项描述，如果从逐一角度看是无法充分指控欺诈行为的，所以法院并没有重新考虑这些事项。但法院也发现修正后的起诉状确实也提供了一些新的指控，这些新的指控事项引起了法院的严重关注。

首先，修正后的起诉状追加提供了匿名证人的一些信息，包括这些匿名证人的工作职责和其他非常详细的信息。法院因此考虑了第一个匿名证人的证词，该证人表明其是负责股票销售和发行的一些文件工作，而且其本人也目睹了被告之一（B）将其股票期权日期倒签为其实际加入公司的日期之前，而 UT 斯达康的中国 CEO 也批准了此人的日期倒签行为。该证人还指明其目睹了 UT 斯达康 CFO 参与了公司高管的股票期权日期倒签行为，包括该 CFO 自身的股票期权日期也进行了倒签。法院也同意被告的抗辩，认为该证人的证词存在前后不一致的情况，比如该证人指控B的股票期权倒签日期为2005年6月，而实际上B的股票期权日期为2005年8月1日。法院认为虽然事实上B可能最终并没有进行股票期权的日期倒签，但这并不能表明该证人的证词就是不准确的，因为有可能级别高一些的员工最终恰好决定不给予B的股票期权日期进行倒签。法院同意被告的抗辩认为第二名匿名证人的证词不予采纳，因为该证人的主要信息来源是道听途说，而且其所透露的信息是来自其主管，是关于公司在2007年1月会议上涉及股票期权日期倒签的讨论，而此时UT斯达康公司已经开始启动对股票期权日期倒签行为的内部调查。

其次，修正后的起诉状指控到，2000年10月和2002年7月，UT斯达康发放给其中国CEO、公司CFO及另外一位高管W的股票期权的日期，刚好是那些月份公司股票价格最低的日期，也是分别截至10月和7月当年度公司股票价格最低的日期。原告指控认为向公司的高管以如此极端有利的日期来进行股票期权授权这样的做法，刚好在2002年8月萨班斯法案生效后停止了。被告抗辩认为，其他的一些向非本案被告的公司高管所发放的股票期权日期其实并不是如此极端的有利，所以公司不存在欺诈行为。但法院认为，原告的指控目标是那些相对更高级别的公司管理层，所以法院认为原告已经充分地指控了被告股票期权授予日期的惯性存在可疑之处，所以可以从中推导出欺诈的存在。

所以法院综合了第一个匿名证人的证词，涉及被告于2000年和2002年间向公司最高级别高管发放期权日期的做法，以及原告所作的其他指控，认为原告对被告的指控已经可以强有力地推导出欺诈行为的存在。法院在作出这个判决的时候也注意到被告的抗辩，被告抗辩认为涉及公司股票期权日期倒签错误的总期权中有42%的行权价格是高于股票的市场价格的，所以这个错误不应该被认定属于欺诈。但法院认为，从目前看，任何理性的人都可以认为推导出欺诈结论是有说服力的，至少是和推导出不存在欺诈的说服力具有相同的力度。法院认为，原告所提供匿名证人的指控，加上被告在萨班斯法案生效前所做的股票期权授予日期的可疑，足以强有力地推导出其中四个高管存在欺诈行为，而对另外一名高管的欺诈指控还尚不充分。

故此，法院于2008年8月21日拒绝了除其中一名高管外的被告申请驳回起诉动议。法院在本次判决中同意给予被告申请驳回原告针对14（a）条款下的指控，但同时拒绝了被告申请驳回20（a）条款下控制人责任指控的动议。

由此，原被告进入了证据开示阶段。2009年5月，原被告双方达成了和解赔偿协议，总的赔偿金额为950万美元现金。

四、案外之声

以上两起连环诉讼案件对UT斯达康来说确实是雪上加霜，长达6至7年的漫漫诉讼历程，不仅耗费了大量的人力和财力，也耽误了公司战略发展方向选择和转型的时机。除了这些股东集体诉讼外，UT斯达康还面临着SEC和DOJ对其涉嫌违反美国《反海外贿赂法》（FCPA）的指控，最后UT斯达康以同意缴纳罚金结束该诉讼。经过这些诉讼后，昔日的管理层也都换得面目全非，UT斯达康公司几乎已经从几年前的资本市场和中国通信市场的新贵走向没落。

据第一财经日报2010年1月4日讯：2009年的最后一天，UT斯达康接到了DOJ和SEC的两张罚单，总计300万美元，让这家原本已深陷经营困境的公司雪上加霜。

申明和信息来源

本案例的主要信息来源于相关法律文件，案件中所提到的指控内容，可能属实，也可能并非属实，本书对此并无任何立场。同时，由于本案并未经过陪审团和法院的最后庭审判决，而是以和解结束，被告并不承认这些指控，所以也意味着这些指控的事实认定在美国证券相关法律下并未予以确认。本案例的主要信息来源包括：

收入确认案

- Fourth Amended Consolidated Complaint For Violations Of The Federal Securities Laws, Type: Complaint, Date on the document: 05/14/2008.

• UTStarcom Defendants' Reply In Support Of Request For Judicial Notice Re Motion To Dismiss; Request For Judicial Notice Of Additional Documents, Type: Other, Date on the document: 11/24/2008.

• Order Denying Defendants' Motions To Dismiss; Granting Defendants' Motions To Strike; Denying Motions To Intervene And To Strike As Moot, Type: Order, Date on the document: 03/27/2009.

• Defendants Softbank Holdings, Inc. , Softbank America, Inc. And Softbank Corporation's Opposition To Plaintiffs' Motion To Strike Defendants' Affirmative Defenses To Plaintiffs' Fourth Amended Consolidated Complaint, Type: Other, Date on the document: 04/19/2010.

• Revised Final Judgment And Order of Dismissal With Prejudice, Type: Order, Date on the document: 02/17/2011.

期权日期倒签案

• Amended Class Action Complaint, Type: Complaint, Date on the document: 01/25/2008.

• Order Granting Defendants' Motion To Dismiss Complaint, Type: Order, Date on the document: 04/14/2008.

• Order Granting In Part And Denying In Part Defendants' Motion To Dismiss Complaint, Type: Order, Date on the document: 08/21/2008.

• Order Denying Defendant Ying Wu's Motion To Dismiss, Type: Order, Date on the document: 02/02/2009.

• Amended Order Granting Preliminary Approval Of Settlement And Directing Dissemination Of Notice To Class, Type: Order, Date on the document: 05/29/2009.

• Order Granting Attorney's Fees And Reimbursement Of Expenses, Type: Order, Approving AF&E Date on the document: 10/30/2009.

10. 中国人寿前身公司审计信息披露案

- 大型央企首次在美遭遇证券集体诉讼，是战是和，引无数境内外媒体关注。
- 境外媒体蓄意夸大案情，人寿抗辩强烈，五年扑灭诉讼战火。
- 全球年度最大 IPO 交易，为何一上市就遭遇集体诉讼？
- 老人寿、新人寿、人寿集团、人寿股份，上市公司到底是否有义务披露前身公司的违规情形？该信息披露是否导致了人寿股份的股价下跌？
- SEC 的秘密非正式调查是否发现人寿的违规行为？
- 在香港地区购买股票，美国法院的管辖权如何认定？

一、人寿公司的前身和今世

根据法院所公开的信息可以了解到，中国人寿股份有限公司（China Life Insurance Ltd.）的前身公司是新中国成立后建立的中国保险公司（PICC），PICC 当时负责整个中国的各种保险业务，随着中国经济体制改革的深入，1999 年 PICC 被分拆成四家独立的保险公司，其中一家就是中国人寿保险公司（下称“老人寿公司”或者“Old CLIC”）。老人寿公司的主要业务是向客户出售保险产品，客户可以在退休后获得款项支付，而且保证投资回报率。由于中国央行的降息决定，老人寿公司的这些保险产品业务面临着亏损，原因很容易理解，对已经出售的产品，老人寿公司给客户保证的投资回报率是不能改变的，这样银行一降息，老人寿公司就要承担这个利息差异的损失。据说为了改变这个亏损的局面，也因此作为中国央企改制的一种思路，老人寿公司进行了重组，分拆为母子两个公司：母公司称为中国人寿集团公司（下称“人寿集团”、“母公司”、“新人寿公司”或者“New CLIC”），子公司称为中国人寿股份有限公司（下称“人寿股份”或者“子公司”）；按照重组思路，亏损部分的业务划归给母公司，盈利的业务则划归给人寿股份来经营，而且母公司还需要继续负责原先老人寿公司已经出售的各种保险承诺；2003 年 6 月，母子两公司同时成立，本案中的被告就是这个子公司。

重组之后，人寿股份于 2003 年 11 月 20 日向 SEC 申请正式公开全球招股募集资金（public filing），并分别于 2003 年 12 月 17 日和 18 日在美国纽交所和中国香港联交所异地挂牌上市交易，股票的开盘价格为每股 18.68 美元，开盘后迅速冲高到 23.28 美元，并在 2003 年 12 月 29 日达到每股 34.75 美元。

由于在美国 IPO 需要在招股书中披露前 3 年的完整财务报表数据，而人寿股份是在 2003 年 6 月通过重组新成立的公司，从这个角度来说不可能有法定的历史报表。于是按照上市规则要求，招股书中所包含的是从 2000 年到 2003 年的历史模拟报表，也就是说假设人寿股份在 2000 年就已经按照现在的业务模式存在了，那么模拟的财务报表信息在这个假设下可以包含在招股书之中，不然就无法招股上市了，投资者就依据这个模拟的财务报表信息来判断是否参与认购该公司的 IPO 股票。所以这个模拟财务信息就会同老人寿公司的历史经营信息相关联，因为人寿股份承接了老人寿公司的一部分业务（也就是有利润的那部分），其余部分是由新人寿公司（也就是母公司）来接收，招股书中的模拟报表正是模拟反映了人寿股份要承接的那部分业务所对应的财务信息。

二、案件过程

- 人寿股份分别于 2003 年 12 月 17 日和 18 日在美国纽约证券交易所和中国香港联交所异地挂牌上市，IPO 发行价格为每股 18.68 美元，IPO 总融资金额超过 30 亿美元，是当年全球融资金额最大的 IPO 交易之一。
- 2004 年 1 月，有媒体报道中国国家审计署发布公告，称老人寿公司在例行审计中被发现违规和涉案资金共计 54 亿元人民币。此消息导致人寿股份在纽约和香港的股价应声而落。
- 2004 年 3 月 17 日，人寿股份发布公告说明有投资者于 2004 年 3 月 16

日在美国发起诉讼，就国家审计署对前身公司的审计一事起诉人寿股份及某些管理层成员。

• 2005年1月19日，原告提交合并诉状，指控被告违背了证券交易法的10（b）条款、20（a）条款、及SEC的10b-5规则。

• 2004年3月16日至2004年5月14日，先后有原告向美国纽约南区联邦法院针对中国人寿及其部分前董事违反美国证券交易法提起9起集团诉讼，经由法院裁定合并为一个案件，统称为"中国人寿股份有限公司证券法集团诉讼案"。

• 其间人寿股份作出了强有力的抗辩，包括提出了要求驳回该起诉的动议。

• 2008年9月3日美国纽约南区地区法院判定原告的起诉缺乏实质依据，驳回该起诉。

• 在起诉被驳回后，原告起初是决定要向第二巡回法院上诉，但后来于2009年1月8日自动撤回本诉讼。据此，本案结案。

三、法院的分析和判定过程

本案还得从2003年1月开始的国家审计署对老人寿公司2002年财务和经营活动的国家审计调查。本案的原告很明确地指出人寿股份于2004年1月就收到了国家审计署的审计报告初稿。原告在起诉书中指控认为，被告人寿股份在IPO的招股说明书中没有披露当时国家审计署正在对被告进行国家审计这一事项，也没有披露该审计后来所发现的某些会计违规情况，因此被告的招股说明书是虚假和误导的。此外，起诉书还提到中国财政部于2002年到2003年初期间对被告所进行的会计检查，但并没有指控任何关于财政部的会计检查的情况。

人寿股份上市后不久，就有媒体开始报道国家审计署对老人寿公司的审计情况及审计所发现的事项。2004年1月30日，彭博社刊登新闻报道称国家审计署在对老人寿公司的审计中发现了超过350亿元人民币的老人寿公司（中国最大的保险公司）和中国工商银行的欠妥资金行为；2004 年 2 月 3 日，彭博社又有一篇文章报道此事；同一天，新华财经网络（Xinhua Financial Network）也有一文章报道了关于国家审计署在审计过程中发现有涉及数十亿元的违规或非法经营行为。原告认为正是这些报道导致了人寿股份在纽约交易所的股票价格从 2004 年 1 月 29 日的 29.39 美元下跌到 2004 年 2 月 5 日的 26.63 美元。事实的情况是，从 2004 年 1 月中旬开始，该股票非常迅速地从最高价格的 34.75 美元开始下跌，并持续徘徊在 29 美元。

为应对以上的媒体报道，人寿股份对媒体作了关于国家审计的公开说明，阐明该审计是针对老人寿公司的，而不是针对人寿股份的，人寿股份也向 SEC 提交 6 - K 的临时公告事项，作此同样说明。原告认为，正是被告的这些公开说明让市场得以放心，从而人寿股份的股票价格开始回升到每股 30.10 美元；但原告指控认为被告的这些公开说明是错误和误导的，因为人寿股份的招股说明书中使用了老人寿的历史财务信息，所以国家审计署的审计发现可以被认为是同人寿股份有关系的。原告还指控认为，由于新人寿公司和人寿股份之间保留有持续的密切关系，新人寿公司的任何罚款或者其他负债对人寿股份来说都有潜在的不良影响。

法院注意到，人寿股份的股票价格确实从 2004 年 2 月 5 日的每股 26.63 美元逐步回升到 2 月 17 日的 30.10 美元；2 月 17 日前几天的价格是在 28 美元和 29 美元之间。在 2 月 17 日之后的几个星期中，股票价格又从 30.10 美元下跌，3 月 31 日该股票的收盘价格为每股 25.01 美元。

2004 年 3 月 30 日，国家审计署公布了其审计报告，4 月 7 日，人寿股份向 SEC 提交临时公告 6 - K 表格，对此审计报告进行了汇总对外公开披露。国家审计署的审计报告并没有和 2 月份的那些媒体所报道的情形相一致，相反，审计报告披露其审计只是针对老人寿公司，而不是本案中的人寿股份，也不是针对新人寿公司（母公司）；审计所对应的财务罚款将由老人寿公司承担，罚款金额只有折合 815 万美元，这个金额如果考虑到老人寿公司的经营规模的话其实是很小的。人寿股份的股票价格从 2004 年 4 月 6 日的每股 24.83 美元上升到 4 月 7 日的 26.88 美元。

原告的起诉书并没有提到 3 月 30 日的最终审计报告，也没有提到 4 月 7

日人寿股份的6－K临时公告情况，也没有提到人寿股份6－K公告后的股票价格回升情况，法院认为股票价格回升这些情况正好说明了对人寿股份隐瞒国家审计的指控并要求赔偿的诉求是没有依据的。这一点法院会在下文中作进一步地分析。但原告的起诉状还指控被告，认为被告的隐瞒行为在整个4月份一直持续，直到SEC开始调查被告。

原告指控认为，被告没有及时披露SEC开始对公司进行调查。原告在起诉状中指控到：

• SEC在2004年3月中旬后不久就开始调查人寿股份招股说明书中同国家审计署所发现相关的会计违规情况；

• 2004年3月31日，彭博社新闻报道宣称了SEC的此等调查之存在；

• 2004年4月1日，美联社（the Associated Press）宣称该调查已经开始并援引人寿股份北京总部某发言人的说法，称“已经知晓SEC的此项调查，但否认有任何不当行为”；

• 2004年4月1日，财经时代媒体（the Financial Times）报道称SEC已经开始调查人寿股份，而且同时香港方面也开始询问人寿股份关于审计署的审计发现。

人寿股份的股票价格从3月31日的每股25.01美元下跌到4月1日的23.92美元。原告指控被告于4月2日发布了一系列的信息，对其实际已经知晓SEC开始调查之事予以否认，这同人寿股份于一天之前的承认知晓该调查刚好自相矛盾。原告的指控证据之一就是人寿股份所作的6－K临时公告，该公告宣称人寿股份并没有收到SEC对公司进行调查的通知。原告所指控的人寿股份对外的一系列否认包括：

• 人寿股份在4月2日作了临时公告向SEC提交了6－K表格，此次向SEC所提交的6－K表格中包含了人寿股份于4月1日在香港所作的新闻公告内容，包括了如下信息：

“我们注意到某些媒体报道宣称SEC开始对人寿股份进行非正式调查，就我们尽可能所知道而言，我们并没有收到关于SEC调查人寿股份的任何通知。公司将会全力配合来自美国或者中国香港相关监管机构的任何调查，如有进一步可获得的消息，公司将会作出进一步的公告。”

• 原告指控的人寿股份作出的另外一个否认是指人寿股份提供给商业报道（Business Report）的一份申明，据说在该申明中人寿股份再次否认了其已经收到 SEC 的调查通知；

• 而原告指控的人寿股份所作出的第三个对外否认是指英国 BBC 新闻的报道，在该报道中据说人寿股份否认 SEC 已经联系公司进行调查；同时据说该报道中，人寿股份还否认国家审计署的审计发现对人寿股份有任何影响。

原告宣称认为人寿股份所作出的以上一系列对外否认是具有误导性的，这些否认推高了人寿股份的股票价格，以避免披露 SEC 调查所可能引发的股票价格进一步下滑。

法院认为原告以上的描述和实际情况完全相反。法院认为并没有证据表明不论是在3月的下旬、4月的早期还是在4月26日前的任何时间，人寿股份已经收到 SEC 的调查通知。所以法院认为，人寿股份在4月早期对外所作出的否认是正确的。至于 SEC 的调查和国家审计署的审计之间是否存在某种可能的关联，可以知道的是也只有到2004年4月7日 SEC 才被告知该审计结果对人寿股份没有影响。至于原告指控被告通过否认 SEC 开始调查从而推高股价，法院认为人寿股份股价的实际表现情况刚好和原告所描述的相反，正是原告公布了国家审计署最终的有利审计决定从而导致了人寿股份的股票价格在4月初的时候出现上涨。这段时间的股票价格表现具体描述如下：

• 4月1日，人寿股份的股票价格是23.92美元；

• 而到4月7日，也就是人寿股份发布关于国家审计结果的临时公告6-K这一天为止，股票价格上升到了26.88美元；

• 4月8日，股票价格为26.54美元；

• 由于4月9日为非交易日，此后的第一个交易日为4月12日，股票价格为26.59美元。

在对股票价格的表现历史趋势作进一步地分析之前，法院关注到4月下旬（4月末）所发生的一些事项，这些事项对于本案的判断很重要。法院注意到，从档案资料来看，人寿股份第一次收到 SEC 的调查通知是来源于 SEC 落款为2004年4月26日的信函，该信函中 SEC 要求保全人寿股份的相关资料，该信函的标题为“In the matter of China Life Insurance Company Limited HO-09902”。

信函中提到："The staff of the commission's division of Enforcement is conducting this informal inquiry relating to the above – referenced matter."表明 SEC 开始进行非正式的调查。

法院认为，该信函并没有指明 SEC 和人寿股份之间存在有任何之前的沟通，该信函只是广泛而一般性地要求提供人寿股份 IPO 相关的资料和信息，并没有提到任何具体的事项或者违规问题。该信函的结尾还明确以下信息："This inquiry is confidential and should not be constructed as an indication by the commission or its staff that any violations of law have occurred, or as a reflection upon any person, entity or security."SEC 明确了这个调查的性质，这是一次秘密的非正式调查，并不表明 SEC 认为公司存在任何违规行为。

2004 年 4 月 28 日，人寿股份作出临时公告提交了 6 – K 公告表格，就收到 SEC 落款为 4 月 26 日的调查信函一事作出了对外披露。然而，并没有证据表明 SEC 的此次调查有任何实质性的发展，也没有证据表明 SEC 的调查发现人寿股份存在任何违规行为，似乎 SEC 最终终止了调查。

虽然如此，法院认为原告在诉状中要求对 4 月份所产生的损失予以赔偿的请求则需要进一步分析和判断。原告认为从 4 月 12 日股票价格的 26.59 美元逐步跌到 4 月 28 日的 21.76 美元，这之间 4.83 美元价格差异所形成的损失应该予以赔偿。4 月 28 日刚好是人寿股份向 SEC 提交 6 – K 表格披露 SEC 调查之事，也是本诉讼中原告请求赔偿期间的最后一天。

法院认为，原告的这一赔偿请求（从 4 月 12 日到 4 月 28 日股票价格下跌的损失）刚好忽略了人寿股份股票价格的变动的某些事实。法院发现在 4 月 12 日当天并没有发生任何重大事情可以导致启动证券法下的欺诈诉讼请求，因为人寿股份是在 4 月 28 日而不是 4 月 12 日对外披露其收到 SEC 的调查通知的，人寿股份的股票价格是从 4 月 27 日的 23.28 美元跌到 4 月 28 日的 21.76 美元，跌幅为每股 1.52 美元。

法院认为如果要主张证券交易法 10（b）条款下的证券欺诈赔偿，那么原告必须能够证明被告作出了重大虚假陈述或者隐瞒重大信息，并构成欺诈行为，而且还需要证明原告是依赖了被告的陈述而产生了投资损失［援引 IMB 证券诉讼案件，见 In re IBM Corporate Securities Litigation, 163 F. 3d 102, 106

(2d Cir, 1998)]。关于损失的认定，PSLRA 明确要求原告有举证的义务。

法院又分析了诉状的必备条件之一，那就是损失因果关系的认定，这是指已经发生违规行为和经济损失之间的因果逻辑关系。美国联邦最高法院在 Dura Pharmaceuticals 案件中对此作了最高司法解释（下称“Dura 案”）。在 Dura 案中，原告指控被告通过欺诈而推高了原告购买该股票的价格，美国上诉法院第九巡回法庭判定这一主张充分满足了损失因果关系的要求；但最高法院推翻了此审批结果，最高法院认为，仅仅是宣称股票购买价格被人为推高还不足以满足损失因果关系的认定。

法院还援引了另外一个著名的案例 Lentell v. Merrill Lynch & Co.，396 F. 3D 161 (2d Cir. 2005)（下称“Lentell 案”）。该案例是美国上诉法院第二巡回法庭所判决的，而且是在 Dura 案稍前所作出的判决，其判决的立场和 Dura 案件是一致的，在该案例中，原告认为被告的虚假陈述导致股票购买价格和股票的实际投资价值之间存在差异，法院判决认为原告仅仅宣称这个价格差异不足以符合证券法下的损失因果关系认定。该法院还进一步指出，如果要确定损失的因果关系，必须能够证明虚假陈述是投资损失的原因，而且能够说明这些虚假陈述或者所隐瞒的信息一旦修正或者向市场公开披露就会导致对股票价格的负面影响。法院还指出损失的因果关系如同被隐瞒的风险，这个被隐瞒的风险实质性加大并导致了投资损失。

本案中，法院认为原告的起诉状关于损失因果关系的主张完全违背了以上案例法中的法律解释。原告在诉状的第 114 和 115 段中阐述了如下的损失因果关系：

（第 114 段）由于依赖了证券市场信息的可靠性，原告购买的股票价格被人为高估了，原告最高以每股 34 美元购买被告的股票，而之后的股票交易价格却远比这个最高购买价格低，所以原告遭受了投资损失。如果原告已经知晓被告的股票价格由于虚假陈述而被人为推高，那么原告是不会购买被告的股票的，或者说原告是不会以目前所支付的价格来购买被告的股票的。

（第 115 段）被告的违规行为直接或者间接地导致了原告在纽约交易所和香港交易所所购买的股票产生了投资损失。

法院认为，Dura 案和 Lentell 案都清楚地解释了，如果原告仅仅是宣称其所支付的购买价格由于被告的虚假陈述而虚高了，那么这部分的损失在联邦证券诉讼中是无法获得赔偿的。本案的赔偿请求正好类似这个情况。

当被告抗辩认为原告的诉状不符合损失因果关系的要求后，原告又修正了其赔偿请求的理由以试图符合以上判例中所确定的原则，然而法院认为原告修正后的理由反而越来越偏离了以上案例的原则。法院汇总了原告修正后的赔偿诉求理由如下：

原告认为被告没有在 IPO 的招股说明书中披露其已经存在的会计违规行为，也没有披露当时国家审计署已经在进行审计，这些信息没有在招股书中披露从而导致了人寿股份的股票价格虚高。原告认为 2004 年 1 月底和 2 月初的某些新闻媒体报道已经或多或少地披露或者修正了被告在招股说明书中遗漏的信息。正是媒体的这些报道，导致了人寿股份的股票价格从 1 月 29 日的每股 29. 39 美元下跌到 2 月 5 日的每股 26. 63 美元。原告律师在动议的辩论中还辩称某些投资者以低价售出股票所产生的损失应该得到赔偿，这些损失是每股 2. 76 美元，正是 1 月 29 日和 2 月 5 日之间股票价格的差异。

然而，法院认为，原告所要求赔偿的损失是股票价格从 4 月 12 日的每股 26. 59 美元下跌到 4 月 28 日的每股 21. 76 美元这之间 4. 83 美元的损失；原告要求赔偿的理由是有新闻媒体公开报道 SEC 从 3 月底就开始调查人寿股份，但人寿股份一直予以否认，从而导致股票价格虚高；原告还认为被告否认 SEC 的调查，结合上被告隐瞒国家审计署的审计和从中所发现的会计违规情况，共同推高了人寿股份的股票价格。

法院基于以下理由认为，原告这些修正的赔偿请求（原告对诉状中所提的赔偿请求进行了修正）是没有依据的：

首先，法院认为 2004 年 1 月底和 2 月初的那些媒体报道，根本称不上是对被告在招股书中所隐瞒信息的更正或者说披露，因为这些报道是极其不准确的。这些报道曾宣称国家审计署的审计可能会涉及几十亿美元金额的违规行为，而且某些可能会影响到人寿股份；然而，最终的情况是，当最终的审计报告披露后，人寿股份或者人寿股份的股票价格并没有因为国家审计署的审计而产生损失，因此也就不存在披露了利空信息从而导致公司股票价格下跌这样的情形，所以投资者也没有因此受到损失。事实的情况正好相反，当人寿股份于

2004 年 4 月 7 日披露了最终的审计决定时，人寿股份的股票价格反而从 4 月 6 日的 24.83 美元上升到了 4 月 7 日的 26.88 美元。因此，如果以国家审计署的审计没有及时披露而主张要求损失赔偿，那么这样的请求是没有依据的。不仅如此，法院认为人寿股份的招股说明书和期后所作的公开陈述不存在虚假陈述的情况，国家审计署的审计决定对人寿股份并没有重大影响。

法院还进一步分析了原告在因果关系修正后所一直着重强调的诉讼请求，那就是对从 4 月 12 日的 26.59 美元跌到 4 月 28 日的 21.67 美元之间的损失请求予以赔偿。法院指出了原告诉状中存在的一个重大问题：在阐述本将会导致股票价格下跌的事项这方面，原告的诉状并没有提及国家审计署于 3 月 30 日所作的审计决定其实是个利好消息，人寿股份也于 4 月 7 日通过 6 - K 公开披露了这个消息。原告的诉状不但对此利好消息视而不见，反而认为被告一直持续到 4 月底都在隐瞒国家审计署的审计事项，并指控认为这个持续的隐瞒结合了被告对 SEC 调查消息对外所作出的否认共同作用，从而导致 4 月人寿股份的股票价格下跌，给投资者造成了损失。

法院认为原告的这些指控是缺乏依据的。因为，事情非常清楚，法院已经判定认为在国家审计署审计这件事情上，人寿股份不存在虚假陈述或者隐瞒信息的情形，随着审计署 3 月 30 日最终审计报告作出的、人寿股份 4 月 7 日通过 6 - K 的对外披露以及所导致的人寿股份股票价格上升这三个情况的出现，所有这方面的问题得到了消除。所以，就国家审计署审计这件事情来说，人寿股份不存在虚假陈述或者隐瞒信息，也没有因此给投资者带来损失。

那么剩下唯一没有解决的问题就是关于 SEC 的调查了。同样，法院也认为，在这方面，人寿股份不存在虚假陈述或者重大隐瞒的情形。人寿股份于 4 月 2 日通过 6 - K 的对外公告和其他对外所披露的信息在那个时间点上来看是真实的。法院认为，在 4 月初的时候，人寿公司的股票价格并没有因为人寿股份的任何虚假陈述而得到人为推高，原告要求对 4 月 12 日到 4 月 28 日之间的损失予以赔偿的请求是缺乏根据的。4 月 12 日当天并没有任何重大到会影响损失的因果关系的事情发生，当天也没有任何称得上是属于修正性的信息在市场中公开披露。一直到 4 月 28 日，市场上才有最新的信息，那就是人寿股份所作的 6 - K 临时公告，披露了 SEC 开始调查之事，此后，人寿股份的股票价格出现了小幅度的下跌。然而，原告并没有主张要求对这个小幅度的下跌予以赔偿。法院认为，在SEC开始调查人寿股份这个事件上，人寿股份并没有作出任何虚假陈述或者信息隐瞒，而且人寿股份在4月28日所作的6-K临时公告也不属于对以前已经披露信息的修正。

据此，法院最终认为原告指控被告虚假陈述不成立，原告所主张的损失因果关系也不成立，原告的诉讼请求是缺乏依据的。

四、关于司法管辖权的判定

由于人寿股份的股票是美国和中国香港两地同时挂牌公开交易的，所以对司法管辖权的范围控辩双方也进行了交锋。被告抗辩认为美国法院对于在非美国境内（在香港交易所）购买人寿股份股票投资者的请求不应该有司法管辖权。法院接着又对司法管辖权进行了分析和判定。

在证券欺诈的判例法中，只有案件和美国之间的关联度足够充分，美国才有司法管辖权［见案例 In re Baver AG Sec. Litig.，2004 U.S. Dist. LEXIS 19593，2004 WL 2190357，at*17（S.D.N.Y. Sept. 30，2004）］。在另外一个称为Berger的案例中，法院认为，只要案件的情形符合“行为测试”（conduct test）或者“影响测试”（effects test），那么美国法院对证券欺诈案件就拥有司法管辖权［见 SEC v. Berger. 322 F.3d 187，193，195（2d Cir. 2003）］。

“行为测试”是指判断是否符合以下条件：（1）被告在美国境内从事了某些行为，这些行为从性质上可以判断为不仅仅是证券欺诈的准备工作，就是说证券欺诈行为的实施可以是全世界各地，但如果其在美国境内的某些行为超过了准备工作这个度，那么美国就拥有司法管辖权；（2）如果在美国境内的这些作为或者不作为直接导致了案件中所指控的投资损失［见案例 Interbrew v. EdperBrascan Corp.，23 F. Supp. 2d 425，429（S.D.N.Y. 1998）］。

而“影响测试”是指如果被告在海外的行为造成在美国境内产生实质性的影响（后果），那么美国法院也拥有司法管辖权，因为美国法院认为在美国境外的行为也是有可能对美国的投资者利益产生影响的［见案例 Schoenbaum

v. Firstbrook，405 F. 2d 200，208（2d Cir. 1968）］。

原告认为“行为测试”应该比较符合本案的情况，因为被告在美国境内发生了大量的行为，包括向 SEC 提交材料、股票销售的路演以及在美国境内和美国媒体的沟通等等。但法院认为，并不能表明任何在美国境内的这些行为直接导致了那些非美国投资者在香港购买股票的损失。原告还引用了市场欺诈原则，这一原则是指，在一个有效的资本市场中，舞弊/欺诈行为信息会被市场所吸纳，从而体现到股票的价格中来。然而，纽约南区法院在 2008 年的另外一个证券集体诉讼案的判例中［见案例 In re AstraZeneca Sec. Litig.，559 F. Supp. 2d 453，466（S. D. N. Y. 2008）］对在全球范围内引用市场欺诈原则表示了担忧。法院认为如果允许外国投资者对在非美国境内的证券交易场所购买证券所产生的损失引用这个原则进行起诉，那么将会把美国的司法管辖范围扩得太大了。故此，在 AstraZeneca 案中，虽然没有得到上诉法院第二巡回法庭的指引，纽约南区法院还是拒绝原告引用该原则。

至于从“影响测试”角度来看，只要境外的行为在美国境内产生了实质性的影响，那么美国法院就会认为拥有管辖权，本案中是指那些在香港交易所购买了人寿股份股票的美国居民投资者。然而，引用“影响测试”来进行判断的主要目的是为了保护美国投资者，所以并不适用于那些在香港交易所购买人寿股份股票的非美国居民投资者。

法院判定对在香港交易所购买人寿股份股票的非美国居民投资者而言，其管辖不在本案的法院。而在美国境内任何交易所购买人寿股份股票的投资者，及那些在任何地方购买人寿股份股票的美国居民投资者，属于本案法院的管辖范围。据此，法院对被告要求驳回起诉的动议予以支持。

在起诉被驳回后，原告起初是决定要向第二巡回法院上诉，但后来于 2009 年 1 月 8 日自动撤回本诉讼。据此，历时近五年的集体诉讼案结案。

五、案外之声

从法院的判决分析过程中可以发现，本案的核心焦点在于投资损失因果关系的认定过程，而这一认定过程最主要是需要结合诉讼期间人寿股份股票价格的具体表现和其间人寿股份的对外披露行为。为了更好地理解这个期间的股票价格具体表现，我们将法院所提到的关键日期股票价格信息汇总如下：

- 2003 年 12 月 17 日，IPO 首日挂牌交易开盘价格每股 18.68 美元；
- 2003 年 12 月 29 日，股票价格达每股 34.75 美元；
- 2004 年 1 月 29 日，股票价格为每股 29.39 美元；
- 2004 年 2 月 5 日，股票价格为每股 26.63 美元；
- 2004 年 2 月 17 日，股票价格为每股 30.10 美元；
- 2004 年 3 月 31 日，股票价格为每股 25.01 美元；
- 2004 年 4 月 1 日，股票价格为每股 23.92 美元；
- 2004 年 4 月 6 日，股票价格为每股 24.83 美元；
- 2004 年 4 月 7 日，股票价格为每股 26.88 美元；
- 2004 年 4 月 8 日，股票价格为每股 26.54 美元；
- 2004 年 4 月 12 日，股票价格为每股 26.59 美元；
- 2004 年 4 月 27 日，股票价格为每股 23.28 美元；
- 2004 年 4 月 28 日，股票价格为每股 21.76 美元。

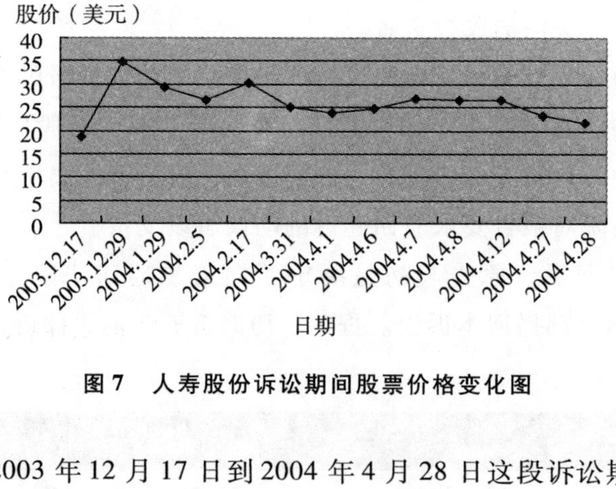

图 7　人寿股份诉讼期间股票价格变化图

我们也把 2003 年 12 月 17 日到 2004 年 4 月 28 日这段诉讼期间的重要事件所对应的日期汇总如下：

- 2003 年 12 月 17 日，IPO 人寿股份股票在美国纽交所公开挂牌交易；

• 2004 年 1 月 30 日，开始有境外媒体报道国家审计署已经在 2004 年 1 月公开披露了审计发现老人寿公司违规事项；

• 2004 年 2 月 4 日，人寿股份通过 6 - K 和在香港的新闻公告，公开披露否认收到所谓的审计结果通知，并指出媒体报道不正确，该审计是同人寿股份的母公司相关，不涉及上市公司；

• 2004 年 3 月 30 日，国家审计署的审计报告定稿；

• 2004 年 3 月 31 日，境外媒体开始报道宣称 SEC 从 3 月中旬过后就开始对人寿股份进行调查；

• 2004 年 4 月 2 日，人寿股份通过 6 - K 及在香港的新闻公告，否认收到 SEC 的调查通知；

• 2004 年 4 月 7 日，人寿股份通过 6 - K 及新闻公告，披露关于国家审计署的最终审计报告事项；

• 2004 年 4 月 26 日，SEC 向人寿股份发出调查通知函件；

• 2004 年 4 月 28 日，人寿股份通过 6 - K 及在香港的新闻公告，披露收到 SEC 的调查通知。

将以上两方面的信息结合起来我们可以很清楚地发现：

• 2004 年 1 月 29 日到 2 月 5 日，股票价格是下跌的，这可以归因为是境内外媒体报道所导致的，后来法院判定认为媒体的这些报道是极度不准确的，所以原告如果主张这段时间的投资损失也是难以获得法院的支持。

• 2004 年 4 月 1 日到 4 月 7 日，股票价格稍微上升，这可以归因为是人寿股份及时披露了国家审计署的审计决定，这个决定和原来媒体所报道的相差很大，其对人寿股份没有影响，所以从股市来说无疑是个利好消息，股价由此回升。

• 2004 年 4 月 12 日 到 4 月 28 日，股票价格是下跌的趋势，而这之间唯一发生的对外信息披露是 4 月 28 日的关于人寿股份收到 SEC 调查通知的公告，这一公告在披露的及时性和内容方面都是合规的，所以人寿股份在这段时间并不存在重大虚假陈述或者隐瞒重要信息的行为。因此，法院认为原告主张要求对这段期间的股票下跌进行赔偿的请求是缺乏依据的。

本案最终被地区法院判定予以驳回起诉，而原告也自愿撤诉，这样的结果是和许多人最初的估计大相径庭的。由于人寿股份是大型央企公司，而且是中国第一家在美国和中国香港同时异地挂牌上市的金融行业公司，在 2003 年 12 月的全球 IPO 中总融资额超过 30 亿美元，属于当年度全球最大的 IPO 项目之一，所以在海内外来说，人寿股份在 IPO 后不久就在美国遭遇证券集体诉讼，无疑是十分引人关注的。当时案件一出来，境内外的媒体报道如潮，国内更是有不少专家学者对此评头论足，中国中央电视台的《经济半小时》栏目也对此做了专访节目。有媒体还估计人寿股份的赔偿金额大约为 6000 万美元；而且专家学者们也较多地不大看好这个案件的结果，普遍估计人寿股份无法赢得这场官司，因为大多证券集体诉讼都是以庭外和解赔偿告终。有学者建议人寿股份认罪尽快庭外和解，也有不少媒体借题发挥，过多强调中国企业不熟悉国际资本市场的规则和法律要求、中国企业走向海外需要缴学费及中外文化差异等等。

比如就有媒体报道，这场集体诉讼的关键人物 Milberg 律师行是个难缠的强劲对手。拥有 35 年历史的 Milberg 律师行是全美最大的集体诉讼律师行，其创使人 Milberg 律师即是推动美国集体诉讼的鼻祖之一。这家律师行曾成功索赔总计逾 300 亿美元，尤其以因反对保利信保险公司和瑞士银行与 Drexel Burnham Lambert 公司合并一案创下索赔纪录，金额超过 20 亿美元。在中国民众眼中甚为陌生的 Milberg 律师行，对操刀针对中国企业的集体诉讼案却不外行。中华网和网易两家在美上市的互联网公司遭遇的集体诉讼案，均出自这家律师行之手。其中，网易最终以赔款 435 万美元的代价取得和解。

总之，当时的媒体报道总的基调是负面的，加上这之前的中航油新加坡上市公司破产事件，国内对央企风险管理水平的探讨热度很高，人寿股份所面对的压力无疑是非常大的。

出乎媒体意外的是经过近五年的漫长强力抗辩，人寿股份最终赢得了这场集体诉讼。现在看来，从技术面来看，人寿股份赢得这场官司至少包括以下几个方面的原因：

- 人寿股份的股票价格走势总体比较好，后市的价格都远高于 IPO 开盘价格，这或许是由于投资者从整体上认可人寿股份股票的长远投资价值，也可以说是国际投资者对中国经济的信心度比较高。人寿股份作为中国本土最大的人寿保险商，在中国这个巨大市场面前，无疑是个“金矿”。所以，虽然在诉讼期间股票价格存在波动，但从中长线看，股票价格是上升的，而短期（比如说在诉讼期间的几个月）的股票价格波动，其在投资损失的因果认定上难度是比较大的。本案的焦点就在于这个损失因果关系不成立，所以原告的很多理由法院没有采纳。反之，如果人寿股份的后市股票价格持续下跌，那么本案的结果估计将有可能改写。从这一点来说，人寿股份诉讼成功也是离不开中国经济的持续增长的。

- 人寿股份在诉讼期间的对外披露做的比较到位。比如说，针对境内外媒体的歪曲报道，人寿股份及时在中国香港和美国作出了有理有据的否认；在收到国家审计署的审计决定和 SEC 的调查信件时，都及时通过 6 - K 和新闻公告对投资者作出如实披露。这些披露，从法院的分析来看，不论在时间的及时性和内容的真实性方面都是合规的。

- 还有一点，也是最重要的一点，那就是最终的审计决定对人寿股份并没有影响，而且所涉及的处罚总金额也只有 800 多万美元，这对人寿股份这么大规模的公司来说，还构不成重要性水平，何况这个处罚是针对前身公司的，而不是针对人寿股份的，因为根据股份公司与集团公司订立的重组协议，集团公司将承担国家审计署审计决定中涉及的一切责任。这个最终的处罚结果和媒体在先前所报道的相差非常大，所以法院也认为，媒体先前的报道是极度不准确的。

人寿股份通过运用美国法律制度来维护自身的权益，最终赢得了这场官司，但这丝毫不能让我们放松对美国证券集体诉讼这个法律风险的警惕。五年的漫长诉讼，耗费的管理层精力和公司的财力，并不是很多公司都能够承受得了的。而且美国的诉讼信息是公开透明的，涉案公司不得不披露一些内部信息，公司的形象及投资者对公司的信心度都会受到很大的考验，有的公司熬不起诉讼早早选择和解赔偿，有的公司在这个过程中甚至消亡。

申明和信息来源

本案例的主要信息来源于相关法律文件，案件中所提到的指控内容，可能属实，也可能并非属实，本书对此并无任何立场。同时，由于本案并未经过陪审团和法院的最后庭审判决，是以原告撤诉而结束，被告并不承认这些指控，所以也意味着这些指控的事实认定在美国证券相关法律下并未予以确认。本案例的主要信息来源包括：

- 2008 U. S. Dist. LEXIS 67077.
- Consolidated Complaint For Violation Of Federal Securities Laws, Type: Complaint, Date on the document: 01/18/2005.
- 2005 WL 3280967 Amended Consolidated Complaint for Violation of Federal Securities Laws, Type: Complaint, Date on the document: 10/11/2005.
- 2005 WL 3807101 Memorandum of Law in Support of Defendants' Motion to Dismiss Amended Complaint, November 18, 2005.
- 2006 WL 551380 Memorandum of Law in Support of Defendants' Motion to Dismiss Amended Complaint (Amended), January 6, 2006.
- 2006 WL 551381 Plaintiff's Opposition to Defendants' Motion to Dismiss A-mended Complaint, January 9, 2006.
- 2006 WL 551382 Reply Memorandum of Law in Further Support of Defend-ants' Motion to Dismiss Amended Complaint, January 9, 2006.
- Opinion, Type: Order, Date on the document: 09/03/2008.
- Judgment, Type: Other, Date on the document: 09/12/2008.

11. 前程无忧业绩预测信息披露案

• 上市喜悦余温未退，突然业绩变脸、数据修正、预测下调、四天股价缩水五成，股东诉讼战火燃起，一场危机正在上演，前程无忧陷入焦虑……

• 本案的焦点在于如何判断被告的行为在主观意识上是否存在欺诈的企图。原告虽然就被告的不实陈述作出了充分的指控，但并无法充分指控被告存在欺诈的主观意识，所以法院驳回原告的起诉。前程无忧至此躲过一劫。

一、案件起因

从9月28日IPO上市，到11月4日的第一次业绩公告和第一次对外业绩预测，再到次年1月18日重新修订上市后第一次所作的业绩公告和业绩预测及立马引发的股价下滑35%和股东集体诉讼——从成功上市的喜悦到危机突然降临，前后也就是不到4个月的时间，这是公司管理层远远没有预料到的。

前程无忧（51job Inc.）于2004年9月28日在美国首次公开发行股票并上市交易，股票发行价格为每股14美元，首个交易日当天股票价格冲高至每股20.75美元。2004年11月4日，该公司公布了2004年度第三个季度的财务数据，这也是该公司IPO之后的首次业绩公告（下称“114公告”），这是个十分令人满意的季度业绩：总收入（total revenue）折合美元1630万，净收入（net revenue）折合美元1550万，总收入、净收入和毛利都大大地超过全年同期水平。在业绩公告会议上，该公司CEO（本案被告之一）宣称：“第三季度的骄人业绩正好展现了我们公司业务规划和执行的优秀能力。”该公司还在业绩公告中公布了第四季度的业绩预测信息：估计第四季度的总收入在1.4亿元到1.45亿元人民币之间，预计稀释后的EPS为0.42元到0.44元人民币。

在114公告之后，前程无忧的股票价格从11月4日的每股28.29美元上升到本案诉讼期间最高的每股55.37美元。

孰料好景不长，2005年1月18日，在股票交易开市前，前程无忧对外公布了一些最新的负面消息（下称“118公告”），主要包括如下内容：

• 该公司的收入从2004年12月下旬开始下降；

• 公司降低了其原先对外公告的第四季度业绩指引，收入从原来对外估计的人民币1.4亿元下调为人民币1.17亿元到1.21亿元；

• 预计的全面稀释后每股利润从原来的人民币0.42元到0.44元区间下调到人民币0.24元到0.27元区间；

• 该公司还公告认为其第三季度已经公告的业绩中，网上招聘服务收入中有部分数据需要修正；由于时间差异的存在，第三季度网上招聘服务收入被高估大约人民币两三百万元，这些收入需要在第四季度才可以确认，这正是属于收入的截止性错误；而且，此次重新对外发布的第四季度业绩预测中已经考虑到了这个截止性错误的影响；

• 此外，该公司还透露，其已经停止了向商业用户出售文具和其他办公用品的业务。

在118公告当天，该公司的股票价格大幅度下跌，从2005年1月15日的每股43.82美元下跌到第2个交易日也就是1月18日的每股28.32美元，当天1天的下跌幅度高达35%，而且当天的股票交易量十分巨大，高达740万股。

从2005年1月21日到3月10日，连续有7起股东诉讼爆发，2005年7月26日，这些股东诉讼合并成一个集体诉讼，法院任命Webster Group为首席原告。2005年8月25日，首席原告向法院提交合并集体诉讼起诉状。在本案中，原告指控被告（包括前程无忧公司、其董事会主席、总裁及CEO和CFO）违反1934年的证券交易法第10（b）条款、20（a）条款及10b－5规则，出具了虚假和误导的收入信息和收入增长预期。

二、原告的指控和主张

原告的第一个指控认为被告114公告中关于2004年第三季度的收入数据和第四季度的业绩预测数据存在重大错误和误导，从而违背了证券交易法的第10（b）条款和10b－5规则，这是因为：

- 该公司的广告业务收入确认不恰当，从而导致第三季度的收入虚高；
- 该公司并没有披露其广告收入的业务正在面临着下滑的情况；
- 公司管理层对业务的急剧下滑是知情的，但公司仍然对外公告了十分激进的业绩指引信息；
- 该公司关于其历史业绩和将来期望增长的陈述是缺乏依据的，从而欺骗了投资者。

原告认为，被告为公司的高级管理层，是可以获得公司的财务相关信息的，所以被告对其虚假陈述和隐瞒重大信息的行为实际上是知情的，如果说他们本身并没有验证这些信息从而在即使可以获得该信息的情况下没有对外披露这些信息，那么他们的行为也应该是属于轻率的。所以原告认为前程无忧的股票价格由于这些虚假陈述和误导信息的存在而被人为地推高了，从而给投资者造成了损失。

原告的第二个主张是认为被告中的自然人，由于属于控制人的角色，所以需要承担证券交易法20（a）条款的控制人责任。

三、法律标准的确立

被告向法院提交动议申请驳回起诉，在联邦民事诉讼程序法第12（b）（6）条款下，如何判断申请驳回起诉的动议，需要明确本案所适用的基本法律标准。法院主要是通过以下的相关判例法确定了是否应该驳回该起诉的法律标准：

- Geisler案例，见Geisler v. Petrocelli，616F. 2d 636，639（2d Cir. 1980）

及 Ricciuti v. N. Y. C. Transit Auth. , 941 F. 2d 119, 124 (2d Cir. 1991)。该案例要求，法院在判断是否应该驳回起诉的时候，仅仅是需要考虑原告起诉书的法律可行性（legal feasibility），而不是考虑各项可能用以支持该起诉的证据的权重。就是说，在这个阶段，法院只是在考虑起诉的法律可行性，而并不是考虑该起诉的证据是否可靠。

• Papasan v. Allain, 478 U. S. 265, 283, 106 S. Ct. 232, 92 L. Ed. 2d 209 (1986) 及 Ganino v. Citizens Utils. Co. , 228 F. 3d 154, 161 (2d Cir. 2000)，这两个案例所确定的标准要求法院在审理是否驳回起诉的时候必须假设原告起诉书中所描述的情况属实，而且需要从对被告有利的角度来作出合理的推理（reasonable inference）。

• In re Merrill Lynch & Co. , 273 F. Supp. 2d 351, 356 – 57 (S. D. N. Y. 2003)，该案例要求法院在审理是否驳回起诉的时候，可以考虑以下信息：

＊ 起诉书中所描述的事项，包括其后附的文件或者包含在内的索引；

＊ 虽然没有后附或者索引在内，但是属于起诉书所构成的一部分，或者是起诉书所依赖的信息；

＊ 被告动议中所提供的文件或者信息，而且这些信息必须是原告知情的或者拥有的，并且是原告起诉书形成的依据；

＊ 法律要求已经公开或者将要公开的披露信息，包括提交给 SEC 的信息；

＊ 在联邦证据法第 201 规则下法院认为进行司法采纳是妥当的一些信息。

四、法院的分析过程

法院首先援引了上文提到的 Ganino 案，该案例指出对 10（b）条款和 10b – 5 规则的指控需要满足以下条件：

• 需要和证券的购买或者出售相关；

• 被告出具了重大的虚假陈述或者隐瞒了重大信息；

• 被告的行为具备欺诈特征；

• 原告在投资决策过程中信赖了被告的行为；

- 原告因此导致了损失。

并且，原告的起诉还需要符合美国联邦民事诉讼程序法第 9（b）条款和 PSLRA 中对证券舞弊起诉的如下两个特殊要求：

- 原告的指控需要有具体的事实描述（具体性要求，particularity），不能是泛泛的指控；

- 原告需要指控被告的行为具备欺诈的特征，也就是说被告的行为是知情的、是故意的、或者是轻率的，而不是无意和过失的；

在本案中，被告抗辩认为其第三季度收入虚增的金额并不构成重大的虚假陈述，同时被告还抗辩认为其对第四季度的业绩预测应该属于前瞻性的信息，应该符合 PSLRA 安全港规则的保护范围。由于本案最后法院认为原告的起诉并没有达到法律的基本要求，从而被驳回起诉，因此法院也没有对被告的这两个抗辩作进一步的分析和判断。

所指控事项是否符合具体性要求

相关法律标准。法院通过援引相关案例确定了案例法下的标准，在 [Stevelman v. Alias Research, Inc.,（74 F. 3d 79, 84（2d Cir. 1999）] 案中提到了相关的如下标准：

- 原告需要指出被告的哪个陈述是虚假的；
- 原告需要指出该陈述的陈述人是谁（speaker）；
- 原告需要指出被告在何时何地作出了陈述；
- 原告需要说明为何该陈述是虚假的。

在援引了案例法之后，法院又从成文法中寻找相关的法律标准，发现 PSLRA 同样也有类似的要求［见 15 U. S. C. 条款 78u－4（b）（1）］。当然第二巡回法庭也曾经在 Novak 案例中指出［见 Novak v. Kasaks, 216 F. 3d 300, 313－14（2d Cir. 2000）］，并不是要求原告提供所有的事实，相反是要求原告必须提供具体的事项足以支持其所确信的主张，所以并不是需要所有的事实，而是仅仅需要足够充分的事实，就符合起诉的条件。

是否指明哪些为虚假陈述？被告首先抗辩认为原告的起诉书并没有指明哪个具体的陈述是虚假的，被告认为原告只是简单地重复了被告的 114 公告内容，然后罗列了一些原因说明为何这些陈述是误导的，但并没有澄清这些原因和新闻公告中的哪些具体陈述存在逻辑关系。所以被告认为原告的这种模式的指控并没有足够充分地指明被告的哪些陈述是存在误导的。

法院并不同意被告的这个抗辩观点，虽然原告的起诉书中引用了好几段被告 114 公告中的内容，但原告所罗列的被告存在虚假陈述的理由已经是足够充分地指控了被告的某些具体陈述是误导的，这是因为：

• 原告首先明确指出被告第三季度的业绩数据是错误和具有误导性的（第三季度对外披露的毛收入和净收入数后来发现是被高估了）。

• 原告的起诉状明确指出被告明知其业务存在严重下滑的情况，但仍然没有调整其对外已经披露的激进且正面的业绩预测。法院认为原告的这个描述足以指控被告第四季度的业绩预测公告是存在误导性的。

• 原告指控认为被告的历史业绩数据和对收入增长的预期信息的披露是缺乏依据的，从而误导投资者，这个指控是指前程无忧公司第三季度的业绩数据和第四季度的业绩预测，包括其 CEO 的陈述（“第三季度的业绩说明了该公司业务计划和执行能力的优良体现”）存在误导性；

• 原告的起诉书中还明确指控被告没有对外披露其广告业务收入正面临严重下滑，这同时说明第三季度已经披露的业绩和第四季度的业绩预测是存在信息隐瞒和误导性质的。

因此，法院认为原告的起诉状已经充分地指出了所指控的具有误导性的陈述和所隐瞒的信息。

虚假陈述指控相关事实的具体性（particularity）和充分性（sufficiency）。被告抗辩认为原告的起诉状并没有提到任何一个事实来支持其“被告的陈述是虚假的”结论，原告只是简单地重复了被告 114 和 118 公告中的内容，并没有提到其他任何文件或者提供任何证人。

既然 PSLRA 和美国的判例法都要求起诉状对原告的指控必须符合事实的具体和充分性要求，法院对每一项被指控具有误导性质的陈述进行了逐一的如下分析：

已经对外披露的第三季度收入数据。原告认为被告于 2004 年 11 月 4 日对外公布的第三季度业绩存在误导性，因为这个季度的网上招聘广告业务收入被

高估了，正是如此，前程无忧公司才在 2005 年 1 月 18 日对外公告说明其 2004 年第三季度的此等收入大约被高估两三百万元人民币，而这部分收入其实应该属于 2004 年第四季度。所以据此，法院认为原告的指控已经是符合具体性的要求，因为原告已经很具体地指出被告第三季度的业绩公告并没有精确地反映其第三季度的收入数据。但法院认为，原告需要提供更多的理由来说明被告的第三季度公告为何是舞弊性质的，而不能仅仅停留在认为这个公告是有错误的。就是说，仅仅指控被告这个公告存在错误性还不够，还必须能够指控被告是有意制造这个错误。

法院援引了 JP Morgan 案例［见 In. re JP Morgan Chase Sec. Litig.，363 F. Supp. 2d 595，624（S. D. N. Y. 2005）］认为，原告必须能够指控说明这些陈述在作出的当时就已经是错误或者具有误导性的，而不能够凭借事后之明（hindsight）来指控这些陈述；而且，原告还必须能够提供事实说明被告在作出这些当时就已经是错误或者误导性的陈述之时，被告对此是知情的或者说是应该知情的。

本案中，原告认为被告对其第三季度收入数据存在高估一事是知情的或者说是应该知情的。原告认为被告作为公司的高级管理层是可以通过公司内部会议、文件和报告知晓这些对公司不利的但尚未对外公开的信息。

原告在起诉书中指控认为被告管理层是可以获得那些尚未公开的对公司不利的信息，诸如：公司业务、经营、产品、趋势、财务报表、市场当前和将来的状态、经营计划、预算及预算和实际数据的差异分析等等；而且管理层往往是可以通过如下途径来获得这些内部信息，如：公司内部文件、和其他管理人员和员工的交谈或者沟通、参加管理层会议或者董事会会议等等。法院发现原告并无法提供进一步事实来支持其这一指控，原告并无法具体指明哪个内部会议、内部文件或者内部报告可以证明被告管理层对第三季度已经公告的收入数据存在高估这个情况是知情的。

第二巡回法院曾经解释道，如果原告指控被告是可以获得与公开信息内容相反的内部信息，那么原告需要明确具体地指出到底被告是获得了哪些此等内部信息。第二巡回法院在 San Leandro Emergency Med. Group Proft Sharing Plan v. Philip Morris Cos.，75 F. 3d 801，812（2d Cir 1996）案中判决认为，在该案中，原告仅仅是指控被告获得了公司的机密销售报表，从而得知公司的销售数据同对外披露数据比较来看，存在很大的下滑，除了这样的一般性指控外，原告并没有提供进一步的支持性证据，所以法院认为该指控在起诉驳回阶段很难获得法院支持。法院认为，原告必须能够具体指明该内部报告，包括该报告是由谁编制的、其数据的可靠性如何、公司的哪些管理层阅读过该报告。很明显，在本案中，原告的起诉书还达不到这个标准。

前程无忧CEO 对第三季度业绩的说明。原告认为被告 CEO 对第三季度业绩的陈述是具有误导性的，该 CEO 在业绩公告中陈述到："我们确信，第三季度的业绩数据明显说明了我们商业计划和我们执行能力的优良性。"法院认为原告对被告的这一指控其实仅仅说明了第三季度收入数据是存在误导的，所以这个指控并不符合民事诉讼程序法 9（b）条款和 PSLRA 对诉状具体性和充分性方面的要求。

广告业务收入严重下滑信息的隐瞒。原告指控被告 114 公告中没有披露该公司的广告业务正在面临严重的下滑，然而法院认为原告并没有提供足够的事实来支持该指控，原因如下：

首先，原告的指控并没有表明此业务严重下滑现象在 11 月 4 日被告作出业绩公告的时间点已经实际存在。被告是在 118 公告中披露了原先公告的第三季度收入需要调减两三百万元人民币。这确实说明了第三季度的收入被高估了，但并无法就此说明第三季度的时候公司的业务就已经存在严重下滑。原告并没有认为被告公司 2004 年第三季度的实际广告业务收入比同年的第二季度或者比 2003 年的第三季度要低。实际的情况是，就算剔除几百万元人民币的收入高估因素，被告公司 2004 年第三季度的业务收入不论是在同比还是在环比来看，都是上升的。

原告认为前程无忧公司的总收入从第三季度的 1.35 亿元人民币下调到第四季度的 1.17 亿元到 1.21 亿元人民币，这样的业绩预测下调可以说明在该期间其广告业务收入也是下降的。但法院认为，原告并没有提供证据来证明此等下降是在 2004 年 11 月 4 日就已经开始的，而且被告在 2005 年 1 月 18 日对外的披露中也仅仅提到业务的下滑是从 2004 年 12 月的下旬开始的。所以，法院认为原告并没有证明从 114 公告开始被告的网上广告业务收入就开始严重下滑。

其次，即使原告可以充分地指控认为被告的广告收入从 2004 年 11 月 4 日开始就存在严重下滑，原告也没有指控认为被告在那个时间点对此下滑是知情的或者说是应该知情的。原告的起诉书只是泛泛地指控认为被告属于管理高层，应该可以通过内部会议、内部报告、内部文件等方式获得公司的内部财务信息。但这些指控是无效的，因为原告并没有任何事实或者细节来支持这一指控，原告也没有指出是何种内部文件、内部会议、或者内部报告从中可以显示被告对从 2004 年 11 月 4 日开始的广告业务下滑是知情的，或者说是应该知情的。

所以法院认为，原告指控被告没有在 114 公告中披露其广告业务严重下滑是缺乏具体性和充分性的。

第四季度业绩预测信息。原告认为被告 114 公告所作的业绩预测信息是错误和误导的，被告 118 公告对该业绩预测进行了大幅度地修正，将第四季度的预测收入从原先公告的 1.4 亿元到 1.45 亿元人民币下调为 1.17 亿元到 1.21 亿元人民币，预期的完全稀释后每股利润从原先公告的 0.42 元到 0.44 元人民币下调为 0.24 元到 0.27 元人民币。

法院认为，仅仅是罗列出这些事实而没有进一步的信息，那么指控是不充分的，因为上诉法院的第二巡回法庭的案例判决并不认可从事后的证明来指控舞弊。见案例 Shields v. Citytrust Bancorp, Inc., 25 F. 3D 1124, 1129 (2d Cir. 1994)，在该案例中，法院认为对业绩预测的错误乐观本身并不能成为起诉的理由，法院并不支持从中推导出舞弊（欺诈）意图。同样，在另外一个案例 Stevelman v. Alias Research, Inc., 174 F. 3d 79, 84 - 85 (2d Cir. 1999) 中，第二巡回法庭认为，其中一份报告应该在更早的对外报告中予以披露这样的指控是不符合证券欺诈起诉要求的。

法院认为，原告必须能够证明被告所作出的第四季度错误和误导性的业绩预测，在作出的时候被告就已经对此是知情的或者说是应该知情的。但原告并没有提供这方面的进一步细节。

同样，法院认为原告对被告的这一指控是缺乏具体性和充分性的。法院认为，虽然原告已经充分地指出了被告的错误和误导性的陈述所在，但法律所关心的是这些误导性陈述后面的舞弊欺诈行为，而不是这些陈述的精确性。

法院接下来重点分析了欺诈指控的起诉要求。

所指控事项是否构成欺诈

构成欺诈的法律标准。10（b）条款和10b－5规则下的证券舞弊起诉条件要求原告必须能够指控被告的行为构成欺诈，就是说被告是有企图地进行欺骗、操控和舞弊。原告必须能够提供足够的事实确保可以从中强有力地推导出被告的欺诈意图。

联邦民事诉讼法第9（b）条款指出，不当行为（malice）、企图（intent）、知情（knowledge）和人思想意识中的其他状态在指控的时候可能只能是泛泛地提到，但该条款并不是说允许原告依据猜测或者结论性主张来指控被告存在证券欺诈行为［见案例 Shields v. Citytrust Bancorp，Inc.，25 F. 3d 1124，1128（2d Cir. 1994）］。而且第二巡回法庭也曾解释到，证券欺诈的指控需要原告提供足够的事实从而可以从中强有力地推导出被告的欺诈企图。

PSLRA 对证券欺诈的起诉要求基本上是和第二巡回法庭的解释是一致的。第二巡回法庭认为如果符合以下两个条件，那么欺诈的思想意识状态应该是可以成立的［见案例 Acito v. IMCERA Group，Inc.，47 F. 3d 47，52（2d Cir. 1995）］：

- 原告可以提供事实表明被告同时拥有欺诈的动机和机会；
- 原告可以通过事实来形成证明被告有意不当行为或者轻率行为的情形证据。

在 Novak 案例中，第二巡回法庭认为如果起诉书的指控符合以下特征，那么可以推导出欺诈的存在：

- 被告以个人方式从中获利；
- 被告的行为是蓄意且非法的；
- 被告对其行为是知情的，或者被告是可以获得信息知道公司所对外披露的信息是不正确的；
- 被告负有检查或者监督该信息的义务，但被告没有履行该义务。

在后续的一些案例中，第二巡回法院也是采纳了从动机和机会两个角度并结合情形证据来分析是否可以从起诉状中强有力地推导出证券欺诈行为的存在。所以，本案中的法官也按照此思路进行了以下的分析。

动机和机会。被告并不反对原告指控被告是有机会从事证券欺诈行为的，所以机会这一维度并不是法院的关注焦点，法院的关注点在于起诉书是否充分地指控了被告的欺诈动机。在分析之前，法官又援引了以下案例来给动机作一些基本解释：

第二巡回法庭在 Shields 案中［见 Shields v. Citytrust Bancorp, Inc., 25 F. 3d 1124, 1130 (2d Cir. 1994)］认为，如果被告通过一个或者多个虚假陈述和不当隐瞒而从中获利（concrete benefits），那么将有可能被判定欺诈动机是存在的。在 Ganino 案中［见 Ganino v. Citizens Utils. Co., 228 F. 3d 154, 170 (2d Cir. 2000)］第二巡回法庭认为，如果仅仅是指控被告为了自己的私利而进行证券欺诈，那么这样的指控是不充分的。在 Kalnit 案中［见 Kalnit v. Eichler, 264 F. 3d 131, 139 (2d Cir. 2001)］第二巡回法庭认为，如果所指控的动机是大部分公司董事的高管都通常拥有的，那么这样的动机指控也是不够充分的；这些大部分公司管理层通常拥有的但并不被法院认定为欺诈要素的动机包括：

- 确保公司显得具有获利性这样的意图；
- 期望通过公司的股票价格维持高位从而使公司管理层的薪酬得到提高。

但是，如果原告指控被告通过出具虚假的公司盈利信息来推高股票价格并出售股票从中获利，那么这样的指控法院通常认为是足以充分指控被告的证券欺诈行为存在的。

本案中原告认为被告的动机是希望其 2004 年 9 月 28 日的 IPO 融资金额最大化。然而，对被告的指控所涉及的虚假陈述却是在 2004 年 11 月 4 日才作出的，这已经是前程无忧 IPO 一个月之后的事情了，所以法院认为原告对被告的此等指控是不充分的。

本案中的原告还认为，被告自然人总共拥有前程无忧公司超过 1900 万股的股票，所以被告的动机包括通过证券欺诈来增加其个人财富。然而，原告并没有指控被告在诉讼期间有任何的实际股票出售行为。在第二巡回法庭所确定的案例法中，如果仅仅是因为拥有公司的股份还不足以构成证券欺诈的指控。

在前述 Shields 案件中，法院认为如果原告没有提供相匹配的事实（如内部交易）来解释说明被告是如何通过人为推高的股票来获利，而仅仅是因为被告拥有股份，那么该指控是不够充分的。在前述 Acito 案例中，第二巡回法庭认为，原告仅仅是指控被告通过人为推高股票价格从而实现管理层的报酬，那么这样的指控是不充分的。如果允许该指控获得通过，那么几乎美国所有上市公司的高管在公司股票价格下跌的时候就不得不面对证券欺诈集体诉讼。所以，公司高管的激励报酬通常不应该是证券欺诈指控的依据。

本案中法院认为，前述 Acito 案例推理同样适用于拥有公司股份权益的公司高管。这样的指控由于对所有公司高管来说是非常普遍的，所以其不应该被认为可以从中显示出证券欺诈的存在。

基于以上的分析，本案中的法官认为原告的起诉书对被告动机和机会的指控并没有足够充分地达到可以强有力地推导出被告存在欺诈行为。

有意识的不当行为或者轻率行为的情形性证据。第二巡回法庭在前述的 Novak 案中［见 Novak v. Kasaks，216 F. 3d 300，308（2d Cir. 2000）］将有意识的不当行为解读为“蓄意的不法行为”（deliberate illegal behavior），包括通过利用内部重大的信息进行内部证券交易，或者以不恰当的折扣进行知情的公司股票销售等。对轻率则解读为属于极度不合理的（highly unreasonable）并构成是对正常尽职标准（standard of ordinary care）的极度偏离（extreme departure）；而且被告对此所隐含危险或者是知情的，或者是因为其是如此之明显，所以被告是应当知情的。第二巡回法庭还认为，如果原告可以非常具体地指控被告是知情的或者说被告对实际所隐瞒的信息是可以接触到的，那么在这个前提上，原告指控被告因轻率而导致证券欺诈往往是可以获得法院支持的。所以，在这些解释的情况下，对于重大的虚假陈述被告的知情与否，或者说更重要的是被告是否应当知情则就显得非常关键了。

本案中原告的起诉书仅仅是一般性（非具体地）地提到由于被告是公司高管，所以可以通过公司内部文件、内部会议和报告等方式接触到尚未公开的不利财务信息。这些指控如果没有进一步增加事实或者细节，则无法充分证明被告是知情的，或者说无法证明被告对内幕不利信息是可以接触到的。对于原告以被告是公司的董事会成员或者公司高管，从而可以接触到公司内幕的不良财务信息这样的指控，法院一般来说都不会予以支持。

本案中的原告认为其已经通过不同方面的情形证据来充分指控了被告存在证券欺诈行为。首先，被告在2004年11月4日所公告的第三季度业绩和第四季度的业绩预测信息仅仅在公告后的2个月之后（也就是2005年的1月18日）就进行修改。原告认为这个利好消息公告和利空信息公告之间的时间间隔是如此之短足以说明原先公告的利好消息在公告的当时就已经是虚假的了。但法院认为，原告的这一指控立场仅仅是适用于那些在类型和金额上在一段时间积累所发生的事项，这样的事项往往不会在突然时间内引起管理层的关注。见Grand案［In re Grand Casinos, Inc. Sec. Litig., 988 F. Supp. 1273, 1283 (D. Minn. 1997)］，法院认为本案的情形和Grand案不一样，本案中第三季度的收入调整金额只有两三百万元人民币，相对于整个网上招聘服务的收入人民币3400多万元和该季度总收入人民币1.35亿元（调整前）而言，这个调整金额并不算大，并不能从中强有力地推导出该公司的管理层在2个月之前就应该对此金额的收入调整知情。

至于对第四季度业绩预测的修正，这确实是属于金额比较巨大，因为第四季度的预期收入从原来对外公告的1.4亿元到1.45亿元人民币，下调整为1.17亿元到1.21亿元人民币，而且完全稀释的每股利润也从原来的0.42元到0.44元人民币下调至0.24元到0.27元人民币。但是这些业绩预测的修正时间相对来说比较不是那么可疑，因为其所涉及的财务数据皆为独立的第四季度的数据。法院认为，同2004年度的11月相比，对于公司管理层来说在次年的1月才会对上个年度第四季度的财务数据有更好的把握，毕竟11月离第四季度的结束还有1个月，因此这并不奇怪。所以本案的法院认为，114公告和118公告之间的2个月时间间隔并不足以构成强有力的情形证据来表明被告的行为属于轻率。

其次，原告认为前程无忧的2005年3月14日公告也构成了证券欺诈的情形证据，因为2005年3月14日的业绩公告中公司对2004年第二季度的业绩进行了修正，而这个修正并没有在118公告中体现出来。然而，原告的这一指控在其原来最初的起诉状中并没有提到，原告只是在其反对被告的驳回动议的回复中提到了这一指控，法院援引相关的判例法认为，非起诉书中所提到的指控并不适合法院在判断是否驳回起诉的时候予以考虑。同时，本案中的法院认为，即使允许考虑这一额外的指控，原告仍然不足以到达强有力地推导出被告的行为属于轻率。因为，虽然前程无忧公司对2004年第二季度的收入数据之后也进行了修正，但这并不表明前程无忧公司在114公告的时候就已经对这个修正知情或者应当知情。而且，2004年第三季度和第二季度收入数据的修正时间点之间的差异并不足以构成欺诈意图的成立，因为原告并没有充分地指控认为这两次修正所对应的不实陈述是在同一时间点被发现的。

其三，原告指控认为被告公司的CEO由于在2004年11月4日向SEC提交6-K文件上签字从而可以推导出欺诈之存在，因为该被告对公司的财务报表和对外公开信息是负有监督责任的，其对外的签字就正好代表了其已经履行了该责任。原告的这一主张是援引了Atlas案例［见In re Atlas Air Worldwide Holdings, Inc. Sec. Litig., 324 F. Supp. 2d 474, 491 (S. D. N. Y. 2004)］。但法院认为，原告对这一案例的援引是不恰当的。在Altas案例中，对于那些在向SEC提交文件上签字的公司管理层来说，如果有合理可获得的数据表明原先对外公告的信息存在重大错误或者误导，那么，法院认为他们是无权对公司的财务报表作出陈述的。在Altas案中，法院审核了原告所提供的具体的一些可以合理获得的数据，和一些“预警信号”，这些信息正好可以说明被告公司的管理层应该可以意识到公司的飞机资产正在失去实质性价值。然而，本案中原告并没有提供类似可比较的预警信号。仅仅是指控该公司的CEO在给SEC的文件中签字，而没有进一步提供具体的事实来证明其间有合理可获得的信息足以确保该CEO在签字的时候知晓这些财务数据是错误的，那么原告的如此指控还无法强有力地推导出被告是存在欺诈的。

通过以上的分析，法院认为原告期望通过情形证据来指控被告有意识不当行为或者轻率是不成立的。

是否需要承担控制人责任

依照Boguslavsky案件［见Boguslavsky v. Kaplan, 159 F. 3D 715, 720 (2d Cir. 1998)］，控制人责任的指控需要符合以下条件：

- 被控制人的首要违规行为存在；

• 被告对首要违规者存在控制关系；

• 控制人从某种意义上说其本身在首要违规行为当中也是个应该承担责任的参与者。

在本案中，法院认为由于原告并没有充分指控被告首要违反了证券交易法的 10（b）条款，所以控制人责任的指控也需要予以驳回。

法院同意了被告人申请驳回该起诉的动议，同时允许原告在符合联邦民事诉讼程序法第 11 条款的情况下于 2006 年 10 月 30 日前提交修正后的起诉状，然而原告并未有提交新的诉讼状，故法院于 2006 年 11 月 17 日正式驳回本案的起诉。

五、案外之声

这个案件之所以会被法院驳回起诉，应该来说以下几个因素起了关键作用：

• 前程无忧发现问题及时对外披露，这样一来对于原告来说要指控被告故意舞弊的难度就增加了很多。对外披露的及时性非常重要，本案就是因为前程无忧公司管理层及时对外公开披露内部所发现的问题，所以把握住了案件主动权。就是说会计数据和盈利预测信息出现错误本身并不可怕，可怕的是不正视这个问题，而是推迟和遮掩（正如晶奥太阳能案），因为出现会计错误再加上推迟和遮掩，那么就很有可能被推定为欺诈，被告就会处于非常被动的不利地位。

• 前程无忧的被告高管们在诉讼期间并没有抛售股票以获得直接利益，这也有助于欺诈指控的不成立。

• 原告指控被告的信息主要来源是被告的对外公开披露信息，并没有进一步的具体信息，所以指控的难度较大。如果有类似安然案件中的政府或者公司内部详细的调查报告，或者有被告公司的内部人士提供进一步的信息（如：类似 LDK 公司财务总监的内部举报信息，还有类似 UT 斯达康公司的几十名原内部员工充当秘密证人），那么整个案件的局势就完全不一样了。

本案所涉及的是上市公司业绩预测事项，在美国上市的企业，如果是美国本土注册的（如新浪），则需要发布法定的季度业绩信息，非美国本土注册的公司（如文思海辉），考虑到同行业的惯例以及对投资者的吸引力，也会按照季度公布业绩，而且在公布上季度历史业绩的同时，一般也会提供下季度的业绩预测和全年的业绩预测（一般提供关键性业绩数据，如营业额和 EPS 的区间值）。华尔街分析师希望看到上市公司业绩具有可预测性，尤其是季度信息，在同比和环比角度都需要进行分析；如果上市公司的季度业绩刨除季节性因素外波动很大，缺乏可预测性，这样的公司往往会被认为其商业模式在可持续性方面存在很大的不确定性，会直接影响到投资人对股价的估值。因此如何做好包括业绩预测在内的盈余管理（earning manamgement）可以说是 CFO 的首要职责。美国上市公司的 CFO 不仅需要具备扎实的美国会计知识功底，以确保历史业绩符合会计准则，避免经过审计之后出现业绩变脸的被动局面；还需要能够深刻理解企业的商业模式，搭建匹配的季度、年度、滚动业绩预测模型，尤其要融入业务环境，对业务部门所提交业绩预测进行复核、论证，以确定有把握的公司整体层面的业绩预测数据。此间经常出现的问题是：业务部门所提交的业绩预测是否可靠？预测是保守的还是激进的？其原因是多方面的，有可能是业务部门好大喜功，有可能是业务部门并不了解收入确认原则对其业绩预测的重大影响（比如：将会计上无法确认为收入的项目纳入业绩预测）等等。也正因为如此，强化每个季度对业务部门的业绩考核（而不是按照年或者半年来考核）、并将季度和滚动业绩预测的准确度纳入业务部门的业绩考核内容、CFO 直接参与甚至负责执行这些业绩考核等等都是在美上市公司很常见的管理实践。但不论如何，一旦有最新的信息表明原先对外公布的业绩预测（指引）存在严重不准确，那么及时进行公告和修正就成为上市公司法定的义务了。

申明和信息来源

本案例的主要信息来源于相关法律文件，案件中所提到的指控内容，可能属实，也可能并非属实，本书对此并无任何立场。同时，由于本案并未经过陪审团和法院的最后庭审判决，而是以起诉被驳回结束，被告并不承认这些指控，所以也意味着这些指控的事实认定在美国证券相关法律下并未予以确认。本案例的主要信息来源包括：

- 453 F. Supp. 2d 759.
- 2006 WL 1127659 Reply Memorandum of Law in Support of Defendants Motion to Dismiss the Class Action Complaint for Violations of the Federal Securities Laws.
- 2006 WL 551515 Plaintffs' Brief in Oppositoin to Defendants' Motion to Dismiss the Class Action Complaint.
- 2005 WL 3281909 Memorandum of Law in Support of Defendants' Motion to Dismiss the Class Action Complaint for Violations of the Federal Securiteis Laws.
- 2005 WL 2583171 Class Action Complaint for Violations of the Federal Securities Laws.

12. 第九城市《魔兽世界》代理权信息披露案

- 严重依赖单一代理产品，九城捕“魔兽”，网易在后。
- 业绩下滑七成，高额资产冲销，引发股价下滑和股东集体诉讼。
- 四名匿名证人的举证法院能否采纳？
- 网络和媒体的报道是否可以成为诉讼依据？
- 高管抛售股票、两任 CFO 连续辞职、巨额资产冲销是否构成证券欺诈的充分证据？
- 高管持股净增加、公司进行股份回购、增加资本性投入，这些举措能否构成对原告指控的反驳？

一、案件起因

第九城市计算机技术咨询有限公司（The9 Ltd.，下称“九城”）的上市实体公司在开曼注册，其股票在美国纳斯达克交易所挂牌上市。九城主要代理两家游戏公司的产品，一家为暴雪公司（Blizzard Entertainment Inc.，下称“暴雪”），另外一家为 EA 公司（Electronic Arts Inc.，下称“EA”）。

2004 年 2 月 3 日，九城和暴雪的母公司 Vivendi Universal Games（Vivendi）签订了在中国独家代理《魔兽世界》（World of Warcraft，“WoW”）游戏产品的合同，下称“魔兽合同”或“该合同”。该合同于 2007 年 1 月将合同一方从 Vivendi 换成暴雪，并约定该合同将于 2009 年 6 月 7 日到期。随着该款游戏产品于 2005 年 6 月正式在中国市场投放，九城的 2005 年第三季度收入猛增 2096%，达到 2280 万美元，其中有 2230 万美元的收入是来自《魔兽世界》这款游戏。接下来的 2006、2007 和 2008 年，来自该款产品的收入占九城总收入的比重超过 90%。

2006 年 3 月，有游戏网站披露九城和暴雪之间就《魔兽世界》的第一扩容版的游戏《燃烧的远征》（first expansion pack——Burning Crusade）是否包含在原先双方签订的代理合同所约定的代理范围存在分歧，而且该分歧目前日益扩大。2006 年 4 月，九城和《魔兽世界》的竞争对手 NCsoft 公司进行接洽，试图代理 NCsoft 的《Guild Wars》游戏产品。2006 年 4 月下旬，又有不同的游戏网络信息报道称暴雪正在考虑九城之外的《魔兽世界》在中国的其他代理商。原告还在诉状中提供了匿名证人（该匿名证人于 2005 和 2006 年在暴雪供职）宣称暴雪对九城运营《魔兽世界》游戏产品在整体上存在不满，暴雪认为该产品在中国应该可以产生比目前要多的收入。原告认为，这种紧张关系使得九城在魔兽合同于 2009 年 6 月到期后无法续签的可能性增加。

原告指控被告在诉讼期间对相关的信息披露存在误导或者隐瞒了一些重大信息。原告对被告在这方面的指控可以分为三类：

- 被告曾经对外陈述其确信魔兽合同的续签是可能的；
- 被告对外的一系列陈述让人认为九城和暴雪之间的关系是健康的，至少并没有恶化到网络上所披露的那种程度；
- 被告的对外陈述让投资者认为九城的未来增长是乐观的。

2006 年 11 月 16 日，九城对外公布了其第三季度的季报并召开了投资者电话会议。在该电话会议上，有分析师问九城的 CEO 关于《燃烧的远征》这款游戏在中国的投放情况，以及九城是否和暴雪之间就该款游戏进行新的谈判。CEO 回答道，九城公司始终认为《燃烧的远征》这款游戏应该包含在最初的独家代理授权范围之内，而且在这四年的独家代理期间，并不存在其他公司会代理《燃烧的远征》的可能。他还提到，九城和暴雪之间正积极探讨《燃烧的远征》在中国的市场安排和投放时间，而且九城将和暴雪在未来的两年半里继续保持沟通。原告认为被告的这些陈述是错误和虚假的，因为该陈述并没有披露以下信息：

- 九城和暴雪之间的关系已经属于紧张状态；
- 有个非常重要的风险九城没有对外披露，那就是九城可能无法续签《魔兽世界》的代理合同；
- 被告自然人和九城的内部人士知晓九城继续从魔兽合同中获利的时间

可能有限；

• 被告自然人和九城的管理层在该合同到期前进行了一些计划行为从而个人可以从中获利。

在业绩公告的当天，九城的股票价格从每个 ADR 的 4.92 美元上升到 28.36 美元，并且某高管 X 通过其控制的公司以平均每股大约为 27.42 美元的价格抛售了 86499 股份，从中获得收入大约为 230 万美元。

原告还提供了第四名匿名证人，该匿名证人曾为九城的前高管，该匿名证人称："CEO 曾经于 2007 年初向公司内部高管透露九城能够获得《魔兽世界》续签如果不是不可能，则就是非常不可能。"该匿名证人还宣称："CEO 其实明白九城和暴雪的关系早在 2007 年早期的时候就已经被毁了。"而且，2007 年 5 月 21 日，暴雪的直接竞争对手 EA 以 1.67 亿美元的代价购买了九城 15% 的股份，EA 还就某款游戏授予九城在中国的独家代理权。原告提供的第二位匿名证人（暴雪的代理权授权经理）宣称："暴雪非常看重忠诚度，EA 对九城的股份投资被暴雪看做是对暴雪的背叛。"

该 CEO 在九城 2007 年 5 月 22 日投资者电话会议（2007 年第一个季度业绩公告）上就 EA 对九城的股份投资一事进行了说明。该 CEO 认为对九城的可持续增长充满信心，并否认 EA 对九城的投资会影响到九城和暴雪的关系，因为这两个公司的游戏侧重不同。在回答分析师关于《魔兽世界》于 2009 年 6 月合同到期后续签的问题时，他说九城和暴雪的关系很好，但目前双方还没有商讨涉及 2009 年之后的事项。同日，九城的股票价格上涨 4.76 美元，上升幅度为 12%，股票价格高达每个 ADS 44.23 美元。在整个诉讼期间，股票的最高价格为 2007 年 7 月 13 日每个 ADS 51.97 美元。此后，股票价格先是急剧下滑，然后逐步下滑：

• 2007 年 8 月股票价格为 45 美元左右；
• 2007 年 10 月股票价格为 30 美元左右；
• 2007 年 11 月股票价格为 25 美元左右；
• 2008 年 1 月和 2 月，股票价格为 20 美元左右；
• 2008 年 8 月和 9 月，股票价格为 18 美元到 19 美元；
• 2009 年 4 月，在九城宣布其无法续签《魔兽世界》代理合同这个消息之前，股票价格为 13 美元；

• 九城一公布无法续签代理合同的消息之后，股票价格马上下滑到 10 美元；

• 整个诉讼期间结束后，也就是 2009 年 7 月，股票价格为 8.68 美元。

九城在其向 SEC 提交的 2006 年年度报告 20 - F 中，对相关的业务风险进行了披露和说明，其中包括以下两个相关风险：

• 九城的企业经营历史非常短，所以导致对其将来业务的预期比较困难。

• 所代理在线新款游戏的投放和推广可能失败，而且新款游戏的代理也可能不成功。其间还专门明确提到魔兽合同的风险：

“由于本公司的业务收入非常依赖《魔兽世界》的代理，所以，如果本公司和暴雪的关系僵化或者说暴雪将代理权转给本公司的竞争对手，那么对本公司的业务影响都是致命的。本公司无法保证暴雪或者其他游戏公司会续签代理合同……”

2007 年 8 月 3 日，又有网络媒体报道九城和暴雪的关系处于紧张状态。然而此时，九城和暴雪发表了共同声明，宣称媒体所报道的九城和暴雪之间存在分歧是没有依据的，而且九城和暴雪的合作一直是顺畅和友好的。

2007 年 8 月 29 日，九城公布了 2007 年的第二季度业绩，并在业绩公告中重申了长期可持续增长的信心。

2007 年 9 月，九城开始投放《魔兽世界》的升级扩充版——《燃烧的远征》。

2007 年 11 月 16 日，九城公布了其本年度第三季度的业绩公告，并召开投资者电话会议。在会上有投资者问到魔兽合同的续签问题，CEO 回答到，在《燃烧的远征》这款游戏投放市场后，九城开始和暴雪商讨魔兽合同的续签事项，目前还无法发表任何意见，但公司对最终可以和暴雪达成续签魔兽合同是充满信心的。

2008 年 1 月 18 日，九城 CFO Lee 辞职，Tse 开始成为继任。

2008 年 2 月 22 日，九城公布了 2007 年第四季度的业绩公告并召开投资者电话会议。在该会议上又有分析师问起代理合同的续签问题，CEO 答复到，《魔兽世界》这款游戏过去几年的增长非常强劲，而且九城和暴雪的关系也一直很好……所以很有信心地认为公司可以获得该代理合同的续签。

2008 年 5 月 20 日，九城公布了 2008 年第一季度的业绩公告并召开投资者电话会议。又有分析师在会议上问到代理合同续签谈判的进度。九城总裁，本案的被告自然人之一 Chen 答复到，目前的代理合同将在 2009 年 6 月到期，九城目前正和暴雪及其总部就代理权续签事项进行非常紧密的商讨……该商讨正在进行而且非常激烈（intense）。

2008 年 6 月 7 日，上任不到半年的 Tse 辞去 CFO 职务，Lai——本案的被告自然人之一，成为继任。

2008 年 6 月 30 日，九城向 SEC 提交了 2007 年的年报 20 - F，在该年报中，九城对相关风险进行了强调说明：

“《魔兽世界》的代理权将在2009 年6 月7 日到期，自从该款游戏从2005 年6 月开始投放，九城从中获得了巨大的收入。如果我们无法续签该代理合同，我们经营的前景将会受到严重的不利影响。我们计划尽力投入谈判以获得该代理权续签，目前该谈判正在进行中。”

2008 年 8 月 8 日，九城公布了 2008 年度第二季度的业绩公告，并召开投资者电话会议。在会议上有分析师问到代理权谈判的进展情况，Chen 答复到：“我们已经同暴雪公司开始进行非常积极的商讨，我将继续谈判，并希望很快可以有结果。在目前这个时点上，我们不能透露任何谈判细节，但我可以告诉你的是，我们在谈判中非常积极。” Chen 还讨论了九城和暴雪的关系问题，称 EA 对九城的股份投资对《魔兽世界》代理权续签的谈判并不构成威胁，也没有形成负面的利益冲突…… 在谈判中达成非常好的一点是九城如何同暴雪之间加强沟通。Chen 认为：“我们对《魔兽世界》在中国的继续投放和增长是持积极和乐观的态度。”

虽然很明显九城和暴雪的谈判正在进行中，但 2008 年 8 月 12 日，暴雪宣布其已经同意将三款不同的游戏授权给网易在中国投放，网易正是九城的竞争对手之一。

此后，有更多的传言认为暴雪不会同九城续签《魔兽世界》的代理合同。2008 年 8 月 5 日，九城发布公告宣称：“九城现在正同暴雪公司商讨《魔兽世界》在中国的未来运营问题。目前市场上存在关于该代理权的一些谣言，这些谣传是没有任何根据的。九城当前正积极地和暴雪公司商讨合同的续签事项。”

2008 年 11 月 18 日，九城公布了第三季度的业绩并召开投资者电话会议，在回复该合同代理权续签问题上，Chen 说：“我们其实从今年 5 月份起已经和暴雪公司商讨代理的续签……目前我们不方便评论，由于主要事项正在谈判之中。”

2009 年 1 月 15 日，Chen 在一次游戏行业会议中接受了采访被问到：“你如何评价暴雪和网易之间的合作？九城如何应对《魔兽世界》代理权的到期问题？”Chen 回答到：“暴雪和网易之间的合作属于自然产物（natural outcome），也属于正常的商业交易。我希望他们可以越来越好。如果我们未曾获得《魔兽世界》的代理权，九城也就成为一个没有《魔兽世界》的公司。该代理权的续期将会在这个 6 月。由于我们必须等到 6 月份才可以续期，所以我们目前并不着急。”

2009 年 2 月 23 日，九城公布了 2008 年第四季度和 2008 年全年的业绩。公告的业绩显示九城的毛利润和净利润分别比 2007 年增长了 35% 和 45%，而这个增长主要是《魔兽世界》所带来的。原告认为，被告除了没有如实披露其和暴雪之间的紧张关系外，也没有如实披露九城的管理层确信其实九城是无法续签魔兽合同，所以这个业绩是错误和误导的，因为在最终宣布无法获得该代理合同的续签时，九城不得不大量冲销一些资产。在九城的投资者电话会议中，分析师问及关于九城和暴雪代理续签谈判状态，以及九城将在何时间投放《魔兽世界》第二款升级套餐（Wrath of the Lich King，“WLK”）和相关的市场推广安排，CEO 答复到：

“我们现在还不能透露代理合同续签谈判的任何细节…… 我们正在积极准备 WLK 这款游戏的本地化工作，相关的申请资料也已经向政府的管理部门提交。就目前来说，我们正非常积极准备每一个涉及从内容到技术的任何准备工作，并期望尽快可以投放市场…… 我们正积极准备该款游戏在中国投放的准备工作…… 但我们原则上还无法同意……我们可以期望在第二季度投放该款游戏…… 我们认为 WLK 这款游戏新客户的增加关键并非仅仅是广告，而是向玩家提供接入服务……”

原告所提供的第一个匿名证人在2006年离开暴雪后成为专注于游戏行业的投资顾问，其透露到，在2009年2月大家都广泛地确信暴雪将不会和九城续签代理合同，而是会转向和网易合作，这显然和九城总裁Chen的对外陈述是相矛盾的。原告还提供了第三名匿名证人，其也支持原告对被告的这一指控。第三名匿名证人是暴雪的客户服务培训经理，其透露到，暴雪在2009年3月就已经开始培训网易的员工熟悉《魔兽世界》的客户服务工作。该匿名证人还认为九城对这些情况是知情的。2009年4月15日，有非官方的消息透露暴雪已经决定在九城代理期满后将授权网易在中国代理《魔兽世界》的游戏产品。2009年4月16日，暴雪和网易也共同发布类似该内容的申明。九城也于同一天单独发布了类似内容的新闻。其股票价格从4月14日的13.22美元下滑到4月16日的8.95美元。

2009年7月1日，九城向SEC提交了6-K临时公告，公布了由于《魔兽世界》代理权无法得到续签及其他原因，九城将不得不对2008年年度财务报表中的某些资产确认贬值和冲销。该公告还显示九城的净利润同原先在2009年2月公告的数据相比，将会减少55%到75%。2009年7月15日，九城正式提交了2008年的年度报告20-F，该报告中确认了2007年和2008年的收入下滑了72%，并在2008年的财报中确认了数项资产贬值和冲销，还披露到：

“一直持续到2009年3月底，九城和暴雪一直在进行谈判，该谈判从2008年4月开始，其目标旨在确保九城可以继续在中国代理《魔兽世界》。2009年4月16日，九城知晓《魔兽世界》的代理权将转给另外一家在中国从事网络游戏的公司，由此，九城认为该代理权的续签对九城来说已经是不可能了（imminent）。”

2009年7月15日是九城对2008年年度报告的提交日期，也是本案诉讼期间的截止日期。从2009年7月1日到7月15日，九城的股票价格从10.15美元下滑到8.68美元。原告认为：

- 被告的错误陈述和重大信息隐瞒导致了九城的股票价格在整个诉讼期间被人为虚高了；
- 从公司CFO Lee的辞职开始，到公司对2008年年度报告信息进行修改，这个过程中所披露的信息导致了九城的股票价格从2008年1月18日的

21.76 美元下滑到 2009 年 7 月 15 日的 8.68 美元。

二 案件过程

• 2009 年 7 月 15 日，九城公告其业绩，净利润同比从 2008 年的 5110 万美元下滑 72%，下滑金额高达 3690 万美元；而且公司还承认尚未开始和暴雪谈判《魔兽世界》的代理权续签事项。受此消息影响，九城的股票价格当天下跌 18%，至每股 8.34 美元。

• 2009 年 12 月 21 日，原告向法院递交修正后的起诉状。

• 2010 年 2 月，各诉讼合并成集体诉讼案件，法院批准了首席原告代表和律师。

• 2010 年 3 月 19 日，原告向法院提交合并诉讼状。

• 2010 年 5 月 28 日，被告向法院提交申请驳回起诉的动议。

• 2011 年 3 月 28 日，法官 Richard J. Holwell 裁决同意被告的动议，驳回原告的起诉。

本案的诉讼期间是 2006 年 11 月 15 日到 2009 年 7 月 15 日。原告指控被告违反 1934 年交易法第 10（b）条款和 SEC 的 10b－5 规则，及控制人违反了交易法第 20（a）条款。本案中的被告方除了该公司外，还包括其公司创始人兼 CEO，以及该公司以下连续三任 CFO：

• 2004 年 1 月至 2008 年 2 月担任该公司 CFO 和副总裁的 Hannah Lee；

• 接替 Lee 担任公司 CFO 至 2008 年 6 月的 Tony Tse ；

• 接替 Tse 担任公司 CFO 的 George Lai。

被告自然人中还包括从 2008 年 5 月开始担任该公司总裁的 Chen。

三 原告对被告在欺诈方面的指控

原告认为在诉讼期间，九城和被告自然人从事了一系列的舞弊、非法的交易。原告认为被告其实知晓或者轻率地忽视（recklessly disregarded）九城将无法获得《魔兽世界》代理权的续签。所以这些一系列的交易可以推导出九城的管理层是存在欺诈行为。原告指控被告的这一系列交易主要是：

某高管 X 的股票抛售行为

在诉讼期间，X 通过其个人所实际拥有的公司 Incsight 抛售了九城的股票，这些股票的价值大约为 2800 万美元。但原告并没有提供这些股票抛售交易的完整信息，当然在考虑诉讼是否驳回的判断时候，法院是可以通过被告向 SEC 所提交的相关文件来了解这些信息的。法院发现，2006 年 3 月 31 日，X 拥有九城 660 万股的股份，这些股份全部是通过 Incsight 公司持有，该股份约占九城所有发行股份的 27%；1 年之后，也就是截至 2007 年 3 月 31 日，X 拥有九城的股票稍微高于 600 万股，除了其中的 7000 股外，其余也都是通过 Incsight 公司持有，这些股份占九城总股份的 20.5%。法院还发现 X 所拥有的股份在 2007 年 3 月 31 日到 2008 年 3 月 31 日之间并没有变化；截至 2009 年 5 月 31 日，X 所拥有的股份已经达到了 700 万股，其中 585 万股是通过 Incsight 公司持有，这些股份占九城总股份的 26%。Incsight 的最后一次股票抛售交易是 2008 年 8 月 18 日，但原告并没有指控 X 曾经以其自身的名义抛售过股份，所以 X 在 2009 年 5 月 31 日到 7 月 15 日之间所持有的公司股票并没有减少，仍然是 700 万股。因此虽然 Incsight 公司所拥有九城公司的股票数量在诉讼期间减少了 75 万股，但 X 所拥有的股份其实却是净增加了 40 万股。而且，从 2007 年 11 月到 2009 年 6 月，九城自己也回购了大约 430 万股的股票，其对应的价值大约为 7200 万美元。

原告还指控有家名为 Bosma 的公司进行了股票抛售交易，认为该交易应该和 X 的股票抛售行为结合起来考虑。Bosma 在本案的诉讼期间总共抛售了大约 300 万股的股票，总价值大约为 8500 万美元。原告认为在计算 X 的股份变动时，应该要包含 Bosma 的股份变动，因为 Incsight 和 Bosma 之间存在长期的表决权协议，在该协议下，X 对 Bosma 在九城的投票表决权方面有重大的影响力。然而该表决权协议并没有确保 X 可以拥有 Bosma 所持有的九城任何股份，这个协议仅仅是要求 Incsight 和 Bosma 在各自的投票中共同确保九城的董事会组成符合以下条件：

- 只要 Incsight 持有九城超过 5% 的股份，Incsight 必须能够在九城董事会中拥有一名董事，最初所定即 X 本人；
- 只要 Bosma 持有九城超过 5% 的股份，Bosma 必须能够在九城董事会中拥有一名董事，最初所定即 SL；
- 以上这两名董事人选应该都需要是 Incsight 和 Bosma 双方都可以接受的，否则，他们不应当是 Incsight 或者 Bosma、九城或者九城任何股东的关联人士；
- 有一名额外董事，其不应当是 Incsight 或者 Bosma 、九城或者九城任何股东的关联人士。

法院认为，该协议仅仅是设计九城董事会董事构成的投票安排，并不涉及股份的受益人权益，所以法院认为将 Bosma 的股份交易纳入 X 的股份交易范畴来考虑是不妥当的。

九城董事和管理层的股票抛售行为

原告还指控九城董事和某些高管在 2006 年 12 月到 2008 年 9 月的股票抛售行为。这些交易包括时任 CFO Lee 于 2006 年 12 月到 2008 年 3 月价值 300 万美元的股票出售交易。然而，Lee 的此等股票交易是符合 SEC 10b5 - 1 （c）相关规则要求的，并填报了 144 表格向 SEC 进行了备案。此外，在本案诉讼期间，并无其他自然人被指控有股票抛售交易。

在 SEC 的 10b5 - 1 （c）规则下，如果内部人士可以证明并无重大的内部信息构成其股票交易行为的因素，那么内部人士是允许进行相关限制性股票交易行为的。尤其是知晓在重大的内部消息之前，内部人士已经以书面的形式对将来的股票交易作出了安排，那么此等在知晓重大信息前已经书面安排好的交易是不违背 SEC 规则的。就本案来说，Lee 在进行这些股票交易行为前，应该是已经实现向 SEC 以 144 表格的形式进行备案。

原告还指控被告通过操纵九城的股票结构和策略从而获利。2008 年 11 月 20 日，九城董事会批准了期权的总量从 250 万股增加到 450 万股；2009 年 1 月 8 日，九城又推出了股东权利计划，在该计划下，如果有外在第三方购买九城的股份超过公司投票表决权的15%，那么九城的现有股东可以有权以1股的价格购买九城2股的股份，这就是所谓的“毒丸计划”（poison pill）。原告认为九城是在外界知晓其无法获得《魔兽世界》代理权续签从而导致股票价格大规模下滑的情况下，为了避免被第三方收购控制从而才推出这个“毒丸计划”的。最后，2009年1月21日，九城宣布派发现金股利，后于2009年2月9日每股实际派发1.11美元的现金股利。

原告还指控被告从某些关联交易中获得私利，而原告在其起诉书中对这些交易的描述并不十分清晰，这些所指控的交易大体包括：

- 某高管从公司电脑设备的采购交易中收取800万美元的回扣（kick-backs）；
- 九城所投资的韩国游戏开发公司虽然出现了大量的贬值冲销，但九城的管理层却从该投资交易中获得巨大的财务利益；
- 九城还购买了韩国另外一家游戏开发公司12%的股权；
- 九城是和公司某高管个人所部分拥有的公司共同运营《魔兽世界》这款游戏的；
- 九城某家子公司授予了某高管和该公司某些员工股票期权；
- 九城向某高管所拥有的公司Incsight授予了股份warrants；
- 九城向某些员工提供了高达165万美元的贷款，供他们成立自己的游戏开发公司。

四、法院对适合本案的法理和法规的分析

联邦民事诉讼程序法12（b）（6）规则的要求

法院援引相关案例法，对是否驳回起诉的判断标准进行了分析和汇总：

- 如果要避免诉讼被驳回，原告的起诉必须有足够事实，这些事实至少从表面看起来是可以获得法律救济的。
- 如果原告在诉状中提供了足够的事实，从而法院可以从中合理地推导出被告需要对所指控的不法行为负责，那么原告的指控和主张在事实描述可靠

的前提下是有效的（factual plausibility）。

• 如果法院只能从原告的诉状中推导出被告的不法行为是可能存在的（factual possibility），而无法推导出其他更进一步的信息，那么原告的起诉应该予以驳回。

• 如果原告所指控的事项刚好是可以表明这些事项和被告所对应责任是一致的，那么原告的起诉正好处于一个临界点，这个临界点区分了原告是有可能（possibility）还是比较确定（plausibility）有权获得法律救济。

• 法院在作以上临界点判断的时候，首先是假设原告所指控的事项都是属实，当然法院不会采纳那些仅仅是结论性的指控（mere conclusory statements）。

• 同时法院在判断是否驳回起诉的过程中，可以恰当采纳起诉状中所索引的或者本身和诉状是属于一体性组成部分的资料，也包括上市公司公开的信息和向 SEC 提交的信息。

10（b）条款和 10b－5 规则下的指控

如果原告希望获得 10（b）条款和 10b－5 规则下的法律救济，那么原告对被告的指控需要符合以下条件：

• 被告对重大事项进行虚假陈述或者隐瞒；

• 被告存在欺诈行为；

• 该行为是和证券的买或者卖相关的（必须有相关的证券买卖行为存在）；

• 原告的决策是依赖被告的虚假陈述所作出的；

• 原告对被告所提供信息的依赖是原告所产生损失的基本原因。

此外，原告的指控还需要符合美国联邦民事诉讼程序法 9（b）条款的要求，就是要求这个指控能够符合具体性的要求（particularity）。所以，原告在指控证券欺诈的时候，不能够仅仅是依据猜测（speculation）或者结论性的指控。

除了要符合联邦民事诉讼程序法 9（b）条款要求外，原告的起诉还需要符合 PSLRA 的相关要求。PSLRA 要求原告对欺诈的起诉需要能够提供充分具体的事实，从而确保可以从中强有力地推导出被告的主观意识状态是符合欺诈条件的。主观意识状态是否构成欺诈是指：被告主观上具备欺骗、操作或者舞弊的倾向［见案例 Fort Worth Employers' Retirement Fund v. Biovail Corp.，615 F. Supp. 2d 218，225（S. D. N. Y. 2009）］。

这里还有个关键词是强有力地推导，这是指从原告所指控的事项中所可以推导出欺诈存在这个结论的强度，应该是比仅仅合理（reasonable）和比较合理（plausible）要高一些，这个强度需要能够达到有说服力（cogent），或者说至少要和反方向的结论要一样的有说服力（compelling）。（见案例 ECA，553 F. 3d at 198，quoting Tellabs，551 U. S. at 314）。

而在判定欺诈是否可以从原告所指控的事项中合理推导出的时候，法院不仅需要考虑原告所建议考虑的推导结论，同时还需要结合所有的指控事项考虑是否有其他互相竞争性的结论存在。因此，法院需要综合所有的指控事项，从整体上判断是否可以强有力地推导出欺诈，而不是仅仅从某个单一指控事项，孤立地作出判断。而且，这些所指控的事项必须能够支持说明被告企图欺诈原告而不是其他第三方（非原告）。

美国联邦法院第二巡回法庭还明确认为，欺诈的要素可以从以下两个方面来判断：

- 被告拥有欺诈的动机和具备欺诈的条件；
- 存在强烈（明显）的情形性证据可以表明，被告的不当行为属于有意识的或者是属于轻率的。

［见案例 In re MRU Holding Sec. Litig.，F. Supp. 2d，2011 WL 650792，（S. D. N. Y. Feb. 17，2011）］

接下来我们看看法院是如何对以上两要素条件作进一步法律分析的。

动机和机会。这个要素要求原告能够指控被告从舞弊的行为中个人有不当获利（benefitted in some concrete and personal way，见案例 ECA，553 F. 3d at 198）。当然某些普遍的动机并不能被认为是证券欺诈，如：公司的管理层通常都希望使公司能够盈利，也通常都希望公司的股票价格可以上升从而公司的管理层报酬也可以相应地提高，这些通常且十分普遍的动机并不构成证券欺诈的要素。在动机方面的指控，原告必须能够充分说明被告的具体获利正是通过其中一个或者数个虚假陈述和重大隐瞒的行为而实现的［见案例 In re SLM Corp. Sec. Litig.，740 F. Supp. 2d 542，557（S. D. N. Y. 2010）］。而且，原告还必须能够阐明欺诈行为和不当获利之间的特殊关系（unique connection）。也就是说，所指控具体舞弊行为必须能够确切导致被告实现其不当得利。而对于机会这个要素，通常的解释则是被告有机会接触公司的内部信息。

如果公司的内部人士通过出具虚假的陈述从而确保其自己的股票抛售行为可以获利，那么在这种情况下对被告提出证券欺诈指控，是符合动机这个要素要求的［见案例 In re Citigroup Inc. Sec. Litig.，F. Supp. 2d，2010 wl4484650，at *22（S. D. N. Y. Nov. 9，2010）］。然而，如果原告仅仅是指控被告存在内部股票交易的行为还不足够，原告还必须能够说明这个内部交易是非正常（unusual）的或者说是可疑的（suspicious）［见案例 In re Gildan Activeweare，Inc. Sec. Litig.，636 F. Supp. 2d 261，270（S. D. N. Y. 2009）］。这个内部交易是否为非正常交易或者说是可疑的交易，其对应的判断标准需要考虑以下方面内容：

- 该内部交易所获利益的金额大小；
- 被告所抛售股份占其所持有总股份的百分比；
- 内部交易数量的前后变动；
- 内部交易的次数；
- 是否是在被告知情其对外所作陈述为虚假之后，被告很快就进行股票抛售；
- 是否是在修正性的信息披露之前，或者所指控风险变成现实之前，这时候被告很快就进行股票抛售；
- 被告的股票抛售行为是否是依照事先规划好的出售计划，如 10b5－1 售股计划［以上这些判断标准来自案例 In re Scholastic Corp. Sec. Litig.，252 F. 3d 63，74－75（2d Cir. 2001）］。

所以，原告不仅需要能够指出被告在诉讼期间存在股票抛售行为，还必须能够指出该股票抛售行为所获得的净利润（net profits），而不是仅仅指出有多少价值的股票被抛售（gross proceeds），而且还需要能指出被告在诉讼期间所持有公司权益百分比的总体变动情况（见案例 In re eSpeed，457 F. Supp. 2d at 290）。当然如果原告的起诉状无法提供完整的内部交易信息，那么法院是可以自行考虑被告向 SEC 所提交的售股备案材料从而判断是否应该驳回该起诉。

强烈的情形性证据。在美国联邦判例法下，如果被告的动机要素无法明显得到指控，原告也可以通过情形性证据来表明被告的不当行为是有意识的，当然，这需要情形性证据的强度要相对高一些（见案例 In re Citigroup，2010 WL4484650，at*22）。进一步来说，原告必须能够证明被告的行为是极度非理性的（highly unreasonable），是对正常行为标准的极度偏离（extreme departure），从而导致该风险对被告来说或者是知情的或者是应该知情的［见案例 Gissin v. Endres，739 F. Supp. 2d 488，503（S. D. N. Y. 2010）］。

就本案来说，原告必须能够非常具体明确地指控被告对虚假陈述是知情的，或者说被告是可以接触到那些和已经公开的信息相矛盾的内部信息。原告必须能够明确指出那些和已经公开的信息相矛盾的内部具体报告和具体信息；或者说原告能够指出具体的情形，在该情形下被告是如何获得那些和已经公开的信息相矛盾的内部信息（见案例 Plumber & Steamfitter，694 F. Supp. 2d at 299）。原告必须能同时作出如下两个指控：

- 具体哪些信息是和被告可以获得的信息所相矛盾的；
- 也就是在这个同一个时间点，被告对外作出了虚假陈述。

所以如果原告只是泛泛地指控到一些数据和媒体所报道的推断预测信息或者猜测信息，那么这样的指控是不够充分的。虽然原告可以使用媒体所报道的信息来作指控，但这些信息在涉及被告行为方面必须要非常具体。

还有一点，原告不能够使用普遍知晓的信息或者是已经公开的信息来作为情形性证据对原告进行欺诈方面的指控（见案例 In re Security Capital Assurance，Ltd. Sec. Litig.，729 F. Supp. 2d 569，595－96）。但如果原告能够提供具体的报告或者其他文件来显现被告在对外陈述的时候是轻率的，那么则有可能指控欺诈是存在的。见案例 In re Citigroup，2010 WL4484650，at*26，在花旗的该案件中，原告非常具体地指出一份由花旗数量信用策略和分析小组所提供的 2007 年 3 月份报告，该报告描述了次级债危机爆发对 CDO 债券持有人的风险，所以，在该案件中法院认为原告的指控是充分的，可以从中强有力推导出被告存在欺诈。在另外一个案件中，法院也认为原告对被告的欺诈指控符合强有力的推导标准，见案例 Sgalambo v. Mckenzie，739 F. Supp. 2d 453，481－82（S. D. N. Y. 2010），在该案件中，原告非常具体地指出某份报告和文件，从中显示被告的对外陈述是虚假的。

当然，原告还可以通过强调被告的实际行为和其对外陈述之间是相矛盾的，从而也可以成功指控被告的欺诈是存在的。同样在上述花旗案件中，原告列举了花旗公司一系列的行为从而可以说明花旗公司对 CDO 的风险是知情的，但同时花旗公司却又对外陈述否认或者降低其在 CDO 方面所面临的风险敞口，所以花旗公司的实际行为和其对外陈述是相矛盾的，花旗公司这个言行的不一致性正好可以从中强有力地推导出其欺诈行为是存在的。

但反过来说，如果公司的实际行为和其对外陈述之间是一致的，那么欺诈的可推导性反而降低了。见案例 In re Security Capital Assurance，729 F. Supp. 2d at 596，在该案件中，原告描述到当被告面对分析师针对虚假陈述的询问，被告是十分惊奇的，并马上启动深度的内部调查程序来追查真相，所以法院认为被告对此询问的惊奇反馈同时加上被告马上进行的内部调查行为，这综合起来看，好像被告并不确信其所作的陈述存在虚假，因此被告存在欺诈的推断强度也就变弱了。

在相关判例法下，原告也可以通过秘密证人所提供的信息来支持其情形性证据的强度。当然法院在采纳秘密证人所提供的信息时，通常要求该秘密信息需要在诉状中描述具体充分，从而可以说明此秘密证人就其所处的岗位职能和对应所拥有的信息来源而言，是有可能知晓原告对被告的指控的。法院通常只有在以下两种情况下，才有可能会采纳秘密证人所提供的信息：

- 秘密证人的工作职务和职责非常具体和明确，而且从中可以看出这些秘密证人是非常有可能对所指控的事项是知情的。
- 如果原告已经独立地作出了充分的指控，那么在此基础上补充有秘密证人的举证，那么对秘密证人的工作职务和职责具体描述的这个要求可以稍微放宽一些。

法院是否采纳秘密证人的作证还取决于以下两个条件：

- 如果原告的指控仅仅是结论性的，缺乏具体事实，那么秘密证人的作证是不会被法院所采纳的［见案例 In re Sierra Wireless，Inc. Sec. Litig.，

482F. Supp. 2d 365，376（S. D. N. Y. 2007）]。

• 秘密证人所提供的证据必须能够表明被告自然人确实对虚假陈述是知情的，如果仅仅是结论性地认为被告对某个信息是知情的，或者说被告应该对某信息是知情的，那么这样的匿名证人所提供的信息是不充分的。

Tellabs 案例法下对存在竞争性的不同推导结论的判定标准。Tellabs 案是经过联邦最高法院判决的，所以该案例法中所确定的原则和地区法院或者上诉法庭所确定的原则比较而言具有更高的法律效力。

总之，不论原告是通过哪个途径来指控欺诈的存在（不论是阐明指控动机和机会，还是通过秘密证人来指控），原告的起诉状都需要能够符合强有力推导的标准。这就要求从原告起诉状所推导出欺诈存在的这个结论，在推导强度上，至少要和其他同样合理地可以从中推导出来不同的结论所对应的推导强度是匹配相当的；也就是说，欺诈的结论和非欺诈的结论，在推导强度上至少要旗鼓相当；而且这两个不同的结论是同样都具有说服力的。换句话来说，原告的起诉状需要同时达到以下条件：

• 首先需要能够通过动机和机会的途径或者通过强烈和明显的情形性证据的途径来指控欺诈。

• 还需要符合 Tellabs 案例所确认的标准，即：可以推导出欺诈的强度，至少需要和可以推导出非欺诈的强度旗鼓相当，而且欺诈和非欺诈的这两个推导是同样都具有说服力的。

五、以上标准在本案的运用分析

在以上通过对相关的案例法总结的基础上，法院确立了和本案相关的法律标准。那么接下来法官就进一步考虑如何将以上这些标准运用到本案中来。

动机和机会

经过分析，法官认为从动机角度来看，原告的起诉状并无法强有力地推导出欺诈的存在；即使可以推导出欺诈是存在的，那么这个结论的强度也远低于相反结论的强度。

原告对以下四个事项对被告提出指控：

- 涉及金额高达1.25亿美元的股票内部交易；
- 相关关联交易，这些交易包括：购买HP公司电子设备所涉嫌的回扣交易，投资韩国两家游戏开发商，股票期权的授予，及给公司内部员工贷款用于员工自己公司的游戏开发；
- 九城2009年1月的股票股利宣告事项；
- 九城的“毒丸计划”。

法官认为原告以上后三个指控应该予以驳回，因为这些指控和本案并没有特别的关系（unique connection）；本案所关注的焦点是魔兽合同的续签问题、九城和暴雪的关系健康度问题以及九城增长的预期问题。原告并没有阐明这三个指控和本案所关注的问题存在何种关联，所以这些指控并不成立。而且，原告仅仅是认为被告可以通过股票期权价值上升从而提高个人的获利，以及完成某些经济交易，这些方面的指控显然还不符合欺诈动机的指控要求。

关于股票内部交易的指控，法官认为同样是不成立的。首先，该指控只是说明了股票交易的价值，而没有提到被告从中获利的金额（也就是抛售股票的利润）是多少，所以仅仅指出股票抛售交易的存在还无法指控欺诈动机的存在。其次，本案中，股票抛售的金额中有2800万美元据说是和公司某高管有关（通过其拥有的Incsight公司）；还有300万美元是和当时的CFO相关，该CFO的股票抛售行为是按照其向SEC备案的计划进行的，由于该CFO的交易符合该规则，因此并无法从中强有力推导出欺诈的存在。至于所指控涉及X的股票交易，即使X有从中获利，但是在整个诉讼期间，其所拥有九城的股票数量反而从660万股上升到700万股；而且，在整个诉讼期间并没有其他被告自然人抛售公司的股票，所以原告对被告的抛售行为是“异常的”、“可疑的”这一指控并不成立。最后，即使可以从Incsight公司的股票抛售行为中推导出欺诈是存在的，但从所有整个事项来看，欺诈不存在的结论也是可以推导出来的，而且前者结论并不比后者结论的强度要高。其实，被告自己所提出的指控正好削弱了其所主张的推导结论。当九城的股票价格从23美元上升到51.97美元的时候，Incsight确实是抛售了486000股的股票，但在整个诉讼期间，当九城的股票持续下跌到8.68美元的时候，Incsight仍然持有九城600万股的股票。所以，如果公司管理层是通过欺诈手段获利的话，那么不可能仍然保留超过90%的股票不予抛售，尤其是在已经预见到这些虚假信息马上就要向市场公布的情况下。对本案来说，X所持有的股份其实是增加了和九城在诉讼期间回购了430万股的股票这两个事实正好削弱了原告对被告的指控。

相反，即使暴雪可能最终不同意魔兽合同的续签，即使九城和暴雪的关系可能变僵，即使九城的增长预期可能不如意，但从原告所指控的情况来看，一个相对比较强烈的可以从中推导出的结论是，面对这些不确定性，九城的管理层却始终仍然相信（或者说至少是希望）九城将会获得代理权的续签并将持续增长。X所持有公司股份的增加、九城的股票回购、九城对电子设备和子公司的投资，所有这些刚好说明了九城的管理层对公司的未来是有信心的。当然还有一个可以从原告所指控的内容中推导出来的结论是：在公司的股票于2007年7月达到51.97美元的最高价格之后，X在2008年5月到2009年5月期间，当公司的股价在25美元到10美元之间波动的时候，购入公司股票，X购入股票是因为其确信九城和暴雪的合同可以续签，而且九城的股票价格还可以涨回来，所以其个人将有机会从中获利。因此法官并不支持原告的以上指控。

强烈的情形性证据

法官认为，原告所提供的情形性证据同样是因为不够充分或者所推导的结论强度不够，从而无法获得支持。

原告的情形性证据主要包括以下五个方面：

- 原告提供了某些秘密证人，这些证人指控认为被告对虚假陈述是知情的。
- 《魔兽世界》游戏是九城的核心业务（core operation）。
- 九城的2008年年报中最终确认了比例高达72%的资产冲销。
- 2007年11月16日，公司高管X对外宣称："在《燃烧的远征》这款游戏投放后，九城将开始和暴雪谈判关于代理权续签的问题。"但九城总裁Chen却于2008年11月18日宣称："我们已经从2008年5月就开始和暴雪进行代理权续签的谈判。”

- 九城的连续两任 CFO Lee 和 Tse 都在诉讼期间离职。

法官按照 Tellabs 案例所确定的标准，对以上五个情形性证据逐一进行分析，然后再综合考虑。

秘密证人的指控。法官认为原告所提供的秘密证人中有三名是曾经在暴雪供职的，而且他们并没有和九城有任何的联系，更谈不上和被告自然人之间有任何联系。第一名和第二名秘密证人所提供的证明仅仅是涉及到暴雪的公司环境和氛围，并没有提到所谓暴雪的不满意及公司立场是否已经告知了九城。第三名证人指控认为九城应该已经知晓暴雪在 2009 年 3 月就开始培训网易的员工如何运作《魔兽世界》这款游戏，但法官认为法律上是十分明确的，该指控还不足以证明九城的欺诈是存在的。如在花旗案中，原告指出秘密证人所提供的信息是公司内部皆为知晓的公共信息，法院认为如此指控是不充分的，属于比较模糊和结论性的指控，因此法官并不支持原告的立场。

在本案中，原告的指控正好被其所提供的第三名秘密证人的信息所否定。第三名证人指控认为九城知晓暴雪在 2009 年 3 月就开始培训网易的员工如何运作《魔兽世界》，所以应该知晓代理合同不可能得到续签；但原告的最后一个指控却是九城总裁 Chen 于 2009 年 2 月电话会议上所作的陈述。所以换句话来说，该秘密证人所用来指控被告虚假陈述存在的事项，却发生在原告所指控虚假陈述作出日期之后。

第四名秘密证人所提供的信息或许还比较有关，但法官最后还是拒绝采纳。该证人据说是九城的前高管之一，他宣称公司高管 X 曾经在 2007 年早期向公司管理层透露 X 认为代理合同的续签不是不可能就是非常不可能。而且 X 还宣称九城和暴雪的关系在 2007 年早期的时候就已经被破坏了。然而，原告并没有具体提供该秘密证人的进一步相关信息，如：该秘密证人在九城负责哪方面的管理，其具体的工作职责内容，该证人和 X 之间是何种的接触关系，X 所作的这些宣称是以何种方式或者说是在何种具体环境下作出的。由于原告没有提供证人的这方面信息，所以法院拒绝采纳该证人的证明。虽然后来原告在法庭讨论时说明了当 X 说出这些言论的时候该秘密证人是在场的，但法官认为原告在起诉阶段的起诉状中没有提到这个信息，所以法官很难在口头辩论

(legal brief) 阶段采纳这些信息，这些信息应该是在起诉阶段就需要在诉讼状中明确的。

其实第四名证人所提供的信息尤其不符合要求，因为：(1) 其所提供的这些信息似乎说明该证人是从中间方（第三方）那里获得 X 的这些言论，所以降低了其个人对所指控事项实际知情的可能性；(2) 其所提供的信息是否是在解读（猜测）X 的内心想法不得而知。法院还发现，该证人所提供的所谓 X 的这些言论的时间是在九城和暴雪发表联合声明（声明两公司之间关系顺畅友好）前六个月，这正好说明对所谓 X 已经知晓九城和暴雪关系被毁这一指控的结论推导是被削弱了。因此，法官认为第四名秘密证人的证明并不足以强有力地推导出被告的欺诈。

核心业务。原告援引 Atlas 案例（见 In re Atlas Air, 324 F. Supp. 2d at 489）认为，和公司核心业务相关的虚假陈述足可以支持被告在虚假陈述作出的时候是知情的或者应该知情的。然而法院认为，仅仅是支持所涉及的虚假陈述和公司核心业务相关这还不足以强有力地推导出欺诈的存在。相反，相关案例所确立的核心业务法律原则只有在原告已经充分提供指控被告对虚假陈述知情或者应该知情的基础上，才可以进一步支持欺诈存在这个推导结论的强度。在案例 In re Reserve Fund Sec. and Derivative Litig., 732 F. Supp. 2d 310, 323 (S. D. N. Y. 2010) 中，法院认为，在考虑引用核心业务法律原则时，需要考虑原告在起诉状中明确列出了精确的信息，该信息刚好和被告在作出虚假陈述时候的信息是相矛盾的。此外，在 eSpeed 案例中（见 re eSpeed, 457. F. Supp. 2d at 294)，法院认为，即使该公司的问题产品已经重要到可以推断出被告对该产品的真实预期是知情的，原告还是需要提供事实来充分指控被告对该产品前景的乐观估计是缺乏合理假设基础的。

本案中，原告在诉状中的指控唯一涉及到被告对虚假陈述是知情的，是来自第四名秘密证人的指控，该证人宣称 X 在 2007 年初告知公司管理层其本人认为九城代理合同的续签如果不是不可能就是非常不可能，以及 X 认为九城和暴雪的关系在 2007 年初就已经被毁了。然而，正如前文所讨论的，由于原告并没有提供该秘密证人职位的描述来证明其是有可能对该信息知情的，所以法院并不采纳该秘密证人的证明。由于原告并没有提供其他的信息来指控被告在所谓的虚假陈述对外作出时是知情的，原告仅仅是援引核心业务的法律原则来指控被告是无法从中强有力推导出欺诈的存在的。法院还认为，由于该原则还没有最后获得上诉法庭第二巡回法庭的认可，而且第二巡回法庭已经觉察到在很多情况下该原则是不适用的，所以核心业务的法律原则还并不一定可以在证券欺诈集体诉讼中适用。

当然原告可以认为游戏互联网上的各种传言可以提醒被告对是否出具了虚假陈述保持警惕（虽然原告没有如此抗辩），法院认为媒体的报道信息并不能被认定为是某个具体事实，而只能被认定为是一般性的预测和猜测，所以即使原告采用了该抗辩，法院也是不会采纳的。（见案例 Plumber & Steamfitter，694 F. Supp. 2d at 300）

资产的大规模冲销。原告认为由于《魔兽世界》实际的代理权无法获得续签，九城不得不在 2008 年财务报告中冲销大量资产，对应的净利润缩水了 72%，这进一步支持了可以强有力推导出被告存在欺诈。根据所援引的相关案例，如果在诉讼期间存在重大资产的冲销外加其他事实性的指控，确实可以充分指控被告的行为属于轻率，但如果仅仅是这个因素还不足以支持可以强有力地推导出欺诈的结论。正如前文所述的核心业务的法律原则一样，如果原告无法提供事实来证明被告对虚假陈述是知情的，那么仅仅靠最终的资产冲销这样的指控，还不足以支持欺诈的存在。在 Plumbers & Steamfitters，694 F. Supp. 2d at 302 案中，资产的冲销金额高达 25 亿美元，但由于原告无法提供事实来指控被告对虚假陈述是知情的，所以法院并没有支持原告的主张。又如在 In re PXRE，600 F. Supp. 2d at 545 案中，资产冲销比例高达 80%，也是由于原告无法指控被告对虚假陈述是知情的，所以法院并没有支持原告的主张，法院认为仅仅是因为资产的大规模冲销这个事实还不足以强有力地推导出欺诈的行为是存在的。

公司高管 X 和 Chen 各自所作的对外陈述相互矛盾。原告指出 X 于 2007 年 11 月对外宣称在《燃烧的远征》这款游戏于 2007 年 9 月投放之后，九城和暴雪已经开始商讨续签代理合同的可能性。原告认为 X 的这个对外陈述和 Chen 的对外陈述互相矛盾，Chen 于 2008 年 11 月份对外宣称九城和暴雪从 2008 年 5 月就开始代理权续签的谈判。因此原告认为这种高管间前后互相矛盾的陈述可以支持强有力地推导出被告存在欺诈行为。原告援引相关案例认为，如果稍后的陈述和先前的陈述之间相反或者不一致，那么稍后的陈述（Chen 的陈述）可以暗示出其中有一位被告对先前的陈述（X 的陈述）在作出的时候就知道是虚假的（知情的）[见案例 In re Read - Rite Corp. Sec. Litig., 335 F. 3D 843, 846 (9th Cir. 2003)]。

法院认为，虽然原告援引的案例中所确立的法律原则本身没有错误，但原告的主张仍然无法获得支持，因为原告并没有指出被告在作出先前的陈述时是知道这些陈述为虚假的。法院援引了相关案例来否定原告的立场 [见案例 Freudenberg V. E* Trade Fin. Corp., 712 F. Supp. 2d 171, 191 (S. D. N. Y. 2006)]。

本案中，原告并没有指控认为九城和暴雪之间在 2008 年 5 月之前没有开启代理续签谈判。而且，并不能否定这样一个可能性，那就是九城和暴雪之间在不同的时候可能已经进行了多轮的谈判。法院还认为，即使在九城和暴雪之间还没有开始进行谈判代理权的续签的时候，如果被告对外宣称这些谈判正在进行，也就是说即使被告在这个陈述上存在虚假，那么这样的虚假陈述也不会对以下的相关陈述产生误导作用：（1）关于九城和暴雪之间关系健康度如何的陈述，尤其是考虑到九城和暴雪之间确实进行了 1 年的正式谈判；（2）被告对该代理权可以得到续签的乐观性质的陈述。所以法院认为，X 和 Chen 之间的对外陈述存在互相矛盾的这个指控实在是难以构成强烈和明显的情形性证据来支持强有力地推导出欺诈的存在。

连续两任 CFO 的离职。原告认为虽然 CFO 的离职本身不足以充分支持欺诈的存在，但如果外加上其他事实性指控，则有助于推导出欺诈的存在（见案例 In re Scottish Re, 524 F. Sup. 2d at 394 n. 176）。法院援引同一个案例认为，原告所援引的案例中的法律原则本身并没有错，但这样的离职必须是属于非常不正常和可疑的。尤其是当有独立的事实表明这些离职是和虚假陈述相关的，或者说这些离职从某种程度上对虚假陈述行为向被告提出了警示，或者说被告的欺诈行为是十分明显的，那么离职确实是可以进一步支持强有力地推导出欺诈的存在。法院还援引了以下案例来说明离职某种情况下是可以被认定为有效的情形性证据：

• 在 Varghese v. China Shenghuo Pharm. Holdings Inc., 672 F. Supp. 2d 596, 603, 608 (S. D. N. Y. 2009) 案中，独立董事向公司发出了电子邮件指出该公司的治理结构存在问题，之后该独立董事离职，所以该案例中，法院是采纳独立董事的离职作为情形性证据之一的。

• 在 In re Sadia, S. A. Sec. Litig., 643 F. Supp. 2d 521, 523－24, 534 (S. D. N. Y. 2009) 案中，公司的舞弊行为被曝光后导致公司的股票价格下滑 50%，引发了 7.6 亿美元的损失，在这之后的不到两周之内，该公司的董事会主席和副主席双双离职。法院认为该离职行为应该可以被认定为欺诈存在的情形性证据。

而在本案中，就算是在最佳的情况下，原告也只能将 Lee 与 Tse 的先后离职和公司财务报告环节内控存在缺陷这个指控联系起来。但法院认为，即使九城财务报告环节的内控存在缺陷，且这两位 CFO 的离职也是和这些内控缺陷的指控相关的，原告还是没有将这个离职同本案中的欺诈指控相关联起来。

当然，内控存在缺陷也可以推导出这是个存在问题的公司（troubled company），但仅仅指控认为九城是个存在问题（麻烦）的公司还不足以证明 X 或者 Chen 在对外宣称九城和暴雪关系良好及代理合同续签的前景描述的时候，就已经知道这些陈述是虚假的。退一步来说，即使这二者之间可以建立关系（好像原告也没有试图往这个方向来建立二者的逻辑关系），原告自己也意识到，如果没有提供非常不正常或者可疑的情形，CFO 的离职本身是无法符合推导欺诈存在的强烈情形性证据要求的。

存在相互竞争性的推导结论。由于法院并没有发现从原告的指控中可以推导出强烈的情形性证据来支持欺诈存在的结论，所以也就没有必要将可以推导出来的结论和其他互相竞争性的结论进行比较。这个互相竞争性的结论是九城期待代理合同可以得到续签，并全力以赴地实现该目标。法院认为从原告所提供的以上五个情形性证据来看，这个结论反而比其他结论看起来更有说服力。实际上，在考虑了以下两个事实后，法院认为这个富有竞争性的结论说明被告并不存在有意识的不当行为：（1）九城和暴雪确实持续地进行了为期一年的谈判，以考虑是否对代理权进行续签；（2）虽然二者都没有义务，但九城和暴雪却共同发布声明，对互联网上的传言进行否认。

即使从原告的起诉可以推导出被告在作出陈述的时候就已经知道这些陈述是虚假的（即“有过错的推导”，当然法院认为这个推导是难以作出的），那么，和存在互相竞争性的结论相比（指被告坚信可以获得代理权续签，即“无过错的推导”），有过错的推导在强度上也远远不如无过错的推导。

法院并没有支持原告的以上主张，所以对于原告指控被告违反证券法 20（a）条款（控制人责任）的指控也就不成立了。

美国纽约南区的地方法院法官 Richard J. Holwell 于 2011 年 3 月 22 日签发了法院判决令驳回了原告的起诉，但仍然同意给予 30 个自然天时限允许原告修改起诉状。本案发展到后来，以原告自动撤诉结束。

申明和信息来源

本案例的主要信息来源于相关法律文件，案件中所提到的指控内容，可能属实，也可能并非属实，本书对此并无任何立场。同时，由于本案并未经过陪审团和法院的最后庭审判决，而是以原告撤诉而结束，被告并不承认这些指控，所以也意味着这些指控的事实认定在美国证券相关法律下并未予以确认。本案例的主要信息来源包括：

- Consolidated Complaint, Type: Complaint, Date on the document: 03/19/2010.
- Memorandum Opinion and Order, Type: Order, Date on the document: 03/28/2011.

13. 巨人网络游戏玩家人数信息披露案

- “打钱公司”、“金币农夫”，他们是谁？他们是“游击队”还是“正规军”？为何要打击“打钱行为”？华尔街是否明白？
- “打钱公司”对游戏公司业务是将会有（would）影响？还是可能会有（could）影响？他们对游戏公司的影响多大？投资者能看得清楚吗？
- 游戏玩家人数的下降是统计规则变更所导致的，还是另有隐情？
- 游戏玩家关键业务数据的统计规则，是变更过一次还是两次？原告和被告到底孰是孰非？
- 预先警示文字能否保护巨人公司免责？
- 巨人的股价下跌是游戏玩家信息披露所导致的，还是另有他因？

一、巨人的征途游戏和美国 IPO

巨人网络科技有限公司（Giant Interactive Group Inc.，下称“巨人网络”）将自己描述为中国领先的在线游戏开发商和运营商，而且是专注于群体在线游戏（massively multiplayer online，“MMO” game）。这个所谓的 MMO 游戏通过互联的网络服务器可以允许数万名玩家同时在线连接互动。巨人网络主要提供三款 MMO 游戏，其中包括《征途》。《征途》是一款免费的在线游戏，而巨人网络是通过向游戏玩家出售游戏的道具来获得收入的。除了《征途》这款游戏外，巨人的其他两款游戏是《征途在线 PTP》和《巨人在线》。

巨人网络的收入来源主要是出售《征途》游戏的预付游戏卡，该游戏卡上标明具体金额的游戏点数。该游戏点数可以用来注册到购买者的游戏账户，然后可以用来购买游戏中所使用的道具或者服务。此等收入占巨人网络 2006 年收入的全部和 2007 年的绝大部分，由此可见该款游戏对巨人网络获利能力的重要性。

在传统的收费游戏业务中，其关键性的业务信息是注册用户数。但在类似《征途》这样的免费游戏中，由于用户注册是免费的，所以注册用户数反而无法用来可靠地判断该款游戏的受欢迎度。相反，最高同时在线玩家人数（peak concurrent users，"PCU"）和平均同时在线玩家人数（average concurrent users，"ACU"）就成为衡量此等游戏的预计获利能力的重要指标，因为只有越多活跃的玩家在线，才会有越多的游戏点数购买需求。

2007 年 10 月 31 日前后，巨人网络向美国 SEC 提交了初次公开招股 IPO 的注册登记文件（F-1 表格）；该注册登记文件的重要组成部分——招股说明书也于 2007 年 11 月 1 日正式生效。通过这次 IPO，巨人网络以每个 ADS 15.5 美元的价格共向公众出售了 5700 万个 ADS，融资金额高达 8.86 亿美元，这其中包括巨人网络所出售的股份 52467723 个 ADS 及 CEO 所出售的 4729700 个 ADS。在随后的超额配售中，公司又以相同价格发行了 850 万个 ADS。此 IPO 交易中，瑞银华宝和美林证券分别作为主承销商和联合承销商各自购买了 22521486 个 ADS；根据起诉状的披露，投资银行至少赚取了 4 500 万美元 IPO 股票承销收入。

本案的起因就是在 PCU 和 ACU 这两个关键性业务数据的披露上。在巨人网络的上市注册登记文件中，公司宣称 PCU 和 ACU 这两个指标增长显著，从 2006 年第一个季度到 2007 年第三个季度，其季度的复合增长率分别为 39.6% 和 45.3%，公司还在招股书中以图形的方式披露了这两个指标的增长趋势。

然而，原告认为，由于为了打击《征途》在线游戏所存在的"打钱行为"（gold farming），巨人网络对该业务指标的统计规则作出调整，正是由于这样的调整，导致了 2007 年第二季度到第三季度 ACU 和 PCU 两个指标出现下滑的现象。"打钱行为"往往是专门成立的"打钱公司"通过雇佣人员参与在线游戏，这些以"打钱"为目的的玩家获胜后赢得游戏点数（游戏玩币），然后将这些游戏玩币在第三方网站上公开出售给其他真实的游戏玩家，从而套现获利。据说当时"打钱行为"十分盛行，对在线游戏运营商的收入保障（revenue assurance）构成了重大威胁。

原告认为，虽然被告的公开招股文件中载有 2007 年第三季度的 ACU 和

PCU 这两个数据，但被告没有披露“打钱行为”的严重性，也没有说明因为“打钱行为”的存在导致公司的 ACU 和 PCU 统计数据存在水分。原告还指控认为，被告在招股书中并未有效地解释或者描述巨人网络对统计规则所作的改变，也没有强调 ACU 和 PCU 因为该统计规则的改变而出现的负增长趋势，也没有披露公司这个统计规则改变所带来的负面影响在上市 IPO 的时候就已经存在。

2007 年 11 月 19 日，股票交易收盘后，巨人网络对外公布了 2007 年第三季度的财务数据，并披露了该季度的 ACU 和 PCU 分别为 481000 和 888000，环比分别下降 6% 和 17%；巨人网络在向 SEC 提交的 6 - K 文件中披露到，这个下降是由于 2007 年 6 月统计规则变化所导致的。

2007 年 11 月 20 日，该股票开盘前，巨人网络召开了投资者电话会议，并再次重申了这个业务数据的变化是为了不鼓励“打钱行为”而在 2007 年 6 月作出的统计规则变化所导致的。在这个电话会议上，巨人网络的 CEO 还透露了中国在线游戏行业中“打钱行为”的普遍存在和对《征途》和其他在线游戏的严重影响。

为何要改变统计规则？何为“打钱行为”？为何“打钱行为”对游戏运营商有重大不利？分析师们在电话会议中围绕这些问题不停地追问巨人网络管理层，其 CEO 和 CFO 对此进行了解释，并透露说有接近 80 万人受雇佣在从事“打钱行为”，这无疑对中国的在线游戏公司构成了长期的严重威胁。

Americen Century 分析师 Jerry Sullivan 提问到：“公司为什么要打击‘打钱公司’？”

巨人网络 CEO：“‘打钱公司’的危害很大。‘打钱公司’以赢利为目的，雇佣很多人开设多个账号在游戏里‘打钱’，然后把游戏币卖给玩家赚钱，导致游戏币产生过多，会使游戏里面产生通货膨胀。为了游戏的健康，为了游戏性，就必须打击‘打钱公司’。”

Jerry Sullivan：“‘打钱公司’是什么意思？对于玩家来说有什么特别的伤害，或者对游戏造成一个什么样的影响？”

巨人网络 CEO：“从技术上讲，因为‘打钱公司’不在游戏里面打架，因此对玩家不构成直接伤害。‘打钱公司’往往雇佣玩家，每个人操作很多个账

号，然后几百个角色在游戏里打怪赚游戏币，一个‘打钱公司’少则几百个号多则几千个号在游戏里面‘打钱’赚游戏币，然后再通过其他网站把这些游戏币卖给玩家换成人民币。从短期来看，这些人通过游戏在创造虚拟财富；但从长期来看，‘打钱公司’不仅侵害游戏运营商的利益，而且会使游戏币产生过多，使游戏币在游戏里贬值。”

以下来自网络的文字或许更贴切，更有助于我们了解“打钱公司”和“打钱行为”。

大的“打钱公司”每月赢利近十万元

“刚开始的时候，只是到各个网吧里去收购金币，然后再转卖给国外。但这种方式太慢了，一些人就开始在网吧里包机器雇人自己打，效益好的一包就是几十台、上百台。有资本的干脆自己买电脑租地方成立专门的‘公司’，进行交易。”

“现在的《魔兽世界》，所做的交易主要是针对美国玩家，一台电脑每小时大约能打出20 个金币。最初的时候一个金币能卖到2～3 美元，但是现在由于国内大量地生产，金币现在贬值了不少，一个金币只能卖到0.1～0.4 美元左右。不过就是这样，我到年终也至少能获得500% 的利润。”

“一个大型的哈哈‘公司’情况好的，一年的利润能达到十几万元，一般的也能达到将近十万元。”

为什么要打击“打钱公司”

“一个网游服务器就像一座城市，大家呼朋引伴，一起组队打怪物，闲言碎语到处飞，才有生气，才有游戏的氛围。但是‘金币农夫’就像那些冰冷的机器人，他们从不公开喊话，也不打架骂人，遇事就躲，把一个地方能打的怪物都打了，能抢的宝贝都抢了，然后立刻跑路。

相比普通玩家而言，游戏运营商对这些‘金币农夫’更加头疼。在游戏世界里，一个服务器就是一个独立的经济系统。为了避免通货膨胀，游戏运营商对于金币和装备都是有控制的，假设一个服务器只能容纳5000 玩家，金币、装备、掉宝率等都是按照5000 人的规模设计的，但如果其中混入了1000 个金币农夫，他们只是生产，却从不消费，无形之中就会造成装备贬值，导致通货膨胀。而且会在一定程度上降低游戏的寿命。”

有媒体文章报道披露，2007 年夏，巨人网络悄然遭遇了类似 2002 年给盛大带来巨大损失的“私服门”事件。“私服”是指未经版权拥有者授权、非法获得服务器端安装程序后设立的网络服务器，本质上属网络盗版。对网游运营商来说，“私服”又叫“服务端的流失”——通常，服务端由游戏公司控制，而一经流失，则会导致运营商利润被直接分流的后果。“私服门”事件是造成玩家流失的主要原因吗？外界其实不得而知。

二、案件过程

- 2007 年 10 月 31 日，巨人网络向 SEC 提交 F-1/A 表格和股票发行注册文件。
- 2007 年 11 月 1 日，该文件生效，巨人网络进行公开募股，以每个 ADS 15.50 美元的价格，发行了 5700 万 ADS，总筹资金额超过 8.86 亿美元。
- 2007 年 11 月 19 日，股市收盘后，巨人网络公布了其 2007 年第三季度的业绩，其中指出两个关键性业务数据的同比下滑：ACU 数据环比下滑了 6%，PCU 数据环比下滑了 17%；2007 年 11 月 20 日，在股市开盘前，巨人网络召开投资者会议，认为第三季度 ACU 和 PCU 数据的下滑主要是由于公司为打击“打钱公司”作出的规则变更所导致的。
- 2007 年 11 月 20 日，巨人网络的股价从每个 ADS14.88 美元下跌到 11.10 美元，而且交易量巨大。
- 2007 年 11 月 26 日和 12 月 20 日，分别有股东向纽约南区法院提交诉讼状，指控公司的 IPO 交易违反证券法相关规定。
- 2008 年 7 月 30 日，法院将个人诉讼合并成一起集体诉讼，并任命了首席原告代表和律师。
- 2008 年 10 月 6 日，原告向法院提交合并修正后的诉讼状，指控被告违反 1933 年证券法第 11 条款和第 12（a）（2）条款。
- 2008 年 11 月 21 日，被告向法院提交动议申请要求驳回原告的起诉。
- 2009 年 2 月 25 日，法院聆审完毕该动议。

- 2009 年 8 月 7 日，法院作出裁决，拒绝了被告申请驳回起诉的动议。
- 2011 年 7 月 27 日，原被告达成和解赔偿方案，赔偿金额为 1300 万美元。

本案的原告包括（被告除外）所有在 2007 年 11 月 1 日前后到 2007 年 11 月 19 日期间，买入巨人网络股票的投资者，包括那些在巨人网络 IPO 期间购入股票或者可以追溯为 IPO 所发行股票的购买者。而被告则包括巨人网络公司及协助该公司 IPO 的两家投资银行——美林证券（Merril Lynch）和瑞银华宝（UBS Investment Bank）。

被告向法院提交了要求驳回该起诉的动议，该动议于 2009 年 2 月 25 日经法院聆审完毕。2009 年 8 月 7 日，法院作出裁决，驳回了被告的此等动议。被告要求驳回原告起诉的动议被法院所拒绝直接影响到本案的走势，因此法院的这个裁决是十分关键的。接下来，我们一起分享一下法院是如何作出驳回被告动议的这一关键性裁决的。

三、法院的分析和判定过程

规则 12（b）（6）下的相关法律标准

依照联邦法律规则 12（b）（6），法院在裁决是否驳回起诉动议的时候，需要假设原告在起诉状中的事项叙述为真实（请注意，这只是个假设，不代表法院在这个阶段就认定了原告对被告的起诉属实）。法院需要从原告的起诉状中合理推导出所有对原告有利的信息［见案例 Chambers v. Time Warner, Inc.，282 F 3d 147，152（2d Cir. 2002）］。在这个阶段，法院所需要解决的问题并不是原告能否最终获胜，而是要判断原告是否有权就其法律诉求向法院提供支持性证据［见案例 Villager Pond, Inc. v. Town of Darien，56 F. 3d 375，378（2d Cir. 1995）］。因此，除非原告的起诉状显示出让人怀疑原告有能力证明任何事来支持其有权获得法律救济，否则，法院不得驳回原告的起诉。这里需要注意的是，在诉讼的这个阶段，并非原告已拥有确凿的证据才可以起诉被告。在判定是否驳回原告起诉的时候，法院还可以参考附在起诉状之后的任何附加信息，这还包括任何在法律要求下必须公开披露的信息（如上市公司的年报和向SEC提交的任何公开披露）及其他任何原告所拥有的或者知晓的和该诉讼相关的信息。

如果原告指控被告违反美国证券法第11条款，那么原告必须能够阐明：（1）被告的证券发行注册文件（招股说明书）存在重大的不实的虚假陈述；（2）该文件没有依法履行披露，存在重大的信息遗漏；（3）该文件存在重大信息披露遗漏，且该信息属于不披露就会导致注册文件存在重大误导的。[见案例 Caiafa v. sea Containers Ltd., 525 F. Supp. 2d 398 408 (S. D. N. Y. 2007)]。

总的来说，指控被告违反证券法第11条款并不困难，只需要原告指出被告的注册文件中存在重大的误导或者遗漏即可 [见案例 In re WRT Energy Sec. Litig., No. 96 Civ. 3610 (JEK), 2005 WL 2088406, at *1 (S. D. N. Y. Aug. 30, 2005)]。而且，这个指控对证券发行公司（被告）来说是个绝对义务，即使被告的误导或者信息披露遗漏属于非故意的，对此等案件中的其他被告（如投资银行、会计师、律师这些非证券发行公司）而言，他们则必须承担举证责任说明其已经履行了勤勉尽职的义务（见案例 Herman & Maclean, 459 U. S. at 382)。所以，在证券法第11条款下，证券发行公司是需要负有绝对义务的，而诸如投行和会计师这些第三方当事人只要能够证明已经履行了勤勉尽职的义务，是可以免除责任的。

以上的这些法律标准也是适用于证券法第12（a）（2）条款下的指控，在该条款下，任何人如果在发行和销售证券过程中，其招股说明书存在严重的不实陈述，或者存在重大的信息披露遗漏，且该信息属于确保招股书不存在严重误导而必须的，那么证券的发行人需要承担相关责任 [见案例 Griffin v. PaineWebber, Inc., 84 F. Supp. 2d 508, 512 (S. D. N. Y. 2000)]。

此外，美国联邦诉讼程序法9（b）规则中所强调的起诉标准同样也适用于证券法第11条款和第12（a）（2）条款的诉讼主张，那就是，这些诉讼主张是基于指控被告存在舞弊为基础的（allegation of fraud）[见案例 Rombach v. Chang, 355 F. 3d 164, 171 (2d Cir. 2004)]。意思是说，虽然证券法第11条和12（a）（2）并没有要求原告一定要指控被告存在舞弊行为，但联邦诉讼程序法有这个要求，而且这个要求也适用于证券相关的诉讼，所以，原告的起诉必须要能够指控被告存在舞弊行为，而不能仅仅是指出被告存在重大的不实陈述或者重大的信息披露遗漏。

原告修正后的合并起诉状已经充分地指控了被告违反相关证券法律

原告的起诉状指控被告的证券发行注册文件对巨人网络的 ACU 和 PCU 数据进行了正面（积极）性质的描述，且还强调了这两个数据的积极趋势，然而，该文件并没有披露巨人网络为清理“打钱公司”而作出的重大规则变更已经导致了公司在 2007 年第二和第三季度之间的 ACU 和 PCU 数据下滑。起诉状还指控到，巨人网络关于 ACU 和 PCU 的披露存在重大误导，这些公开的数据其实由于“打钱行为”的存在而被高估了，但公司并没有披露这个信息，而且公司也没有披露打钱行为的盛行及其对公司业务的风险。法院认为，原告的这些事项描述足以指控被告违反了证券法第 11 条款和 12（a）（2）条款。见案例 In re Prestige Brands Holding, Inc., No. 05 Civ. 6924（CLB），2006 WL 2147719, at *8（S. D. N. Y. July 10, 2006），在这个援引的案例中，原告指控被告的招股书对公司重要产品的现有市场需求作出了重大的不实陈述，而且隐瞒了该产品未来需求正在下跌的信息，法院认为这个叙述足以指控被告违反了证券法第 11 条款和 12（a）（2）条款。法院还援引了另外一案例［见 Ottman v, Hanger Orthopedic Group, Inc., 353 F, 3d 338, 352（4th Cir, 2003）］，在该案例中，被告在对外公开的信息披露中对两家公司的合并融合作出了积极的陈述，由此法院认为，被告有义务披露合并后的公司来自推荐渠道的业务正在面临流失。法院继续援引另外一个案例［见 McMahan & Co, v. Wherehouse Entm’t Inc., 900 F. 2d 576, 578（2d Cir, 1990）］，在该案例中，法院判决到，证券法对信息披露的要求不能仅仅是从所使用措辞真实与否的角度来判断（literal truth），而是需要考虑所作出的信息披露（陈述）可以在多大力度上精确地提醒投资者，而不是误导投资者。用我们通俗的话来说，就是公司不能通过玩文字游戏来误导投资者。

被告巨人网络在抗辩过程中，并没有对这些指控在法律充分性方面提出挑战，相反，被告认为公司已经披露了由于打击“打钱公司”而进行的规则变更导致了 ACU 和 PCU 数据的下滑。巨人网络还非常明确地指出在公司的注册登记文件中有具体披露 2007 年 5 月的规则变更带来了 ACU 和 PCU 数据的下滑。

然而，原告对被告的指控是指巨人网络 2007 年 6 月所进行的规则变更，而不是 2007 年 5 月所作的规则变更。为支持其指控，原告援引了被告 2007 年第三季度的业绩公告信息，该信息中提到 ACU 和 PCU 的下滑是公司于 2007 年 6 月所作出的规则变更而导致的；而且被告的 CEO 在第三季度 11 月的业绩公告电话会议中，也明确说明了该规则变更是在 2007 年 6 月。原告的起诉状还认为，况且，巨人网络第三季度的业绩公告及随后的电话会议中所透露出来的信息显示，为打击“打钱行为”，巨人网络所采取的措施还不仅仅是变更 ACU 和 PCU 的计算规则。因此，即使巨人网络的注册文件或许已经公开披露了由于 2007 年 5 月的规则变更导致 2007 年 5 月到 6 月之间 ACU 和 PCU 数据的轻度下滑，原告还是指控认为被告在注册文件中并没有披露第二次规则变更所带来的影响，也就是原告在注册文件中没有披露 2007 年 6 月的规则变更所带来的 2007 年第三季度 ACU 和 PCU 出现下滑。从这些分析可以看出，原告其实是在利用巨人网络前后信息披露存在的略微不一致而大做文章。但原告也并非没有道理，且看看被告是如何反驳的。

至于原告指控认为被告存在第二次的（也就是 2007 年 6 月）规则变更，被告认为公司仅仅存在一次涉及“打钱行为”的规则变更，也就是 2007 年 5 月的变更，而且这个变更及相关影响已经在公司发行股份注册文件中充分披露了。是有两次规则变更还是只有一次规则变更，法院认为，被告和原告的分歧属于事实认定范畴，而对事实的认定不应该在考虑是否起诉的时候进行考虑［见案例 Evercrete Corp. v. H – Cap Ltd.，429 F. Supp. 2d 612，625 (S. D. N. Y. 2006)］。而且，在诉讼的目前阶段（即法院裁决是否驳回起诉阶段），针对任何潜在的事实认定方面的分歧，法院必须优先考虑对原告有利的因素［见案例 S. E. C V. Zandford，535 U. S. 813，818（2002）］。也就是说，在目前阶段，法院还不能采纳被告的这个抗辩理由。

巨人网络还抗辩认为，公司已经在注册文件中公开披露了“打钱行为”

及其对公司运营的影响。法院认为，虽然巨人网络的注册文件确实披露了某些个人从第三方网站购买游戏相关的产品，但注册文件中并没有使用“打钱行为”这样的字眼；而且注册文件也没有描述“打钱行为”的泛滥程度，如：注册文件并没有披露市场中存在专门从事“打钱行为”的“打钱公司”，包括后来公司电话会议中所披露的，目前市场中估计有超过 80 万“打钱”大军。所以法院认为，被告的这个抗辩最多只能是被认为属于事实认定存在争议，而此项争议在法律诉讼的目前阶段法院还无法予以考虑。

提醒性文字并不能确保本案的诉讼驳回

被告引用了“预先警示”（bespeaks caution）抗辩原则，认为由于注册文件中已经对“打钱行为”和其对巨人网络业务潜在的不良影响作出了提醒性质的文字披露，所以任何针对注册文件存在重大不实陈述或者重大披露遗漏的指控都是无法获得法律支持的。被告还抗辩认为巨人网络已经在注册文件中提醒过投资者，那就是注册文件中已经披露由于 2007 年 5 月的规则变更，巨人网络的 ACU 在 2007 年 6 月下滑了 14.9%。

法院认为，巨人网络仅仅是在注册文件中对“打钱行为”的影响作出了一般性的披露（也就是泛泛的不够具体的），并对和实质保险政策相关的促销活动（promotions involving virtual insurance policies）变更规则作出披露；然而，注册文件并没有披露“打钱行为”的程度，也没有披露“打钱行为”对 ACU 和 PCU 的全部影响，也没有披露 2007 年 6 月所谓的第二次规则变更（法院在这里是假设这个所谓第二次规则变更存在，虽然被告现在否认有第二次规则变更之事）。法院认为，被告没有披露其已经知晓数月的事实，而且该事实将会（would）对被告的业务产生不良影响，被告仅仅是提醒投资者认为这些事实可能（could）会对公司的业务带来不良影响，所以从法律角度来讲，被告是无法引用“预先警示”原则进行免责抗辩的。见案例 In re Regeneron Pharms., Inc. Sec. Litig., No. 03 Civ. 3111 (RWS), 2005 WL 225288, at *18 (S.D.N.Y. Feb. 1, 2005)，在该案例中，法院判决认为，被告的公开提醒性文字并没有能够充分具体（insufficiently precise）地披露已知事实，所以不能引用“预先警示”原则来进行免责的抗辩。又见案例 In re Initial Public Offering, 358 F. Supp. 2d at 211 –12，在该案例中，法院判决认为，原告指控认为在被告发行股票的时候其邮件系统就已经失效了，然而被告仅仅是提醒投资者，披露了其邮件系统可能存在问题，被告这样披露显然是不充分的。本案中的法院还援引了瑞士第一波士顿的诉讼案例，在该案例中，法院认为，即使被告对具体的风险（specific risk）对投资者作出了提醒性警告，但如果被告没有披露具体的事项（hard facts），而这些事项对于评估前述的具体风险严重性是属于非常关键的，那么被告也是无法免责的。法院认为巨人网络的案情和这几个所援引的案例十分类似，那就是，警告性文字如果无法明确地提醒（expressly warn）投资者，或者无法直接关联到被原告认为是导致其投资损失的那些风险，那么“预先警示”抗辩原则是无效的。在本案中，法院认为，警告性文字所需要披露的关键信息点应该包括打钱行为的存在及其程度（the practice and extend of gold farming）。

本案中的法院认为，巨人网络的注册文件并没有针对“打钱行为”的程度和影响及 2007 年 6 月的规则变更作出充分的披露，所以不能引用“预先警示”原则来进行免责抗辩。

被告目前还不适合引用“消极因果关系”原则进行抗辩

被告抗辩认为巨人网络的股票价格下跌并不是 IPO 之后的信息披露所导致的，所以被告认为本案应该予以驳回起诉。尤其是，被告认为巨人网络的注册文件和招股说明书已经就“打钱行为”相关的规则变更和随后的 ACU 和 PCU 因此下滑作出了充分的披露，被告认为，巨人网络并不是在 2007 年第三季度的业绩公告或者随后于 2007 年 11 月 20 日召开的投资者电话会议中才第一次对外披露规则变更和 ACU 与 PCU 数据下滑的。也就是说，被告认为，这个事实在公司上市的时候已经对外披露过了，并不是在上市后的业绩公告中才第一次进行披露的。

显然，被告是希望从投资者损失的因果关系入手进行抗辩，认为投资者的损失并不是巨人网络 IPO 的信息披露所造成的，所以该指控应该予以驳回。然而，法院认为，从最基本的角度看，指控被告违反证券法第 11 或者 12 条款，投资者损失的因果关系并不是个前提条件［见案例 Levine v. Atricure, Inc.,

508 F. Supp. 2d 268, 272 (S. D. N. Y. 2007)]。法官还援引了众多的案例来说明投资者的损失因果关系并不是证券法第 11 或者 12 条款下指控的前提条件。由于损失的因果关系并不是证券法第 11 或者 12 条款下指控的必要条件，所以在按照联邦诉讼程序 12 (b) (6) 规则裁决是否驳回起诉动议的时候，法院一般不考虑被告采用“消极因果关系”进行积极的抗辩（the affirmative defense of negative causation)。这样的抗辩由于涉及到非常复杂的事实认定因素，所以往往是在简要判决阶段或者庭审阶段才会考虑采纳。（见案例 Levine，508 F. Supp. 2d at 272 – 73)。

然而，被告援引案例认为，如果从原告的起诉状表面来看就可以判断出原告的损失无法通过法律救济得到挽回，那么在起诉阶段，被告引用“消极因果关系”抗辩原则也是可以接受的［见案例 In re Merrill Lynch & Co.，Inc. Research Reports Sec. Litig.，272 F. Supp. 2d 243，253 – 54 (S. D. N. Y. 2003)]。

法院认为，确实是在某些非常偶然的情况下，根据起诉状所指控的内容法院可能会接受被告依照“消极因果关系”原则进行抗辩，从而驳回原告的起诉，不过原告所援引的案例还不足以让法院同意驳回本案的起诉。法院认为，在 Akerman v. Oryx Communication，Inc. 和 In re Merrill Lynch 这两个案例中，法院驳回原告依照证券法第 11 和 12 条款的起诉，是因为被告公司的股票价格在被告对外公开披露不利消息前就已经下跌了［见 Akerman，810 F. 2d 336，341 – 42 (2d Cir. 1987) 和 In re Merrill Lynch，272 F. Supp. 2d at 253 – 54]。因此，很显然，在这两个案例中，原告的投资损失是和被告的不当行为无关的。而本案的情况刚好相反，被告认为巨人网络在注册文件中已经披露了 2007 年 5 月的规则变更和 ACU 及 PCU 数据下滑，被告因此援用“消极因果关系”原则来进行抗辩，但这个披露是在 IPO 之前三周作出的。而且，原告和被告之间就事实认定方面还存在分歧，原告认为有第二次规则变更（也就是 2007 年 6 月的规则变更)，而且原告认为被告的注册文件在 ACU 和 PCU 数据下滑方面的披露还不够充分，这些都是属于原被告双方在事实认定方面的分歧。由于在这个阶段，法院还只能从对原告有利的角度来作出所有合理的推断，既然原告已经指控被告存在 2007 年 6 月的规则变更及其影响没有充分披露，那么从法律角度来说，法院现在还不能从起诉状中判断原告是无法通过法律救济来获得其投资损失赔偿的。

为了进一步说明“消极因果”关系的抗辩原则有效，被告宣称认为2007年11月20日巨人网络的股票价格下跌是由于一份错误的分析报告所导致的，该分析报告宣称2007年第三季度的业绩已经无法达到分析师的预计水平。被告所指的这份错误的分析报告出自 Pali Research，（是一家证券分析公司），该公司于2007年10月25日发布了一份分析师报告，对巨人网络的IPO进行了预测，但该报告对第三季度的EPS预计在报告内部前后存在差异。在该分析报告的第一页，非常清晰地提到了巨人网络2007年第三季度预计的EPS是0.16美元，然而，在该报告的后面部分的业绩模型中（earnings Modle）却错误地将第三季度的EPS预计成0.21美元。财经报道公司 Thomson First Call 由此错误地将巨人网络的2007年第三季度EPS预测数据报道成0.21美元。当巨人网络公告其第三季度业绩为每股0.19美元时候，财经新闻媒体由于参考了 Thomoson First Call 之前所报道的0.21美元数据，就错误地报道宣称巨人网络第三季度的业绩没有达到分析师的预期，而实际的情况是巨人网络的业绩超过分析师预期的数据（每股超过3美分）。所以，被告认为，媒体认为巨人网络第三季度业绩没有达到分析师的预期的错误结论导致了公司股票价格在2007年11月20日的下滑。

法院认为，巨人公司抗辩所提供的 Pali Research 的研究报告的事项描述已经超出了原告起诉状的范围，所以在案件目前的诉讼阶段，法院还不能予以采纳。见案例 Adair v. Bristol Tech. Sys., Inc., 179 F.R.D 12, 134 – 35 (S.D.N.Y. 1998)，在该案例中，法院认为被告所提供的证据并不在原告起诉状所描述的事项中，因此法院不予以采纳。然而，被告认为，其所提供的证据是用来向法院阐明研究报告存在这一事实，而且希望法院予以采纳这一事实。法院认为，被告所举的研究报告存在这一事实法院或许可以进行司法采纳[见联邦诉讼证据法201（b）]，但仅仅是说明该研究报告的存在还不足以说明被告可以引用“消极因果关系”原则来进行抗辩，因为“证券法第11条款通常被理解为是假设公司股票价格的下跌是由于注册文件（招股说明书）存在不实陈述所导致的”（见案例 Levine, 508 F. Supp. 2d at 272）。同时其他案例还说明，“消极因果关系”的举证责任是在被告一方［见案例 In re Worldcom, Inc. Sec. Litig., No. 02 Civ. 3288（DLC），2005 WL 375314，at *6（S. D. N. Y. Feb. 17，2005）］。本案中，Pali Research 的研究报告中错误地分析了巨人网络的 EPS，但这还不足以推翻司法假设，这个司法假设是要求法院在没有机会判定被告所引用“消极因果关系”原则是否具有相关性的前提下，需要优先考虑对原告有利的因素。见案例 Bristol Tech.，179 F. R. D at 135，在该案例中，由于股价波动的真实原因并没有经过专家的分析，法院还无法判定所有事实中的具体哪个原因导致了股价波动。又见案例 Kramer v. Time Warner Inc.，937 F. 2D 767，774（2d Cir. 1991），在该案例中，法院认为被告所提供的证据还无法判定其真实性，而仅仅是可以判定该文件确实存在，因此法院并没有义务在此阶段就真实性作出判决，也不需要对当事人的主张作出结论性的判定。

本案中，法院认为被告在诉讼的合适阶段仍然有机会来证明原告的投资损失中的部分是由于被告所提供的抗辩理由所导致的，而并非是由于注册文件和招股说明书中的不实陈述或者重大遗漏所导致的。因此，在目前阶段法院并没有采纳被告引用“消极因果关系”原则进行的抗辩。

诉讼当事人定义的确认目前还欠成熟

诉讼当事人的确定是证券集体诉讼中非常关键的步骤，哪些人可以参与集体诉讼，有权力主张其投资损失可以通过法律救济得到补偿，这是需要法院最终认定的。认定的当事人范围越广泛，也就意味着被告潜在的赔偿范围越大，所以诉讼当事人如何认定也是原被告律师激烈交锋的议题。

对于那些投资者，他们所购买的股票仅仅是可以追溯到（traceable）巨人网络的 IPO，但和 IPO 没有直接联系，被告认为应该驳回他们依照证券法 12（a）（2）的诉讼主张。被告援引了案例［见 In re Cosi, Inc. Securities Litigation, 379 F. Supp. 2d 580，588（S. D. N. Y. 2005）］来支持这一立场，在该案例中，法院判定，只有那些在 IPO 时直接购买的股票投资者才有权主张证券法 12（a）（2）条款下的赔偿，而那些在二级市场通过交易获得股票的投资者则不应该有该权益。本案的法院认为，Cosi 案例中的判决确实是非常正确地解读了美国联邦最高法院在 Gustafson v. Alloyd Co. , Inc. 中的最高司法立场，那就是，那些通过私下（private，非公开）或者二级市场交易而购买股票的投资者不应该享有证券法 12（a）（2）条款下的赔偿权利。法院认为，Cosi 案例的判决，包括其判决所依据的判例法，其实并没有考虑到联邦第二巡回法院上诉法庭在 Yung v. Lee 案例中所作出的判决影响［见 Yung v. Lee，432 F 3D 142（2d Cir. 2005）］。

在第二巡回法庭 Yung 这个判决案例中，第二巡回法庭对联邦最高法院就 Gustafson 案件的司法立场进行了如下的解读：那就是，除非被告有义务向投资者派发招股说明书，否则证券法 12（a）（2）条款下的责任不成立。由于 Young 案例中的股票私下交易并不需要被告依照联邦证券法下的要求向投资者提供招股说明书，该法院才因此判定认为被告不需要承担证券法 12（a）（2）条款下的相关责任。法院从该案例中所得出的司法立场是：判定当事人是否需要承担证券法 12（a）（2）条款下的责任，法院需要考虑的是该证券的销售是否具备向投资者派发招股说明书的义务，如果具备该义务，那么就需要承担 12（a）（2）下的责任，否则就不需要承担该责任。本案的法院认为，第二巡回法庭的这个判例解释和 12（a）（b）条款中的法律语言所表达的含义是一致的，那就是：从 IPO 中所购买股票和从二级市场所购买股票这两种股票交易并不存在明显的区别，而真正需要判断的是投资者是否依照具有误导性的招股说明书从证券销售方中购买了证券［见案例 Feiner v. SS&C Techs. , Inc. , 47 F. Supp. 2d 250，252（D. Conn. 1999，citing 15 U. S. C. section 771）］。

美国联邦证券法和相关法规要求承销商在 IPO 股份派送之后一定的期限内，向投资者派发招股说明书（见案例 Feiner，47 F. Supp. 2d at 253，citing 15，U. S. C. section 77d，77e；C. F. R. section 230. 174）。考虑到本案中的投资者在后市（aftermarket）从承销商购入股票，而本案的被告承销商是有义务向投资者派发招股说明书的；而且，本案中股票初始发行的派发过程的具体事项，作为一个属于事实认定的范畴，在诉讼的目前阶段还没有得到最终的法律确定，因此被告要求对集体诉讼原告当事人范围进行限制显然是还不成熟的。故此，法院拒绝了被告要求限制原告当事人的主张。

经过以上的分析和讨论，美国联邦纽约南区法院最终是拒绝了被告要求驳回原告起诉的动议。本案接下来进入了漫长的证据开示阶段。

经过约四年的博弈，原被告最终于 2011 年 7 月达成和解赔偿，赔偿金额为 1300 万美元，至此本案落下帷幕。

四、案外之声

本案原告指控巨人网络 IPO 登记文件（主要是招股书）的信息披露出现失误，由此违反了 1933 年证券法相关条款。由于此项指控和 1934 年交易法 10（b）反欺诈条款指控最大不同之处，就是前者并不需要指控被告存在欺诈，只要能指出被告的信息披露存在重大不实，能够说明被告存在过失，而不必是轻率和故意，被告就需要承担绝对责任，所以指控的难度并不大。巨人网络刚好在涉及游戏玩家人数这个关键性业务指标上，在招股书中披露得不够具体和明确，而且在后续的业绩公告披露中，对游戏玩家统计规则的变更次数前后披露不一致，所以陷入被动；而且被告的抗辩理由并不充分，没有被法院采纳，因此原告的起诉状能够顺利通过，被告的驳回起诉申请动议被拒。从巨人网络案可以引起注意的是，中概股在 IPO 过程中，在招股书上的披露要十分谨慎，尤其是涉及业务相关的信息，而且在上市后的信息披露中，不论是口头还是书面对外披露，涉及到历史的、具体的信息都应该参考招股书，避免存在前后不一致。

申明和信息来源

本案例的主要信息来源于相关法律文件，案件中所提到的指控内容，可能属实，也可能并非属实，本书对此并无任何立场。同时，由于本案并未经过陪审团和法院的最后庭审判决，而是以和解结束，被告并不承认这些指控，所以也意味着这些指控的事实认定在美国证券相关法律下并未予以确认。本案例的主要信息来源包括：

- Consolidated Amended Complaint for Violations of Federal Securities Laws, Type: Complaint, Date on the document: 10/06/2008.
- Opinion, Date on the document: 08/07/2009.
- Settlement Agreement, Date on the document: 07/27/2011.
- [Proposed] Order Preliminarily Approving Settlement And Providing For Notice, Date on the document: 08/03/2011.

14. 新浪公司业务信息披露案

- 政府令出，影响几何，企业无法准确预计。
- 信息披露，不能误导，公司并无额外义务。
- 事后之明，泛泛而谈，原告并无实质指控。
- 披露严谨，抗辩得力，新浪维护中概权益。

一、案件起因

本案中的被告除了新浪公司（Sina Corp.）外，还包括时任的新浪公司CEO、CFO和联席COO。原告指控所有被告违反了美国证券交易法的10（b）条款和10b－5规则，认为被告没有披露新浪公司有多少收入比重是来自网上占卜服务（fortune-telling)，该服务后来日益受到中国政府的禁止。原告指控被告没有告知投资者中国政府所要求的变更对新浪公司收费模式有多少负面影响，认为被告是在对以上信息知情的情况下而不对投资者进行披露，从而出具了虚假和误导的信息来人为推高新浪公司的股票价格。第二项指控是20（a）条款下的控制人责任，这是针对被告中的自然人，如果第一项指控成立，那么其对应的控制人需要承担共同或者连带的控制人责任。

法院在对本案进行法律规则探讨和案件分析之前，先是对新浪公司的网上占卜服务及其在中国所面临的政府监管情况作了一些介绍：

原告提到中国政府历来是限制和禁止同迷信内容相关的广告行为，这其中包括占卜服务。早在1995年2月中国政府就出台法律禁止和迷信相关的一般性广告；1997年2月该类广告行为在电台和电视中禁止；2004年1月1日，又有一些相关法律法规生效，禁止在电台和电视中播放煽动迷信思想的广告。

在此之前，2003 年 12 月，包括新浪在内的中国互联网新闻和信息提供商签订自律协议，同意坚决反对通过互联网传播有害的信息。2004 年 5 月 13 日，法新社报道称中国政府加强对电视中涉及暴力、色情、迷信内容的控制；此后，在 2004 年 8 月初，中国移动公司和原信息产业部暂停了新浪公司的语音回复互动系统（interactive voice response system，“IVR”），因为 IVR 涉及到一些政治宣传内容，而且新浪公司在未经过政府授权的情况下延长了 IVR 的拨号号码。2004 年 8 月 12 日，投行公司 Piper Jaffray 分析报告称，政府对新浪公司的该暂停措施对包括新浪在内的中国互联网和无线网络上市公司带来了非常大的销售压力，这些公司担心政府的这项措施会带来新的限制管制从而导致公司的无线服务收入进一步下滑。

2004 年 3 月 15 日，在中国相关法律出台后，但在新浪公司 IVR 被政府暂停之前，新浪公司公布了其 2003 年的年报（10－K）。年报显示新浪公司来自移动增值业务的收入金额为 6440 万美元，占其全年总收入的 56%；年报中对新浪的服务进行了简单的介绍，包括短信服务、多媒体信息服务和无线应用门户（wireless application protocol，“WAP”），但年报并没有具体介绍占卜服务，而该服务却是新浪公司的增值业务服务中很重要的组成部分。

2004 年 10 月 26 日，也是本案诉讼期间的开始日，新浪公司公布了其第三季度的业绩信息，宣称新浪公司业务持续地从其多样化产品所提供的移动增值服务中受益，该信息仍然没有提及占卜服务。在同天的投资者电话会议中，新浪公司管理层告知投资者，其确信中国市场的长期成长机会非常令人鼓舞，而且由于来自移动增值服务的收入贡献比期望更佳，公司的第三季度业绩再创纪录，管理层还告知投资者移动增值服务将是公司业务增长的动力。新浪公司的股票价格随后在第二天上涨 7.1 美元，每股收盘价格达 35.29 美元。

2004 年 10 月 28 日，就在新浪公司刚刚公布完第三季度业绩的第二天，中国国家广电总局颁布从 2004 年 11 月 28 日生效的新法规，该法规是关于外资在中国电视电影制作公司的投资规定，尤其是严格禁止合资公司制作和销售涉及教唆和迷信内容的节目。

2004 年 11 月 9 日，新浪公司向 SEC 提交 10－Q 表格（即公司的第三季度业绩表格）。

2005 年 2 月 7 日，也就是在 3 个月后，新浪公布了第四季度和 2004 年全年的业绩信息。在该新闻公告中，新浪公司披露国家广电总局发布通知要求禁止在电台和电视中播放某些涉及占卜的移动增值服务节目（2005 年 1 月通知）。新浪公司的公告中还披露，依据该通知的要求，有些电台和电视台告知新浪将停播和占卜相关的节目，该停播将会影响到公司现在对以用量为基础的短信业务的所有推广努力。也就在同一天，新浪公司召开电话会议，告知投资者新浪公司对政府要实施该通知之事并不知情，相反，新浪公司是在电视台和电台通知新浪公司停播之后才知晓有该通知的。

新浪公司的新闻公告还披露，由于将不得不转换到新的计费系统，来自短信服务的收入将会严重下滑，这将会有 30% 到 50% 的该服务收入下滑。新浪估计其来自移动增值服务的收入环比将会下滑 20% 到 30% 。

2005 年 2 月 8 日，也就是新闻公告后的第二天，新浪公司的每股股票价格下跌 2. 96 美元，幅度高达 11% 。在答复来自摩根大通分析师的提问时，新浪公司的 CFO 告知，在 2004 年第四季度中有大约 1000 到 1200 万美元的收入是来自占卜服务的。随后，Piper Jaffray 和 Pacific Growth Equity 都下调了新浪公司的股票评级。同一天，在 CBSMarektwatch. com 有网络消息称，高盛公司的分析师 Mitchell 在发给其客户的信息中宣称如果早知道新浪公司来自占卜业务的收入对新浪公司业务是如此之重要，那么他是不会如此乐观地推荐该公司股票的。第二天，ChinaTechNews. com 刊登文章指责新浪公司的管理层。200 年 3 月 20 日，Chicago Sun-Times 刊登文章指责新浪在中国政府禁止此类广告之前一直没有披露清楚其所指的增值服务到底是什么。

二、原告的指控内容

向移动信息服务中心计费平台的转换

原告指控被告没有披露政府强制要求转换计费平台对新浪公司收入的不利影响。在本案的诉讼期间之前，中国移动就开始将包括新浪在内的无线服务商客户转换到称为移动信息服务中心（mobile information service center,

“MISC”）的一种新的计费平台。该计费平台据说可以使移动运营商更有效地监控其客户的增值服务内容和计费操作，当然该计费平台也会给新浪和其他无线服务商增加流程上的成本投入。就在新浪公司公布2004年第三季度的业绩公告后所进行的投资者电话会议上，新浪公司CFO告知投资者，新浪公司目前还无法评估该计费平台对公司的确切影响，但考虑到其他一些有利的因素，所以估计公司的净收入不会受到影响。

2005年2月7日投资者电话会议上，新浪公司某高管（本案被告之一）用“突然且完全没有预料到”来形容中国移动的此次计费平台转换，并说其将对该业务类型的收入产生30%到50%的负面影响，新浪公司将在随后2005年8月9日的10－Q报告中披露新用户的发展将会变得困难……而且收费率也将会下滑……

原告所指控的虚假或者误导陈述

原告指控被告在以下方面没有披露，从而违反了证券法的相关要求；

- 新浪公司的移动增值服务收入极度依赖来自占卜服务的收入；
- 新浪公司的相当大部分收入是来自同占卜服务相关的电台和电视广告；
- 新浪公司将来的多媒体信息服务将会由于计费平台的转换而大规模下滑。

原告认为被告的公开书面陈述和口头陈述都存在错误和误导，并援引了前文所提到的媒体报道作为证据来指控被告是在知情的情况下作出以上虚假或者误导陈述的。

原告对被告存在欺诈的指控

原告除了以上所作的一般性指控认为被告存在欺诈行为外，还指控新浪公司包括本案被告自然人在内的几位内部人士（insiders）在诉讼期间抛售了总价值超过3400万美元的新浪公司股票。原告认为这些抛售在时间和金额上都是异常的，尤其是和新浪公司内部人士在此之前18个月所作的股票抛售做比较的话。所以原告认为此抛售行为隐含了被告其实预计到新浪公司的股票价格在对所指控的虚假或者误导陈述披露之后是会下滑的。

依赖性

对被告所作陈述信息的依赖性，是原告起诉的必备前提条件。本案中，原告认为新浪公司的股票交易市场在所有相关时间段内是有效的，比如：该公司符合纳斯达克的上市标准、该公司定期向纳斯达克和 SEC 提交所需要的资料、该公司和投资者的定期沟通等等。正是由于新浪公司的股票交易是属于有效市场的交易，所以原告采用市场欺诈的指控原则来确认信息的依赖性是成立的。因此原告认为在这一前提下，新浪公司股票价格于 2004 年 10 月下旬的上升及其后于 2005 年 2 月的下跌皆由新浪公司对外所作的公开披露所致。

三、法院的分析和判定过程

被告向法院提交动议，申请驳回起诉。法院在确定是否同意被告申请驳回动议的时候，先是通过援引相关案例确立法律标准，主要包括：

• Harris v. City of New York，186 F. 3d 243，247（2d Cir. 1999）。该案例要求法院在考虑是否同意予以驳回的时候必须首先假设原告的起诉状的所有重大指控事项是属实的（请注意：是假设属实），并需要从对非动议申请方（也就是原告）有利的角度来进行合理的法律推导。所以美国法律在起诉阶段看来是比较偏向原告的，这样可以首先保证原告有起诉的权力。

• Halperin v. eBanker USA. com，Inc.，295 F. 3d 352，356（2d Cir. 2002）。该案例所确立的原则是，只有在非常清楚发现原告是无法提供任何事实来支持其有权获得法律救济的情况下，法院才可以驳回该起诉。意思是说，原告是有权力来提供事实从而要求获得相应的法律救济的，除非发现原告无法提供此等事实证明，否则法院不得驳回原告的起诉。

• Kalnit v.. Eichler，264 F. 3d 131，138（2d Cir. 2001）。该案例所确立的原则是，如果要获得 10（b）条款和 10b－5 规则下的法律救济，那么原告需要指控被告存在以下情况：

* 出具虚假陈述或者隐瞒重大信息；

* 属于欺诈行为；

* 原告是依赖了被告所提供的信息从而导致了原告的损失。

● Novak v. Kasaks, 216 F. 3d 300, 306 (2d Cir. 2000)。在该案中，美国第二巡回法庭对联邦民事诉讼程序法 9（b）规则在证券欺诈指控方面有如下的要求：

* 要指明具体哪个陈述存在错误；

* 指明陈述人是谁；

* 指明该陈述是在何时何地作出的；

* 解释说明为何该陈述是错误的。

在确定了以上所适用的相关法律原则后，法院针对本案的情况进行了以下角度的逐一分析：

原告的指控缺乏具体性

原告指控认为被告隐瞒了重大信息没有披露，但原告并没有具体指明被告的哪些陈述是误导的以及为何是误导的。相反，原告仅仅是援引了大量的被告个人所作的公开陈述和被告公司向 SEC 所提交资料的公开信息，并仅仅是作了一般性的解释认为这些公开的陈述总体来看为何是误导的。虽然原告的诉状中也指控认为被告的某些陈述存在重大错误和误导，但不论是从原告的起诉状所作的指控，还是从原告律师在法官面前就试图指控被告没有披露新浪公司的收入增长在多大程度上是依靠移动增值服务所作的口头陈述中，法院清楚地发现原告其实只是试图指控被告的某些陈述是误导的，而不是指控这些陈述是虚假的。所以法院认为原告的指控不够具体，此等一般性的（泛泛的）指控是不符合 PSLRA 的起诉要求的。例如，原告引用了被告中某高管的陈述诸如“中国是个长期增长的故事”，“由于来自移动增值服务收入的超预期增长贡献，新浪的收入创新高”等等，这些一般性的陈述是如此的泛泛所以也不存在误导，而且这些陈述本身也不足以符合被起诉的要求。除非原告指控被告新浪的收入没有创新高，或者说除非指控来自移动增值服务收入不存在超预期的增长贡献。

新浪没有义务需要披露额外的信息

法院认为，即使原告的指控符合了具体性的要求，在 10b－5 规则下，原告也无法指控新浪公司承担责任。法院援引了 Basic 案例［见 Basic Inc. v. Levinson，485 U. S. 224，239，n. 17（1998）］认为，在判定被告没有披露是否违反 10b－5 规则的时候，法院的立场是如果没有法定的披露义务，那么公司保持沉默的做法是不应当被起诉的。而且，法院认为仅仅是因为某信息与某些理性投资者的兴趣相关，那么此等披露并不是公司的法定披露义务［见案例 Resnick v. Swartz，303 F. 3d 147，154（2d Cir. 2002）］。10b－5 规则规定，重大隐瞒信息只有在符合一定条件下才是可被起诉的，这个条件就是：某些信息必须需要对外披露，因为唯如此才可以确保已经对外披露的信息在其对应的情形下不会存在误导，在这种情况下，如果不披露此等信息则是属于违反 10b－5规则了。

原告认为既然被告选择披露其收入增长的原因，那么被告就变得有义务对其所作陈述的真实性和全面性负责。尤其，原告认为，被告需要清楚地披露其收入增长的真实原因是来自移动增值服务，而该服务主要是占卜，该服务正是不顾中国政府的早期禁令而通过电台和电视台来投放广告。法院仍然认为原告的如此指控无法符合 10b－5 规则的起诉要求。

法院发现原告拒绝向法院提供一个清晰的新浪公司所投放广告的内容。法院认为，很明显，如果原告以此等广告作为其起诉的依据之一（这至少在美国的其他普通案件中是十分常见的），那么原告对被告隐瞒信息（不予披露）的指控就变得更弱了，因为公开地投放广告和隐瞒该服务的信息这本来前后就存在矛盾。所以由于法院并没有看到此等广告的性质，故法院并没有采纳原告的这个起诉理由。

法院转而从新浪公司 2004 年 10 月 26 日的新闻公告入手，该日期也正是本案诉讼期间的起始日期。原告并没有直接指出被告此新闻公告内容哪些部分存在严重的误导，相反原告似乎是在争辩认为新浪公司在移动增值服务产品多样化中持续受益这样的一句陈述是违反 10b－5 规则的，因为原告认为被告没有解释清楚被告的此等服务收入是严重依赖占卜服务的广告投放。原告还援引了高盛公司的分析师所作的评论，该分析师认为如果他早知道新浪公司的业务是如此依赖占卜服务的广告，那么他对新浪公司的股票评价就不会这么乐观。然而，法院却发现原告的这个援引存在漏洞。法院发现原告在援引该分析师报告时漏了该报告中还有一段如下的描述，该分析师写到："……我们并不知晓新浪公司的占卜相关服务收入占其无线服务收入的30%，并占公司总收入的20%，对这个信息的忽视看来是我们分析师的错误而不是新浪公司的错误，因为提示对手……将只会加剧这个产品的竞争……"所以原告援引该分析师的报告作为其起诉的依据其实是把双刃剑：一方面原告可以用此报告来指控被告应该更加充分地披露其收入增长的来源，但另一方面原告却忽视了该报告同样可以证明没有发现这个其实已经公开可以获得的信息的错误在于高盛而不在于新浪。

原告还指控认为向投资者披露在中国政府政策不确定环境下公司业务所面临的风险是新浪公司的惯例。例如新浪公司在年报中披露了其在监管不确定环境里的经营风险，其描述道："新浪公司可能会受到中国法律法规对互联网行业和公司复杂、不确定、变化的监管而带来的不利影响。"新浪公司还在其公告的季度报告中多次披露了这方面的风险。既然新浪公司有如此多次充分的该等风险披露，法院认为原告指控被告没有披露其在中国经营的风险是缺乏依据的。

原告还指控被告有义务披露其占卜业务在多大程度上推动了公司收入的增长。法院并不同意原告的该项指控。首先，原告并没有认为任何人都可以预计到2005年1月的行政法规，原告也没有指控被告应该可以预计到该法规会在发布后被付诸严格执行。实际情况是，原告所援引的 Piper Jaffray 的分析师报告甚至还将此行政法规称为一次"意外决定"。而且，原告自己也是对占卜所面临的监管不确定性知情的，因为原告援引了 ChinaTchNews. com 网站刊登的文章，称占卜由于鼓吹迷信从而在中国几十年都被称为是圆滑和不可靠的商业活动（slippery business endeavor to promote in China）。原告所援引文章的立场恰好无法说明新浪公司应该意识到其占卜相关的收入对投资者来说是个即刻（马上）就应该予以担忧的事项。更有甚者，正如前面原告所援引的高盛分析师的观点，此等没有披露的信息其实已经是个公开知情的信息。这个法官确实厉害，完全是用原告援引的起诉理由从辩证的角度来挑战原告的立场。

其次，法院认为原告的以下两个指控也是达不到起诉条件的：

- 关于新浪的收入增长是来自移动增值服务的指控；
- 关于新浪向新的计费平台转换的影响的指控。

因为法院认为如果一家公司对其过去的信息作出了准确的陈述，那么其并不一定需要承担责任。即使将被告对其历史业绩的陈述解读为被告对其将来业绩的乐观判断，那也仍然无法符合 10b－5 规则下的起诉要求。法院是援引了时代华纳案［见 In re Time Warner Inc. Sec. Litig.，9 F. 3d 259，267，（2d Cir. 2004）］，在该案中法院确定，如果已经作出的公开陈述并没有对未来的业绩作出明确的乐观预测（哪怕该预测将来有可能被证明需要修正），那么这个陈述本身是达不到起诉的标准的（not actionable）。在本案中，被告新浪公司已经明确地提醒了由于向新的计费平台转换可能存在不确定性，所以被告并不存在误导投资者的企图。故此，原告不能以此来指控被告违反 10b－5 规则。

最后，也是最重要的，法院认为在衡量重要性原则的时候，应该是从前瞻的角度看，而不是从追溯的角度看。如何判定隐瞒的（或者是不予披露的）信息是属于重大信息呢？只有当理性的投资者在该信息披露之后会严重可能地（substantial likelihood）从实质上改变该投资者对目前已公开所有信息从整体角度（total mix）的判断。（见 1976 年的 TSC 案，TSC Indus.，Inc. v. Northway，Inc.，426 U. S. 438，449）在本案中，原告辩称被告应该披露该信息，因为被告理当预计到中国政府的该管制行为。然而法院认为，如被告仅仅是缺乏千里眼般的预见性（clairvoyance），那还不符合证券欺诈的起诉条件。既然原告无法指控被告可以预计到中国政府会禁止新浪公司的这些广告业务，而且新浪公司一直是彻底地和重复地提醒其投资者投资中国公司的风险，那么新浪公司对其收入来源信息的更详细披露的做法到底对投资者有多大用处？

总之，法院认为原告其实明显是以后见之明的角度（hindsight）来指控被告存在欺诈。法院认为新浪公司已经多次提醒投资者这方面的风险，而且说明了新浪公司无法预计政府的监管行为及其对公司的潜在影响，当然如果新浪公司对政府的意图是知情的，那么其对投资者的披露义务则就不同了。

安全港条款的适用

法院认为，考虑到新浪公司多次提醒投资者其在中国经营所面临的固有风险，预先警示原则应该是适用的。在该原则下，法院认为有实质意义的风险提示语言将会使没有对外披露的信息或者错误的对外陈述变得不重要［见 1993 年的 Donald 案，In re Donald Trump Casino Sec. Litig.，7 F. 3d 357，371（3d Cir. 1993）］。PSLRA 也明确提到，如果公司作出了足够的风险提示描述，那么安全港条款是可以适用的。在本案中原告认为以上两个原则或者条款不应该适用，原告辩称被告的风险提示描述不够充分和有实质意义，原告还认为被告的风险提示描述没有直接关注到原告对被告所作的指控内容上，也就是说缺乏直接性。原告在辩论的时候援引了 Citing 案例［见 Citing Hunt v. Alliance North Am. Gov't Income Trust，Inc.，159 F. 3d 723，729（2d Cir. 1998）］，法院认为原告的这些辩论观点缺乏实质内涵。

原告一直坚持认为新浪公司没有具体地提醒投资者中国政府在广播电视广告方面的监管对公司所带来的潜在风险。法院认为 有多个事项表明新浪公司对相关风险已经作了恰当披露：

• 2004 年 10 月 26 日，新浪公司的新闻公告明确提醒投资者中国政府相关监管措施对公司业务所带来的固有不确定性。

• 2004 年 11 月 9 日，新浪公司的 10 – Q 公告中又追加提醒投资者，新浪公司并不确定中国政府是否会禁止其继续开展移动增值服务，并特别明确地提醒到，该监管措施将会导致公司利润下滑；同样，新浪公司也明确提醒投资者其对中国移动公司的业务依赖所面临的固有风险。

法院认为，既然新浪公司已经如此多次地公开提醒投资者这方面的风险，原告的指控是无法成立的。很明显，新浪公司并无法准确地预测到所存在的具体风险，因为其并没有参与中国政府的决策过程，但考虑到新浪公司已经广泛地对风险作了披露，法院认为预先警示原则和 PSLRA 的安全港条款在本案中是可以适用的。

法院还认为安全港条款的例外原则并不适用本案，至于向 MISC 计费平台转换这个过程会导致新浪收入下滑，虽然原告指控被告对此事知情，法院认为该指控也是不成立的，因为法院发现原告将中国移动的两个不同的措施混淆了。新浪公司在2005年2月7日的新闻公告中对中国移动的两个措施都作了说明：一个是中国移动刚刚对MMS的计费流程进行了变更，这导致了MMS收入的严重下滑；另外一个是指从MMS向不同的平台转换或许会导致MMS收入的进一步下滑。新浪公司的公告和当天的电话会议中都明确指出，计费流程的变更所带来的对收入影响要高于从MMS向新平台转换所带来的影响。然而，本案的原告所关注的是从MMS向新平台的较早一次转换，也就是2004年所发生的转换，所以并不是新浪公司2005年2月7日新闻公告中所指的转换。由于将此不同的事项混合一起，原告指控被告知情但没有披露计费流程变化的影响也就由此变得不够充分了。其实，新浪公司曾经明确提醒过投资者新浪公司和中国移动的计费安排在任何时候都有可能改变 而且中国移动可以支配计费安排的条款。所以，法院认为原告对被告的该指控不够充分。

是否属于欺诈行为

法院认为即使原告已经充分地指控了被告在知情的情况下作出了虚假陈述或者隐瞒了重大信息，原告对被告在欺诈方面的指控也不够充分，故此，该起诉应该予以驳回。

法院先是确定了适合欺诈指控的相关法律标准，主要包括：

• 美国联邦民事诉讼程序法的9（b）规则，指出对欺诈的指控需要有非常具体明确的描述。

* PSLRA对证券欺诈的指控又有更进一步的要求，如果要指控被告存在重大的不实陈述或者隐瞒重大的信息，那么诉状需要明确指出具体的哪些陈述属于不实，而且还要说明原因为何这些陈述存在误导。

• U. S. C. 78u－4（b）（1）和78u－4（b）（2），要求这些具体的指控事项可以强有力地推导出被告思想意识上存在欺诈。

• 如何判断思想意识上存在欺诈则可以参考相关案例所确定的规则，见Ganino v. Citizens Utils. Co.，228 F. 3d 154，168（2d Cir 2000），此案中所确立的规则包括：

* 在指控欺诈时，原告可以通过提供事实来说明被告具有欺诈的动机和

机会。

* 原告还可以提供某些事实，通过这些事实强有力地形成情形性证据来证明被告的不良行为是有意识的或者说是重大疏忽的。

需要说明的是，由于美国法律是以判例法为主的，所以各相关法律标准会受到在判决期间已经存在的判例法所影响，随着时间的推移，判例的增加，相关的法律标准也就自然地会产生变化。本案的判决时间是 2006 年 9 月，在此之后又有许多证券诉讼案例，所以我们也就发现不同案例由于处于不同时间阶段，其所援引的判例法是有所不同的。

在确定了以上的法律标准之后，本案的法院从欺诈动机和被告是否存在有意识的不良行为或者重大疏忽两个角度来进行法律分析。

欺诈的动机是否存在？如果要充分指控被告的欺诈动机存在，那么原告需要明确指控被告从虚假陈述或者隐瞒信息行为中获利（concrete benefits）[见 Kalnit 案，Kalnit v. Eichler，264 F. 3d 131，139 (2d Cir. 2001)]。而且，该获利应该是可以具体落实到被告个人身上的。如果仅仅是由公司而不是个人被告获利，那还无法充分指控欺诈的动机是存在的。美国上诉法院第二巡回法庭也在 Novak 案中明确指出，以保持公司股票价格上涨为动机的指控并不能代表被告的欺诈动机是存在的。(见 Novak，216 F. 3d at 307)。

在本案中，原告指控，与诉讼期间之前的 18 个月相比较，自然人被告在诉讼期间所进行的新浪公司股票交易的交易时间和交易金额属于异常。然而，法院却认为原告的这一指控和实际情况刚好相反。

在第二巡回法庭所确定的法律标准下，内部人士的异常股票抛售行为有可能隐含着被告的非诚信态度或者欺诈动机[见案例 In re Scholastic Corp. Securities Litigation，252 F. 3d 63，74 (2d Cir. 2001)]。而在评估这一内部人事股票抛售行为的时候，需要考虑的因素包括：股票抛售的获利金额大小、抛售的比例多少、内部交易量的变化多少及内部人士抛售的次数。在本案中，原告仅仅是提供了被告在诉讼期间所抛售股票的情形，而并没有提供被告以前的股票抛售情况，因此法院并无法从该诉讼状本身判断被告的股票抛售行为是否属于异常。当然，法院是有权考虑司法采纳新浪公司向 SEC 所提交的报告并从中结论性地判断本案中的自然人被告在诉讼期间的股票抛售行为同他们各种以往的交易行为相比较并非属于异常。

原告指控自然人被告企图在新浪公司股票价格虚高的时候抛售其各自持有的新浪公司股票，这一指控也是不成立的。实际情况是，这些被告自然人在2005年年中的时候共持有新浪公司股票的总数比2004年中期的总数还要多31532股。原告在诉讼状中只是提到被告抛售了股票，而没有提到被告也买入了股票。如果这些自然人故意隐瞒某些重大信息从而企图使个人从中获利，那么一般情况下，其在预期股票价格下跌前（anticipated plunge）的股票持有数量要少于一年前的持有量。而且，这些自然人在诉讼期间的股票抛售行为并不能推导出他们存在欺诈动机，这是因为：

• 这些股票抛售日期比中国移动的更改其计费流程的通知要早一个月以上。

• 2005年1月的通知（国家广电总局通知）是在本案的诉讼期间末期才颁布的；而且非常重要的一点是，在这个2005年1月通知和新浪公司2005年2月7日的新闻公告之间的这段时间内，没有任何一个被告自然人抛售过新浪公司的股票；而这段时间其实是被告通过内部消息从事内部交易获利的最明显时间段，但没有一个被告在新浪公司的新闻公告前抛售过新浪公司的股票。

• 原告并没有指控被告对这些监管行动是提前知情的。

法院认为，如果原告作出了以下指控，那么法院有可能会拒绝被告驳回起诉的动议：

• 原告对中国政府将要采取监管措施及这些措施会对新浪公司股票价格造成不利影响是知情的。

• 自然人被告通过抛售股票从而在以上的知情信息尚未对外公开前获利。

然而，本案中所有的自然人被告的股票交易行为都是在诉讼期间的10月或者11月，这都是早于国家广电总局和国家移动采取监管措施的时间，而且和这些被告在前些年份的股票交易情况相一致（被告向法院提交的证据显示这些被告在2003年10月和11月、2004年2月、10月和11月都曾进行了股票抛售行为）。所以，法院认为原告指控被告企图通过虚假陈述从而抛售股票达到个人获利的指控是没有依据的。

被告的行为是否为有意识或者说重大疏忽？同样，法院认为并不存在强烈的情形性证据表明自然人被告的行为是有意识的或者说是属于重大疏忽。在前文提到的 Kalnit 案中所确立的原则要求被告的行为属于极度的不合理（highly unreasonable），是属于严重偏离（extreme departure）正常的应有关注，而且被告对该风险是知情的或者说是如此明显所以被告是应该知情的，被告才有可能被指控欺诈。在本案中，新浪公司持续地提醒投资者公司在中国政府监管面前所面临的固有风险，而且并没有证据表明被告对国家广电总局或者中国移动的监管措施是提前知情的，所以对被告的行为是有意识的或者说是重大疏忽的指控是缺乏依据的。

原告的损失

虽然法院已经作出决定驳回该起诉，法院还是对原告关于损失方面的指控进行了简单的法律分析。原告在诉状中指控认为，由于被告没有及时披露，导致新浪公司的股票价格在诉讼期间被人为推高。原告还认为，如果他们事先知道新浪公司的收入在多大程度上是来源于占卜服务，那么或许就不会购买新浪公司的股票。

原告的以上主张是基于这样的一个前提假设，那就是新浪公司的占卜业务相关收入占整个公司总收入的比重很大。然而原告并没有向法院提供足够证据来证明，新浪公司五个业务平台中其中一个平台的占卜服务相关收入对整个新浪公司的收入来源而言是尤其重要的。其实，虽然原告一直辩称占卜服务相关的收入在实际上是新浪收入增长的推动剂，但新浪公司的股票价格在 2005 年 2 月 8 日的下跌只是个短期现象，其在 17 天之内又重新回到了 2005 年 2 月 7 日的价格水平，而且此后还持续攀升。在整个接下来的 3 月期间，该公司股票价格就没有低于每股 30.43 美元，这几乎比 2005 年 2 月 7 日的股票价格高出 25%。所以，从中很难得出原告主张认为的占卜服务收入是新浪公司的重大收入来源的结论。在本案中，被告向法院提供了从 2004 年 11 月 3 日到 2005 年 2 月 7 日这段期间新浪公司每天的股票价格，2005 年 2 月 7 日是本案诉讼期间的截止日期。虽然被告没有提供这个截止日期之后（也是新浪对外所作新闻公告日期）的股票价格，但本案的法院认为法院有权从公开的股票价格信息中进行司法采纳，所以在该法律分析过程中法院考虑了诉讼期间之前和之后的股票价格。

由于法院认为原告的指控并不符合10（b）条款和10b-5规则，所以法院也同时驳回了原告对被告控制人责任的指控［20（a）条款下的控制人责任］。

原告曾经提出请求法院允许对诉状进行修改，然而在经过简单和口头法庭辩论后，原告并无法提供进一步的或者说新的事实来支持其主张，所以法院并没有同意原告的这一请求。最终法院于2006年9月26日作出判决，驳回原告的起诉，本案就此终止。

四、案外之声

该案的驳回，对中国概念股来说无疑是个重大胜利，但每个案件都有其特殊的情况，就本案来说，能够获得法院驳回起诉的判决，看来以下几个因素是关键的：

- 原告无法指控被告对中国政府相关部门及中国移动的监管措施是知情的。
- 本案的焦点——占卜广告，在中国从法律法规层面来看是历来（至少这几十年来）禁止的，这一监管环境是众人皆晓的。
- 新浪公司在公告中多次提醒投资者其在中国所面临监管的固有风险，这些提醒是充分和有效的。
- 被告自然人在整个诉讼期间没有进行任何异常的股票抛售行为，也就是说没有证据表明这些被告自然人通过内幕交易来获取个人利益。
- 新浪公司的股票价格在诉讼期之后的月份中连续攀升。

申明和信息来源

本案例的主要信息来源于相关法律文件，案件中所提到的指控内容，可能属实，也可能并非属实，本书对此并无任何立场。同时，由于本案并未经过陪审团和法院的最后庭审判决，而是以起诉被驳回结束，被告并不承认这些指控，所以也意味着这些指控的事实认定在美国证券相关法律下并未予以确认。本案例的主要信息来源包括：

- 2006 WL 2742048 (S. D. N. Y.) Memorandum and Order.
- 2005 WL 2873953 (Trial pleading) Consolidated Amended Class Action Complaint for Violation of Federal Securities Laws (Sep. 9, 2005).
- 2005 WL 3654058 (S. D. N. Y.) Defendants' Motion to Dismiss Amended Class Complaint and Memorandum of Points and Authorities in Support Thereof (November 18, 2005).
- 2006 WL 548640 (S. D. N. Y.) Lead Plaintiffs' Opposition to Defendants' Motion to Dismiss the Amended Class Action Complaint.

15. 网易公司收入确认案

商业模式难以确定，业务前景不被看好，财报不再可信，数位关键高管纷纷离职；股东诉讼战火刚刚熄灭，SEC诉状紧跟而来；股价跌至接近五十美分，财报无法出具，股票交易停牌，内外交困……这样的公司如何起死回生？网易公司证券诉讼案向您讲述当今中国领先的互联网企业早年历经磨难、励志获取重生的真实故事。

一、股东集体诉讼案件过程

网易公司（NetEase，Inc.）的海外上市实体是在开曼群岛注册的公司，2000年6月该公司通过在美国IPO实现其股票在纳斯达克的挂牌上市，成功融资约6 500万美元，发行价每股15.5美元。上市后不到1年股东集体诉讼就爆发了，那时的网易公司确实是处于极度危机之中。2001年8月，由于财务重述所导致的股东集体诉讼，公司的股票价格最低跌至每股只有0.53美元，网易已经面临着从纳斯达克退市的危险。网易的股票在2001年的最后4个月因为无法及时提交纳斯达克所要求的财务报告而不得不停牌。

集体诉讼的爆发不仅导致股票价格的崩盘，公司内部管理也陷入了混乱。时任CEO、COO相继离职，负责IPO上市的CFO也在2001年1月离职，继任的代理CFO没上任8个月又于2001年9月离职，当时有海内外媒体认为这家总部设立在北京的互联网公司似乎走到了尽头。2001年9月，公司任命新代理CEO（Sun），Sun逐步带领网易走出险境，到2003年6月26日，网易公司的股票价格达到了每股31.55美元，成为当时股价最高的中国网络概念股，这时又有媒体将网易冠以“纳斯达克成长性第一股”的称号。不幸的是，这位带领网易公司走出困境的 CEO 在任上于 2005 年英年早逝。这一起股东集体诉讼案件可以说是网易公司历史上，不仅是至今，甚至可以说是永恒的一种事关公司生死存亡的挑战。接下来就让我们对本案的具体情况进行了解。本案重要发展里程碑时间表可以归纳如下：

• 2001 年 5 月 8 日，网易公司对外公告说明公司发现有 100 万美元金额的合同收入确认存在不妥，所以公司需要推迟原先预订的 2001 年度第一季度业绩公告日期。

• 2001 年 6 月 11 日，网易公司对外公告称该合同的会计处理导致 2000 年全年收入存在高估的现象，而且这个高估的金额大约在 300 万美元；同天，网易公司宣布时任 CEO（Lai）和 COO（Chen）同时离职。

• 2001 年 7 月 23 日，网易公司对外公开说明其收到纳斯达克的通知，后者已经安排了网易公司股票的退市时间；同时网易公司提醒投资者不要信赖公司 2000 年的财务报表。

• 2001 年 8 月 31 日，网易公司对外公告了收入高估的全部金额，并决定对 2000 年的财务报告进行重述，因为最终发现 2000 年的收入被高估了 430 万美元。

• 在公司对外公告之后，陆续有数起股东诉讼爆发，股东指控网易公司及其相关管理层违反 1933 年证券法的第 11、12（a）（2）和 15 条款，及 1934 年证券交易法的 10（b）、20（a）条款和 SEC 的 10b－5 规则，在其 IPO 过程中出具了严重错误和误导的招股说明书和注册登记文件。

• 2001 年 9 月 4 日，网易公司的股票被纳斯达克停止交易。

• 2001 年 9 月 11 日，网易公司宣布其公司创始人、时任公司代理 CEO 和 COO 的 Ding 辞去这些职务，也将辞去公司董事长的职务，但仍将担任公司董事之职；公司新任命 Sun 为代理 CEO。

• 2002 年 5 月 9 日，连续数起的股东诉讼被合并成为一个集体诉讼，法院确定了首席原告代表和首席原告律师。

• 2002 年 7 月 26 日，Richard Owen 法官签发法院令，要求原告在 2002 年 8 月 30 日之前提交合并的诉状，并对被告对合并诉状的回复时间和原告对被告驳回动议（如有）回复时间作了要求。

• 2003 年 3 月 3 日，原告和被告双方达成和解赔偿协议，和解的总赔偿金额为 435 万美元现金外加利息。

• 2003 年 5 月 19 日，美国联邦地区法官 Richard Owen 批准了原被告之间的和解赔偿方案，认为该方案是公允、合理和充分的，并同意将和解赔偿金的 1/3 作为给予原告律师的律师费（145 万美元），外加 6 万多美元的代垫费用和应计利息。

• 2003 年 6 月 3 日，法院发布最终法院令，本案结案。

接下来我们通过原告的最初起诉状（并非合并起诉状）来了解一下原告对被告的具体指控内容。

本案中的被告包括：

• 在开曼群岛注册的美国上市公司实体网易公司；

• 网易公司的管理层，包括公司的创始人和董事长（D）、时任 CEO（L）和公司的董事兼 CFO（H），这三位被告曾经在网易公司 IPO 的注册登记文件（含招股说明书）中签字；

• 网易公司 IPO 的上市承销商（投资银行），包括美林证券、德意志银行、瑞银华宝、所罗门美邦，这些投行在企业的上市过程中承担有尽职调查的义务，需要在企业上市前对企业的业务、经营、前景、财务状况、会计政策、内部控制机制各方面作应有的调查程序。

在证券集体诉讼中原告主要是指控被告虚增利润，原告认为如果被告出具真实公允的财务信息，那么网易公司的股票价格将会受到不利影响，而且本案中被告自然人的个人财富和薪酬也会受到不利的影响。原告对被告的具体指控包括：

• 网易公司 2000 年财年及 2001 年第一季度的财务数据中所公开的净利润被严重高估，被告因此不得不进行相应期间的报表重述。

• 这些对应会计期间的利润高估主要是涉及收入确认违反会计准则。

• 被告的财务报表是不符合美国会计准则要求的，所以被告原先对外宣称其会计报表是按照美国会计准则要求所编制的这个陈述是严重错误和具有误导性的。

• 2000 年第一季度的经审计过的财务数据是包括在 IPO 的招股说明书中

的，但这个财务数据是不符合美国会计准则要求的。

- 2000年的年度财务数据并不符合美国会计准则的要求，所以这也是和被告原先对外所作的陈述相矛盾的。网易公司的内部调查发现2000年的收入被高估了400多万美元，调整后的收入从原来对外披露的790万美元变成370万美元，整整下调了53%；而且2000年原来对外披露的毛利润290万美元也因此变成负的110万美元。
- 网易公司并没有建立和维护有效的财务会计内部控制机制。

从以上的指控内容可以看出，原告对被告的指控并没有涉及到欺诈的性质。

本案在合并立案后，法官要求原告在2002年8月30日之前提交合并的诉状，并对被告对合并诉状的回复时间和原告对被告驳回动议（如有）回复时间作了要求，但是原被告之间很快在2003年3月3日就达成了诉讼和解。从法院公开的文档中并没有发现原告提交的合并起诉状，也没有通常情况下被告要求驳回起诉的动议，看来原被告双方的法律交锋并没有多少过招，以及早和解为主要策略应该是原被告双方的首要立场。对于原告来说，由于诉讼存在很大的不确定性，而且很重要的原因是由于当时网易公司处于困境，股票价格几乎是没有价值，所以如果原告可以尽快地获得现金赔偿无疑是个不错的商业决策；对于被告来说，也是因为相同原因，当时处于内忧外患的网易，能够迅速扑灭股东诉讼，无疑是为公司新的管理层专注企业日常经营排除了关键的外部干扰。和解，尽量早地和解，看来是原被告双方都乐见的选择。

就在股东集体诉讼和解赔偿不久，2004年3月14日，网易公司表示，该公司已收了SEC的韦尔斯通知（Wells Notice），SEC打算就网易公司2000年报表重述事件对该公司提起民事诉讼。该案最后于2006年2月27日以和解的方式结局。这个由SEC所发起的行政诉讼的诉由和股东集体诉讼的诉由几乎一致，接下来我们通过SEC的起诉书来对本案件作进一步的了解。

根据SEC公开的起诉书，SEC对网易公司及时任CFO和CAO提出了指控。SEC的起诉书对本案的起诉理由作了比较详细的披露，这对我们理解网易公司的财务报表重述背景和原因很有帮助。

二、SEC 对网易公司的指控

网易公司的会计违规是其内部调查所发现的，这个内部调查是在公司内部审计委员会主持下由公司的外部审计师安达信公司和外部律师共同组成的调查小组完成的。公司的审计委员会之所以要发起这次内部调查，是由于在 2001 年 4 月网易公司的潜在投资者发现该公司存在大量的账龄过长的应收账款，并由此质疑该公司的收入确认会计方法。正是在外部质疑之下，网易公司的审计委员会启动了这次内部调查。调查的结果是惊人的，发现网易公司在 2000 和 2001 年间的连续 5 个季度中存在严重的会计内控失效和收入高估的问题，而且是涉及到数百个合同和至少 50 个客户。就 2000 年年度来说，收入被高估了 430 万美元，约高估 109%；而且从 2000 年的 3 月 31 日到 2001 年 3 月 31 日这连续 5 个季度中，每个季度收入高估的比例分别为 5%、36%、138%、290% 和 116%。在如此严重的大面积收入高估情况被发现后，网易公司不得不宣布对 2000 年的报表进行重述，并修正了 2001 年第一季度的业绩数据。

在美国会计准则下，广告服务收入必须是在合同得到实际履行而且收款可能性合理存在的情况下才可以得到确认。网易公司的 2000 年内部控制流程中将收入的确认流程划分为三个子流程：

• 销售部门负责合同的谈判；

• 合同部门负责合同的签订，安排在网易网站进行广告排放，并收集和整理广告服务合同得到实际履行完毕的相关支持性文档，作为收入确认的证据；

• 财务部门负责合同的公司章盖章、合同的审批，并负责收入确认会计分录的编制。很明显，以上的流程安排并无法合理地确保网易公司的广告服务合同是否实际得到履行，而且网易公司也没有指定流程来验证以上流程所涉及员工是否真的履行了公司规定的流程要求。所以这样的内控缺陷为虚增收入提供了便利。

SEC 的起诉书披露了网易公司收入高估的三种途径：

提前确认收入。起诉书中指控到，网易公司大约将 110 万美元的收入通过其内部称为“收入前挪”（revenue-brought-forward）的方法提前确认。这个方法是将实质上为一个整体的广告交易行为人为地分成两个合同从而试图在更短的时间内确认收入。例如，将1个本来为6个月广告服务期间的合同分成2个合同，第1个合同的期限为3个月，第2个合同也是3个月称为“奖励合同”；在奖励合同中，网易的服务是免费的。但网易公司的会计处理却违反了会计准则的要求，网易公司将整个交易在3个月而不是6个月之内确认收入，从而导致收入被提前确认。而且网易公司还对其外部审计师隐瞒了这个“奖励合同”存在的事实，从而避免被审计师发现。为了防止审计师发现该“奖励合同”，网易公司内部对合同添加内部标记，进行分类：对可以提供给审计师的第1个3个月合同前置标记“G”，而对于要向审计师隐瞒的“奖励合同”则设定前置标记为“Z”。

无实际履行的虚假收入。起诉书中还提到，网易公司还确认了无实际履行的虚假收入，金额大约为110万美元。这个情形主要可以分为三大类：

- 网易公司根本没有履行客户合同中的约定义务；
- 有的根本没有合同，只是客户的承诺函，客户只是表达了其将来从网易公司购买广告服务的意愿；
- 其中有一个合同网易公司是履行了，但是并没有提供广告服务。

将以上情形下的交易确认为收入明显是不符合会计准则的。

缺乏经济实质的互换交易。起诉书指控网易公司于2000年将缺乏经济实质的互换交易确认为收入，涉及金额约200万美元，这个互换交易在财务上是互相抵消不进行银行结算的，而且网易公司还向其审计师隐瞒了此等交易。

其中一个互换交易是和Kingsoft公司及Joyo. com公司三者之间发生的，Kingsoft据说是中国最大的PC软件供应商，而Joyo. com则是网易的一家关联公司。在这个互换安排中，网易公司为Joyo. com提供网上在线商店服务，同时网易从Kingsoft公司购买相关软件。网易公司由此在2000年第三季度确认了从Joyo. com获得的33万美元的收入，这个金额的收入确认对网易非常重要，因为在该季度结束前两周往往在收入预算上还存在缺口，这个收入正好弥补了这个缺口。

2000年10月，在第三季度刚刚结束的时候，网易某员工向时任的CFO告知了同 Joyo. com 有关的两份合同，合同的签订时间为 2000 年 7 月 10 日和 8 月 15 日，但该员工并没有告知 CFO 为何这两份合同所对应的收入没有在第三季度的财务账面中体现出来。而该 CFO 在财务没有进行任何尽职调查程序的情况下［即：没有问及合同是否存在日期倒签的问题，或者说该合同是合法的第三方交易（非关联交易）合同］，就批准同意将这两份合同的收入确认在截至 2000 年 9 月 30 日的第三季度中，而且该 CFO 也向公司的外部审计师安达信公司确认网易是属于合法的第三方交易合同。而实际情况是，网易是在第三季度结束后才和 Joyo. com 签订该合同的，所以网易是在没有提供任何商业服务的情况下就于 2000 年第三季度确认了该笔收入。类似地，Kingsoft 也从来没有向网易提供软件产品。在后来的报表重述中，这笔 33 万美元的收入被全部冲回。

起诉书中还列举了另外一个互换交易，这笔交易涉及的会计期间是 2000 年的第四季度，所涉及的交易对方为网易公司上市前的其中一个主要股东，叫 Techpacific. com 的美国公司。在这个交易安排中，约定网易公司向对方提供广告服务 5 万美元，而对方则向网易公司提供金额对等的财务顾问服务。这 5 万美元的所谓广告收入恰好弥补了网易公司 2000 年第四季度的收入预算缺口。网易公司的时任 CFO 签署了该合同，签署的时间为 2000 年 12 月，同时该 CFO 还负责签订和 Techpacific. com 的财务咨询合同，而这个合同的签署时间为 2001 年第一季度。网易公司的该 CFO 其实是知道公司的审计师安达信公司将会审计这个广告服务收入的合同，但并没有告知审计师同时还存在一份财务咨询合同，所以审计师就无法将这两个合同联系起来判断公司收入确认是否妥当。而且，这份广告服务合同还被网易公司的内部员工修改成可以提前确认收入，和前述的收入前挪结合在一起，修改成网易公司在 2000 年 12 月 31 日后向对方提供免费的广告服务（“奖金合同”）。而且，网易公司也没有向安达信公司披露这个奖金合同，所以躲避过审计。和第一个互换交易一样，在本交易中，网易公司并没有向对方提供广告服务，而对方也没有实质性向网易公司提供所谓的财务咨询服务。这笔收入也是在报表重述中全部冲回。

在 APBO No. 29（Accounting Principles Board Opinion）和 EITF99 – 17（E-merging Issues Task Force）及 SFAC No. 2（Statement of Financial Acconting Concepts）等相关准则中，互换交易是允许的，但是必须为有经济实质的真实交易，而不仅仅是交易形式符合，而且对所交换的资产或者服务需要按照公允价值确认 。网易公司的会计处理违背了会计准则中实质大于形式的要求，只是在形式上符合互换交易，借机滥用会计准则。

网易公司收入确认流程中的三个部门都参与了收入虚报的过程。合同部门是负责提供广告服务排放的安排，却提供了虚假的文件来证明网易公司提供了广告服务；财务部门负责合同的盖章却根据虚假的文件来编制收入确认分录；销售部门人为地将一个交易项下的合同分成两个合同从而提前确认收入；而且为了向审计师隐瞒信息，网易公司的员工竟然将不同的合同予以内部暗号标记。

收入确认的违规对于网易公司的财务报表影响十分重大，其对外公开的2000 年所有四个季度的季报和2000 年的年度数据都因此存在严重的误导：

• 对截至2000 年3 月31 日的第一个季度而言，该季度的财务信息也包含在网易公司的招股说明书和向 SEC 提交的注册登记文件中，该登记文件的生效日期为2000 年6 月29 日，这个季度的收入被由此虚高了5%。

• 对截至2000 年6 月30 日的第二个季度而言，收入被虚增了36%；原先的季报认为网易公司的收入环比增长率为102.5%，而修正后的增长率只有56.3%。

• 对截至2000 年9 月30 日的第三个季度而言，收入被虚增了138%；原先的对外业绩公告称公司的收入环比增长率为47.4%，同比增长率为539%，而修正后的实际环比收入是下降15.9%，同比是增长159%。

• 对于截至2000 年12 月31 日的第四个季度而言，季度的收入被虚增了290%，年度的收入被虚增了109%；原先披露的季度收入增长率环比是24.6%，同比是159%，并宣称年度的收入增长率是311%，而修正后的实际情况是季度收入环比下降24%，同比下降33.6%，年度收入增长率是96.6%。

• 对截至2000 年12 月31 日的年度而言，收入被虚增了109%，即430 万美元；年度的净亏损被低估了16%，即320 万美元；每个 ADS 的净亏损被低估15.9%，即0.13 美元。

基于以上的事项描述，SEC 指控网易公司违反了以下相关法律条款：

• 违反了1933年证券法的13（a）条款，及对应的12b－20规则和13a－16规则；这些条款要求股票发行人所提交的注册登记文件必须是真实和正确的。

• 违反了1933年证券法的13（b）（2）（A）、13（b）（2）（B）、13（b）（5）条款，及对应的13b2－1规则；这些条款和规则要求发行人的会计记录必须能够公允精确地反映其交易实质和所拥有的资产，而且发行人需要建立和维持有效的内部会计控制以确保财务报表的编制符合会计准则，并禁止任何人在知情的情况下编制虚假会计记录或者破坏内部控制。

针对SEC的指控，网易公司提出了和解的方案，考虑到网易公司在SEC调查期间的配合，SEC最终接受了和解。网易公司既不承认也不否认SEC对其的以上指控，同意SEC向法院提出的要求永久性地禁止公司违反以上相关法律条款和规则。

三、SEC对CFO的指控

网易公司的时任CFO（H）是位“海归”，拥有注册金融分析师的资格，并曾经在投行贝尔斯登工作，期间参与了多家中国公司海外上市的投行工作。H于1999年8月加入网易公司，协助其进行了多轮的IPO前融资，并在2000年6月使网易公司实现了在美国IPO，从这一点来讲也确实是功不可没的。2001年1月31日H正式从网易公司CFO职位离职，2001年8月也辞去董事之职。

SEC指控H在网易公司收入确认的会计违规中具体涉及到以下两个交易：

• 与Joyo.com和Kingsoft的互换交易（详见前文描述）。H在没有做任何应有调查的情况下批准了这个交易的会计处理。

• 与Techpacific的互换交易（详见前文描述）。H亲自签订了和Techpacific的广告服务合同以及财务顾问合同，但在年度审计中向外部审计师安达信公司只提供了广告服务合同，而隐瞒了财务顾问合同；这两份合同后来被发现只是形式上的合同，根本没有实际履行。

SEC 认为，H 作为公司的 CFO，对公司的收入确认会计处理负有最终的责任，其是在知情或者应该知情的情况下允许网易公司进行了违规收入确认。

此外，SEC 还指控 H 误导公司的外部审计师。H 虽然在 2001 年 1 月辞职，但仍然保留董事职务一直到 2001 年 8 月。在 2000 年度的审计过程中，作为法定审计程序的一部分，网易公司的管理层需要向审计师提供管理层申明书。H 和继任的代理 CFO（下文将提到的另外一个被告）共同签署了不真实的管理申明书，从而误导了审计师出具无保留意见的审计报告。H 在申明书中申明认为：公司的财务报表符合公允性原则和会计准则，公司已经向审计师提供了所有重大合同和会计记录，公司的所有交易都已经在会计记录中体现出来等等。很明显，H 是在知情的情况下签署了这个不真实的管理申明书。

根据以上事实，SEC 指控 H：

- 违反了 1933 年证券交易法的 17（a）（2）、17（a）（3）条款，及该法下的 13b2－1 和 13b2－2 规则。
- 导致网易公司违反证券法 13（a）、13（b）（2）（A）、13（b）（2）（B），和该法下的 12b－20，13a－16 规则。

针对 SEC 的指控，H 提出了和解的方案，SEC 最后于 2006 年 2 月 26 日向法院提交了该和解方案，同时申请法院签发命令要求 H 停止并禁止其违反以上相关法律条款。

四、SEC 对 CAO 的指控

SEC 在对网易公司的会计违规调查之后决定对时任 CAO（G）提起民事诉讼。G 于 2000 年间担任网易公司的副总裁兼首席会计官，并于 2001 年 1 月从网易公司前 CFO 离职后开始到 2001 年 9 月这一期间担任网易公司的代理 CFO，G 拥有中国注册会计师资格，并曾在普华永道和毕马威会计公司工作过。

SEC 在起诉状中认为 G 对网易公司收入确认的会计违规行为是知情的，或者说如果不知情的话则是轻率的。G 曾经在内部对网易公司收入确认违规的做法向一位高管提出过警告，虽然提出过警告，但G并没有阻止公司员工对广告合同进行修改以实现收入的提前确认，G对业务部门的行为是采取了一种轻率的态度。而且G还在2000年年度审计中向审计师安达信公司提供了具有误导性的管理当局声明书，从而误导了审计师。SEC认为，G的作为或者不作为部分导致了网易公司的收入确认违反会计准则和公司财务报表的严重误导。

在网易公司会计违规期间，G担任公司的副总裁和首席会计官，和公司的首席财务官一起对公司的财务报表编制负责，而且后来G还担任公司的代理首席财务官。G曾经告知网易公司的销售部门收入前挪的做法是违反会计准则的；然而G不顾其知晓业务部门行为的不合规，也不顾其自己对公司所负有的会计责任，并没有阻止业务部门的这个做法，也没有向公司的董事会或者外部独立审计师安达信公司报告此事，而是对此知情不报，或者轻率地无视业务部门人为分拆合同以企图提前确认收入。

2001年2月14日，应年度审计程序的要求，G向公司的外部审计师安达信公司签署了管理层申明书，该申明书宣称网易公司的财务会计符合会计准则，公司已经向审计师提供了全部的财务记录和相关数据，而且所有重大的交易都已经在公司的会计记录中妥当地反映出来。SEC认为G出具这个管理层申明是个轻率的行为，因为其所申明的情况并非属实，从而误导了审计师。

SEC指控G蓄意协助和教唆（willfully aided and abetted）网易公司并也部分导致网易公司违反了证券交易法的报告和财务会计方面的要求。SEC指控网易公司违反了证券交易法的13（a）、13（b）（2）（A）、13（b）（2）（B）和13（b）（5）条款。和证券集体诉讼所不同的是，SEC所提起的属于行政管理角度的民事诉讼，而且前者的诉讼往往要求原告必须能够提供证据证明被告存在欺诈行为，而后者的诉讼则没有这方面的要求。

SEC还指控G蓄意违反证券交易法下的13b2－1和13b2－2规则，前者是禁止任何人直接或者间接出具虚假财务会计信息，后者是禁止公司的董事和高管直接或者间接地向审计师出具不实的申明。

SEC向法院申请要求G：

- 停止和禁止违反以上条款或者规则。
- 禁止从事和SEC相关的会计师工作；该禁止令在满一年后，G才允许向 SEC 提出申请从事上市公司会计的相关工作。

• SEC 需要考虑 G 的秉性（character）、诚信度（integrity）、职业操守（professional conduct）、职业资格（qualifications）等方面才决定是否接受其申请。

和网易公司一样，G 没有承认也没有否认 SEC 的这些指控，G 向 SEC 提出和解，最终 SEC 于 2006 年 2 月 27 日接受了和解申请。G 于 2001 年 9 月下旬从网易公司离职，具体原因不详。

至此，网易公司会计违规所带来的相关诉讼案落下了帷幕。

五、案外之声

北京时间 2002 年 1 月 2 日晚 11 时，美国东部时间 2002 年 1 月 2 日上午 10 时，网易公司的股票在纳斯达克股票市场恢复交易，被冷冻了近 4 个月的网易的股票终于重新开始流通。被停止交易的原因是纳斯达克市场没有在网易要求延期的规定日期内收到网易 2000 年财政年度的年度报表。停牌后纳斯达克上市委员会要求网易拿出具体措施，保证类似事件不再发生。网易公司 12 月向上诉委员会提交了一份报告，纳斯达克上诉委员会经审定后认为网易提供的报告和措施能够满足市场要求，认为网易还是一个“诚信”的公司，所以 2001 年 12 月 28 日通知网易恢复股票交易。

恢复交易首日，网易股票上涨 46.33%，这令公司“上下感到极为振奋”。网易公司的代理首席执行官表示：“公司和全体员工的活力和凝聚力将会带动公司的股票在新的一年里取得新高。纳斯达克上诉委员会的决定确认了我们公司已经采取了适当的措施确保公司的运作是公开和富有效率的，而且，导致公司收入确认事件的情况将不会再发生。”

股票得到了恢复交易，股东的集体诉讼也在很短的时间内得到了和解，SEC 的民事起诉也最终得到了和解，会计违规给网易所带来的外部危机总算得到了解围。同时，由于外部危机的影响，这次会计违规也给网易内部带来了管理危机，最明显的是当时网易管理层中的 CEO、COO、CFO、CAO 都发生了变动。代理 CEO 2001 年 9 月上任后，组建了新的管理层，带领网易员工从困境中走出，事过两三年，网易公司已经成长为股票市值几十亿美元的中国互联网巨头之一，这样翻天覆地的变化，好像在国内外公司中鲜有先例，笔者认为网易逆境中的成长可以纳入中外商学院的管理经典案例。网易之所以可以从危机中走出，可以比较清楚看到的原因包括：

• 公司现金流是健康的。网易当时的财务健康度还是不错的，公司拥有大量的现金，所以没有可持续经营的风险。网易的会计违规，主要是收入确认的截止性错误和其他非现金交易的虚假收入（互换交易），这并不影响公司的现金流，和安然公司的破产（现金流出问题是破产的直接导火线）以及印度软件外包公司萨蒂杨的银行存款造假对公司的可持续经营影响是非常不一样的。假设网易当时存在现金流的问题，那么如果无法继续进行新的融资行为的话，公司只能选择破产，也就不会有后来翻身的机会。

• 企业创始人精神和职业经理人文化的有机结合。网易发生会计违规，应该说当时的 CEO、CFO、COO 是需要负责任的，他们都是职业经理人，而不是公司创始人。事件发生后，这些职业经理人都被迫辞职离开网易，但是网易并没有因此对职业经理人失去信心，在 2001 年 9 月任命的代理 CEO 及随后新组建的管理层仍然以职业经理人为核心。这个团队在网易最为艰难的时刻凝聚和激活了上上下下的员工，之后几年的发展表明，这个团队带领网易走出困境，并确立了在中国互联网界的巨头地位，的确功不可没。曾有媒体采访时任网易代理 CEO，发现其上任后吸取前任教训，开始定流程、建制度，采取稳健的财务会计政策，逐步实现了公司管理的规范化，这些工作非职业经理人是很难胜任的。同时，我们也看到，网易的创始人也是最大股东，在公司危难时期自己也是冲在业务第一线去推广《大话西游》游戏业务。所以，网易公司这种企业创始人精神和职业经理人文化的有机结合带领公司从危机走向了辉煌，这种结合可以说是中国民营企业管理的典范。

• 中国互联网行业的巨大发展。在经历过互联网泡沫之后，从 2002 年开始，国内外的互联网公司又开始进入了新一轮的发展高峰，客户流量的持续攀升、互联网广告收入的增加、可盈利商业模式的日趋明朗、互联网计费模式的不断创新（如网络游戏），互联网在改变中国大众生活的同时，中国百姓也给中国的互联网公司送去了大把的银子。网易公司和中国其他几个互联网公司正是抓住了这个发展机会，明确并不断延伸商业模式，摆脱了经营亏损并开始盈利，直到今天确立了他们的巨头地位。

中国互联网行业的大好发展机会、企业良好的现金流、富有商业模式创意且讲究流程建设的职业管理团队和企业创始人的有机结合，凝聚和激发了公司的员工，可以说网易就是这样从危机中走向壮大的。

申明和信息来源

本案例的主要信息来源于相关法律文件，案件中所提到的指控内容，可能属实，也可能并非属实，本书对此并无任何立场。同时，由于本案并未经过陪审团和法院的最后庭审判决，而是以和解结束，被告并不承认这些指控，所以也意味着这些指控的事实认定在美国证券相关法律下并未予以确认。本案例的主要信息来源包括：

- http：//www. sec. gov/litigation/admin/34 –53378. pdf.
- http：//www. sec. gov/litigation/litreleases/lr19578. htm.
- http：//www. sec. gov/litigation/admin/33 –8664. pdf.
- http：//www. sec. gov/litigation/complaints/comp19578. pdf.
- Class Action Conplaint for Violations of Federal Securities Laws.

第四部分

世纪大赔偿：美国公司证券集体诉讼经典案

世纪之交，美国资本市场出现了一系列著名公司财务丑闻（证券舞弊），涉及了无数世界500强的大公司、所有的国际五大会计公司、众多的国际知名投资银行和商业银行，如此密集的财务丑闻在美国资本市场历史上是没有的。这些财务丑闻爆发后，遭受重大损失的投资者很快就提起了证券集体诉讼，这些诉讼有的到现在已经有了结果，有的已经接近尾声，有些却还在漫长的诉讼过程之中。从现在的结果来看，大多是以高额的和解赔偿结束，累积赔偿金额超过400亿美元，其中安然和世通等案件的赔偿金额高达数十亿美元。作为对这些广泛存在的公司丑闻的回应，美国国会通过了《萨班斯法案》，以期待加强上市公司的治理结构。

然而现在看来，萨班斯法案并无法实质性改变大公司丑闻频发的现象。在这一波的公司财务丑闻之后，从2007年开始又爆发了以次级债危机为导火索的美国金融危机，这一危机潮中倒闭的是一些曾经赫赫有名的投行，如雷曼、贝尔斯登、美林，同时引发了上百个针对金融机构的证券集体诉讼。如果说在以安然为典型的本世纪初美国公司丑闻中，华尔街投行是扮演了协助者或者教唆者的角色，参与到安然、世通这些公司的欺诈行为之中，那么在2007年开始的美国金融危机中，这些金融机构则可以说是这场危机的始作俑者，也是其自身的掘墓人。此轮金融危机促使美国史上监管最为严厉的多德弗兰克法案（Dodd-Frank Act）于2010年出台，多德弗兰克法案中的619分节，也即沃尔克法则，限制接受联邦政府监管的银行进行自营交易的能力，同时将它们对私募股权基金和对冲基金的投资比例限定为一级核心资本的3%，根据标准普尔2012年10月的最新估计，沃克尔法则会导致美国8家最大的银行每年利润总共减少100亿美元。业界认为该法案在很大程度上断绝了投行金融机构的主要财路，各大金融机构陆续缩减其投行业务，缩减甚至停止固定收益部门的金融衍生品业务，逐步回归传统的财富管理业务。

至今，以安然为代表的公司治理危机所引发的集体诉讼大多以赔偿和解结束，华尔街金融机构在安然和世通等诉讼案中付出了巨额的赔偿。次级债所引发的集体诉讼案有些已经结案，从已经达成的和解来看，赔偿金额远不如安然、世通这些案件，但有些案件尚未达成赔偿方案，如高盛案、雷曼兄弟案等等，原被告双方还在进行着博弈。除股东诉讼外，金融机构还面临着来自包括政府部门在内的其他组织的诉讼。有媒体报道高盛集团于2012年11月公开催促美国最高法院尽快中止按揭证券集体诉讼，认为此等诉讼将可能令高盛损失数百亿美元 。总之，引发次级债危机的金融巨头们，习惯了高风险高回报的业务模式，但在众多法律诉讼面前已经是不堪重负了。

这些诉讼案件，使我们很好奇地提出一些问题，如：

- 这些曾经（有的现在仍然）著名的世界500强公司、国际会计公司、著名投资银行和商业银行为何成为被告？投资者是如何起诉他们的？他们又是如何为自己辩护的？法院又是如何作出重大裁决的？
- 国际五大会计公司的风险导向审计为何无法发现这些公司如此重大的财务舞弊行为？风险导向审计如何避免成为会计师诉讼案件中的不利证据？
- 美国律师如何从会计师的审计底稿中寻找证据从而推断审计师故意参与舞弊？会计师在面对集团诉讼的时候应该如何进行抗辩，如何避免审计底稿变成对自己不利的证据？
- 在安然案件中为何花旗等银行承担了绝大部分的赔偿金额？安达信的内部律师及安然项目的审计合伙人为何拒绝作为证人出庭涉及安达信的刑事案件？
- 为何在安然案件中，美国联邦检查官无法以财务舞弊罪起诉安然的管理层？
- 法院是否同意毕马威的辩护，认为毕马威没有发现施乐公司的财务舞弊？施乐公司的报表重述是否可以作为该公司财务舞弊的法律证据？美国法院是否认同SEC的结论，从而在集团诉讼中认定施乐公司财务舞弊行为？毕马威的退休合伙人如何在法庭中老泪纵横地为自己辩护？
- 在帕玛拉特案件中，意大利德勤签发了审计报告，美国的德勤是否要承担连带赔偿责任？美国的法官是如何裁决会计师是否参与公司的财务舞弊行为？如何裁决会计师是过错还是大意而没有发现舞弊或者甚至是故意参与舞弊？
- 安永为何在盛腾案件及美国在线/时代华纳案件中付出高额的赔偿代价？
- 普华永道为何在泰科案件中付出高达2亿多美元的赔偿？

• 美银收购美林为何会导致高达24亿美元的股东诉讼赔偿？美银为何要隐瞒美林的年度奖金计划？为何要隐瞒美林的巨额亏损？为何要隐瞒联邦政府的援助计划？

• 花旗的12000多亿市值是如何在次级债危机中蒸发的？花旗内部对CDO市场即将崩溃是否知情？

• 雷曼兄弟的REP105回购业务是否符合公认会计准则？雷曼是如何成为自己的掘墓人的？

• 贝尔斯登如何一直隐瞒其风险敞口？德勤对贝尔斯登的风险是否知情？

• 保险巨头如何自身难保？

……

对以上问题的好奇，正是笔者对这些公司集体诉讼案件法律文件的编译、整理、解读和分析的动力所在。通过这些大量的诉讼案例，我们可以看到的是，在资本经济环境下，博弈各方谁都不是天使，都不能妄自宣称和标榜自己“伟大”或者“值得受人尊敬”；证券集体诉讼案例的细节信息向我们所展现的是，这些大公司及其管理层身上散发着浓浓的自私和贪婪的本性。称得上伟大的或许是各方力求对博弈规则、程序和过程的制度化透明和公开，毕竟也只有这才符合人类社会永恒追求的公平和公正这一价值观的基本特征，也符合博弈各方的最大共同利益。所以或许也只有努力维持这样的特征，才是对资本经济制度贪婪逐利这一魔鬼本性的某种救赎吧。

1. 惊天动地安然案　百亿美元大赔偿

- 案件历时整八年，股东和债权人获总赔偿超百亿美元。
- 作为第三方当事人的金融机构为何成为主要赔偿方？
- 金融机构在安然丑闻中仅仅是教唆者还是行为的主要实施者？
- 原告如何指控金融机构、审计师和外部律师？被告又是如何为自己辩护的？
- 华尔街“三剑客”在证券集体诉讼中的责任如何认定？
- 为何拒绝和解赔偿的金融机构最后免于赔偿？
- 审计合伙人为何反目成为污点证人？安达信内部律师为何拒绝出庭作证？
- 陪审团如何作出安达信的刑事判决？最高法院如何推翻该判决？
- “安然人物”如今是否安在？
- 在商言商，却又如何面对职业操守和公众责任这个商业伦理底线？

一、“神话公司”突然倒下

2001 年 10 月 16 日，安然公司（Enron Corp.，下称“安然”）公布其截至 2001 年 9 月 30 日的第三季度业绩，出乎市场意外地确认一次性税后费用高达 10 亿美元，随后安然还披露其不得不冲销超过 10 亿美元的股东权益，并于 2001 年 11 月决定对 1997 年至 2000 年 4 年的财务报表进行重述。2001 年 12 月 2 日安然申请破产保护，一家曾经排名世界 500 强第 7 位、股票市值高达 680 亿美元的“神话公司”在短短的几十天之内轰然倒下，数万人因此失去工作，投资者损失超过 300 亿美元，养老基金缩水超过 200 亿美元。安然的倒下仅仅是美国公司治理丑闻的冰山一角，安然事件揭开了本世纪初众多华尔街大公司财务欺诈行为纷纷暴露的序幕。

安然主要财务欺诈手段

关于安然所实施的财务欺诈手段已经有非常多的公开报道和研究，安然破产后其董事会所组织调查形成的Power报告更是非常详细地披露了这些信息，这份报告后来也成为股东集体诉讼中指控内容的主要信息来源。根据集体诉讼相关法律文件披露，安然的财务欺诈手段可以简单汇总如下：

- 通过SPE进行表外项目隐瞒债务（off-balance liabilities）。安然事件前，美国会计准则在是否需要SPE的报表上的要求比较松散，只要满足一些简单的条件（如：第三方投资不低于SPE总资产的3%，第三方需要拥有充足的权益性投资和拥有控制性财务权益），独立的SPE就可以不纳入合并报表范围。安然充分利用了SPE进行表外融资，隐瞒债务，抬高信用评级。2000年底财务报表披露，安然的SPE个数竟然超过3000家，有些SPE的最终资本支持是安然的股票（即：安然以其自身的股票向SPE的投资人作出担保，如果安然的股票价格低于一定水平，SPE的债务将会追溯到安然身上），安然的财务报表将这些对SPE的债务担保在报表附注中披露成或有债务（contingency liabilities）。

安然的管理层通过银行的配合，将非独立的SPE也排除在合并报表范围外。2001年11月，由于内部员工举报和审计师要求，安然不得不对原先不在合并范围内的3个SPE（JEDI、Chewco、LJM）进行从1997至2000年的4年合并报表调整。该调整发现这4年中累计高估了利润4.99亿美元，利润高估率达22.1%；而且截至2000年底的负债被低估了6.28亿美元，负债低估率为6.51%。报表重述的信息公告后，安然的股票价格急速下滑，并被评级机构降级，由此引发或有负债变成现实债务，安然的债务突然间增加上百亿美元，马上引发流动性危机，680多亿美元的股票市值缩水至一文不值，安然不得不于2001年12月2日申请破产。

安然和其控制的SPE之间进行大量的没有经济实质的关联交易。如：为满足报表业绩需要，先在年底向SPE出售安然账面资产、确认利润，而期后又回购，以满足SPE投资人的回报需求。又如：以安然的股票价格为基础，和 SPE 进行没有经济实质的会计对冲交易，隐瞒亏损。

• 关联交易披露不充分。安然的关联交易披露虽然是由律师协助起草或者经过律师审核的，但却存在严重误导和隐瞒了重大信息，让投资者误认为这些关联交易对安然来说是公允的，或者说是类似于同独立第三方所进行的交易，这些披露通常存在以下问题：

* 隐瞒了这些关联交易如果和第三方交易相比较，其实并不具有真实的经济实质（economic substance）。

* 隐瞒了这些交易的真实本质，及其对安然财务报表的影响。真实的情况是：这些 SPE 应该纳入安然的合并报表。如：由于安然没有合并 LJM，从而导致其 1999 年和 2000 年的净利润分别被高估 0.95 亿美元和 800 万美元。又如：安然向 SPE 实体 LJM2 在 1999 年底出售资产，而随后不久又回购这些资产，通过这样的关联交易虚增了利润，然而报表披露并没有提到这些交易的实质和真实商业目的。当然安然关联交易的披露是个复杂的课题，即使在获知安然内部员工 Sherron Watkins 举报和进行律师调查时，安达信也认为这些披露是充分的，这些披露是以汇总的形式（in aggregate term）体现在财务报表附注中的。

* 隐瞒了安然 CFO（Fastow）在 LJM 实体中的实际财务利益，及其个人从 LJM 中获取报酬，即存在利益冲突。

• 错误使用市场标价法公允价值会计（market-to-market），虚增利润。美国会计准则允许对诸如能源等特殊的合同按照市场标价法确认收入，首先确认整个合同的总价值和年限，然后折现确认每年的收入；除非可以进行恰当的合同对冲，不然需要在每个季度进行判断，重新估价合同总价值和预计利润。这一会计方法使用的前提是合同交易过程是可以预测的，而且是有历史经验数据可以参考的。安然的能源批发交易部门和能源零售交易部门虽然不具备这样的条件，但仍大量使用该会计方法，并对交易合同设置了不现实的价值，以达到可以在短期确认高额收入的目的。

• 通过虚假的预付远期互换交易，伪造经营活动现金流量。市场标价法给安然带来了一时的纸面利润，并无法产生经营活动的现金流，这样的报表不会受到华尔街的欢迎。为满足经营活动现金流的需求，以配合市场标价法，安然和摩根大通及花旗集团等银行串通，由这些银行提供贷款资金，利用“伪装贷款”进行虚假的预付远期交易（prepay forward swap contracts）。这些交易是在安然、安然所控制的SPE及银行之间循环进行，先由银行预付款项给SPE供其从安然手中购买远期石油天然气，同时安然和银行又签订合同购买该商品，最终安然又从银行买回，关键的是整个过程中的价格风险并没有转移，也没有实际交割，包括价格风险在内的所有重大风险仍然由安然承担。从1992到2000年，安然共获得90亿美元的此等现金流入，被虚假确认为经营活动现金流；安然在报表中将所收到的预付款确认为价格风险管理负债（liability from price risk management），而不是确认为融资所形成的负债（debt），从而确保其信用评级可以得到大大提升。

股东集体诉讼历经整8年

2002年2月，加州大学被任命为股东集体诉讼的首席原告。在第一次起诉过程中，共有29名安然前管理层及审计师安达信成为被告；2002年4月8日，原告提交了合并诉讼状，追加包括摩根大通、花旗在内的九家华尔街金融机构及两家律师事务所为被告；2003年4月，美国德州南区联邦法院完成了是否驳回起诉的裁决，并启动了证据开示程序；2003年5月14日，原告提交了修正后的合并诉讼状；2004年2月，原告又提交诉讼状，追加另外两家律师事务所和高盛集团为被告；本案最终达成和解赔偿，股东集体诉讼的总赔偿金额超过72亿美元，成为美国历史上赔偿金额最大的股东集体诉讼。

2009年12月2日，德州南区联邦法官Melinda Harmon签署法官令，终止本案。至此，安然股东集体诉讼在安然于2001年12月2日申请破产8年后终于落下帷幕。

二、银行被告

安然的“庞氏欺诈计划”（Ponzi Scheme）规模庞大，持续数年时间，没有大银行的配合和协助是不可能成功的，包括摩根大通、花旗集团、加拿大帝国商业银行、巴克莱银行、美国银行在内的各大银行累计向安然提供超过83亿美元的资金，和安然进行复杂的商品交易，协助安然进行报表粉饰，以满足投资者、分析师、评级机构对安然财务数据的需求。安然已经破产，安达信已经解体，股东损失的赔偿来源何处？集体诉讼的律师将目标锁定了各银行被告，提出的索赔金额高达300亿美元。原告对银行被告的主要指控内容是：

- 参与安然的“庞氏欺诈计划”，违反了1934年交易法的第10（b）条款和SEC的10b－5规则，属于首要违规者，应该承担共同欺诈责任。
- 在知情的情况下，参与、协助安然成立SPE，并提供投资资金和贷款，从事关联交易进行债务隐瞒和利润虚增；而银行管理层却从中获取巨额个人投资回报。
- 向安然提供巨额“伪装贷款”（disguised loan），并和安然进行虚假的互换交易和循环交易，配合安然错误使用市场标价法公允价值会计，以满足安然财务报表的需求。
- 在知情的情况下，为安然提供证券承销，证券登记文件和招股书存在重大误导和隐瞒信息，至少属于过失，违反了1933年证券法第11条款。
- 分析部门出具鼓吹安然的分析报告，构成重大不实陈述。

以下是对各个银行被告的具体指控。

摩根大通（JPMorgan chase & Co.）

原告指控摩根大通作为安然证券的承销商、交易伙伴、资金提供者和证券分析机构，违反了交易法10（b）条款、证券法第11条款和德州证券法，主要的指控内容包括：

- 协助安然设计并提供资金以建立SPE，从而导致安然账外负债金额高达40亿美元，是SPE实体LJM2的主要资金提供者。摩根大通在明知LJM2是由安然的CFO控制、存在潜在的利益冲突以及和这些SPE没有经济交易实质的情况下，仍然向LJM2提供高达5 200万美元的资金。
- 作为参与安然SPE的投资回报，摩根大通的管理层获得向安然SPE的高回报投资机会。摩根大通高管向LJM2的投资金额至少为2 500万美元，这些投资具有超高的回报，其中一个交易的回报率高达2500%，而且整体的第一年回报率高达51%，这些构成了摩根大通不当得利的证据。

● 摩根大通的研究部门和投行部门之间缺乏“中国墙”（Chinese wall），由此出具了误导性的分析报告，以推高安然的股票价格。

● 向安然提供“伪装贷款”和虚假能源交易合同。

* 原告指控被告向安然提供超过50亿美元贷款，并成立公司和安然进行虚假能源合同交易，这些贷款安排是频繁和重复的，通常是在季度末或者年末，以满足安然财务报表的数据需求。

* 安然将这些资金作为营业活动现金流入，而其实质是摩根大通向安然提供的贷款。

* 这些“伪装的贷款”导致安然隐瞒高达39亿美元的债务。为避免贷款损失，摩根大通为此贷款金额购买了违约保险，所以摩根大通对此交易的性质和安然的财务状况是知情的。

* 而且此类贷款的利率奇高，在正常市场利率的基础上上浮3%，摩根大通每年获取额外的利息收入高达1.2亿美元，这说明摩根大通从安然财务欺诈行为中谋取不当利益。

● 2001年11月，摩根大通的董事会主席和花旗的董事会副主席打电话给穆迪评级机构，向后者施加压力，要求其确保安然的信用评级不被降低。

● 摩根大通和安然的核心管理层，几乎每天都保持密切联系，因此对安然的真实业务和财务状况是知情的；原告指出，摩根大通的以上行为属于蓄意或者至少是严重轻率行为，直接导致安然隐瞒债务，欺骗投资者，所以摩根大通属于首要违规者之一，应当承担相应责任。

花旗集团（Citigroup）

原告指控花旗集团协助安然设计SPE并向安然提供超过40亿美元的贷款，协助安然承销超过20亿美元的证券，参与安然的“庞氏欺诈计划”，违反了交易法第10（b）条款和SEC的10b－5规则，属于首要违规者，具体包括：

● 明知安然的LJM2实体属于安然管理层CFO控制，存在潜在利益冲突，仍向其提供资金，而且花旗管理层还个人向该SPE投资1 500万美元，从中获取高额回报。

• 花旗和摩根大通在1999到2001年期间直接管理LJM2的财务事项，包括该SPE的利润分配和资本金操作，由此对安然及LJM2的财务状况和交易内幕是知情的。

• 参与New Power项目的IPO，并向Hawaii 125－0实体提供贷款，安然向该贷款提供担保，之后安然利用该实体进行虚假互换交易。

• 花旗通过其开曼离案公司和安然进行一系列虚假的重复的预付互换交易（pre-paid swaps），属于一种循环交易（round trip transaction）；在交易中花旗以几乎高于市场利率两倍的利率提供高达24亿美元的“伪装贷款”，花旗的年利息收入达7 000万美元。

• 花旗以和安然信用评级相联动的证券为基础，向投资者发行票据，以降低花旗在安然贷款的信用违约风险，这足以说明花旗对安然的财务内幕是知情的。

瑞士信贷第一波士顿（Credit Suisse First Boston，“CSFB”）

原告也指控CSFB违反交易法10（b）条款和SEC的10b－5规则，而且构成了首要违规者，主要指控内容包括：

• CSFB向LJM2提供超过1.2亿美元的贷款，其管理层还出资2 250万美元参与投资LJM2，并获取高额回报。

• 参与New Power项目，包括作为其IPO承销商，连同其他银行向Hawaii提供1.25亿美元的虚假贷款。该贷款由安然担保，安然后来利用New Power和Hawaii进行虚假的循环交易，虚增了3.7亿美元的利润。

• 向安然提供“伪装贷款”1.5亿美元，同安然进行虚假互换交易；CFSB账面上确认为贷款，而安然的账面确认为交易收入。

• CFSB的代表Nath及其投行团队频繁地和安然资金部门和财务部门开会讨论，积极参与安然的SPE交易，以满足安然的报表需求。

加拿大帝国商业银行（Canadian Imperial Bank of Commerce，“CIBC”）

和前几家银行一样，CIBC也被指控违反了交易法10（b）条款和SEC的

10b－5规则，而且构成了首要违规者，主要指控内容包括：

• 向LJM2提供225万美元的资金，最后的总投资额为1500万美元，而且CIBC高管获得投资机会，获取高额回报。

• 参与New Power项目，在知情的情况下，向该交易提供“伪装贷款”。

• 和安然进行一系列项目交易，包括：成立Blockbuster VOD合资公司，投资安然的Brave heart项目，并配合安然错误使用市场标价法公允价值会计。这些交易直接导致安然通过SPE隐瞒账外负债，虚增利润。

• CIBC的研究部门持续地对外发布安然的积极分析报告，而并没有披露其管理层在LJM2中有直接投资。

美林公司（Merrill Lynch & Co.）

• 原告指控美林积极参与安然的SPE（LJM2）的设立和资金安排，而且美林高层在LJM2至少有2 200万美元的投资；美林还向LJM2提供1.2亿美元贷款，并协助其私募融资3.9亿美元；美林从安然的LJM2交易中亦获得巨额回报。法院认为如果仅仅是指控美林参与了LJM2的交易还无法强有力地推导出美林的欺诈行为。

• 美林还和安然进行了其他两笔虚假交易，即1999年的Nigerian Barge交易和ENA交易，这两笔交易都有相同的模式，都是以满足安然的报表需求为目的。法院认为原告对美林这两笔交易的指控，可以强有力地推导出美林的欺诈行为，所以法院拒绝了美林提出的要求驳回诉讼的动议。

巴克莱银行（Barclays）

原告仅指控巴克莱违反了1934年的交易法，指控其于1997年直接参与了安然两个SPE的设计和成立：JEDI和Chewco。巴克莱和安然的董事会主席Lay，CEO（Skilling）及CFO（Fastow）共同成立并控制SPE实体Chewco，该实体购买了安然另外一个SPE（JEDI）的第三方股权，以确保JEDI仍然可以被视为独立的SPE，从而可以不用合并报表。在交易过程中，巴克莱向Chewco提供了2.4亿美元的贷款，同时向两个虚拟公司——大河（Big River）和小河（Little River）提供了1140万美元的资金，用以购买Chewco的3%股东权益，以确保安然不需要合并 Chewco 的报表。

原告指控巴克莱对安然的此关联交易的内幕是知情的，为了避免其所提供资金的损失，巴克莱要求安然保证该款项可以偿还，而且还要求 Chewco 成立秘密资金账户保持660 万美元的现金来保证巴克莱不受损失。巴克莱在 1998 年继续向 JEDI 提供5 亿美元的贷款，而之后的贷款和信贷承诺总金额更是超过40 亿美元。巴克莱还协助安然承销超过19 亿美元的证券。法院认为原告对巴克莱的这些指控足以强有力地推导出巴克莱在安然"庞氏欺诈计划"中的欺诈行为，所以在2002 年 12 月 19 日的裁决中，Melinda Harmon 法官拒绝了巴克莱提出要求驳回起诉的动议。

2006 年 7 月 23 日，Melinda Harmon 法官又依据 parmalat 案的案例判决（见 In re Parmalat Sec. Litig.，375 F. Supp. 2d 472），在另外一起安然相关案件中（见 Mark Newby v. Enron Corporation，4：01-cv-03624），认为巴克莱只能属于协助和教唆者，欺诈股东的是安然，而不是巴克莱，即使巴克莱知晓安然或者其审计师会对银行和安然之间的交易进行会计误导，银行也不应该有证券法下的欺诈责任，所以驳回了对巴克莱的起诉。媒体将这一裁决看成是巴克莱的胜利，这一胜利对于其他尚未达成和解赔偿的银行被告（包括美林证券、多伦多道明银行）来说，无疑十分有利。

然而据2006 年 12 月 6 日媒体报道，Melinda Harmon 法官后来又重新将巴克莱纳入证券集体诉讼的被告，该法官指出，在安然案件原告律师关于巴克莱在安然事件中所扮演角色的辩论之后，证券欺诈诉讼法律对于银行应该承担的责任有了变化，所以她决定再给安然投资者一次机会对巴克莱进行指控。

作为尚未达成和解赔偿的银行被告之一，巴克莱和美林公司及瑞士信贷第一波士顿就地区法院的裁决进行上述，2007 年 3 月 20 日，第五巡回法院推翻了地区法院的裁决，驳回原告的起诉。

雷曼兄弟（Lehman Brothers Holdings Inc.）

原告指控雷曼向 LJM2 提供 120 万美元资金，并最终投资 1000 万美元，获得高额回报。法院认为原告对雷曼的指控不足以说明雷曼违反交易法 10（b）条款，因为原告并没有提供具体的事项来说明雷曼参与安然的"庞氏欺诈计划”的具体行为、重大不实陈述或者重大隐瞒。

美国银行（Bank of America Corp.）

原告指控美国银行违反了1933年的证券法第11条款、1934年交易法的第10（b）条款及SEC的10b－5规则。原告指控美国银行向LJM2提供资金，并最终投资4 500万美元，成为LJM2的最大投资者，获得高额回报。法院认为原告对美国银行的指控不足以说明其违反交易法10（b）条款，因为原告并没有提供具体的事项来说明在关于LJM2交易内幕上，美国银行是如何知道、何时知道并知道哪些内容的。

德意志银行（Deutsche Bank AG）

原告仅指控德意志银行违反1934年的交易法第10（b）条款和SEC 10 b－5规则。原告指控德意志银行向LJM2提供资金，其高层个人最终投资1000万美元，获得高额回报。法院认为原告并没有提供具体事项来指控被告参与安然的欺诈计划，所以对德意志银行的指控并不充分。

被告银行的抗辩和法院的裁决

针对原告的指控，被告向法院提交动议申请驳回起诉，这些银行被告的主要抗辩理由包括：

● 被告认为，原告指控被告在对安然的“庞氏欺诈计划”知情的情况下，仍然向安然投入几十亿美元的资金，并把自己的声誉作为冒险，而这样做的原因仅仅是为了获取服务费，收回本金和利润，而且在被发现后还会冒着无法收回本金的风险，这样的指控显然是不符合正常商业逻辑的。法院并不认同被告的抗辩，法院认为，被告的抗辩在前些年或许会令人信服，但这些年来公司丑闻不断爆发，以牺牲投资者的代价赚取巨额利润的事件十分频繁，投资者对市场充满怀疑。

● 被告认为原告的指控过于笼统，仅仅是泛泛而指“银行被告”，并无法指出是哪个具体的法律实体公司，而且原告所指控的被告行为（包括向安然贷款、和安然进行商品互换交易、和安然管理层保持联系、作为安然SPE的不参与运营的投资人、承销安然证券等等）都属于正常的商业行为。法院认为，这些需要结合实际情况来判断，而且需要从综合的角度来看，从而才可以判断这些行为是否违背了交易法相关条款。

• 被告认为原告的起诉状使用了大量诸如“协助”、“参与”、“配合”这些字眼，所以原告其实是在指控被告从事了协助和教唆行为（aiding and abetting），而该行为依照中央银行案不会构成违反交易法 10（b）条款和 SEC 10b－5规则的行为。被告还认为，他们并没有对外作出不实陈述或者隐瞒信息，而作出这些行为的是安然，因为银行只是和安然从事业务交易，并不参与和负责安然的会计和财务工作，所以银行被告不构成首要违规者，最多只是次要行为人（secondary actor）。法院认为：

* 中央银行案可以用来识别哪些行为属于首要违规者哪些行为属于协助和教唆者，但其并没有排除一组被告共同从事欺诈行为而需要承担的共同欺诈责任。如果原告可以充分指控每个被告的行为都构成欺诈，都符合交易法 10（b）和 SEC 10b－5 的违规条件，那么被告虽然属于次要行为人，则也会成为首要违规者。

* 而且原告可以按照 10b－5（b）规则来起诉被告，也可以依照 10b－5（a）和 10b－5（c）来起诉被告，或者是针对被告除不实陈述和隐瞒信息之外的其他行为。法院认为原告已经充分指控被告构成 10b－5（a）和 10b－5（c）下的首要违规者。

• 被告认为原告指控银行分析师出具不实的分析报告，但原告并无法具体指出这些报告如何不实，也无法指出这些报告是否不符合分析师的真实意志；而且原告仅仅是结论性地指控被告的“中国墙”无效。法院同意被告所指，原告的起诉状确实没有具体提供这些内容，但法院考虑到当前正在发生的两件影响投资者利益的重大事件，从而拒绝了被告的这一抗辩理由，这两件事件是：

* SEC 和纽约检查官正在调查包括美林和 CFSB 在内的十家华尔街投行，怀疑投行的分析部门缺乏独立性，目前这些投行正在和政府监管部门进行和解谈判。

* 花旗分析部门所罗门美邦的电信分析师 Jack Grubman 为了使其双胞胎

孩子能入名校，竟然配合 AT&T 公司人为操纵股票分析评级报告，导致投资者损失重大。

• 被告认为，原告并没有充分指出被告的分析师报告所体现的信息不属于安然所提供的，而且这些分析师报告大多属于鼓吹或者意见性质的内容（puffery or opinion），应该不属于可诉讼范畴。法院认为原告已经充分指控被告对安然的“庞氏欺诈计划”是知情的，在这个前提下，被告仍然出具安然股票极端正面的分析报告和买入建议，这不得不说是不实陈述；而且，正如前文所述，在被告投行和商业贷款部门对安然“庞氏欺诈计划”知情的这一情况下，被告“中国墙”的无效，则可以推导出被告分析部门对此信息也是知情的。

• 被告还指出被告的分析师报告的措词都是有保留的（qualified language）而且都带有免责声明（disclaimer），所以没有投资者会理性地依赖这些报告。法院认为，在安全港条款和预先警告措词原则下，可以免责的警告性申明不能是一般性、模糊的，相反必须是具体和明确的；而且如果，被告已经被充分指控存在欺诈，也就是说原告已经指控被告对所作不实陈述或者信息隐瞒是知情的或者是严重轻率的，那么安全港条款也就不适用了。

2002 年 12 月 19 日德州南区联邦法院 Melinda Harmon 法官就各被告提出驳回原告起诉的动议作出如下裁决：

• 针对原告指控银行被告违反 1934 年交易法第 10（b）条款和 SEC 10 b－5规则，法院同意了美国银行、雷曼兄弟、德意志银行这三家银行被告的申请驳回起诉的动议，而拒绝了其他银行被告申请驳回起诉的动议。

• 针对指控银行被告违反 1933 年第 11 条款，法院认为，如果原告所指控的内容属实，那么从法律角度看，原告已经充分指控了被告至少存在过失或者欺诈，所以这些指控在法律上是成立的，这些银行被告包括 CFSB、CIBC、雷曼兄弟和美国银行。

三 律师被告

Vinson & Elkins L. L. P（"VE"）

VE 是安然的长期外部律师顾问，安然则是 VE 的最大客户，来自安然的律师服务费占该所总收入的 7%，曾有超过 20 名的该所律师离职后加入安然，成为后者的内部律师。原告指控 VE 和安然的关系是联盟关系，是安然"庞氏欺诈计划"中的一员，具体指控内容包括：

- 参与起草、审核、批准安然向 SEC 提交的文件、股东报告和业绩公告。
- 参与安然设立相关 SPE，包括 Chewco、JEDI、LJM1、LJM2 等几乎安然所有的 SPE 实体。VE 负责起草这些 SPE 的法律文件（包括秘密合同，side agreement），甚至还提供建议以确保这些 SPE 不被纳入合并报表范围。
- 为安然同 SPE 之间的关联交易，以及安然同各银行之间的能源预付互换交易出具法律意见书，认为这些交易属于"真实销售交易"（true sales opinion），以满足会计处理需求。如：在知道内幕的情况下，向安然、Mahonia 及摩根大通出具法律意见书，认为安然的石油天然气期货合同属于合法的商品交易合同，从而导致安然和摩根大通之间高达 39 亿美元的"伪装贷款"债务进行表外处理，得到隐瞒。
- 起草或者审核安然同 SPE 之间关联交易的报表披露。
- 违反利益冲突原则，接受安然邀请进行关于 Sherron Watkins 举报的调查，所出具的调查结论否认了该举报内容，并认为安然不需要聘请安达信之外的其他审计公司进行独立审核，但调查的过程仅仅是涉及 9 名安然高层和安达信的 2 名合伙人，所以这样的调查不仅缺乏独立性而且范围也不充分。

法院认为原告对被告的指控足以说明，被告是主动、积极参与安然的"庞氏欺诈计划"，构成首要违规者，VE 不仅是安然对外不实陈述文件的起草者，甚至可以说是共同作者，VE 是在知情的情况下，蓄意或者严重轻率地作出不实陈述或者隐瞒重大信息。所以，法院拒绝了被告所提出驳回起诉的动议。

Kirkland & Ellis（“KE”）

法院认同被告的抗辩，认为原告的指控仅仅是指出KE参与了安然一些SPE的法律工作，这些法律文件或者法律意见仅仅是为了安然同其SPE投资人之间的目的，并非为了其他第三方或者公共的目的，所以并没有对外作出陈述。而且原告也没有指控KE参与投资安然的SPE或者其他不当行为。因此，法院同意了被告所提出驳回起诉的动议。

四、审计师被告——安达信

股东集体诉讼指控

安达信对安然1997年至2000年的报表出具了无保留审计意见，这些审计报告也包括在安然的证券发行注册文件、招股书和年度股东报告中。原告指控安达信违背了证券交易法第11（b）条款，我们从起诉状中摘录出一些主要的指控内容包括：

● 安然是安达信的第二大客户，2000年安达信从安然收取的审计费和非审计服务费用分别为2500万和2700万美元，而且据预测服务费有可能达到上亿美元。安达信同时向安然提供审计和咨询服务（包括内部审计服务），不仅存在利益冲突而失去了独立性，同时也说明安达信知晓安然任何的违规细节信息；而且，有数百名安达信前雇员在安然公司中担任财务管理相关工作，这也影响了安达信的诚信（integrity）、客观性（objectivity）和独立性（independence）。

● 安达信不仅为安然提供审计服务，而且还积极参与安然SPE设立和交易，包括允许安然不当运用美国会计准则中市场标价法公允价值会计等等，这些都足以说明安达信对安然的大量SPE交易、无实质经济内含的关联交易、超过600家离岸公司的避税安排等等是知情的。比如：

* 安达信向安然收取了涉及LJM和Chewco这两个SPE的会计咨询服务费570万美元，如果按照每小时200美元计价的话，等同于28000个专业服务小时。

* 安达信还向安然的另外一个 SPE 实体 Raptor 提供服务，并收取了 130 万美元的服务费。安然向该实体发行股票价值 10 亿美元，然而并没有收到现金，而是作为应收票据处理。SEC 的前首席会计师 Lynn Turner 认为，安然和安达信忽略了基本会计原理，从而导致股东权益被高估。

* 而且安达信的全国专业小组（national office group）和专业技术部门（professional standard group）直接参与了安然 SPE 的会计咨询服务。原告指控安达信知道这些 SPE 属于安然所控制，但忽略了其应有的义务——应该理解这些 SPE 的交易实质，而且没有要求安然对这些交易作出恰当的披露和会计处理（允许不进行合并，而是做表外负债处理）。

• 安达信在其他审计案例中存在失误，面临股东集体诉讼和 SEC 的一系列处罚，包括 Waste Management 案例、Sunbeam 公司案例、Baptist Foundation of Arizona 案例等，这些违规案例形成了惯性。

• 在 1997 年年度审计中，安达信提出的审计调整金额达 5100 万美元，安然不同意调整，安达信最后通过"正常化利润模式"（normalized earnings），认为该金额低于重要性水平，最终不作审计调整，而该金额却占安然 1997 年净利润的 51%。

• 2001 年 2 月 5 日，安达信来自芝加哥、休士顿和湾区的高级合伙人一起开会讨论案例审计项目，包括：安然和 LJM 关联交易、安然 CFO（Fastow）在该交易中的利益冲突、财务报表的披露、安然的激进表外交易和会计政策、安然的偿债能力依赖于其信用评级、安然的审计风险和安达信是否继续保留安然这个审计客户等等，最后决定继续为安然出具无保留审计意见报告。

• 在出具 1999 年审计意见之前，安达信内部的一些邮件（包括向技术部门咨询的沟通）和审计小组的备忘录信息表明，安达信对安然的会计违规是知情的。如：安达信专业技术部合伙人 Carl Bass 对安然的 SPE 实体 LJM2 的会计政策提出反对意见，认为安然的 SPE 交易缺乏经济实质；后来 Carl Bass 不担任安然审计项目的技术合伙人。

• 安然案件的内部举报人副总裁 Sherron Watkins（安达信公司前雇员）于 2001 年打电话给安达信合伙人 James Hecker，表示了其对安然激进会计政策的担忧，并于 8 月 20 日向安然董事会主席 Ken Lay 写邮件表达此事。James

Hecker 于 2001 年 8 月 21 日召开安达信合伙人紧急会议。这些情形表明被告对安然的财务违规知情。

• 安达信的波特兰办事处向安然的宽带电信业务提供会计咨询服务，允许使用市场标价法会计政策，导致利润高估 1.1 亿美元（纽约时报和美联社分别在 2002 年的 1 月 30 日和 3 月 15 日对此有报道），而之后其波特兰办事处蓄意销毁了安然审计底稿。

总之，原告指出了一系列安然财务报表中的披露不足和会计处理违规情形，并指控安达信对此是知情的，因为安达信协助安然指定了相关会计政策，包括 Chewco、LJM、Raptor 等在内的 SPE 会计政策，允许安然使用市场标价法会计政策来高估利润以及安然以其自身股票作为抵押品来产生利润等等会计违规情形。而且，安达信在得知将会面临政府调查和诉讼的情况下，安达信内部律师 Nancy Temple 发电子邮件给安达信内部员工要求其遵循安达信的工作文档保存政策（document retention policy），销毁了大量文档，安达信由此在一审被判决妨碍司法。

被告安达信的辩护律师 Rusty Hardin 代表被告于 2002 年 5 月 8 日向法院提交了申请驳回起诉的动议。律师抗辩指出，原告仅仅是指控安达信"参与"（"协助"、"配合"）了安然的财务欺诈行为，按照中央银行案例，会计师事务所最多属于次要行为人，而不属于首要违规者，所以并不应当具有任何 10（b）下的责任。针对原告的具体指控，被告作出了以下一些主要抗辩：

• 原告并没有指出被告是如何得出其审计意见的，也没有指出是谁参与了该审计意见的决定过程，也没有指出哪些人对该审计意见的决策有哪些知情，因此也就无法指控具体人员是否具备欺诈的思想意识，所以也就无法指控被告存在欺诈。

• 原告指控被告从安然获取巨额审计费用，被告认为这并不能说明被告缺乏独立性或者具有欺诈的动机，因为原告并没有看到安达信全球的年度总收入以及安然的服务费占整个公司全球收入的比重之低，被告的全球规模之大也足以说明被告并没有依赖与安然的关系。而且原告对被告的指控也不符合案例法的原则，即：会计师事务所不会以其全球的名誉作为代价从事欺诈行为。原告指控安达信和安然的关系密切，被告认为审计师需要和客户保持密切的关系以确保审计工作得以开展，这并不违背审计准则，相反是审计准则的要求。

● 原告指控安然雇佣了大量前安达信员工，所以影响审计独立性。被告指出，正是安达信前员工 Watkins 举报了安然的财务欺诈行为，而且在她首先向安达信原合伙人 James Hecker 提出担忧之后，Hecker 鼓励她的行为，并建议她同公司内部任何她认为合适的人进行沟通。Hecker 同安达信审计小组沟通此事后，在不到三个月之内，安然对外宣布对报表进行重述。这些事件足以反驳原告指控被告不重视 Watkins 的举报，也足以反驳原告指控被告存在欺诈的企图。

● 原告以安达信内部 2001 年 2 月对安然审计项目的风险评估会议指控安达信对安然的欺诈是知情的。被告认为，对审计项目进行风险评估正是审计师勤勉尽职的表现，而不应该被认为是审计师存在欺诈的证据。当时这个风险评估会议上的最终决定是保留这个审计客户，这是基于被告认为其有能力（适当的流程和人员）对审计风险进行控制，且不论这个决定错误与否（不能用期后事件来证明先前的决定过程是否妥当），其不应该被认为是被告欺诈的证据，因为原告需要指控被告的应当是被告是否存在欺诈的思想意识，而不是指控被告的这个专业判断是否正确。

● 至于原告指控安达信的审计调整没有被安然最终接受，被告认为这并不能说明其存在欺诈，相反正是被告向安然提出了这些审计调整的要求，至于最后安然是否接受以及这些审计调整是否可以不用体现在报表上，这属于专业判断范畴，而且并没有违反审计准则。

● 原告指控安达信向安然提供内部审计服务，影响了独立性原则，被告指出，此项服务是在 20 世纪 90 年代早期和中期提供的，并非在诉讼期间的事项。

● 原告认为安达信销毁工作文档的行为说明了被告在安然案件中存在欺诈行为。被告抗辩认为原告的该指控属于结论性的（conclusory）和猜测性质的（speculative），只是利用该事件的标题价值，而无法提供具体的事实来说明欺诈的存在，同时原告也无法说明销毁文件行为的不妥之处。

● 安然在 3 个 SPE（Chewco，JEDI 和 LJM）交易上的会计处理不妥，导致 2001 年 11 月 8 日决定对 1997 至 2000 年度及 2001 年前两个季度的报表进行重述，原告指控安达信对这些 SPE 是否应该合并应该是知情的，所以属于欺诈。被告抗辩指出，原告仅仅是认为安达信应该知情，但并无法指出被告“谁”、“何时”、“如何”对此知情。

• 至于安达信合伙人 Carl Bass 和审计小组员工对安然 SPE 的会计处理有不同意见，被告认为，会计师之间对如何运用会计准则的辩论甚至争吵是很正常的，而且公认会计准则也是允许对同一交易事项存在不同的会计处理的，这正恰好说明会计师的勤勉尽职而不应该被认为是会计师存在欺诈的证据。法院的判例说明，会计概念是灵活的，不同的会计处理存在差异，只有是因为蓄意舞弊所导致的差异才可以作为欺诈的证据；又有案例说明，会计师（审计师）内部存在争吵是很常见的，如果因为存在争吵而被视同欺诈的存在，那么勤勉尽职就反而会招致债务，审计师就会为避免诉讼而不向同行咨询不同的会计处理意见。

• 至于在宽带电信业务会计处理上，市场标价法公允价值会计是美国会计准则 EITF98－10 所允许的；而且原告并没有指出安然向安达信员工何时提供了何种资料信息，并如何可以证明审计师对此会计处理的不妥当性是知情的。

• 原告指控安然的报表对关联交易披露不足，安达信并没有要求安然修改这些披露，所以安达信存在欺诈行为。被告指出，原告所指控的披露不足内容，其他被告却相反认为都已经在作出充分披露；审计师是根据其自身的专业判断来考虑哪些重大的关联交易应在报表中予以披露，原告并没有指出安达信的哪位员工何时、如何对安然的某些交易和某些实体是知情的。

• 至于原告所援引安达信在其他审计案例中的情形来指控其在安然案件中存在欺诈，被告认为安达信的以往这些案例都是以和解结案的，按照美国联邦证据法，和解案例不能成为其他案件索赔的证据，所以原告所援引的案例对目前案件来说是不相关的。

法院认为，原告的起诉状指出了众多的“预警信号”，假设原告起诉状所描述的情况属实，那么原告的指控内容足以强有力地推导出被告安达信存在欺诈，所以法院在 2002 年 12 月 19 日作出裁决，拒绝了安达信所提出要求驳回起诉的动议。这意味着，案件进入证据开示阶段，原被告之间要么进行和解谈判要么就坚持到开庭由陪审团来做决定。案件的发展往往是一边进行紧张的证据开示工作，一边看机会进行和解谈判，就像战争一样，边打边谈。

刑事指控

处于安然事件漩涡中的安达信没能和 DOJ 达成谈判和解，DOJ 决定以安达信销毁工作文档来起诉后者妨碍司法。案件中有两位关键人物：一位是安达信内部律师 Nancy Temple，哈佛法学院的毕业生，曾经供职于芝加哥最大和著名的律师所 Sidley& Austin，于 2000 年 7 月加入安达信；另外一位是安达信的安然项目审计合伙人 David Duncan。

Temple 于 2001 年 10 月 9 日认为 SEC 对安然进行调查的可能性非常高，在咨询了外部律师 Davis Polk & Wardwell（纽约的著名律师事务所）之后，于 10 月 12 日向安然的审计项目合伙人 David Duncan 发出电子邮件，提醒项目组要确保遵循安达信公司的档案存档政策。据此邮件，Duncan 通知项目组销毁那些存档政策不要求保留的文档，销毁工作在 Temple 不知情的情况下于 10 月 23 日开始。SEC 于 10 月 31 日开始正式调查安然，安达信于 11 月 8 日收到 SEC 的调查传票（subpoena）。安达信的外部律师 David Polk 起草备忘录并于 11 月 10 日通知审计小组如何保留相关文档 。安达信管理层在知晓销毁文档行为后，向 SEC 和美国国会进行了汇报，调离并随后解雇了作出严重错误判断的 Duncan。为免于自己被刑事指控，Duncan 同意成为 DOJ 指控安达信的污点证人。DOJ 指控 Temple 于 10 月 12 日所发的电子邮件妨碍了司法调查，Temple 在国会作证指出，她的这封电子邮件旨在提醒项目组遵循安达信公司的存档政策而确保不销毁文档；然而作为政府起诉安达信的污点证人，Duncan 在互相质证的时候指出正是该邮件导致其判断应该销毁相关文档。最终，陪审团并没有认同 DOJ 的该指控，陪审团认为 Temple 的该电子邮件并不构成司法妨碍。

DOJ 指控 Temple 的另外一个行为构成了司法妨碍。安然在 2001 年第三季度的季报上确认了一笔重大期间费用，安然将其描述为“非经常性项目”（non recurring），Duncan 告知安然的首席会计官 Causey 认为这样的描述会存在误导，安然拒绝了 Duncan 的建议，认为这样的描述是经过安然律师审核过的，安达信将这一沟通以审计备忘录记录下来。出于律师和客户之间优先权（attorney client privilege）和避免成为证人的考虑，在咨询了外部律师 Davis Polk 之后，Temple 发电子邮件告诉 Duncan 从备忘录中删除 Temple 和 Duncan 之间的关于是否应该向 SEC 汇报此事的法律咨询谈话内容，但不能删除所记载的安达信曾经在 2001 年第一季度向安然提供了一些错误的会计建议。在开庭前，DOJ 威胁 Temple，如果她出庭为安达信作证，那么将要面临刑事起诉，所以 Temple 拒绝出庭为安达信作证。在关键人物没有出庭作证的情况下，陪审团最后认为，Temple 的这封邮件构成了妨碍司法的证据，安达信妨碍司法罪成立。安达信的辩护律师 Rusty Hardin 后来指出，如果当时 Temple 可以出庭作证，那么安达信将会免于被定罪。一审法官 Melinda Harmon 告诉陪审团，即使 Duncan 和 Temple 的行为违背了安达信合伙企业的指令，仍然可以判断安达信有罪。这样的指令等于说明任何企业中的任何员工只要出现违法行为，即使该行为不符合公司规定，公司也需要承担责任，这无疑是会导致无数公司因为员工违法而毁灭。此外，该法官还告知陪审团，陪审团成员之间并不需要达成一致意见认为是 Duncan 还是 Temple 妨碍了司法，只要认为他们其中一人妨碍了司法，就可以定罪。这意味着，即使陪审团无法一致认为安达信内部哪位员工违法了，安达信的罪名也是可以确定的。陪审团于 2002 年 6 月 15 日作出判决，判定安达信妨碍司法罪名成立。

上诉法庭维持了一审原判，两年后美国联邦最高法院介入此案，推翻了对安达信的有罪判决。最高法院认为任何公司指示其员工销毁文档这本身并不是个错误的行为，并指出一审法院的法官向陪审团发出了错误的指示，即使安达信诚实和由衷地确信（honestly and sincerely believed）其行为属于合法的，陪审团如果按照这个法官所给的指示仍然会认为安达信有罪。罪名的推翻对安达信挽回名誉和其所面临的众多法律诉讼有正面的作用，但为时太晚。安达信的解体导致国际大型会计公司从 20 世纪 80 年代的“八大”、“六大”、“五大”逐步减少变成了现在“四大”的格局。

五、百亿美元大赔偿

股东集体诉讼

股东集体诉讼赔偿金额总计超过72亿美元，创下美国历史上证券集体诉讼最高赔偿额，并保留该纪录至今。按照赔偿达成的时间先后顺序，这些赔偿分别来自：

- 2002年8月27日，安达信全球公司同意赔偿0.4亿美元以换取撤销对非美国安达信公司的起诉；
- 2004年7月2日，美国银行同意赔偿0.69亿美元；
- 2004年10月6日，安然前董事成员共18名被告同意赔偿1.68亿美元，其中保险公司赔偿1.55亿美元，这些个人被告赔偿0.13亿美元；
- 2004年10月29日，雷曼兄弟同意赔偿2.225亿美元；
- 2005年6月10日，花旗集团同意赔偿20亿美元；
- 2005年6月15日，摩根大通同意赔偿22亿美元；
- 2005年8月2日，加拿大帝国商业银行同意赔偿24亿美元；
- 2006年9月21日，安达信美国公司同意赔偿0.725亿美元；
- 2006年9月21日，律师事务所 Kirkland & Ellis 同意赔偿0.135亿美元；
- 2008年2月5日，高盛集团同意赔偿0.115亿美元。（2004年追加起诉）

那些尚未达成和解赔偿的银行被告则继续上诉，要求撤销对其指控。2007年3月20日，第五巡回法院上诉法庭就美林证券、瑞士信贷第一波士顿、巴克莱银行的上诉作出裁决。上诉法庭认为，即使原告对被告的指控属实，那么也是安然通过会计手段对投资者进行欺诈，这些银行机构仅仅扮演了该欺诈行为的协助者或者教唆者，因为这些银行本身并没有直接欺诈安然的投资者，他们因为通过和安然进行商业交易从而导致安然的欺诈行为貌似可信，这些银行本身并不对安然的投资者负责。原告律师对此裁决显然不服，又试图请联邦最高法院审理此案，最高法院拒绝了这个请求。

2008年1月15日，美国联邦最高法院在Stoneridge案件中作出让美国上市公司欢欣鼓舞的裁决，最高法院拒绝将共同欺诈责任纳入证券集体诉讼范畴，认为和上市公司（作为客户）保持商业往来的企业（作为供应商）如果没有直接误导该客户的投资者，而仅仅是对其客户误导投资者的行为（或许属于误导）提供通融（silently accommodate），那么该企业不应该成为美国证券欺诈集体诉讼下的被告。这个被认为是向众多美国公司提供保护的法律原则不仅仅适用于那些普通的供应商，也适用于向上市公司提供服务的其他第三方，包括投行、经纪商、会计师、律师及其他服务提供者。这些第三方如果没有直接作出陈述从而误导投资者，那么将不再被认为是违反1934年交易法第10（b）条款及SEC的10b-5规则的首要违规者，从而避免承担责任。

第五巡回上诉法庭的裁决和联邦最高法院拒绝介入安然集体诉讼案，及最高法院对Stoneridge案件的裁决，最终导致安然集体诉讼原告无法进一步从银行等第三方获得更多赔偿。那些在案件早期已经达成的和解赔偿方案不受法院最新的裁决影响。这些拒绝和解赔偿的银行被告最终不需要赔偿，他们包括：

- 美国银行所属的美林证券；
- 巴克莱银行；
- 瑞士信贷集团；
- 加拿大皇家银行（Royal Bank of Canada）；
- 苏格兰皇家银行（The Royal Bank of Scotland）；
- 多伦多道明银行（Toronto-Dominion Bank）。

对于安然前高管ken Lay、Jeff Skilling、Andrew Fastow、Richard Causey以及律师事务所VE，由于他们已经丧失实质赔偿能力，原告申请撤销诉讼并获得法院支持，所以最终没有赔偿。2009年3月5日，德州南区联邦法官Melinda Harmon批准了该赔偿金的分配计划，2009年12月2日，该法官签署法官令终止了本案，至此持续8年的安然证券集体诉讼案件正式结束。

原告律师Coughlin Stoia Geller Rudman & Robbins LLP共获得了6.68亿美元外加利息费用的律师费，成为美国历史上证券集体诉讼单笔最高的原告律师费。

SEC 诉讼

安然欺诈曝光后，SEC 启动了一系列民事和行政诉讼，以尽量挽回投资者损失。SEC 起诉对象包括各大银行（摩根大通、花旗集团、美林证券、加拿大帝国商业银行等）以及包括 CEO、CFO、CAO 在内的安然一些前管理层。

在和 SEC 的诉讼中，摩根大通同意和解赔偿 1.35 亿美元，花旗集团同意和解赔偿 1.2 亿美元，加拿大帝国商业银行同意和解赔偿 0.8 亿美元。SEC 所发起的诉讼至今总共获得和解赔偿金约 4.5 亿美元，外加上 DOJ 的一些相关诉讼和解赔偿金约 0.65 亿美元，合计 5.05 亿美元，组成安然受害投资者赔偿信托公平基金。2008 年 10 月 8 日，Melinda Harmon 法官批准了该基金向受害投资者的偿还计划。

股东集体诉讼和 SEC 诉讼总共为投资者获取了约 77 亿美元的赔偿金，在扣除律师费等相关费用后，投资者可分配到手的实际赔偿金额接近 70 亿美元。

破产债权人权益保护诉讼赔偿

安然破产后公司更名为 Enron Creditors Recovery Corp. （“ECRC”），于 2004 年 11 月组成新的董事会，主要从事诉讼保障债权人权益，在完成向债权人清偿之后安然公司将彻底消亡。而那些曾经和安然进行大量商业交易的银行仍然是安然保障债权人诉讼的目标，被告人数总共达 180 名。这些诉讼分为三类：Mega Clainms 诉讼、Commercial Paper 诉讼、Equity Transaction 诉讼。这些诉讼至今已经从各大银行被告获取了几十亿美元的赔偿和几十亿美元对安然债务的免除。从媒体已经披露的信息来看，主要赔偿如下。

MegaClaims 诉讼获取赔偿情况。现金赔偿部分：

- 2005 年 7 月，苏格兰皇家银行同意赔偿 0.2 亿美元；
- 2005 年 7 月，加拿大皇家银行同意赔偿 0.49 亿美元；
- 2005 年 8 月，加拿大帝国商业银行同意赔偿 2.74 亿美元；
- 2005 年 8 月，多伦多道明银行同意赔偿 1.3 亿美元；
- 2005 年 8 月，摩根大通同意赔偿 9.82 亿美元；
- 2005 年 5 月，瑞士信贷同意赔偿 0.94 亿美元；

- 2006 年 7 月，美林公司同意赔偿 0.29 亿美元；
- 2006 年 10 月，Fleet 银行同意赔偿 0.104 亿美元；
- 2006 年 11 月，巴克莱银行同意赔偿 1.44 亿美元；
- 2008 年 3 月，花旗集团同意赔偿 16.6 亿美元。

债务免除或放弃优先权（claims disallowed or subordinated）：

- 2005 年 7 月，苏格兰皇家银行同意债务免除或者放弃优先权 3.43 亿美元；
- 2005 年 8 月，加拿大帝国商业银行同意债务免除或者放弃优先权 0.53 亿美元；
- 2005 年 8 月，多伦多道明银行同意债务免除或者放弃优先权 0.55 亿美元；
- 2005 年 8 月，摩根大通同意债务免除或者放弃优先权 0.83 亿美元；
- 2006 年 5 月，瑞士信贷同意债务免除或者放弃优先权 3.61 亿美元；
- 2006 年 7 月，美林公司同意债务免除或者放弃优先权 0.73 亿美元；
- 2006 年 10 月，Fleet 银行同意债务免除或者放弃优先权 6.34 亿美元；
- 2008 年 3 月，花旗集团同意免除其向安然索取的债权 40 亿美元。

Equity Transaction 诉讼获取赔偿情况。共获得 2.38 亿美元的现金赔偿，包括：

- 2007 年 4 月，雷曼兄弟同意赔偿 0.699 亿美元；
- 2007 年 6 月，瑞银华宝 UBS AG 同意赔偿 1.15 亿美元；
- 2007 年 6 月，贝尔斯登同意赔偿 100 万美元，另外免除一些债务。

在 Commercial Paper 诉讼中，安然共获得了超过 1.72 亿美元的现金赔偿。

通过以上一系列的和解赔偿，安然得以向其债权人提供超过 50 亿美元的偿还资金，债权人的每 1 美元获得赔偿金额大约为 37.4 美分。如果加上通过股东集体诉讼和 SEC 诉讼而获取的股东部分赔偿金额，整个安然案件的总赔偿金额超过 120 亿美元。

六、安然人物今安在?

安然事件从爆发到现在已经过去 10 年，那些当年在事件中扮演核心角色的人物至今情况如何？我们不妨以此信息来结束本章的内容：

- Jeff Skilling

2001 年 2 月至 8 月担任安然的 CEO，之前担任 COO 和总裁职务，因欺诈和内幕交易罪名成立而被判 24 年有期徒刑，目前正在监狱服刑。但他一直致力于通过美国司法体系申辩自己是无辜的，甚至上诉到美国联邦最高法院。最高法院于 2010 年 6 月 24 日作出判决，认为其本人并没有违反忠诚原则，因为其并没有索贿或者受贿，然而他却通过其他途径欺骗了安然的股东，最高法院依此要求第五巡回上诉法庭重新考虑是否推翻对其有罪判决。2011 年 4 月，该上诉法庭作出裁决维持原判，Skilling 的律师目前仍然在对此裁决进行再次上诉。Skilling 在服刑期间，并未被同意出席其年满 20 岁儿子的葬礼。

- Ken Lay

1987 年 1 月至 2001 年 2 月担任安然的 CEO 和董事会主席，他于 2006 年 5 月 26 日被判有欺诈罪，面临 165 年的监禁。本定于 2006 年 10 月 23 日宣判，然而 2006 年 7 月他在科罗拉多郊区度假时心脏病突发死亡，后来法院认为死者没有充分的机会寻求上诉，所以撤销了对其有罪判决。

- Andrew Fastow

1988 年 3 月至 2001 年 10 月担任安然的 CFO，面临 10 年有期徒刑，后来由于和联邦检察官合作，作为指控 Lay 和 Skilling 的污点证人，从而减刑至 6 年，目前已经刑满。他正在一家叫 Smyser Kaplan & Veselka 的休斯顿律师所担任档案复核职员（document review clerk），该律师所曾在过去 10 年中为其民事诉讼提供辩护。

- J Clifford Baxter

1992 年至 2001 年 5 月担任安然的首席战略官，在国会安然调查委员会向其发出调查传票的时候，他于 2002 年 1 月 25 日自杀。

- Rick Causey

1999年至2002年4月担任安然的首席会计官，他承认对其欺诈罪指控并同意配合指控 Lay 和 Skilling。他从2007年1月开始服刑，2011年10月刑满释放。目前他将自己标榜成为在影响公司会计、财务、公司治理和文化方面有第一手经验的独立会计职业人士。

- Rebecca Mark-Jusbasche

1996年至2000年8月担任安然国际公司 CEO，她在安然倒闭前抛售价值8000万美元的股票。她并没有面临任何刑事指控，然而属于安然股东集体诉讼中的18名被告之一，她于2005年在安然股东集体诉讼中同意赔偿520万美元。目前她担任某石油天然气咨询公司总裁，并在一家专注于新兴市场的风投公司担任顾问。

- Sherron Watkins

前安达信员工，1993年至2002年11月担任安然公司发展部副总裁，安然事件的内部举报人，目前她靠公共演讲和其自身拥有的咨询公司维持生活。

- Ben Glisan

2000年至2001年11月担任安然公司司库职务（Corporate Treasurer），他于2003年认罪，是安然高管中第一位承认证券欺诈罪并服刑的，于2007年1月从监狱保释在家服刑，也是安然高管中第一位被释放的，目前他在休士顿经营自己的财务顾问公司。

申明和信息来源

本案例的主要信息来源于相关法律文件，案件中所提到的指控内容，可能属实，也可能并非属实，本书对此并无任何立场。同时，由于本案并未经过陪审团和法院的最后庭审判决，而是以和解结束，被告并不承认这些指控，所以也意味着这些指控的事实认定在美国证券相关法律下并未予以确认。本案例的主要信息来源包括：

- Consolidated Complaint For Violation Of The Securities Laws, Date on the document：04/08/2002.

- Arthur Andersen LLP's Motion to Dismiss the Consolidated Complaint.
- Opposition To Arthur Andersen LLP's Motion To Dismiss.
- Motion of the Individual Andersen Defendants to Dismiss Count I of Plaintiffs' Consolidated Complaint.
- Defendant Jeffery K. Skilling's Motion to Dismiss Consolidated Complaint.
- Motion of Defendant Citigroup, Inc. to Dismiss Plaintiffs' Consolidated Complaint for Violation of Securities Laws.
- Defendant J. P. Morgan Chase &Co. 's Motion to Dismiss the Consolidated Complaint and Brief in Support.
- Defendant Andrew S. Fastow's Motion to Dismiss the Newby Consolidated Complaint.
- In re Enron Corporation Securities, Derivative and ERISA Litigation, Memorandum and Order Re. Secondary Actors' Motion to Dismiss (235 F. Supp. 2d 549).
- William C. Powers, Jr. Report of Investigation by the Special Committee of the Board of Directors of Enron Corporation.
- A Financial History of Modern U. S. Corporate Scandals From Enron to Reform, by Jerry W. Markham.
- http：//www. universityofcalifornia. edu/news/enron.
- http：//www. enronfraud. com.
- http：//www. enronvictimtrust. com.
- http：//www. sec. gov/spotlight/enron. htm.

2. 世通欺诈创纪录　七十五亿总赔偿

- 世界第二大通信公司、美国历史上最大的公司破产案，本案是美国历史上为数不多坚持到开庭审理的证券集体诉讼。
- 开庭持续4周，直到庭审最后阶段唯一剩余被告才达成和解赔偿；原被告双方对抗激烈，博弈精彩。
- 疯狂并购、会计欺诈，760亿美元报表重述创历史纪录；
- 揭发欺诈，不畏风险，内部审计再显神威。
- 审计遭遇舞弊，风险如何导向？风险导向审计为何不敌简单造假会计分录？报表重述是否可以成为审计师轻率的证据？
- 企业造假，管理层获刑罚，安达信审计是疏忽？是重大过失？是轻率？还是欺诈？
- 安达信，唯一坚持到开庭的被告，如何进行抗辩？
- 同一交易事项，不同会计专家、不同会计判断，法院如何裁决？
- 百亿美元证券发行，投行尽职调查是否合理审慎？投行是否可以仅依靠审计师的工作而逃避尽职调查的“严格义务”？投行尽职调查的标准和义务是什么？
- 花旗分析师报告是否存在重大误导和遗漏？明星分析师如何丧失职业独立性？
- 十七家银行被告如何被离间？银行攻守同盟如何被瓦解？巨额赔偿如何获取？

一、收购做大、会计欺诈、瞬间倒下

世界通信公司（WorldCom，下称“世通”）是其创始人 Bernard J. Ebbers 于1983年在美国密西西比创建，1989年公开上市；通过对其他小型通信公司

的一系列并购，至1993年该公司成为美国第四大长话通信公司，于1995年公司改为世界通信公司。截至1998年底，世通进行了超过60起的并购，涉及并购金额超过700亿美元；其中最大的并购交易是1998年9月14日完成的并购MCI交易，涉及金额高达470亿美元；通过一系列并购，世通在短短的15年之内发展成为世界第二大的通信公司。2000年初，世通试图以1290亿美元并购Sprint公司，最终由于未获得监管当局批准而失败。2000年公开发行债券50亿美元，2001年又公开发行债券118亿美元，是美国历史上金额最高的单笔公司发债交易。由于市场一致期待并购成功，此次对Sprint公司的并购失败对世通股价打击比较大，股价的下滑给公司管理层带来压力。同时由于美国于1996年通过电信法，允许本地电话公司和长话公司互相竞争，加上同一时期互联网的兴起和对带宽需求的增长，这些市场需求的变化和竞争的加剧不仅对世通的业绩带来冲击，同时也迫使世通不得不加大在光纤网络和电信基础设施方面的资本投入。

租线费用资本化

没有持续的并购，世通难以维持现状，没有优异的股价并购就无法继续，世通也难以挽留现在的企业骨干。为维持股价和满足华尔街对公司业绩的期望，世通管理层开始进行会计操作从而粉饰报表。目前公认的且原被告双方都无异议的世通会计造假手段是将应该费用化的线路租赁费用（“租线费用”）资本化。租线费用是世通付给其他电信运营商传输语音和数据的支出，是在报表中单独列示最大的费用项目。从2001年第一季度开始一直到2002年第一季度被内部审计发现为止，世通按照每个季度业绩的需要将本应该列入期间费用的租线支出予以资本化，列为“预付容量”（prepaid capacity），并向审计师予以隐瞒。2001年8月16日，当安达信告知世通将对其资本性支出流程进行测试的时候，世通财务高层于8月22日指示将5.44亿美元原先已经记录在某会计科目的租线支出予以转出，计入到10个新设立的会计科目，命名为“光缆线路资产”（fiber-optic cable），试图通过化整为零的方法避开审计测试。

在此之前，世通也曾进行会计操作虚增利润，并隐瞒审计人员。1999年10月，世通的财务计划部门职员发现从财务系统中所导出的现金流量报告和权责发生制下的报告无法调节清楚，世通的会计总监（Director of General Accounting）Buford Yates 向其提供了一份据说是来自高层的调节明细清单，该职员无法明白清单上所列调节项目的内容，当他试图获取更详细的解释时，会计总监威胁道："如果你将该清单提供给外部审计师，我将把你从窗户中扔出去。"然而 2002 年 5 月 21 日，世通内部审计人员 Eugene Morse 发现了超过 5 亿美元的这些列为"预付容量"的会计分录，在多次追问会计人员未得到满意回答的情况下，Morse 独自夜间在公司办公室通过新型测试软件从总账系统中挖掘出大量的此类转账分录，发现总金额超过 30 亿美元的虚假会计记录；2002 年 6 月 17 日，世通的财务总监（controller）不得不向内审承认这些转账分录并无实质依据。世通内审负责人 Cynthia Cooper 鼓励 Morse 的行为并于 2002 年 6 月 20 日将此发现汇报给董事会下属的内部审计委员会。世通不得不于 2002 年 6 月 25 日对外公告此会计错误，涉及金额高达 38 亿美元，需要对 2001 年全年及 2002 年第一季度财务报表进行重述。此外陆续又有更多的违规会计操作被发现，世通随后宣布涉及租线费用预提储备账户的会计处理错误，金额高达 33 亿美元，原来在将租线费用资本化之前，世通每遇到季度利润不够时就直接冲减租线费用预提（储备）科目余额；世通还指出可能需要计提和冲销高达 500 亿美元并购所形成的商誉。

新管理层上任后，世通于 2004 年重新发布了 1999 年至 2001 年的财务数据，重述的金额高达 760 亿美元，主要是冲销并购所形成的商誉和无形资产。报表重述后，世通的净资产从 500 亿美元变成负的 200 亿美元。

2002 年 7 月 21，世通申请破产保护，一家曾经为世界第二大的电信公司、每股价格 65 美元总市值超过 1 200 亿美元的企业不到一个月时间轰然倒闭。

2002 年 8 月 1 日，世通 CFO 被捕；后来他和联邦检察官合作，认罪并同意做污点证人，指控世通 CEO，该 CFO 最后被判 5 年有期徒刑，目前已经刑满出狱。一同被判刑的包括相关财务人员：财务总监 David F. Myers 被判有期徒刑一年，会计总监 Buford Yates 和另外两名会计人员分别被判有期徒刑从 5 个月到 3 年不等。

世通 CEO 个人共有超过 9 亿美元的银行贷款债务，这些贷款多以其个人持有的世通股票作为抵押品。随着世通股票价格的下滑，股票抵押品价值缺口增大，贷款银行不停地要求其增加抵押品，世通为此向其 CEO 于 2000 至 2001 年期间提供了约 4 亿美元的优惠贷款，以满足其个人贷款抵押品不足的需求。世通破产后，他被刑事起诉，联邦检察官坚持将其终生监禁，后来已经 60 多岁而且患心脏病的他被判有期徒刑 25 年，目前正在狱中服刑。

利用并购会计抬高利润

世通会计欺诈的另外一个重要手法就是利用并购会计抬高利润。企业并购交易中如果符合条件，则允许用并购会计法（purchase accounting），在该方法下需要对并购对象进行全面估值，然后将并购对价分配至并购对象的有形资产、无形资产，最后剩余部分列入商誉，这个过程称为并购对价分配（purchase price allocation，“PPA”）。并购所形成的无形资产通常包括：客户基础（customer base）、工作团队（work force）、非竞争条款（non competition）、未完项目研发投入（in-process research and development，“IPR&D”）。这些无形资产需要按照预计年限从并购日开始进行摊销进入损益表，所以如果无形资产确认越高，那么将来摊销的压力也就越大。而按照当时的美国会计准则，商誉则需要在一定年限予以摊销（最高不超过 40 年），所以摊销年限越长，那么对将来的利润压力也就越低（现行美国会计准则并不需要将商誉进行摊销，而是和无形资产一样需要进行减值测试）。通常无形资产的摊销年限要低于商誉的摊销年限，所以如果商誉评估越高，那么就可以压低无形资产的评估价值，从而可以减少并购后每年需要摊销的费用，抬高并购后的业绩。并购交易中，还有个容易操纵的会计处理就是在并购日一次性确认大量的资产贬值（如：计提超额的坏账准备、资产减值准备，冲销未完的研发投入等等）。

根据世通 2004 年所重述的提交给 SEC 的 2001 年和 2002 年报表和诉讼法律文件来看，世通正是利用了并购会计的以上特点，进行报表操纵。如在最大的并购 MCI 交易中，在并购对价（470 亿美元，大大高于 MCI 180 亿美元的市值）分配过程中所确认商誉的金额非常大（达 293 亿美元），也没有将客户基础和工作团队从商誉中单独分离出来确认为无形资产，而且商誉的摊销年限长达 40 年，这样就压低了并购日之后每个年度的费用摊销金额。此外，世通还在这个过程中，一次性确认了 31 亿美元的未完项目研发投入，这样大规模地利用并购交易冲销费用，不仅给以后年度业绩保留空间，也不影响华尔街的业绩分析预期。世通的此次 PPA 工作是由三家外部评估机构完成的，也通过了安达信的审计验证；在后来的报表重述过程中，毕马威作为审计师，美国评值公司（American Appraisal，下称“美评”）作为外部评估师，重新进行了 PPA 工作，调高了无形资产，调低商誉，并将商誉的摊销期限从原来的 40 年下调为 15 年，将原先评估为 31 亿美元的 IPR&D 重新评估为零价值。在本案中，被告安达信坚持确认原先的 PPA 工作是符合会计准则的，因为这个评估工作是当时世通聘请了包括安达信估值部门、美评和 DSC 评估公司（DSC Appraisal Associates）在内三家外部评估机构所作出的；而且在 2004 年报表重述过程中美评是按照新的会计准则（当时并未颁布实施）作评估的，美评在 1998 年和 2004 年对同一交易事项的评估结果竟然完全相反，所以安达信并没有撤回其审计意见。本文后面也会进一步谈到原被告双方就此不同会计处理的各自抗辩理由和法院的立场。

除了以上主要会计操纵手段外，世通还通过随意调节计提（储备）账户的余额来操控季度业绩，以满足华尔街的需求。总之，世通的会计操纵手法比较简单，这些会计分录是在子公司关闭账目后或者子会计系统关闭后，世通财务高层直接授意总部财务人员在总账层面的追加调整分录（top side adjustment entries）完成的。

二、股东集体诉讼基本情况

针对世通的股东诉讼在 2002 年 6 月 25 日公告之前就已经爆发，于 2002 年 8 月 15 日所有这些数十起诉讼合并成为股东集体诉讼，受理法院为纽约南区联邦地区法院，法官为 Denise Cote，纽约州公共养老基金被确定为首席原告。原被告双方的律师都是美国证券界的著名事务所，原告代表律师为 Bernstein Litowitz Berger & Grossman LLP，17 家投行被告的律师为 Skadden，Arps，Slate，Meagher & Flom LLP。2002 年 12 月 23 日，又合并其他个体诉讼成为合并股东集体诉讼。诉讼的被告包括：世通原 CEO（Ebbers）、原 CFO（Scott Sullivan）、世通的董事会成员、17 家证券承销商投行、证券分析师及审计师安达信。案件的发展过程如下：

- 2003 年 10 月 24 日，完成股东诉讼资格确认；
- 2003 年 5 月 19 日，法院拒绝了债券承销商投行（underwriters）及花旗集团被告所提出的驳回股东诉讼申请；
- 2003 年 6 月 24 日，法院拒绝了安达信所提出的驳回诉讼申请；
- 2004 年 5 月 10 日，花旗集团同意赔偿 25.75 亿美元；
- 2004 年 7 月 9 日，证据开示程序完成；
- 2004 年 12 月 15 日，法院拒绝了承销商投行提出的简易判决申请（summary judgment）；
- 2005 年 1 月 18 日，法院拒绝了安达信提出的简易判决申请；
- 2005 年 3 月初，开庭前，债券承销团各被告陆续和原告达成和解赔偿；
- 2005 年 3 月 28 日，本案正式进入庭审，安达信成为唯一尚未达成和解赔偿的被告；
- 2005 年 4 月 22 日，庭审进入第 4 周后，就在即将结束前，安达信和原告达成和解赔偿方案；
- 2005 年 9 月 21 日，和解赔偿方案及原告律师费用申请获得法院批准。

三、花旗集团被告

花旗集团旗下共有 5 家公司成为被告，其中包括其所并购的所罗门美邦（Salomon Smith Barney，“SSB”），以及其负责世通公司的通信行业明星分析师 Jack B. Grubman（“Grubman”），这些被告统称为“花旗集团被告”。SSB 是世通 2000 年和 2001 年债券发行的主要联席承销商（co-lead underwriter）。原告指控 Grubman 在明知世通的财务数据存在重大隐瞒信息的情况下，仍然不停地发表看涨世通的分析报告；原告指控 SSB 发布世通看涨的分析报告是为获取世通投行业务；原告指控花旗集团被告不仅违反了 1933 年证券法第 11 和 12（a）（2）条款的严格义务责任，还违反了 1934 年交易法 10（b）的证券欺诈条款。

原告指控花旗集团和世通之间存在非法的利益交换关系，包括：SSB 发布看涨世通的分析师报告，向世通 CEO 和其他管理层提供花旗所承销的 20 多家其他公司原始股票以供他们获利数千万美元，向世通 CEO 提供数亿美元没有公开披露的贷款以获取世通的投行业务，从世通项目中获取超过 1 亿美元的服务费，SSB 投行员工也从中获取巨额薪酬回报。

SSB 的通信行业明星分析师 Grubman 的薪酬和投行业务的业绩直接相关，仅仅 2001 年 Grubman 的薪酬就和 97 个投行的项目挂钩，这些项目总共给 SSB 带来了 1.66 亿美元的服务收入。作为负责世通项目的分析师，Grubman 甚至还直接参加了世通两个并购项目（MCI 和 Sprint）的董事会会议，他还将出席世通 CEO 婚礼的差旅费用到 SSB 投行部门报销。从 1998 至 2002 年，Grubman 的每年年薪在 2000 万美元左右，2002 年 8 月他从 SSB 离职时，还获得了 3200 万美元的补偿，SSB 还豁免了他的 1900 万美元的贷款，所以 Grubman 对 SSB 投行业务的重要性不言而喻。

Grubman 承认他的分析报告受来自投行部门压力的影响，Grubman 不断地出具看好世通的分析报告，直至 2002 年 4 月 21 日，世通的股价每股只剩下 4 美元的时候，他仍然发布看涨分析报告。原告指出，在 2000 年初之前，Grubman 都是使用“折现后自由现金模型”（discounted free cash flow model）对世通和其他通信公司进行估值；2000 年 SSB 成为世通的联席承销商后，Grubman 改变对世通的估值模型为“现金利润模型”（cash earnings model）以协助世通隐瞒其在资本性支出方面的压力，因为原先的模型将会暴露世通财务恶化的趋势，而至少在此后的两年内他对其他通信公司不采用现金利润估值模型。原告指控 Grubman 丧失了分析师应有的独立性，出具了虚假和隐瞒世通财务状况的分析报告，误导投资者，违反了交易法第 10（b）条款；同时由此指控 SSB 和花旗违反了交易法第 20（a）控制人责任条款。

SSB 申请驳回原告的起诉，认为原告并没有指控被告对世通的会计欺诈知情，分析师的报告是基于世通财务报告可信的基础上作出的预测性报告；也没有充分指控 SSB 和世通所谓的非法利益交换关系隐瞒导致了投资者的损失。

法院认为原告的起诉状已经通过被告的动机和机会两个角度，充分指控了

SSB 的分析师报告符合欺诈的起诉要求，这不仅因为分析报告隐瞒了 SSB 和世通之间的非法利益交换关系，还因为这些分析报告对世通的财务状况作出了不实陈述；而且诉讼状对此项指控的描述是十分详细和丰富的，并非结论性指控（not conclusory）。

被告抗辩指出，原告并没有指控被告参与了世通的会计欺诈。法院认为原告的指控重点并非在此，原告是指控 SSB 自身出具了针对世通的不实陈述和信息隐瞒，至于 SSB 是否参与或者指挥了世通的会计造假，这是另外一个课题。

被告还指出原告并没有指控 Grubman 所出具的分析报告观点并非出自于其内心的真实确信，而且分析报告是属于分析师的一种观点表达，并非是某一事项的陈述，所以申请驳回起诉。法院认为，原告已经充分指出 Grubman 所出具的分析报告并非基于诚信原则，尤其是因为原告指出了 Grubman 没有保持分析师应有的独立性，他已经被行贿，所以他向分析报告的读者们隐瞒了他对世通财务信息及分析报告建议可靠性的担心，而且分析报告的警告性措词并不能真正起到警告作用，不能提醒读者 Grubman 自身对世通财务数据、对其不断看涨世通股票且有影响力投资建议的怀疑立场。

被告指出其并没有如此的披露义务。但法院认为，在信息披露上，如果选择披露，那么就应该诚实全面，而不能只披露部分事项，更不能作出没有合理依据的陈述。被告又指出，SSB 和世通的关系已经是公开信息，因此没有进一步披露的义务。法院认为，此属于事实认定范畴，在考虑是否驳回起诉阶段，还不能接受此抗辩理由。

在损失的因果关系方面，被告认为原告并没有指出是所谓分析报告的不实陈述或者信息隐瞒导致了股价的下滑。但法院认为，考虑到所指控内容的重要性和 Grubman 在世通和通信行业的影响力，可以合理预见到的是，那些不实陈述和隐瞒信息一旦被揭发之后，影响的不仅仅是世通的股价，甚至还直接涉及到世通公司的财务健康。被告试图证明投资者并不考虑甚至拒绝 SSB 分析师的看涨立场，法院认为此等证明可以在证据开示后的简易判决或者开庭过程中出示。

被告又指出，原告是指控由于会计欺诈导致了世通股票价格的崩盘，而不是由于没有披露所谓 SSB 和世通的不法利益交换关系或者分析师报告导致了股价下滑。法院认为，原告并非仅仅指控会计欺诈，起诉状已经阐明了分析师报告中的不实陈述和信息隐瞒同公众对世通股票价格的基本看法之间的协同关系，所以拒绝了被告的此抗辩理由。

被告抗辩认为，其已经按照全国证券经纪协会（National Association of Securities Dealers，"NASD"）和纽约证交所的相关披露要求，在分析师报告中作出了妥当披露，因此所谓隐瞒非法利益交换关系的指控不成立。法院认为，分析师报告中样本式的文字披露（boiler-plate disclosures）并无法确保投资者意识到原告所指控的那些不实陈述和信息隐瞒。

法院于 2003 年 5 月 19 日作出裁决，拒绝了花旗集团提出的驳回起诉申请。

四、承销商被告

原告指控证券承销商在 2000 年和 2001 年的证券发行承销中违反了 1933 年证券法第 11 及 12（a）（2）条款，因为对应的证券登记文件存在重大误导和信息遗漏。这些承销商包括花旗集团旗下公司及 SSB，以及包括摩根大通旗下相关公司、美银证券、雷曼兄弟等在内的十几家投行。由于花旗集团被告最早达成和解赔偿，在本文中，我们将除花旗集团被告之外的投行被告统称为"承销商被告"。

承销商被告向法院申请驳回起诉，认为：

- 首席原告并没有说明其购买了诉讼期间的债券所以不具备诉讼资格；
- 购买了世通债券的每个原告并没有说明他们分别是从哪些承销商购入该债券的；
- 原告在起诉前必须将所持有的世通债券提交给被告承销商。

法院认为以上理由并不足以驳回起诉，于 2003 年 5 月 19 日拒绝了被告的动议。此案进入了复杂的证据开示程序。

原告的简易判决申请

证据开示程序完成后，于2004年8月20日，原告律师向法院申请作出简易判决，判定世通2000年和2001年证券发行登记文件所包括的财务数据存在重大误导。原告认为2000年的财务数据主要涉及租线费用、折旧和摊销相关会计处理错误，而2001年的财务数据则在租线费用、资本性支出、无形资产确认和商誉确认方面存在错误。承销商被告对此表示反对，被告仅仅认为2001年第一季度的租线费用会计处理存在错误，而不认可其他所指控的会计错误。被告认为安达信对这些其他所指控的会计事项处理并无不合理之处，尤其指出安达信在商誉评估中涉及客户基础和工作团队的会计判断是合理的；被告还指出，原告所指控的某些会计错误是否构成重要性水平还需要进一步探讨，被告认为只有那些涉及到现金流量的财务数据对于债券持有人来说才是相关的，因为不论世通的股票价格如何波动，债券持有人有权获得的仅仅是本金和利息的偿付。被告还指出，原告还没有考虑到被告的勤勉尽职抗辩，也还没有考虑到被告在证券发行和承销过程中是依赖安达信的无保留审计意见和告慰函（comfort letters）的。

2004年12月15日，法院认为，原被告对世通2001年第一季度的财务数据存在误导这个事实不存在争议，于是同意了原告的动议，裁定2001年证券发行登记文件存在重大误导；同时，法院拒绝了原告针对2000年证券发行登记文件存在重大误导和其他指控的简易判决申请。

承销商投行的尽职调查

1933年证券法第11条款和第12条款对投行的指控虽然属于“绝对义务”的指控，但允许被告采用勤勉尽职原则予以抗辩，即：如果被告履行了恰当的勤勉尽职义务，进行了合理的尽职调查，合理确信所作陈述不存在重大误导和信息遗漏，那么被告可以免责。那么本案中的投行是如何进行尽职调查的？这些调查符合法院所确认的标准吗？投行律师又是如何进行抗辩的？这些问题是诉讼原被告双方抗辩的焦点所在。投行被告律师认为，只有在有明显的会计舞弊“预警信号”存在时，投行才有进一步调查的义务。法院认定投行在承销证券过程中，应履行的尽职调查标准是，投行需要履行勤勉义务，做到尽职，而尽职与否的抗辩的标准是，任何审慎的人（prudent man）对其自己的财产所能予以的保护程度。仅有如此，在应对1933年证券法诉讼中，被告才可以应用勤勉义务尽职原则予以抗辩。

法庭资料显示，针对2000年的世通50亿美元债券发行，投行所进行的尽职调查唯一书面证据就是投行律师Cravath，Swaine & Moor（“Cravath”）所准备的一份尽职调查备忘录。该备忘录表明尽职调查是2000年5月15日至23日之间进行的，调查的主要方式就是和世通CFO之间5月17日的电话访谈，备忘录还列出了世通的董事会会议记录、对外公开披露的文件等等。

针对2001年118亿美元的债券发行，由Cravath所起草的尽职调查备忘录显示调查在2001年4月19日至5月16日之间进行。调查过程中投行向世通管理层提供了尽职调查问卷，并于4月30日及5月9日和世通管理层进行了电话访谈，也于5月9日和世通及安达信共同进行了电话访谈，来自摩根大通和SSB的各一名投行代表及两名律师参加了访谈世通CFO的电话会议，一名投行代表和两名律师参加了访谈安达信的电话会议。尽职调查记录还包含了董事会记录、1998年滚动信贷合同、SEC申报文件和2001年4月19日至5月16日之间的世通新闻公告。以上参与尽职调查的投行代表中有些已经知道其所在的银行下调了世通的信用评级。

原告指控被告的尽职调查不尽职，在实质上仅仅是依靠审计师的审计意见和告慰函，投行在尽职调查中只要审核一下世通2001年3月和4月之间的资本化支出内部报告，就可以发现世通内部所报告的实际资本化支出是远低于其对外披露的金额的，仅2001年第一季度世通内外报告之间所统计的资本化金额就相差5亿多美元。

银行内部对世通评级的下调

银行内部评估下调世通的信用评级，但投行部门在推销世通债券时并没有披露由于世通财务状况的恶化，2001年2月有数家承销商银行下调了世通的信用评级。在接下来的数周，应世通的要求，有数家承销商被告为获得世通债券的承销业务而向世通承诺协助后者进行大规模的信贷重组。银行内部对世通评级的下调包括：

- 2月22日，美国银行将世通的信用评级从3下调到4；
- 2月27日，摩根大通内部将世通的高级无担保风险评级（senior unsecured risk rating）从A2下调到BBB1；
- 标准普尔也将世通的长期债务评级从A-下调到BBB+；
- 德意志银行也在2月底下调了世通的信用评级。

面对信用评级的下调，世通需要解决和重组80亿到100亿美元的信贷资金来源，世通要求每家希望成为债券发行商的投行必须至少提供8亿美元的信贷资金承诺。美国银行由于曾经参与世通100多亿美元的高级信贷资金安排和20亿美元的应收款证券化工作，在2001年3月底已经在世通投入了15亿美元的信贷资金，所以对于此次额外的8亿美元承诺，美国银行打算最高承担5亿美元的信贷风险，而对于3亿美元的信贷金额则通过购买信用违约套期的方式将风险转嫁给第三方，由此可获得世通的证券承销业务，赚取超过1000万美元的佣金。为获取投行业务同时减少自身风险，摩根大通也将其向世通的8亿美元信贷承诺中的1.5亿美元购买了信用违约套期合同。承销商的这些风险转嫁方式并未告知给世通公司。

原告认为，以上情况表明这些承销商被告对世通财务恶化的情况知情，并且说明承销商和世通之间的关系缺乏独立性，这些具体情况并没有对投资者披露，这足以说明承销商被告所谓的勤勉尽职调查并非合理。

承销商被告的简易判决申请

被告向法院申请对其有利的简易判决，其主要理由是：只要承销商没有合理理由确信世通的财务报表存在重大误导，按照1933年证券法，承销商有权依赖审计师的审计意见和告慰函，因为审计师所出具的属于专业意见，符合证券法第11（b）（3）（C）所指的专家意见。

法院指出审计师的意见只有同时符合以下三个条件才属于证券法第11条款所指的专家意见：（1）必须是审计意见，告慰函或者有限度的审阅意见（limited review）不属于这个范畴；（2）该审计意见的相关内容包含在证券发行登记文件中；（3）审计师同意将其审计意见包含在登记文件中。

本案中涉及债券发行交易部分，1999 年、2000 年的报表是经过审计并出具无保留意见的，2000 年和 2001 年第一季度属于有限度审阅，安达信出具的是审阅意见和告慰函，这些财务信息都包含在相关证券发行的登记文件中。

经审计后的财务报表相关数据。原告指出世通 1999 年年报中所披露的 ER 比率（expense revenue ratio，租线费用收入比率）比同行业的 AT&T 公司和 Sprint 公司的相同比率要低（世通的比率是 43%，AT&T 的比率是 46.8%，Sprint 的比率是 53.2%），这足以构成“预警信号”，需要投行在尽职调查的时候予以关注。被告抗辩到，该差距并不足以让投行认识到世通的会计报表存在违规，而且这些比率都是公开公告的，并无公众质疑这些比率的差距显示世通会计违规。法院认为，即使该数据是经过审计的，比率信息的公开性并不能豁免投资在尽职调查中可以忽略考虑这个差异，需要陪审团来判断投行是否有义务对此差异进行尽职调查。

被告又抗辩到，经过审计的数据并不应该构成“预警信号”，投行也没有尽职调查的义务。法院认为被告的抗辩混淆了原告的指控，原告所指控的信息和审计没有关系，原告是指控世通经审计过的数据和同行业之间存在差异，对这个差异投行或者任何审慎的人都需要进行调查。

被告抗辩认为尽职调查所适用的审慎标准应该是是否存在明确的会计违规注意事项，正常的商业事项并不构成“预警信号”。法院认为尽职调查的审慎标准应该是谨慎（审慎）人士（prudent man）在保护其自身财产时的应有关注，某些情形下属于正常的商业事项，在另外一些情形下则并不是正常的商业行为，所以即使在某些情形下属于正常商业事项，投行也会有义务进行尽职调查。

被告指出，ER 比率的差异在竞争如此激烈的通信行业并不属于可疑事项，而且原告专家所计算的 AT&T 和 Sprint 的比率也存在错误。法院认为，是否可疑或者是否计算错误则属于事实认定范畴，应该在开庭中由陪审团决定。

原告又指出世通2000 年的年报中还存在以下 3 个事项足以要求投行进行尽职调查：

- ER 比率，法院认为对此事实认定应该在庭审中由陪审团确定。
- 商誉的确认和资产贬值的考虑。世通长话通信业务的下滑足以要求投行在尽职调查中关注世通资产贬值风险。被告认为，AT&T 和 Sprint 已经对资产进行了贬值计提，而世通没有，这已经构成了公开信息，而且分析师已经对此有所考虑。法院认为，被告的抗辩仅仅是说明债券投资者没有依赖世通的财务报表信息，而信赖并不是证券法第 11 和 12 条款诉讼的必须要素；而且被告从信赖角度进行抗辩也仅仅说明公众对“预警信号”是否知情，并不能说明“预警信号”是否存在以及投行是否有义务对其进行调查。被告又指出，世通的会计处理方法也是合理的，属于可抗辩理由之一。法院认为，世通的会计方法是否合理可以通过庭审由陪审团来定，而这并不是被告申请简易判决的依据，被告是认为其没有进一步的尽职调查义务，所以才申请简易判决的；而原告认为某些“预警信号”的存在足以要求投行进行更多的尽职调查，这就需要由陪审团来做最后确定。

• 世通 CEO（Ebbers）个人财务情况。原告认为 Ebbers 的个人财务恶化，而且严重依赖世通的股票，这导致其存在操作世通股票价格的动机和机会。法院认为，原告的该指控理由不成立，被告并没有因该事项而存在进一步尽职调查的义务。法院认为动机和机会要素是在 1934 年交易法第 10（b）条款的诉讼中才需要考虑的，在本案中除非原告能够说明 Ebbers 的个人不良财务状况足以让投行合理地确信该 CEO 不可信和世通财务报表存在违规，不然并不构成“预警信号”显示世通的财务数据存在误导。

未经审计的中期财务数据。2000 年和 2001 年第一季度的财务数据经审计师有限度审阅并出具告慰函，但不属于审计意见。被告指出世通的债券发行属于一体化披露体制（integrated disclosure system）的季节性发行（seasoned issue），世通的发行文件属于简要和通用登记文件（shelf registration），在交易法下允许通过 S－3 表格对本次发行交易相关的信息进行披露就足以，其他信息可以参见世通的期间性公告（periodic reports，诸如年报和季度报告），所以被告认为其有权依据安达信的告慰函而豁免进一步的尽职调查义务。并且从投行角度看，审计意见和审阅意见并无实质差别，只要审计师能够提供告慰函。而且只要审计师没有发现“预警信号”，那么审计师的告慰函足以构成投行在财务会计方面的尽职抗辩理由；同时，由于世通的会计舞弊是故意隐瞒，甚至欺骗了审计师，即使投行进行了进一步的调查程序，也无法发现诸如租线费用资本化这些欺诈会计问题。被告还指出，投行参与了世通一系列的证券发行工作（包括2000年12月的20亿美元私募发行），这些都表明投行的调查工作是持续性的。

法院认为原告已经指出投行的尽职调查存在不足，被告如果试图采取尽职的抗辩理由，那么被告就必须能够在开庭中证明给陪审团看其已经履行了恰当的尽职调查程序（即使这些程序无法发现欺诈），所以其是可以合理地确信世通财务报表是可靠的；获取审计师的告慰函属于尽职调查的其中一个程序，而仅仅获取审计师的告慰函还不足以成为充分的抗辩理由；如果投行没有进行合理的尽职调查程序，那么就无法确定其是否能发现会计欺诈，也无法判断是否存在进一步披露的事项。

被告又指出，如果不能依赖审计师的告慰函，那么意味着投行需要投入更多的成本，还需要重新聘请会计师审计，这会增加美国资本市场的成本和降低效率。法院并不认同，法院认为，合理的尽职调查可以通过很多方式实现，并不意味着重新审计；如果企业的会计政策过于激进，那么谨慎的投行应该会就此咨询会计专家并考虑是否需要作出进一步的披露。

法院认为投行在资本市场中扮演和审计师不同的角色，投行是在企业发展过程中十分重要的阶段具有独特的机会接触企业的全面信息，公众依靠和信赖投行从企业获得和验证相关信息，投行并不需要对企业报表进行重新审计，但投行需要有自己的业务的财务专家，需要按照谨慎人士对自身财产保护的标准作出自己的合理尽职调查，如果发现“预警信号”，投行需要履行充分的程序来确保企业财务数据可靠，否则投行要么要求企业披露、要么退出承销、要么就承担赔偿责任。

本案中，法院认为被告承销商尚未充分证明其在债券发行过程中已经履行合理的尽职调查程序。法院指出，尽职调查的程序和调查时间或许会因不同业务而各不相同，但在任何一个证券承销业务中，对具体事项的合理最终调查这一要求是始终没有变的。

众多的信息披露遗漏。除了财务相关信息存在误导外，原告指控世通的债券发行登记文件中存在众多的信息披露遗漏。原告指出2000年的登记文件存在20处信息隐瞒，2001年的登记文件存在42处信息隐瞒。经过原被告双方的诉前书面沟通后，仍有以下6个指控有争议，法院对此分别作出裁决：

Spint 并购信息披露。该并购是2000年债券发行文件中的重大内容，世通还在公开发行文件中披露了并购后的模拟财务报表，然而2000年5月18日，DOJ反垄断部门官员在开会讨论中建议拒绝批准该项交易；世通的公开文件虽然对该并购尚未获得相关部门最终批准有风险提示，但没有具体披露DOJ官员的建议。法院认为，虽然公众对DOJ 5月18日的会议讨论决定已经知情，但世通自己并没有披露该决定及其对世通的影响，这足以构成需要陪审团予以认定的重大事实，因此法院拒绝了被告提出的以此作出简易判决的申请。

利益冲突相关信息的披露。原告指控承销商通过贷款融资、信贷重组服务向世通CEO提供其他项目原始股票分配行为并发布看涨的分析报告，以获取世通的投行业务，这种利益冲突信息没有在登记文件中具体披露。被告认为，并没有相关法律规定有此披露义务，而且这些都是属于正常的商业交易行为；至于他们是否同世通的投行选择相关，则只是原告的自身观点，并非一种事实描述。法院认为证券法第11条款是统筹性条款（catch-all provision），投行和企业之间独立性的信息如果影响到投资质量，那么则属于重大信息，需予以披露，法院认为这最终需要由陪审团来确定。

2000 年登记文件中风险信息披露。原告指出世通并没有披露诸如其债务获得展期的能力、其严重依赖举债经营的风险、其商业票据融资的问题、其经营活动负现金流、其股价低迷、长途通话业务的盈利性及该业务毛利下滑对世通竞争力（尤其是对数据服务和互联网门户业务的资本投入影响）产生的风险等等。世通的登记文件大量描述了世通所面临的竞争风险，然而并没有具体提到其长话业务的情况，法院认为该信息对投资者来说属于重大性质，世通的披露是否妥当，需要陪审团进行事实认定。

承销商内部下调世通信用评级。2001年，数家承销商银行在内部下调了世通的信用评级，有些还对其向世通提供的贷款进行了风险转移，但承销商并没有披露该信息。法院认为，投行并没有义务对外披露其内部对世通的信用评级信息和其风险转移策略，然而这并不意味着这就和本次证券发行无关。法院指出，承销商对世通所面临风险的评估，这本身从某种程度来说就意味着该风险的存在，所以也就会影响到信息披露的质量，因此即使承销商没有披露其内

部信用评级和风险转移这两类信息的直接义务，也需要陪审团作事实认定才可以确定其债券发行登记文件的风险披露是否充分。

2001 年债券发行募集资金用途。原告指出世通的登记文件仅仅是披露募集资金用于一般用途，而没有披露是用于扭转公司负的经营现金流，法院认为世通并没有如此披露义务，而至于世通是否已经妥当披露其现金流的信息，则属于风险披露的范畴。

2001 年登记文件中风险信息披露。原告指控世通没有在风险信息中披露其在债务承担能力、缺乏债务应对计划、负现金流量和商业票据融资所面临困难等方面的风险；被告认为除非存在特殊情况，否则并不需要对原告所提到的内容在风险披露章节中予以披露。法院认为，原告对世通的风险披露是否妥当已经提出了可争议问题，因此拒绝了被告提出的此项下的简易判决申请。

五、审计师被告——安达信

安达信分别于 2000 年 3 月 24 日、2001 年 3 月 30 日和 2002 年 3 月 7 日出具了世通 1999 年度、2000 年度和 2001 年度财务报表的无保留审计意见；世通会计欺诈曝光后，安达信撤回了 2001 年度的审计报告，但没有撤回 1999 年度和 2000 年度的审计报告。原告指控安达信违反了 1933 年证券法第 11 条款和 1934 年交易法第 10（b）条款及 SEC 的 10b－5 规则。原告除了将安达信美国公司列为被告外，还将安达信世通项目的两位审计合伙人（Melvin Dick 和 Mark Schoppet）、安达信英国公司、安达信全球公司列为被告。

法院于 2003 年 6 月 24 日作出裁决：

- 原告的起诉状在指控安达信审计存在欺诈性质方面，已经符合起诉要求。因原告提出了许多审计程序，如果安达信遵循这些审计程序的话，那么应该可以发现世通的舞弊行为，所以考虑到世通欺诈金额非常巨大以及原告指出安达信并未执行本应该执行的审计程序，这足以推导出安达信的审计属于轻率性质。安达信抗辩指出，世通的管理层自身存在欺诈，而且也已经认罪，SEC 也起诉世通管理层存在欺诈，安达信并没有参与该行为。法院认为，在诉讼是否驳回阶段，原告的起诉状已经符合起诉要求，于是拒绝了安达信美国公司要求驳回起诉的动议。

- 法院认为原告仅仅是指控安达信出具了审计报告，并没有指控任何这些审计报告是由安达信合伙人个人出具的，法院拒绝了实质参与原则（substantial participation）在本案的运用，于是同意了安达信两位在世通项目上的审计合伙人动议，驳回对他们的起诉。
- 法院认为原告对安达信英国公司的指控不充分，同意被告的驳回起诉动议。
- 法院认为原告也没有充分指控安达信全球公司对世通的审计知情。原告依据代理人法律原则指控安达信全球公司，然而原告并没有充分说明在世通审计项目上，安达信美国公司是安达信全球公司的代理人，也无法说明为何可以将所指控安达信美国公司的知情或者轻率行为追溯至安达信全球公司，所以法院同意了安达信全球公司的驳回起诉的动议。

在以上裁决作出后，针对安达信美国公司的集体诉讼就开始了复杂的证据开示程序。

审计相关证据开示后的原被告对抗

在诉讼的证据开示程序结束后，安达信于 2004 年 8 月 23 日向法院提交动议，申请简易审判，认为并无充分的证据显示世通 1999 年财务报表存在重大误导，并依据勤勉尽职的抗辩原则就 1999 年的审计出具专家意见认为该审计是符合公认审计准则的。此外，安达信还指出，并无充分证据显示安达信对世通从 1999 到 2001 这 3 年的审计过程中存在故意欺诈的企图，因此应该从有利被告的角度简易判决涉及 1934 年交易法下的指控。法院基于以下分析于 2005 年 1 月 18 日拒绝了安达信的这一动议。

安达信对世通的审计程序

证据开示过程中原告查阅了安达信审计世通的工作底稿，法庭资料显示安达信采用了称为经营审计的（business audit）风险导向审计方法，所识别出的任何重大风险都会以风险控制记录（risk control document，“RCD”）的方式体现出来，RCD 也用来记录具体执行的审计程序。安达信的审计小组主要成员包括：项目合伙人（engagement partner）Mark Schoppet、项目第二合伙人（concurring partner）Michael Barry 及审计经理（audit manager）Kenneth Avery。安达信通过称为“SMART”的审计风险评估软件在审计计划阶段对世通进行风险评估，1999 年评估结果确定世通为最高风险客户（maximum risk client）。1999 年 12 月 15 日，安达信审计小组召开讨论会议，并以备忘录形式记载下来，讨论会认为世通从上到下都不会容忍会计舞弊，虽然世通在过去的并购交易 PPA 会计处理上比较激进，但审计小组认为世通管理层不会故意误导报表。法院认为这些底稿似乎显示安达信的审计计划已经恰当地识别出相关问题并同管理层进行了沟通，但原告律师认为该审计计划并没有识别出企业的舞弊风险及相关的审计对应程序，原告律师还指出安达信在执行其经营审计四个阶段中每一个阶段所存在的不足。

如：2001 年 6 月安达信审计小组召开两天的审计讨论会议，讨论如果世通管理层蓄意欺骗审计师的话，那么会利用哪些手段。审计小组列出了一系列假设手段，其中就包括租线费用资本化和高层结账后调整分录（top side journal entries），审计小组在审计计划中认为该风险从金额上属于重大，但从发生的可能性来看比较小。然而这两个领域正是世通高层会计舞弊的中心。

又如：原告指出关于高层结账后的调整分录审计，安达信只是在 1999 年作最后的全面测试，而在之后几年的审计中安达信仅仅是依靠管理层的申明就不再进行此类全面测试。原告认为管理层对此作申明这本身就足以构成审计的“预警信号”。原告还指出，安达信并没有要求也从来没有从管理层获得进入总账系统的无限制权限（unrestrictive access），而且工作底稿中也没有完整说明审计师曾经将报表数据追溯核对到总账，所以就根本不能确定该报表是经过合理审计的。安达信指出其审计小组已经对总账进行了定期的测试（routinely）并将报表数据核对至总账，并认为当时的审计准则并没有要求需要对此等分录作全面测试，而且审计师获取进入总账的无限制权限这也并非常见的审计现象。在审计过程中，安达信的审计人员获取的是从总账系统中打印出的账目，或者在世通财务人员协助下从财务人员的电脑终端中在线查阅总账的信息。

原告又指出安达信并没有在 2000 年和 2001 年审计过程中对世通是否存在

重大资产贬值进行充分分析，而在后来的报表重述过程中出现了大量资产贬值调整分录。安达信抗辩到，在当时的审计过程中并未发生重大事项引发需要对资产作贬值分析，当时通信行业其他公司如 AT&T 和 Sprint 也都没有计提大量的贬值准备；后来的报表重述只是基于事后的发生事项对之前会计数据进行重新处理，即便是重述报表的审计师毕马威内部也有专业人士质疑这些重述调整分录。

原告指出世通在 2000 年和 2001 年通过少计提无线业务应收款的坏账准备操纵利润。安达信工作底稿显示该业务于 2001 年底少计提坏账准备高达 0.65 亿美元，整个公司坏账准备少计提 0.43 亿美元，这大约占当时年底坏账准备余额 8.53 亿美元的 5% 左右。安达信认为如果从报表合并层面看，包括应收账款的坏账准备和其他应收款坏账准备在内，世通的总体坏账准备其实是多计提了 0.15 亿美元。

原告指控安达信没有发现世通的租线费用资本化，在审计过程中过于依赖管理层的声明和管理层的诚信，属于轻率行为。原告还指出世通通过操纵租线费用储备（预提）科目来调节利润，在 2000 年第一季度将原先预提 24 个月预计租线费用缩短至只预提 12 个月，至年底的时候，该预提又被缩短至只有 3 个月，由此虚增了 2.06 亿美元利润。安达信并没有提供任何底稿来说明如何对此变更进行分析以判断其合理性，也没有考虑如此减少预提科目余额的行为对世通的财务报表有多大影响，也没有考虑到如果计提余额都全部冲回了，世通会通过何种手段来减少租线成本（事后发现，世通管理层就从 2001 年度第一季度开始通过将租线费用资本化的手段来虚增利润）。被告抗辩到，由于（1）该行为是世通管理层舞弊造成的，而且是向审计师隐瞒了这些高层调整分录，并无证据表明安达信参与了该舞弊过程；（2）安达信并无审计证据表明其对该舞弊情况知情；（3）也无证据表明世通拒绝安达信查核其总账分录；（4）世通的财务趋势也未能使审计师觉察到舞弊的存在；（5）安达信并没有发现世通的内控不足之处，因此最多属于疏忽大意而不是轻率。

原告指控，安达信将世通审计项目上反对世通某些会计政策的审计师 Paul Ogden 调离该项目，而且该审计师过分频繁地向安达信总部咨询世通的会计问题，这构成了安达信欺诈的证据。安达信反驳指出，该审计项目合伙人 Marc

Schoppet 的证言表明调离该审计人员的原因在于他向世通不同的管理成员提供了互相矛盾的会计建议。

原告还指出 2000 年 3 月，世通国际财务控制总监 Steven Brabbs 发现世通英国公司关闭账户后，在总部层面存在 0.336 亿美元的租线费用冲回的分录，该分录导致英国公司第一季度的租线费用被低估，后来 Brabbs 被告知该冲回分录是在世通 CFO Sullivan 指示下作出的，其实并无实质依据。2000 年 4 月，Brabbs 在和安达信英国公司开会时提醒英国安达信告知美国安达信确保在全球合并层面该冲回分录能得以妥当处理；于 2000 年 10 月 24 日，安达信英国公司审计经理发出一份备忘录给安达信世通项目审计合伙人（Schoppet）和审计经理（Avery）告知此事；Avery 将此事与世通财务总监 David Myer 沟通，后者告知安达信该冲回分录将会整改；安达信在工作底稿中记载了该审计事项是如何得以解决的，然而安达信的工作底稿并没有说明该冲回分录是如何产生的、是何种原因导致这个错误、其是否意味着更多的会计问题以及是否正如管理层所申明的那样该冲回分录已经得到整改。后来的实际情况是由于 CFO 的坚持，Brabbs 竟然在系统中虚设了一家实体公司，将该冲回分录在该虚设公司中入账。原告指控安达信审计师并没有继续切实落实该调整原因，仅仅是听信管理层的解释认为该调整已经整改，从而导致利润虚增，这也构成证据表明安达信的审计属于轻率。被告认为，原告该指控最多只能说明严重疏忽大意，而不是欺诈（轻率），因为安达信主观上并无协助被审计公司进行财务欺诈的意图。而且审计合伙人 Mark Schoppet 做证指出，在完成英国公司 2000 年度审计时，审计未决事项（outstanding issue）中并没有提到所谓的 0.336 亿美元分录，安达信英国公司向他提供了无保留审计意见，所以他确信该事项已经得到妥当解决。被告律师抗辩指出，就这相对不属于重要性水平的分录，审计师已经和管理层核查过，并确认英国公司不存在未决审计事项，这足以说明安达信的该审计不仅不属于轻率，也不属于疏忽，而是符合审计准则的。

原告又指出安达信并不了解世通所存在的重大内控缺陷，而安达信却实施风险导向审计，这足以说明安达信的审计属于轻率性质。毕马威在世通欺诈揭发一年之后出具了管理建议书，指出了世通存在的重大内控缺陷。被告律师抗辩到，毕马威 2004 年所出具的管理建议书，是在欺诈已经被揭露后，基于如何防止欺诈重现的角度来识别内控缺陷的，这并不能推导出安达信审计师在原先的审计过程中没有发现内控缺陷就属于轻率行为；该建议书中所提到的内控缺陷领域原先也是有内控程序存在的，只不过是管理层越权导致这些控制程序失效；而且内控本身也是有固有缺陷的，任何一个控制程序是否有效也是有时效性的；所以该管理建议书并不能说明审计属于轻率。

MCI 并购会计处理

世通对 MCI 并购的 PPA 工作是由外部三家评估机构（包括安达信的评论部门 VSG、美评及 DSC 评估公司）来进行的。在 MCI 并购会计处理中，世通确认了 273 亿美元的商誉，并按照 40 年直线法摊销。原告认为，商誉的确认金额过高，而且 40 年的摊销年限太长。

MCI 并购的 PPA 工作是经过安达信的评估部门 VSG 审核的，当时认为客户基础（customer base）和员工团队（work force）不需要从商誉中剥离出来单独确认为无形资产。安达信于 1998 年 9 月 24 日向世通出具 PPA 建议报告，指出：并购所形成的有形资产为 94 亿美元，已开发科技价值为 17 亿美元并建议按照 10 年摊销，IPR&D 为 31 亿美元，商标价值为 11 亿美元并按照 40 年摊销，商誉为 239 亿美元并按照 40 年摊销；该建议报告还详细提供了以上估值依据和建议商誉按照 40 年摊销的 8 个理由。

1998 年 10 月 7 日，SEC 发信给世通询问 MCI 并购会计处理中涉及 IPR&D 确认及商誉按照 40 年分摊的问题；世通于当月 16 日回信共 14 页回答这些询问；10 月 27 日 SEC 又发信询问了关于 IPR&D 的估值问题，此后 SEC 并未对世通 MCI 的 PPA 工作继续询问。安达信据此抗辩认为该会计处理已经在年报和 SEC 文件中作出详细披露，SEC 并没有反对世通的该会计处理。

原告指出，由于并购会计处理不当，世通 1999 年利润被高估 32.24 亿美元，高估率为 40.9%。原告坚持认为 PPA 工作中商誉估值太高、商誉按照 40 年摊销太长、IPR&D 估值应该为零、客户基础和工作团队需要进行单独估值。原告向法庭出示了世通在 2004 年所作的报表重述中对 PPA 重新估值的分析报告，该报告研究了世通同行业公司从 1993 年至 2000 年的共 29 笔并购交易的 PPA 工作。安达信认为该研究报告存在诸多问题，并提供了安达信针对电信公司于1992年至2000年所有对价超过1亿美元并购交易的PPA工作，用以说明世通对MCI并购交易的PPA工作是符合会计准则的。安达信还指出原告并没有进行独立的分析判断，而是过于依赖报表重述过程的工作内容。

原被告的以上交锋各自侧重点不同，原告力图证明安达信的审计属于轻率行为，构成证券法下的欺诈性质；被告强烈抗辩认为其审计工作最多属于疏忽大意，并无证据表明安达信或者其员工有参与世通欺诈的思想意识。

法院认为，就1999年的财务报表是否存在重大误导，其焦点在于MCI并购商誉估值（尤其是客户基础和工作团队的估值部分）和其分摊年限，安达信并没有说明为何同SEC于1998年的沟通可以说明世通的财务报表是不存在重大误导的。由于原被告双方对此还存在分歧，所以需要由陪审团来裁决世通的该会计处理是否导致了1999年财务报表存在重大误导。法院指出，就是否违反1933年证券法第11条的指控，原告并不需要指控被告存在欺诈的思想意识，原告只需要能证明世通的财务报表存在重大误导。安达信虽然试图通过已经履行勤勉尽职义务进行抗辩，但原告已经指出安达信的审计程序中存在诸多缺陷（虽然被告对此存在异议），所以安达信对世通的审计是否符合公认审计准则要求也就成为有争议的事项。因此法院并不能同意安达信的简易判决要求。

安达信申请法院简易判决对其违反交易法10（b）条款和SEC 10b－5规则的指控，因为原告并无法证明安达信或者其任何员工存在欺诈的思想意识，安达信认为其2000和2001年的审计符合公认审计准则，并不属于轻率行为，因此也不属于欺诈性质。法院认为即使世通管理层没有从事会计欺诈和报表误导的行为，原告已经提供了一些事项（虽然还有争议）足以引起关注安达信的审计是否符合公认审计准则、是否属于严重轻率性质。原告的这些相关指控包括：安达信过分依赖管理层的诚信，没有保持应有的独立性（如：在审计过程中向世通管理层透露审计测试的重要性金额）；安达信对其所识别出的风险没有执行应该执行的审计程序，没有审核世通公司内部诸如资本性支持的重要报告，在世通财务恶化的情况下仍然没有充分考虑资产贬值分析的必要性，而且没有保持良好的审计工作底稿等等。原告尤其强调安达信没有进一步切实调查英国公司的租线费用低估问题，等于无视“预警信号”。虽然原被告的各自专家对众多的会计和审计问题存在争议，法院认为原告的这些指控足以构成充分证据说明安达信违背审计师的责任，对世通的实际情况熟视无睹，所以应该将这些指控交由陪审团来作最后的裁决。

安达信抗辩指出如果原告和被告各自的合格专家在安达信的工作是否符合会计准则和公认审计准则方面的意见不一致的话，那么就不应该认定安达信违反了交易法第10（b）条款。法院并不否认安达信诉讼专家的专业资格，但认为该专家的分析报告只是提供了安达信所执行的审计程序内容，并没有提供有效的分析来说明这些审计程序足以证明安达信履行了公认审计准则的审计要求；而且安达信诉讼专家的报告也没有显示，在过去几年的审计过程中，安达信的审计小组曾经对重大的会计处理争议进行类似本案诉讼过程中该专家报告所进行的或者公认审计准则所要求的调查和分析。所以法院认为，在任何情况下，既然对事实的认定存在争议，那么是原告还是被告的专家报告更具有说服力，这个判断应该交由陪审团来最后决定，因为事实认定（fact finding）和证据可信度确定（credibility determination）正是陪审团的职能，法院不宜在是否作出简易判决过程中对此作出裁决。安达信对世通的审计是否属于轻率性质、安达信或者其员工是否具有欺诈的思想意识通常情况下也是属于事实认定的范畴，所以应该由陪审团裁决。

原被告继续对抗

在以上动议被法院拒绝后，安达信又向法院提出8项动议，于2005年2月17日，法院对这些动议分别作出同意、拒绝或者保留意见的裁决：

申请将安达信的职业保险排除在诉讼证据之外。原告同意这一申请，但提出的条件是如果最终判决安达信需要赔偿，那么安达信的合伙人需要承担责任。法院同意了安达信的这一申请。

申请将安达信合伙人、尤其是世通审计项目合伙人的薪酬排除在诉讼证据之外。由于原告没有异议，所以法院同意了该项申请。

申请将Eugene Morse的证词排除在诉讼证据之外。Morse拥有MBA学位并具有注册分析师和注册内部审计师资格，是世通内部审计职员，在发现世通线路成本会计造假过程中发挥作用，原告律师打算请他作为出庭证人，出具书面证据或者出庭向陪审团说明外部审计的职业标准、安达信是否符合该标准、世通公司职员的思想意识以及他所认为哪些行为构成欺诈。安达信表示反对，认为 Morse 并没有外部审计经验，不具备专家证人资格，所以会造成对安达信的偏见和误导陪审团。法院认为如果 Morse 出庭做证，那么做证的范围应该予以限定，如果不出庭而是提交证言，那么则需要原告进一步说明其证言可以采纳的依据，因此法院对安达信的此项申请保留裁决意见。

申请将正在进行的安达信刑事诉讼和其他审计和解案例排除在诉讼证据之外。这些和解审计案例包括：安然、Qwest、Global Crossing、Sunbeam。原告认为如果原告确信需要向法院提交该证据，而且确信该机会存在，那么其将会和安达信进一步协商，所以法院保留裁决意见。

申请将原告所估算的投资者总损失排除在诉讼证据之外。被告认为应该计算每一类投资者对应的损失，而不是所有投资者的总损失，并指出原告计算损失的模型存在错误。法院认为这应该属于原被告双方专家进行互相质证的范畴（cross examination），所以法院保留裁决意见。

申请将世通倒闭的相关调查报告排除在诉讼证据之外。这些调查报告包括：董事会特别调查委员会的报告、破产法庭的调查报告及由律师事务所 Wilmer Cutler 代表世通董事会所出具的访谈备忘录（interview memoranda）。法院对此保留裁决意见。

申请将世通重述报表排除在诉讼证据之外。应 SEC 要求，2004 年 3 月 12 日，世通聘请毕马威对 2000 年至 2001 年两年的财务报表进行了重述，重述金额高达 740 亿美元，主要是冲销了世通历史并购所形成的商誉、无形资产及原先错误将线路成本资本化的金额。本案中，原告对被告指控的很多内容和该大规模重述有关。除了 2001 年第一季度的数据外，安达信并不认为世通其他年度的报表存在重大误导，世通欺诈曝光后，安达信也仅仅撤回 2001 年度的审计意见，而并没有撤回 2000 年度或者 1999 年度的审计意见。对于此次 740 亿美元的报表重述，安达信认为：

- 该重述是一种意见的组合，而且大部分是基于道听途说的信息（hearsay），基于猜测（conjecture），是一种事后分析（a post hoc analysis），而且是基于新的会计准则（这些准则在原报表公布前并未适用）。

• 该重述虽然被SEC所接受，但由于是世通新管理层和毕马威所作出的，缺乏客观性。因为一方面新管理层希望尽快摆脱世通历史包袱，另一方面由于毕马威曾经是世通的税务顾问，而世通现在正面临联邦税务局的税务追讨，所以新管理层和毕马威在报表重述事件上的动机不客观，存在故意夸大重述金额的动机。法院认为动机并不能成为该重述是否应该从证据中排除的理由，重述是否可以被采纳关键是看该重述是否符合会计准则。毕马威曾经向世通提供税务咨询服务，而世通正遭到十四个州检察官对其存在恶意逃税的指控；毕马威后来取代安达信成为世通的审计师，州检察官要求撤换毕马威，遭到世通破产法官的拒绝，此后，这些州要求没收毕马威向世通提供税务咨询所收取的高达1.62亿美元的服务费。

• 该重述不符合联邦诉讼证据法803（6）关于证据同一时间性的要求（contemporaneity requirement），因为该重述并不是在接近2000年或者2001年时间段作出，而是在之后的重述过程中所作出的，所以该重述不应该被认定为属于企业正常的商业记录（business record）。法院认为任何财务报表都不可能在商业行为同一时间出具，年度报表通常都是在年度结束之后几个月才形成，因此拒绝安达信的该抗辩理由。

• 该重述存在诸多错误，所以缺乏可靠性。法院认为，重述是否缺乏可靠性并不是应该排除重述作为证据的理由，这应该属于该证据权重的考虑，应该由陪审团来作出决定。

• 如果将该重述采纳为证据，将会对安达信产生司法不公，会误导陪审团，会造成案件的混淆和延迟。法院认为，由于原告的会计专家已经在原则上参照了该重述内容，所以不论该重述报表是否在法庭上作为证据出示，开庭过程中都会安排时间由原被告双方对报表调整项目进行指控和辩解，比如为何需要作出该会计调整、该调整是属于会计错误调整还是会计政策变更调整等等，而原告律师必须就此内容说服陪审团，所以将重述后的报表作为法庭证据并不会对安达信造成司法不公或者其他重大影响；而且安达信也没有说明为何会造成司法不公，相反原告却明确指出该重述报表具有高度的证明力价值（strongly probative value），可以证明世通历史报表存在误导。

原告认为该重述是经过正常的重述流程而作出的，经过董事会批准，应该属于正常的商业记录；而且如果企业发现报表存在错误，管理层是有义务进行重述的，所以重述报表应该属于本诉讼可采纳的证据。法院拒绝了安达信的这一申请。

申请将毕马威所出具的管理建议书排除在诉讼证据之外。毕马威对世通2000至2002年财务数据进行了重新审计并于2003年6月3日出具了54页的管理建议书，指出世通至少存在10个影响报表的内控流程重大缺陷（significant deficiencies）。原告认为该建议书属于毕马威审计工作成果的一部分，属于世通公司正常的商业记录之一，而且也是审计师的尽职要求，所以拟将该建议书纳入诉讼证据。原告认为，该管理建议书有助于进一步说明世通公司在诉讼期间的内控是否充分、安达信在1999和2000年审计过程中并没有对是否应该计提资产贬值准备作出充分评估、安达信和世通公司管理层的沟通是否充分；原告试图用此说明安达信在审计过程中并没有和管理层进行充分沟通，从而导致其审计不符合公认审计准则要求。该管理建议书所描述的几个事项都和世通会计欺诈领域相关，原告认为，既然安达信认为其是通过所谓风险导向模式下的经营审计对世通进行审计，而且是符合公认审计准则要求的，那么该建议书恰好可以显示另外一家世界级的会计公司是如何评估世通公司内部控制流程的。

安达信基于以下理由予以反对：

- 安达信认为该建议书属于“个案”、“一次性”的文档，并不符合证据法中的常规性要求，所以并不构成企业的日常商业记录。法院并不认同安达信的“个案”观点，认为虽然该建议书确实是不同寻常的详细，但其所描述的问题却是审计过程中的正常应该予以关注的，而且在本案中不存在出具管理建议书背后的动机会影响其精确性这样的担心，所以法院拒绝采纳安达信这一理由。

- 安达信认为该管理建议书出具时间并不接近其所描述问题对应期间，违背了证据法中的相同期间要求，所以不应该采纳作为诉讼证据。法院指出，该管理建议书描述的是截至2003年3月6日的世通公司的内控情况，也包括管理层于5月所作出的反馈意见，其并没有试图描述或者猜测世通公司过去的事件或者内控情况，所以并不违背相同期间要求。

• 安达信认为，该建议书是2003年签发的，然而其所描述的事项却是1999年至2002年早期所发生的，这中间世通公司所面临的环境已经发生了重大变化，世通的破产导致众多财务和会计人员被解雇。然而，法院认为，这本身就是管理建议书中所描述的第一个内控缺陷，即：世通需要更多、更有经验的财务和会计人员；而且法院认为世通目前的这个需求也是非常容易理解的，所以其并不能构成排除该建议书作为证据的理由。

• 安达信依据证据法403规则指出，该建议书如果作为证据提供给陪审团，则会引导陪审团不得不进行猜测，因为陪审团需要从中自行推导出哪些内控措施不足是对应安达信所审计的哪个年度；并指出该管理建议书并不具备证明价值（probative value），因为该管理建议书并没有提到安达信的审计工作，而且由于该建议书有可能会误导陪审团认为其所描述截至2003年存在的内控不足情况在安达信所审计期间也是存在的，所以会导致对安达信不可弥补的偏见。法院允许原告就安达信的这个抗辩理由进行口头辩解，所以对安达信的这一请求，法院保留裁决意见。

开庭审理

本案是为数不多的进入开庭程序的美国联邦证券集体诉讼案件，本案的其他所有被告都已经和原告达成和解赔偿协议，唯有安达信坚持强烈抗辩直到开庭审理。

由于世通管理层刑事案件正在进行，政府并不希望证人证言在刑事取证完成之前在股东集体诉讼上公开，于是股东集体诉讼的开庭时间被一直延迟，从最早预计的2005年1月10日推迟到2月28日，后来又推迟到3月17日，直到最后确定的日期为2005年3月23日。陪审团的人选工作也从3月23日开始进行，3月29日法庭完成了原被告的开庭陈述（opening statement）。原告提供了11名证人，包括4名专家证人，其中3名出庭作证；被告安达信也提供了数名证人，包括世通项目审计合伙人和1名专家证人，在和解达成和陪审团解散之前，安达信还提供了另外2名专家证人。

原被告有50个小时的时间限制进行开庭陈述和证据列示，包括原被告互相质证。原被告都充分利用了这50个小时的每1分钟。原告所提供的其中3

名证人的作证尤其令人印象深刻：

• Richard Roscitt，AT&T 公司商业服务部前总裁，指出他和他的团队长期以来发现世通所公布的 ER 比率比 AT&T 的 ER 比率要优良很多，对此感到十分困惑；和同行业公司比较超高的 ER 比率对审计师来说构成了“预警信号”，足以让审计师怀疑世通的租线费用会计处理可能不符合会计准则。

• Eugene Morse，世通内审部门职员，他是首先发现世通租线费用资本化错误会计分录的，在法庭上他陈述了世通会计欺诈的发现过程。

• Ralph Stark，原告的专家证人，于 2004 年 12 月，原告获准进入世通的 2001 年总账会计系统，在半个小时之内，他和他的团队发现了大量整数的结账后调整分录（round-number post-closing entries）。Stark 指出即使初级财务分析人员在总账审计过程中也能够轻而易举地发现这些分录。原告指出，安达信在审计计划阶段已经识别出结账后调整分录属于审计风险之一，然而在实质性审计程序阶段却没有进入总账系统履行此等审计程序。

经过 2 周的开庭证据出示之后，法院要求原被告双方重新启动和解谈判。第 2 周，安达信向原告首次提供了其自身的财务状况；2005 年 4 月 22 日，在开庭审理后的第 4 周，也就是离开庭审理的最后陈述阶段（closing argument）仅几天，原被告达成和解赔偿方案：安达信同意现金赔偿 0. 65 亿美元，外加安达信将来支付给其合伙人和注册资本相关负债偿还总金额的 20%，原告还有权获得安达信在任何将来其他诉讼案件中赔偿金额超过 0. 65 亿美元的赔付款。4 月 26 日，该和解赔偿方案获得法院初步批准。至此，世通欺诈案件股东集体诉讼的赔偿落下帷幕。

六、七十五亿大赔偿

世通已经破产，安达信已经没有业务收入来源，公司高管和董事成员没有足够的赔偿能力，仅仅是债券投资者的损失就超 300 亿美元，谁可赔偿？原告律师理所当然瞄准了那些投行的口袋。如何让这 17 家银行掏足够的钱，这是对原告律师的最大挑战。

股东集团资格确认（shareholder class certification）的不确定性促使原被告都在考虑和解的可能行。2003 年 8 月地区法院所确认的股东集团包括范围十分广泛，包括在过去 38 个月（793 个股票交易日）中买入世通股票的投资者；而且法院还认为所有股票投资者在买入股票的时候都依赖了 SSB 分析师 Jack Grubman 的分析报告。花旗对此裁决提出上诉，美国联邦第二上诉法庭于 2003 年同意受理该上诉。这个上诉对原被告来说类似于开庭审判，如果上诉结果推翻了地区法院的判决，那么意味着集团的范围将会缩小，这正是原告所担心的；相反，则会大大提高承销商被告的赔偿金额。与其将命运交付给上诉法庭，还不如原被告自己进行协商；正是双方对上诉结果不确定性的担忧，使原被告双方从 2004 年初开始和解谈判。

谈判开始时双方立场差异巨大，花旗集团和其他承销商被告（“投行被告”）只同意赔偿 0.35 亿美元，而原告则提出 100 亿美元的要求。17 家投行被告的阵线联盟使原告认为任何合理的和解谈判几乎已经不可能；原告律师也意识到，原告指控的法理依据是承销商需要对世通的财务健康作出彻底的调查，这个法理依据在当时美国的相关法律中并不十分明确。

然而，投行被告联盟看来并非完全同心同德，投行内部对和解赔偿存在不同意见，这导致了和解谈判在初期没有任何进展。投行内部的争议主要是其他投行被告认为在涉及债券投资者（非股票投资者）赔偿方面花旗应该赔偿更多一些，因为花旗是投行被告中唯一被指控违反证券欺诈的；而花旗拒绝了这个要求，花旗认为证券承销团合同中明确规定各方按照其承销多少债券金额比例承担赔偿义务（包括律师费）。投行被告联盟的律师 Kasner 告知花旗的内部律师，联盟打算将花旗剔除，联盟的律师不再代表花旗进行诉讼。

被联盟抛弃的花旗，也是所有被告中有最大潜在赔偿风险的，急于希望和解赔偿，尽快退出诉讼。当时花旗的新上任 CEO（Charles Prince）也急于挽回花旗的名声，尽快摆脱安然和世通集体诉讼。花旗自己内部估计，如果输掉官司，最大赔偿金额将高达 500 亿美元。此外花旗除了被指控违反 1933 年的证券法之外，由于其分析师报告，还是投行中唯一被指控违反 1934 年交易法 10（b)条款的，因此花旗在诉讼一开始就有自己的计划、有自己的声音，聘请了额外的律师所。花旗的和解谈判是在其新 CEO 直接参与下进行的，经过数轮的接触，于 2004 年 5 月 6 日谈判各方来到纽约南区联邦地区法院的陪审团厅，由法官主持谈判会议，各方谈判律师进进出出直到达成赔偿的金额范围为 25 亿到 29 亿美元，下午 4 点终于达成最后的赔偿金额为 25.75 亿美元。花旗赔偿方案对应的计算公式被称为“花旗公式”。

花旗的和解赔偿使其他投行被告陷入了被动，已经获取巨额赔偿金额的原告律师对和谈倒显得不迫切了。如果其他投行被告也都接受“花旗公式”，那么其总赔偿金额大约为 28 亿美元；原告律师给这些被告 45 天时间考虑是否接受“花旗公式”。然而其他投行这时候显得十分团结，一致拒绝这个提议，只同意赔偿 3 亿美元。后来原告律师又提出愿意给投行被告中的非主要承销商 25% 的优惠，然而这个提议并没有获得投行律师 Kasner 的回复。原来各投行都在请律师打自己的主意，而且被告律师代表 Kasner 认为其他投行的赔偿额不应该高于花旗的金额，因为花旗还受到证券欺诈指控，而其他投行没有。原告律师 Berger 仍试图说服 Kasner 进行和解谈判，他们终于约见共进早餐，第一次面对面坐下来沟通案情、家庭、共同的朋友、Berger 的摄影展，Berger 还送给 Kasner 自己写的书。然而 Kasner 仍然不为所动，没有任何回应，这无疑激怒了 Berger。为何 Kasner 一直拒绝和解谈判？原来他将希望寄托在简易判决上，Kasner 将简易判决的申请视为自己的得意佳作，即使原告律师也不得不承认 Kasner 简易判决申请动议的精彩。这个动议申请导致了法院对投行的勤勉尽职抗辩原则进行了过去 50 年来最为彻底的法律分析。

然而，事与愿违，2004 年 12 月，法院拒绝了投行被告提出的简易判决申请。此后，投行被告联盟出现了进一步的松动，美国银行和其他投行被告的律师纷纷联系原告律师 Berger 进行单独和解谈判；原被告律师的私下会面看来总是从家庭、爱好、校友等等谈起，最后触及案件和解。美国银行是被告联盟中第一个倒戈的，2005 年 2 月 24 日，美银同意完全按照“花旗公式”赔偿 4.605 亿美元。搞定美银后，Berger 开始做雷曼、瑞士信贷第一波士顿和瑞银华宝代理律师的工作，提醒他们案件进展已经加快，最好考虑接受“花旗公式”。很快，在 3 月初，这些银行纷纷倒戈，大多以超过“花旗公式”计算出的金额和解赔偿，超过比率从 5% 到 17% 不等。

众多银行倒戈后，尚未进行和解的只有摩根大通和另外两个小投行，摩根大通估计如果输了官司，其最大的赔偿将达到50亿美元。摩根大通先是向法院提出反对其他银行和解的动议，试图阻止银行倒戈，迫使所有投行被告坚持开庭审理，然而法院拒绝了这个动议。3月14日，离开庭陪审团选择日期只剩下3天了，摩根大通的董事会接受了管理层提出的建议，批准了和解赔偿的策略。摩根大通派出其内部总法律顾问Joan Guggenheimer和Berger直接接触；两位律师的首次接触仍然是在一对一的纽约中城餐厅共进早餐中进行，会谈又是从家庭和成长回忆开始。Berger终于发现有和他可谈的人出现了，但现在Berger要求赔偿的胃口已经变大了，"花旗公式"已经不是原告愿接受的方案了，Berger不打算轻易放过摩根大通的"深口袋"。3月16日，也就是所定的开庭日期的前1天，摩根大通终于同意给出20亿美元的赔偿方案；原被告律师当天下午就飞奔至法院提请法官批准。由于拒绝早先的和解赔偿方案和接受"花旗公式"，这些投行被告总共付出了比按照"花旗公式"计算出的赔偿金额超出8亿多美元的赔偿。

至此，世通证券集体诉讼和解总赔偿金额超过61亿美元，这是当时美国历史上赔偿金额最高的证券集体诉讼案。然而就在接下来的几个月，这个纪录被安然案件超过70亿美元的股东集体诉讼赔偿所刷新。世通和安然案件在和解赔偿金额上所创下的历史纪录、案件本身对美国证券案例法的发展、促进华尔街投行、律师和会计师进行深刻法律风险和职业责任反思、以及公司治理等各方面都有着不可估量的重要影响。

如果包括SEC诉讼和退出集体诉讼部分所达成和解金额，世通集体诉讼的总赔偿超过75亿美元，是美国历史上仅次于安然案件的第二大证券投资者赔偿案件。按照赔偿达成的时间先后，这些赔偿包括：

• 2004年5月10日，花旗集团同意赔偿25.75亿美元并在当年11月获得法院批准。

• 2005年3月3日，美国银行同意赔偿4.605亿美元。

• 2005年3月4日，雷曼兄弟、高盛、瑞士信贷第一波士顿及瑞银华宝同意赔偿1.003亿美元。

• 2005年3月9日，荷银（ABN，AMRO）三菱证券公司，法国巴黎银行（BNP Paribas Securities Cop.）及Mizuho International同意赔偿共计4.284亿

美元。

- 2005 年 3 月 10 日，德银同意赔偿 3.25 亿美元。
- 2005 年 3 月 10 日，WestlB and Cabato Holding 同意赔偿 1.125 亿美元。
- 2005 年 3 月 16 日，摩根大通证券公司同意赔偿 20 亿美元。
- 2005 年 3 月 16 日，Blaylock & Partners L. P. 同意赔偿 572840 美元，Utendahl Capital Partners，L. P. 同意赔偿 234000 美元。
- 2005 年 3 月 21 日，世通公司前董事会主席 Bert Roberts 及本案的第 12 名和最后董事被告也同意达成赔偿，同意从其个人财产中支付 450 万美元作为赔偿款项；2005 年 3 月 18 日，共 11 名其他董事会成员同意从其个人财产中支付 2 025 万美元来作为赔偿款项；这些前董事高管的保险公司也同意追加 100 万美元的赔偿用以补充 Robert 的赔偿，并同意追加 3500 万美元用以补充其他董事的赔偿金额。
- 2005 年 4 月 22 日，在经过 4 周的法庭辩论之后，也就是在马上进行法庭最后陈述的 2 天之前，安达信会计公司的和解赔偿终于达成，安达信同意赔偿现金 0.65 亿美元，外加安达信向其美国所有 1700 名合伙人派发任何权益的 20%。
- 2005 年 7 月 26 日，首席原告宣布达成和世通公司原管理层被告的和解赔偿，这些前高管包括：Scott Sullivan（CFO）、David Myers（controller）、Buford Yates（Chief Accounting Officer）；这是本案中所有被告的最后和解赔偿，大约 1000 万美元，主要是来自 CFO 的房产变卖收入，至于 Myers 和 Yates，这两位几乎没有多少个人财产可以用来赔偿，所以基于人道原则，他们两位免于赔偿。至此，本案累计获得和解赔偿总金额高达 61.36 亿美元，这还不包括大约 1800 万至 2800 万美元的来自前 CEO 的额外赔偿金额，该赔偿将从前 CEO（BernardEbbers）的个人财产变卖中获得。按照同 CEO 的赔偿协议，其剩余财产（主要是不动产和在其他几家公司的股份）的变卖收入中需要拿出 2/3 来作为本案的赔偿金。
- 2012 年 10 月 18 日媒体报道，安达信追加赔偿 0.38 亿美元，至此安达信的总赔偿达 1.03 亿美元。

在股东集体诉讼过程中，大约有 14 220 名投资者退出集体诉讼（opted out

of the class），进行另外的单独诉讼，2005 年 10 月共获得了 6.51 亿美元的赔偿，主要赔偿方仍然为花旗集团和摩根大通，安达信的赔偿金额为 800 万美元。

SEC 也对世通的会计欺诈提出诉讼，2003 年 5 月 20 日世通和 SEC 达成和解，同意诉讼和解赔偿：现金 5 亿美元，外加估值 2.5 亿美元的股票，总赔偿额为 7.5 亿美元。

以上所获取的赔偿给付对象皆为世通的投资者，总计赔偿金额超过 75 亿美元。

在 2004 年的花旗和解赔偿中，法院同意给予原告律师高达 1.415 亿美元的律师费；在 2005 年的和解赔偿中，原告律师申请获取律师费高达 1.946 亿美元，约占这些和解赔偿金额的 5.5%。法院认为本案的调查十分复杂，虽然世通管理层的刑事调查内容在某种程度上有助于股东集体诉讼的指控内容调查，但这些刑事调查是针对世通内部人士的，这些调查对指控外部人士诸如投行和安达信来说帮助并不大，尤其是原告必须能够证明安达信的审计是如何不符合公认审计准则的，其难度和复杂程度十分大。法院十分认可原告律师的出色表现（superior quality），认为被告律师的抗辩策略也非常高明（significant quality），法院最后同意了原告律师的费用申请。本案原告律师获得总服务费超过 5 亿美元。

安然和世通诉讼案件再次表明，对号称华尔街“三剑客“的投资银行、会计师和律师来说，在“高风险高回报”客户的服务过程中，职业操守和公众责任应该是其立足而必须遵守的基本底线。

申明和信息来源

本案例的主要信息来源于相关法律文件，案件中所提到的指控内容，可能属实，也可能并非属实，本书对此并无任何立场。同时，由于本案并未经过陪审团和法院的最后庭审判决，而是以和解结束，被告并不承认这些指控，所以也意味着这些指控的事实认定在美国证券相关法律下并未予以确认。本案例的主要信息来源包括：

- 2002 WL 32152258 Class Action Complaint, October 11, 2002.
- The moving Underwriter Defendants' Memorandum of Lay in Support of Their Motion to Dismiss Counts IV and V of the Consolidated Complaint, December 13, 2002.
- 2003 WL 22960219 Citigroup Defendants Memorandum of Law in Support of Their Motion to Dismiss the First Amended Class Action Complaint, September 05, 2003.
- Arthur Andersen LLP's Amended Opposition to Lead Plaintiff's Motion for Partial Summary Judgment on Count III ("Section 11") of the Corrected First Amended Class Action Complaint, September 20, 2004.
- Lead Plaintiff's Memorandum of Law in Opposition to Arthur Andersen LLP's Motion for Summary Judgment.
- Arthur Andersen LLP's Reply Memorandum of Law in Support of its Motion for Summary Judgment Dismissing (1) the Securities Fraud Claim ("10b – 5") Against Andersen and (2) the section 11 Claim against Andersen with Respect to the May 2000 Bond Offering, October 19, 2004.
- 346 F. Supp. 2d 628 Opinion and Order, December 15, 2004 (Underwriter Summary Judgment).
- 388 F. Supp. 2d 319 Opinion and Order, September 21, 2005, settlement approval (underwriters and Andersen and Directors).
- 2004 WL 2591402 (S. D. N. Y.), Opinion and Order, November 12, 2004, City settlement approval.
- Opinion and order 2003 WL21488087 (S. D. N. Y), June 24, 2003.
- 352 F. Supp. 2d 472, Jan. 18, 2005.
- 2005 U. S . Dist. LEXIS2215, February 17, 2005.
- Litigation 2005, A supplement to the American Lawyer& Corporate Counsel, Breaking the Bank, The inside story of the $6. 1 billion World Com settlement.

3. 美国银行收购美林公司案

● 财政部长和美联储主席联手施压，听政府的号令以保职位，咬牙收购美林？还是股东利益至上，远离祸水？美银高管左右为难。

● 最终为通过并购投票，向股东隐瞒美林重大亏损和巨额奖金的信息。

● 为挽救美林这家老牌投行，促成并购，美国联邦政府200亿美元注资美林，外加1180亿美元的“有毒资产”担保，本案焦点：

* 为何在收购股东表决前隐瞒美林的巨额奖金？年度奖金属于或有事项还是高概率事件？

* 媒体已经报道是否代表市场已经知情？是否可以免于披露？

* 顶级投行和一流律师所作的美林奖金披露，为何会造成不实陈述？

* 为何隐瞒美银和美林最新一季度史无前例的巨亏？是故意？是轻率？还是疏忽？

* 周末谈判，闪电并购，美银对美林的短时间并购尽职调查是否充分？

* 联邦政府为何不愿意提供书面援助承诺？隐瞒政府口头援助承诺是否属于欺诈？

一、案件起因

雷曼即将破产的传闻在华尔街已经不是秘密，市场的最新传闻是美林公司（下称“美林”）也将紧跟雷曼的破产步伐，美林CEO（Thain）的内心存在这样的恐惧，那就是雷曼的倒下必将给引爆美林灾难性的地雷，而且有可能直接导致美林在两天之内失去偿付能力，从而倒闭。2008年9月13日周六的早上，Thain迫不及待地去找美国银行（下称“美银”）的CEO（Lewis），希望美银能够出手援救美林，因为Thain知道美银对曾经炙手可热的美林垂涎已久

(had long coveted)。Lewis 曾经在多次的媒体访谈中表露出对美林的兴趣，只是曾经高傲的美林拒绝了美银抛来的橄榄枝。而这次情况不同了，脱了毛的凤凰最多只能向鸡一样乞求赎身。Thain 提出建议向美银出售 9.9% 的股权，而此时财大气粗的美银直接表达出要整体并购美林，这对美林来说可谓是求之不得，就在当天晚上美银和美林双方的团队马上启动并购的尽职调查，并开始谈判并购条款。

并购谈判的三大焦点议题是：并购对价、重大不利变化变更条款的措词(the language of the Material Adverse Change clause,“MAC”)，然后就是美林高管和员工 2008 年度的年终奖金安排。众所周知，华尔街投行年终奖金数额每年都是华尔街热点新闻议题之一，投行的高薪很大一部分是体现在年终奖上，对有的员工来说，年终奖是日常工资的数倍至数十倍不等。美林打算支付 58 亿美元年终奖，其中包括大约 1500 万美元至 4000 万美元管理层奖金；根据起诉状所披露的信息，这 58 亿美元奖金大约占此次并购对价的 12%，比美银前两个季度业绩的 26% 还多，同时还占美林 2006 年 75 亿美元总利润的 77%，是美林 2008 年 12 月 26 日股东权益（净资产）的 30%，占同天美林账面总现金余额的 8%。美林希望在并购交易结束前以加速的方式（accelerated basis）将年终奖金发放，这和美林以往通常是在财政年度结束后才发放奖金的做法是不一致的。奖金安排的谈判是整个并购交易中最大难点，因为谈判的拖延，并购合同被延迟到 2008 年 9 月 15 日凌晨 2 点才正式生效，而这个时间恰好是在雷曼申请破产后的 1 个小时。在后来的媒体采访中，Lewis 告知媒体奖金谈判的艰难，称其是一件卑鄙和自私的交易。

就在 2008 年 9 月 14 日（周日），并购的意向条款（term sheet）达成，美银原则上同意授权美林支付年终奖金，在额度上至少和去年持平，年度奖金总额为 58 亿美元（这比美林原先估计的全年奖金数要高），但列入期间损益表的奖金总额不得超过 45 亿美元，而且是按照 60% 现金和 40% 股票支付。在支付时间上，美银同意美林按照加速方式在 2008 年 12 月 31 日并购交易完成之前，也是在美林公布其 2008 年第四季度业绩之前发放。考虑了律师意见后，美银最后决定关于美林年度奖金的安排并没有体现在并购合同的主合同中，而是体现在合同的附件披露表格中（disclosure schedule），而该披露表格在表决是否同意并购时并没有提供给股东［没有体现在 proxy statement（股份投票表决授权委托书，下称“股东委托书”）之中］，也没有体现在提交给 SEC 的相关文件中。

奖金的议题谈定之后，双方同意此次并购对价总金额为 500 亿美元，对应美林的股票价格估值为每股 29 美元，这是美林在 2008 年 9 月 12 日股票收盘价格 70% 的溢价。2008 年 9 月 15 日周一凌晨，双方签署并购合同，美银的财务顾问也对此交易出具了公允的意见书并建议美银的董事会批准该交易。

2008 年 10 月 7 日，美银进行了第二次公开招股，以每股 22 美元的发行价格总共发行了 4.55 亿普通股，筹资金额为 99 亿美元。美银的全资子公司美银证券担任此次发行的承销商。

在并购交易尚未获得股东正式批准之前，2008 年 10 月和 11 月，美林的亏损面继续扩大，仅 10 月当月的亏损金额就高达 70 亿美元，10 月和 11 月累计的亏损金额超过 150 亿美元，美林在 11 月还不得不对账面商誉价值确认 20 亿美元的贬值损失，而美银 2008 年前 9 个月对外公布的业绩利润也仅仅是 58 亿美元。

美银对美林的巨额亏损并非不知情，因为并购合同签订后，美银向美林派出了 200 名员工监控美林的财务状况，美银的管理层定期且频繁地获得美林的财务信息，美银的 CEO 还每周和其董事会电话讨论美林第四季度的巨额亏损情况。美林的巨额亏损导致美银在感恩节前夕就打算讨论启动并购合同中的 MAC 条款，试图终止并购交易。而是否要向股东披露此信息，在美银内部意见也不统一。然而在考虑了律师的法律建议后，管理层决定不向股东披露美林的巨亏情况。由于被美林的业绩拖累，美银对下一季度的业绩预测是亏损 14 亿美元，这是美银历史上第一次亏损预计。

美林在 10 月和 11 月不断迅速扩大的亏损大大出乎美银管理层的意料，担心其会最终拖累美银，而且如果不向股东披露美林的巨额亏损也会给美银招来诸如股东诉讼、派生诉讼等一系列诉讼风险。Lewis 于 2008 年 12 月 17 日打电话给美国财政部长鲍尔森（Paulson）提出要终止并购交易遭到后者拒绝；在随后的三人会谈中，鲍尔森和美联储主席伯南克（Bernanke）都向美银管理层施压；当 Lewis 将美银董事会决定终止并购的立场告诉鲍尔森的时候，后者威胁道，要不让并购合同按照原计划继续履行，要不美银的董事会改组，管理层下岗；在政府的高压下，美银董事会于2008年12月22日最后决定不终止并购。美银管理层要求联邦政府就此并购对美银可能产生的损失进行补偿和救助，鲍尔森作出承诺向美银注资200亿美元，并担保美银大部分由于并购所形成的高达1110亿美元的“有毒资产”。由于担心任何政府援助一旦落实到书面形式则会构成对公众的披露义务，所以鲍尔森在并购交易结束前并不给美银任何书面的承诺，仅仅是电话的口头承诺。故此，美银董事会决定在交易结束前不向股东披露政府因并购所提供的援助承诺，打算在美银于2009年1月20日公布业绩的时候再对外披露此信息。

美银并购美林交易的股东委托书于2008年10月31日正式向投资者发布，表决书上并没有具体提到美林的年终奖金安排、美林的巨额亏损以及联邦政府的口头承诺援助这些信息。2008年12月5日特别股东大会批准了该交易，美林的每股换成0.8595股的美银股票，2009年1月1日，此并购正式完成（并购的有效日），从该日起，美林变成美银的独资子公司。

市场曾经预期美银第四季度的业绩为每股利润0.08美元，然而市场关于美银将亏损的消息不胫而走。2009年1月12日，花旗的分析师预计美银该季度将亏损36亿美元，而且将股利从原来的每股0.32美元下调至每股0.05美元。受此分析报告影响，第二天美银的股价从12.99美元下跌到11.43美元，并于2009年1月15日继续下滑到8.32美元。2009年1月16日股市开盘后，美银终于公布了上个季度美银和美林的业绩，合并后的公司在2008年第四季度的总亏损金额为税后153.1亿美元（税前亏损金额超过210亿美元），美银自身的该季度亏损金额为18亿美元；同时宣布美国联邦政府的援助计划：200亿美元的政府注资以及对高达1180亿美元“有毒资产”损失的政府担保。此消息一出，评估机构穆迪马上将美银的信用降级，Fitch也将美林的评级下调至F。在整个周末，华尔街充满了美银和美林的负面新闻消息和分析师报告。2009年1月20日，美银的股票下滑至每股只剩下5.1美元，当天市值继续缩水29%。

2009年1月22日，美银CEO Lewis解雇了美林前CEO Thain；2009年4月，美银的股东投票表决罢免了Lewis公司董事会主席的职务，随后有数名美银的董事会成员和高管辞去职务。包括股东诉讼在内的各种诉讼迅速爆发，2009 年 9 月 25 日，原告代表向美国纽约南区法院提交了修改后的合并股东集体诉讼状。

原告指控：

- 包括美银、美林、Thain、Lewis、Price 和 Cotty 在内的被告违反交易法 10（b）条款和 10b－5 规则；
- 包括 Lewis、Price、Thain 和美银董事会成员在内的被告违反交易法 2009（a）控制人责任条款；
- 包括美银、美林、Lewis、Thain、Price、Cotty 和美银董事会成员在内的被告违反交易法 14（a）条款和 SEC 14a－9 规则，所出具的合并股东投票表决授权委托书（joint proxy）存在误导和遗漏，并没有及时更新；
- 包括美银、Lewis、Price、Cotty 和美银二次股票发行承销商在内的被告由于所出具的证券登记注册文件存在重大误导而违反证券法第 11 条款；
- 包括美银和承销商在内的被告由于二次股票发行登记注册文件存在不实陈述和遗漏而违反证券法 12（a）（2）条款；
- 包括 Lewis、Price 和美银董事会成员在内的被告由于二次股票发行登记注册文件没有精确如实披露美银的真实财务状况而违反证券法第 15 条款。

二　法院的分析和判定过程

被告向法院提交动议申请驳回原告的起诉，法院于 2010 年 8 月 27 日作出如下裁决：

关于对 Thain 和美林违反交易法的指控

Thain 和美林对美银的股东不存在信息披露的义务。披露义务的存在是指控被告违反证券交易法 10（b）条款和 SEC 10b－5 规则的前提所在。针对美银股东指控其隐瞒奖金和巨额亏损信息，Thain 和美林抗辩道，基于避免利益冲突的原则，他们是对美林的股东负责，对美银股东不存在披露义务。法院认为，披露义务是否存在是基于其中一方和另外一方是否构成信托关系（fiduciary relationship）。这种关系在很多交易过程中存在，比如：交易一方如果对某些重大事项保持沉默则会构成欺诈，那么该方对另外一方就存在基于信托关系的披露义务；又比如：如果交易双方之间确认存在信托关系或者其他类似的信赖和信心关系（如代理和被代理），那么其中一方对另外一方所拥有的交易相关的重大信息是有知情权的，倘如此，二者之间就存在信息披露义务。然而，在本案中，原告只是结论性地认为 Thain 和美林就公司的年度奖金、第四季度重大亏损等信息存在对美银股东的披露义务，原告并没有解释说明该义务存在的依据和原因所在。法院认为，原告并没有阐明两被告和美银股东之间是否存在信托关系，所以就原告对被告隐瞒信息和违反披露义务的指控予以驳回。

关于违反交易法 14（a）条款和 SEC 14a－9 规则的指控。交易法 14（a）条款规定，任何人违反 SEC 的规则出具股东委托书，或者同意他人使用其名字违反 SEC 规则出具该委托书，则需要承担责任。这个责任界定前提并不需要被告和股东之间存在信托关系，而是只要被告出具（或者同意他人使用被告名字出具）了违法的股东委托书。SEC 的 14a－9 规则则明确禁止股东委托书在其发布时存在重大错误和误导的信息。交易法 14（a）条款和 SEC 14a－9 规则的目的不仅仅是从法律途径确保交易的公允性，更是为了确保公司的董事会和管理层向股东提供足够的重大信息，以便于在知情的情况下股东作出投票决定。法院援引 In re McKesson HBOC，Inc. Securities Litigation 等相关案例认为，如果交易一方（如并购交易中目标公司的管理层甚至董事会成员）出具不实陈述或者隐瞒信息，而给另一方（并购方）的股东带来损失，那么产生损失的股东可以起诉对方。因此两被告以其和美银股东之间不存在信托关系作为抗辩理由不成立。

在美林年终奖信息上存在重大误导的指控是充分的

原告指控被告没有在股东投票授权书中披露美林年终奖的具体情况，然而被告抗辩认为该授权书在美林年终奖信息上不存在误导也不存在披露遗漏，因此被告要求法院驳回原告就此指控被告违反交易法 10（b）条款和 14（a）条款。法院基于以下的分析，拒绝了被告的这一申请动议：

股东委托书中的保留性措词（qualifying language）和并购合同并没有披露美银同意美林的奖金安排。法院援引案例指出，交易法10（b）条款隐含有这样的要求，如果被告选择作任何表述，那么就有义务对事实在重大方面作全面的表述。被告认为股东委托书中有明确的保留性措词指出在获得美银批准的前提下，允许美林管理其特别员工薪酬。股东委托书在“Covenants and Agreements”这一段落中确实有涉及美林员工薪酬的一些表述，尤其在并购合同的Negative Covenant条款中特别指出，美林不得向员工支付任何不属于现有计划或者合同所要求的薪酬（除了正常业务下的基本工资外）。被告认为这些保留性措词可以解读成美林有条件地被授权向其员工在并购交易前支付奖金。被告指出，并购合同虽然禁止美林向员工支付任何非现有计划或者合同约定必须支付的薪酬，但条款5.2允许有3种例外情况：

- 第一种例外情况就是并购合同附件披露表格，合同所定义的披露表格是指包含那些属于美林义务的例外事项（exception to ML's covenants）。然而这个披露表格没有在股东委托书中披露，也没有在其他渠道公开披露。

- 第二种例外情况是，并购合同5.1条款要求美林维持其日常重大业务，包括尽合理努力维持现有管理架构，保持关键员工和管理人员的稳定。美林曾经在2008年3月的股东委托书中解释道，市场可比较水平的薪酬将是挽留员工的前提；而且并购合同6.5（a）条款也明确承诺了美林的员工薪酬和就业机会至少保持目前可比较水平，并将持续到2009年底。所以被告抗辩认为股东对美林的年终奖安排是知情的。但法院并不认可被告的这一抗辩理由，法院认为以上合同措词并无法说明美银已经在合同中同意了美林自行管理和支付年度奖金。

- 第三种例外情况是，在美银的事先同意下，美林可以向其员工支付除基本工资之外的薪酬。被告认为，5.2条款的用途就在于禁止美林在没有美银同意的情况下，在奖金上失去控制。

被告抗辩认为投资界已经知道美林2008年年终奖大约会有几十亿美元，被告指出，在美林第三季度季报和提交给SEC的10－Q文件中已经披露了美林对薪酬的计提金额大约为111.7亿美元，而且媒体也对此进行过报道；而且被告指出，股东委托书和并购合同对奖金的措词并不是对一个已经存在的事实进行表述，而仅仅是为了防止美林没有得到美银事先批准的越权行为。

法院认为被告的以上抗辩并不足以抵消原告指控被告没有披露那些已经过美银授权的奖金支付计划。因为在股东委托书于 2008 年 10 月 31 日正式公告的时候，美林的年终奖安排已经不属于假设性事件了；相反，美银和美林双方已经达成书面协议，允许美林自行管理不超过 58 亿美元的年终奖发放事宜，并且同意采用加速方式来支付；而且此事是如此之重要，故此也构成是并购谈判的三大关键议题之一，奖金发放的条款也以书面形式体现在并购合同的信息披露表格中。并购合同的 5. 2 条款提到了该信息披露表格，然而该表格的具体内容并没有对外公开，而且股东委托书内容也没有任何涉及该表格所记载的美林奖金安排事宜。相反，股东委托书却指出，任何不属于现有计划或者合同下约定的薪酬上涨或者发放都属于特别事项（extraordinary actions）。美林最终发放的年终奖金总额为 36 亿美元，而不是 58 亿美元。然而，如果任何有理性的投资者获知美银已经书面同意美林支付 58 亿美元的奖金，那么其在购买美银股票或者投票表决的时候，将会认为此属于重大信息。

被告还抗辩指出，SEC 的现行法规并没有要求公司披露此等信息。然而法院认为，虽然不存在明示的披露义务，但这并不妨碍原告指控被告对外作出不实和有误导的陈述，因为对外的不实陈述毕竟是不符合保护投资者权益要求的，而且判例法要求如果公司选择对外披露，那么就应该如实披露所有相关的重大信息（就某一事项不能作出选择性的披露）。法院指出，假设原告诉讼状所描述的情况属实，那么被告的股东委托书信息所给人的推断是美林年度奖金的安排属于或有事项，而实际情况是美银和美林双方都已经就奖金总金额和支付时间达成了协议，已经是属于高概率事项了（highly probable event）。法院认为，被告在股东委托书和并购合同中的所谓保留性措词并不足以确保有理性的投资者会同意美银向美林授权由后者自行决定向员工支付那些并不属于现存计划或者合同约定下的任何款项。

被告又抗辩指出，并购合同仅仅是用来私下说明和分清美银和美林之间的各自责任。法院并不认同被告的这一立场，因为被告所提供的股东委托书上明确指出，并购合同是用来约束整个并购交易的法律文件，并提醒股东们在投票表决前要通读该合同。所以任何有理性的投资者都会将并购合同视作是对已经发生了的事情作出的描述。

法院认为，被告最为严重的行为是决定不在向 SEC 提交的文件中披露美林的奖金事项，也不提交并购合同中所指的披露表格。SEC 的规则 S-K 601 条款在涉及合同附件信息是否需要提交的时候，虽然不要求提供涉及并购交易的合同附件和附属表格，但有例外的要求，那就是如果这些附属表格对于投资决定来说属于重大而且该信息也没有在合同或者已经披露的文件中所包含，那么就需要向 SEC 提交；如果没有提交该附属表格，那么至少必须在披露文档中对这些没有提交的附属表格内容作些简单介绍。

而在本案中，并购合同的 5.2 条款仅仅是提到说在公司的披露表格中存在例外条款，但并没有具体说明这些例外条款的内容。提供给股东的委托书文件中也没有披露例外条款的性质，股东只能通过猜测来了解披露表格的内容。所以法院并没有采纳被告援引 SEC 的 S-K 601 条款进行抗辩。

被告的整个抗辩逻辑是，原告指控的所谓隐瞒信息只不过是没有在向 SEC 提交的文件中或单独给股东的文件中披露，但该信息其实已经是包含在并购合同中，而并购合同中又非常明确地通过有保留的措词来指出还存在未公开的披露表格，所以被告认为，对有理性的投资者来说，不会简单地依赖并购合同来作投票的决定。第九巡回法庭就曾经拒绝过类似被告的这个抗辩逻辑，该法庭认为公司并购是企业非常重大之事件，股东对并购的细节信息具有非常强烈的兴趣，虽然并购合同是交易双方私下的法律文件，而且可能也包含没有对外公开的信息披露表格，但这并不代表股东就不可以依赖并购合同的相关条款作出投票决定。所以该法庭认为，如果并购合同中明确说明目标公司不存在重大的违法事件，而事后发现其实存在该情况，那么股东是有权提起诉讼的。

媒体报道和美林以往向 SEC 提交的文件并不代表本案的股东委托书信息不重要，在诉讼现阶段法律上也不能认定为市场对此已经知情。被告抗辩认为媒体对美林的奖金已经有大量报道，而且美林以往向 SEC 提交的文件中也对公司的奖金情况作出披露，所以原告对美林年度奖金的做法是知情的，因此即使被告没有在股东委托书文件中对美林的信息作披露，该信息也属于非重大信息。法院并没有采纳被告的这一抗辩理由。

被告所指的以往披露包括：

• 2008年10月16日美林提交的8－K表格中，指出2008年前9个月预提的薪酬福利总费用为112亿美元；

• 2008年3月美林在召开股东大会前公布的股东委托书文件中，曾着重强调提供有竞争力的报酬是挽留员工的关键，这包括基于上一年度业绩表现而在1月份支付的年度奖金；

• 2008年11月5日美林提交的2008年第三季度10－Q表格中，提到不计息的薪酬福利费用总金额为111.7亿美元。

被告认为以上披露资料已经通过索引的方式包括在股东委托书文件中了，所以对投资者来说已经是非常清楚地知晓美林员工的基本工资仅仅是2008年前三季度所预提的这111.7亿美元的一部分。而且包括CNN、Bloomberg News、The New York Times、NBC和Fox News在内的媒体在2008年10月也都讨论预计美林的2008年度奖金大约在30亿至60亿美元之间。所以，被告认为，以上SEC文件和媒体报道都足以让公众投资者意识到美林将会支付年终奖。

美林2008年第三季度的季报确实披露了薪酬费用，然而，原告并非指控美林的奖金计提过多。原告所指控的，是股东委托书文件给投资者带来了误导，由于不实的陈述和信息披露的遗漏，投资者误以为美林只需要支付那些现有计划或者合同约定下的薪酬。所以，原告是认为被告美银暗地里同意了美林的58亿美元奖金，虽然其最后的实际支付总金额为36亿美元；但原告认为如果在并购交易结束后，美银可以实际有效地控制美林，因此这个金额或许还可以继续大幅度降低。

法院指出美林的奖金是在并购交易结束前，也就是在2008年12月31日之前支付，这和美林以前年度的惯例（即在财年结束下年的1月份支付）不一致。如果依照惯例，理性的投资者会认为2008年的奖金也会在并购交易结束后即2009年1月支付。被告抗辩指出，2008年3月的股东委托书中涉及奖金支付时间的描述不应该予以引用，因为涉及薪酬理念的一般性描述并不适用于美林被并购的情形。法院认为被告的抗辩是带有投机性，只是从2008年3月的股东委托书文件中挑选对自己有利的措词进行辩护；如果正如被告所认为的涉及员工薪酬的一般性措词不适用于并购情形，那么该文件中其他类似的描述也不应该在并购交易的诉讼中作为抗辩理由，如：奖金的管理模式以及实行有竞争力的薪酬制度以挽留员工等等。

针对被告认为媒体已经报道导致市场对此信息已经知情，所以该信息并不属于重大信息，法院认为，市场是否对媒体的报道构成了知情，则需要考虑这些报道或者其他信息能否形成足够的强度和可信度从而可以有效抵消（counter-balance）被告不实陈述或者遗漏披露所形成的误导。而这种判断是涉及非常具体的事实认定过程，很少可以在案件的诉讼是否驳回阶段作出裁决的，所以在目前阶段法院并不采纳被告的这一抗辩理由。

因此法院认为原告对被告在美林奖金安排上的指控从某种角度上是充分的，那就是在涉及措词上存在重大不实（误导）陈述，而不是隐瞒重大信息。

2008年第四季度亏损属于重大隐瞒信息

美林和美银2008年第四季度的财务状况出现恶化，亏损金额巨大，仅10月美林的亏损金额就高达70亿美元，这些信息没有及时向投资者进行披露。原告指出，被告美银公司对美林的亏损是知情的，因为美银派出了近200人的团队监控美林的财务情况，而且在第四季度美银管理层都及时收到美林的每天损益信息。

被告首先抗辩指出公司并没有义务对外披露季度间的财务数据，SEC也没有规定需要公司披露，公司财务数据对外披露机制是基于季度的数据，而非季度内的数据。然而法院援引案例认为，季度内的数据在某种情况下企业也是有义务披露的，尤其是存在季度中间突发事件的情况下；或者说如果期后所发生的事件导致了先前的披露存在误导，那么更新追加披露就有可能构成企业的义务。

被告又抗辩指出，在11月3日公布的股东委托书和向SEC提交的季度报告中，美银和美林都对目前市场震荡的恶劣环境及公司的经营情况作出了负面的预测，并指出目前的困难情形预计短期内不会变化，所以这足以让投资者判断公司的业绩不可能乐观，由此即使没有及时披露第四季度的亏损信息，该信息也就因此属于非重大信息。

法院并不同意被告的理由，法院认为如果原告的指控属实，那么美林10月的当月亏损金额就高达70亿美元，是公司历史上亏损最多的月份，而且接下来的每周亏损金额都高达数亿美元，被告对此是知情的，因此被告对外的信息披露是预测公司业绩属于负面，但实际情况是负面的事实已经存在，就是说不属于预测的范畴了。被告作为内部人士对此知情，而投资者反而不知情，所以不能说该亏损信息对投资者投票决定而言是不重大的。所以法院拒绝采纳被告的抗辩理由，认为原告已经充分阐明亏损信息属于重大隐瞒。然而，隐瞒亏损信息是否属于欺诈性质则需要下文进一步讨论。

驳回原告关于美银对美林尽职调查的指控

原告指控美银对美林的并购尽职调查不充分，而且还对尽职调查向股东作出了不实陈述，没有披露其调查的不充分性。原告指出，被告的管理层在9月15日的投资者会议上宣称，美银对美林的尽职调查是广泛的，美银派出了强大的调查小组，而且美银所聘请的财务顾问熟悉美林的业务，对涉及资产估值、交易头寸等方面进行了综合的调查，所以相信美林的风险比原先要低。原告指控被告的尽职调查范围并不充分，无法了解美林的真实风险水平，而且原告还援引美联储某官员的评论指出美银的尽职调查不论是在并购前还是并购后都存在重大缺陷。原告称美联储主席Bernanke曾经指出，如果Lewis决定终止并购，那么他将对外披露美银在尽职调查方面的不足；此外，原告称美联储的某一副总裁曾致信给美联储的其他官员称，“Lewis正担心由于尽职调查的不足导致美林公司的风险给美银带来麻烦，从而引发股东诉讼”。

被告抗辩认为，其在投资者会议上涉及尽职调查的陈述是有妥当保留措词的，美银在很大程度上是依赖美银和美林之间历史的交易经验以及顾问公司对美林公司以往的调查经验，而且美银告知投资者的是美林的风险比以前有所降低，并没有说是完全消除。被告还指出，其涉及尽职调查的陈述属于意见性的和笼统性表达（statement of opinion and generalization），并不属于可诉范畴。法院认为对于意见型的陈述，原告必须能够充分指控被告在作出该陈述的时候是故意的或者轻率的，即：存在欺诈的企图。然而本案中，被告认为其主要是依靠历史经验来作出并购的判断，而不仅是简单依赖短短的一个周末时间的谈判调查结果来决定并购交易的，而且被告是认为美林的风险比原先要低，并没有宣称风险已经完全消除，所以原告并无法充分指控被告就此陈述存在恶意或者轻率，欺诈的指控并不充分。虽然数月后美联储和 Lewis 质疑尽职调查的充分性，然而这些属于事后的情形，并不能用来证明美银当时在作陈述的时候存在恶意或者轻率。故此，法院驳回原告对被告的此项指控。

原告还指出，被告对某些先前的公开陈述具有补充或者更新的义务，这些先前的陈述如："美林的风险已经在很大程度上降低了"；"此并购是个大满贯交易，是一生中的战略性机会，预计将会给股东创造更多价值"；"美银的资本金充足，并购将会加强公司的资本金水平和流动性"；"美银从二次股票发行所筹集的约 100 亿美元可以满足美林并购交易预期所需的资金"；"该并购将极大地提升公司的市场竞争地位，提升公司在财富管理、投资银行和国际业务的能力"等等。原告认为并购交易的发展和事后表明以上这些陈述并不正确，如：美林的严重亏损、美银的资本金不足、寻求美联储的资金支持等等，所以被告有义务及时补充或者更新这些陈述。然而法院认为，被告的这些陈述大多属于对将来业务乐观性的模糊表述（vague statements of optimism），或者属于一种个人观点的表达，或者属于对业务的模糊性鼓吹（puffery），并不属于那些基于让投资者以为持续存在事实的前瞻性陈述（forward-looking statement），有理性的投资者不会因为这些陈述而作出投资决定，所以根据相关案例法，陈述者并没有补充和更新这些陈述的义务，这些陈述也不属于交易法 10（b）条款和 SEC 10b－5 规则下的可诉范畴。

驳回原告指控被告没有及时披露联邦政府援助信息

原告指出，美银在并购过程中获得了美联储资金支持的承诺，但在并购投票表决时美银并没有向投资者披露该信息。被告抗辩指出，SEC 的 8－K 表格披露要求是针对企业非日常经营活动中的重大合同，美联储的援助在并购结束之前并不存在合同，所以不存在披露义务。

美银 2008 年 12 月 20 日的董事会会议记录中详细记录了一些相关信息，如："公司可以确信财政部和美联储在 2009 年 1 月 20 日之前（也就是在美银公布第四季度业绩之时）完成和提供所承诺的政府援助"；"即将上任的奥巴马政府经济领域官员也已经获悉并同意联邦监管机构对美银的此项资金支持"；"美银 CEO 同意此项并购的条件是政府能够在 2009 年 1 月 20 日之前实现目前的口头承诺提供支持”等等。CEO 还告知董事会，联邦政府财政部和美联储已经口头同意并作出详细的支持计划，美银和这些监管机构的讨论和沟通过程包括详细的支持计划都以电子邮件的形式记录下来。原告还指出，财政部和美联储之所以在 2009 年 1 月 20 日之前只能提供口头承诺，是为了避免在此之前产生披露义务。

原告认为，以上的信息是如此之详细，足以说明美银在并购交易结束之前实质上已经获得政府资金支持的具体承诺（concrete assurance）。但被告认为这些所谓的承诺并没有形成概念性的合同（definite agreement），所以美林并没有披露义务。原告指出，政府支持的详细和具体的计划都已经确定，双方故意不进行书面化的明确是为了避免马上产生对外的披露义务。法院认为原告的指控逻辑是成立的，符合交易法 10（b）条款和 SEC 10b－5 规则的某些舞弊特征（particulars of fraud）；然而，法院又指出，原告对被告的指控还无法完全满足欺诈的要素。（见后文分析）

Lewis 9 月 15 日的某些陈述不属于可诉范畴

原告指控 Lewis 在 2008 年 9 月 15 日的投资者会议上的某些陈述不实，但最终法院都驳回了这些指控，包括：

关于美林流动性的陈述。在该会议上有分析师问为何该并购的对价存在溢价，Lewis 说道，其中一个很大的可能是美林自身拥有足够的流动性和能力来渡过这个难关，这虽然不容易，但美林曾经经历过并成功走出困境。然而原告引用 Thain 之后的陈述指出，美林出售的主要原因是流动性不足。法院认为，用 Thain 之后的陈述来指控 Lewis 之前的陈述，并不符合法律逻辑；而且原告也无法具体阐明，Lewis 在作出这个保留性极大的陈述时其内心是认为自己在说谎的，所以法院驳回原告对此项陈述的指控。

关于联邦政府是否施加并购压力和认为 Thain 自私的陈述。在该会议上，当有分析师问是否联邦政府施加了并购压力，Lewis 予以了否认。原告指出，财政部长 Paulson 曾告知 Thain 要求在 9 月 15 日之前完成并购；在 PBS“Frontline”节目的访谈中，Thain 说到财政部长曾经告诉他“你最好确保此交易达成”。原告指出，当分析师问及该交易是否由于 Thain 出于私利而达成，Lewis

予以否认说“谈判完全是从交易本身角度考虑，而不是为了 Thain”。原告还指出，整个并购谈判的重点和难点之一就是 Thain 和他团队的奖金事宜，而且 Lewis 后来也对外公开透露奖金的谈判可谓是个无耻和自私的过程。所以原告认为，Lewis 的陈述存在不实之处，误导了投资者。

法院认为，原告的指控并没有到达欺诈要素，Lewis 关于是否有联邦政府施加压力的陈述属于对彼时所存在事项的描述，原告并没有提供证据来表明 Lewis 在作出此陈述的时候其实是在说谎的（即：对外所说的和其内心所真实认知的不一致）。原告试图用 Thain 和 Paulson 的谈话来证明并购压力对 Lewis 也是存在的，并指出如果没有政府施加压力此项并购能达成是不可思议的。法院认为，原告的指控缺乏具体事实，属于猜测的投机型指控，予以驳回。

而至于对 Thain 在奖金谈判过程中“无耻和自私”的描述，法院认为这属于 Lewis 个人对 Thain 性格特征和内心意图的主观判断，是属于模糊的个人意见，理性的投资者是不会据此而作出投资决策的。

就美林年终奖金事项，原告对美银及其 CEO、美林及其 CEO 这四位被告的指控符合欺诈要求，对美银董事会成员的指控符合疏忽大意的要求

原告指出，美银和美林两公司的 CEO 在美林年终奖金谈判过程是通过相当高级的中介进行的，两位 CEO 对此都相当知情，双方最终同意以加速的方式在并购交易公告之前支付完毕年终奖金，这也和美林以往是在来年一月份支付奖金的做法不一致。原告指出，这种加速支付方式导致美银无法通过有效控制来减少或者撤销奖金的支付。美银的人事负责高管曾事后透露美林和美银两公司在奖金的管理模式上有巨大的差别，在奖金水平上一般而言美林的普通员工的奖金水平是美银的三倍。

法院认为原告已经很具体详细地指控这两位 CEO 对美林奖金的谈判和最后安排是知情的，而且谈判结果还以书面形式确定下来并记载在并购合同的披露表格中，而该表格却没有向董事会披露，也没有向 SEC 和投资者披露。而且，原告也已经充分阐明美银 CEO 对外关于美林奖金的陈述和实际约定不相符。所有的这些指控，已经足以强有力地推导出被告在对外作出陈述的时候至

少是轻率的，而且这个推导结论比相反的结论在强度上并不差。因此，原告对美银及其 CEO、美林及其 CEO 这四位被告的指控已经符合欺诈要求；而对其他高管由于原告无法提出具体的事实来说明他们很大程度上参与了奖金的谈判过程，因此对他们的指控不成立。

至于在此事项上对美银董事会成员的指控，法院认为符合疏忽大意的要求，因为原告指出美林的并购交易包括奖金安排是经过董事会批准的。然而原告并无法指出这些董事会成员们故意或者由于轻率而违反交易法 14（a）条款，从而导致股东委托书文件没有披露奖金安排事宜也没有提供并购合同附件中的披露表格所记载的内容。股东委托书是以董事会成员的名义对外公告的，董事会成员有权力审核这些文件（包括提交给 SEC 的文件），然后建议股东是否批准该交易。法院认为，如果董事会成员知晓股东委托书文件存在重大缺陷（法院假设原告指控该缺陷属实），或者说如果他们应该知晓而没有知晓该文件存在重大缺陷（法院假设原告指控该缺陷属实）从而没有采取进一步程序弥补，那么董事们的行为就构成了疏忽大意，而疏忽大意是需要承担交易法下 14（a）条款的责任的。因为这违反交易法 10（b）条款和 SEC 的 10b－5 规则，两个条款的指控前提是欺诈的存在，而本案中原告在此项上的对董事会成员的指控只是符合疏忽大意的标准，所以法院驳回原告对董事会成员违反这两个条款的指控，而维持违反交易法下 14（a）条款的指控。

关于美林第四季度亏损信息，原告对被告的指控不符合欺诈条件，但符合疏忽大意性质

正如前文所述，法院已经裁定美林第四季度亏损信息属于重大信息，但原告的指控并不符合欺诈的要求，因为原告的合并起诉状并无法提供强烈的证据来证明被告存在蓄意不当行为或者轻率，原告也无法充分阐明被告隐瞒披露美林损失的行为是如何高度的不合理，并且如何与通常的应有关注标准是极度背离的；而且原告也无法说明为何被告会存在如此的动机，即：既然在公开信息中已经清楚地披露了存在经济环境动荡等负面预测，为何会轻率地或者故意地隐瞒第四季度亏损的真实情况。所以法院驳回了原告就此事项指控被告违反交易法 10（b）条款和 SEC 的 10b－5 规则。

然而法院认为，就此事项，原告对被告的指控符合疏忽大意性质，所以还不能驳回原告指控被告违反交易法 14（a）条款的 SEC 的 14a－9 规则。因为疏忽大意的指控标准是只要原告能够阐明为何被告对股东委托书中所存在的缺陷是知情的就可以，而不必阐明那些属于欺诈标准的要求。而原告已经充分指控了美银管理层对美林的亏损情况是知情的，所以没有对外披露该信息从原告起诉书的指控力度来看至少是属于疏忽大意的。

对被告没有在交易结束前披露政府援助计划的指控不符合欺诈条件

原告指控被告没有在 2008 年 12 月披露联邦政府的援助计划，但这个指控并不充分，无法满足欺诈的条件，主要是因为起诉状对被告的欺诈思想意识上的指控不充分。

原告指出被告 Lewis 是有意识地不披露政府援助计划，而且为了避免遭遇法律诉讼，曾要求美联储主席 Bernanke 提供一封免于民事起诉的保护函，当然后来未果。然而法院认为，原告并无法指出所有被告个人是否从政府援助计划中具体获利。原告指出财政部长 Paulson 授意避免提前对外披露政府援助计划，而没有阐明是否是出于 Lewis 的个人利益而作出信息隐瞒。美银的董事会会议纪要显示，政府的援助承诺不会在 2009 年 1 月 1 日（交易结束日）之前以书面的形式体现，但美银曾打算在交易结束前披露政府援助计划，最终是在 2009 年 1 月 16 日作业绩公告的时候一同披露该信息的。即使确实如原告所指控的那样，出于经济环境和政治环境的不确定性，被告依照财政部和美联储的授意没有在交易结束前披露该信息，原告并没有指出被告个人是否从中获利（即：被告欺诈的动机不足），也没有阐明被告的行为构成了极度的不合理（即：没有足够的情形性证据），所以法院认为，在此事项上，原告对被告的欺诈指控不充分。

就美银 2008 年第二次招股事项，原告对被告违反 1933 年证券法相关条款的指控是充分的

就美银 2008 年 10 月的第二次股票公开发行事项，原告指控认为由于股票发行登记文件中包含了此次并购交易的合同及相关的提交给 SEC 的 8－K 披露

表格，还包含了2008年9月15日投资者会议上美银管理层的一些鼓吹性陈述（在前文中法院已经裁决此等模糊的鼓吹性陈述不属于可诉讼范畴），所以该招股登记文件存在重大误导，指控相关被告违反证券法第11条款、12条款和15条款。

被告并没有提出更多的抗辩理由，只是认为原告的指控不符合欺诈条件。法院认为，除非被告的行为是整个欺诈交易的某个组成环节，1933年的证券法是基于绝对责任和疏忽大意的行为，并不基于任何故意或者轻率大意的行为，而且原告对被告违反1933年证券法的指控也并不基于欺诈，尤其是原告特地申明此类指控不基于被告的舞弊行为，原告并没有指控认为美银2008年10月的第二次招股行为属于整个欺诈交易的一部分，所以法院认为被告的此抗辩并不成立。

即使原告的起诉必须要符合欺诈条件，法院指出，正如前文所分析，就隐瞒美林年度奖金事项，原告对被告的违反1934年交易法的欺诈指控已经是充分的，而且1933年的证券法和1934年交易法在欺诈指控标准上并无不同之处。

最终法院认为，除了2008年9月15日投资者会议上所谓的模糊的鼓吹性陈述属于不可诉讼范畴外，原告的其他指控是充分的。

综合判定和后续进展

就原告对被告违反证券法和交易法相关条款的指控，和被告对此类指控申请驳回起诉的动议，美国纽约南区的联邦法官 P. KeiTin Castel 于2010年8月27日作出如下裁决：

- 就美林的奖金安排事宜的不实陈述，对被告 Lewis、Thain、美银和美林违反证券法10（b）条款和 SEC 10b－5 规则的指控是充分的；
- 就美林的奖金安排事宜的信息隐瞒，对被告 Lewis 和美银的指控是充分的；
- 就美林的奖金安排事宜，对被告 Lewis、Thain、美银、美林及美银的董事会成员违反交易法14（a）条款和 SEC 14a－9 规则的指控是充分的；
- 就没有及时披露美林2008年第四季度亏损信息事项，指控所有被告违反交易法 14（a）条款和 SEC14a－9 规则的指控是充分的；

• 由于以上指控的存在，对相关被告违反交易法 20（a）条款控制人责任的指控是充分的；

• 就指控被告违背 1933 年证券法的指控，其中针对美林奖金信息的重大不实陈述和隐瞒的指控是充分的；

• 驳回原告在其他方面对被告的指控。

2010 年 10 月 22 日，首席原告向法院提交第二次修正后的合并诉讼状，继续指控被告，法院于 2011 年 7 月 29 日作出裁决：

• 就隐瞒美林亏损之事违反了交易法 10（b）条款和 SEC 的 10b－5 规则，原告指出美银的内部首席律师 Timothy Mayopoulos 曾认为该亏损信息需要披露，后来其被无故解雇；美银的 CFO（Price）在向律师寻求是否要披露该亏损之时，故意压低亏损金额，没有提供完整的更新后的亏损数据，导致外部律师出具不需要披露的建议，而且该 CFO 还不顾美银财务主管对此事进行披露的劝告，其行为属于是对正常应有关注标准的极度偏离；原告还指出 Lewis 对此不仅知情，而且对内部讨论是否披露不采取任何行动，法院因此认为原告对 Price 和 Lewis 两被告的指控是符合有意识的轻率行为要求的，所以原告就此对被告违反交易法 10（b）条款和 SEC 的 10b－5 规则的指控是充分的。

• 就隐瞒政府援助计划违反了交易法 10（b）条款和 SEC 的 10b－5 规则，法院驳回了原告包括此项在内的其他指控。

三、案外之声

2012 年 9 月 28 日，媒体报道原被告双方达成和解赔偿方案，美银同意支付总金额为 24.3 亿美元的赔偿，同时同意进行一些公司治理方面的改进。就收购美林的交易，除了股东集体诉讼的赔偿外，美银还于 2009 年同 SEC 达成了 1.5 亿美元的赔偿方案，以和解 SEC 对美银的指控。而还有一些民事诉讼尚未结束，其中比较大的包括纽约州政府于 2010 年 2 月提交的诉讼。

美银在 2008 年的次级债引发的金融危机中并购了美林和全国金融公司

（Countrywide FinanceCorp.），这两个并购都给美银带来了巨大的法律诉讼风险。除了本案中收购美林所付出的赔偿之外，就全国金融公司的放贷业务所引发的诉讼，美银至今已经和12个州各被告达成了高达84亿美元的赔偿，这还不包括全国金融公司股东集体诉讼中所付出的高达6亿美元的赔偿。抵押贷款业务已经导致美银向投资者的总赔偿金额超过130亿美元。

全国金融公司在2007年推出了所谓的“Hustle”项目，这个项目蓄意以极高的速度来处理抵押贷款相关事务，而并未对贷款的质量进行检查，从而带来了“数不清的”止赎事件；2008年全国金融公司被美国银行收购，而这个项目则一直持续到2009年。

2012年10月25日媒体报道，美国当局已经对美银发起了一项与抵押贷款相关的民事欺诈诉讼案，指控这家银行向抵押贷款融资巨头房利美和房地美出售数万笔“有毒”房屋贷款，这些贷款随后违约，带来了数十亿美元的损失，导致政府不得不拿出高达1160美元的巨额资金来援助两房。2013年1月7日CNN报道，美银和房利美达成了103亿美元的赔偿方案，其中包括35.5亿美元的现金赔偿，外加以67.5亿美元回购3万笔的“有毒”房屋贷款，这3万笔的贷款原值高达1.3万亿美元。据路透社2013年1月7日文章报道，有分析师估计，美银由于次级债危机所引发的各种诉讼赔偿总金额已经高达400亿美元，而其中大部分和全国金融公司收购前的业务相关。就在同一天，包括美国银行、花旗集团、摩根大通、富国银行在内的10家银行就次级债诉讼案和联邦监管机构达成和解赔偿方案，总金额高达85亿美元。

申明和信息来源

本案例的主要信息来源于相关法律文件，案件中所提到的指控内容，可能属实，也可能并非属实，本书对此并无任何立场。同时，由于本案并未经过陪审团和法院的最后庭审判决，而是以和解结束，被告并不承认这些指控，所以也意味着这些指控的事实认定在美国证券相关法律下并未予以确认。本案例的主要信息来源包括：

- Consolidated Amended Class Action Complaint, Type: Complaint, Date on the document: 09/25/2009.
- Reply Memorandum of Law in Support of the Bank of America Defendants, Motion to Dismiss the Consolidated Amended Class Action Complaint.
- See In re Bank of Am. Corp. Sec., Derivative & Emp. Ret. Income Sec. Act (ERISA) Litig., 757 F. Supp. 2d 260 (S. D. N. Y. 2010).
- Consolidated Second Amended Class Action Complaint, Type: Complaint, Date on the document: 10/22/2010.

4. 花旗集团次级债 CDO 案

花旗注定是美国证券集体诉讼的主角，在上一批的集体诉讼中，花旗由于深陷安然和世通等公司丑闻，不得不赔偿超过 50 亿美元。而在 2007 年开始的次级债危机中，花旗再次成为耀眼的参与者。花旗曾经承销了超过 700 亿美元的 CDO 债券，随着住宅价格下滑，次级债危机爆发，花旗的 CDO 资产贬值风险加大，最终导致市值严重缩水接近 90%，几乎丧失偿付能力，只能卖身向联邦政府求救，花旗几乎成为了自身的掘墓人。

一、引子

2007 至 2008 年爆发的美国次债危机是资产债券化投机所致。金融机构把钱贷给没有偿还能力的人，一方面收取贷款利息，另一方面把这些债务做成债券卖给其他投资者。包括雷曼、贝尔斯登、美林、花旗、德意志银行、美国银行等在内的华尔街投行通过资产评估公司的配合把这些次级抵押贷款重新整理、包装，使其变成各式各样的 CDO 债券（如：CDO 的平方、立方、N 次方等新产品）出售给投资者。买进 CDO 的对冲基金则以此作抵押，以 5—15 倍的高倍杠杆再从商业银行获得贷款，这种循环交易越滚越大，有些投行甚至自卖自买。根据美国财政部的统计，2005 年的 CDO 交易金额 1510 亿美元，2006 年达到 3100 亿美元，2007 年仅第一季度就达2000亿美元。随着美国次债房屋抵押贷款危机的逐步深入，一个比次债更加高深莫测的 CDO 市场危机逐步显现出来，4000 亿—5000 亿美元次级贷款引起的危机，传导下去是 7500 亿美元 CDO 市场的崩溃，受其牵连的是美国资产抵押市场和整个美国经济。次级贷款的债券化，使这场本开始于银行系统的债务危机席卷到整个美国的信用系统和美国经济。

我们先对几个常见的金融资产概念进行一下简单了解：

• 住宅抵押贷款证券化（residential mortgage-backed securities，“RMBS”）是资产支持证券化的一种，首先由创始方（underwriter）买入一定数量的住房抵押贷款，然后将该资产注入到专门成立的信托实体（SPE）。成立该信托实体的唯一目的是接收这些抵押贷款，然后以此资产为基础发行证券给投资者，其偿付给投资者的现金流来自于由住房抵押贷款组成的资产池产生的本金和利息。而该信托实体的现金来源则是住房贷款人的还款，因此信托实体能否按时足额偿付现金给其投资者，则取决于贷款人能否按时还款。RMBS 又进行信用级别分类，最高级别的属于 AAA 信用等级，然后是中间等级和最低等级。

• 担保债务凭证（collateralized debt obligation，“CDO”）是一种固定收益证券，也是资产支持证券化的一种产品。通常创始银行将拥有现金流量的资产汇集群组，然后作资产包装及分割，转给特别信托机构（SPV），以私募或公开发行方式卖出固定收益证券或受益凭证。CDO 的背后为一些债务工具，如高收益的债券、新兴市场公司债或国家债券、银行贷款或其他次顺位证券。RMBS 和 CDO 有很多相同之处，主要区别在于 RMBS 是在证券化过程中先买入住宅抵押贷款，然后以此为基础向投资者发行证券；而 CDO 是在证券化过程中买入其他证券（包括买入 RMBS），然后以此证券为基础，再向投资者发行证券。

CDO 因其参考实体的性质不同，又大致可分为两大类：担保债券权证 CBO（collateralized bond obligations）和担保贷款权证 CLO（collateralized Loan obligations）。两者的主要差别在于 CBO 的资产群组是以债券债权为主，而 CLO 的资产群组是以贷款债权为主；CLO 发行者大部分来自银行，主要目的为提升资本充足率（BIS Ratio）或移转资产的信用风险，而 CBO 发行者大都来自资产管理公司，以套取其中的差价为首要动机。从 2000 年中期开始，CLO 的资产群中越来越多变成了风险较高的杠杆贷款。

• 结构性投资工具/投资结构实体（structured investment vehicle，“SIV”）也类似于 CDO 或者 RMBS，是银行支持的一种投资业务，主要通过发行商业票据等短期债券和一些中期票据，购买次贷债券等长期债券。由于其资金来源是中短期证券，而投资方向是长期证券，所以其利润所得主要来自短期债券和长期债券之间的利差，是一种投资套利模式。这种模式的固有风险是流动性风险，也就是说该投资实体必须能够持续地确保其短期证券产品可提供资金以满足资金链不断，这也就造成了”滚雪球”现象，不然会出现资金链风险，要不就得清盘偿付给投资者，要不就需要流动性援助（liquidity backstops）。

• 杠杆贷款（leveraged loan）通常是在企业进行收购兼并、杠杆并购、资本重组或者企业重组过程中由银行提供的贷款，接受贷款的公司通常都有比较高的净资产负债率，因此杠杆贷款通常信用评级较低而回报率较高。

• 标售利率证券（auction rate security，“ARS”）是一种长期债务工具（例如公司债券或市政债券），其利率通过荷兰式拍卖（dutch auction）定期进行重新设定。发行人通常聘请类似花旗这样的投行来承销发行该证券，并由其管理利率的拍卖和设定过程。拍卖中，已经持有证券的投资者和想要获得证券的投资者表示出继续持有或买卖证券的意愿，将利率报给已被指定参与拍卖的经纪商。举行拍卖的日期与拍卖日期之间的间隔根据证券类型而有所不同。

二、2500 亿美元市值是如何蒸发的?

• 2007 年 11 月 4 日，花旗发布公告，第一次对外披露其超高级别次级债 CDO 持有金额为 430 亿美元，这还不包括之前已经公布的 120 亿美元金额，所以总金额高达 550 亿美元。这 550 亿美元组成包括：（1）大约 117 亿美元属于与贷款和结构性业务相关的次级债损失；（2）430 亿美元属于超高级别债务抵押担保凭证，其对应的抵押品为资产质押证券。公告还指出对这部分 CDO 资产，花旗需要冲销 80 亿至 110 亿美元的损失，此外，花旗还需要对抵押贷款组合增加计提 22.4 亿美元的损失准备。受此消息影响，2007 年 11 月 5 日，花旗的股票价格下跌 1.83 美元，收盘价格从 37.73 美元下跌到 35.9 美元；2007 年 11 月 6 日继续下跌到 35.08 美元，11 月 7 日下跌到 33.41 美元，11 月 8 日又下跌到 32.9 美元。至此，该消息的公布导致花旗的股价每股下跌 4.83 美元，花旗股票市值缩水 12.8%。

● 2007 年 12 月 13 日，花旗公告宣布其不得不向可变利益实体（VIE）提供流动性支持，而且需要将 VIE 总计高达 490 亿美元的资产和负债纳入花旗的报表合并范围。花旗不得不承认，由此其资本金将会进一步恶化。当天花旗的股价从 31.47 美元下跌到 31.01 美元，第二天下跌到 30.7 美元；到 2007 年 12 月 20 日，股价下跌到 29.89 美元。

● 2008 年 1 月 8 日，美林的分析师 Guy Moszkowski 发布研究报告称花旗的 CDO 贬值冲销金额估计将在 160 亿美元，这几乎是花旗于 2007 年 11 月 4 日所公告金额的两倍，受此影响，花旗的股价从 1 月 7 日的 28.26 美元下跌到 27.14 美元。

● 2008 年 1 月 15 日，花旗公告了 2007 年第四季度的业绩，这是该公司成立 196 年来历史上最差的季度业绩，该季度的亏损总金额竟然高达 98.3 亿美元，主要是由于：（1）CDO 贬值冲销金额是原来在 2007 年 11 月 4 日所估计金额的两倍，高达 180 亿美元；（2）抵押贷款的损失准备增加，金额高达 75 亿美元，其中包括 41 亿美元消费者贷款的信用损失和 5 亿多美元来自投行业务部门的次级债损失。同时花旗还宣布减少 40% 的股利发放，并计划通过证券发行筹集 145 亿美元补充资本金。市场对花旗这一公告的反应马上体现到股价上，2008 年 1 月 14 日，股票收盘价格为 29.06 美元，1 月 15 日的收盘价格下跌到 26.94 美元，跌幅为 2.12 美元，2008 年 1 月 18 日又跌至 24.45 美元。这段时间的股票价格累计跌幅为 4.61 美元，市值缩水 15.9%。而且标准普尔将花旗的评级降为 AA-，未来展望属于负面，意味着不排除会继续降级。

● 2008 年 2 月 12 日，花旗披露了其对 SIV 所提供资金援助的金额和性质，花旗宣称为了确保高级 SIV 票据持有人免于损失，花旗将向 SIV 提供 35 亿美元的流动性支持，以作为 SIV 的中间层投资品（mezzanine tranches）。而且花旗还直接承担了 SIV 的高达 25 亿美元的低级资本票据（junior capital notes）亏损金额，而如果 SIV 的损失超过 25 亿美元，那么将由花旗提供的这 35 亿美元来承担风险，而不是由 SIV 的高级票据投资者来承担损失。2008 年 4 月 15 日，花旗宣布冲销 2.12 亿美元 SIV 资产；2008 年 10 月 16 日，又继续冲销 20 亿美元 SIV 资产；并于 10 月，将对 SIV 的支持承诺金额增加了 10 亿美元。

• 2008年11月19日，花旗不得不关闭所有SIV，清偿SIV高级票据投资者款项，承接了SIV的所剩余大约174亿美元的资产，并注销了11亿美元的资产损失。此刻，花旗的股票价格就像自由落体一样，当天跌幅高达23%，从8.36美元下跌到6.4美元。在接下来的连续两天中，股价又继续下跌近50%，从2008年11月20日的每股4.71美元下跌到2008年11月21日的每股只剩下3.77美元。花旗的偿付能力枯竭，几乎出现了破产危机，从而不得不寻求来自政府的几千亿美元的资金救助。最终花旗只好向联邦政府出售1/3的股权以换取援助。

经过谈判，美国政府和花旗于2008年11月底达成援救计划，花旗共获得高达450亿美元的资金援助，其中250亿美元属于政府注资换取花旗1/3的股份，另外200亿美元属于借款，需要偿付。联邦政府对所持的花旗股票除了获取股利之外，还于2010年在市场上公开出售该股票，累计收回资金370亿美元，加上花旗于2009年底偿还的200亿美元借款，联邦政府总共收回的援助资金达570亿美元。自从次级债危机以来，美国政府已经向处在困境中的银行机构提供援助资金超过3000亿美元。

除此之外，花旗还剥离了高达3060亿美元的不良资产，其中由花旗承担290亿美元的损失，其余损失由美国联邦政府的三个机构——财政部、美联储和联邦存款保险公司来承担。根据美国国会预算办公室的估计，高达7000亿美元的不良资产援助计划最终给纳税人带来的损失从原先估计的660亿美元下降到250亿美元。

花旗因次级债危机所引起的CDO最终总损失在2008年高达278.5亿美元，而到2009年3月，花旗的股票市值累计缩水超过2500亿美元。花旗于2011年5月进行10∶1的股份合并，即便如此，其股票价格也仅仅是诉讼期结束时价格的1/10。损失惨重的投资者迅速发起了集体诉讼，要求花旗和相关责任人赔偿投资者的损失，此案件由纽约南区联邦地区法院受理，案名和代码为：In re Citigroup Inc Securities Litigation，U.S. District Court，Southern District of New York，No. 07-09901。

本案原告于2009年2月20日向法院提交了修正后合并诉讼状，首席原告主要是一些花旗前雇员和花旗于2007年10月花6.8亿美元购入的ATD公司的一些董事，诉讼所涉及的期间是 2004 年 1 月到 2009 年 1 月。被告为花旗集团以及包括 CEO、CFO 在内的原任和现任高管共 14 人，他们是：

- Charles Prince，2003 至 2007 年担任 CEO、2006 至 2007 年担任董事会主席；
- Robert Rubin，从 1999 年起担任外部董事，在 Prince 离职后担任董事会主席；
- Lewis Kaden，从 2005 年开始担任 CAO，负责审计和风险审核；
- Sallie L. Krawcheck，2004 至 2007 年担任 CFO；
- Gary Crittenden，从 2007 年 3 月开始取代 Krawcheck 担任 CFO；
- Steven Freiberg，全球消费者事业部主席和 CEO，消费抵押贷款业务由其负责；
- Robert Druskin，2006 至 2007 年担任 COO；
- Todd S. Thomson，2004 年之前担任 CFO，2004 至 2007 年担任某事业部 CEO；
- Thomas G. Maheras，曾负责不同的事业部，包括抵押债权证业务；
- Michael Stuart Klein，曾负责不同的事业部，包括抵押债权证业务；
- David C. Bushnell，2003 至 2007 年担任高级风险官，2007 年出任 2 个月的 CAO；
- John C. Gerspach，从 2005 年 3 月开始担任 CAO 和财务总监（controller）；
- Stephen R. Volk，在集团内部担任不同的管理职务；
- Vikram Pandit，在 Prince 离职后担任 CEO，此前担任某事业部负责人。

原告指控被告在诉讼期间向投资者发布了涉及相关金融工具风险的重大误导信息，从而违反了证券交易法 10（b）条款和 SEC10（b）–5 规则，而包括 14 位自然人在内的高管还违反了证券法关于控制人责任的 20（a）条款。

三、法院的分析和判定过程

关于 CDO 重大不实陈述和信息隐瞒的指控

原告在 CDO 方面的指控分为两个阶段：

- 被告于 2007 年 11 月 4 日前在 CDO 风险方面的陈述和在 2007 年 2 月至 2007 年 11 月之间关于花旗所持有 CDO 价值的陈述；
- 被告于 2007 年 11 月 4 日之后，也就是在花旗披露其 430 亿美元的 CDO 风险后，仍然继续隐瞒花旗 CDO 的其他金融风险，及高估其 CDO 资产的价值。

（2007 年 11 月 4 日之前陈述的指控）

不实陈述和隐瞒信息的指控。法院认为原告的起诉状就花旗在 2007 年 11 月 4 日之前的陈述，指出了其中三项内容符合起诉要求。

首先原告指控花旗在 CDO 资产持有程度方面的披露不完整，而且具有误导性。如：花旗披露道，CDO 是 VIE 的一种，而且花旗在向 SEC 提交的文件中披露道，花旗或许（may）在某些 VIE 上有股权投资或者其他性质的投资，并且花旗在某些 VIE 上的参与程度是有限的。原告指控这些披露是误导性的，指出花旗在作出这些披露的时候，其实际情况是花旗对大量 CDO 资产自己直接拥有，而且由于花旗对其所出售的 CDO 产品需要提供几十亿美元的流动性支持，所以导致花旗自身的风险增大。原告还指控花旗没有对以商业票据为基础的 CDO 公司进行报表合并，从而违背了美国会计准则。因此，原告认为被告在这些具体 CDO 交易的信息披露和会计处理上误导了投资者。总之，原告的起诉状所描述的情况给人的印象是花旗仅仅披露了其在 CDO 资产上非常有限的风险，而实际情况是其风险缺口超过 500 亿美元。被告抗辩认为，花旗对 CDO 风险敞口没有进行披露，这个事项本身并不属于可诉讼性质，因为花旗并没有义务对此进行披露。但法院认为，CDO 敞口风险信息的披露，对于避免其他诸如套话般的披露（如：公司或许有此风险）不存在误导是必须的。被告还抗辩指出，花旗集团在 CDO 方面的风险敞口这个信息是公开知晓的，所以市场对此是知情的。法院认为，被告的这一抗辩涉及事实认定问题，在目前案件处于是否驳回起诉的阶段，这一抗辩还不能接受。

其次，原告指控被告关于花旗所持有的 CDO 资产和次级债抵押市场之间关系的披露存在误导。如：原告指出花旗在向 SEC 提交的文件中，将 CDO 类型交易（CDO-type transaction）和抵押相关交易（mortgage-related transaction）区分开来列示。又如：原告指出由于持有 CDO 资产而导致公司面临次级债抵押市场的风险，所以给公司带来信用集中度风险（concentration of credit risk），花旗又对此风险予以隐瞒，如此一来违背了会计准则。而花旗的对外陈述给人造成的印象是花旗对次级债抵押市场的风险是免疫的，所以被告的对外陈述存在重大误导。原告在诉状中详细地指出次级债抵押市场的恶化直接导致了花旗所持有 CDO 金融资产面临风险。被告抗辩指出，信用集中度风险并不适用于 CDO 资产，所以并不能认为花旗违背了会计准则。法院认为花旗的抗辩涉及事实认定的争议，在目前考虑是否驳回阶段对该抗辩理由拒绝采纳，因此法院认为原告在这方面对被告的指控是充分的。

最后，原告还指控花旗在 2007 年 2 月至 10 月期间，高估了其所持有 CDO 金融资产的价值。原告指控被告在这一期间对 CDO 的估值在精确性上存在问题。原告指出，ABX 指数和 TABX 指数属于某些 RMBS 和 CDO 资产估值过程中所使用到的直接可观察到的参数，这两个参数属于整个 2007 年都在持续下降。原告指出，这两个指数的下降可以直接显示出花旗在这段时间所持有 CDO 资产价值是贬值的，而花旗却是一直按照资产的票面价值对金融资产进行估值，所以花旗的估值是错误的。被告反对原告所提出的估值方法，指出 ABX 和 TABX 这两个指数并不适合用来评估花旗所持有的 CDO 金融资产。法院认为，被告的抗辩涉及事实认定的争议，在目前法院仅考虑是否驳回起诉的阶段，不予考虑此抗辩理由。在假设原告所指控内容属实的前提下，法院认为原告就花旗在 2007 年 2 月到 10 月之间 CDO 资产估值存在错误的这一指控是充分的。

该指控是否满足重要性水平和损失因果关系的要求？法院认为原告已经提供充分的描述来说明花旗隐瞒 CDO 风险对其股票价格的重要性，股票市场对花旗披露该信息之后的反馈也说明了原告指控的正确。所以法院认为原告在诉状中已经指出是谁于何时间作出这些不实陈述，以及为何这些陈述具有误导性。同时，法院认为原告对被告的指控和证券的买卖相关，而且原告已经充分说明其是依据这些不实陈述作出交易并因此而导致投资损失。原告在诉状中提供了花旗的数个修正性披露，这些修正性披露纠正了花旗原先披露的错误之处，而且在花旗作出这些修正性披露之后，其股票价格出现下滑。就诉讼所处目前阶段来说，法院认为原告对被告的指控在损失因果关系方面是成立的，而至于这些所指控的不实陈述是否确实导致了原告的投资损失，在诉讼的这个阶段还无法确定。

该指控是否满足欺诈的诉讼要件？

对花旗的指控。原告指出，花旗在 2007 年 10 月之前所作出的一系列不实陈述直接导致的后果就是对投资者隐瞒了花旗 CDO 资产在次级债危机期间的风险。如果原告能够提供具体的事项来强有力地推导出其中一位或者数位被告至少存在轻率行为从而误导了投资者，那么原告的指控就符合欺诈的要件。法院认为原告对被告从 2007 年 2 月开始的这一期间所涉及的指控满足以上条件，而且如果被告自然人存在欺诈的企图，那么也可以追溯至其所服务的公司（花旗）。

具体来说，原告所提供的花旗隐瞒 CDO 风险的行为如果属实（目前阶段法院假设其属实），则足以说明被告的行为属于轻率，被告对其行为所可能带来的危险是知情的或者说是应该知情的，而且是如此的极度不合理以至于构成对合理应有关注的严重偏离。

首先，起诉状指出了花旗进行了一系列行为，这些行为足以显示花旗对 CDO 所面临的风险是知情的。如：从 2007 年 2 月到 6 月期间，花旗以远比以前更大的风险套期力度，对其所拥有的超高级别的 CDO 金融资产（super senior CDO）以违约互换的方式（credit default swaps）购买了保险；同时，花旗还设立了特殊目的实体（SPE），并向这些实体支付某些费用，然后由这些实体承担商业票据超高级别 CDO 的信用风险；2007 年 4 月，花旗修改了其所承销 CDO 的招股书，在其中体现了次级债市场日趋恶化所导致 CDO 资产面临贬值风险的增加；从 2007 年夏季开始，花旗的高管每天都开会讨论花旗 CDO 所面临的风险。

其次，原告还非常具体地指出，花旗作为自己所持有 CDO 资产的承销商是知晓这些资产形成的各种参数和假设的，所以花旗对在次级债危机的时候CDO资产所面临的风险是最知情的。而且，原告还指出其他的CDO承销商在2007年早期和中期就已经知晓次级债危机给CDO资产所带来的风险。

再次，原告指出，花旗公司内部有员工正在预测CDO市场即将崩溃。2007年3月花旗内部的信用策略计量和分析部门（quantitative credit strategy and analysis group）发布报告指出次级债危机给超高级别CDO资产所带来的风险。此外，在2007年3月的某次摩纳哥投资者会议上，花旗的信用战略师Matt King阐述了CDO所面临的风险，他对有些银行至今还没有宣布是否对由于次级债风波带来的CDO资产计提贬值准备而十分怀疑。

法院认为，原告的指控至少可以强有力地推导出，至2007年2月，花旗的管理层仍没有对CDO资产所面临的贬值风险进行评估，这一行为至少属于轻率性质。尤其是其他CDO承销商和一些分析师已经认识到CDO所面临的风险，这更是说明了花旗高管的轻率行为。而且花旗所采取的一些行为也可以表明其实花旗已经意识到该风险，并采取一些措施来避险。原告的指控足以让法院推导出，如果花旗到2007年10月仍然没有意识到CDO所面临的风险，也没有意识到CDO市场在10月份迅速恶化，那这对于市场参与方来说无疑是十分奇怪的。况且，原告已经指出其他承销商在2007年10月之前对CDO市场的崩溃风险是知情的，花旗自身的一些措施也可以说明其对该风险也是知情的。

被告抗辩指出花旗的所有措施并不能说明花旗对可能遭受损失是知情的。法院认为被告的抗辩逻辑是错误的，这意味着花旗要求原告必须能够证明被告是有极高的预测力的。法院认为，即使被告无法知道其CDO资产将会产生实际损失，但被告并没有对此信息进行披露，这足以说明被告的行为属于轻率。原告指控被告的，正是被告发布了一些陈述来否认或者压低CDO金额和其所面临的风险。同时，被告的对外陈述和被告在2007年2月至10月之间的行为存在不一致，原告指出，被告内部在这段期间采取了很严厉的措施来应对日益增加的CDO风险，而被告对外却一直发布与此不一致的误导性陈述，被告的如此言行不一致构成了欺诈存在这一结论的强有力推导证据。

法院认同被告的抗辩，认为花旗在2007年2月之前所作的陈述不构成欺诈，因为原告并没有提出具体的事项来指控花旗2005年及2006年大部分期间内的陈述足以推导出欺诈的存在。而且关于2006年10月至2007年2月的指控也只能推导出花旗在低级（junior）CDO风险陈述上存在轻率行为，然而这和原告指控被告存在550亿美元的超高级（super senior）CDO并不相同。花旗的一系列行为只能说明直到2007年2月之后，其才对超高级CDO的风险知情，所以原告对被告于2007年2月之前的陈述存在欺诈的指控并不充分，因此，对在此之前的欺诈指控予以驳回。

对个人被告的指控。原告总共指控14个自然人，对其中7个人的指控法院认为缺乏具体事实依据；至于对另外7个人（包括CEO、CFO和一名外部董事在内）的指控，由于这7个人在2007年夏季都参加了花旗内部关于CDO风险的会议，所以可以推断他们对CDO风险是知情的。虽然原告并没有指出这些会议的具体讨论内容，但只要他们出席这些会议，就可以推导出他们是属于知情的。同时法院还认为，这7名被告中有6人属于公司内部人士，或者参与了花旗向SEC提交文件的准备工作，或者积极参与公司的日常管理，所以他们需要对花旗公司对外不实陈述和隐瞒信息承担责任，原告对他们这6人的指控是充分的；至于另外1名外部董事被告，原告指出其对花旗的经营活动有重要影响，而且还出席了花旗2007年夏季关于CDO风险的内部管理会议，所以法院认为，就诉讼所处的目前阶段而言，原告对该外部董事的指控还是成立的。

（2007年11月4日之后陈述的指控）

重大不实陈述和遗漏的指控。2007年11月4日，花旗公告其持有430亿美元的超高级CDO，同时宣布需要冲销对应的资产贬值金额大约80亿到110亿美元。原告指控被告的这一信息披露从以下两个角度看存在误导：

首先，原告认为花旗并没有完全披露其所持有的全部CDO金额，因为这个430亿美元的已经披露金额并没有包括另外105亿美元套期CDO资产，对这105亿资产花旗购买了保险。花旗披露了430美元的CDO资产，这让投资者误认为花旗的所有CDO资产只有430美元，然而，原告指出，花旗自己也意识到其在CDO交易上还有其他非直接损失，但花旗并没有对这部分风险进行解释或者量化。据此，法院认为原告指控花旗遗漏披露这105亿美元CDO

资产的行为属于可诉事项，而且原告已经充分指出如果要使已经披露的 CDO 总资产信息不存在误导，那么被告就必须追加披露这 105 亿美元资产的信息。

其次，原告认为花旗 2007 年 11 月的这个公告对 CDO 贬值的冲销估计金额并不充分，所以花旗 CDO 资产价值被高估了。原告指出一直到 2008 年 4 月之前，由于没有考虑 ABX 和 TABX 指数，花旗的估值方法是错误的，所以花旗 CDO 的估值都不准确，并没有体现出 CDO 资产的贬值情况。

正如针对 2007 年 11 月 4 日之前陈述的指控，法院认为这些针对 2007 年 11 月 4 日之后的指控也是充分的，在重要性水平、损失因果关系方面都符合起诉要件。

这些指控是否符合欺诈要素条件？法院认为原告的这些指控符合欺诈要素条件，尤其是法院发现起诉状指控充分，是足以强有力地推导出花旗 CFO（Crittenden）在这些误导性陈述方面的行为至少符合轻率性质的。

针对 105 亿美元套期的 CDO 资产，原告的指控可以强有力地推导出花旗的该 CFO 或者知晓花旗的保险承保商将不会履行这些保险承诺，或者轻率而没有意识到此等风险。在 2007 年 11 月 5 日的投资者会议中，当有分析师问到花旗保险承保商情况时，该 CFO 承认花旗还间接面临 CDO 的投资损失。诚然，仅仅是意识到在承保商如果不履行承诺的情况下花旗所面临的风险，这还不足以推导出被告知晓承保商可能不会履行承诺，或者说被告应该知道而由于轻率缘故而不知道。然而该 CFO 的对外陈述并非空穴来风，原告指出该 CFO 也出席了花旗 2007 年夏季的关于 CDO 资产风险的管理层会议，在 11 月 5 日的投资者会议上，他描述了在过去 1 个月中花旗超高级 CDO 的严重贬值情况，而该会议上同时也公布了花旗在 CDO 上有数百亿美元的投资和几十亿美元的贬值损失。而分析师对保险公司履行赔偿这一问题的提出表明了该问题也同时受到市场关注。原告的这些指控如果属实，足以强有力地推导出该 CFO 对保险公司无法履行赔偿这一潜在可能性是知情的，或者说至少可以说明该 CFO 没有意识到这一可能性是属于轻率的。而市场上其他观察方也在关注该风险，这就更加有力推导出该 CFO 对此风险知情或者应该知情，这个推导结论至少也是和其他推导结论在强度上是旗鼓相当的。因此，原告对被告存在欺诈的指控符合起诉要求。

法院认为该CFO在2007年11月5日投资者会议上的陈述也可以强有力地推导出他对花旗在CDO资产估值错误这个指控事项上也是知情的。当有分析师问到为何花旗的CDO估值方法和ABX及TABX指数下滑的情况不一致的时候，该CFO承认其熟悉这些指数，但同时指出这些指数和花旗的CDO估值相关性非常有限。原告指控被告此陈述具有欺诈性质，属于明知和该指数存在差异的情况下，仍然故意或者轻率地否认这些指数和花旗CDO估值的关系。有两个事实可以进一步说明其欺诈：其一，当分析师们施加压力要求花旗采纳这些指数进行CDO资产估值时，该CFO并无法解释为何TABX指数的下滑不能是CDO价值的关键信号；其二，花旗在随后采纳了ABX指数进行估值，也就自己改变了原先的CDO估值方法。这两个事项足以进一步推导出该CFO在投资者会议上的陈述属于欺诈性质。当然，原告所提到的这些事项也可以推导说明该CFO对ABX及TABX指数同CDO估值之间的逻辑关系并不确定，如果这个结论成立，那么被告就不存在欺诈。但这个非欺诈的推导结论在强度上并不比欺诈的推导结论要高，所以法院认为原告对被告存在欺诈的指控符合起诉要求。

法院认为，由于原告对该CFO的指控符合欺诈条件，因此也就说明原告对花旗的该项指控也符合欺诈条件。然而由于原告对其他自然人的指控并不符合欺诈条件，所以对这些其他自然人涉及2007年11月4日之后的陈述即资产估值的指控应该予以驳回。

法院最后总结道，原告对花旗集团，及包括CEO、CFO和外部董事等在内的7人涉及2007年2月至2007年11月3日之间关于CDO风险不实陈述和信息隐瞒的指控充分；对花旗集团及CFO（Crittenden）所涉及2007年11月至2008年4月之间的指控充分；而对其他被告同CDO相关的指控予以驳回。

关于Alt-A RMBS金融资产重大不实陈述和信息隐瞒的指控

法院认为原告并没有提供足够的事实来指控任何被告在涉及该项金融资产的陈述和披露方面存在可诉的情形。

关于花旗持有Alt-A RMBS金融资产的不实陈述和信息隐瞒指控。花旗宣称其在该项金融资产上的敞口并没有给公司带来实质风险，因为花旗持有该资产的金额并不重大，原告指控被告这一陈述误导了投资者。在2008年1月22日的投资者会议上，花旗CFO作出这一宣称；然而当有分析师进一步追问的时候，该CFO又说到未将该资产列入具有实质性风险资产的类别主要依据是花旗所持该资产的金额大小，而不是依据花旗所持该资产的本身风险高低。原告指控道，当该CFO作出这一对外陈述的时候，花旗持有该资产的金额高达220美元，所以该CFO的如此陈述误导了投资者。法院发现在该投资者会议上，该分析师的提问和该CFO的回答是涉及单个Alt-A抵押物的问题(individual Alt-A mortgage)，属于消费抵押物组合资产（consumer mortgage portfolio)，而非涉及Alt-A RMBA资产问题，这是两类不同的资产，合理的投资者应该不会混淆，也不会因为该CFO对前者资产作出陈述而导致投资者对后者资产产生误导。因此，原告指控该CFO的陈述存在误导也就不成立。原告还指控认为花旗应该在2008年4月18日之前披露其持有220亿美元的Alt-A RMBS资产，然而法院认为原告并无法说明被告有这个披露义务，因此这个指控也不成立。

关于Alt-A RMBS金融资产2008年4月18日之后的披露存在误导的指控。2008年4月18日，花旗对外披露了其所持该金融资产的金额，原告指控认为直至2008年花旗的该项金融资产都存在高估（资产贬值冲销不足)，由此误导了投资者。法院认为原告的这一指控不成立。法院认为原告并没有提供足够的事实来说明为何花旗对该项资产的贬值冲销不充分，原告仅仅是指出其他银行对此资产的冲销金额要远高于花旗的冲销金额，由此认为花旗的冲销金额不足，而并没有指出花旗的该项资产不论是在质量上还是在年份上和其他银行的此类资产是否相对等，因此法院认为原告的指控过于模糊。而且原告对花旗在该项资产估值过程中存在欺诈行为的指控也缺乏具体事实。

关于SIV的指控

原告指控花旗对SIV风险敞口的披露存在误导，而且没有及时将SIV纳入合并报表从而违反了会计准则，以及错误地将SIV列为高质量资产并误导投资者其介入SIV的程度有限。法院对这三项指控进行了逐一分析。

SIV风险敞口披露的指控。花旗于2007年10月宣称，对那些花旗提供顾问服务的SIV，花旗不存在合同义务来向它们提供流动性资产或者担保。原告指控花旗的这个陈述存在误导，因为花旗对这些SIV存在内含的担保（implicit guarantee），保证向它们提供流动性支持。这里最重要的是花旗自己认为其有义务向这些SIV提供流动性保障，最终的情况也确实如此，花旗为保护其在市场上的名声而不得不向这些SIV提供了几十亿美元的流动性支持。但法院认为，花旗随后确实向SIV提供流动性支持的这个事件本身并不足以说明花旗在此之前自己确信其有此义务；原告仅仅是宣称市场认为花旗自身已经确信其对SIV有此支持义务，这样的宣称如果没有进一步具体事实作为依据，则无法充分对被告进行指控。

SIV会计处理违规的指控。法院认为，原告对花旗SIV风险敞口披露的指控不成立，这就导致了其对SIV会计处理违规指控也不成立。原告认为，由于花旗对这些SIV存在支持的义务，所以应该在2007年第四季度之前就要将这些SIV纳入报表的合并范围。由于法院认为原告认为花旗对SIV存在支持义务的这一主张依据不足，所以原告对被告违反会计准则的指控也就不成立。

其他误导性陈述的指控。原告指控认为花旗错误地将SIV列为高质量资产，并误导投资者其介入SIV的程度有限，因为花旗随后不得不向这些SIV提供流动性救助。法院并不同意原告的主张，因为原告并没有提供事实来说明为何当花旗作出以上陈述的时候，这些资产不是高质量资产。原告试图通过结论性的主张认为花旗的这些SIV当中有40%都属于结构性融资证券，但原告并无法说明为何这些40%的证券在已经长期避开次级债风波之后不属于高质量资产。而且原告也无法说明花旗在作出以上陈述的时候，对这些资产不属于高质量资产是知情的，或者属于轻率而不知情的。因此，法院驳回了原告对被告的这一指控。

关于抵押贷款（mortgage）的指控

原告指控花旗在抵押贷款业务上存在不实陈述，在以下三类信息的陈述上出现错误：（1）抵押贷款组合的质量；（2）花旗的承销业务；（3）花旗在次级债抵押组合上的增长。同时原告还指出花旗的贷款损失准备的计提不足，从而违背了会计准则。

抵押贷款业务相关的不实陈述的信息遗漏。法院认为由于原告没有足够的事实足以强有力地推导出欺诈的存在，所以对被告在这方面的指控并不成立。原告仅仅是提供了一些针对渠道贷款商的诉讼，以此作为警示信息来指控花旗的抵押贷款组合存在严重贬值。法院认为即使这些诉讼案件可以作为警示信息，这样的信息也只能用来指控那些知情或者应该知情的被告可能存在欺诈行为。也就是说，原告必须能证明被告对这些警示信息是知情的，然而原告并没有如此作出说明，所以原告的指控并不充分。原告还引用了一些秘密证人的证言来指控被告，例如花旗抵押贷款业务的某前雇员指证道，花旗对来自渠道贷款商的交易仅仅作有限的尽职调查。该秘密证人还指出，花旗认为这些渠道贷款商自己已经作出调查，如果渠道商和借款人缺乏诚信，那么花旗是无法得知的，因为花旗很少对这些交易进行调查以判断其是否符合贷款要求。然而这些秘密证人所指证的信息并没有直接针对本案中的任何一个自然人被告，也无法说明这些指证的情况是否在花旗公司内部普遍存在，或者说被普遍知晓。秘密证人的证言太笼统或者太结论性，无法用来指证被告对其所作的所谓不实陈述是知情的，所以法院驳回原告在此方面的指控。

会计违规的指控。原告指控花旗在知情的情况下对贷款损失准备计提不足，但法院认为原告并没有提供充分的事实来说明被告的欺诈意图，所以对该指控予以驳回。

关于 ARS 的指控

原告指控花旗没有披露 ARS 业务和所持该项资产的金额，因此对投资者造成重大误导。法院认为，原告首先要能说明被告存在披露该信息的义务，或者必须能够说明花旗不披露此信息会导致花旗其他已经披露的信息存在误导，然而原告并没能提供事实来说明花旗在现有披露基础上为何还需要进一步详细披露其 ARS 业务，也没能指出花旗不披露此信息能造成花旗已经披露的哪个具体信息存在误导，所以法院认为原告对花旗的此项指控不充分。

法院还认为原告对花旗在 2008 年 4 月之后对 ARS 的估值存在错误的指控也不成立，原告没有说明为何花旗的 ARS 资产在 2008 年花旗披露之时是不精确的，反而是通过花旗事后冲销该资产这个期后事项来试图指控花旗之前的披露存在误导，这种通过期后事项来指控之前行为存在的思路是法院向来都不认同的，属于预测型欺诈指控。

原告抗辩认为，花旗对 ARS 市场的非流动性转变是知情的，因为花旗曾经试图允许几起 ARS 资产拍卖流拍。然而法院认为，原告所提供的花旗电子邮件信息只能显示花旗对以下情况关注和担心：（1）2007 年 8 月开始的信用市场不稳定；（2）对某些 ARS 产品需求的减少；（3）由于花旗对 ARS 拍卖的持续支持，导致了花旗自己账面上 ARS 存量资产日趋增长。这些邮件内容属于描述性的，并没有显示花旗试图允许某些 ARS 拍卖交易失败。这些都不足以推导出花旗对 2008 年 ARS 资产流拍在此前是知情的，也无法推导出花旗在随后对 ARS 资产的估值是不精确的。原告试图用这些邮件内容推导出花旗在 ARS 业务信息披露和估值上存在欺诈，但如果将原告的这个结论和欺诈不存在的结论相比较，前者在强度上至少无法和后者一样有说服力。因此法院驳回了原告对被告涉及 ARS 的相关指控。

关于杠杆贷款和 CLO 的指控

原告指控花旗没有披露杠杆贷款和 CLO 的风险性质，也没有披露公司在此业务上的损失敞口有多大，因此误导投资者。法院认为，原告并无法说明花旗为何有此披露的义务。原告指出花旗的管理层曾经在 2004 年对外宣称杠杆贷款不是花旗的增长策略，而且也不看好该业务的增长空间，原告认为花旗高管多次对此业务的风险管理政策作出陈述，那么就有义务全面披露花旗在此业务上的真实信息。法院认为原告的逻辑存在错误，很明显，花旗高管的对外陈述并不是涉及风险管理政策，这属于原告自己捏造出的陈述。

原告又指出花旗的 CFO 曾经在 2007 年 7 月对外陈述称，从整体角度看，花旗在杠杆贷款业务上的承诺并不重大。原告认为，如果花旗不详细披露其杠杆贷款业务的相关信息，那么花旗的这个对外陈述就会存在误导。法院认为，原告首先并无法说明为何该 CFO 的此陈述在其作出时属于不实陈述。根据原告所提供的信息，2007 年 9 月 30 日，花旗的杠杆贷款余额大约为 570 亿美元，这也仅仅不到花旗 2 万亿美元总资产的 3%，相比较而言，并不属于重大类别资产。所以法院认为，原告对花旗没有详细披露杠杆贷款和 CLO 业务信息的指控不成立。

原告还指控花旗在宣布对该项资产由于贬值进行首次冲销之后，该项资产的估值仍然不准确。法院认为原告并没有说明为何首次冲销的金额不准确，反而通过期后再次冲销来指控花旗对该资产原来的估值存在问题。这种通过期后冲销来指控先前估值错误的诉讼模式，法院向来是不认可的，属于预测型欺诈指控。

如果以上陈述确属于不实，原告也没有说明被告作出这些陈述之时对此不实性质是知情的，或者至少是因为轻率而不知情的。最终，法院驳回了原告在杠杆贷款和 CLO 方面对花旗的指控。

关于偿付能力（solvency）的指控

原告指控花旗在 2007 年 12 月至 2008 年 11 月之间高估了其财务能力，原告的指控依据主要有两方面：（1）在花旗向 SEC 提交的 2007 年年报和 2008 年前三个季度的季报文件中，花旗多次高估其资产价值，其证明的依据就是花旗于 2008 年的 10 月和 11 月从政府获取重大注资，以及从其资产组合中剥离 800 亿美元的不良资产，以避免重新评估产生贬值。法院认为这种试图通过期后的事项来证明花旗原先的资产价值不实的指控模式，是不能被认可的。(2) 原告指出花旗的 CEO 曾经在不同时间对花旗的财务状况和资本金情况作出陈述，原告认为这些陈述不实，误导了投资者。法院认为这些陈述无非属于管理层鼓吹和对公司业务持乐观态度的各种表达而已，并不违反证券法规。法院通过案例法指出，公司管理层的这种泛泛的鼓吹式的或者对公司预期业务持乐观态度的陈述，通常情况下不属于可起诉对象，但如果这些陈述涉及业绩担保或者涉及具体的事项，或者陈述人其实自身并不真实相信或者合理相信这些陈述，那么这些陈述可能会属于可诉的对象。然而，本案并不属于这种情况，原告也没有充分指出被告的这些陈述背后的依据不实，或者被告这些陈述所体现的观点其实并非被告自己所合理确信的。因此，原告对被告的此项指控应该予以驳回。

关于控制人责任的指控

本案法院认为，原告对被告的各项指控中，只有涉及2007年2月至2008年4月期间花旗所持CDO金额陈述的这项指控成立，构成主要违规行为，因此在该项指控对应交易中扮演控制人角色的被告（有实际控制行为），如果应承担责任地（该受惩罚地）参与了该违规行为（culpable participant），那么需要承担证券交易法下的控制人责任。

被告并不否认其属于控制人的身份，但认为原告对他们属于该受惩罚（该承担责任）的参与者的这一指控不充分，也就是说被告自己认为他们不应该受惩罚（承担责任）。那么如何认定是否属于该受惩罚（承担责任）呢？法院通过案例法指出，如果在10（b）条款指控中欺诈要素成立，那么该控制人就属于20（a）条款下的该受惩罚（承担责任）者。由于在本案中，法院裁决对以下被告的欺诈指控成立：

● 涉及包括Prince、Crittenden、Druskin、Maheras、Klein、Bushnell和Rubin（外部董事）在内的共7名被告，在关于2007年11月4日之前的CDO陈述中，欺诈指控成立；

● 涉及Crittenden，在关于2007年11月4日至2008年4月之间的CDO陈述中，欺诈指控成立；

因此，法院认为原告已经充分指控了以上7名自然人的控制人责任。而对包括Kaden、Crawcheck、Freiberg、Thomson、Gerspach、Volk和Pandit在内其他7名被告的控制人责任指控不成立。

综合判定

综合以上分析，2010年11月9日，纽约南区联邦法官法院Sidney H. Stein最终作出如下裁决：

● 在涉及2007年2月至2007年11月3日之间的CDO相关不实陈述和信息隐瞒的指控上，

* 拒绝被告花旗集团提出的关于驳回10（b）条款指控的申请；

* 拒绝包括Prince、Crittenden、Druskin、Maheras、Klein、Bushnell和Rubin

7 人在内的被告所提出的关于驳回 10（b）条款和 20（a）条款指控的申请。

- 在涉及 2007 年 11 月 4 日至 2008 年 4 月之间的 CDO 相关不实陈述和信息隐瞒的指控上，

  * 拒绝被告花旗集团提出的关于驳回 10（b）条款指控的申请；

  * 拒绝被告 Crittenden 所提出的关于驳回 10（b）条款和 20（a）条款指控的申请；

- 同意被告提出的驳回其他指控的申请。

四、案外之声

是否驳回起诉的裁决是案件发展的重要里程碑，也是原被告双方博弈的关键步骤，此后，本案进入证据开示阶段。2012 年 8 月 29 日，媒体披露在经历了大约两年的证据开示过程之后，原被告双方达成总金额为 5.9 亿美元的和解赔偿协议，其中约 85% 以花旗的股票支付，赔偿对象为 2007 年 2 月 26 日至 2008 年 4 月 18 日之间的投资者。

花旗在次级债危机中所面临的众多诉讼除了本案的股东集体诉讼外，还包括 SEC 的针对次级债信息的不实陈述和 CDO 交易违规的两起指控，花旗分别于 2010 年 7 月和 2011 年 10 月达成和解赔偿协议，金额分别为 7 500 万美元和 2.85 亿美元。其中后者赔偿协议曾被法院否决过，后来 SEC 和花旗共同向第二巡回法庭提出上诉，巡回法庭认为地区法庭的法官过分越权。

股东集体诉讼和 SEC 的指控，导致花旗目前在次级债和 CDO 交易中的诉讼总赔偿金额超过 9.5 亿美元。经过次级债金融危机后的花旗虽然获得重生，但能否重现往日辉煌？2012 年 10 月，带领花旗经历过去 5 年动荡的 CEO——Pandit 突然宣布辞职，大家期待花旗新的 CEO——Mike Corbat 能给花旗带来新的变革。

次级债危机所引起的美国金融危机，导致华尔街投行摇摇欲坠，面临各种诉讼赔偿。以下是迄今为止各大银行在此次金融危机中的重大诉讼赔偿情况（按照金额大小排列）：

• 6.27 亿美元 —— Wachovia Corp（后被富国银行收购）于 2011 年达成的赔偿金额；

• 6.24 亿美元—— Countrywide Financial（后被美银收购）于 2010 年达成的赔偿金额；

• 5.9 亿美元——花旗于 2012 年达成的赔偿金额（不含和 SEC 达成的 3.6 亿赔偿）；

• 5.5 亿美元——高盛于 2010 年达成的赔偿金额；

• 5.07 亿美元——2011 年 12 月，雷曼兄弟案件中，投行和雷曼高管的赔偿金额（未包括 UBS 和安永）；

• 4.75 亿美元——美林证券（后被美银收购）于 2009 年达成的赔偿金额；

• 3.15 亿美元——美林证券于 2011 年达成的赔偿金额；

• 2.95 亿美元——2012 年 6 月，在贝尔斯登案件中，摩根大通和德勤的赔偿金额；

• 2.85 亿美元——花旗于 2011 年和 SEC 达成的赔偿金额；

• 1.536 亿美元——摩根大通于 2011 年和 SEC 达成的赔偿金额；

• 1.25 亿美元——富国银行于 2011 年达成的赔偿金额。

然而，还有很多和次级债金融危机相关的诉讼正在进行，这场诉讼风暴还会持续多久？最终会有多少赔偿金额，还需拭目以待。

申明和信息来源

本案例的主要信息来源于相关法律文件，案件中所提到的指控内容，可能属实，也可能并非属实，本书对此并无任何立场。同时，由于本案并未经过陪审团和法院的最后庭审判决，而是以和解结束，被告并不承认这些指控，所以也意味着这些指控的事实认定在美国证券相关法律下并未予以确认。本案例的主要信息来源包括：

• Amended Consolidated Class Action Complaint, Type: Complaint, Date on the document：02/20/2009.

- Opinion & Order，Type：Order，Date on the document：11/09/2010.
- Stipulation And Agreement Of Settlement，Type：Settlement，Date on the document：08/29/2012.

5. 投行“老五”贝尔斯登倒闭案

- 泡沫资产，积重难返，投行“老五”，摇摇欲坠。
- 音乐不停，舞步不止，财务困境，能遮就遮。
- 小摩相助，引火烧身，密集诉讼，经久难应。
- 百亿损失，谁与赔偿，德勤审计，是否轻率？

一、投行“老五”，寿终八十五

贝尔斯登（Bear Stearns Cos.，下称“BS”）曾经是世界排名第5的投行，公司从1923年成立一直到2007年12月，从来没有亏损，并以坚持保守的风险管理政策而著名。从2000年中期开始，该公司加大资产证券化业务，购买住房贷款，打包成资产支持证券（assets-backed securities，“ABS”），并进一步包装成抵押债券产品（即CDO）向投资者出售。贝尔斯登在2003年到2006年之间打包出售了2120亿美元的抵押贷款债券，其账面上也拥有大量的与此业务相关的资产。

2003年10月和2006年8月BS成立两家对冲基金（High Grade Hedge Fund和High Grade Enhanced Hedge Fund），向投资者筹集资金从事抵押债券业务。BS向这两家对冲基金提供贷款，并获得对方所提供的次级债资产为贷款抵押物，二者之间的交易构成关联交易，这些交易增大了BS面临次级债危机的风险。这两家对冲基金后来不得不在2007年春季关闭，由于其所提供给BS的贷款抵押物贬值，BS因此产生了损失，而BS对这些损失却直到2007年秋季才进行会计处理，不得不冲销资产贬值金额达13亿美元，延迟会计处理达数月。

而且 BS 的杠杆率在不断变高，2005 年 BS 的杠杆率大约在 26.5 比 1，而到了 2007 年 11 月这一比率就上升到 33 比 1。由于需要承担金额巨大的利息付款，BS 日常经营所需的资金量猛增，在其倒闭前，BS 平均每天的贷款资金需求金额高达 500 亿美元。

次级债业务金额巨大，受地产价格波动风险影响也就加剧。随着 BS 管理的两只次级债业务对冲基金的倒闭，市场上出现传闻认为 BS 面临流动性危机，BS 越来越难以从公开市场融到资金，包括高盛在内的一些交易伙伴决定暂时停止参与 BS 相关的交易。2008 年 1 月，该公司 CEO 被迫辞职。虽然 BS 管理层于 2008 年 3 月 10 日对市场出现传闻说 BS 存在流动性危机予以否认，但 2008 年 3 月 13 日，BS 的流动性资金池下跌到只有 20 亿美元。2008 年 3 月 14 日摩根大通宣布向 BS 提供短期资金援助；2008 年 3 月 16 日，摩根大通宣称 BS 的信贷资金缺口高达 400 亿美元，为保护摩根大通股东利益，而以每股 2 美元的价格向 BS 发出收购要约；而到了 3 月 17 日，BS 的股票价格则下滑到每股只剩下 4.81 美元；2008 年 3 月 18 日，公司 CEO（Schwartz）开始和摩根大通 CEO（Jamie Dimon）进行谈判，希望通过后者并购前者方式，获取联邦储备窗口只对商业银行提供的紧急资金援助；2008 年 5 月 29 日，BS 股东批准了向摩根大通以每股 10 美元出售公司。至此，这家曾经排名世界第 5、成立 85 年的投行终于彻底倒下，从此从华尔街消失，留下的除了日趋贬值的次级债金融资产外，就是包括证券集体诉讼、股东派生诉讼等在内的无数诉讼。

二、公允价值——金融公司的会计杀手

依照美国会计准则 SFAS157 公允价值计量，BS 进行抵押证券业务的相关金融资产需要按照公允价值进行计量。该准则要求对金融资产按照其内含价值的可确定性不同分为三类：

- 第一类别资产，代表那些可在活跃市场进行交易的资产，其价值就按照市场行情来确定。
- 第二类别资产，其对应价值按照在非活跃市场的报价来计量，或者是

按照模型来进行估计，而模型的参数则是在相关期间可以直接或者间接观察到的。

- 第三类别资产，该类资产在公开市场上很少进行交易，或者根本就没有公开交易，这类资产的价值计量则完全靠评估模型。而模型的参数则往往是既无法直接观察到又对资产公允价值的评估结果影响十分重大，所以此类资产价值的评估模型往往是各公司管理层自己开发并进行自我判断的，而在评估这些资产中所形成的信息则又会运用到其他评估模型中，如风险模型、套期投资评估等等。

以公允价值计价的金融资产是 BS 资产负债表上最大的资产项目，在整个诉讼期间，BS 的该类资产占其总资产的 1/3 左右，而其中以抵押资产为基础的金融资产又占很大比例。到 2008 年，BS 约有 30% 的金融资产属于第三类别的资产，在所有的金融资产中，约占 30% 部分的估值都是依靠 BS 管理层内部所定的模型来计量，而其中以住房贷款抵押的金融资产又占大部分。到 2008 年 3 月，第二类别的金融资产高达 600 亿美元，而其中接近 300 亿美元是和抵押证券相关的，第二类别金融资产的估值很大程度上也是依靠 BS 自己内部的估值模型进行的，所以 BS 的估值模型如果存在缺陷，则无疑对其资产公允价值的计算包括整个财务报表都会带来重大影响。

虽然 BS 公开宣称公允价值会计对 BS 的财报影响不大，但在 BS 高财务杠杆率下，其每个季度的主营交易收入占总收入的 1/3 左右，每个季度金额为 11 亿到 15 亿美元，所以如果 BS 金融资产的公允价值贬值 3%，那么这部分收入就要冲销，这对 BS 的财报影响无疑是十分巨大的。此外，BS 每天需要 500 亿美元贷款资金，这些金融资产中 70% 需要拿来在回购市场（market of repurchase）做抵押物，所以不能贬值；如果贬值，那么贷款就会出现问题。曾经出现 BS 的交易伙伴发现这些抵押的金融资产被高估的现象，出现估值争议（value dispute），BS 不得不提供额外抵押物。因此，金融资产的估值对 BS 的业务可持续性、报表公允性都有极大的影响。

2005 至 2006 年间，SEC 曾警告过该公司，指出其对抵押支持证券（mortgage-backed securities，“MBS”—— 资产证券化早期产品之一估值所使用的模型存在缺陷，因为该模型并没有考虑违约风险；SEC 还警告该公司的风险价值

（Value at Risk，"VaR"）评估过程中没有考虑房地产价格的波动等因素。VaR的含义是：在市场正常波动下，某一金融资产或证券组合的最大可能损失；更为确切的是指，在一定概率水平（置信度）下，某一金融资产或证券组合价值在未来特定时期内的最大可能损失。

三、股东集体诉讼基本情况

BS的倒闭引发了股东诉讼潮，本文披露的是众多诉讼中的证券集体诉讼，受理法院为美国纽约南区联邦地区法院，首席原告是密歇根州退休基金，个人被告包括公司原CEO、总裁、联席COO、信用风险管理全球负责人、CFO、财务监控官等。被告还包括德勤会计公司，德勤向BS提供审计、审计相关及税务服务，为其2006和2007年的财务报表出具无保留审计意见，并对2007年第一到第三季度的季报提供审阅服务。

原告指控以上所有被告违反1934年证券法第10（b）条款及SEC所颁布的10（b）-5规则，以及某些内部人士违反第20（a）（控制人责任）和20A（内幕交易）条款。

SEC下属的交易和市场部门（Division of Trading and Markets，"TM"）对金融市场进行监督，并对包括BS在内的世界七大投行上报资料进行详细审核。BS倒闭后，SEC的首席调查办公室（Office of Inspector General，"OIG"）就SEC对华尔街各大投行的监管行为进行调查和分析，尤其关注对BS的监管过程。OIG于2008年9月25日就此出具了调查报告，本案的原告在起诉状中所援引的指控内容有相当一部分是来自这份调查报告。当然，这份调查报告的结论也受到TM的质疑。

被告向法院提交动议申请驳回原告的起诉，法院于2011年1月9日就这一动议作出裁决，驳回被告的这一动议。

四、对 BS 管理层的指控

法院认为原告对 BS 重大虚假陈述的指控是充分的

在资产估值方面存在虚假陈述的指控充分。法院认为起诉状已经充分指控了 BS 没有对资产估值和公司所面临风险作出恰当的披露，而且在诉讼期间 BS 还对其所面临的市场风险作出了不实陈述。市场风险是指金融资产可能面临贬值的风险，而 BS 正是在投资者所关心的 VaR 风险模型上误导了投资者，VaR 所指的是 BS 公司所面临的金融资产潜在贬值金额。

在风险管理政策方面存在虚假陈述的指控充分。BS 对外宣称其风险管理流程有效，然而其却知道 SEC 对其风险模型的反馈意见，SEC 认为其风险模型并没有恰当体现信用风险；被告对此知情，但从没有采取措施来改进该模型。而且原告还指出，到 2007 年 10 月，BS 公司的整个模型审核部门已经消失。所以法院认为原告已经充分指控被告在风险管理职能和评估过程及风险模型方面的陈述存在不实，而且被告对这些不实陈述是知情的。

被告抗辩认为 SEC 的反馈意见是在本案所涉及的诉讼期间之前提出的，然而法院认为即便如此，BS 在诉讼所涉及期间仍然没有对 VaR 及风险评估模型作出改进，而且直到 2007 年底 BS 才开始打算整改 SEC 所提出的担心。

BS 抗辩道，其已经对抵押资产的产生和证券化作出了披露，所以没有进一步披露细节的义务。法院认为被告的抗辩无法对应原告指控被告对资产所面临风险的计算错误；而且，法院援引案例认为，如果被告选择作出某些陈述，那么就有充分披露的义务，包括那些重大和负面的信息。

BS 抗辩认为，SEC 对华尔街的所有投行都批评过，而且整个行业都是如此操作。法院援引案例 SEC v. PIMCO Advisors Fund Mgmt. LLC，341 F. Supp. 2d 454，471 – 72（S. D. N. Y. 2004），认为如果整个行业的行为对投资者来说都属于违规行为，那么被告以整个行业都违规作为抗辩理由是不能接受的。

BS 援引案例 re Salomon Analyst Level 3 Litig.，373 F. Supp. 2d 248，252（S. D. N. Y. 2005）抗辩认为，关于资产估值和 VaR 风险模型的陈述属于商业判断，或者说是管理层的业务判断，并不属于对事实的描述，所以不应该属于可被起诉的范畴。法院认为，Salomon 案例并不涉及向 SEC 提交文件，也不涉及资产估值和风险模型，而是涉及股票分析师在向客户推荐两家公司股票过程中所使用的估值模型；该案例的法院判决道，股票估值模型及以此为基础的股价预测属于分析师个人意见，并不会因为没有披露其他人或许有不同意见或者不同的分析方法而导致重大遗漏。而在本案中，风险评估和风险模型信息的目的在于提供一个信息基础，用以判断金融资产中第三类别资产的公允价值估值是否符合会计准则。BS 明知或者应知（由于轻率而不知）其风险评估和模型存在缺陷，仍然以此为基础编制出不可靠和有错误的信息给投资者，此行为应该属于可诉范畴。法院援引 AIG、Washington Mutual 等案例的相关判决来支持其在本案中的判决。

本案的原告一再阐明在明知房产市场下滑和次级债危机爆发情况下，BS 不可能坚信其自身在次级债市场的风险敞口很小，或者这些外围市场变化对其没有影响。

BS 还抗辩指出，其关于资产估值和 VaR 风险模型的陈述是受到安全港条款保护的，所以不应该受到起诉。安全港的保护条款适用于那些属于将来事项的陈述，而不适用于历史和已经存在事项的陈述；那些事项的真实性目前无法确定、只有等将来新发生的事情才能予以确定的，则属于将来事项。而法院认为，本案中所涉及 VaR 风险模型的陈述，是属于对当前已经存在风险的陈述，而且原告已经指出被告当前或者历史的一些事项来指控被告存在虚假陈述。如：被告宣称其曾定期评估和改进 VaR 模型以确保其可以更精确地反映风险所带来的损失；又如：当被问及对冲基金倒闭对 BS 是否带来困难时，BS 高管不但予以否认，还明确指出 BS 的抵押业务不会受该对冲基金倒闭的影响；再如：当市场上担心 BS 的对冲基金倒闭所面临的风险时，BS 发布澄清公告，指出该对冲基金倒闭属于例外的个案，并不说明整个 BS 存在更广泛的问题；以及，BS 高管否认其次级债交易伙伴拒绝与 BS 交易的报道……法院共列出了 11 项 BS 曾经作出的公开陈述，原告指控这些陈述属于虚假。

法院还认为，即使 BS 的这些陈述属于将来事项陈述，也不符合安全港保护条款，因为 BS 的相关警告性文字并不符合要求，不够具体，没有提醒投资者 BS 的 VaR 模型并没有考虑房地产市场下滑的因素也没有考虑违约风险。法院援引 AIG 等案例认为，如果被告没有披露关键事项以确保所披露风险的影响大小可以得到评估，那么即使对具体风险已经提出警告，亦不能使被告免除责任。如果对有可能发生的事项提供警告，则属于谨慎行为；然而，对已经发生的利空事项仅仅作出警告性措辞认为其有可能发生，则属于欺诈行为。

在抵押证券资产（BSAM）冲销方面存在虚假陈述的指控充分。原告指出，BS 所管理的对冲基金倒闭，而 BS 向其提供资金，该对冲基金所提供的抵押品在价值上几乎为零，BS 公司对此抵押品贬值进行掩盖，推迟进行冲销的会计处理。BS 的管理层还对外宣称该对冲基金不存在风险，即使在接收了该对冲基金几十亿美元的“有毒资产”之后，BS 的管理层仍然对外宣称其基本风险未出现变化。被告抗辩认为，原告并无法提供事实来证明 BS 公司管理层有何理由不相信该对冲基金无法提供充足的抵押品来保障 BS 公司提供给该基金的贷款安全。被告指出，原告认为该抵押品贬值，那是因为后来才贬值而冲销的，并不能证明 BS 的管理层在对外宣称的时候这些抵押品就已经贬值。然而法院认为，原告已经指出，当时次级债市场的变化已经足以让 BS 管理层认识或者应该认识到对冲基金资产需要作贬值冲销，而且 BS 公司延迟会计处理这本身就是违反会计准则的。而且法院还认为，BS 公司管理层是否真的在 2007 年第三季度之前就知情应该冲销该对冲基金所提供抵押物的大部分价值，其实是应该在庭审的时候才可进行裁决的事项，目前案件处于是否驳回起诉的阶段，因此不能接受被告的此抗辩理由。

在流动性信息披露方面存在虚假陈述的指控充分。原告指出，2008 年 3 月 11 日，BS 公司流动池的资产价值为 158 亿美元，然而到 2008 年 3 月 13 日结束，流动池的金额缩水到只有 20 亿美元，BS 要么申请破产，要么请求摩根大通的紧急资金援救。而就在 2008 年 3 月 10 日，BS 的高管 Greenberg 在接受 CNBC 电视台采访时还对外驳斥市场上关于 BS 存在流动性问题的“谣言”；2008 年 3 月 12 日，BS 的高管 Schwartz 在接受 CNBC 采访时，也同样对外否认 BS 存在流动性问题。原告指出，被告作出以上的对外宣称属于虚假陈述，因为被告不顾以下已经发生的事项：

（1）2008 年 3 月 6 日，Rabobank Group 拒绝展期原先提供给 BS 的 5 亿美元贷款，因此也很有可能对将在下周到期的 20 亿美元信贷合同不予展期；

（2）BS 的过度杠杆化，其杠杆化比率已经高达 35 比 1，并且是不得不通过每天高达 1020 亿美元的隔夜资产回购贷款（overnight repo lending）来支撑其业务运行；（3）BS 的交易伙伴已经开始陆续退出和 BS 的交易，如：交易伙伴之一 ING Groep NV 和 Rabobank 一道，通知 BS 其将退出 5 亿美元的融资交易。法院认为原告已经充分指控了被告在流动性方面的陈述存在不实之处。

法院认为原告所指控的 BS 不实陈述符合重要性水平

法院在裁决指控的内容是否符合重要性水平时，会同时考虑数量（金额）和质量（性质）两方面的因素。法院认为，原告对被告的指控事项中多起交易都涉及数亿美元以上，所以从金额上看已经符合重要性水平；而且更为重要的是，原告的指控更多是涉及性质方面的重要性，如指控被告高估资产价值、低估风险水平和损失金额、否认已经存在的流动性危机。因此法院认为，这些金额方面巨大、性质方面重要的指控内容，正戳中了 BS 公司的核心价值和财务稳定性，因此如果说这些内容明显对合理投资者不重要，那是言过其实了。

法院认为原告对 BS 在欺诈方面的指控是充分的

欺诈的动机和机会。被告否认原告指控其存在欺诈的动机，但不否认其存在欺诈的机会。原告试图通过 BS 原 CEO、CFO 等内部人士的股票抛售行为来说明这些被告存在欺诈的动机，原告指控这些内部人士在诉讼所涉及期间共抛售了 80 万股的 BS 股票，所获得交易总金额高达 9000 万美元，对应的平均总利润率为 86.3%。但这些内部人士的股票抛售大多是在 BS 公布业绩之后进行的，而且其中原告所指控的交易有 50% 是在 2007 年 12 月 20 日公布了上个季度的 19 亿美元损失之后第二天进行的，所以并不构成欺诈动机。法院还认为，这些内部人士因 BS 倒闭而遭受的股票方面的损失高达 11 亿美元，所以并不能说明他们在 BS 的财务舞弊中有个人获利行为。在诉讼所涉及期间的最初，这些内部人士所持有 BS 的已经可以行权（vested）但还没有实际行权（unexercised）的股票期权所对应的内含价值（intrinsic value）高达 9000 万美元，BS 的倒闭，也就导致这些期权一文不值。

欺诈的情形性证据。在情形性证据方面，原告主要指出：

• 被告无视 SEC 提出的关于 BS 公司 VaR 模型缺陷的警告。SEC 于 2005 年 11 月发信给 BS 的 Farber，提出 BS 公司风险模型存在缺陷；2006 年 12 月，SEC 又再次下结论认为 BS 的风险模型仍然没有改进；OIG 的调查报告还指出，BS 应该在 2007 年 2 月次级债危机爆发之前就需要对其抵押风险模型进行评估和改进，而实际上直到 2007 年底，BS 才将这一风险因素纳入模型中考虑。

• 被告故意递延确认对冲基金倒闭所带来的损失。OIG 的调查报告也指出 BS 应该更早些对此损失作出会计处理。

被告抗辩指出，OIG 报告的调查结论也是受到 TM 质疑的，所以并不能作为对被告的指控依据。法院认为，这种对事实认定上的争议可以通过证据开示过程予以解决，目前案件所处的是诉答阶段，所以并不采纳被告的这一抗辩理由。

被告还抗辩指出，OIG 的报告并没有认为 BS 将该风险模型运用到金融产品定价过程之中。法院认为，即便如此，反而说明了 BS 公司在产品估值的风险管理过程中使用了不同的风险模型，这种前后不一致的做法也是原告所指控的不当行为。

被告还援引案例 In re PXRE Group，Ltd.，Sec. Litig.，No. 06 Civ. 3410，2009 WL 539864（S. D. N. Y. Mar. 4，2009），认为原告并没有具体指认是否有明确的信息可以证明被告对这些模型的缺陷是知情的。法院认为，本案中 SEC 提供给 BS 公司 Farber 的信件，以及 2006 年 SEC 和 BS 风险管理部门的会议记录等皆可以视同为具体的信息，而且原告还提供了秘密证人来说明，这些足以确认 BS 的管理层对模型缺陷是知情的。

被告还抗辩指出 OIG 报告目的是用来说明 BS 在资本金和流动性方面问题的，而且该报告的结论是 BS 的资本金在诉讼所涉及期间是符合监管要求的。法院认为，原告指控指出所谓的 BS 资本金符合要求，那是因为 BS 在 VaR 风险模型上违反要求，而且还隐瞒了涉及对冲基金抵押资产所带来的亏损，正是如此，BS 的资本金才符合要求。而且最终 BS 董事会同意以每股 2 美元的价格出售公司也正好说明了 BS 不存在资本金危机是不可能的。

被告还指出，原告的这些指控只能说明 BS 当时没有预测到次级债危机，属于预测不当，原告只是利用被告的预测不当来指控被告存在欺诈。被告认为，从原告的起诉状中其实也可以推导出和原告主张所不一样的结论，那就是BS当时和华尔街同行、监管部门及相关政府机构一起，都无法预测到次级债的严重性、突发性和市场崩溃会导致BS倒闭。原告认为已经有相关信息，包括来自SEC的警告等等，表明被告是在知情的情况下作出不实陈述的。原告指出，住房市场下滑对BS业务的影响，及BS故意隐瞒此信息可能带来的不利影响，这些对BS来说都是属于可预见的。同一诉状，到底是原告所推导出的结论力度强？还是被告所推导出的结论力度强？法院需要比较，才可裁决。

法院认为被告的抗辩是建立在因果关系混乱的基础上，法院援引案例In re Ambac，693 F. Supp. 2d at 269，该案例中的法院也遇到相同的情况：如果原告的指控成立，那么意味着被告积极参与到导致自己业务倒闭的行为中来，包括参与到导致整个金融市场的倒闭行为中，而被告自己其实只是个被动的受害者。本案的情形类似，那就是原告指控BS所进行的不当行为，其实本身也是导致BS倒闭的原因之一，也是导致整个金融市场倒闭的原因之一。所以法院认为，被告所认为的是金融市场崩溃导致BS倒闭这个推导结论，在强度上并不比原告所作出的推导结论强。因此法院没有接受被告的这一抗辩，法院认为原告对被告的欺诈指控符合证券集体诉讼的起诉要求。

法院认为原告的指控在损失因果关系要素上符合起诉要求

法院认为原告的起诉状已经指出BS的公司股票价格在诉讼涉及期间人为虚高。原告还提供了诉讼期间BS公司股票价格的变动图，该图显示：

• 最高价格出现在2007年1月27日，每股高达171.57美元；

• 当关于BS的风险信息和流动性真相被公开后，其股票价格虚高部分迅速蒸发；

• 2008年3月初，股票价格在60美元左右，BS管理层对市场上关于BS流动性危机的传闻进行辟谣；

• 2008年3月14日，BS宣称其流动性存在问题，需要资金救援，其股票价格当即下挫27美元，跌幅为47.3%；

• 2008年3月17日，也就是在BS宣称其将以每股2美元的价格被摩根大通收购这个消息后的第二天，BS的股票价格再次下挫84%，每股价格只剩下4.81美元。

原告认为，BS公司的股票价值蒸发可直接归因于其对投资者隐瞒流动性危机，而非整体市场环境变化所致。原告认为，BS的流动性危机和资产估值问题是同该公司风险管理流程不善及大量购入“有毒资产”的业务相关，而这些正是BS对投资者作出不实陈述的关键所在。

被告认为，BS的股票崩盘部分是由于整个市场大市下跌，而并非由于BS披露其存在流动性危机和“有毒资产”。然而原告指出，在相关期间，银行股的指数是相对稳定的，并没有出现BS股票价格大幅下跌的情形。

更为重要的是，法院认为，这些争议属于具体的事实认定纠纷，可以在证据开示阶段处理，在目前裁决是否驳回阶段并不需要排除股价下跌的所有其他原因。法院认为，在目前阶段，原告已经足以指出，BS股票价格的崩盘是BS不实陈述、隐瞒披露等行为直接且可预见或者说近似的结果，所以，原告对被告的指控在损失因果关系上符合起诉的要件要求。

法院还认为，虽然原告对被告欺诈动机和机会的指控不成立，但对被告的欺诈指控还是通过情形性证据而实现，由于欺诈指控的充分，原告对BS前高管内部人士内幕交易的指控也成立（20A条款指控）。此外，法院认为原告对BS内部人士（原高管和董事会成员）违反证券交易法20（a）条款关于控制人责任的指控也是充分的。

五、对审计师德勤的指控

法院认为原告对德勤审计工作存在误导和欺诈的指控是充分的

德勤对BS 2006年和2007年财务报表发表无保留审计意见，并对在诉讼期间的各季度报表发表了审阅意见。原告指控德勤的审计意见和审阅意见存在误导，是在对BS财务舞弊知情或者应该知情（轻率）的情况下出具了这些专业意见。原告并没有从动机和机会的角度来指控德勤的审计存在欺诈，而是提出了众多情形性证据，来推导出德勤的审计存在欺诈。原告认为德勤在审计过程中对大量存在的“预警信号”视而不见，这些“预警信号”包括：

- SEC 已经多次对 BS 的资产估值模型提出异议，认为其不精确，而 BS 并没有整改；
- SEC 于 2005 年 11 月警告 BS，其 VaR 计算模型存在缺陷，因为没有考虑房产市场价格波动等因素；
- BS 从其对冲基金所收回的担保资产价值远低于其向该对冲基础提供援助贷款的金额；
- BS 并没有妥当披露其风险的定价和模型的缺陷，也没有恰当披露其风险管理流程和人员情况；
- 其他大量和公司内控、内审和披露相关的风险提示。

原告主要从以下几个方面提出了对德勤的指控：

评估模型和公允价值计量。2008 年的 OIG 报告明确提出 BS 的评估模型存在缺陷，没有充分考虑到违约风险和地产价格下滑的情形。BS 资产负债表上最大的资产就是金融资产，其占总资产的 1/3，原告指控德勤没有按照目标审计程序对这些金融资产的公允价值评估过程的内控进行测试，导致 BS 的报表存在误导。而且 BS 在资产抵押证券业务的投资集中度已经超过其内部所允许的上限，然而 BS 没有对相关集中度风险及次级债和 CDO 投资进行披露，违背了美国会计准则 SOP94－6，这也构成一个“预警信号”，应该予以关注。BS 所管理的 CDO 投资对冲基金公司也是德勤审计的，BS 对该对冲基金倒闭给其自身所带来的风险并没有作出恰当披露。

2005 年 12 月 2 日，SEC 的下属部门 OCIE（Office of Compliance Inspections and Examinations）给 BS 高管（也是德勤前合伙人）发信提出 BS 的评估模型存在缺陷，建议对该评估模型进行独立审核。BS 在 2005 年和 2006 年都收到此类警告，这些缺陷包括：（1）模型的审核流程并没有涵盖抵押证券和其他资产质押证券领域；（2）目前所采用模型隐含的各风险敏感度体现不了市场价格波动所带来的敏感度变化；（3）质押资产的定价模型过分地注重预付款风险，而并没有体现如果存在违约情况下的应对措施。

2007 年 12 月，SEC 会计师 John Cash 要求 BS 公司的 Molinaro BS 公司提供在次级债贷款、特殊实体、次级债抵押证券上的投资及公司的风险管理哲学理念方面的信息，因为 BS 在 2006 年年报中没有披露此等信息。

从2006年的第四季度到2008年的第二季度，BS第三类别金融资产占总资产的比重从11%上升到29%，这直接加大了BS在次级债领域的风险。这一业务现象引发了众多需要在审计中予以关注的风险，因此属于“预警信号”。BS对金融资产的会计处理（尤其是对第三类和第二类资产的公允价值确认和披露）违背了美国会计准则SFAS140及SFAS157，高估了其最大组成部分资产的价值，操纵主营业务收入确认。原告指控德勤忽视了“预警信号”，出具无保留审计意见。

德勤抗辩认为，SEC虽然向BS发信要求相关信息并提醒其评估模型缺陷，但SEC并没有采取任何进一步的行为（如起诉等）；而且，原告在指控中主要是依据OIG报告的信息，TM对该报告其实有不同的意见。法院通过援引New Century Finance等案例认为，SEC是否有包括起诉BS在内进一步的措施并不构成原告指控被告的障碍；此外，原被告双方对OIG报告存在争议正好说明本法庭不能驳回原告的起诉，这些争议在证据开示之后可以继续探讨。

法院从原告的起诉状中还识别出了一些构成“预警信号”的内容，认为这些信息足以引起审计师关注，包括：

- BS专门从事次级债发起业务（subprime origination）的英国子公司于2006年倒闭，该公司也是德勤审计的；
- BS成立的从事次级债业务的对冲基金于2007年倒闭，该基金也是德勤审计的；
- HSBC（汇丰银行）于2007年2月公告称其在次级债损失的储备计提金额高达106亿美元，并对次级债风险表示担忧；
- 2007年10月颁布的审计质量提醒（Audit Alert），对在非流动（次流动）市场的金融资产公允价值评估作出了提醒，告知目前市场上的违约案例增加，导致金融资产公允价值急剧下降，由此导致BS的估值模型和VaR模型中所运用的诸如违约率在内的关键参数急剧变化。

对冲基金。BS向其成立的对冲基金提供贷款，构成关联交易。但BS并没有对此交易的实质及或有损失进行恰当披露，该对冲基金提供给BS用作抵押的资产，在当时市场风险下（违约率增加、房产价格下滑、信贷标准放松、贷款过度集中——原告认为德勤应该对这些风险知情）其公允价值几乎为零，原告认为德勤并没有对此交易流程的相关内控进行妥当测试，而且该对冲基金也是德勤所审计的。

BS 的倒闭也构成德勤存在欺诈的证据。法院认为，虽然财务舞弊所涉及的金额大小本身并不足以说明欺诈的意图是存在的，然而大金额的财务舞弊外加上原告可以详细指控审计师的审计工作存在缺陷，则可以强有力地推导出审计师在出具审计意见时属于轻率性质，是可以构成欺诈的。OIG 的调查报告认为，BS 在次级债市场所面临的风险对投资者来说是个重要信息，因此如果该风险没有妥当披露就会误导投资者，法院认为 OIG 的这个报告结论也可以用于推导出被告存在欺诈的企图。

更为重要的是，原告在起诉状中指出，摩根大通仅仅在一个周末的时间就发现了 BS 的财务报表中存在对金融资产高估和风险低估的问题。另外一家试图并购 BS 的公司，叫 JC Flowers &Co. LLC，也在同一周末调查了 BS 的账目，并提出了每股 2 美元到 2.6 美元的并购要约，最后要约失败。法院认为，原告所提到的这两个事项也有利于推导出德勤对 BS 的审计存在欺诈。法院援引 New Century Finance 案例，在该案例中，公司的管理层可以在很短的时间内就发现了公司存在财务舞弊行为，所以法院认为该公司的财务舞弊现象是十分明显的，据此法院认为 New Century Finance 的审计师毕马威审计不当。法院还援引了另外一个案例，该案例同德勤有关，即 Arnlund v. Deloitte & Touche LLP, 199 F. Supp. 2d 461，483（E. D. Va. 2002）。在该案例中，德勤给 HM 公司出具无保留审计意见之后，仅仅两个月就爆出 HM 公司出现财务困境，因此该案法院认为，这之间的时间间隔是如此之短，这一现象有助于说明审计师德勤的欺诈是可以推导出的。通过以上案例，本案的法院认为 BS 的财务舞弊也属于明显的行为，也就是说审计师应该可以发现。法院认为，与德勤在房利美案中的情形（见 Fannie Mae，2010 WL 3825713）不同的是，在房利美案中，原告并无法提供具体事实来指控德勤的审计违反审计准则和德勤审计意见的误导之处以及其他足以推导欺诈存在的事实，而在本案中，原告具体阐明了 GAAP 和 GAAS 违规行为的存在，因此原告的起诉状对审计师的欺诈指控是可以强有力推导出的。

是否属于预测偏差型舞弊指控？如果原告仅仅是通过事后证明属于错误的

信息来指控被告，这最多只能是指控被告对这些信息应该早些知情，这样的指控依据其实是被告预测不对，所以称为预测偏差型舞弊指控，此类指控是不会获得法律支持的。法院认为本案和预测偏差型舞弊指控是不同的，区别在于，本案的原告提出了非常具体的BS众多会计违规现象，以及众多审计“预警信号”没有被恰当关注，这足以说明审计的轻率性质，不属于预测偏差型舞弊指控。

法院认为原告关于德勤对BS的审计存在重大误导的指控符合起诉要求

法院认为原告的起诉状已经指出为何德勤的审计意见是错误和具有误导性的。德勤抗辩认为，原告的起诉状对德勤的指控仅仅是结论性的指控，但法院认为该起诉状已经提供具体的事项来阐明BS对其欠流动性资产的重大高估和对风险敞口的严重低估。

德勤还认为，如果要符合起诉的重要性要求，必须要对资产高估金额进行量化。法院认为，本案中原告指控BS在风险敞口和资产价值两个方面存在不实陈述，而这两个信息对投资者而言都是重要的，况且这两个信息透露出了BS倒闭的原因。法院认为，BS在提交给SEC的文件中，对涉及VaR模型、风险水平、资产估值等方面存在不实陈述，这些信息从质的角度来说对报表使用者应该是重要的。

法院认为原告对德勤的指控在损失的因果关系上已经成立

法院认为原告对BS前管理层的指控在损失因果关系上已经得到充分指控，这也适用于对德勤的指控。本案中，BS多次掩盖次级债方面的业务风险，虚假陈述其已经对VaR评估模型进行精确性方面的改进，德勤作为BS的审计师允许BS的这些虚假陈述向投资者传播，所以原告已经充分指控德勤串通BS掩盖这些风险，这些风险公开后，引发股价下跌从而导致投资者产生损失。2008年3月14日和17日，BS 2006年和2007年财报中所隐瞒的重大风险得以向市场公开，原告由此指控投资者损失和被告的虚假陈述之间存在因果关系。

德勤抗辩认为，BS的报表并不存在重述的问题，而且BS也没有承认其存在任何不当行为。法院认为德勤所提的这两条理由都不是损失因果关系确认的前提条件，而且由于目前属于案件是否驳回起诉阶段，并不需要区分投资者的损失有多少比例是由被告虚假陈述所造成，而有多少是由股票大市下跌造成。

基于以上的分析，法院认为原告对德勤的指控在欺诈（知情）方面、重大不实陈述方面以及投资者损失的因果关系方面已经充分符合证券集体诉讼的起诉标准，因此拒绝了德勤申请驳回该起诉的动议。

法院于 2011 年 1 月 9 日作出的这一裁决对德勤来说无疑是极为不利的，这意味着诉讼案件要么进入证据开示阶段，要么原被告进行和解谈判。如果进行证据开示阶段，德勤就需要提供更详细的审计底稿方面的信息。

六、案外之声

2012 年 6 月，原被告达成和解赔偿方案，总赔偿金额为 2.95 亿美元，其中摩根大通代表 BS 管理层被告赔偿 2.75 亿美元，审计师德勤赔偿 0.199 亿美元。相对于 BS 这么大公司的倒闭给投资者数百亿美元的损失，这个赔偿金额不论对摩根大通还是对德勤来说，都是个轻松的解脱。

但针对 BS 倒闭的诉讼远没有结束，2012 年 10 月，纽约州总检察官对摩根大通发起了欺诈指控，宣称摩根大通在 2008 年收购的贝尔斯登欺骗投资者，让他们相信抵押贷款支持债券的质量已经过仔细的评估，但实际上并非如此。诉讼称，贝尔斯登“系统性地未能”评估抵押贷款，而且无视已被发现的缺陷，未向投资者透露有关抵押贷款的审查程序和这些贷款存在的问题。摩根大通首席执行官表示，美国政府要求他在金融危机期间收购当时已经摇摇欲坠的贝尔斯登，但是摩根大通已经因为该交易亏损了高达 100 亿美元的资金，并强调摩根大通在 2008 年年初对贝尔斯登的收购帮了美联储一个大忙。

申明和信息来源

本案例的主要信息来源于相关法律文件，案件中所提到的指控内容，可能属实，也可能并非属实，本书对此并无任何立场。同时，由于本案并未经过陪审团和法院的最后庭审判决，而是以和解结束，被告并不承认这些指控，所以也意味着这些指控的事实认定在美国证券相关法律下并未予以确认。本案例的主要信息来源包括：

- Consolidated Class Action Complaint For Violations Of The Federal Securities Laws, Type: Complaint, Date on the document: 02/27/2009.
- Opinion, Type: Other, Date on the document: 01/19/2011.

6. 投行巨子雷曼兄弟倒闭案

- 雷曼的 REPO 105 回购业务会计处理是否符合美国会计准则的要求？
- 会计处理符合具体准则要求是否意味着财务报表整体上符合会计准则？
- 符合具体会计准则是否就意味着不存在报表粉饰和人为操纵财务指标？
- 安永对雷曼的 REPO 105 交易是否知情？何时知情？安永的工作是否属于欺诈行为？
- 风险管理政策的经常性更改是否意味着欺诈的存在？

一、股东集体诉讼基本情况

投行雷曼兄弟（Lehman Brothers Holdings lnc.，下称“雷曼”）一直是按揭证券市场的主要参与者和重要投资人，贝尔斯登因其结构性改进型杠杆基金（structured enhanced leverage fund）亏损而不得不违约之后，市场普遍怀疑雷曼在次级债上的投资也会出问题。2007 年 7 月 30 日，标准普尔将雷曼的证券从“买入”降级为“持有”；2008 年 6 月 9 日，雷曼披露了其最新季度的业绩情况，并宣称需要额外融资 60 亿美元以缓解目前的资金困局，该季度的亏损金额高达 28 亿美元，超过分析师预期的 10 倍，也是该公司从 1994 年上市以来首次季度亏损。2008 年 9 月 15 日，雷曼申请破产保护，其股票的诉讼期间的最高交易价格曾达到每股 86. 18 美元，雷曼的突然倒下给众多投资者带来了重大损失。本案主要涉及雷曼于 2006 年 5 月 30 日生效的证券发行注册登记文件，涉及相关证券总价值超过 310 亿美元，原告主要是一些养老金公司。

本案的被告人可以分为 4 类：

• 内部人士自然人被告，是雷曼的 5 位前高管，即原董事会主席兼 CEO、诉讼期间的 3 任 CFO 及原 COO。

• 雷曼的原 9 位董事，他们在雷曼的证券发行注册登记文件上签字。

• 外部审计师安永会计公司，其审计了雷曼 2007 年财报，并对其出具了无保留审计意见；对 2007 年第二和第三季度及 2008 年前两个季度的季报进行审阅，并出具审阅意见。

• 承销商（投行）被告，包括美银、花旗、摩根士丹利等在内的 51 家参与雷曼各种证券发行承销的投行，其中 UBS 是唯一一家被指控违反证券法第 12 条款的。

原告起诉雷曼原高管、外部审计师、投行违反了 1933 年证券法的第 11、12 和 15 条款；指控雷曼高管和外部审计师违反了 1934 年证券交易法的 10（b）、20（a）及 20A（雷曼其中 1 位高管）条款及 SEC 颁布的 10（b）－5 规则。

原告指控雷曼的证券注册登记文件存在以下重大不实陈述或者遗漏：

• 使用 REPO 105 回购交易来人为降低雷曼的净杠杆率（net leverage ratio）；

• 风险管理政策；

• 流动性风险（liquidity risk）；

• 信用风险集中度信息的披露（concentration of credit risk）及商业地产资产的估值。

原告曾经两次提交合并诉讼状，最后一次，也就是第三次修正后的诉讼状于 2010 年 4 月 23 日提交，第三次诉讼状和前两次最大的不同就是借用雷曼破产法庭的调查报告来进行证券集体诉讼。这个由破产法庭指定机构所出具的雷曼破产调查报告于 2010 年 3 月 11 日出炉，长达九卷，内容详细，借用这个报告，对原告来说无疑是增添了实质性的有利因素。

二 1934 年交易法下的指控

回购交易 REPO 105

REPO 是短期融资回购协议 repurchase agreement 的简称。在此类交易中，转让方（融资需求方）首先将证券或者其他资产转移给交易对方（资金提供方）以获得现金，同时双方签订回购协议，在预期的将来由资产转让方以一定价格回购该资产，回购价格通常是该等额现金外加对应的利息费用；交易的第二步，通常是履行回购协议。所以 REPO 其实类似于质押借款。

原告指控雷曼从事两种类型的 REPO 交易：

- 普通的 REPO 交易，在该交易中，雷曼的会计处理是将其列为融资行为，将收到的现金列为资产，所形成的回购义务确认为负债，而所转移的质押资产仍然保留在雷曼账面上；在这样的会计处理下，由于账面仍然保留该质押资产，雷曼的净杠杆率就会提高。
- REPO 105 交易，在该交易中，雷曼的会计处理是将那些需要回购的已经转移（质押）给资金提供方的资产视同销售，将其从账面中消除，而且雷曼还将所融到的现金偿还债务；这样的会计处理直接结果是雷曼的净杠杆率下降，因为净杠杆率计算公式中的分子（净资产）被降低了，而计算公式中的分母有形权益（tangible equity）则不变。

原告指控雷曼在每个季度末，为达到降低净杠杆率的目的，就大量从事 REPO 105 交易。而且众所周知，雷曼的净杠杆率是个非常关键的财务信息，该比率是用来衡量雷曼对其风险最高资产所可能带来财务损失的预防能力，该比率越低则说明雷曼的财务状况越好，反之越差。雷曼是在季度末的时候通过 REPO 105 交易来人为降低其净杠杆率，而季度末一过，就回购交易中的原先转移的资产，从而使净杠杆率又回到原来没有从事 REPO 105 之前的水平。

从 2007 年夏季一直到 2008 年秋季，雷曼对外披露的每个季度末净杠杆率都在 10.6 至 16.1 之间。原告认为这个比率被雷曼利用 REPO 105 交易而人为地降低了，是被粉饰过的比率。

原告还指控雷曼管理层对外误导投资者，其 CFO 曾经宣称雷曼每个季度末的净杠杆率降低是由于公司出售了一些流动性偏低和风险较高的资产，雷曼的去杠杆化（deleveraging）是完整的。

原告认为：(1) 雷曼的 REPO 105 按照销售而不是按照融资来进行会计处理，这违反了美国会计准则；(2) 雷曼没有充分披露 REPO 105 交易及其对雷曼净流动率的暂时性影响；(3) 雷曼的财务报表由此总体上违背了美国会计准则。

被告抗辩认为原告以上主张应该予以驳回，因为：(1) 雷曼的会计报表是符合美国会计准则的，而且是经过“四大”会计师事务所之一的安永审计并出具了无保留意见的；(2) 原告所指控的内容不符合重要性原则，相对于雷曼这么大规模的公司而言，属于不重要信息。

SFAS140 是美国关于证券化及金融资产和担保品转移的会计准则。一项资产的转移是应该确认为销售还是融资，取决于对该项资产的控制权是否有效转移。如果转移方仍然控制资产，那么应该视同为融资交易；反之，应该确认为销售行为。

原告认为雷曼的 REPO 105 交易按照销售进行会计处理是违背美国会计准则的，因为：(1) 雷曼在转移资产的同时是有义务在将来回购这些资产的；(2) 雷曼的 REPO 105 交易缺乏业务实质和经济内涵，仅仅为了在季度末人为降低净杠杆率而已；(3) 雷曼并无法从美国律师所获得此等交易属于真实销售的意见函，反而只能从英国律师所获得该意见函。

法院认为雷曼 REPO 105 交易的会计处理是否违反会计准则，还需要具体判断。SFAS140 认为只有在资产转让方有能力按照既定的回购条款回购这些资产时（而且即使资产受让方违约），才能说明对这些资产还保留控制权。而对雷曼来说，要实现这一点就必须在交易的整个合同期间内，要有足够的现金来满足回购需求。而原告显然没有指出雷曼拥有足够的资金来进行回购这些资产。恰恰相反，原告指出雷曼在 REPO 105 交易中所提供的资产质押金额比所获得的资金要高至少 5% 以上，所以雷曼并没有从 REPO 105 交易中获得足够资金来进行实质性资产回购，因此，雷曼也就对这些已经转移的资产不存在实质的控制权。此外，SFAS140 并没有提到交易的业务实质或者经济内涵是判断应该作销售会计处理还是融资会计处理的前提条件。至于律师的真实销售法律意见，会计准则并没有要求是否一定需要美国律师来出具。所以法院认为，原告对雷曼 REPO 105 会计处理违反 SFAS140 的指控并不成立。

报表整体是否符合美国会计准则？

法院认为雷曼 REPO 105 交易符合 SFAS140 并不意味着雷曼的报表整体符合美国会计准则。美国第二巡回法庭曾经在判例中作出裁决，美国会计准则也认识到，业务交易的会计处理符合具体某个会计准则的要求，亦有可能导致财务报表整体存在误导，所以会计准则的最高层次要求是企业的报表在整体角度必须能够精确公允反映企业的实际财务情况。原告指控雷曼的证券注册登记文件存在误导，是因为其中所包含的财务信息由于雷曼通过 REPO 105 交易临时突击和人为粉饰每个季度末的净杠杆率而存在误导。净杠杆率等于净资产除以有形权益资本（tangible equity capital），在 REPO 105 交易中，雷曼用获得的资金偿还其他债务，同时由于是按照销售进行确认，雷曼又将所转移的资产从报表中剔除，这样的做法都直接减少了净资产（指用来计算净杠杆率的净资产），而保持有形权益资本不变，从而降低了净杠杆率。而在季度末数天之后，雷曼又回购了这些资产，直接导致净资产增加，而同时有形权益资本不变，结果是净杠杆率又回到了原来的水平。法院认为，雷曼这样重复、临时突击性的，且又不予以披露的 REPO 105 交易，其实是滥用会计准则，违背了会计准则要求精确反映企业财务真实状况的要求，尤其是如果 REPO 105 交易金额达到报表公允重要性水平的时候。

被告抗辩认为，REPO 105 交易所导致的净杠杆率影响从法律角度来说并不重大，因为：（1）雷曼的证券注册登记文件中已经明确提示说明雷曼的财务数据会存在波动性；（2）雷曼也在注册登记文件中同时披露了总杠杆率和净杠杆率这两个指标；（3）REPO 105 交易所涉及金额从雷曼总负债的角度看并不构成重要性水平（约占总负债的 6%）；（4）雷曼同样也可以将 REPO 105 交易中所涉及的资产予以出售，从而获得资金来偿还其他债务。

被告的主要抗辩理由是其已经提供了警告性说明（bespeak caution），已经向投资者说明了雷曼资产负债表科目的总体金额（overall size）在不同时期（季度或者年度）将会呈现出波动。法院认为这个警告性说明仅仅是提到报表科目的总体金额，不够具体，不能说明 REPO 105 交易的影响。至于已经同时披露总杠杆率和净杠杆率两个信息，法院发现雷曼自己曾经宣称对于证券公司来说，净杠杆率信息比总杠杆率信息更为重要，所以不能认为 REPO 105 交易的影响不构成重要性水平。至于认为雷曼同样可以出售这些资产以获得资金的抗辩，法院认为，如果雷曼真的出售这些资产，而不是通过 REPO 105 ，那么就不存在回购的义务；况且，原告的指控重点不在此，原告是指控被告人为操纵净杠杆率。因此法院并没有采纳被告的抗辩理由。

REPO 105 交易的信息披露

雷曼在登记文件中披露道，对于已经出售的但有回购义务的证券，雷曼确认为融资交易。原告认为雷曼的这个披露不实，因为雷曼对于 REPO 105 交易却按照销售予以确认。被告抗辩的第一个理由是，SFAS140 要求对 REPO 105 项下的交易按照销售予以会计处理。法院认为，会计准则或许要求对于 REPO 105 交易按照销售予以处理，但这和原告指控被告对于将出售有回购义务的证券交易披露或融资活动并没有矛盾。被告抗辩的第二个理由是，雷曼已经在文件中披露，依照 REPO 105 所遵循的会计准则，如果雷曼对于已经转让的资产不拥有实际控制权，则此交易按照销售处理。然而法院并不认同被告的理由，法院认为雷曼的这个披露涉及资产证券化行为（securitization activities），并没有涉及回购义务；而且该披露比较简单模糊，并没有提及回购行为，和原告所指控的并不属于同一内容。所以在目前阶段法院还不能予以判断该披露是否充分。

除了指控雷曼现有的披露不实之外，原告还指控雷曼对于 REPO 105 交易遗漏披露，并指出这些交易的信息披露对于理性投资者来说是重要的。法院认为原告对被告的这一指控充分。

风险管理政策的不实陈述

雷曼宣称其已经建立妥当的内部风险管理政策和流程及强势的风险管理文化，公司内部通过建立财务委员会来监督并遵守该政策和流程；只要涉及地产业务的风险，公司已经通过压力测试对该风险进行评估，从 2007 年到 2008 年公司将每天的交易金额和历史汇报数据模拟的风险水平进行比较。雷曼的高管在投资者会议上对外宣称雷曼在挑战性市场的实质性增长得益于公司扎实的风险管理文化（deep risk culture）和谨慎的风险管理政策。原告认为雷曼的这些对外陈述属于重大不实，因为雷曼其实是在执行激进的增长策略，并导致公司处于更高的实质性风险之中。尤其是从 2006 年到 2007 年，雷曼的业务重心在于大量收购和持有商业地产、杠杆信贷和私募资产（private equity assets），这些业务和雷曼的传统业务相比，反而是属于风险更高和流动性更差。所以原告认为雷曼在风险管理政策方面作出了不实的陈述。原告的具体指控主要包括：

风险限度的突破（exceeding risk limit）。虽然雷曼对外宣称其遵循公司的风险管理政策，然而从 2007 年 7 月到 2008 年 2 月期间，雷曼却多次违反公司内部的风险管理政策，进行了大量突破单笔交易风险金额限制的交易，并对杠杆融资过桥贷款作出了无上限的承诺，而且雷曼的固定收益部门和地产部门都在每个季度突破其资产负债表风险限额水平。被告抗辩认为，这些交易虽然突破风险限制金额，但也是符合雷曼风险管理政策的，因为风险管理政策并非静止不变的，公司管理层有权对该政策进行调整，而且这些特殊的交易都会经过公司管理委员会同意。法院并不认同被告的抗辩。法院认为，被告宣称其管理委员会遵循和监督公司的风险管理政策，而管理委员会却又经常地更改这些政策，并且雷曼并没有披露其经常对自己的风险管理政策进行重大修改这样的事实，这样一来，原告对被告的指控认为雷曼的披露不实或者存在遗漏是成立的。因为一方面宣称要执行这些政策，而另一方面却又对政策非常频繁地进行重大修改，这前后是有矛盾的，而且这和雷曼高管曾经对外宣称公司健全和谨慎的风险管理政策是不一致的。

风险防御品的充分度（adequacy of mitigants）。雷曼宣称其风险防御品是充足的，原告指控雷曼该陈述不实。法院认为，风险防御品充足与否属于商业判断，并不代表一个事实的陈述，除非原告能够指证雷曼在作出这个判断的时候是缺乏依据的。因此，法院并不支持原告的这一主张。

压力测试（stress test）。雷曼宣称其已经进行了压力测试，原告指控雷曼该陈述不实，因为雷曼在做压力测试的时候并没有考虑那些风险最高的产品，如商业地产、私募投资、杠杆融资过桥贷款承诺。雷曼抗辩称其对外的公告中提到是对某些产品进行了压力测试，并没有宣称对所有产品进行压力测试。法院认为雷曼并不是在所有财务报表中都披露仅仅对某些产品进行压力测试，所以法院现阶段还不能接受被告的抗辩。

风险价值（VaR）。风险价值即在市场正常波动下，某一金融资产或证券组合的最大可能损失，雷曼宣称其风险管理流程良好，VaR 上限受到良好监控。然而原告指控道，雷曼的主要业务部门（高收益业务部、固定收益部门和地产基金部）的交易都经常多次突破 VaR 上限，仅在诉讼期间，这些业务部门就出现过 44 次突破公司内定 VaR 上限的情况。因此，法院认为雷曼宣称 VaR 管理流程良好这有可能对理性投资者造成误导。

关于雷曼流动性信息的不实陈述和遗漏

雷曼在给 SEC 的申报文件中多次提到公司建立有流动池，用以应对出现流动性风险时 12 个月的现金流需求。雷曼的高管也在各公开场合多次宣称公司的流动性强劲，以及公司流动性是史上最好时刻，足以为公司的发展提供竞争优势。原告指控雷曼的这些公开陈述严重不实，因为雷曼并没有披露其信贷集中度风险（risk of concentration），也没有披露 REPO 105 交易对雷曼流动性的影响。

法院认为，原告需要能够说明 REPO 105 交易对雷曼的流动性造成重要性影响，因为只有符合这方面的重要性水平，SEC 的规则（Item 303 of Regulotion S-K）才要求企业披露其表外交易。原告认为雷曼的 REPO 105 交易所涉及金额已经超过了诉讼期间雷曼的流动池水平，所以符合重要性水平。然而法院认为，流动池的构成不仅包括现金，还包括政府债券、现金等价物等资产，原告并无法充分指控雷曼在诉讼期间其流动池是不足的，所以原告的这一指控并不充分。至于雷曼管理层对外宣称认为雷曼可以满足将来 12 个月的现金流支出需求，及雷曼的流动性处于史上最好时刻，法院认为是属于管理层判断和意见的范畴，是基于已经披露的模型和公式计算出来的，并不属于某一事项的描述，除非原告能够指证雷曼在作出这些宣称的时候是恶意隐瞒真实情况的。

信用风险集中度的披露

原告认为雷曼没有披露抵押和地产相关资产的信用风险集中度信息，尤其是涉及商业地产、Alt-A 抵押资产、杠杆信贷资产方面的集中度风险，所以违反了美国会计准则 SOP97－6、SFAS107、SFAS133 的相关规定。

Alt-A 贷款介于优质抵押贷款和次级抵押贷款二者之间，这种贷款通常包括那些信用分数在 620—680 分之间的借款人的贷款。这类借款人泛指那些信用记录很好或不错，但缺少或完全没有固定收入、存款、资产等合法证明文件的人。这类抵押贷款被金融机构认为比次级贷款更“安全”些，主要依据是借款人的高评级可以在某种程度上抵消文件不全的不利因素，而事实是尽管 Alt-A 贷款的违约率总体上低于次级贷款，但潜在风险有时要大于次级贷款。

法院认为 SOP97－6 并不适用于雷曼以上 3 项资产集中度风险的披露要求。SFAS107 的要求比 SOP97－6 要广泛，要求企业对所有金融资产的集中度风险进行披露，但仅仅是要求披露具有重大集中度风险的资产，至于何谓重大，则又涉及专业判断问题。所以，原告需要能够提供证据说明雷曼的该集中度风险已经构成重大水平。原告通过雷曼内部员工 2008 年 2 月 20 日的电子邮件指出，雷曼内部认为当前的 Alt-A 资产已经构成重大的信用集中度风险，因此，原告指控雷曼在 2008 年 2 月 20 日之后的披露违反 SFAS107 至少从目前看来是成立的。至于在商业地产方面的集中度风险，由于原告出示了雷曼地产业务部门在 2007 年 11 月提供给雷曼管理委员会的报告，该报告可以证明雷曼管理层在当时确信公司在商业地产方面已经出现重大的信用集中风险，因此，原告指控雷曼 2007 年年报对该资产的披露违反了 SFAS107 的要求看来是成立的。关于最后一项资产，法院认为，雷曼已经对其杠杆信贷资产数量等信息作出披露，原告在这方面的指控并不充分。

三、对内部自然人被告欺诈的指控是否成立？

欺诈的动机和机会

原告仅是指控被告为了维持信用评级、公司报表呈现利润等等这些公司管理层普遍的经营目标，而并没有提出被告个人从中获取具体利益。所以法院认为，原告对被告存在欺诈的动机和机会的指控不充分。

情形性证据能否证明欺诈的存在?

如果欺诈的动机和机会指控不充分，那么就需要原告能够提供更为有力的情形性证据来证明被告的行为是有意识的不当行为或者至少是轻率行为，也就是要证明被告对不实陈述和重大遗漏是知情或者至少是应该知情的。

REPO 105 交易。法院认为原告已经指出了足够的“预警信号”来证明被告对 REPO 105 交易是知情的。原告指出，从 2007 年第二季度到 2008 年第二季度，雷曼的 REPO 105 交易金额大约在 319 亿到 503 亿美元之间，而且每个季度末的交易金额都连续增长，这些交易导致雷曼每个季度末的净杠杆率至少降低 1.5。针对本案中的 3 位雷曼原 CFO 来说，从 2008 年 4 月到 9 月，其各自每天都会收到称为“Daily Balance Sheet and Disclosure Scorecards”的管理报告，该报告提供了 REPO 105 交易及其对雷曼净杠杆率影响的相关详细信息；不仅如此，这三位 CFO 曾直接参与了 REPO 105 的交易，因此对这 3 位 CFO 的欺诈指控是成立的。

而针对 CEO 和 COO 的欺诈指控，则有些复杂。这两位被告抗辩认为，这些交易的会计处理是经过安永审计的，也获得了律师的真实销售法律意见，此等交易在当时整个华尔街投行是很常见的；并且，雷曼也可以通过出售其他资产来降低净杠杆率，只不过 REPO 105 交易的成本比较低。法院认为，被告虽然坚信进行 REPO 105 交易是合理和合法的，而且也符合会计准则，但被告并没有抓住原告指控的核心。原告指控的核心在于，被告利用 REPO 105 交易来临时突击，人为地操纵每个季度末的净杠杆率，从而粉饰每个季度末的财务状况，尤其是在金融危机加剧的时候雷曼更是加大 REPO 105 交易，从而影响到对投资者、分析师、评级机构等都认为重要的财务指标公允性。法院认为原告的指控可以强有力地推断出这些自然人被告对雷曼通过 REPO 105 交易来粉饰报表是知情的，因此，对他们的欺诈指控是成立的。

风险管理政策。法院认为这些被告对雷曼经常性地修改其风险管理政策是知情的或者是明知而故意容忍的，虽然雷曼对外宣称其监督并遵循公司的风险管理政策。由此，法院认为原告对这些被告在风险管理政策上不实陈述的欺诈指控是可以强有力推导出来的。

信用风险集中度。法院认为，在雷曼管理委员会 2007 年 11 月 6 日的会议相关报告中提到了商业地产业务的信用集中度风险，所以对属于该委员会成员的被告来说，对此是知情的。

四、对外部审计师安永的指控

关于安永对雷曼的审计工作，原告指控安永宣称其对雷曼的审计符合 GAAS 这个陈述不实，还指控安永所发表的审计意见认为雷曼财报符合 GAAP 这个陈述也不属实。对于安永所进行的雷曼季度报告审阅工作，原告同样指控安永的审阅工作不符合审阅准则的要求，以及安永对雷曼季报的审阅意见也存在误导。法院认为，审计和审阅意见（结论）本身不属于是否存在虚假陈述的命题，因为那属于专业判断范畴，不属于事实描述；只有审计（审阅）过程本身才有可能存在虚假陈述，因为这个过程有可能不符合公认审计准则（审阅准则）要求。

原告指控安永违反审计准则第 3 条款（GS3）和审计解释准则 230 条款（AU230），这些条款要求审计师保持应有的职业关注（professional care）和职业怀疑（professional skepticism），而安永在审计中却忽略了以下 3 个“预警信号”：

- 雷曼无法从美国律师所获得 REPO 105 的真实销售法律意见，而是从英国律师所获得该意见。法院认为该“预警信号”不足以推断出安永审计违反相关准则，因为美国和英国的法律同出一源，在是否为真实销售这样的法律意见上，英国的知名律师和美国律师不应该有不同的意见；此外，更为重要的是，律师对是否为真实销售发布意见仅能说明雷曼 REPO 105 的会计处理是否符合美国会计准则 SFAS140，该律师意见并不能告知安永雷曼在每个季度末人为操纵净杠杆率指标。
- 描述和汇报雷曼 REPO 105 交易的报告，该报告描述了截至 2006 年 11

月 30 日和 2007 年 2 月 28 日雷曼资产负债表中所包含 REPO 105 交易的内容。但法院认为，该报告并没有告知安永这些 REPO 105 交易是在何时达成的，也没有显示在每个季度报告日期之后，它们有恢复原样的情况，所以该报告也不可能告知安永雷曼正是通过这些交易来人为操纵每个季度末的净杠杆率指标。所以法院认为原告所提的该警示性信息不足以指控安永的审计违反相关准则。

- 2008 年 6 月 2 日，安永团队和雷曼负责全球资产负债表和法人实体会计的高级副总裁 Matthew Lee 之间进行访谈，在该访谈中 Lee 向安永透露了雷曼从事 REPO 105 交易的情况。Lee 透露，雷曼于 2008 年的第二个季度通过 REPO 105 交易从资产负债表中剔除确认资产金额高达 500 亿美元。虽然雷曼的审计委员会曾要求安永汇报任何发现的财务违规行为，但安永并没有对 Lee 所提出的关注向审计委员会报告或者作任何进一步调查。法院认为，Lee 所透露的信息可以合理地推断出安永在 2008 年 6 月 2 日之后对雷曼通过 REPO 105 交易来操纵季度净杠杆率指标是知情的，但安永的审计是涉及 2007 年度的，是在 2008 年 1 月 28 日就发表审计意见的，所以原告并无法指控安永对雷曼 2007 年的审计存在违规。但可以推断出的是，安永在 2008 年 6 月 2 日之后的季度审阅（也就是 2008 年第二季度审阅）中是需要关注 Lee 所透露的信息的。

综合以上分析，法院认为，原告并无法充分指控安永对雷曼 2007 年度财年的审计违反公认审计准则。

安永的审计意见认为雷曼 2007 年财年的报表符合会计准则，原告认为安永的这一审计意见存在误导，因为雷曼 2007 年的财报总体上并不符合会计准则（因为雷曼通过人为操纵每个季度末的净杠杆率指标来粉饰公司报表）。法院认为安永的审计意见是在其所确信的基础上作出的，就原告的这一指控而言，原告必须能够证明安永在发表该审计意见的时候是缺乏合理基础的。而原告仍然是使用前述的 3 个“预警信号”来指控安永的审计，其中前两个“预警信号”法院已经认定属于无效，至于第 3 个“预警信号”，则可以充分指控安永在 2008 年第二季度审阅时所作的陈述存在误导。安永在审阅报告中发表的意见为：我们并没有发现应该作出任何重大调整事项，以使雷曼的季度财务报表符合会计准则；既然安永通过对 Lee 的访谈已经了解到雷曼 REPO 105 交易的情况，原告成功地指控安永的这一审阅结果表述存在误导。因此，原告对安永在雷曼2008年第二季度审阅工作存在欺诈的指控是充分的。

法院还拒绝了被告申请驳回原告对违反证券交易法20（a）条款（控制人责任）的指控。

五、1933年证券法下的指控

原告几乎是以和以上相同的内容来指控相关被告违反1933年证券交易法第11条款、第12条款及第15条款。这些被告包括公司原高管、董事会成员、投行及审计师安永。除安永之外的这些被告认为自己已经尽了勤勉之责，而且是依赖安永的专业审计意见的，法院认为在目前考虑是否驳回起诉阶段还无法判定被告的这些抗辩是否真实有效，所以最终法院认为，原告对除安永之外的这些被告所作出违反1933年证券法的指控是充分的，因此拒绝了被告申请驳回起诉的动议。

对于安永是否违反1933年证券法第11条款的指控，法院认为，通过以上分析原告并无法充分指控安永2007年度的审计，但原告对安永2008年第二季度的审阅工作指控是充分的。可是由于SEC明确规定外部审计师的审阅报告不属于审计意见，也不属于证券注册登记所包含的内容之一，因此，审计师的审阅报告并不在1933年证券法第11条款的救济范畴之中。所以原告无法通过指控安永违反证券法第11条款而获得法律救济。

2011年7月27日，美国伊利诺伊北区联邦法官作出了以上相关裁决。

2011年12月9日，媒体披露原告和相关被告达成了金额高达5.07亿美元的和解赔偿方案，其中4.17亿美元赔偿来自于除了UBS之外的那42家投行，而另外9000万美元赔偿则来自于雷曼高管（原CEO、原3位CFO和原COO）及9名董事会成员。至此，本案尚未达成和解赔偿的被告人主要是包括UBS在内的投行和雷曼的外部审计师安永会计公司。

UBS和安永作为尚未和解的被告，目前仍然和原告进行激烈的博弈。

申明和信息来源

本案例的主要信息来源于相关法律文件，案件中所提到的指控内容，可能属实，也可能并非属实，本书对此并无任何立场。同时，由于本案并未经过陪审团和法院的最后庭审判决，部分被告达成和解，UBS 和安永尚在抗辩过程中，被告并不承认这些指控，所以也意味着这些指控的事实认定在美国证券相关法律下并未予以确认。本案例的主要信息来源包括：

- Third Amended Class Action Complaint For Violations Of The Federal Securities Laws，Type：Complaint，Date on the document：04/23/2010.
- Opinion，Type：Other，Date on the document：07/27/2011.
- Order Concerning Proposed Settlement with the Director and Officer Defendants，Type：Order，Date on the document：12/15/2011.
- Order Concerning Proposed Settlement with the Settling Underwriter Defendants，Type：Order，Date on the document：12/15/2011.

7. 保险巨头自身难保：AIG 次级债案

● 已知风险评估模型存在缺陷，会计副总裁离职，审计师提出警告，交易伙伴要求追加抵押物，AIG 为何仍然向投资者隐瞒信息？

● 大客户，大风险，刚以近亿美元赔偿了结 AIG 会计舞弊诉讼案，普华永道再次卷入 AIG 案件。

● 纵观 AIG 案件可发现：

* 业务扩张激进，风险管理放松；

* “有毒资产”涉深，风险敞口过大；

* “预警信号”频现，信息披露隐瞒；

* 次债危机爆发，流动风险引爆。

一、保险巨头是如何倒下的？

美国国际集团（American International Group，下称“AIG”）于 1919 年在中国上海成立，1949 年迁往美国纽约，在 Maurice R. Greenberg 领导下，公司于 1969 年上市并最终成为全球最大的保险和金融服务公司。

通过名称为信用违约掉期（credit-default swaps，“CDS”）的衍生品，AIG 对抵押支持证券（mortgage-backed securities，“MBS”）提供担保。房地产泡沫破裂后，AIG 担保的证券失去价值，AIG 必须支付庞大的赔付金额。2008 年第三季度，AIG 的亏损额达到 250 亿美元的历史纪录高点。由于担心 AIG 的沦陷可能对其他金融企业产生多米诺效应，从而给金融市场和经济带来动荡，美国联邦政府通过一系列救助措施加以干预。作为交换条件，政府接管了 AIG 的绝大部分股权。

AIG 从 1987 年通过成立合资公司 AIG Finance Service 就进行金融产品的互

换（swap）交易，早些年这些交易利润极高，所以1993年该合资公司就成为AIG的一个业务部门，称为AIG Finance Product（“AIGFP”）。从1998年开始AIGFP进军信用违约掉期市场（CDS），定期收取保费，同时承担该承保对象基础证券违约的风险。由于该业务固有的风险比较高，在早期，该业务部门是由AIG管理层直接严格监控的。

尽管如此，该业务部门还是在2000年至2004年期间爆发了一系列重大会计违规事件，并导致SEC和DOJ介入调查。调查发现，AIG对该业务的内控存在重大缺陷，而且该业务曾经虚报收入金额高达39亿美元，最终AIG和SEC达成了和解协议，接受SEC高达8000万美元的处罚，并对前几年报表进行重述。AIG因此而遭受股东集体诉讼，最终达成的赔偿金额接近9亿美元，AIG的审计师普华永道会计公司也因此向股东和解赔偿接近1亿美元。2005年AIG的CEO（Greenberg）被迫退休。在Greenberg退休后，AIG的新管理层更是放松了对AIGFP业务的风险控制，新任CEO（Sullivan）不仅废除了公司管理层和AIGFP业务部门的每两周例会，而且还允许该业务部门不必要遵循AIG公司的严格内控程序。

也就在新旧管理层交替之际，AIG丢失了AAA信用级别，这直接剥夺了AIGFP开展很多投资业务的资格，而信用违约掉期业务却不受此限制。于是，AIG决定大规模扩展该业务，尤其是给债务担保凭证（collateralized debt obligations，“CDO”）提供保险。AIG的CDO保险主要是涉及住房贷款抵押证券（residential mortgage backed securities，“RMBS”）中最高级别的那部分（super senior tranche）。仅仅在2005年，AIG就签订了220笔的承保单子，这比过去7年累计的此等业务还多；至2005年底，AIG在以次级债为主体的RMBS相关的信用违约掉期保险业务中的交易金额高达800亿美元。

面对在次级债市场保险交易业务的迅速增长，AIG管理层并非没有意识到其所对应的高风险。更为重要的是，AIGFP管理层自身也意识到他们所用来评估CDS业务风险的模型存在缺陷，并不足以体现次级债业务的内含风险。AIG所使用的模型为Gorton模型，是Gary Gorton教授所发明；而且后来发现，AIG的管理层并没有向Gorton教授提供开发模型所需要的全部数据。由于意识到该业务的极高风险，2005年度开始，AIGFP决定不签订新的CDS业务，然而对 2005 年已经存在的业务，AIGFP 并无法脱身，也没有进行套期对冲以进行风险转移。

AIG 所从事的 CDS 业务风险主要包括以下 3 种；

• 信用风险（违约风险，credit default），如果 AIG 所承保的 CDS 中对应的证券出现违约现象，那么 AIG 就要进行赔付；

• 抵押品风险（collateral risk），如果 AIG 的自身信用评级被下调，或者 CDS 所对应的基础证券市场价格下滑，AIG 就被迫要向交易对方提供追加的抵押品；

• 估值风险（valuation risk），AIG 需要遵循公允价值会计，需要对 CDS 内含的资产进行市场标价法的公允价值评估，所以一旦评估出现贬值，虽然尚未形成最终交易的损失，AIG 也需要在账面上先行确认该评估损失。

在次级债危机爆发时，以上 3 种风险就会同时引爆，那么给 AIG 带来的最直接风险就是流动性危机。

次级债金融危机对 AIG 业务的冲击还不仅仅在 AIGFP 业务部门的 CDS 交易，还包括 AIG 投资部门（AIG Investment）的证券放贷交易。AIG 在证券放贷交易中，为了从长期金融资产中获取更高的回报，向银行和证券经纪商出借证券，并获取现金作为抵押品。该业务部门为获取更多的回报，更是非常激进地投入到次级债市场，截至 2005 年底，该业务部门将银行和经纪商所提供的现金抵押品中的 75% 投入到 RMBS 和其他贷款质押证券。由于证券放贷交易需要 AIG 每 30 天还款或者进行滚动展期，所以将抵押品投资于次级债市场无疑是给 AIG 带来极大的风险，尤其是只要次级债市场交易一冻结，那么 AIG 就会马上面临流动性危机。

根据目前公开的诉讼相关法律文件，AIGFP 所引发的风险也可以从以下事件中得到警示：

• 会计政策副总裁离职。由于此前 AIG 爆发了一系列会计丑闻，为此 2006 年 6 月 AIG 聘请 Joseph St. Denis 担任其负责会计政策的副总裁，尤其是负责对 AIGFP 所进行交易的会计政策分析，此前他在 SEC 担任首席会计师助理。Joseph 后来对 AIGFP 的 CDS 投资组合的估值表示担忧，AIGFP 的总裁干脆就直接将其排除在 CDS 交易的估值过程之外，并直言不讳地告诉他不希望他干预 CDS 的交易。业务部门管理层对 Joseph 的工作设置障碍，导致其无法工作，Joseph 只好于 2007 年 10 月 1 日辞职。他在离职前向 AIGFP 的总法律顾问、AIG 的内审部门总审计师和外部审计师普华永道的项目合伙人表达了其对 CDS 投资估值的担忧。

- 交易伙伴高盛要求 AIG 追加抵押物。交易伙伴高盛多次对 AIGFP 的抵押品估值提出不同意见，要求追加抵押物。2007 年 8 月，由于认为 CDS 存在贬值，高盛并不认同 AIGFP 对所提供 CDS 抵押品的估值，高盛要求 AIGFP 追加 15 亿美元的抵押物，经过谈判最后 AIGFP 追加了 4.5 亿美元的抵押物。2007 年 10 月，高盛又要求 AIGFP 追加 30 亿美元的抵押物，最后的谈判结果确定为 15 亿美元。由于 AIGFP 允许其交易伙伴采用其自己的评估模型来对 CDS 抵押物进行估值，从而决定 AIGFP 是否需要补充抵押物，所以交易伙伴不停地提出追加抵押物，从某种程度上表明 AIGFP 抵押物的公允价值在下降或者 AIGFP 自己的评估存在问题。不论如何，这都对 AIGFP 所面临的次级债危机而引发的潜在流动性风险提出了警告。

- 审计师普华永道的内控警告。在 AIG 将于 2007 年 12 月 5 日公告业绩前，2007 年 11 月 29 日，普华永道审计团队和 AIG 的 CEO、CFO、首席风险官一起开会讨论如何应对投资者可能会问及 AIG 在次级债危机中所面临的风险。普华永道告知 AIG 管理层，AIG 在 CDS 投资组合品的估值流程中存在重大的内控缺陷，甚至还有可能属于实质性缺陷（material weakness）；如果属于后者，那么会直接影响审计师对公司报表和内控的无保留审计意见。然而 AIG 管理层并没有在随后召开的投资者会议中向投资者披露普华永道的这一警告；相反，管理层在投资者会议上告知投资者 AIG 对住房价格下滑所带来的风险是可控的，AIG 并不存在结构性投资品的风险。

然而 2008 年 2 月 11 日，AIG 向 SEC 提交的 8－K 表格披露，其于 2007 年 12 月 5 日估计的次级债危机所带来的损失金额并不准确，AIG 在 CDS 投资组合的累计贬值损失比原先估计的金额要高 40 亿美元。AIG 将这个超过 40 亿美元的估计差异归因于会计技术不可靠性所导致；在 8－K 表格中，AIG 对外披露了其审计师普华永道认为 AIG 在 CDS 投资组合品的评估流程中存在实质性缺陷。投资者闻此消息后，大规模地抛售 AIG 的股票。

2008 年 2 月 28 日，AIG 向 SEC 提交了 2007 年度报告 10 - K 表格，向投资者披露了 AIG 在 CDS 投资组合的贬值金额高达 115 亿美元。第二天，AIGFP 部门负责人 Cassano 辞职，然而 AIG 仍然向其支付每月高达 100 万美元的工资。

2008 年 5 月 8 日，AIG 公告了其第一季度业绩，税前亏损金额高达 91.1 亿美元，主要是 CDS 投资品的净可变现价值下跌所致；AIG 同时宣布向资本市场融资 125 亿美元，2008 年 5 月 20 日最终的数据显示，AIG 的融资金额高达 200 亿美元。

2008 年 6 月 6 日，有媒体报道 SEC 和 DOJ 正在调查 AIG。2008 年 6 月 1 日，AIG 董事会召开特别会议免除现任 CEO（Sullivan）。

2008 年 8 月 7 日，AIG 公布了第二季度的业绩，其中显示 AIG 在 CDS 投资品的贬值损失金额为 56 亿美元，而且在 RMBS 的其他投资损失高达 60.8 亿美元，AIG 新上任的 CEO 不得不承认 AIG 面临过高的次级债危机风险。受此消息影响，AIG 的股价下跌 18%。

在接下来的 8 月和 9 月中，AIG 的 CDS 业务所承保的 CDO 市场价值在持续下跌，AIG 不得不向其交易伙伴追加提供几十亿美元的抵押品。2008 年 9 月 15 日，AIG 的信用评级遭“三大”评级机构的降级，而降级的原因主要是认为 AIG 在次级债危机中所面临的风险加大。信用被降级对 AIG 来说无疑是落井下石，这直接导致 AIG 需要追加提供高达 145 亿美元的抵押品，可以说几乎导致 AIG 流动资金枯竭。

2008 年 9 月 16 日，联邦政府向 AIG 提供了高达 850 亿美元的注资，同时获取 AIG 79.9% 的股权。AIG 股价在诉讼期间的最高交易价格为每股 72.65 美元，而此时收盘价格只有每股 3.75 美元，在 6 个星期之内累计下跌了 87%。

在接下来的岁月中，AIG 被迫出售相关资产，包括出售其起家的亚洲业务 AIA（友邦保险），以进行赎身。同时，股东集体诉讼爆发。

二 本案的被告和指控

本案中，除了 AIG 之外，还有如下被告：

- Martin J. Sullivan，AIG 的 CEO；
- Steven J. Bensinger，EVP（执行副总裁）和 CFO；
- Joseph Cassano，AIGFP 的总裁；
- Andrew Forster，金融产品部门 EVP；
- Alan Frost，金融产品部门 EVP；
- David L. Herzog，高级副总裁和财务总监（Controller）及首席会计官（Principal Accounting Officer）；
- Robert Lewis，高级副总裁和首席风险官；
- 34 家投行金融机构，他们在 AIG 票据、债券和股票发行中担任承销商；
- 15 名前任和现任的外部董事；
- Edmund S. W. Tse，董事会成员，并担任 AIG 人寿保险业务部门的高级副主席；
- 审计师普华永道。

原告指控被告：

- AIG 和相关被告违反交易法 10（b）条款 和 SEC 的 10b－5 规则；
- AIG 高管违反交易法 20（a）条款；
- AIG 在招股书上签字的高管及相关董事违反证券法第 11 条款；
- 相关投行违反证券法第 11 条款；
- 普华永道违反证券法第 11 条款；
- 相关投行违反证券法第 12（a）（2）条款；
- 相关高管违反证券法第 15 条款。

原告指控 AIG 从 2005 年的年报开始一直到 2008 年 5 月的 200 亿美元的股权融资，在 SEC 文件中、新闻公告中、投资者会议中发布了一系列的不实陈述和对重大风险进行隐瞒：

• 没有披露 AIGFP 于 2005 年大量地承销 CDS 交易；

• 没有披露 AIG 将 75% 的于证券放贷业务中所收到的现金抵押品投资到 RMBS 相关产品中；

• 不实地宣称 AIG 在从事信用违约掉期交易前进行了广泛的尽职调查；

• 当投资者问及 AIG 在次级债危机中所面临风险时，AIG 多次强调其风险控制实力，而隐瞒 AIGFP 的 CDS 业务不仅不受公司风险管理流程的约束，而且 AIG 还取消了原先对 AIGFP 的风险管理程序；

• 在明知公司的风险评估模型无法精确地体现业务风险的情况下，仍然不断地向投资者表达对 CDS 投资风险评估的信心；

• 不实地宣称 AIG 有实力对 CDS 投资品的风险进行套期对冲，而实际情况是进行对冲将不具备经济上的可行性；

• 误导投资者相信 AIG 的 CDS 投资组合所面临的风险主要是信用风险，而隐瞒了重大的抵押风险和估值风险；

• 于 2007 年 12 月 5 日投资者会议上，在明知审计师普华永道警告其 CDS 业务估值流程可能存在实质性缺陷的情况下，仍然向投资者表达对投资损失估计这一数据的信心；

• 误导投资者相信公司于 2008 年 5 月进行高达 200 亿美元的股权融资，是基于对公司市场领先地位的充分利用，而隐瞒了融资的实际需求，是为了应对由于 AIG 自身信用被降低或者其所承保的 CDO 基础资产信用降级而导致几十亿美元的追加抵押品需求。

法院认为原告对 AIG 和其他相关被告的以上指控内容已经构成重大不实陈述和信息隐瞒。

被告抗辩指出，原告所指控的这些所谓不实陈述不属于可起诉范畴，因为它们属于前瞻性陈述，而且 AIG 已经提供了足够的警示性文字说明，强调了投资 AIG 证券的各种风险。然而法院认为，仅仅是对风险的一般性描述并不足以免除被告隐瞒已知具体风险的责任；而且，法院认为，意见性陈述和预测性陈述如果在措辞上被认为是带有保证性质，或者在陈述中引用了某些具体事实作为依据，或者陈述者其实内心并不真实和合理确信其对外所作的陈述，那么此等陈述也属于可诉讼范畴。

法院认为本案中原告已经充分指出 AIG 所提到的风险披露仅仅是属于一般性的描述，并不足以说明被告已经履行了证券法下的披露义务，尤其是某些隐瞒的“硬性事项”（hard facts）对于评估所描述风险的高低程度是十分关键的。比如以下“硬性事项”没有对外披露：

- AIGFP 评估模型的缺陷虽然被告已经知情，但没有对外披露；
- AIGFP 风险控制被有意弱化；
- AIGFP 业务部门和证券放贷部门在 RMBS 上的风险敞口；
- CDS 投资组合品所面临的估值和抵押风险，而 AIG 对外却一直强调的是信用风险，而且误导投资者认为信用风险发生的可能性很低。

法院指出，对以上所列举“硬性事项”的隐瞒足以推导出被告在对外陈述的时候并不合理确信其所陈述的内容，所以其对外陈述也就不属于免于起诉的前瞻性陈述。

由于本案目前属于是否驳回起诉阶段，法院只能是从有利于原告的角度进行推理，从而判断原告是否有权继续向法院提交证据来支持其主张，所以法院并不采纳被告的这一“预先警示理论”（bespeaks caution doctrine）抗辩理由，认为原告在法律上已经充分提出了对被告的主张。接下来，我们重点了解一下法院在本案诉辩过程中对某些重要事项的裁决。

三、法院的分析和判定过程

对被告违反 1934 交易法 10（b）条款的指控是否符合欺诈的要求？

如果指控被告违反交易法 10（b）条款，那么原告的起诉状需要能够强有力地推断出被告的行为符合欺诈要求。本案中法院认为，原告的起诉状足以推导出被告的行为属于欺诈性质，因为原告已经充分指控被告对真实的信息知情，被告也明知其所作的对外陈述内容和其所知的情况存在不一致，比如：

- 相关被告知晓 AIG 从 2005 年开始由于 CDS 投资组合而购入涉及 RMBS 的资产金额高达数十亿美元；
- 被告也知晓其风险评估模型可能无法准确反映业务的真实风险；

- 被告也知晓 CDS 的投资组合品具有相当高程度的估值风险和抵押风险及信用风险；
- 被告也知晓 AIGFP 的风险控制流程被弱化。

原告的起诉状指出，然而，被告却蓄意拒绝向投资者披露这些风险，而且也同样拒绝向投资者披露 AIG 在证券放贷业务方面所面临的相关风险。当整个投资界对次级债风险日趋关注的时候，AIG 和相关被告却持续地向投资者宣称其信心，误导投资者相信 AIG 的 CDS 投资组合风险不高，而且公司的风险管理流程足以控制这些风险。AIG 和相关被告对外的如此陈述，完全没有顾及到一些警告性信息：（1）公司已经意识到 Gorton 风险评估模型的不足；（2）公司会计政策副总裁的离职；（3）公司审计师普华永道的警告；（4）交易伙伴提出的涉及 CDS 交易高达几十亿美元的追加抵押物要求。

法院认为原告的以上指控内容已经满足了证券诉讼的欺诈要件。

原告的指控是否符合损失因果关系要求?

起诉的要件之一就是原告能够阐明其损失和被告的不当行为之间存在因果关系，如：（1）指出被告的修正性披露揭露了原先隐瞒的事实真相，并导致了股票价格的下滑；（2）被告隐瞒了某些风险没有对外披露，而这些风险的爆发导致了股票价格的下滑。

本案中，原告指出 AIG 对原先隐瞒的信息作出修正性披露后，股票价格出现下滑，如 2008 年 2 月，AIG 对外公告指出原先所披露的 CDS 投资组合贬值损失被低估了数十亿美元，当天股价下滑 11%；而且原告还指出，AIG 等相关被告原先所隐瞒或者误述的风险，如 CDS 的抵押风险，最终爆发，并给投资者带来了损失。

被告抗辩指出，AIG 股票价格下滑主要是市场大环境所致，尤其是在经济严重衰退期间金融行业所受到的冲击更大。然而法院认为，当 AIG 公布相关信息后，其股票价格在 1 天之内暴跌 11%，而且原告所指控 AIG 隐瞒的风险和之后爆发的风险之间的关系，足以说明被告的抗辩在目前考虑诉讼是否驳回阶段并不成立。虽然被告最终可能可以证明原告的某些损失或许是由于被告之外的原因所导致的，然而被告的这些证据可以在庭审阶段出示，而不是在目前考虑诉讼是否驳回阶段予以采纳。

1933 年证券法下的指控是否成立?

AIG 在诉讼所属期间的 2003、2007 和 2008 年公布了股份发行登记文件，并据此进行了 101 次股份发行，而且每次发行登记文件都会援引 AIG 提交给 SEC 的年度和季度报告或者临时公告。原告认为这些年度和季度报告存在重大不实陈述和信息隐瞒，因此，原告指控 AIG、在登记文件上签字的管理层、董事会成员及承销商违反了证券法下的第 11 和 15 条款，同时指控审计师普华永道违反了证券法下的第 11 条款。

被告抗辩认为:

• 这些股份发行的登记文件并不存在重大不实陈述，也不存在重大信息隐瞒;

• 原告并无资格起诉主张其权益;

• 起诉的时效已过;

• 对原告提出的证券法第 11 条款下的指控，需要能够满足联邦民事诉讼程序法对应规则 9（b）条款（即更高的起诉标准），必须能够阐明被告的行为存在欺诈。

法院并不同意被告的抗辩理由，认为:

• 股份发行登记文件是否存在重大不实陈述或者信息隐瞒，原告已经在指控被告违反交易法 10（b）条款的时候提供了具体内容，法院已在前文中作出裁决。

• 至于原告是否有资格起诉，由于原告并不是基于信赖这 101 次股份公开发行中每一次不同的招股书，而是基于信赖这 101 次发行过程中 3 种注册文件都同时存在的所谓不实陈述和隐瞒（这 3 种注册文件是：公司向 SEC 提交的年度报告 10 - K 表格、季度报告 10 - Q 表格和临时公告 8 - K 表格），所以原告有资格将其指控范围包括 AIG 这 101 次所有股份公开发行交易。

• 本案并不存在诉讼时效过期问题，因为原告指出，直到 2008 年 9 月 17 日 AIG 公布了联邦政府的援助计划之后，原告才知晓 AIG 的不实陈述和信息隐瞒，原告是在 2009 年 5 月 19 日提交诉讼状的，符合 1 年期的诉讼时效要求；而且原告主张救济所涉及的 AIG 证券发行交易，也都是在诉讼状提交的前 3 年之内发生的，符合 3 年期的时效要求。

- 本案并不适用9（b）条款，因为原告指控被告违反证券法的相关诉讼状内容，是和指控违反交易法的诉讼状内容明确区分开来的。在指控被告违反证券法的时候，原告的诉讼状并没有基于认为被告的行为存在欺诈这样的前提条件，因此在考虑是否驳回起诉的时候，本案并不适用9（b）条款，而是适用8（b）条款，即并不需要考虑原告对被告的指控是否达到了欺诈的要素。

被告又抗辩指出，如果原告认为注册文件中存在误导信息，那么 AIG 2008 年 2 月 11 日的 8－K 披露表格和 2008 年 2 月 28 日的 10－K 表格所对应的披露信息足以使原告提出质疑，因此，原告应该在这些表格披露日期 1 年之内提出诉讼，否则就超过诉讼时效。法院认为，原告具备提出质疑的前提条件，是原告已经发现或者应当发现被告的不当行为，如果有确凿证据表明在某个时间点原告已经发现或者应当发现被告的不当行为，那么这个时间点也就是原告应当提出质疑的时间点，原告的 1 年诉讼时效也就应当从这个时间点开始计算。而在本案中，原告指控认为，被告的不实陈述和信息隐瞒行为在整个诉讼所属期间是持续进行的，所以，在考虑是否驳回起诉阶段，从对原告有利的角度来看，法院拒绝采纳被告的这一抗辩理由。

承销商被告还抗辩指出，原告所指控的所谓不实陈述并不会误导真正理性的投资者，而且原告所指控的隐瞒（遗漏信息），被告对此也没有披露义务。然而，法院认为，从整体角度看，也从对原告相对有利的角度看，主要是基于前文涉及交易法指控的分析，原告已经指出了 AIG 股份发行注册文件中的不足之处，原告的这些指控足以符合证券法的救济要求。故此，法院拒绝采纳承销商的抗辩。

对审计师普华永道违反1933年证券法第11条款的指控

原告指控认为普华永道所审计的财务报表并不符合 GAAP，而且普华永道的审计工作也不符合 GAAS 的要求。原告指出，普华永道有某些特定的义务对 AIG 内控充分性进行评估，也有义务确保 AIG 按照美国会计准则 FIN45 的要求对 CDS 的抵押风险进行披露。原告指控普华永道并没有履行此等义务，由此所出具的无保留意见审计报告（涉及 AIG 2005 年和 2006 年的年报）没有充分披露 CDS 投资组合品的相关风险，没有披露证券放贷业务，也没有披露 AIG 对次级债市场的集中度风险，这不符合美国会计准则 SFAS107 和 SFAS133 的相关要求。原告还指出，虽然在 2007 年的年度报告中，审计师发现了 AIG 的相关内控流程存在实质性缺陷，但并没有充分披露 CDS 投资组合所隐含的风险程度。

普华永道抗辩指出，原告并无法阐明 AIG 的财务报表为何不符合会计准则，也没有阐明为何普华永道的审计工作不符合公认审计准则要求。普华永道并不同意原告对相关会计准则的解释，包括那些涉及金融衍生品公允价值计量的会计准则，以及信用风险集中度的披露要求，普华永道认为其已经遵循了这些会计准则的相关要求。

然而法院援引环球电信的判决案例认为，如果原告的起诉状已经充分地指控被告审计的财务报表偏离了会计准则的要求，而且在基本面上误导了投资者，那么在诉讼的此阶段驳回原告的起诉是不恰当的。而且被告抗辩中所提出的问题最终需要通过参考行业通用惯例或者专家论证才能得到答案。所以目前阶段如果没有进一步的证据开示，并无法确定 AIG 对 CDS 投资组合及其面临次级债风险的会计处理是否符合会计准则。因此法院拒绝采纳普华永道的抗辩理由，拒绝了普华永道提出驳回原告起诉的动议。

四、后续发展

2010 年 9 月 27 日，纽约南区联邦法院法官 Las Taylor Swain 作出裁决，拒绝了各被告提出驳回原告起诉的动议。2010 年 10 月 12 日，被告提请法院重新考虑该判决；2011 年 2 月 8 日，法院再次拒绝了被告的这一申请。此案在是否驳回起诉这一关键性博弈战役中，以被告失利结束。至此，案件进入了证据开示阶段。

2011 年 4 月 1 日，原告向法院申请对诉讼集团资格进行确认，并于 2011 年 7 月 6 日重新提交了修正后的集团资格范围。

2011 年 8 月 18 日，AIG 和数十家银行被告再次向联邦法院提交动议，申请阻止针对 AIG 于 2008 年接近倒闭时期的全国性诉讼。这些被告援引联邦最高法院在沃尔玛案例中的判决，认为 AIG 证券集体诉讼案中原告所主张的集团资格太广泛、太多样化，所以这些集团成员缺乏诉讼共性。原告所提议的诉讼集团范围包括：从 2006 年 3 月开始直至 AIG 被政府救助之前这段期间任何买入 AIG 股票的投资者，以及在此期间任何买入 AIG 101 次证券发行过程中任何证券的投资者。AIG 认为原告所提议的集团范围涉及在 AIG 被政府救助之前的太多不同的期间、不同的情形和不同的财务利益，所以这些集团成员很难说存在共性；而且考虑到资本市场和信息披露的多变性、AIG 不同证券的特征多样性以及不同投资者利益特征的不同，即便是首席原告自己也很难予以证明。2011 年 10 月 12 日，投行被告向法院提交动议，申请阻止该诉讼。2011 年 11 月 2 日，法院终止原告的集团资格确认申请，要求在集团资格相关的证据开示结束后，重新提交资格确认。

由于原告在诉讼过程中的部分指控信息来源于 4 名秘密证人，被告要求原告提供这些秘密证人的身份，后者只同意提供其中 1 名秘密证人的信息，而拒绝提供其他 3 名证人的信息。2012 年 3 月 6 日，法院裁决要求原告在限定时间内提供其中 3 名秘密证人的身份。

目前本案仍处于证据开示阶段，原被告之间至今已经向法院提交了数百份法律文档。此案件最终是会走到开庭审理，还是会中途和解赔偿，目前还不得而知。我们不妨参考一下 AIG 刚刚结束的由于会计违规而导致的集体诉讼，在该案件中，AIG 和其管理层的赔偿金额接近 9 亿美元、审计师普华永道的赔偿金额接近 1 亿美元，总赔偿超过 10 亿美元。

申明和信息来源

本案例的主要信息来源于相关法律文件，案件中所提到的指控内容，可能属实，也可能并非属实，本书对此并无任何立场。同时，由于本案并未经过陪审团和法院的最后庭审判决，尚未结案，被告并未承认这些指控，所以也意味着这些指控的事实认定在美国证券相关法律下并未予以确认。本案例的主要信息来源包括：

- Consolidated Class Action Complaint, Date on the document: 05/19/2009.
- Opinion And Order (motion for dismiss), Date on the document: 09/27/2010.
- Notice of motion (for reconsideration), Date on the document: 12/10/2010.
- Order (reconsideration motions denied), Date on the document: 02/08/2011.

附录一

重要参考信息汇总表

1. 中国概念股集体诉讼案信息汇总表（截至2013年1月）

公司名称	交易所	交易代码	诉讼递交日期	案件进展
Longwei Petroleum Investment Holding Limited（龙威石油）	AMEX	LPH	2013－01－07	未结案
Qiao Xing Mobile Communication Company, Ltd.（乔兴移动）	NYSE	QXM	2012－12－19	未结案
China Agritech, Inc.（艾瑞泰克）	OTCBB	CAGC	2012－10－04	未结案
Suntech Power Holdings Co., Ltd.: American Depositary Shares（尚德电力）	NYSE	STP	2012－08－02	未结案
New Oriental Education and Technology Group Inc.（新东方）	NYSE	EDU	2012－07－23	未结案
American Oriental Bioengineering Inc.（东方生物）	OTCBB	AOBI	2012－06－22	未结案
Ambow Education Holding Ltd.（安博教育）	NYSE	AMBO	2012－06－11	未结案
Tibet Pharmaceuticals, Inc.（云南香格里拉藏药）	OTCBB	TBET	2012－05－25	未结案
Chinacast Education Corporation（双威教育）	NASDAQ	CAST	2012－05－25	未结案
Qiao Xing Universal Resources, Inc.（侨兴环球资源）	NASDAQ	XING	2012－04－27	再次被告
CNOOC Limited（中海油）	NYSE	CEO	2012－02－29	未结案
China Sky One Medical, Inc.（天一制药）	NASDAQ	CSKI	2012－02－24	2012年5月原告撤诉
Camelot Information Systems Inc.（科莱特）	NYSE	CIS	2012－01－05	未结案
China Medical Technologies, Inc.（源德生物）	NASDAQ	CMED	2011－12－19	原告撤诉
Focus Media Holding Limited（分众传媒）	NASDAQ	FMCN	2011－12－12	未结案
China Organic Agriculture, Inc.（中国有机农业）	OTCBB	CNOA	2011－11－29	再次被告，未结案
China Automotive System, Inc.（中汽系统）	NASDAQ	CAAS	2011－10－26	2013年1月原告同意撤诉
China Security & Surveillance Technology Inc.（安防科技）	NASDAQ	CSR	2011－07－21	原告撤诉

续表

公司名称	交易所	交易代码	诉讼递交日期	案件进展
China Medicine Corporation（中国医药）	PINK - SH	CHME. PK	2011 - 07 - 15	未结案
China Fire & Security Group（中国消防安全集团）	NASDAQ	CFSG	2011 - 06 - 22	原告撤诉
Wonder Auto Technology, Inc.（万得汽车）	NASDAQ	WATG	2011 - 05 - 31	2013 年 1 月 300 万美元和解
Longtop Financial Technologies Limited（东南融通）	NYSE	LFT	2011 - 05 - 23	未结案
Sino Clear Energy, Inc.［索昂生物（中国清洁能源）］	NASDAQ	SCEI	2011 - 05 - 06	2013 年 200 万美元和解
Fushi Copperweld, Inc.（大连傅氏）	NASDAQ	FSIN	2011 - 05 - 06	2011 年 9 月原告主动撤诉
EST Digital Networks, Inc.（郑州神阳科技）	NASDAQ	ZSTN	2011 - 04 - 25	2013 年 170 万美元和解
China Century Dragon Media, Inc.（盛世巨龙）	NYSE	CDM	2011 - 04 - 01	未结案
China Electric Motor, Inc.（岳鹏成电机）	NASDAQ	CELM	2011 - 04 - 01	未结案
China Intelligent Lighting and Electronics, Inc.（中国智能照明）	Other	CIL	2011 - 04 - 01	未结案
China Integrated Energy, Inc.（综合能源）	NASDAQ	CBEH	2011 - 03 - 25	未结案
China Agritech, Inc.（艾瑞泰克）	NASDAQ	CAGC	2011 - 02 - 11	2012 年 9 月和解（金额未披露）
China MediaExpress Holdings, Inc.（高速频道）	NASDAQ	CCME	2011 - 02 - 04	未结案
China Valves Technology, Inc.（中国阀门）	NASDAQ	CVVT	2011 - 02 - 04	驳回后原告重新提交诉讼状
Mecox Lane Limited（麦考林）	NASDAQ	MCOX	2010 - 12 - 03	驳回起诉
China Education Alliance, Inc.（中国教育集团）	NYSE	CEU	2010 - 12 - 02	2012 年 10 月 242.5 万美元和解
RINO International Corporation（绿诺科技）	NASDAQ	RINO	2010 - 11 - 12	2012 年 6 月 700 万美元和解
China Green Agriculture, Inc.（中国绿色农业）	NYSE	CGA	2010 - 10 - 15	未结案
Duoyuan Global Water Inc.（多元水务）	NYSE	DGW	2010 - 09 - 20	未结案

续表

公司名称	交易所	交易代码	诉讼递交日期	案件进展
Duoyuan Printing Inc. （多元印刷）	NYSE	DYP	2010－09－20	未结案
China Natural Gas Inc. （西蓝天燃气）	NASDAQ	CHNG	2010－08－26	驳回后原告重新提交诉讼状
Orient Paper, Inc. （东方纸业）	AMEX	ONP	2010－08－06	2012 年 6 月 200 万美元和解
China North East Petroleum Holdings Limited（东北石油）	NYSE	NEP	2010－06－11	2011 年 10 月驳回起诉
Canadian Solar Inc. （阿特斯太阳能）	NASDAQ	CSIQ	2010－06－03	驳回后原告重新提交诉讼状
Fuqi International, Inc. （富麒国际）	NASDAQ	FUQI	2010－03－19	未结案
The9, Ltd. （第九城市）	NASDAQ	NCTY	2009－10－21	驳回起诉
China Organic Agriculture, Inc. （中国有机农业）	OTCBB	CNOA. OB	2008－12－12	2010 年 9 月 60 万美元和解
JA Solar Holdings Co. , Ltd. （晶澳太阳能）	NASDAQ	JASO	2008－12－03	2012 年 12 月 450 万美元和解
Noah Education Holdings Limited（诺亚教育）	NYSE	NED	2008－10－29	2011 年 2 月 175 万美元和解
China Shenghuo Pharmaceuticals（圣火制药）	AMEX	KUN	2008－08－25	2010 年 10 月 80 万美元和解
Agria Corp. （华奥物种）	NYSE	GRO	2008－04－11	2010 年 6 月 375 万美元和解
Focus Media Holding Limited（分众传媒）	NASDAQ	FMCN	2007－11－27	2011 年 10 月 200 万美元和解
Giant Interactive Group Inc. （巨人网络）	NYSE	GA	2007－11－26	2011 年 7 月 1300 万美元和解
China Expert Technology, Inc.	NASDAQ	CXTI. PK	2007－11－21	3 次驳回，法院允许起诉审计师
Fuwei Films（Holdings）Company, Ltd. （山东富维）	NASDAQ	FFHL	2007－10－07	2010 年 9 月 215 万美元和解
LDK Solar Company Limited（江西赛维）	NYSE	LDK	2007－10－01	2010 年 3 月 1600 万美元和解
UTStarcom Inc. （UT 斯达康）	NASDAQ	UTSI	2007－09－04	2010 年 3290 万美元和解

续表

公司名称	交易所	交易代码	诉讼递交日期	案件进展
China Sunergy Company Limited（中电光伏）	NASDAQ	CSUN	2007-09-01	2009年10月105万美元和解
Qiao Xing Universal Telephone Inc.（乔兴环球电话）	NASDAQ	QXM	2007-08-09	2008年7月240万美元和解
Xin Hua Finance Media（新华财经媒体）	NASDAQ	XFML	2007-05-01	驳回起诉
Bodisen Biotech, Inc.（博帝森）	AMEX	BBCZ. PK	2006-11-15	驳回起诉
China Energy Savings Technology, Inc.（中国节能科技）	NASDAQ	CESV	2006-05-01	原告撤诉
China Aviation Oil (Singapore) Corporation, Ltd.（中航油）	OTCBB	CAOLF. PK	2005-05-01	未在120天内送达诉状，驳回起诉
Sina Corp.（新浪）	NASDAQ	SINA	2005-02-15	驳回起诉
51job Inc.（前程无忧）	NASDAQ	JOBS	2005-01-21	驳回起诉
UTStarcom Inc.（UT斯达康）	NASDAQ	UTSI	2004-11-17	2009年5月950万美元和解
KongZhong（空中网）	NASDAQ	KONG	2004-08-19	达成350万美元和解
China Life Insurance Ltd.（中国人寿）	NYSE	LFC	2004-03-16	驳回后原告撤诉
AsiaInfo（亚信集团）	NASDAQ	ASIA	2001-12-04	并入华尔街IPO汇总诉讼案
UTStarcom Inc.（UT斯达康）	NASDAQ	UTSI	2001-10-31	并入华尔街IPO汇总诉讼案
NetEase, Inc.（网易）	NASDAQ	NTES	2001-10-22	达成430万美元和解，SEC罚款140万美元
Chinadotcom Corporation（中华网）	NASDAQ	CHINA	2001-06-28	并入IPO Allocation案汇总和解赔偿

资料来源：根据法院相关文件、各相关网站和媒体报道信息，经由作者整理而成。

2. 国际“五大”会计公司近年涉及重大诉讼案件赔偿信息汇总表（截至 2012 年 10 月）

公司名称	涉案公司（及其他事件）	案件至今总体赔偿金额（百万美元）	会计师赔偿金额（百万美元）	披露年份
安达信	McKesson HBOC	1032.5	72.5	2007
	Enron	股东集体诉讼总赔偿超过 72 亿美元	112	2006
	WorldCom	股东集体诉讼总赔偿接近 68 亿美元	65 38（2012 年追加）	2005
	Qwest	455（股东赔偿） 250（SEC 罚款）	10	2005
	Charter Communications	146.25	2.25	2004
	Global Crossing	345	25	2004
	Baptist Fund of Arizona	217	217	2002
	Waste Management	457	20	2001
	Sunbeam Corporation	330	110	2001
	20 世纪 80 年代金融机构倒闭潮审计失败而导致联邦政府起诉	977	79	20 世纪 90 年代初
安永	Lehman Brother	507	待定	2012
	Healthsouth	1185	138.5	2009，2010
	Metropolitan Mortgage & Securities	38.75	14.25（安永） 13.9（普华永道）	2008
	Philip Service	50	50	2007
	Cendant	约 3700	635	1999，2007
	Williams Companies	311	21	2006

续表

公司名称	涉案公司（及其他事件）	案件至今总体赔偿金额（百万美元）	会计师赔偿金额（百万美元）	披露年份
安永	Time Warner	3350	100	2005
	Merry – Go – Round Enterprises	185	185	1999
	20 世纪 80 年代金融机构倒闭潮审计失败而导致联邦政府起诉	977	400	1992
毕马威	Wachovia（破产后由 Wells Fargo & Co 收购）	627	37	2011
	华盛顿互助基金（2008 年破产后由 JPMorgan 收购）	208. 5	18. 5	2011
	New Century Financial	125	45	2010
	Countrywide Financial	624	24	2010
	Vitesse Semiconductor	40. 475	30. 275	2009
	Xerox	782. 5	102. 5	2005 ，2008
	避税业务遭遇联邦政府起诉	456	456	2005
	避税业务遭遇 275 位客户起诉	225	180	2005
	Lernout & Hauspie Speech Products	120. 52	115	2004
	Lernout & Hauspie	115	115	2004
	Rita Aid	334	125	2003
	Oxford Health Plans	400	75	2003
	20 世纪 80 年代金融机构倒闭潮审计失败而导致联邦政府起诉	977	186. 5	20 世纪 90 年代初

续表

公司名称	涉案公司（及其他事件）	案件至今总体赔偿金额（百万美元）	会计师赔偿金额（百万美元）	披露年份
德勤	Bear Stearns	295	19.9	2012
	Parmalat SpA	247	160	2008
	Delphi	380.25	38.25	2007
	Fortress Re（aviation reinsurer）	250	250	2005
	Adelphia Communications	510	260	2005
	20 世纪 80 年代金融机构倒闭潮审计失败而导致联邦政府起诉	977	312	20 世纪 90 年代初
普华永道	Satyam	150.5	25.5	2011
	SmarTalk Teleservices	41.5	30.5	2008
	Metropolitan Mortgage & Securities	38.75	13.9（普华永道） 14.25（安永）	2008
	AIG 会计舞弊案	1010	97.5	2008
	Tyco International	3200	225	2007
	Ambassador Insurance	182.9	182.9	2005
	Homestore	81.1	17.5	2005
	Telxon Corporation（computer hardware）	82.9	45.9	2005
	Raytheon	535	50	2004
	Microstrategy	135.5（外加股份和认购权证）	55	2001

注：安达信全球业务解体并入其他“四大”。

资料来源：根据法院相关文件、各相关网站和媒体报道信息，经由作者整理而成。

附录二

主要缩写及词汇对照

缩写

ADR	美国存托凭证
ADS	美国存托股份
APO	融资型反向收购
BVI	英属维尔京群岛
CAO/COO	首席会计官/首席运营官
CDO	担保债务凭证
DOJ	美国联邦司法部
EPS	每股利润
GAAP	公认会计原则
GAAS	公认审计准则
IPO	首次公开募股
PCAOB	美国公众公司会计监督委员会
PSLRA	私人证券诉讼改革法案
SEC	美国证券交易委员会
SPE	特殊目的实体
SPO	第二次公开募股
VIE	可变权益实体
WOFE	外商独资公司

词汇

conscious misbehavior	有意识的不当行为
control person liability	控制人责任
corrective disclosure	修正性披露
due diligence	勤勉尽职
fraud-on-the-market theory	市场欺诈理论
loss causation	损失的因果关系
material misstatement	重大不实陈述
motive and opportunity	动机和机会
Muddy Waters	“浑水摸鱼”研究机构
negligence	过失/疏忽大意
primary violation/violator	首要违规行为/首要违规者
recklessness	轻率
red flags	“预警信号”
reliance	信赖
scienter/defraud	欺诈/舞弊
safe-harbor provision	安全港条款
scheme liability	共同欺诈责任

state of mind	思想意识
strong circumstantial evidence	强烈的情形性证据
strong inference	强有力地推导出

后记

在国际会计公司和企业工作十多年之后，在好奇心的驱使下，终于作出决定到美国法学院攻读学位，这不仅是对自己日渐形成惰性的挑战和日趋僵化思维模式的开拓，也是多年梦想的实现。

美国法学院的教学方法侧重于兴趣培养和思维启发，任何一门课程，在上课前教授都会早早布置好需要预习的案例和教材，基本上都是以法院的实际判决案例为主。刚开始接触这些实际判例的时候，我几乎是无从下手，阅读量十分大，一个案例打印到A4纸上就几十页，有时候一门课程需要预习几个案例；有人估计，如果课堂的时间是2小时，那么课前的预习至少是4小时。如果课前不预习或者没有预习好，那这门课基本就不要去上了，因为去了也听不懂。以前看过美国电影《律政俏佳人》，女主人公第一天到法学院上课，其他同学都带了电脑，她却带了只可爱的吉娃娃，由于没有预习，在课堂上答非所问，很是尴尬。虽然是电影，但却是对法学院教学方式的真实反映。法学院的教授十分注重学生在课堂上的表现，有些课程明确说明课堂上的发言表现会占学期总成绩的多少比例，而且教授每次都会记下发言的学生。老师在课堂上鼓励学生就某个案例的判决发表自己的观点，而老师会给些法律原则的提示，但在如何运用这些判例原则上则没有标准答案，学生需要提出自己的观点，更重要的是要解释清楚支持自己观点的原因。美国的学生在课堂上表现得非常活跃，举手的同学很多，有时候要想表达自己的观点，不仅仅需要事先整理好自己的思路，还要争取能抢到发言的机会，而且是越早发言越好，这样你就可以避免自己的观点同其他同学的观点类似，从而导致无法得到高分。教授在课堂上讲得都非常快，学生们要争取尽可能记录所有内容，大家几乎都在使用个人电脑做课堂笔记，这样可以培养速记的能力，这在日后法庭记录中是必须具备的技能。所以，课堂上如果不进行发言和辩论，那么整个教室就剩下教授的声音和学生们飞快地敲电脑键盘的声音了。好的课堂笔记可是非常有价值的，在考试前，认真复习课堂笔记是必不可少的，有的同学就在法学院网上公开叫卖自己的课堂笔记。法学院的课程实行学分制，按难度高低，从最低的 1 分到最高的 4 分，每 1 学分基本代表每周的课时，也是期末考试的时间长度。所以如果是 3 学分的课程，每周的课时为 3 小时，期末考试的时间长度也是 3 小时。对国际学生来说，考试时间可以选择加长 20%；而如果一学期的课程中含有两门以上 4 个学分的课程，那么难度较大，而且 4 分制的课程期末考试时间是 5 个小时，十分耗费体力。

法学院的学生对各项活动参与热情很高。第一学期正好赶上学院在全美招聘法学院院长，学生们要求在院长招聘委员会中必须有学生委员代表，后来院长招聘委员会同大家进行了积极对话，并在竞聘过程中安排所有的院长竞聘候选人都同学生见面，回答学生们的问题，大家也可以将自己的反馈意见告知招聘委员会。学生们提出的问题都很直接也很尖锐，如：作为法学院院长将打算把法学院引向何方？你认为法学院和商学院的风格差异在哪里？作为法学院院长，你打算如何筹措资金？你认为法学院的将来发展计划应该如何？你打算采取何种措施来实现这些发展计划？毕竟学生是靠自己掏腰包上法学院的，而且法学院的学费昂贵，大部分学生都申请获得 100% 的学费贷款，所以对法学院毕业后的年轻律师来说，前几年是负债累累的，如果是从事公共律师服务，那么还贷负担十分沉重。如此看来，法学院的学生积极参与包括院长聘任在内的活动也就不难理解了。

法学院的教学十分讲究如何通过实际案例来培养学生运用法律原则的能力，比如学院都定期安排将联邦法院的巡回法庭设在课堂上，学生们只要报名就有机会参与旁听实际法庭审理，直接观看联邦法官是如何审理案件的，以及当事人双方的代理律师在巡回法庭中是如何进行抗辩的。印象更深刻的是同我所选课程相关的一个实际案例，在该案例中法学院直接邀请美国 Homestore 公司的前 CFO 来给学生作面对面的沟通。该公司主要从事房产交易电子商务服务，由于涉嫌会计舞弊而被 SEC 和 DOJ 还有股东起诉，其审计公司也被股东起诉，最终同股东达成了赔偿协议。该 CFO 作为污点证人同 DOJ 签订了认罪协议书，协助 DOJ 指控该公司的 CEO，结果 CEO 被判入狱服刑22 年，该 CFO 也被判刑 6 年。该 CFO 给我们讲解了该公司的会计造假过程，包括其本人当时是如何无意识地参与这一造假过程的，及其是如何同 DOJ 达成认罪协议同意做污点证人的。该 CFO 原来是"四大"会计师事务所审计经理，年轻而且看起来温文尔雅，他是在最终宣判前应约到法学院来同学生们交流的，整个过程中其多次表达了后悔的心情，说这件事情是其本人一辈子中最耻辱的经历。为了应付这场官司，他不仅变卖了房子和汽车，至今还欠其代理律师不少律师费用，而且还差一点被法院吊销其会计师执照。在交流的同时，还重新播放了 CNBC 电视台对该案件的报道及对该 CFO 的采访。这种生动的实际案例和当事人讲述，大大激发了学生的学习兴趣，使大家能够更直接地了解美国证券舞弊诉讼过程。

还有一门课程不得不提，那就是《美国公司丑闻研究——来自安然的教训》，美国很多商学院和法学院已经将安然事件列入教学案例。应南加大校长的邀请，著名律师 Robert Fairbank 在南加大法学院专门开设了这一高级课程。Fairbank 教授在安然的证券集团诉讼中担任了主要原告美国加州大学的顾问。该课程的学生大部分来自法学院高年级，还有一部分是商学院的 MBA 学生。该课程的内容包括美国法律界专业人士每周针对美国大公司证券舞弊的讲座、学生的大量案例研读、不同案例分组研究并在课堂上作小组演示以及最后个人提交项目论文。每周的讲座都邀请到了美国证券法律界知名律师、记者、联邦政府司法部检察官、知名案例的控辩双方律师，其中包括：

- John Emshwiller，《华尔街日报》国家级资深记者；由于最先在《华尔街日报》发表文章质疑安然财务报表，同 Rebecca Smith 共同获享 2002 年 Gerald Loeb 奖章；并与 Rebecca Smith 共同著有当年美国畅销书《安然 24 天》。

- William Lerach，著名的美国证券集团诉讼律师，在安然案件和 Dynergy 能源集团公司的证券集体诉讼中担任原告律师。

- John Hueston，美国司法部检查官，在安然的刑事案件中作为安然董事长 Ken Lay 和 CEO（Jeffrey Skilling）的起诉检查官。

• Judge J. Lawrence Irving，已退休联邦法官，在安然、世界通信、美国在线/时代华纳、Dynegy能源集团这些证券集体诉讼中担任原告的独立咨询顾问。

• Doug Fuchs和Michael Wilner，两位年轻的美国联邦助理检查官，在Homestore公司财务舞弊案件中担任该公司CEO（Stuart Wolff）的检查官。

• Terry Bird，律师事务所合伙人，在Homestore公司、Qwest电信公司、L90公司、Salomon Smith Barney投资银行这些证券舞弊案件中担任刑事被告的辩护律师。

• Bob Friese，律师事务所合伙人，曾担任SEC出庭律师，在Homestore公司案件中担任被告的辩护律师，并在数起上市公司股票期权日期倒签案件中担任被告公司管理层和董事的辩护律师。

• Marshall Grossman，律师事务所合伙人，在安达信会计公司的主要几起诉讼中担任安达信公司的辩护和出庭律师；Marshall长期为会计师事务所担任辩护律师，所以他的演讲更多地是涉及会计师面对集体诉讼的应对策略，如何区别审计责任和会计责任，如何努力确保陪审团相信会计师在案件中的无辜和免责等等。

• Ken Klee，美国加州大学洛杉矶分校法学院教授、律师事务所合伙人，安然和世界通信破产案件的法律专家。

• Joe Cotchett，律师事务所合伙人，在Lincoln Saving & Loan金融公司和Homestore公司证券集体诉讼中担任原告律师和出庭律师，在安然和世界通信集体诉讼案件中担任大型机构投资者原告律师。

这些课堂讲座都是基于美国重大的公司舞弊实际案件，而且讲演人大多是这些案件的参与方，所以可以使我们很生动地了解这些重大案件的诉讼过程，尤其是诉讼策略，包括检察官是如何调查和起诉的，证券诉讼中的原告律师是如何运用美国证券法中民事赔偿条款的，辩方律师又是如何为代理人辩护的，在证券舞弊诉讼中会计师和投资银行的责任是如何界定的，美国公司治理的缺陷何在等等课题。更重要的是，这门课汇集了诉讼案件中的不同当事人，原告律师、被告辩护律师、联邦检查官、法官；他们从不同的角度来分析案件。这样就十分有助于学生多角度全面了解整个诉讼过程，而且避免了本位主义和非此即彼的灌输，也就更能培养学生的独立思维能力并激发学生的学习热情。这种教学方式传授的不仅仅是知识（Knowledge），更重要的是启迪智慧（Wisdom）；如果说知识是力量的话，那么这力量的源泉是智慧，所传授的知识是静态的、是既有的，而智慧却是灵魂、是活力。

法学院的毕业典礼是让人难忘和激动人心的事件，烈日高照的校园、众多戴着夏日黑色墨镜在讲台上就座的老师们、数百名身穿黑袍或者红袍的毕业生、坐满草坪的学生亲友、让人眼花缭乱的各式样（关键是免费）的糕点、水果和饮料……穿黑袍戴黑墨镜的法学院院长温文尔雅地致辞道：“……今天你们从法学院毕业了，我们将法律交到你们手中，法律可以用来从善，亦可以用来造恶，是善还是恶，就全凭你们；但愿你们从工作中找到意义，热爱你们的工作，如果你们无法从工作中找到兴趣，那么就请你们为你们所爱的人而热爱你们的工作吧……”

走出法学院的我，保持了阅读证券集体诉讼案例的兴趣。这些案例不仅体现了严谨的逻辑思维和原被告双方律师及法官们的智慧，还生动地讲述了现代公司的种种商业纠纷和其中所折射出的人性的各种特征。后来感觉到将某些案件具体诉讼过程整理出来并出版，以供读者了解这些案件的详情，亦是自己的责任和使命之一。同时，为尽量避免让读者认为这些案例是反面典型，本书努力避开个人对这些案件的主观分析，书中的内容以写实为主，而不从反面教材的角度来叙述，这也有别于揭黑、谈大败局、揭露财务造假等类型的书籍。本书对中概股在美国遭遇集体诉讼的现实情况并不持负面观点，而是将其当做正常的企业经营风险之一，强调中概股应熟悉规则，迎接挑战。因此，本书对中概股的未来饱有积极的期待，这也有别于某些媒体对中概股的主观负面报道。追溯来看，本书从最初资料收集到初稿完成历经约六年，从动笔写稿到完稿历时约两年半，这期间所阅相关案例近百，页数近万，如全打印出来估计有数十斤重。

本书能够得以和读者见面，需要感谢笔者家人、朋友和同事一直以来的鼓励，特别是来自家庭的理解和支持；还要感谢中国财政经济出版社会计分社社长徐洁女士和编辑梁飞先生的支持和勤奋工作。由于本书所涉及课题的复杂性和笔者能力所限，书中定有不少疏漏之处，恳请读者谅解。

于伦敦飞往北京途中

图书在版编目（CIP）数据

跨洋大鏖战：美国证券集体诉讼之中国概念股/卓继民著．—北京：中国财政经济出版社，2013.5

ISBN 978－7－5095－4479－2

Ⅰ.①跨…　Ⅱ.①卓…　Ⅲ.①国际证券市场—经济纠纷—民事诉讼—案件—美国　Ⅳ.①D971.251

中国版本图书馆CIP数据核字（2013）第088944号

责任编辑：梁　飞　　　　责任校对：杨瑞琦

中国财政经济出版社出版

URL：http：//ckfz.cfeph.cn

E－mail：ckfz@cfeph.cn

社址：北京市海淀区阜成路甲28号　邮政编码：100142

发行处电话：88190406　财经书店电话：64033436

北京财经印刷厂印刷　各地新华书店经销

787×960毫米　16开　33印张　506 000字

2013年8月第1版　2013年8月北京第1次印刷

定价：78.00元

ISBN 978－7－5095－4479－2/F·3623

（图书出现印装问题，本社负责调换）

本社质量投诉电话：010－88190744

反盗版举报热线：88190492、88190446